U0113709

社 科 学 术 文 库

LIBRARY OF ACADEMIC WORKS OF SOCIAL SCIENCES

外国历史大事集

现代部分·第三分册

朱庭光 ◉ 主　编

张椿年 ◉ 副主编

沈永兴　于　沛　朱希淀 ◉ 分册主编

中国社会科学出版社

图书在版编目(CIP)数据

外国历史大事集. 现代部分. 第三分册 / 朱庭光主编 . —北京：中国社会
科学出版社，2017.3
（社科学术文库）
ISBN 978 - 7 - 5161 - 9657 - 1

Ⅰ . ①外… Ⅱ . ①朱… Ⅲ . ①世界史—现代史 Ⅳ . ①K1

中国版本图书馆 CIP 数据核字（2017）第 005372 号

出 版 人 赵剑英
责任编辑 刘志兵
特约编辑 张翠萍等
责任校对 石春梅
责任印制 李寡寡

出 版 中国社会科学出版社
社 址 北京鼓楼西大街甲 158 号
邮 编 100720
网 址 http://www.csspw.cn
发 行 部 010 - 84083685
门 市 部 010 - 84029450
经 销 新华书店及其他书店

印刷装订 北京君升印刷有限公司
版 次 2017 年 3 月第 1 版
印 次 2017 年 3 月第 1 次印刷

开 本 710 × 1000 1/16
印 张 30
插 页 2
字 数 508 千字
定 价 128.00 元

凡购买中国社会科学出版社图书，如有质量问题请与本社营销中心联系调换
电话：010 - 84083683

再版说明

　　《外国历史大事集》出版于20世纪80年代，是当时我国世界史学界知名学者们多年辛苦劳动的集体成果，体现出了扎实的学术功底和应用价值，是重要的学术参考书。二三十年过去了，此书仍然受到我国世界史学界的重视和广大读者的欢迎。

　　《外国历史大事集》此次再版，受到中国社会科学院创新工程的大力支持，将其列入社科学术文库。根据中国社会科学出版社的建议，此次再版时，将版式改为小16开；消除了原著中的一些错别字，对表述不够准确的地方也进行了推敲审定；删除了不清晰的插图，增加了古代部分的大事记内容。再版工作受到世界历史研究所专家们，包括一些退休专家的大力支持，他们对原著进行了细心审读，付出了辛苦劳动。参加审读的专家有如下同志：古代部分：第一分册，刘健；第二分册，郭方。近代部分：第一分册，于沛；第二分册，汤重南；第三分册，于沛；第四分册，部彦秀。现代部分：第一分册，沈永兴；第二分册，王章辉；第三分册，于沛；第四分册，姜芃。世界历史研究所科研处的同志也为再版修订做了大量工作。

　　衷心感谢中国社会科学院创新工程的支持！感谢参加修订工作的各位同志的辛勤劳动！对中国社会科学出版社决定再版《外国历史大事集》和出版社有关人员的辛苦劳动表示衷心感谢！

中国社会科学院世界历史研究所

2016年11月

初版说明

　　《外国历史大事集·现代部分·第三分册》共辑入世界现代史上有一定历史地位和国际影响的重大历史事件记述 42 篇，起自 1945 年世界反法西斯战争的胜利，迄于 20 世纪 60 年代。有些历史事件持续过程较长或需追溯其渊源，叙事的年限有所逾越。各篇按事件发生年代的先后，以国际关系亚非拉、西欧北美、苏联、东欧的顺序依次编排。为便于读者进一步查阅和研究，多数篇目附有参考书目。

　　本册编辑小组由沈永兴、于沛、朱希渟、秦晓鹰、朱佑慈、张晓华六位同志组成，沈永兴、于沛、朱希渟任主编。组织和处理稿件的分工是：国际关系、西欧、北美方面由沈永兴、朱佑慈负责；苏联东欧方面，由于沛、朱希渟负责；亚洲、非洲、拉丁美洲方面，由秦晓鹰、张晓华负责；本书的技术性加工以及成书过程中的有关出版等具体事务，均由沈永兴负责。按照这部书的主编、副主编的分工，本册由朱庭光通读全部稿件，并予以定稿。封面设计姜樑。

1988 年 1 月

目　　录

旧金山片面对日和约

马新民

1951 年 9 月 4 日至 8 日，美苏英等 52 个国家在美国旧金山召开对日媾和会议，会上签署了《对日和约》。这是美国违反世界反法西斯同盟国之间的一系列国际协定，不顾对日作战的主要盟国——中国、苏联等国的强烈反对，而实行对日本的片面媾和，严重地损害了其他对日作战盟国的根本利益。

美国企图单独对日媾和受挫

1945 年 8 月 15 日，日本政府宣布接受《波茨坦公告》，无条件投降。8 月 29 日，美国总统杜鲁门批准了美国战后初期的对日政策。次日，麦克阿瑟奉杜鲁门之命，以盟军最高司令官的身份到达日本。麦克阿瑟遵照杜鲁门在 8 月 12 日给他的指令，日本"自投降之时起，统治国家的天皇和日本政府的权限即从属于阁下，为完成投降条款，阁下可采取认为是适当的手段"。美国不顾苏联等国的反对，推行其单独占领日本的政策，采取了一系列旨在加强控制日本的措施。

美国基于本国利益而采取的措施，并没有扭转战后初期日本的困境。如在经济方面，据 1945 年 10 月的调查，东京的大米黑市价比牌价高出 140 倍，肥皂高出 180 倍，糖高出 270 倍。而工人的实际收入只相当于战前的 1/4 或 1/5。人民生活困苦不堪，社会矛盾十分尖锐，工农运动日益高涨。1946 年 5 月 1 日，仅东京一地就有 50 万人举行游行示威。5 月 19 日，东京有 25 万人举行"粮食问题群众大会"。反对美军占领和反对日本政府的人民斗争蓬勃发展。

与此同时，亚洲许多国家获得独立，以苏联为首的一些国家，坚决反对美国违反国际协定，对日实行单独占领。

在这种形势下，美国政府企图通过缔结对日和约，使长期占领日本合法化，积极准备对日媾和。1946 年底，美国政府组成负责起草对日和约的机构。由国务院远东司东北亚处处长博顿主持。1947 年 3 月，该机构提到了对日和约的初稿（史称"博顿草案"）。初稿共分六个部分：（1）有关领土条款；（2）盟国当局的权限；（3）日本的非武装与非军事化；（4）一般改革计划；（5）关于赔偿和让与；（6）关于清算有关战争的技术问题等。基本上是按照《波茨坦公告》精神，主张严厉惩罚日本，其中规定日本在 25 年之内不得拥有军队，故在美国政府内部遭到各种责难。

正当"博顿草案"遭受责难的时候，麦克阿瑟鉴于日本人民反对美军的占领斗争日益高涨，以苏联为首的部分对日作战盟国对美国的占领越来越不满，美国通过各种措施已完成了对日本的控制，认为对日本媾和的时机已经成熟了。1947 年 3 月 17 日，麦克阿瑟举行记者招待会，宣布"我们与日本媾和的时刻已经到来"，并认为缔结对日和约应"越快越好"。麦克阿瑟对日媾和的方案由六部分组成，其中第四、第五部分主张美国应推动各国在不论有无苏联参加的情况下，与日本缔结和约。如果遭到各国反对，美国可与日本进行单独媾和。

麦克阿瑟声明后，美国政府积极进行媾和活动。1947 年 5 月 8 日，美国副国务卿艾奇逊发表演说，指出："欧亚两大陆的最终复兴，在很大程度上依赖于重建德国和日本这欧亚两大工厂。"同一天，美国国务院设置政策计划委员会，并制定了所谓把共产主义遏制在苏联境内的"遏制政策"。与此同时，美国政府采取各种手段，进一步加强对日本的控制，为实现对日媾和创造条件。7 月 11 日，美国政府向远东委员会提出关于召开对日媾和预备会议的建议。其内容是：（1）希望在远东委员会之外先举行 11 国代表会议，磋商和拟定和约草案；（2）希望先不召开外长会议；（3）建议会议在签订对日和约时采取 2/3 的多数票表决制；（4）希望会议于 8 月 19 日举行，会址设在美国旧金山市。随后，美国又向远东委员会成员国中的其他 10 个成员国，即中、苏、英、法、菲、加、印、澳、荷、新发出了于 8 月 19 日在旧金山市召开对日媾和会议的通知。美国擅自作出的安排，严重违反了国际协定中关于在处理日本问题时，必须获得中苏美英四国代表一致同意的原则。美国的目的很明显，它是想破坏这一原则，来实现其对日本的单独媾和，这一公然违反国际协定的行径，理所当然地遭到了苏联等国的强烈反对。

1947 年 7 月 22 日，苏联政府将复文交给美国驻苏大使史密斯。苏联政府明确指出，美国片面决定召开对日媾和会议是违反雅尔塔协定、波茨坦宣言、对日委员会和远东委员会等国际协定的，苏联政府不能同意召开对日草拟和约会议。美国政府在 8 月 23 日致苏联政府的复文中，对苏联的要求不作任何回答。为此，8 月 29 日，苏联再次复文美国政府，强烈指出：苏联政府认为美国没有理由反对由四国外长会议预先讨论召开草拟对日和约的问题。按照国际协定，缔结对日和约问题，必须由四国一致同意。因此，苏联政府坚持，召开对日和约会议问题必须先经过包括苏美英中四国之外长会议讨论。11 月 27 日，苏联政府在关于对日和约问题致中美英三国的照会中，建议于 1948 年 1 月召开特别外长会议，由中英美苏四国代表参加，讨论日本和约筹备事项。此后，苏联又多次申明了自己的立场。

日本人民得知美国政府企图违反国际协定，实现对日单独媾和后，开展了反对单独媾和的斗争。1949 年 9 月，日本共产党发出了反对单独媾和、反对军事基地和要求立刻缔结全面对日和约的号召。

在日本共产党反对单独媾和的同时，其他各党派、各阶层也都纷纷掀起了反对单独媾和的斗争。1950 年 1 月，日本社会党通过了"全面媾和、坚持中立、反对军事基地"的"和平三原则"的决议。同月，日本知识界也提出了"全面媾和，反对提供军事基地、中立不可侵"的口号。日本妇女界从1948 年就积极展开了反对单独媾和的斗争。1950 年 6 月，杜勒斯第一次到日本进行媾和活动时，日本妇女界代表向他提交了《非武装国日本妇女对和平的希望条款》。1951 年 1 月，杜勒斯第二次去日时，他们又提到了《日本妇女对媾和的希望条款》，强烈要求全面媾和。

美国政府企图单独对日媾和的打算，在日本人民和苏联等国政府的强烈反对下，未能实现。

美国重提对日媾和

美国对日单独媾和受挫后，一度采取化整为零的办法，造成"事实上的媾和"。但是，亚洲革命形势的迅猛发展，特别是中国革命的胜利，彻底粉碎了美帝国主义企图利用国民党政府来充当其称霸亚洲的工具的政策。美国陆军部长罗亚尔认为，在新的形势下，美国对日占领政策是扶植强有力的日本政府。我们不仅要使日本能够自立，还必须把它培养成为坚强而安全的

"民主主义国家"，以便起到防御今后在远东方面发生新的"共产主义威胁"的堡垒作用。1948年8月，美国发表了所谓中美关系的《白皮书》，决定在"中国的邻国"遏制"中国对邻国的攻击"。中华人民共和国成立后，美国国家安全委员会在1949年12月制定了美国对亚洲革命政策的NSL—48/1号文件，进一步指出："中国共产主义权力的扩大，对我们来说是政治上的严重失败"，"如果共产主义进而席卷东南亚，我们就必然遭受到政治上的大溃退"。美国实行了大力扶持日本的政策。在经济上，美国政府在1948年12月制订了"稳定日本经济九原则"的计划。其主要内容是：（1）压缩财政经费，实行编制平衡预算；（2）加强税收；（3）限制贷款；（4）稳定工资；（5）加强物价管制；（6）改善对外贸易；（7）振兴出口；（8）扩大工业品的生产；（9）提高粮食征购效率等。1949年，麦克阿瑟在新年祝词中公开宣布："如今日本复兴计划的重点已从政治转移到经济"上。为实施复兴日本经济计划，由底特律银行总经理道奇担任麦克阿瑟的财政顾问。在政治上，为使日本早日"回到国际社会"中来，于1948年5月和8月，先后两次要求远东委员会同意日本参加国际协定等。

美国政府为公开化地控制日本，重新策划对日媾和问题。英法等国也希望早日缔结对日和约。1949年9月3日，英国政府派驻东南亚专员麦克唐纳访日，与麦克阿瑟、吉田茂就媾和问题进行会谈。与此同时，英国外交部负责远东事务的常务次官助理邓宁访问美国，与美国国务院远东司司长巴特沃思磋商了媾和问题。英国外相贝文也访问华盛顿，与艾奇逊举行了更高一级的会晤。美英达成如果媾和问题与苏联等国不能取得一致意见，就进行片面媾和的协议。在美英会谈的同时，法国外相舒曼也赴美与艾奇逊就媾和问题交换意见。9月16日，美国总统杜鲁门听取了艾奇逊关于媾和问题与英国会谈的汇报后，指示美国国家安全委员会着手起草美英对日和约草案。9月17日，美英法三国外长在华盛顿发表了促进媾和问题上取得一致意见的声明。

美国在1950年进一步加快了对日媾和的步伐。4月27日，美国政府任命杜勒斯为国务院顾问，并负责对日媾和问题。杜勒斯为早日实现对日媾和积极奔走。1950年6月，朝鲜战争爆发后，日本成为美军侵朝的重要基地。美国政府为把日本早日纳入其战略体系，更加急于对日媾和。在朝鲜战争爆发的当月，杜勒斯率美国国务院代表团访日。在东京，他就媾和问题与日本首相吉田茂进行了会谈，并达成对日媾和后美军继续留驻日本、日本为美军提供军事基地等协议。杜勒斯向美国国务院提出："由于朝鲜战争的爆发，使得对日和约变得更为重要而不是更不重要了"，主张尽快缔结对日和约。经过美国政府有关机构积极准备之后，9月，杜鲁门在记者招待会上宣布，美国国务院就缔结对日和约问题开始与远东委员会成员国进行预备性交涉。10月，美国向远东委员会成员国提交所谓"对日媾和七原则"。11月，公开发表该"原则"。其主要内容包括当事国、联合国、领土、安全保障、政治及通商的规定、请求权（赔偿）、纠纷（有关请求权的纠纷）等。

美国的对日媾和七原则不论其制定过程还是原则的内容，都是严重违反波茨坦会议精神的，遭到要求对日缔结全面和约的中、苏等国的强烈反对。

苏联驻安理会代表马立克于10月26日接到杜勒斯递交的对日媾和七原则的备忘录后，于11月24日向杜勒斯递交了苏联政府关于对日媾和问题致美国政府的备忘录。苏联政府提出一系列要求美国政府解释的问题，如美国对中华人民共和国是否参加缔结对日和约的态度等。并明确指出，按照1942年1月1日中、苏、美、英等许多国家在华盛顿签订的联合国宣言的规定，任何国家都不得单独与敌国媾和。

我国政府授权外交部长周恩来于1950年12月4日发表严正声明，强烈指出，"美国政府在关于对日和约问题的备忘录中所拟定的方案，完全违反盟国共同对日作战的目的，并破坏所有有关对日政策的国际协议。同时，更抹杀我中国人民抗日奋战的基本利益，也无视日本人民的未来愿望。美国政府只有一个极端自私自利的目的。因此美国政府这一关于对日和约问题的备忘录建议，是不符合中国人民和日本的利益的"。并明确指出："订立共同对日和约的基础必须完全依照开罗宣言、雅尔塔协定、波茨坦宣言及对投降后日本之基本政策。"

"对日媾和七原则"遭到苏联、中国等国反对后，美国政府为了获得其他国家的支持，采取所谓个别外交活动。从1951年1月起，杜勒斯作为美国政府对日媾和问题的总统特使，先后访问日本、菲律宾、澳大利亚，新西兰等国，通过个别磋商和保证、许诺等手段获得他们的同意。6月访问英国。杜勒斯与英国外交大臣莫里森就对日和会由中华人民共和国派代表参加，还是由台湾国民党当局派代表参加，进行了商讨。美国主张由台湾国民党当局派代表参加。英国在1950年1月承认了中华人民共和国政府，主张由中华人民共和国政府派代表参加。会谈结果，美国以在中东问题上帮助英国为条件，换取英国让步，达成既不邀请中华人民共和国参加、也不邀请台湾国民党当局参加对日媾和会议的所谓杜勒斯—莫里森协议。该协议还规定，将来是由中华人民共和国政府，还是由台湾国民党当局与日本签订对日和约，将由日本政府决定。这种由战败国选择缔约对象的做法是十分荒谬的。

1951 年 3 月 23 日，美国擅自向远东委员会成员国提交所谓对日和约的"临时草案"。7 月 20 日，美国单方面向各有关国家发出了于 9 月 4 日在旧金山召开对日和会的通知。8 月 15 日正式公布所谓美英《对日和约草案定本》。这个草案定本遭到一些国家的反对。8 月 15 日，中国国务院总理兼外长周恩来发表声明，强烈谴责美国企图单方面对日媾和的罪恶阴谋。声明指出，美英联合公布的《对日和约草案定本》和召开旧金山对日和会的通知，是完全违反国际协定的。"草案"不仅"最荒谬地公然排除中华人民共和国于对日作战的盟国之外"，而且"在领土条款上是完全适合美国政府扩张占领和侵略的要求的"。将于 6 月 4 日在旧金山召开的对日和约会议背弃了国际义务，中国政府不予承认。8 月 23 日，印度驻美国临时代办克巴兰尼向杜勒斯发出照会，声明印度政府反对美英公布的《对日和约草案定本》，并拒绝参加对日媾和会议。在此之前，缅甸等国也纷纷通知美国政府，拒绝参加会议和签订和约。

旧金山会议及其《对日和约》的签订

对日媾和会议于 1951 年 9 月 4 日至 8 日在美国的旧金山市召开。参加这次会议的国家包括日本在内共有 52 个，它们是：苏联、波兰、捷克斯洛伐克、阿根廷、澳大利亚、比利时、玻利维亚、巴西、柬埔寨、加拿大、锡兰、智利、哥伦比亚、哥斯达黎加、古巴、埃及、多米尼加、厄瓜多尔、萨尔瓦多、埃塞俄比亚、法国、希腊、危地马拉、海地、洪都拉斯、印度尼西亚、伊朗、伊拉克、老挝、黎巴嫩、利比里亚、卢森堡、墨西哥、荷兰、新西兰、尼加拉瓜、挪威、巴基斯坦、巴拿马、巴拉圭、秘鲁、菲律宾、沙特阿拉伯、叙利亚、土耳其、南非联邦、英国、美国、乌拉圭、委内瑞拉、越南和日本。

第一次会议于 9 月 4 日晚召开，美国总统杜鲁门和大会主席艾奇逊分别致辞。9 月 5 日，召开正式会议。大会一开始，苏联代表葛罗米柯即首先发言。他指出，应当邀请中国人民的唯一合法政府——中华人民共和国政府派代表参加会议。之后，苏联代表针对美、英制定的《对日和约草案定本》进行了强烈的批驳，并提出了修正案。主张日本应承认中华人民共和国对台湾、澎湖列岛等岛屿的主权；承认苏联对南库页岛等岛屿的主权，禁止留驻外国军队，限制日本军备；日本不得加入以任何旧交战国为对象的军事同盟，对受害国进行经济赔偿等。除苏联外，印度尼西亚、菲律宾等国的代表也对和约草案进行了批驳。波兰代表威尔布洛夫斯基在发言中指出：遗憾的是，在战争中蒙受最大牺牲的中国的代表却没有出席会议。"这里没有一开始就与日本军国主义进行战斗的代表。"对于代表们的意见，杜勒斯以对日媾和不能推迟等为借口，拒绝接受。

在美国的控制下，按照预定的时间于 9 月 8 日举行了所谓的和约签字仪式。出席会议的 52 个国家中，苏联、波兰、捷克斯洛伐克 3 个国家拒绝签字，其余 48 个国家的代表先后签了字。日本出席和会的首席代表吉田茂最后一个在和约上签字。对日和约签字 5 小时后，吉田茂与艾奇逊、杜勒斯等人，在美军第六军司令部签订了所谓《日本国和美利坚合众国之间的安全保障条约》（简称《日美安全条约》）。

《对日和约》用同等有效的英文、法文、西班牙文和日文写成。全文由：和平、领土、安全、政治及经济条款、要求及财产、争议之解决、最后条款等七章二十三条款组成。

《对日和约》是一个违反国际协定、侵犯中苏等国主权、适合美国利益的和约。如在领土方面，第二章第二条只规定，日本承认朝鲜之独立，放弃对朝鲜包括济州岛、巨文岛及郁陵岛在内之一切权利、权利根据与要求。放弃对台湾及澎湖列岛的一切权利、权利根据与要求。放弃对千岛群岛及由于1905 年 9 月 5 日《朴茨茅斯条约》所获得主权之库页岛一部分及其附近岛屿之一切权利、权利根据与要求。放弃对南威岛及西沙群岛之一切权利，权利根据与要求等。但对这些岛屿的归属问题，条约只字未提。这就严重地侵犯了中华人民共和国和苏联等国的主权。

为了使日本成为美国在亚洲的军事基地，在领土条款的第三条中规定日本所属的北纬 29 度以南之西南诸岛（包括琉球群岛与大东群岛）、孀妇岩岛以南之南方诸岛（包括小笠原群岛、西之岛与琉璜列岛）及冲之鸟岛与南鸟岛置于美国托管之下，并由美国对上述岛屿的居民、领海等行使一切行政、立法及司法权力。在第三章安全条款中规定，日本有"自卫"权和美军无限期留驻日本。为了重新武装日本，"安全"条款中违背众多国家的愿望，没有限制日本武装力量和禁止日本法西斯组织活动的规定。

在经济条款中，《对日和约》严重损害了众多受害国的利益。如在赔偿问题上，条约只原则性地规定日本须支付战争赔偿费，而不提具体赔偿数字，并强调日本资源不足以应付赔偿，等等。

《对日和约》的签订使日本在法律上被解除了占领状态，实际上并没有获得真正的独立。相反，由于条约把日本的部分岛屿规定由美军托管和准许美国在日本无限期地保留驻军等，这标志着美军对日本公开的、半占领时期的开始。

另外，由于美国在签订对日和约上采取排斥中、苏等国的政策，因此，这个没有对日作战的主要盟国中国和苏联等国签字的《对日和约》，并没有按照国际协定，结束中苏等国的对日战状态。

《对日和约》签订不久，中华人民共和国外交部长周恩来代表中国人民，在1951年9月18日纪念九一八事变时，再次发表"关于美国及其仆从国家签订旧金山对日和约的声明"。声明回顾了中国人民在长达8年的抗日战争中所作的重要贡献后，严正指出："这只是一个复活日本军国主义敌视中、苏，威胁亚洲，准备新的侵略战争的条约。对此，中华人民共和国中央人民政府再一次声明，旧金山和约由于没有中华人民共和国参加准备、拟制和签订，中央人民政府认为是非法的、无效的，因而是绝对不能承认的。"

面对中国等国的强烈谴责，吉田茂十分恐慌。为使日本政府尽快通过《对日和约》和《日美安全条约》，他从旧金山回国后进行积极活动。10月11日，召开第12届临时国会，在会上，吉田茂提到了上述两个条约，并要求予以承认。为审议这两个条约，日本众议院和参议院分别成立了特别委员会。经审议后，两院就是否通过两条约进行投票。众议院于10月26日举行投票，结果以370票赞成、47票反对，通过了《对日和约》；以289票赞成、71票反对，通过了《日美安全条约》。参议院于11月18日举行投票，结果以219票赞成、45票反对，通过了《对日和约》；以147票赞成、76票反对，通过了《日美安全条约》。吉田茂在众、参两院通过两条约后，立即于11月18日向天皇提出批准书，天皇同意。11月28日，日本政府将和约批准文本送交美国政府。

在朝鲜和中国问题上，美国在《对日和约》中，未明确规定日本应与中华人民共和国，还是与台湾国民党当局；应与朝鲜民主主义人民共和国，还是与南朝鲜缔结和约，美国政府在接到日本政府对日和约的批准书后，出于其反共的需要，极力强迫日本政府与南朝鲜和台湾国民党当局签订和约。在中国问题上，美国政府以日本政府如不同台湾国民党当局缔结和约，《对日和约》将得不到美国议会的批准为理由，对日本施加压力。日本政府在美国的压力下，于 1952 年 4 月 28 日同台湾当局签订了所谓"和约"——"日台条约"，规定日本放弃对台湾、澎湖列岛和日本过去在中国的财产所有权。同年 8 月 5 日，日、台建立所谓"外交关系"。

1952 年 3 月 20 日，美国参议院批准了《旧金山对日和约》和《美日安全保障条约》。4 月 28 日，两条约正式生效。随着两条约的正式生效，从而结束了美国 6 年多的对日公开占领，开始了对日本的半占领体制。这种体制就是所谓的"旧金山体制"。

《对日和约》生效后，日本成为美国的军事基地和在亚洲的反共堡垒。在美国的指示下，1952 年 4 月，日本成立了"海上警备队"；8 月，成立了保安厅；10 月，把"警察后备队"改名为"保安队"等。日本的武装在美国的扶持下，重新建立起来。与此同时，美国不断在日本扩大军事基地。据统计，到 1953 年 1 月底，美军在日本设有飞机场 44 个、演习场 79 个、港湾 30 个、兵营 220 个，加上其他"设施"，共有 733 个。据统计，到 1953 年 1 月，美军在日本的军事基地面积已达到 14 万公顷。

《对日和约》生效后，日本人民也掀起了反对《对日和约》的斗争。1952 年 11 月，石川县内难村村民为反对征收土地建立美军打靶场掀起斗争。这一斗争很快波及全国，发展成为由共产党、社会党、日本教育工会等领导的全国性反对美军军事基地的斗争。1953 年 5 月至 9 月，这一斗争达到高潮，全国各地纷纷召开"铲除基地的国民大会"。之后，日本人民以反对美军军事基地为中心，持续进行着反对《对日和约》、争取民族独立的斗争。

本文参考书目：

[1]　信夫清三郎：《日本外交史》下册。

[2]　《战后世界历史长编》第 6 册。

[3]　《对日和约问题史料》。

[4]　《国际关系史》下册。

[5]　《国际条约集》（1950—1952）。

共产党和工人党情报局的
建立及其活动

姜　琦

　　1947 年 9 月建立的共产党和工人党情报局，是为了加强欧洲九个国家的共产党之间的联系，互通情报，在意见一致的基础上协调彼此间的行动。情报局总部与各党之间不存在上下级关系、领导和被领导的关系，至 1956 年 4 月宣布停止活动。在不到九年的实际活动中，情报局违背了原定的宗旨，苏联共产党通过它作出了一些干涉别国党内部事务的错误决定。

共产党和工人党情报局的建立

　　1943 年 6 月 10 日，共产国际解散。1945 年，铁托曾向斯大林建议，应该在各国共产党之间建立一种协商性质的国际会议，斯大林表示赞成这个意见。1946 年 6 月，铁托访问苏联期间，斯大林询问铁托是否仍认为有建立一个具有互通情报性质新的国际的必要，铁托作了肯定的回答。斯大林认为，完全没有必要去复活任何形式的第三国际，但有必要建立一种情报机构，以便经常开会，交流一般的经验和作出一些决定。但是这个机构的决议不能束缚任何对决议持有异议的党。

　　在第二次世界大战中，德意日三个法西斯国家溃败，英法两个大国被严重削弱，而美国却依仗它在战争中膨胀起来的经济、军事实力，爬上了资本主义世界霸主的地位。1947 年 3 月 12 日，杜鲁门向国会宣读咨文，主要内容是，趁英国对希腊、土耳其的控制力不从心，不得不退出这块地盘的时机，宣布美国要去填补真空。声称"这就是美国对共产主义暴君扩张浪潮的回答"。杜鲁门宣布的这些政策，很快便被称为"杜鲁门主义"。这是"冷战"全面展开的标志。继"杜鲁门主义"之后，1947 年 6 月 5 日美国又提出"马歇尔计划"。其主要内容是，鉴于欧洲经济十分困难，美国有责任给予援助。但任何谋图阻挠别国复兴的政府，都不能指望得到援助。美国国会在一片"反对苏联威胁"的鼓噪声中批准了"马歇尔计划"。

"杜鲁门主义"和"马歇尔计划"立即得到西方国家的响应。"马歇尔计划"在东欧诸国也引起了一系列反响。"马歇尔计划"提出后，捷克斯洛伐克、波兰、罗马尼亚和南斯拉夫等东欧国家政府也都有过要参加的表示。苏联政府认为，"马歇尔计划"是直接打击苏联的，参加这一计划是对苏联的敌对行为，表示坚决反对。此后，捷克斯洛伐克等国放弃了这一计划。

为了对付"杜鲁门主义"和"马歇尔计划"，使东欧诸国进一步团结在苏联周围，苏联政府采取了一系列措施。在经济上，苏联立即与东欧各国签订一系列贸易协定，进一步巩固了苏联与东欧的经济联系。在军事上，除加强常规部队外，还加速了研制原子弹的进程。在政治上，派出大批苏联专家帮助东欧各国的政权建设，加强共产党的领导，一个重要措施就是决定成立欧洲共产党和工人党情报局，以加强欧洲各国共产党的协调行动。

1947年夏，苏共中央写信给波兰工人党第一书记哥穆尔卡，要求波兰工人党出面发起召开欧洲一些党的会议，讨论加强欧洲各国共产党之间的联系问题，波兰工人党经过讨论，同意接受这一要求。1947年9月22—27日，在波兰西南部西里西亚的什克拉尔斯卡—波伦巴的小温泉场举行了会议。出席会议的有9个共产党的代表，他们是：苏联共产党的日丹诺夫和马林科夫，南斯拉夫共产党的卡德尔和吉拉斯，波兰工人党的哥穆尔卡和明兹，罗马尼亚共产党的乔治乌·德治和安娜·波克，保加利亚工人党的契尔文科夫和波莫托夫，匈牙利共产党的法尔卡施和列瓦，捷克斯洛伐克共产党的斯兰斯基和巴什托万斯基，法国共产党的杜克洛和法戎，意大利共产党的隆哥和雷阿勒。

会上，苏联共产党（布）代表日丹诺夫作了关于国际形势的报告。会议根据这个报告，通过了关于国际形势的宣言。报告指出，由于第二次世界大战的结束及战后的发展，国际形势已发生了根本变化。世界已分裂为两大对立的阵营：一个是帝国主义反民主阵营，它的基本目的是建立美帝国主义的世界霸权和摧毁民主；另一个是反帝国主义民主阵营，它的基本目的是摧毁帝国主义、巩固民主和根除法西斯残余势力。美帝国主义是帝国主义阵营的主导力量，是全世界反民主的反动势力的堡垒。日丹诺夫强调指出，目前，美国的扩张野心具体表现在"杜鲁门主义"和"马歇尔计划"上。美国不仅企图奴役欧洲，还试图把东欧和东南欧各国陷入借美方援助实现欧洲经济复兴的圈套，从而促使实现美国总政纲中的一项最重要的目的：在各新民主国家中恢复帝国主义权力，逼迫这些国家抛弃经济上政治上与苏联的亲密合作。

报告谈到苏联对外政策时，强调苏联在实现一切爱好自由国家的基本任务中的"领导作用"，并强调指出，苏联是一切国家的自由和独立的忠实捍卫者，是民族与种族压迫以及任何形式的殖民地剥削的敌人。报告指出，共产国际的解散，是适应新历史条件下工人运动发展的需要，自共产国际解散以来，各国共产党之间的缺乏联系是有害的，这种情况如果继续下去，将给各兄弟党的工作的发展带来最严重的后果，各国共产党互相磋商的必要以及自愿协同行动的必要，在现时显得特别迫切了。

会议听取了哥穆尔卡关于各国共产党必须彼此交换经验和协同行动的报告。经过讨论，通过了关于出席会议的各国党之间交换经验和协同行动的决议，决定成立情报局。情报局由各国党的中央委员会派代表两人组成，各代表由各党中央委员会任命和调换。情报局的任务是，组织经验交流，并在必要时，在互相协议的基础上，配合各国党的活动。情报局总部设在贝尔格莱德。

会上关于情报局的性质和作用问题曾发生过争论。波兰代表哥穆尔卡反对建立任何形式的共产党国际中心的设想，他说："国际工人运动迄今的实践表明，这样的中心弊多利少。"哥穆尔卡主张各国共产党独立自主，同时认为，如果有必要，各国共产党将与作为国际工人运动的领导力量的苏联进行磋商。南共代表卡德尔积极支持哥穆尔卡的意见，他指出，"任何这样的中心都会限制各国共产党的独立行动"。南共代表还指出，各国党可能犯错误，但是，它们自己会纠正。捷克斯洛伐克代表斯兰斯基反对国际中心更为激烈，甚至中断参加会议。法共和意共的代表也反对建立国际领导中心。据卡德尔回忆，只有匈牙利和保加利亚的代表没有提出异议。苏共代表日丹诺夫为此作了让步，提出可以"根据需要不定期地召开联席会议，在这些会议上各国党应就共同关心的问题交换意见"。

成立情报局的决议公布后，引起了东西方强烈的反响。各国共产党对此都表示支持。1947 年 12 月 25 日毛泽东在《目前形势和我们的任务》报告中指出："欧洲九个国家的共产党和工人党，业已组成了情报局，发表了号召全世界人民起来反对帝国主义奴役计划的檄文。"帝国主义国家对共产党情报局的成立极力反对，散布了种种谣言。杜鲁门在记者招待会上就说，新共产机构的成立使美国援助西欧更为迫切。美国副国务卿洛维特在 1947 年 10 月 8 日的记者招待会上则说："支持这一纲领的党和政府清楚地表明，他们的意图是——如果可能的话——要阻止欧洲经济复兴。……对于美国人来说，现在是冷静、明晰地予以判断的时候了。"英国《泰晤士报》评论说："人们可能发现这一新步骤的含义是想有效地抗衡马歇尔计划和美国对西欧16 国的领导，加强不参加该计划的东欧人民间的团结的感情。"

对南斯拉夫共产党的两个错误决议

1948 年 6 月 15 日，情报局向南共中央发出在布加勒斯特召开第三次会议的通知。南共领导已事先得知，这是一次对南共判决的会议，因此拒绝参加。在此之前，苏共已多次指责南共"违背马克思列宁主义的倾向"。6 月20 日，莫斯科转播了南共中央拒绝出席会议的复电。1948 年 6 月下旬，情报局在罗马尼亚首都布加勒斯特召开第三次会议。出席会议的有苏联、保加利亚、罗马尼亚、匈牙利、波兰、捷克斯洛伐克、法国、意大利 8 个国家的共产党和工人党代表。6 月 28 日，会议一致通过《关于南斯拉夫共产党状况的决议》。

决议指出："南斯拉夫共产党的领导机关，最近在内政外交的基本问题上，执行了一条不正确的路线，一条脱离马克思列宁主义的路线。因此，情报局批准了苏联共产党（布）中央委员会的行动，即立即揭露南斯拉夫共产党中央委员会的不正确的政策，尤其是铁托、卡德尔、吉拉斯和兰科维奇的不正确的政策。"

决议指出，南斯拉夫共产党的领导机关对苏联和苏联共产党（布）执行着一种不友好的政策，并以对付资产阶级国家的同样态度来对付苏联。在对内政策上，南共领导人离开了工人阶级的立场，背离了马克思主义关于阶级和阶级斗争的理论，否认阶级斗争在农村的加剧。南共领导人在工人阶级领导作用问题上，脱离了马克思列宁主义的道路，走向民粹主义的富农党的道路。南共领导修改了马克思列宁主义关于党的学说。认为国内的主要领导力量不是共产党，而是人民阵线。南共领导人在党内造成官僚主义的统治，党内没有民主，没有选举，没有批评和自我批评。

决议指出，情报局一致得出结论：南斯拉夫共产党的领导者，由于他们违反马克思列宁主义的反党、反苏的观点，由于他们的整个态度和他们之拒绝出席情报局会议，已使他们自己处于和参加情报局的各国共产党相对立的地位，走上了脱离反帝国主义的统一的社会主义阵线的道路，走上了叛变劳动人民国际团结的事业的道路，采取了民族主义的立场。日丹诺夫在会上还宣布说："我们已掌握情报，铁托是帝国主义的一名间谍。"

参加情报局的各党（南共除外）虽然在会议上一致通过了这一决议，实际上，在对待南斯拉夫问题上，有些党一直持有不同的态度。5月25日是铁托的生日，季米特洛夫致电祝贺。6月17日是季米特洛夫的生日，铁托也致电祝贺。6月26日，正当情报局会议进行时，季米特洛夫复电说："我热烈地感谢您对我的寿辰的祝贺。"

在会议期间，法国多列士和意大利的陶里亚蒂主张对铁托进行慢慢的说服。1948年6月，哥穆尔卡对波兰工人党中央委员会发表声明，反对情报局对南共的批评。由于波党中央大多数的决定，这一声明没有发表。哥穆尔卡后来还说："起初我认为，对南斯拉夫所采取的措施太严厉了。我认为，我们应当同南斯拉夫领导人商谈，派一个代表团到南斯拉夫去，我们应当说明、辩解或者还对铁托作某种让步。"

情报局会议结束后的第二天，6月29日，南共举行了中央全会，对情报局的指责据理驳斥，会议通过了对情报局决议的答复，并决定于6月30日在报纸上全文发表情报局的决议和南共中央对决议的答复。南共中央在答复中认为情报局的指控是"不公正"的，"南共中央拒绝对此承担任何责任"。南共决定全文公布情报局的决议和南共中央对决议的答复，这反映了南共对自己人民的充分信任。事实证明，南斯拉夫人民在受到震惊之后，冷静地思考了面临的严峻现实，没有因此而产生混乱，而是更加紧密地团结在南共中央周围，一起承受和战胜所遇到的困难。

为了渡过困难，南共被迫向西方国家寻求经济和军事援助。有人曾经据此断言，南斯拉夫必然因此倒向资本主义阵营，成为帝国主义的附庸。但南共在接受外国援助时，坚持民族独立自主，在重大原则问题上没有作出让步，南共坚持了无产阶级专政和社会主义道路。

1949年11月，在匈牙利首都布达佩斯举行了情报局第四次会议。苏斯洛夫作了关于《保卫世界和平与反对战争挑拨者》问题的报告，陶里亚蒂作了关于《工人阶级的统一与共产党和工人党的任务》的报告，乔治乌·德治作了关于《南斯拉夫共产党在杀人犯和间谍掌握中》的报告。会议就以上报告通过了相应的决议。

前面两个决议围绕一个中心议题，即如何在新的形势下进一步动员世界和平民主力量，组成国际统一战线，扩大和平运动队伍，为反对帝国主义的战争阴谋而斗争。

情报局决议具体分析了战后国际形势的变化和基本特点，即帝国主义阵营正积极准备新的世界大战，实行军事、政治、经济和思想文化的扩张，扼杀民主自由，破坏世界和平，消灭社会主义，力图建立美帝国主义的世界霸权，而社会主义阵营则反对帝国主义侵略，根除法西斯残余，保卫和平、民主和自由，保卫各民族的独立和领土主权的完整。

决议指出，战后以来，由于社会主义国家在政治上、经济上的发展与巩固，由于中国革命的胜利和民族解放运动的蓬勃兴起，以及各国共产党领导的和平民主运动和工人运动的广泛开展，欧美澳三洲出现了空前未有的革命高潮。帝国主义阵营内，日益加深的资本主义经济危机袭击着整个帝国主义世界，加深了帝国主义的各种矛盾，这就不能不促使帝国主义力图通过战争来改变历史进程。因此，战争的危险是严重存在的。

情报局决议还进一步揭露，美帝国主义大力扶植德日法西斯东山再起，变英法为美国的战争附属。同时，通过"杜鲁门主义"和"马歇尔计划"，建立西欧联盟和北大西洋军事组织，大搞军备竞赛，号召各国人民要保持足够的警惕。

情报局决议还揭露了右翼社会党人的叛卖活动，指出他们为了夺取工人运动的领导权，利用"民主"和"社会主义"的辞藻，极力掩盖帝国主义战争政策的本质。法国的勃鲁姆、拉马第，英国的艾德礼、贝文，德国的舒马赫，奥地利的伦纳、塞尔夫，意大利的萨拉盖特等，是钻进工人内部的分裂主义者，他们是第二国际死灰复燃的产物。

根据上述情况，情报局号召各国共产党勇敢坚定地举起民族独立、民主自由和保卫世界和平的旗帜，努力统一工人阶级队伍，组成最广泛的统一战线。决议特别指出，工人阶级队伍的团结和统一，是保证这一斗争获得胜利的前提条件，是统一战线的坚强领导核心，必须集中全力做好这一工作。

南斯拉夫共产党在第三次情报局会议后，继续坚持独立自主，这使情报局对南共的批判再次升级。会议通过的关于《南斯拉夫共产党在杀人犯和间谍掌握中》决议中说："从情报局上次会议后所经过的这一时期内，铁托集团已从资产阶级民族主义立场完全转到法西斯主义和公开出卖南斯拉夫民族利益的立场上去了"，"贝尔格莱德受人雇佣的间谍和杀人犯集团，公开与帝国主义反动派勾结，并已在为反动派效劳服务，在布达佩斯举行的对拉伊克—布兰科夫的审讯已最明显地揭露了这一点"。"现今成分的'南斯拉夫共产党'既已落入人民公敌的凶手和间谍手中，所以它已丧失了命名为共产党的权利，它现今不过是执行铁托—卡德尔—兰科维奇—吉拉斯集团间谍任务的机关而已。"

历史实践证明，情报局对南斯拉夫的两个决议都是错误的。情报局的两个决议把南共排斥于国际共产主义运动之外，造成了战后国际共运的第一次分裂，引起了革命队伍的混乱。

对日共的批评

1948 年 1 月中旬，共产党情报局在贝尔格莱德举行第二次会议时，决定成立情报局机关刊物《争取持久和平，争取人民民主!》，常设编委会，它由九国党各派代表一名组成，苏共代表帕·尤金任主编。

《争取持久和平，争取人民民主!》创刊号于 1947 年 11 月 10 日在贝尔格莱德正式出版。最初用俄文、法文两种文字出版，每月出两期。1948 年 7 月，编辑部迁至布加勒斯特。1949 年 9 月 16 日起，该杂志改为每周出一期。1952 年开始，陆续增加到用俄、中、法、英、意、德、西班牙、波兰、捷克、斯洛伐克、保、匈、罗、阿尔巴尼亚、瑞典、朝鲜、日本、阿拉伯和荷兰 19 种文字出版。

1950 年 1 月 6 日，《争取持久和平，争取人民民主!》以观察家的名义，发表了《关于日本的形势》的评论，批评了日本共产党领导人野坂参三（冈进野）的右倾机会主义观点。野坂参三在 1947 年 1 月向日本共产党第二次代表会议作的报告及其他讲话文章中多次宣称，处在美国占领制度下的日本，具备通过议会道路和平过渡到社会主义的一切必要条件。他说："占领军的留驻是旨在解除日本的武装，同时旨在从极权政策之下解放日本人民，旨在使日本成为民主国家。盟国军队之占领日本并无意于使日本变成殖民地。""已经有了这种可能性，即无产阶级政党，或者能够经由在议会中赢取多数而成立自己的政府，并经由摧毁官僚机构及其武力而掌握政权。换言之，已经有了经由议会的，民主的方法而赢取政权的可能性。"评论指出，"野坂的'理论'与马克思主义列宁主义毫无任何共同之处。其实，野坂的'理论'乃是反民主、反社会主义的理论。它仅仅有利于在日本的帝国主义占领者和日本独立之敌。因此，野坂的'理论'同时也是一种反爱国主义的，反日本的理论"。

日共领导人对情报局的批评表示不能完全同意。1950 年 1 月 12 日，日共中央政治局发表声明，表示野坂的错误"已经被克服"，并且认为情报局刊物的批评是"没有考虑到"日共的处境，因而不同意批评的结论。

但在 1950 年 1 月 20 日，日共中央第十八次扩大全会又发表了下列声明：

"中央委员会一致同意情报局论文的积极的意义。中央委员会然后批准下面野坂参三同志的自我批评。野坂参三说：情报局所指出的我的文章中的理论是原则的错误，虽然那时在国内与国际的形势中存在着一些特殊情况。以后我了解到我的错误，并努力克服错误，但是我没公开地明确地摆脱这个错误，甚至后来我又到处发表了类似的意见，虽然这并非我的主观意愿。这又是我的错误。因此我今后将力求不重犯这类错误，并且要不辜负国际无产阶级的期望。"

1956 年 4 月，保、罗、匈、意、波、苏、捷、法八国共产党的代表在莫斯科开会，决定解散共产党和工人党情报局。1956 年 4 月 17 日，情报局机关报《争取持久和平，争取人民民主！》公布了关于结束共产党和工人党情报局的活动的公报。公报指出，最近几年国际形势发生了变化，社会主义已经超出了一国的范围而成为世界体系，广大和平地区已经形成，各兄弟党得到成长和巩固，这一切为各国党的活动创造了新的条件，而情报局无论就它的组织成员，还是就它的活动内容来说，都已经不适应这种新条件了。因此决定，结束情报局的活动，停止情报局的机关报《争取持久和平，争取人民民主！》的出版。并希望各国共产党和工人党继续加强合作，加强联系，以利于和平、民主和社会主义事业的发展。

情报局自成立以来共开过四次会议，其中两次专门讨论南斯拉夫问题，并在苏联的压力下通过了两个关于南共的错误决议。这完全违背了原订的"就共同关心的问题交换意见，在互相协议的基础上，配合各国党的活动"的宗旨。实际上反映了苏共领导把情报局作为发号施令的工具，暴露了其大党大国主义的倾向。情报局的活动时间虽然不长，但为战后国际共产主义运动的分裂开创了先例，对国际共产主义运动没有起到积极的作用。

本文参考书目：

[1]　弗拉吉米尔·杰吉耶尔：《铁托传》，北京 1977 年版。

［2］　霍夫曼和尼尔:《南斯拉夫和新共产主义》,北京 1963 年版。

［3］　胡佛:《论美国的道路》,纽约 1949 年版。

［4］　《共产党情报局会议文件集》,北京 1954 年版。

［5］　《九国共产党情报会议》,莫斯科 1948 年版。

［6］　《卡德文回忆录》,北京 1981 年版。

［7］　齐里亚斯库:《南斯拉夫的铁托》,北京 1963 年版。

欧洲共同体的产生及其活动

伍贻康

欧洲共同体是 1952 年成立的欧洲煤钢共同体以及 1958 年成立的欧洲经济共同体和欧洲原子能共同体的总称。它是若干西欧资本主义国家在第二次世界大战后特定的历史条件下，为加强西欧联合而自愿结成的国际垄断联盟。30 多年来它在成员国联合的广度和深度方面逐步发展，目前不仅成为世界上最大的经济贸易集团，同时也是国际政治力量格局中重要的一极。

产生的历史背景和政治、经济基础

西欧地域不大，国家众多，历史上一直相互征战不休。早在 14 世纪初就出现欧洲统一的思想。1305 年，诺曼底的一个法学家 P. 杜波依斯倡议建立统一的欧洲国家。以后查理五世和亨利四世等封建国王妄想统一欧洲，拿破仑则试图通过战争创建一个欧洲联邦。第一次世界大战后，"泛欧主义"思想十分流行，奥地利的卡内基、法国的白里安和赫里欧、德国的施特莱斯曼等人先后提出建立"泛欧联盟"、"欧洲联邦"或"欧洲合众国"的主张。但所有这一切，不是纸上谈兵就是彻底失败。第二次世界大战末期和战后，为了复兴西欧和防止新的大战再起，欧洲联合成了西欧政界中时髦的话题，有关欧洲联合的方案、条约和组织机构也相当多，其中把西欧联合付诸具体行动，并推进了西欧经济和政治一体化的，就数以欧洲煤钢共同体为开端的欧洲共同体。它的形成有深厚的政治基础和经济基础，主要的因素在于战后国际形势和力量对比的变化促成了西欧联合。

第二次世界大战大大改变了欧洲形势和国际关系的格局，战前几个大国的角逐已为战后两强对立所代替，美苏两国在欧洲和世界范围形成政治和军事的对垒，而英、法、德等国的经济、政治和军事实力以及国际影响都显著地削弱了。在世界经济中西欧国家的地位已远非昔比，工业产值在世界工业总产值中所占比重，1937 年为 34%，1951 年只占 26%。至于政局更是动荡不稳，一度只是依赖于美国的军事保护、政治支持和经济援助才得以维持。

在四五十年代动乱的国际形势下，为了增强同美苏抗衡，提高西欧在国际事务中的地位和作用，西欧国家唯有走联合自保、自强的道路。

另外，战后科学技术的迅猛发展，使生产社会化和国际化向更深更广的方向发展，国际分工、国际贸易和国际投资迅速扩展，跨国公司迅速增长，越来越多的商品、资本和劳动力出现国际交流的情况。各国经济的相互依存性大大加强，经济生活国际化已发展到一个崭新阶段。这种发展受到了资产阶级国家壁垒的阻碍，而生产力的发展则要求打破这种壁垒，为商品的自由流通、资本和技术的协调合作扫清道路。与此同时，国家垄断资本主义也空前发展，国家的经济职能不断扩大和加强，而经济生活国际化和国际间竞争激烈，也使国际经济调节和干预成为必要。在现实条件下，由于垄断资本集团之间、帝国主义国家之间矛盾日益激化，这种国际经济协调和联合只能表现为利益相近的国家结成区域性经济集团。

西欧国家幅员不大，资源相对贫乏，但生产力发达，客观上需要国际分工和国际市场。而实际状况是，西欧高度发展的生产和资本国际化同狭隘的国家市场之间的矛盾显得特别尖锐。早在两次世界大战期间，西欧国家已组织过欧洲大陆钢铁卡特尔和欧洲铝业辛迪加之类地区性垄断资本国际联盟。战后，国家垄断资本主义的进一步发展，为国家出面组织一体化经济集团提供了必要的基础。

法国和联邦德国和解是实现西欧联合的关键和政治基础。历史上几百年的战乱，在西欧各国间播下了仇恨和猜忌的种子。尤其是法国和德国，近百年中曾发生过三次大战。第二次世界大战后德国处于分裂状态，美国为贯彻其全球战略，决心复兴联邦德国。而西欧联合既缺不了法国，也少不了联邦德国。怎样对待德国，实现法德和解，是西欧联合的关键。

战后初期，美国在西欧居于主宰地位，为实现其全球霸权战略，它既想控制西欧，又不愿过分卷入欧洲事务；既想同苏联争夺欧洲，又不愿单枪匹马与苏联对抗。因此主张促进西欧国家联合，使西欧在同美国紧密结盟并受美国控制的基础上，成为与苏联抗衡的一股重要力量。复兴联邦德国和支持西欧一体化是当时美国对西欧政策的核心。40 年代后期，在美国的撮合或操纵下，西欧相继建立了一系列松散的经济、金融、政治和军事联合组织。但是美、英、法之间在如何对待联邦德国，把它纳入西方体制内还存在分歧，主要是法国惧怕联邦德国的复兴会重新构成对法国的威胁。后来在美国的压力和协调下，法国政府终于接受了法德和解方针，同意联邦德国加入西方联盟体系，但要求联邦德国力量受到抑制，甚至最好能驾驭联邦德国，以确保法国的安全及其在欧洲的地位。由于联邦德国政府的低姿态和争取法国谅解的主动性，一个把德国问题和西欧一体化联结在一起处理的方案在西方国家取得一致意见。这样，法德和解并结成集团伙伴关系，就为实现西欧一体化去掉了一个重要障碍。

欧洲共同体的形成和扩大

（一）欧洲煤钢共同体的建立

1949 年 8 月在德意志联邦共和国建立前夕，法国外长舒曼访问联邦德国，他在同阿登纳会谈时谈到法德两国之间永久的经济联合。1950 年 3 月，联邦德国总理阿登纳公开呼吁建立"德法联盟"以作为"欧洲合众国的奠基石"。他具体提出关于"欧洲政治联盟"的倡议，要"在联合起来的欧洲建立第三种力量"，并认为这"可以从关税和经济着手，使两国逐步结合"。"通过这样的步骤，法国对于安全的要求可以得到满足，同时也能够制止德国的民族主义抬头。"与此同时，法国政界也在讨论如何从经济入手实现西欧一体化。法国政府经济智囊、著名的欧洲联邦主义者让·莫内着手秘密起草建立"欧洲煤钢共同体"计划。该计划要点是："第一，欧洲联盟只能通过建立一个超国家的机构来实现它的成员国应把任何需要共同行动的事务的权力完全交给这一机构；第二，这个欧洲联盟必须包括德国，而且作为德国宿敌的法国，应该首先作出和解的姿态；第三，这一联盟应开始把法德憎恨和猜疑的根源——鲁尔和洛林地区，从国家政府的监督管理下完全脱离出来，置于新的超国家机构的管辖下，该机构应有权管理课税、订货、征用和创办在法国、德国以及其他愿意参加共同体的欧洲国家的全部煤炭和钢铁企业。"

舒曼外长接受了莫内的计划，并迅速提交法国内阁通过。1950 年 5 月 9 日，舒曼公布了关于"建立欧洲煤钢共同体"的声明，即通常所谓的"舒曼计划"。舒曼声称："欧洲是不可能一蹴而成地建成统一大厦的，它必须通过各种具体实践，首先要做到事实上的团结。"为此，"法国政府建议将法德两国的整个钢、铁、煤炭生产置于共同管理之下，而这个组织对所有其他欧洲国家是敞开大门的"。"通过关键工业的联营和建立一个新的共同的机构，这个机构作出的决定对于法国、德国和将来参加该机构的其他成员国都具有约束力——必将为创建一个对于维护和平所必需的欧洲联邦奠定初步的牢固的基础。"

舒曼计划发表的当天，联邦德国阿登纳表示"舒曼计划完全符合我长久以来所主张的关于欧洲基础工业联营的设想"。因为"重整军备首先总是在煤、铁、钢的增产过程中显其端倪。如果建立起如舒曼所建议的那种机构，那么两国中的任何一国都能够觉察到对方重整军备的初步迹象，这对法国将起着极大的安定人心的效果。"而实际上，联邦德国把参加欧洲煤钢共同体看作是有助于彻底结束被占领状态，加速联邦德国恢复独立自主和西方平等伙伴地位的重要步骤。

舒曼计划也得到意大利、荷兰、比利时、卢森堡的支持。这四个国家也期望通过西欧一体化来保护自身的地位和利益。

从 1950 年 6 月 20 日起，法、联邦德国、意、荷、比和卢六国在巴黎经过 10 个月讨价还价的谈判，于 1951 年 4 月 18 日下午在巴黎法国外交部签署了为期 50 年的"欧洲煤钢共同体条约"，即巴黎条约。条约包括序言、100 条条款和若干附件，确定共同体的基本任务是建立煤钢共同市场，取消有关关税和商品数量限制，调整运费率和价格，对生产进行必要的干预，1952 年 8 月成立了超国家的权力机构——高级机构，该机构负责协调成员国煤钢生产，保证共同体内的"有效竞争"，拥有决定共同体的生产、投资、价格、原料分配和发展或停闭某些企业的权力，并掌管共同体的对外关系。该机构作出的决定对各成员国有约束力，并规定该机构的成员"在履行其职务时不得接受政府和其他方面的命令"。负责法国经济重建工作的法国装备与现代化委员会主任让·莫内担任第一届高级机构的主席。此外，煤钢共同体还设有部长理事会、议会和法院等机构。欧洲煤钢共同体的建立是有重要意义的，它促进了法德和解，为实现西欧联合奠定了基础。

（二）欧洲经济共同体和欧洲原子能共同体的建立

随着欧洲煤钢共同体的建立，西欧六国经济加速发展，尤其是联邦德国经济出现"奇迹"般的高速增长，同时六国间经济相互依存，紧密联系也大大加强，这为进一步推进西欧一体化创造了条件。

但是，关于建立欧洲防务共同体的条约，主要是由于法国内部政治力量之间的激烈斗争，于 1954 年 8 月遭法国国民议会的否决而流产。一份欧洲政治共同体计划在 1955 年春经六国交换意见后，也因时机尚未成熟而被搁置下来。在这种情况下，共同体六国深深认识到，如不首先从经济联合着手，推进经济一体化，那么任何政治上加强联合的努力都是徒劳的。于是它们决心大力加速西欧经济一体化的步伐。

1955 年 5 月，荷、比、卢三国外长联合提出倡议，主张扩大经济一体化的范围，成立全面关税同盟。同年 6 月，共同体六国外长在意大利的墨西拿举行会议，讨论这一倡议，同意把欧洲煤钢共同体推广到其他经济部门，决定创立西欧共同市场。会议任命比利时外长斯巴克主持由各国政府代表和专家组成的筹备委员会（也称"斯巴克委员会"），负责起草建立欧洲经济共同体和欧洲原子能共同体的计划。次年 4 月，一份以斯巴克命名的报告拟定出来，在它的基础上经过紧张的磋商和激烈的争论，1957 年 3 月 25 日，西欧六国又在罗马同时签订了建立"欧洲经济共同体"条约和"欧洲原子能共同体"条约，即两个罗马条约。条约分为六大部分，248 条，并附有 11 份议定书和 3 个专约。条约都是无限期的。决定建立西欧共同市场，消除各种国家障碍，把经济一体化从煤钢两个基本工业部门扩展到国民经济各个领域。首先实现关税同盟，对内逐步取消关税和限额，对外筑起统一的关税壁垒，进而实现成员国间的商品、资本、劳动力和劳务的自由流通，以达到"在整个共同体内促进经济活动的和谐发展，不断地和平衡地扩展，稳步地日益增长，生活水平加速提高，以及各成员国间关系越来越紧密"的目标。

罗马条约经六国议会批准，于 1958 年 1 月 1 日生效，欧洲经济共同体正式诞生。与煤钢共同体不同，欧洲经济共同体的政治色彩要淡薄些，这在两个条约的序言中明显反映出来。巴黎条约的序言谈到共同体的目标，5 条中有 4 条说的是"和平"和"流血冲突"；而罗马条约序言所述目标，8 条中只有最后一条谈到"促进和平与自由"，其他都是经济方面的内容。这是因为成员国已摆脱了战乱灾难的恐惧不安状态，相互间尤其是法国和联邦德国之间的信任有所加强；同时随着生产和生活水平的迅速提高，它们对社会经济问题予以更多的重视了。

（三）共同体的机构体制和职能

根据罗马条约，欧洲经济共同体和欧洲原子能共同体各自设立部长理事会和执行委员会，并同煤钢共同体一起共有一个议会和法院。总部设在布鲁塞尔。

与煤钢共同体不同，欧洲经济共同体的超国家特性明显减弱。随着政治重点的转移和经济一体化包括了经济所有部门，共同体机构的权力重心也起了重大变化。根据巴黎条约规定，"高级机构的职责是保证实现本条约所规定的各项目标"。部长理事会的主要职责是协调高级机构和成员国政府间的行动，起一种保证作用。而根据罗马条约规定，"为了保证实现本条约所规定的目标，并按照本条约所规定的条件，部长理事会应保证成员国一般经济政策的协调，并行使决定权"。而相应于高级机构的执行委员会，基本上是一个执行机构，但为了在部长理事会和执委会之间维持一定的平衡并相互制约，条约赋予执委会参与决策的动议权，即只有执委会才能起草、制定和提出议案以供部长理事会审议通过。这一权力重心的变动反映了国家主权意识的加强和有意回避敏感的、多次遭受挫折的政治一体化的争论。由于经济一体化范围的扩大，涉及国家主权利益更多，且共同体今后任务更广泛而复杂，成员国必然在政治上谨慎些，把行使一体化的主要权力保留在各国政府手里，而不是交给超国家的共同机构。不过共同体内部一直存在着超国家倾向与维护国家主权倾向的斗争，这一斗争贯穿于整个西欧一体化的进程。

三个共同体并存，其中两个共同体只涉及个别部门一体化，而欧洲经济共同体则是涉及全面经济一体化，明显居于主要地位。由于某些任务，机构和活动的重叠，带来许多不便和烦琐，于是随着一体化的进展，要求合并共同体和合并三个条约的呼声日益高涨。1965 年 4 月共同体六国签订条约，决定从 1967 年 7 月 1 日起合并三个共同体的主要机构，即继单一的议会和法院之后，又把部长理事会和执委会分别合为单一机构。不过，合并共同体及其创建条约的事被搁置下来。1967 年 7 月 1 日实现了主要机构的合并，三个共同体虽还继续独立存在，并行使某些专门职能，但合称为欧洲共同体。

目前欧洲共同体的主要机构及其职能是：

1. 部长理事会：决策机构，负责协调成员国的社会经济政策并制定共同的政策。理事会由成员国政府各派一名部长组成（通常由外交部长代表，举行会议时视讨论的问题而由职能主管部长出席），主席由成员国按国名字母顺序轮流担任，每届任期半年。会议表决方式有简单多数、特定多数和一致通过三种，凡重要的实质性问题都需一致通过，每一成员国都有否决权。理事会通过的决议和法规，对所有成员国及其公民都有约束力。

2. 执委会：负责条约的实施和共同机构决策的执行，起草提案和建议，供理事会讨论，代表共同体与非成员国和国际组织联系和谈判，管理共同体的财务和日常工作。目前执委会由 14 人组成，由成员国政府推荐并经协商一致后任命，其工作只对共同体负责，不接受各国政府指令。执委会以简单多数表决，决议需经理事会批准才能生效。

3. 欧洲议会：咨询和监督机构，但对部分共同体预算有审议权，还有权以 2/3 多数的不信任票，迫令执委会辞职。1979 年 6 月举行首次普选，由各成员国公民直接选举 434 名议员，但他们不是按国别而是按党派组成议会党团。

4. 审计院：由 10 名审计官组成，负责审核共同体的一切收支账目，监督共同体预算的使用。

此外，1974 年 12 月决定，把原来不定期的成员国国家和政府首脑会议定期化，每年举行 3 次，后定名为欧洲理事会，负责商讨和决定共同体内外事务的大政方针。

共同体还有 70 多个附属性或专门性机构，如经济和社会理事会、常设代表委员会和欧洲投资银行等。

（四）共同体的扩大

战后英国急剧衰落，但统治集团中还有许多人做恢复昔日大英帝国的美梦。1948 年丘吉尔提出以"英美特殊关系"为基础的"三环外交政策"（"三环"即英美联盟、一个联合的欧洲、英联邦），企图由英国在每一环中起重要作用，竭力维持英联邦的传统联系，并利用欧洲大陆各国间的矛盾来驾驭西欧。因此当六国酝酿筹组煤钢共同体和经济共同体时，英国自恃经济竞争能力尚存及其"世界大国"的地位，一再拒绝加入共同体，1956 年 11 月甚至提出建立欧洲"大自由贸易区"方案，试图阻止欧洲经济共同体的成立。在这一计划失败后，1960 年又联合丹麦、挪威、瑞士、奥地利和葡萄牙等建立七国欧洲自由贸易联盟（简称"小自由贸易区"）。但很快表明该联盟非共同体的对手，英国从该联盟相互减税中所得好处，还不能抵偿它受共同体排斥而在贸易上所受的损失。随着共同体的顺利进展，英国通过痛苦抉择，于 1961 年 8 月正式申请加入共同体。追随英国加入的还有爱尔兰、丹麦和挪威。然而，这时法国戴高乐力图借助共同体来建立介于美苏两个超级大国之间的第三种力量，即"欧洲人的欧洲"。戴高乐从反对美国控制的立场出发，认为英国申请加入共同体是美国的"特洛伊木马"计，是要把欧洲共同体融化到大西洋集团中去。因此，1963 年 1 月和 1967 年 11 月两次否决英国的申请。

后来，戴高乐的辞职以及联邦德国经济实力的日益增长及其国际政治地位的提高，使得英国申请加入共同体一事的形势发生变化。法国新总统蓬皮杜考虑用加强法英关系来制约联邦德国，决定不阻止英国加入共同体。1972年1月22日，共同体六国同英国、爱尔兰、丹麦和挪威签订了协议，同意加入共同体，但是挪威公民投票否决了这一加入协议，这样直到1973年1月1日欧洲共同体从六国扩大到九国。英国等国的加入，使共同体进入了一个新的阶段，增强了共同体同美、苏超级大国的力量对比，成为国际力量格局中的一个真正力量中心。

1975—1977年，希腊、葡萄牙和西班牙也先后申请加入共同体。虽然这三国经济相对落后，接纳进来将会给共同体在经济和财务上带来一系列新的麻烦和问题，但从政治和安全的战略角度考虑，共同体原则上同意接纳，决定分别谈判，成熟一个，接纳一个。1981年1月1日，希腊成为共同体的第10个成员国；与葡、西的谈判主要涉及地中海农产品处理问题，1986年1月1日，两国也正式加入了共同体。这样成员国增加到12国，面积有225万平方公里，人口达3.2亿多。目前土耳其已正式提出加入共同体的申请。

共同体接连不断地扩大，显示西欧国家相互依存、加强联合处于继续发展的进程中。尽管70年代中期以来，共同体的经济一体化因经济危机和内部矛盾加剧而陷入停顿状态，但以欧洲共同体为代表的西欧联合趋势，在当前特定的历史条件下，是不可逆转的历史潮流。

欧洲共同体的主要政策

三个共同体顾名思义基本上都是经济性质的，在三个建立共同体的条约中也没有明确提出政治一体化的目标。然而从实质上说，欧洲共同体事业是政治性质的，如前所述，它的缔造者们只是从经济着手，而目标是朝向政治联盟。欧洲经济共同体的首任执委会主席联邦德国的瓦·哈尔斯坦曾明确地把共同体比作是三级"火箭"。他说："第一级是关税联盟，第二级是经济联盟，第三级是政治联盟。"他强调："政治的目的与经济的目的处于同等优先地位。我们不是做买卖的，我们是搞政治的。"事实上，共同体30年来的活动进程表明，经济是基础，政治是目的，经济一体化和政治一体化是相互补充，交叉进行的。

（一）经济一体化

一般说，共同体的经济一体化在五六十年代进展比较顺利，成效比较明显；1974—1975 年经济危机以后，经济一体化进程基本上趋于滞缓，有些方面甚至出现倒退现象；个别方面虽有进展，但也较微弱和不稳定。

30 多年来主要政策活动进展情况有：

欧洲煤钢共同体建立后，从 1953 年 2 月到 1954 年 8 月共同体 6 国逐步建立了煤、铁砂、废铁、铜、合金铜和特种钢的共同市场。

1959 年 1 月 1 日起，共同体按计划分三个阶段逐步取消成员国之间工业品相互贸易的关税和限额，并建立共同对外关税率。结果提前一年半于 1968 年 7 月实现了关税同盟，使工业品在共同体内基本上自由流通。不过非关税壁垒（技术、卫生、安全壁垒和海关烦琐手续等）虽消除了一些，但 70 年代严重经济滞胀出现以来，内部贸易保护主义有重新抬头之势。

1962 年 1 月达成建立农产品共同市场的协议，开始实施共同农业政策，逐步对谷物、大米、猪肉、牛肉、蛋品、家禽、蔬菜、水果、牛奶和酒类等农产品实行统一管理制度，在共同体内部取消农产品关税，每年为农产品确定共同价格，建立"欧洲农业指导和保证基金"，实行干预性收购制度，并推进农业结构改革，对外则实施统一的农产品保护政策，对进口农产品征收差价税，对出口农产品给予出口补贴。

1969 年过渡时期结束时，共同体成员国之间基本上实现了人员自由流动，成员国公民不需护照、不受歧视地可在共同体内自由往来。在就业、居住、工资报酬、劳动条件、职业教育、工会权利和社会保险福利等方面享有同所在国公民同等的权利。

在 12 年过渡时期基本任务完成后，共同体决定把建立经济和货币联盟列为一体化的进一步目标。1971 年 2 月开始着手建立经济与货币联盟，制订分三个阶段、到 70 年代末完成任务的计划。由于美元危机和布雷顿国际货币体系的崩溃，加上能源危机和经济危机的严重打击，欧洲金融货币市场动荡加剧，该经济与货币联盟计划还未进入第二阶段就搁浅了。直到 1979 年 3 月除英国外的共同体八国又建立了欧洲货币体系，其主要内容是：创立欧洲货币单位作为制定各国货币平价的标准和成员国间的结算手段；规定成员国货币汇率波动的制度，以欧洲货币单位为基准，确定中心汇率和上下限各为 2.25% 的货币汇率波动幅度（意大利里拉可放宽到 6% 幅度），在欧洲货币合作基金的基础上，进而成立欧洲货币基金，由成员国交纳黄金外汇储备的

20%加上与此等值的各国货币构成。这是朝建立一个独立的西欧货币稳定区方向发展的重要步骤，它为稳定成员国间货币汇率，削弱美元的影响，保证关税同盟和共同农业政策继续正常运转创造了条件。但是，80年代新的严重经济危机使欧洲货币体系的进展趋于迟缓。

共同体还实行了共同的对外贸易政策，执委会承担对外联系和谈判的工作，经部长理事会授权，拥有签订贸易条约和协定的权力。现已签订了上百个条约和协定。它从1973年起已同欧洲自由贸易联盟成员国建立了世界上最大的18国"欧洲自由贸易区"。它已同非洲、加勒比海和太平洋地区61个国家签订了在贸易、财政和工业技术上加强合作的《洛美协定》，并对发展中国家实施普遍优惠制。

此外，共同体国家还确定了统一的增值税制度，逐步做到共同体预算（近几年都在250亿美元左右）财源自给，除共同农业基金外，又先后建立了地区开发基金、欧洲社会基金、发展援助基金等。在运输、能源、渔业、地区开发、研究和技术、环境保护和竞争管理等方面力图协调成员国政策，并制定共同的政策。但由于矛盾重重，这方面进展滞缓，成效不大。

（二）政治一体化

同经济一体化进展情况基本相反，共同体的政治一体化在五六十年代屡遭挫折，无实质性进展，70年代里却在加强成员国政府间政治合作方面取得明确的实质性的进展。

1960年7月法国总统戴高乐和联邦德国总理阿登纳会晤，再次提出加强西欧政治合作，建立政治联盟的主张。1961年2月和7月共同体六国首脑两次聚会商讨了这个问题，通过了一项"政治合作"宣言，成立了以法国驻丹麦大使伏歇为首的特别委员会，负责起草政治联盟方案。同年11月"伏歇计划"拟成，这是戴高乐"欧洲邦联"思想的具体化。它建议建立"国家联盟"，制定和执行共同的外交政策和防务政策，规定设立理事会在首脑一级和部长一级每年各会晤三次，采取全体一致通过的表决程序；建立一个咨询议会，设立由各国外交部高级官员组成的政治委员会，协助理事会处理日常工作。该计划经六国外长讨论后遭否决，这是长期"邦联"和"联邦"之争，实质上是法国和联邦德国争夺西欧领导权之争的反映。实践表明这种政治一体化目标和计划的争论，既阻碍政治一体化的具体进展，也对经济一体化进程起到破坏作用，矛盾的激化只会引起共同体的危机。1965年6月到1966年1月间法国对共同体实行"缺席抵制"，就是这种矛盾激化的结果。

1968 年苏联出兵捷克和共同体 12 年过渡时期结束，使政治一体化问题再次提上日程。1969 年 12 月六国首脑会议发表公报，决心"为一个统一的欧洲铺平道路"，使欧洲"在明天的世界上承担起自己的责任"。1970 年 10 月六国外长会议通过"关于欧洲政治统一的报告"，决定开辟共同体活动的一个新领域——外交政策的合作，建立外交政策的专门协凋机构——讨论政治合作的外长会议，争取共同体成员国在重大国际事务中采取共同的立场，"用一个声音说话"。这种摈弃"联邦"和"邦联"之争，采取针对现实问题寻求协调一致的务实态度，既符合形势发展的客观需要，又能为各国所一致接受，是共同体国家加强政治合作的积极步骤。1973 年 7 月共同体九国宣布：在涉及欧洲利益的问题上，"各国原则上保证，在没有同自己的伙伴在政治合作的范围内协商过的情况下，不最终肯定本国的态度"。1975 年起，共同体成员国又进一步把首脑会议制度化，每年举行三次。这一整套政治合作的机制，使共同体成员国近 10 年来，得以在一系列重大国际事件上常常发表表明共同立场的联合声明，在重要国际政治和经济会议上也能积极协商彼此的立场，采取联合行动，更多地开展有别于美国，维护西欧利益的独立自主外交。

在对外关系方面，共同体虽还不具有国家的地位，但已具有一个政治实体的若干职能。它可以同非成员国建立正式关系，派遣和接受外交使团，到 1982 年底，已有 120 个外交使团派驻共同体，共同体也已在联合国取得了观察员地位，参与 50 个左右国际组织的工作活动。布鲁塞尔已成为仅次于纽约的当今世界最大的国际活动中心。

此外，1979 年 6 月共同体实现了罗马条约规定的直接普选欧洲议会议员，这不失为推进政治一体化的一个步骤，并可能对西欧一体化的未来进程产生影响。加强防务合作就是一个信号。防务合作本不属共同体的职能范围，但 70 年代以来，成员国在欧洲防务和武器标准化等方面加强协调合作，普选产生的第一届欧洲议会，1980 年把欧洲防务问题首次列入议事日程，这是共同体机构开始涉及欧洲防务的一个标志。1983 年 1 月欧洲议会通过"欧洲政治合作与欧洲安全"的决议，强调西欧"已在逐渐形成一种共同的安全概念"，主张议会今后应就那些与欧洲安全有关的问题进行辩论和作出决议。这无疑有利于加强共同体的政治合作。

（三）一体化近年来的新进展

1986 年欧洲一体化的进程进入了一个新阶段。是年 2 月，共同体 12 国签署了一项《单一欧洲文件》，对《罗马条约》作了修改和补充。该文件经成员国议会和公民投票的批准，已于 1987 年 7 月 1 日起生效。文件规定，将在 1992 年年底前，在共同体内建成一个真正的内部市场，即"一个没有国界的区域，在这个区域内，商品、人员、劳务和资本的自由流动得到条约条款的保证"，并赋予共同体以一定的货币和政治职能，使已经建立的欧洲货币体系和政治合作机制正式纳入共同体活动的范围。

该文件还就改善共同体的决策机能作了决定：扩大部长理事会中多数表决程序的实施范围。今后在内部市场、经济与社会一致性、科研和技术以及环境保护等方面有关一体化的议案，多数表决通过成为理事会的基本决策程序。文件还赋予欧洲议会参与共同体立法的权限，加强了执委会的执行权。文件还要求共同体以多种多样的方式加强成员国间的科技合作。

近几年共同体在加强科技合作方面取得令人瞩目的进展，相继制订了几个中长期科技发展计划，如工业技术发展计划、生物工程计划、欧洲信息技术研究和发展战略计划。目前就科研发展总体规划已达成了协议。此外，1985 年 4 月提出的"尤里卡计划"已超出共同体范围，有 19 个国家参加，迄今已定科技合作项目 109 个，总值约 40 亿美元。

防务合作的步伐也在加快。成员国间军工生产的合作迅速扩大，并正在酝酿安全方面的更广泛的合作。法国已提出建立欧洲安全防务共同体的设想。联邦德国提出组建法德联合旅一事已列入议事日程。已经沉睡了 30 多年的西欧联盟（1955 年 5 月根据 1954 年 10 月签订的《巴黎协定》由布鲁塞尔条约组织改组而成）开始复苏，召开了创建以来的首次外长和国防部长联席会议，决定成立军备控制、防务与安全以及军工合作三个机构，建立尖端武器研究基地，足见西欧加强防务合作的势头。

欧洲共同体的性质和作用

（一）共同体的两重性

欧洲共同体是以垄断资本占主导地位的一些资本主义国家组成的国际联盟。这种在特定历史条件下形成和发展起来的国际垄断联盟，决定了它在经济和政治、内部关系和对外关系各个方面，无不具有鲜明的两重性。它既有适应生产力发展需要，使生产关系的某些环节得到一定程度调整的一面，又有力图保障资本主义秩序，保护垄断资本集团的基本权益，加强资本主义经济剥削和政治统治的另一面，它既有维护成员国的国家主权和民族独立，反对超级大国霸权主义和扩张政策的一面，又有竭力维护成员国在当前国际经济和政治结构中既得利益，并对发展中国家渗透和剥削的另一面。这种两重性决定了欧洲共同体不可避免地受到资本主义经济和政治发展的客观规律的制约，决定了它的作用和影响的历史局限性。

共同体是带有一定超国家性质的主权国家联合体。它要在主权国家协商一致的基础上，把一部分原由国家行使的权力让渡给共同体，或由国家和共同体分享权力。由于归根结底共同体是立足于成员国国家垄断资本主义基础上的，因此，这一错综复杂的体制结构在制定一体化政策，实行共同调节活动时，必然产生种种矛盾。鉴于各成员国首先和主要是为本国争取利益，因而它们之间不仅在联合的目标、内容和方式等方面存在分歧，而且资本主义经济和政治发展规律，决定了共同体内部国家之间、社会集团之间、地区之间发展不可能平衡，利益不可能完全一致，势必出现矛盾纷争。这具体表现在法国、联邦德国、英国几个大国争夺领导权的矛盾，大小国家之间、发达程度不同的国家之间、工业品出口国同兼有大宗农产品出口的国家之间的矛盾，也还有不同垄断资本集团之间、工业地区和农业地区之间、发达地区和落后地区之间的矛盾。这些矛盾和差异并没有因共同体的国际调节而消除，而是在新的情况下不断产生新的矛盾和冲突。"邦联"和"联邦"之争、贸易保护主义和非关税壁垒的增设、许多协调措施和共同体政策的难产和遭否决，以及近几年围绕共同农业政策和共同体预算收支制度的矛盾斗争等等，都是这类矛盾的集中反映。这些矛盾的存在和发展，尤其在经济危机和严重滞胀时期，对共同体的团结、国际调节、一体化进展和统一对外战略，都起了阻碍和破坏作用。

也正因为欧洲共同体是立足于国家垄断资本主义的基础上，因而它的活动虽局部地暂时地缓和了成员国内在的资本主义基本矛盾，促进了经济贸易发展，但无法使成员国摆脱和消除经济危机、失业和通货膨胀等通病的困扰。1973年以来，共同体各国接连两次发生战后最严重的同步性经济危机，竟无一国得以幸免。鉴于近10年来共同体的状况充满危机和困难，内部矛盾重重，问题成堆，经济一体化陷于停滞，共同体执委会主席托恩承认，目前共同体"正经历其历史上最困难的时期"，发生了"共同体正处于危急之中"的警告。

（二）共同体的作用和影响

回顾欧洲共同体已走过的30多年历程，在阐明其历史和阶级局限性基础上，下列几点积极作用应予肯定：

第一，促进了共同体内部贸易的增长，规模经济有利于经济发展。

共同体建立的直接结果是，大大促进成员国对外贸易，尤其是成员国相互贸易的飞速增长。1955—1972 年，共同体六国出口贸易增长了 5.5 倍，而同期全世界出口贸易只增长了 3.3 倍。这期间成员国相互贸易的增长高达 9 倍之多，年增长率为 14.4%，而同期世界出口年增长率只有 9.1%。由于商品自由流通，加剧了成员国内企业的竞争，促进投资增加，设备更新，管理改善，加强专业化协作和国际分工，从而提高了工农业劳动生产率。同时联合地推动科研和新兴尖端部门的发展。哈尔斯坦认为："联合意味着能够在一个比过去更大的、更广泛的规模上处理生产、劳动、资本和工业设置的问题，它意味着更多的收益来源，更大的市场，资源的集中和更合理的使用，以及更高的生产率。"

第二，进一步改变了国际经济和政治力量的对比，增强了西欧国家抗衡超级大国的地位和力量，提高了西欧的国际地位。

共同体的存在和发展，改变了西欧同美苏的力量对比。伦敦国际战略研究所所长曾说："西欧国家如果分裂成一小块一小块，那么在军事上面对苏联，就不安全，在经济上面对美国，就不相称。"但联合起来形成集团力量，就使超级大国不得不另眼相看了。目前共同体的人口超过了美苏两国，国内生产总值同美国不相上下，出口贸易超过美国两倍多，黄金外汇储备比美国多 5 倍以上，同苏联相比，其经济实力更是遥遥领先。

随着共同体国家在外交上独立自主倾向的加强，美国对西欧已从昔日颐指气使的主从关系，逐步变成"平等的伙伴关系"。

苏联尽管一贯敌视共同体，但面对共同体的共同外贸政策，苏联领导人只得无可奈何地承认西欧共同体市场是个"现实"，不得不同共同体机构打交道，并以经互会名义主动要求与共同体谈判和签订协定。苏联报刊承认共同体"正在逐渐变成全球性的巨大力量"。

70 年代以来共同体重视加强同第三世界国家和地区集由进行对话，通过谈判签订了许多范围广泛的经贸协定，普遍改善了相互关系。同时，共同体支持开展南北对话全球谈判，强调发达国家和发展中国家建立相互依存关系，把发展同第三世界的关系提高到战略高度，认为这是确保西欧繁荣和安全，防止和阻止第三世界国家被超级大国所"蚕食"之必要，借此在国际事务中发挥所谓"第三种力量"的作用。

　　所有这一切表明，欧洲共同体已成为当时国际舞台上一支不容忽视的重要经济和政治力量，这是任何单独一个西欧国家所无法比拟的。

　　第三，有利于维护西欧的和平与稳定。

　　欧洲共同体是在自愿、尊重国家主权和平等互利等原则下建立起来的。它通过建立一整套比较完整的组织机构和规章制度，使地区国际关系调节的机制发挥作用，协调成员国间的矛盾分歧，寻求利益均衡和相互妥协，避免用武力来解决争端。经过 30 多年的实践证明它们之间没有发生过战争，甚至连武装小冲突也未曾有过。这是 20 世纪以来西欧地区时间延续最长的相对和平与稳定的时期，而且，欧洲共同体的存在和发展对于维护欧洲以至世界的和平也是一个重要因素。因此，从历史的角度来看，共同体的产生及其发展无疑是欧洲历史上一个重要里程碑，具有不可低估的意义和深远影响。

本文参考书目：

[1]　伍贻康等:《欧洲共同体》，人民出版社 1983 年版。

[2]　P. D. Pagtolon, ed., *Basic Problems of E. C.*, Oxford, 1975.

[3]　R. Pryce, *The Polities or European Community*, London, 1973.

[4]　P. Coffey, ed., *The Economic Polities of the Common Market*, Norfolk, 1979.

北大西洋公约组织的建立

阴巧云

1949 年 4 月，美、英、法、意大利、比利时、荷兰、卢森堡、丹麦、挪威、加拿大、冰岛、葡萄牙 12 国在华盛顿举行了北大西洋公约签字仪式。这是美国自建国以来第一次在和平时期同欧洲国家结成政治军事同盟。[①] 北大西洋公约组织的建立，是第二次世界大战以后美国发动冷战，完成以控制西欧为重点的全球战略的重要步骤，也是当时实力虚弱的西欧国家不得不依赖美国保护的结果。在美国让联邦德国加入北约组织以后，苏联与东欧 7 国以建立华沙条约组织相抗衡，欧洲终于形成两大对立的军事集团。

从敦刻尔克条约到布鲁塞尔条约

"杜鲁门主义"和"马歇尔计划"相继实施之后，美国以咄咄逼人之势加紧对欧洲的渗透和扩张。它不仅利用西欧国家政治经济上的困境，乘机加强控制，而且以"美援"为诱饵，拉拢东欧国家，企图拆散东欧各国与苏联的紧密联系。苏联在退出讨论马歇尔计划的 1947 年 6 月在巴黎举行的三国外长会议以后，采取相应的反击措施：与东欧各国签订一系列贸易协定，加强经济联系，成立九国共产党和工人党情报局，并且逐步在东欧国家内部限制王室、天主教和资产阶级政党的政治影响，逮捕和清除了一批反动政客和反苏分子。

当时美国表示非常赞赏比利时外交大臣斯巴克对欧洲局势的分析，认为九国共产党和工人党情报局成立后，欧洲显然存在着"相当程度的西欧'无

---

① 除上述 12 国外，希腊和土耳其于 1952 年 2 月 28 日起正式成为成员国，联邦德国于 1954 年 10 月 23 日亦加入该条约。

组织'状态与东欧的'有组织'状态"。美国感到，西欧国家仅仅在经济上进行合作，远远不足以对抗共产主义的"攻势"，还必须在政治军事上联合起来。

刚刚挣脱德国法西斯灾难的西欧国家，既害怕德国东山再起，又担心美苏在欧洲心脏地区的严重对抗会危及它们的安全，更因国内政治动荡、经济萧条可能导致人民斗争新高潮而不安。战后初期，除了德国西方占领区，欧洲大陆各国的共产党发展很快，有很大影响。法、意等国的共产党在议会中占有大量席位，曾参加联合政府，担任过副总理等职。西欧国家的资产阶级唯恐共产党得到驻东欧的苏联军队的鼓励和支持，会通过竞选和暴动夺取政权。"杜鲁门主义"提出以后，法、意等国垄断资产阶级把共产党人排除出政府。但是法、英、意、比等国出现罢工浪潮，人民群众对政府的不满和反抗情绪有增无减。"恐苏症""恐共症"成了西欧统治阶级的心病。

美国正要利用西欧普遍存在的这种"不安全感"把它们置于自己控制之下，以便"遏制"苏联。1947年12月15日，马歇尔在苏、美、英、法伦敦外长会议上，突然宣布无限期休会。这一行动向西欧表明，美国在填补西欧"真空"，改变西欧"无组织"状态之前，不打算再同苏联继续进行谈判。

第二天，英国外交大臣贝文在寓所宴请马歇尔，探询美国对西欧联合的意见。马歇尔当即表示，如果西欧主动地按"马歇尔计划"模式先组织起来，美国将给予支持。英国摸到底后，就积极奔走于美国与西欧各国之间，企图依靠美国的支持，通过倡导组织西欧联盟，继续保持它对欧洲大陆的影响。

大战结束后，英国统治集团就认为，美国为了遏制苏联，要求西欧集合在它的反共产主义大旗之下，但是欧洲的民族主义感情并未消失，英国如果拉上法国做伙伴，就能利用这种民族主义感情，在欧洲发挥"特殊作用"，充当西欧盟主。当时，丘吉尔曾提出"三环外交"，即一个是英美联盟，一个是联合的欧洲，一个是英联邦，构成英国外交的"三环"。这三个环节联系在一起，就能维持英国在世界上的大国地位。戴高乐也提出过欧洲联合的主张，认为"法国领导欧洲是当仁不让的"。1946年戴高乐下台后，法国在国际事务中的独立性削弱，它害怕德国的东山再起，便向英国靠拢。为此，1947年1月，法国总理勃鲁姆赴伦敦与英国首相艾德礼进行会谈，同年3月4日，在敦刻尔克签署了《英法同盟互助条约》，它用共同防止德国侵略势力复活来安抚法国，并且向西欧作出姿态，表示正在修正所谓和平时期不在欧洲大陆承担义务的传统政策。实际上是借与法国订立政治军事同盟，抓住欧洲联合的旗帜，筹建以英国为主角的欧洲集团。接着，美国利用西欧各国"不安全感"，趁英国想当欧洲盟主但又力不从心的情况，顺水推舟，准备以敦刻尔克条约为核心，先把邻近的比、荷、卢三国联系起来，尔后进一步同斯堪的纳维亚国家和意大利等结成更广泛的联盟。

1948 年 1 月 22 日，贝文在英国下院发表讲话，阐述经内阁通过的英国对欧政策，正式提出成立西方联盟的建议。他认为，大战改变了欧洲的力量对比，"老式的以大国均势为目标的概念已经过时"，英国准备抛弃这种旧概念，同西欧国家"紧密地团结在一起"。贝文含沙射影地攻击苏联，声称"不应该由一个国家统治欧洲"，同时又说马歇尔计划"并不是丝毫没有私心的"。言外之意是西欧国家必须以英国为首，靠自己的力量联合起来。

比、荷、卢三国在接到英、法的建议后，两次在布鲁塞尔会晤，商谈贝文的计划。它们欢迎美国出面组织西欧联盟，却不满意英国的条约草案。英国认为缔结多边防务协定的时机尚未成熟，主张依照敦刻尔克条约的方式，在五国之间分别签订一系列双边协定。其实这正是英国对西欧联合三心二意的反映。

当时英国工党政府继续奉行丘吉尔的"三环外交"政策，觉得英国还是个世界大国，不甘心承认它已降为欧洲国家。英国的如意算盘是，通过加强英美"特殊关系"把美国拖住，以美国为靠山，由英国充当西欧盟主，同时腾出手来，维护日暮途穷的"大英帝国"。因此，贝文强调西欧建立的"必须是一个精神上的联盟"，"它更多的是兄弟之情而不是死板的制度"。在制定关于欧洲战争的军事战略时，英国参谋总长蒙哥马利主张在西欧大陆承担充分的军事义务，一旦战争发生，将竭尽陆、海、空三军力量"保卫"西欧。可是这个意见不仅遭到海、空军方面的坚决反对，连首相艾德礼也反对承担派遣陆军去欧洲大陆的义务。英国这种既想当盟主，又不愿付出代价的态度，使比、荷、卢深感疑虑，丹麦、挪威、瑞典三国也宣布不参加讨论贝文的建议。英国建立西方联盟的计划几乎夭折。美国对此大为不满。

在捷克斯洛伐克 1948 年"二月事件"发生后，美国故意制造紧张局势，指责苏联有"扩张野心"，渲染随时都有爆发战争的危险，催促英法接受比、荷、卢的建议，迅速缔结多边"集体防御"条约。在美国压力下，英国不得不作些让步。3 月 5 日，五国代表正式在布鲁塞尔举行缔约谈判。3 月 17 日签订为期 50 年的《合作和集体防御条约》即布鲁塞尔条约，同年 8 月 25 日起生效。这个条约是以建立军事同盟为核心，五国进行政治、经济、文化合作的条约。它虽然公开声称旨在防止"德国侵略政策复活"，实际上是为了对付苏联的"威胁"，同时还以确保"社会安全"为名，对国内人民加强控制，在"协调开发"的名义下，保持对殖民地的统治。布鲁塞尔条约组织的最高领导机构是外长协商委员会，设在伦敦，还设立西方联盟防务委员会，以研究防务问题，此外还成立西方联盟参谋部等负责协调军事。

"范登堡决议"为美欧结盟开绿灯

布鲁塞尔条约签署前后，法、比、荷、卢等国对英国承担西欧防务一事有疑虑，所以把眼光转向美国，直接向美国寻求支持。英国也乘机要美国明确表态，究竟准备为欧洲做些什么。美国显然很了解西欧的"不安全感"和英国一心想当盟主而又力不从心的窘境。但是，英国毕竟是可以借重的大国，由英国出面维持欧洲均势，对抗苏联，对美国是有利的。美国在支持贝文计划时，就在盘算等英国把西欧组织起来以后，再把英国连同西欧组织都置于自己的控制之下。布鲁塞尔条约签署那天，杜鲁门正在国会发表讲话，敦促批准马歇尔计划。他特意提出西欧五国的布鲁塞尔条约，强调只有布鲁塞尔条约是远远不够的，美国还必须采取"更有意义的政治行动"，全力支持西欧进行"自卫"。五天后，美、加、英三国代表就在华盛顿国防部五角大楼举行会谈，讨论建立北大西洋安全体系问题。

当时美国政府内部关于如何支持或参加西欧防务安排问题，有几种不同意见。有些人主张在联合国体制内，支持英国出面组织西欧，使西欧国家既能解除对德国东山再起的忧虑，又增强对抗苏联的信心。按照这种主张，美国主要通过经济援助，促进西欧复兴和经济联合，进而实现政治统一，美国可以在不必与西欧结成军事同盟的情况下控制西欧，形成欧洲的新均势。美国参谋长联席会议办公室主席格仑瑟，苏联问题专家凯南、波伦等人曾建议，由美国发表一项类似门罗宣言的声明，宣布对西欧的进攻就是对美国的侵略，以此来保证西欧的安全。凯南认为，苏联的基本意图是用政治手段征服西欧，西欧的根本弱点是经济凋敝，内部不稳。美国应以伟大的好朋友的身份，帮助西欧克服本身弱点，而不必参加西欧军事同盟。

上述主张比较接近英国传统的均势政策，它使美国可以进退自如，掌握主动，甚至无须明确承担义务，但是在西欧极为虚弱的形势下，未必行得通。杜鲁门、马歇尔等人看到，尽管有英国参加，西欧国家仍担心布鲁塞尔条约不足以保证它们的安全，美国如不进一步采取行动，很难把西欧拴在一起。如果美国单方面提出保证，等于把西欧的防务包下来，也许反而会助长西欧的依赖性，使美国背上更沉重的包袱。因此，美国准备付出一定代价，利用西欧急于求得美国"保护"的机会，建立包括大西洋两边的政治军事同盟。

那么这个拟议中的同盟是以布鲁塞尔条约组织为基础加以扩大，还是另砌炉灶建立新的？据参议院民主党领袖康纳利说，杜鲁门曾指示马歇尔、洛维特同参议院外交委员会一起探讨扩大布鲁塞尔条约组织的方案。经过研究，发觉布鲁塞尔条约的范围太狭窄，不包括战略上极为重要的、对"大西洋安全"必不可少的国家和地区（如格陵兰、冰岛、挪威、亚速尔群岛等），对于装备原子弹的美国战略空军来说，缺乏通往西欧所必需的"桥梁"和"垫脚石"，这就使美国的战略优势难以发挥；而布鲁塞尔条约把防止德国东山再起作为宗旨，会直接妨碍美国把德国变为遏制苏联的军事前哨。另外，布鲁塞尔条约规定的义务却太宽、太死板，不符合美国的政治需要。布鲁塞尔条约除了共同防务，还涉及经济、社会、文化各方面的合作，美国认为这会冲淡集体安全方面的重要性。布鲁塞尔条约规定一国遭到攻击，其他缔约国应提供能力所及的一切军事的或者其他援助。美国如果加入这条约，会把自己与布鲁塞尔条约国家绑在一起，这对美国来说，会捆住它的手脚，结果将不是美国支配西欧，而会让西欧决定美国将在何时何地参加欧洲战争。总之，美国的企图是，既想控制西欧，又不愿付出高的代价；既想扩大布鲁塞尔条约的范围，又不愿一般地承担保卫西欧的义务。于是就想出一个新方案，即另建一个区域性防务组织与布鲁塞尔条约组织相联结。

经过反复斟酌，美国决定另建一个新的更大的防务体系。美国、加拿大参加这个共同体，以此为桥梁同布鲁塞尔条约国家挂起钩来。1948 年 2 月22 日至 4 月 1 日，美、英和加拿大三国代表在华盛顿的五角大楼举行会谈，通过了一项政策性文件，即"五角大楼文件"。这一文件，实际上是美国一手包办的，它体现了上述战略意图，成为三国政府同其他国家以及本国议会商讨筹建北大西洋公约的蓝本。

1948 年正值美国大选年，杜鲁门政府更感到必须谨慎行事。美国决定与西欧结盟的政策，如果得不到国会两党的切实支持，非但难以得到外国政府的信任，还会直接影响民主党在大选中的成败。他们没有忘记威尔逊倡议建立国际联盟，结果被国会否决的教训，所以从 4 月 11 日起就与国会共和党领袖范登堡等人进行秘密商谈。范登堡被认为是性格坚强、影响巨大又善于机灵地取得多数支持的国会领袖，这次自然要首先取得他的支持。

可是范登堡看了"五角大楼文件"，马上给泼了一盆冷水，他认为那种做法，等于开给西欧一张空白支票，是很难得到国会同意的。他强调说，美国"必须始终有权决定什么时候我们将采取什么行动"。马歇尔、洛维特赶紧与范登堡、杜勒斯和其他国会领导人反复商讨，最后决定大体按照里约热内卢公约精神签订北大西洋区域防务条约①，但要突出"自助和互援"的原则，首先要西欧拿出行动来，努力增强武装力量，并且按美国的要求联合起来。国务院按照这种精神起草了决议草案，经范登堡修改补充后提交参议院讨论。

这个被称为"范登堡决议案"的文件，规定在持续有效的自助和互援的基础上，以及在涉及美国国家安全的情况下，美国可以"通过宪法程序，参加这些区域性和其他集体协定"。按照美国宪法体制，即使与美国结盟的国家受到武装进攻，也不能使美国"自动地"卷入战争，宣战必须由国会决定不可。这个决议要求"盟国必须增强单独的或集体的"防务能力，美国可以向西欧提供军事援助，西欧也必须满足美国的防务要求。它还用"通过联合国实现国际和平与安全"等字句，为美国筹建区域性集团涂上一层遵循联合国宗旨、原则的色彩。老谋深算的范登堡看准美国国会对苏联在联合国多次使用否决权极为不满，特意将参加区域性组织问题与限制否决权使用问题放在一个决议案中提出来。这一招果然灵验，议案很快就得到大多数议员赞同，6 月 11 日在参议院以 64 票赞成、4 票反对而获得通过。

在政府与其他国家正式谈判缔约之前，参议院先通过有关决议，等于事先开出一定批准的保票。这种罕见的做法，正反映了美国统治集团急于要控制西欧、遏制苏联的紧迫心理。他们中间的大多数人认为，"孤立主义"已经不合时代潮流，美国与西欧结盟势在必行，因而同意为政府开放绿灯。范登堡决议同时也为政府同西欧国家讨价还价提供了一张王牌，美国政府可以借此施加压力，迫使西欧按美国的条件，建立北约组织。

---

① 里约热内卢公约，亦称美洲国家间互助条约，1947 年 9 月 2 日签订于里约热内卢。

华盛顿会议期间的争论

1948 年 7 月 6 日，美国、加拿大与布鲁塞尔条约五国在华盛顿正式开始谈判缔结北约问题。华盛顿会议为期长达 8 个月，第一阶段到 9 月 9 日结束，六国代表（卢森堡由比利时代表兼任）制定了供本国政府讨论的备忘录（通称"华盛顿文件"），对拟议中的北约组织的性质、范围、缔约国的义务以及与其他欧洲组织的关系等作出明确规定。1948 年 10 月，加拿大和布鲁塞尔条约国家协商委员会先后通知美国，同意按文件的原则缔结北约。11 月，美国大选结束，杜鲁门连任总统，民主党在两院获得多数。12 月 10日各国代表再次在华盛顿举行会议，审定北约条款。

在华盛顿会议期间，西欧国家往往故意渲染苏联的"威胁"和西欧的"不安全感"，强调"美欧同舟共济"，拼命拖住美国，要美国明确承担保卫西欧的责任。美国则利用西欧的"恐苏症""恐共症"，以提供"保护"为诱饵，压西欧国家为"共同防务"作出最大贡献，把它们纳入遏制苏联的战略体系。美国自己却借口"宪法程序""参议院意见"，躲躲闪闪，不愿明确承担义务。

在一次会谈中法国代表博纳把问题挑明了。他说，泛泛而谈，不会有什么结果，核心问题是遇到进攻时怎么办？同盟国家应承担什么义务？美国代表洛维特冷冷地答道：使美国只能与布鲁塞尔条约国家联合在一起的安排，肯定不完全符合美国国家安全的利益。博纳坚持未来的条约自然要规定缔约各国应把对一个缔约国的进攻，看作对整个同盟的进攻。洛维特回敬说，美国宪法程序必须遵守，美国是否投入战争，只有国会才能决定。在 8 月20 日的一次场外会谈中，洛维特更明确地表示，美国无意参加西欧联盟，不打算同那些与美国安全利益没有重大关系的国家签订区域性防务协定，也不准备单方面向西欧提供军事援助。他说，把话说到底，除非欧洲大陆受到实实在在的进攻，比如苏联在德国动手，否则美国是不会卷入的。法、比、荷等国代表再三探询，如果不搞北约，美国是否愿意帮助布鲁塞尔条约国家重整军备。洛维特说，实行租借法案的日子已经过去。这番话清楚地表明，筹建北约组织时，美国的要价远远超过马歇尔计划。当时美国要西欧"主动"向美国申请援助，如今不仅要西欧先组织起来，而且要西欧明确作出"保卫美国"的保证。

西欧国家深知，同占有绝对优势的美国结盟，很难取得平等地位。在美苏对峙加剧的情况下，这样做有很大风险：不仅会进一步被美国控制，而且可能引起苏联的"报复"和国内人民的反对。何况谁也不知道美国葫芦里装着什么药，不知道它的诺言是否可靠。尽管这样，西欧国家首先考虑的仍是恢复经济，巩固国内统治，而躲在美国的保护伞下，有可能减少本身的防务开支，可以充分利用马歇尔计划，努力恢复自己的实力，甚至可能对海外殖民地加强控制。权衡利弊得失，它们觉得暂时只能以小伙伴的身份顺从美国的领导，非但不可避免，甚至是有利可图的。英法等国还想采取"顺从而不卑躬屈节"的态度，保持自己的大国身份，同时暗中盘算着日后再与美国分庭抗礼。

从美国战后初期的全球战略来看，西欧是不可或缺的盟友，美国之需要西欧不亚于西欧之需要美国。当时美国正撇开苏联，拉住布鲁塞尔条约五国在伦敦举行会议，加紧商讨和实施分裂德国的计划。苏联针锋相对地封锁了西柏林与西方占领区之间的水陆交通，因而导致"柏林危机"，欧洲局势一度很紧张的时候，西欧和美国的分歧也暴露出来，尤其是法国常常与美国看法不同。法国本来就很担心德国东山再起，它表示愿意与苏联谈判，希望体面地摆脱柏林危机。美国为了安抚盟友，弥合分歧，防止对苏联"绥靖主义"或"中立主义"情绪在西欧滋长蔓延，它抓住苏联进行反击的机会，大肆宣传局势已到战争一触即发的危险境地，还通过大规模空运显示自己强大的实力和坚持留在西柏林的决心，竭力把惶惶不安的西欧拉到自己的一边。与此同时，美国也对西欧的要求作出一些让步，提出一些保证，使它们增强一些"安全感"。

这样，美国与西欧终于就一些争论问题达成协议，进入讨论条约文本的阶段。华盛顿会议在 1949 年 1 月提出了北约草案。在争吵得最激烈的第 5 条中，西欧各国强烈要求美国承诺在它们遭到攻击时立即给予有力的和毫不含糊的援助，但美国却想把义务规定得越含糊越好。最后，美国在一定程度上接受了西欧的要求，规定欧洲或北美一个或数个缔约国遇到进攻时，应"视为对缔约国全体之攻击"，"每一缔约国就应采取行动，包括武力之使用"。至于成员国的范围，美国希望有更多国家加入，最好把西班牙、希腊、土耳其等国都拉进来。但是，佛朗哥政府名声实在太臭，一些西欧国家和加拿大也不愿意把承担的义务扩大到明显不属于北大西洋区域的巴尔干地区。除英、法、加拿大外，美国只能暂时先把比利时、丹麦、挪威、冰岛、葡萄牙、意大利、卢森堡、荷兰等国拉进来。到 1949 年 3 月中旬，缔结北约的筹备工作基本完成。1949 年 4 月 2 日下午，12 国外长聚集到华盛顿，为了引起各国舆论的注意，美国把北约说成是"一项公开达成的公开盟约"，特意在正式签字之前就公布了条约。

北约组织的建立及其初期的困难

1949 年 4 月 4 日，美、英、加等 12 国代表在华盛顿举行北约签字仪式。公约共包括 14 款和一个序言。荷兰外交大臣斯蒂克在签字仪式上说，条约的签订，"标志着一种幻想的结束，即通过联合国本身来保证国际和平的希望的幻灭"。贝文在签字后承认"与美国共事是种冒险"，可能被迫"对美国的主张作某些勉强的让步"。

到 8 月 24 日，各缔约国先后向美国政府交存了本国的批准书，北约正式生效。9 月 17 日，北约理事会在华盛顿举行第一次会议，决定设立以下机构：（1）由各国外长组成的理事会，是北约的最高权力机构；（2）设立由各国国防部长组成的防务委员会，负责制订统一的防务计划；（3）下设各国参谋长组成的军事委员会，而由美、英、法三国参加的军事委员会常设小组负责军事性质的政策指导，此处还设立北大西洋地区、加—英地区、西欧地区、北欧地区、南欧—西地中海地区五个地区计划小组，负责制订和协调本地区各种防务计划。美国参加了上述所有地区计划小组。此后北约组织机构陆续建立起来。

北约组织的建立对美国来说是十分有利的，它实际上加强了美国对拥有 3 亿人口和巨大潜力的 11 个盟国的控制。美国通过北约在盟国设立军事基地，干预其防务计划的制度，向盟国发号施令，从而巩固了美国在欧洲的霸权地位，增强了对抗苏联的力量。可是美国实际承担的义务却很有限，除了在德国保留一支占领军，给西欧一些军事援助以外，并没有做很多事情。按照美国制定的、后来为北约组织接受的军事战略概念，美国主要承担用原子弹和战略空军"保护"西欧盟国的义务，地面作战主要是欧洲人的事。美国强调北约并没有"自动参战"的规定，美国仅仅同意在战争爆发时"采取行动"，至于什么时候用什么方式采取行动，全由美国根据情况判断决定。美国之所以愿意打破传统的外交政策，在和平时期与西欧国家缔结政治军事同盟，正因为这是一笔代价小、收益大的好买卖。

　　美国千方百计谋求最大限度的行动自由，为自己保留足够的回旋余地，西欧伙伴自然要怀疑在关键时刻这位盟主不知会滑到哪里去。北约组织虽然建立了，但它们感到自己的安全并未得到可靠的保证。西欧担心一旦战火骤起，等美国援助到达时，西欧很可能已变成瓦砾堆。再说它们认为自己面临的实际危险，首先是国内共产党的强大影响和可能爆发的人民革命，英、法等国还要考虑如何维护对殖民地的统治，这些都是无法借助美国原子弹和战略空军来解决的。美国再三催促西欧打破国界，合作建立均衡的集体防御力量，西欧对此反应冷淡。它们既要考虑不使防务开支影响自己的经济恢复，又要防备北约组织万一失灵，自己可能遇到的危险，因而宁可努力发展本国独立的、自给自足的防务力量。由于各国同床异梦，北约缔结一年后，北约组织仍是空架子，艾奇逊感叹道，"更准确地说是 12 个组织"。它既没有统一的指挥系统，又没有一支联合部队，仅仅是一个"抽象的联盟"。

　　朝鲜战争爆发后，美国乘机大肆宣传，这也许只是莫斯科声东击西的牵制行动，苏联可能准备在军事上与西欧摊牌。它强调苏联已经拥有原子弹，在"原子僵局"中，苏联指使"卫星国"发动"有限战争"的危险性大大增加，西欧必须尽快增强北约的联合军事力量。为了在西欧改变把经济复兴置于首位的做法，杜鲁门声称，美国今后将根据这些国家执行北约防务计划的情况，决定是否提供援助。美国看准西欧唯恐美国一头栽进远东，忽视西欧的心理，便把酝酿已久的联邦德国重新武装问题正式提上议事日程，要求西欧盟国在建立统一的北约组织武装部队的同时，解决联邦德国参加西欧联合防务的问题。为此，美国宣布，艾森豪威尔将出任欧洲盟军最高司令。1951 年 4 月，欧洲盟军最高司令部在巴黎正式建立后，美国又陆续增派 4 个师的地面部队去欧洲，并且带头把所有驻欧美军交给最高司令统一指挥。

　　急于拖住美国的西欧国家欢迎美国以切实的措施来增强西欧防务的行动，它们认为这样就能建立一根使美国不能不立即参战的"一触即发"的引线。法国和其他国家也增加了各自供统一防务使用的部队。到 1951 年底，北约组织的军事力量已增加到 35 个师，3000 架飞机，700 艘舰艇。各司令部相继成立，飞机场、后勤基地等"下层结构"也加紧建设起来。1952 年 2 月，北约组织里斯本会议决定逐年增强兵力，计划 1954 年底发展到 97 个师。后来由于形势的变化，西欧国家感到并没有什么迫在眉睫的威胁，这一扩军计划未能如期实现。而联邦德国重新武装和加入北约问题，却在西欧引起种种疑惧。有的担心会招致苏联的报复，有的忧虑将堵死统一德国的可能性，有的害怕德国会东山再起，法国软磨硬顶，竭力阻挠，尤为突出。直到1954年10月才达成巴黎协定，由美国和英国对欧洲安全作出更具体的保证，在加以种种监督和限制的条件下，允许联邦德国重建国防军，并通过让它参加北约组织，成为北约的成员国。这才实现了美国蓄谋已久的把联邦德国纳入自己战略体系，增强西欧"前沿阵地"的计划。第二年5月，巴黎协定正式生效后，苏联同阿、匈、保、波、罗、捷和民主德国七国缔结华沙条约。在欧洲形成了两大对抗的军事集团。

北约组织的建立，表明第二次世界大战以后世界格局变化之大，传统的大国均势政策和通过联合国保证"集体安全"的做法，都已经行不通了。即使是号称世界头号强国的美国，为了实现控制欧洲、称霸世界的战略目标，也需要寻找盟友。于是美国逐步形成了"大西洋联盟"的政策，其目标是"帮助建立一个在军事和其他重大问题上同美国和加拿大紧密结合的、繁荣而统一的西欧"。提出马歇尔计划和组织北约集团，都是这一政策的具体表现。

英国承认无力单独领导西欧，西欧奉美国为盟主，美国自然欣喜之至。可是西欧如此虚弱，又使美国担心接过这副担子会得不偿失。在筹建北约的过程中，美国既表现出颐指气使的霸道作风，又施展了锱铢必较的精明手段，因此北约建立之初，就种下了美国与西欧不和的种子。北约内部矛盾重重，风波迭起，随着事态的发展，美国在政治、经济、军事各方面越来越深地卷入西欧的旋涡之中，不得不付出越来越大的代价。

杜鲁门把北约称为"维持北大西洋区域和平而又没有自动参战规定的进攻性的防御同盟"。就美国而言，当时北约组织是它遏制苏联、控制西欧、称霸世界的重要工具，结果使第二次世界大战结束时的临时军事分界线进一步固定下来，成为东西方之间的一道鸿沟。

本文参考书目：

[1]　Foreign Relations of the United States, 1948, Vo. 13, Western Europe, Washington D. C. , 1974. Foreign Relations of the United States, 1949, Vol. 14, Western Europe, Washington D. C. , 1975.

[2]　《战后世界历史长编》第四、第五分册。

[3]　《国际条约集》（1948—1949 年）。

[4]　哈里，杜鲁门：《杜鲁门回忆录》，中译本。

[5]　Dean Acheson, *Present at the Creation*：*My Years in the State Department.*

[6]　George F. Kennan, *Memories 1925—1950*, Little Brown, Boston, 1967.

华沙条约组织的成立及其活动

董拜南

华沙条约组织是在欧洲地区与北大西洋公约集团相抗衡的军事性联盟组织，也是当今世界上重要的军事集团之一。

华约的成立及主要组织机构

1955 年 5 月 14 日，苏联和阿尔巴尼亚、保加利亚、匈牙利、民主德国、波兰、罗马尼亚和捷克斯洛伐克八国政府首脑在波兰首都华沙签署《友好合作互助条约》，简称华沙条约。同时通过了关于成立华约缔约国联合武装力量司令部的决定。（1968 年 9 月 13 日，阿尔巴尼亚退出该组织）从此，在欧洲就出现了一个与北大西洋公约组织对峙的多边军事同盟。

第二次世界大战后，国际形势发生了根本性变化。一方面，苏联的国际影响日益扩大，东欧一系列国家建立人民民主政权，形成了社会主义阵营。另一方面，美国依仗其在战争中迅速增长的军事、政治和经济实力，代替了英、法的地位，成为资本主义世界的霸主。

1945 年杜鲁门继任美国总统后，美国统治集团企图“以拉丁美洲为后院，以太平洋为内湖，以大西洋为内海，以欧洲为重点”，把全世界都置于美国支配之下。杜鲁门认为，要使美国在世界上处于领导地位，继续奉行罗斯福的通过合作软化苏联的办法已不能达到目的，必须利用美国的实力遏制苏联的“扩张”。1947 年，美国政府先后提出“杜鲁门主义”和“马歇尔计划”。其实质是推行一种全面控制西欧和“遏制”苏联的战略。“杜鲁门主义”和“马歇尔计划”的提出，标志着美苏战时同盟关系正式破裂，美苏两国进入全面冷战时期。接着，美国积极策划将在战争中被削弱的西欧国家结成一个依附美国的军事政治联盟，作为遏制苏联的工具。1948 年 3 月 5

日，美、法、比利时、荷兰、卢森堡五国代表在比利时布鲁塞尔举行谈判，并缔结一项由五国参加，以军事同盟为核心，包括政治、经济、文化的"合作和集体防御条约"，通称布鲁塞尔条约。条约签订不久，又在美国牵头下，开始筹建北大西洋公约组织的谈判。1949 年 4 月 4 日，北大西洋公约组织作为对苏联进行冷战的工具正式成立。

面对严峻的形势，苏联被迫改变对美国的协商与妥协政策。1947 年 9 月在波兰举行欧洲九国共产党和工人党代表的情报局会议。会上通过的关于国际形势的宣言明确指出，战后国际舞台上基本政治势力已重新配置，世界形成了帝国主义反民主的阵营和民主反帝国主义的阵营。宣言谴责了"杜鲁门主义"和"马歇尔计划"的侵略扩张性质，号召各国共产党和工人党反对美国的侵略扩张计划。随即苏联同东欧国家分别签订了以防止德国军国主义再起为主要目的的友好合作互助条约。在美国加紧拼凑北约集团的时候，苏联政府于 1949 年 1 月 29 日发表《关于北大西洋公约》的声明，指出："北大西洋公约决不是为了自卫，而是为了实现一种侵略政策，为了实行制造一次新战争的政策。"1949 年 3 月 31 日，苏联政府向美、英、法等国政府提出备忘录，再次指责北大西洋公约是针对苏联的。

美苏矛盾日益激化，在欧洲地区形成了严重对峙。

北大西洋公约组织成立后，美国又积极策划把联邦德国拉入北约集团。杜鲁门宣称，"没有德国（联邦德国），欧洲的防御不过是大西洋岸边的一场后卫战。有了德国，就能够有一个纵深的防御，有足够的力量来对付来自东方的侵略"。苏联和东欧国家坚决反对美国重新武装联邦德国的活动。这样，德国问题成为东西方在欧洲进行斗争的焦点。

1954 年 10 月 23 日，美、英、法等西方国家签订巴黎协定，决定吸收联邦德国参加北约组织。苏联政府于同年 11 月 23 日向美国政府和西欧国家发出照会，要求它们不批准巴黎协定。苏联外交部长莫洛托夫指出："我们很明白，巴黎协定一旦批准之后，联邦德国就要走上复活军国主义的道路，并且就会实际上为德国复仇主义分子所控制。苏联和各人民民主国家不能不考虑到这一点，因为巴黎协定就是用来反对这些国家的。"苏联提议在莫斯科或巴黎召开全欧安全会议，讨论防止德国军国主义再起的问题，遭到美国和其他西方国家的拒绝。

1954 年 11 月 29 日至 12 月 2 日，苏联和东欧八国政府在莫斯科举行"欧洲国家保障欧洲和平和安全会议"，宣布：一旦巴黎协定被批准，八个国家将在组织武装力量和联合司令部方面采取共同措施。1955 年 5 月 5 日，巴黎协定被正式批准，联邦德国参加了北约组织。5 月 14 日，苏联和东欧 8 国政府首脑在波兰首都华沙开会。会议认为，对帝国主义国家不仅要特别警惕，而且要采取实际步骤来保证自己的安全。会议宣布成立华沙条约组织。

华沙条约的主要内容和华沙条约组织的机构

1955 年 6 月 4 日，各缔约国将批准与提交给波兰保存的华约正式生效。华沙《友好合作互助条约》规定："考虑到由于巴黎协定的批准而在欧洲形成的局势"，苏联和东欧国家"必须采取必要的步骤，以保障自己的安全和维护欧洲和平"。"如果在欧洲发生了任何国家或国家集团对一个或几个缔约国的武装进攻，每一缔约国应根据联合国宪章第 51 条行使单独或集体自卫的权利，个别地或通过同其他缔约国的协议，以一切它认为必要的方式，包括使用武装部队，立即对遭受这种进攻的某一个国家或几个国家给予援助。"条约还规定：缔约国之间将"就一切有关它们的共同利益的重要国际问题彼此磋商"。根据条约的规定，条约的有效期为 20 年。如果缔约国各方在这一期限满期前一年没有提出宣布条约无效的声明，条约将继续生效 10 年。因此，自 1975 年起，条约已自动延长了 10 年。

参加华约组织的现有成员国有：保加利亚、波兰、民主德国、捷克斯洛伐克、罗马尼亚、苏联、匈牙利。阿尔巴尼亚自 1961 年 8 月不再参加华约组织的各种会议或行动，1968 年 9 月 13 日宣布正式退出华约。1976 年以来，蒙古、越南、老挝派观察员参加华约会议。

华约的主要组织机构有：

政治协商委员会。它是华约组织的最高机构，负责协商与决定缔约国的国防、政治、外交、经济等重大问题。从 1960 年开始政治协商委员会会议由各缔约国党的第一书记和政府首脑参加，应邀参加会议的还有外交部长。在讨论军事问题时，还邀请国防部长、联合武装力量总司令、总参谋长等军事首长参加。

国防部长委员会。1969 年 3 月成立，它是华约最高军事机构，负责研究共同的军事政策问题。委员会由各缔约国国防部长、联合武装力量总司令、总参谋长等人组成。

外交部长委员会。1976 年 10 月成立，主要负责协调各缔约国的外交政策。

　　联合武装力量司令部。它是华约军事指挥机关，"统率根据缔约国各方协议拨归其指挥的各国武装部队"。联合司令部由总司令和若干副总司令组成。

　　联合武装力量军事委员会。1969 年 3 月成立，它是联合武装力量司令部的常设机构。由联合武装力量副总司令、总参谋长以及各缔约国武装力量的代表组成。

　　联合武装力量参谋部。它是联合武装力量总司令领导下的指挥机关，也是国防部长委员会的工作机构。主要任务是负责制订作战计划，总结军队训练的经验，组织联合军事演习，协调各缔约国军队总参谋部之间的合作，为国防部长委员会和联合武装力量军事委员会开会作好准备，并贯彻这两个委员会通过的有关决议。

　　联合武装力量技术委员会。主要任务是负责解决有关发展和完善技术装备、研制新式武器方面的问题，并协调各缔约国的军事科研工作。

苏联在华约组织中的地位和作用

　　1955 年华约的成立主要是为了反对美国的对苏冷战政策。尽管华沙条约有关条文明文规定：各缔约国"恪守互相尊重它们的独立和主权及互不干涉内政的原则"，联合武装力量总司令"可以从华约缔约国任何一国的军事首长中挑选，由华约缔约国政府作出决定加以任命"，联合武装力量总参谋长"由华约缔约国政府相互协商并任命"，但实际上，苏联在华约组织中具有特殊的地位和作用。

　　首先，苏联在华约成员国中派驻大量军队。第二次世界大战后，苏联除在罗马尼亚的驻军已于 1958 年撤回外，在其他东欧国家的驻军都得到了加强。目前苏联在东欧驻军共 30 个师，其中在民主德国 19 个师，在捷克斯洛伐克 5 个师，在波兰 2 个师，在匈牙利 4 个师。这些驻军都不断更新现代化装备。它们既是针对北约的，同时也对东欧国家起着一定控制的作用。

　　其次，在华约组织机构中，主要部门的主要领导职务均由苏军将领担任。苏联国防部第一副部长一直担任联合武装力量总司令，1969 年以来还兼任联合武装力量军事委员会主席。苏军第一副总参谋长一直担任联合武装力量第一副总司令兼总参谋长。联合武装力量司令部和参谋部均设在莫斯科。

苏联国防部长始终是华约国防部长委员会主席。苏联还以联合武装力量司令部"代表"、"观察员"和"顾问"等名义，向缔约国的军事领导机关和战斗部队派驻许多军事人员，直接参与这些国家军队的各种活动，贯彻苏联国防部和华约联合武装力量司令部总司令的意图。

苏联还在华约组织推行军事"一体化"政策。苏联除直接指挥联合武装部队外，从70年代起，又同一些缔约国组成"一体化空降部队"、"一体化防空师"以及"联合舰队"等，这些部队都由苏联统一指挥。在武器装备方面，苏联通过联合武装力量技术委员会，统一东欧缔约国的军工生产和军事科研工作。目前东欧成员国的重型装备，如坦克、作战飞机、重型火炮等，一般都由苏联制造和供应。根据军事"一体化"政策，苏联还要求所有缔约国按照苏联的规格和标准生产某些武器和器材零件。

苏联还与华约成员国签订双边、多边条约。1956年12月苏联与波兰签订了关于暂驻波兰的苏联军队的法律地位的条约，1957年3月苏联与民主德国签订了关于苏联军队暂驻德意志民主共和国境内问题的协定，1957年5月苏联与匈牙利签订了关于苏联军队暂驻匈牙利境内问题的协定，1968年10月苏联与捷克斯洛伐克签订了关于苏联军队暂驻捷克斯洛伐克境内的条件的条约。这些双边协定和条约都明文规定苏军的驻留是暂时的，同时还规定有苏军在所在国享有的权利。如苏联与民主德国关于驻军的协定中有一项关于"保障苏军安全"的条款规定，"当驻在民主德国境内的苏联军队受到威胁时，驻民主德国的苏军司令部可以在同民主德国政府进行相应的磋商后，并在考虑到已发生的情况和民主德国当局所采取的措施的情况下，采取消除这种威胁的措施"。在苏捷条约中规定："苏军编制人员在军队部署区执行勤务时所犯的罪行或过失"，由"苏联法院、检察机关以及根据苏联法律进行工作的其他机关管辖"，"苏军编制人员及其家属在进入、留驻和离开捷克斯洛伐克社会主义共和国时，免受护照或签证检查"，苏军人员和一切军用物资，包括为苏军提供的商业、生活服务用的物资，"在通过捷克斯洛伐克国境时不征税，不受海关检查和国境检查"。

1973年4月，华约缔约国签订了《缔约国联合武装部队参谋部和其他指挥机关的职权、特权和豁免权公约》。公约规定，参谋部官员在履行职责时，"所有证件和文件不受侵犯"，"享有个人不受逮捕、拘留以及不受司法和行政机关审判的豁免权。联合武装部队参谋部的房产、财产、资产、文书，不论在什么地方，均享有不受任何形式的行政和司法干涉的豁免权"。

　　苏联还以华约组织名义解决缔约国的国内问题。60 年代东欧国家普遍都在探索经济体制改革的道路，捷克斯洛伐克也不例外。1968 年 4 月，捷共中央全会通过了捷共《行动纲领》。纲领提出，要在捷"进行试验，给予社会主义发展以新的形式，走捷克斯洛伐克的社会主义道路"。其中包括将国家体制改为联邦制，根本改变现行的经济体制；恢复社会主义市场的积极作用，对世界政治基本问题提出自己的看法，实行独立的对外政策；根除以党代政现象，加强人民参与管理，重视国家政治体制中民族阵线的作用等。苏联认为捷共中央全会的决定离开了"莫斯科道路"。4 月 12 日，苏《真理报》发表文章说，在捷共中央全会期间，一些"反社会主义分子"发表了一些"非马克思主义的意见"，他们以"民主化"和"自由化"的口号为掩饰，正在竭尽全力削弱共产党的领导作用和攻击党组织。5 月，苏联强行要求在捷境内举行华约部队军事演习。6 月初，苏把大批军队开进捷境，举行代号为"舒马克"的军事演习。军事演习在 7 月 1 日正式结束，但没有任何迹象表明苏军从捷撤走。

　　7 月 4 日到 6 日，苏、保、民主德国、匈牙利和波兰的领导人致函捷共，要求参加在华沙举行的多边会议，讨论捷克斯洛伐克反社会主义行动。同月 14—15 日，五国党政领导人在没有捷党代表出席的情况下，举行华约缔约国会议讨论捷局势，发表了《华沙会议信件》，指责捷共领导人正在使捷"离开社会主义道路"。信中还说，"我们决不会同意让帝国主义通过和平或非和平途径，从内部或外部在社会主义体系中打开一个缺口，和使欧洲力量的对比变得有利于他们自己"。8 月 14 日苏联军方机关报《红星报》宣称："东欧防务不可分割"，苏联军队"已作好援助捷克斯洛伐克的党和人民的准备"。8 月 20 日夜，苏联和波兰、民主德国、保加利亚、匈牙利公开出动 25 万大军（最多时达 50 万），一夜之间占领捷克斯洛伐克。8 月 28 日苏捷联合公报指出，这是在加强社会主义大家庭的防御力量，苏联军队是"暂时进驻"，一俟局势"正常化"，即将撤出。

　　1980 年，波兰出现了战后最严重的政治、经济和社会危机。波兰统一工人党为解决危机，及时召开中央全会，提出了"协商、革新"路线。对此，苏联强调"波兰真正的主权和独立"要由"大家庭的联合力量"来保卫，并针对波兰局势采取了一系列军事措施。如在波苏边界地区不断增兵和进行大规模军事调动，以华约名义在波兰周围进行军事演习，封闭波兰和民主德国之间的整个边界和波兰东部的部分边界，并把从 1981 年 3 月 17 日开始的代号为"联盟—81"的联合军事演习的时间一再延长。1981年6月5日，苏共中央致信波党中央，指责波兰形势"已在威胁整个大家庭的利益，威胁大家庭的紧密联系，一体化和边界安全，威胁大家庭的共同安全"。

在一切重要的国际问题上协调对外政策，是华约组织主要活动内容之一，也是苏联利用华约为其全球战略服务的一个重要方面。华约联合武装力量总司令库利科夫强调说："华沙条约组织最重要的活动方针之一，就是这一军事政治同盟的成员国在对外政策方面进行合作"，"华沙条约组织过去和现在一直是兄弟国家协调对外活动的主要中心"。"欧洲安全和合作会议"就是一个突出的例子。苏联为了巩固东欧、巩固欧洲边界现状，早在1958年5月召开的华约政治协商委员会莫斯科会议上就提出了华约和北约之间签订互不侵犯条约的建议。1965年1月，华约政治协商委员会华沙会议上，第一次提出了关于召开欧洲安全的全欧会议的建议，呼吁欧洲国家响应这一建议。刊于1965年1月22日《真理报》上的会议公报写道：政治协商委员会支持波兰人民共和国的倡议，建议召开欧洲国家的会议，讨论保障欧洲集体安全的措施。华沙条约成员国仍然愿意同北大西洋公约组织成员国缔结一项互不侵犯条约，此项条约将极大地有助于缓和欧洲和全世界的紧张局势。1966年7月，华约政治协商委员会布加勒斯特会议上，正式以华约名义就召开"欧安会"问题发表了《加强欧洲和平与安全宣言》。宣言指出："召开一个全欧会议讨论有关保证欧洲安全和确立全欧合作的问题，具有巨大的积极意义。……召开一个讨论有关欧洲安全和合作问题的会议，可以促进建立欧洲集体安全体系，并将成为现代欧洲历史上一个主要的里程碑。"1968年3月和1969年3月分别在索非亚和布达佩斯召开的华约政治协商委员会会议上，提出了关于筹备"欧安会"的具体实际步骤。从1972年11月欧安会筹备会开始，到1975年7月在赫尔辛基举行的欧安会首脑会议为止，整个过程中，苏联都在华约缔约国内部协调政策，华约和北约两大集团之间进行了针锋相对的激烈斗争。

苏联的某些政策和做法，既有符合其他缔约国利益的一面，也有与其他缔约国存在分歧的一面。罗马尼亚在履行其对华约所承担义务的同时，坚持捍卫其国家主权的立场。在华约成员国中，罗马尼亚最早提出要求苏联撤出驻罗的军队。1958年5月24日，华约政治协商委员会莫斯科会议宣布，苏联撤出在罗马尼亚的驻军。罗马尼亚从1968年开始，到1984年，一直反对华约部队在罗境内举行军事演习，也不参加华约指挥的联合作战演习。1968

年苏联以华约名义出兵进入捷克斯洛伐克，罗马尼亚没有同意，并指责苏联的做法是"不符合社会主义国家关系准则"的。1968 年 8 月 22 日，罗马尼亚大国民议会声明："华沙条约组织不能以任何理由，在任何情况下和以任何形式对某一个社会主义国家采取军事行动。"1978 年 11 月 24 日罗共中央政治执委会会议公报指出："必须坚决把军事合作建立在国家独立和主权、完全平等的神圣原则基础上。每个国家的军队只能从属于本国最高领导机构，从属于本国党和政府，它要对本国人民负责。"

在苏联指挥下的华约联合武装部队进入捷克斯洛伐克后不久，捷国民议会提出抗议，谴责苏军"违背了国际法、华沙条约的规章以及各国间权利平等的原则"。捷克斯洛伐克人民举行了罢工等多种形式的抗议活动。波兰党和政府领导人在解决 1980 年危机过程中始终强调波兰的事由波兰人民自己来解决的原则，反对苏联的军事威胁和干涉内政。

1985 年，为期 30 年的华沙条约满期。从 1984 年开始，华约内部就续约问题进行了讨论。东欧成员国面对北约的威胁，需要华约与之对抗，但对续约时间多久，有过不同意见。苏联经过各方面工作，终于在 1985 年 4 月 26 日举行的华约首脑会议上达成了续约 20 年的协议；同时规定，在期满前一年，如果缔约国不提出废除条约声明，条约有效期将自动再延长 10 年。戈尔巴乔夫任苏共中央总书记后，在调整对西方政策的同时，也调整了对东欧的政策，同东欧国家的关系有所改善。

本文参考书目：

［1］　《杜鲁门回忆录》第 2 卷。

［2］　《两大军事集团的对峙——北约与华约》，上海人民出版社 1983 年版。

［3］　罗宾·艾莉森·雷明顿：《华沙条约》，上海人民出版社 1976 年版。

［4］　《苏联条约选辑》，北大国际政治系 1980 年编辑。

经济互助委员会的成立及其活动

董拜南

经济互助委员会（简称经互会）原是苏联和东欧人民民主国家间进行经济合作和贸易联系的国际经济组织。经过 30 多年的发展，现已成为有欧、亚、拉丁美洲国家参加的跨地区的经济和科技合作组织。它的成立和发展是苏联和其他成员国之间在战略上和经济上互有需求的结果。

成立的背景、成员国和主要机构

第二次世界大战前，大多数东欧国家都是比较落后的农业国或农业工业国。大战后，东欧各国普遍建立了人民民主国家，走上社会主义道路。但战争的洗劫使苏联和东欧国家国民经济遭到严重破坏。战争夺走了 2000 多万苏联人的生命，破坏了 1710 个城市，毁灭了被占领区所有城市住宅总数的一半，70000 多个村庄变成废墟，60000 多公里长的铁路线被毁。苏联在战争中损失总值（按 1941 年价格计算）达 6790 亿卢布。波兰全国财产的 40% 被毁，（按 1939 年价格计算）损失达 2580 亿兹罗提。捷克斯洛伐克和匈牙利被毁的财产分别相当于战前国民收入的 5 倍。保加利亚和罗马尼亚的战争损失分别相当于战前国民收入的 4 倍和 2.5 倍。民主德国在战争中的破坏要比西德大得多，除了工业毁掉 58% 外，还支付战争赔款 250 亿美元。阿尔巴尼亚原是欧洲最落后的国家，全国几乎没有轻、重工业，战争使阿尔巴尼亚遭到 16 亿多美元的物质损失。为了迅速医治战争创伤，这些国家采取了一系列恢复国民经济的有效措施。正当这些国家致力于恢复经济时，遭到来自西方帝国主义的经济封锁和政治、军事压力。特别是 1947 年美国提出"马歇尔计划"，既欲控制西欧，又想遏制苏联和渗入东欧国家。美国联合英国等国在策划"马歇尔计划"时，故意排斥苏联和东欧国家参加该计划，其后，又在经济上对苏联和东欧各国实行禁运、封锁政策，企图扼杀东欧各国人民民主政权。

为了对付西方的经济封锁和政治压力，加速本国经济的发展，1947 年7—8 月，苏联先后同保加利亚、捷克斯洛伐克、匈牙利、波兰和罗马尼亚签订了双边贸易协定，加强社会主义国家之间的经济合作。1949 年 1 月 5—8日，保加利亚、匈牙利、波兰、罗马尼亚、苏联和捷克斯洛伐克六国政府的代表在莫斯科举行会议，决定成立经济互助委员会（简称经互会）。会议指出："美国、英国和其他一些西欧国家的政府实质上在封锁同各人民民主国家和苏联的贸易关系，这是因为各人民民主国家和苏联认为马歇尔计划是侵犯它们各国主权及其民族经济利益的，因而不能听从这一计划的控制。"会议确定经互会是欧洲地区的组织，它的基本任务是：协调各成员国的经济发展计划，交流经济管理工作的经验；制定有关科技合作方面的措施和技术援助，实行在原料、食品、机器、设备等方面的相互协作等。

1959 年 12 月举行的经互会第 12 次会议上通过了《经济互助委员会章程》以及关于经互会职能、特权和豁免的公约。它在所有签字国政府批准后于 1960 年 4 月 13 日开始生效。《章程》规定经互会的宗旨和原则是："通过联合和协调经互会各成员国的力量，促进这些国家国民经济有计划地发展，加速其经济技术进步，提高工业不够发达的国家的工业化水平，不断提高各成员国的劳动生产率和人民福利。"合作必须在"尊重国家主权、独立和民族利益，不干涉各国内政，完全平等，互利和同志般互助的基础上进行"。

1962 年 6 月举行的经互会第 16 次（非常）会议对经互会章程作了修改，其中规定经互会成员国不再受地理区域的限制，非欧洲国家也可以加入。

截至 1986 年底，经互会共有 10 个成员国：苏联、保加利亚、匈牙利、波兰、罗马尼亚、捷克斯洛伐克、德意志民主共和国（1950 年 9 月参加）、蒙古（1962 年 6 月参加）、古巴（1972 年 7 月参加）、越南（1978 年 6 月参加）。阿尔巴尼亚于 1949 年 2 月参加经互会，1961 年 12 月起停止参加经互会的一切活动。

南斯拉夫、老挝、朝鲜人民民主共和国、安哥拉、埃塞俄比亚、莫桑比克、阿富汗和也门民主人民共和国的代表以观察员身份出席经互会一些会议。我国代表曾以观察员身份参加经互会第 7—14 次会议。

经互会的组织机构不断进行调整。目前，主要机构有：经互会会议、执行委员会、各部门代表会议以及秘书处和两个科学研究机构。经互会会议是经互会的最高机关。会议审议各成员国间的经济和科技合作的基本问题，确定经互会的工作方针，审查执委会关于两届会议之间的工作报告，建立执行经互会职能所需要的机构，等等。执行委员会是经互会的主要执行机关。由各成员国派出一名常驻经互会的政府副总理所组成。经互会秘书处是经互会的具体办事机构。

经互会的主要活动

自经互会成立至 1986 年，先后共召开 42 次经互会会议。经互会经济合作的发展，经历了三个阶段。从经互会成立至 50 年代末为第一阶段，主要合作形式是进行商品交换和科技资料交换。60 年代为第二阶段，主要合作形式是推行生产的"国际分工"。70 年代以来进入第三阶段，主要合作形式是实行"经济一体化"。

1961 年 12 月举行的经互会第 15 次会议上制定并批准了《社会主义国际分工基本原则（草案）》。接着，1962 年 6 月在莫斯科举行的经互会成员国共产党和工人党代表会议上正式通过了《社会主义国际分工的基本原则》。该文件规定，经互会成员国"必须紧密地结成一个统一的体系"，"必须逐渐拉平经济发展水平"。文件还规定一些重要的生产部门实行国际分工的基本方向。

在 1969 年 4 月召开的经互会第 23 次特别会议上首次提出"经济一体化"方针，会议决定着手拟定"进一步发展成员国经济和科技合作"的具体措施。经过两年多时间的讨论，在 1971 年 7 月举行的经互会第 25 次会议上正式通过《经互会成员国进一步加深与完善合作和发展社会主义经济一体化综合纲要》。《综合纲要》规定在 15—20 年内分阶段实现生产、科技、外贸和货币金融的"一体化"。它规定了加强经济一体化的主要途径和手段：就经济政策的基本问题进行双边和多边协商，加强计划工作方面的双边和多边合作，有计划地扩大生产、科技方面的国际生产专业化和协作，有计划地扩大相互贸易并提高其效果，扩大成员国各部之间、各主管部门之间和其他国家机关之间的直接联系，发展现有的和建立新的国际经济组织，不断完善经济和科技合作的法律原则。

根据《综合纲要》规定的原则，1975 年 6 月经互会第 29 次会议上讨论并通过了《经互会成员国 1976—1980 年多边一体化措施协调计划》。该计划规定，由各有关国家联合投资建设一批预算造价约为 90 亿转账卢布的项目。
1976 年经互会第 30 次会议上进一步拟定了一些重要物资生产部门为期 10—
15 年的共同专业合作纲要，其中包括燃料动力和原料部门的合作纲要，机器
制造业合作纲要；各种主要食品生产合作纲要，扩大民用工业品的生产和相
互供应的合作纲要；发展成员国运输联系的合作纲要等。通过这些合作纲
要，使经互会成员国的经济发展更趋一体化。

　　1984 年 6 月 12—14 日，经互会召开最高级会议。会议总结了 1969 年经
互会第 23 次特别会议（最高级会议）以来经互会所取得的成就，充分肯定
了经济一体化的方针。会议决定要进一步完善和发展经济一体化综合纲要。
会议通过了《关于进一步发展和加深经互会成员国经济和科技合作基本方针
的声明》。声明提出，现阶段经互会成员国在经济合作方面的最重要任务是，
经济向集约化道路加速过渡，依靠完善社会生产结构、更好地使用科技潜力
等来提高经济效益，保证进一步发展社会生产，提高产品的技术水平和质
量，加速产品的更新换代，发展出口潜力，更合理地配置生产力，加速经互
会成员国经济发展水平逐渐平衡的过程，特别是越南、古巴和蒙古的经济发
展水平与经互会欧洲成员国水平逐渐平衡的过程。会议决议的根本目的是加
速经互会成员国的经济一体化。

　　30 多年来，经互会国家之间的协作主要是通过协调国民经济计划、科技
合作、生产专业化与协作、共同建设联合项目、对外贸易，以及货币金融和
信贷合作等方式来实现的。

　　协调国民经济计划　这是实现经互会综合纲要的基础，是经互会成员
国之间进行经济合作的最主要方式，也是加深国际分工和经济一体化的主
要措施。协调内容主要包括：磋商经济政策的基本问题，编制经济、科技
方面重要项目的预测，协调国民经济主要部门和生产方面的长远规划；协
调国民经济五年计划，交流成员国关于改进国民经济计划与管理制度的经
验等。为了使协调计划更加紧密，自 1966 年起，经互会改变了协调计划
的做法，即由原来的各成员国先制订本国计划然后进行协调改为先由经互
会协调计划，然后各国在协调基础上再制订本国计划和双边、多边协定。
在 1982 年 6 月召开的经互会第 36 次会议上讨论 1986—1990 年国民经济计
划协调纲要时，要求经互会成员国"进一步加深合作"和促进"经济一体
化"，要越南、古巴、蒙古"广泛地参加国际社会主义分工"。在 1984 年
6 月举行的经互会最高级会议上又明确规定，国民经济计划的协调将集中

于解决优先的任务，即首先协调各国在社会主义国际分工中实行专业化的基本方向，增加最重要商品相互供应的措施；相互贸易的基本比例和结构，生产合作的项目。

科技合作 在《经互会成员国进一步加深与完善合作和发展社会主义经济一体化综合纲要》中，对科技合作的主要内容作了专门规定，即：就科技政策的基本问题进行相互协商，编制 10—15 年的科学技术预测，有关国家共同规划某些重要科技问题的研究，进行科学技术研究的协作，协调科学技术研究工作，交流科技成就和经验，加强科技情报、发明和专利事业方面的合作，培训科技干部等。根据《综合纲要》提出的科技任务，1972 年，经互会科学技术合作委员会向经互会执委会提交了《1972—1975 年对有关 1976—1980 年和更长时期的科技政策基本问题进行相互磋商的实施纲要（草案）》。随着科技革命的发展和科技及生产的日益相互渗透，以后，经互会科学技术合作委员会又制定了关于经互会各国之间在 1976—1980—1990 年的科技合作的基本方针。至 1981 年，成员国之间已签订了 205 项科技合作协定与合同，参与合作的组织达 3000 个。

在 1985 年 6 月举行的经互会第 40 次会议上着重讨论了科技合作问题。会议决定成员国将优先在机器制造业、无线电电子工业等方面进行合作。1985 年 12 月 17—18 日，经互会在莫斯科举行第 41 次非常会议。这次会议是在美国提出"战略防御计划"和法国提出联合西欧国家力量的"尤里卡计划"的形势下召开的。经互会国家意识到今后科学技术领域的竞争将左右国际力量的对比，经互会必须调整合作方针，必须把加快科技进步放到合作的主要位置上来。为此，会议讨论并通过了《2000 年前经互会国家长期科技合作综合纲要》（以下简称《纲要》）。这是经互会国家进一步加深经济一体化的重大步骤，标志着经互会国家科技合作和一体化进入了一个新的阶段。

《纲要》的中心内容是加快成员国的科技进步，推动科技成果迅速转化为生产力。《纲要》规定 2000 年前，经互会国家要在国民经济电子化、综合自动化、原子能动力、新材料与新工艺和生物工程 5 个最先进的科技领域有个突破性的发展，使成员国社会劳动生产率至少提高 1 倍。《纲要》还规定，要在生产和生活领域广泛采用电子技术，使很大一部分人从手工操作和单调劳动中解放出来。在原子能发电方面，要在原有反应堆技术上进一步改进，研制快速中子反应堆。为了保证上述目标的实施，会议决定，准备成立一系列科技中心，建立科技生产联合公司，组织各国科研力量联合攻关；准备建立科技干部学习、培训，进修中心以及联合实验室，加紧科技干部培训，建立各国企业和科研机构之间的直接联系，形成"科技—生产—销售"的完善体系，增设新材料和新工艺研制合作常设委员会和生物工程常设委员会；进一步协调各国的科技政策。同时根据综合纲要规定，经互会还将扩大同非经互会成员国的社会主义国家、发展中国家以及世界其他国家多方面的科技合作，以促进经互会国家的科技发展。自《2000 年前经互会国家长期科技合作综合纲要》实施以来，经互会国家的几百家科研、设计和生产单位已着手进行合作，至 1987 年 3 月底，已共同研制出近 400 种工业新产品、新材料和新工艺。

生产专业化和协作与共同建设联合项目　这些都是在经互会协调计划的基础上进行的。生产专业化和协作是经互会成员国根据自己的国民经济基础、技术力量和特长，承担某些生产任务，在产品研制和生产过程中得到其他成员国的支持，最后把产品提供给经互会国家。这样既可以利用各国的优势，也有利于提高产品质量。在 70 年代，生产专业化和协作主要集中在机器制造业、无线电电子业、化工、冶金、原子能和微处理机等决定国民经济结构的部门，尤其以机器制造业部门最为广泛。截至 80 年代初，经互会成员国已签订了 1300 个双边和多边生产专业化和协作协定。1986 年 11 月举行的经互会第 42 次会议，根据《2000 年前经互会国家长期科技合作综合纲要》的要求，提出现阶段生产专业化和协作的重点是：经互会成员国各经济组织之间建立科学与生产方面的直接联系；在经济核算的基础上各有关国家建立合营联合公司、企业、设计院、科研组织和其他国际机构。

共同建设联合项目主要是在 70 年代中期后发展起来的，是经互会国家之间在经济上相互支持的重要方面。根据 1975 年经互会第 29 次会议通过的《1976—1980 年的经互会成员国多边一体化措施协调计划》规定，苏联和经互会各国联合投资 10 个项目，其中，在苏联领土上有 8 个，投资近 90 亿卢布，由苏联和东欧成员国各承担半数，东欧成员国还承担派劳力 15000 人。1979 年 4 月，苏、捷、匈、波四国还签署了关于在苏联境内共同建设赫麦利尼茨基原子能发电站的原则性协定，以及从该站至波兰热舒夫的输电线和关于建设热舒夫变电站的协定。该项目的总投资为 15 亿卢布。1983 年 10 月举行的经互会第 37 次会议上又签署了在苏联境内合作建设克里沃罗日耶矿山选矿联合企业的多边协定。

对外贸易　经互会成员国之间除每年签订双边贸易协定外，还在协调成员国发展国民经济计划的基础上签订长期贸易协定。1956 年成立的经互会对外贸易常设委员会，是专门研究经互会范围内对外贸易问题的机构。随着相互合作的发展，经互会相互贸易额有较大的增长。1950 年，经互会国家相互贸易额约 45 亿卢布，1972 年上升为 417 亿卢布，到 1983 年达 1660 亿卢布，比 1950 年增加 37 倍。据 1982 年统计，成员国相互贸易额占其外贸总额的 55.9%。其中保加利亚占 73.5%，匈牙利占 51.7%，民主德国占 63.1%，古巴占 81.5%，蒙古占 96.9%，波兰占 54.4%，罗马尼亚占 43.7%，苏联占 49.1%，捷克斯洛伐克占 70%。在这些国家中，除了罗马尼亚和苏联外，相互贸易额都超过外贸总额的 50%。

货币金融和信贷合作　这也是经互会实行经济一体化的重要内容。苏联认为，发展经互会成员国的经济联系必须"把协调计划同利用商品货币关系紧密结合起来"。1962 年 12 月，根据经互会第 17 次会议的决定，成立了经互会货币金融常设委员会。经互会第 18 次会议又批准了 1963 年 7 月召开的经互会成员国共产党和工人党中央委员会第一书记和政府首脑会议的建议，成立国际经济合作银行，并于 1964 年 1 月 1 日正式开始营业。其主要任务是为成员国之间办理结算业务和提供短期贷款。银行的法定资本最初确定为 3 亿转账卢布。1974 年和 1977 年分别接受古巴和越南为国际经济合作银行的成员国后，法定资本增加了 530 万转账卢布。1970—1982 年，该银行向成员国共提供贷款约 780 亿转账卢布。银行用转账卢布提供贷款的年息为 1.5%—4%，对越南、古巴、蒙古提供的贷款通常给予优惠，年息为 0.5%—2%。该银行的活动原则是，不管各国在法定资本中所占份额如何，在表决有关银行活动问题时，一国只有一票的权利，任何决定只有在一致通过的情况下才能生效。

1970 年经互会第 24 次会议决定成立国际投资银行，并于 1971 年 1 月 1 日正式开始营业。其主要任务是向成员国的某些建设项目提供长期和中期贷款。该银行有法定基金 107130 万转账卢布，其中有 30% 是自由外汇。银行贷款年息为 3%—5%。1971—1980 年，国际投资银行总共为 73 个项目提供了 30.3 亿转账卢布的贷款。

经互会与许多国家和国际机构有经济合作关系或往来。1964 年 9 月，经互会同南斯拉夫签订了关于南斯拉夫参加经互会一些机构工作的协议。芬兰、伊拉克、墨西哥、莫桑比克、尼加拉瓜、阿富汗等国也同经互会签订了经济技术合作协定。经互会与联合国的国际原子能机构，联合国教育，科学及文化组织，联合国粮食及农业组织，国际劳工组织，世界卫生组织，世界知识产权组织，政府间海事协商组织，联合国贸易和发展会议，联合国工业发展组织，联合国环境规划署等组织都有联系。1974 年，联合国大会决定给予经互会以观察员的资格。

经互会还与国际标准化组织，阿拉伯国家工业发展中心，拉丁美洲经济体系等组织有联系。与欧洲经济共同体正在进行建立正式关系的谈判。

经互会的作用和存在的主要问题

经互会成立以来，各成员国经济都取得了很大成就，这是与经互会的作用分不开的。根据 1982 年《经互会统计年鉴》公布的材料，苏联 1960—1981 年社会总产值增加 2.36 倍，工业总产值增长 3.18 倍，农业总产值增长 51％。保加利亚分别增长 3.87 倍、5.3 倍和 78％。匈牙利分别增长 1.92 倍、2.19 倍和 73％。民主德国分别增长 1.89 倍、2.3 倍和 44％。波兰分别增长 1.64 倍、3.1 倍和 41％。罗马尼亚分别增长 4.56 倍、8.94 倍和 103％。捷克斯洛伐克分别增长 1.63 倍、2.16 倍和 45％。蒙古分别增长 2.32 倍、5.56 倍和 38％。现在经互会已成为世界上一个重要的经济集团。至 80 年代初，经互会国家的国民收入约占全世界国民收入的 1/4，工业总产值约占 1/3，农业总产值约占 1/5，发电量占 22％，煤产量占 31％，石油占 23％，天然气占 35％，钢占 32％，水泥占 22％，化工产品占 32％。

从东欧国家来说，经互会成立初期，对打破西方经济封锁，解决当时各国的经济困难起了积极的作用。以后通过经济合作，促进了各国的经济发展。东欧各国自然资源贫乏，长期以来苏联向它们提供燃料和原料，基本上解决了这些国家单干所不能解决的困难。东欧国家外汇短缺，它们从苏联进口石油等产品以及东欧国家之间的贸易都是以货易货，无须支付外汇。苏联向它们提供的燃料和原料价格，低于国际市场价格。东欧国家国内市场狭窄，技术力量有限，许多产品难以打进西方市场，而苏联却是它们工农业产品稳定的、广阔的出口市场。所以，东欧国家普遍认为，如果没有经互会的合作，它们的经济是不可能得到迅速发展的。蒙古、古巴和越南从苏联和东欧国家中也得到很多好处。为蒙古普遍勘探矿藏，兴建了工厂；为古巴制定了开采镍、钴矿藏的设计方案，每年从古巴进口数百万吨食糖，为越南兴建了 100 多个重要项目，其中包括苏联帮助兴建的装机容量为 190 万千瓦的"和平"水电站、装机容量为 65 万千瓦的"普吏"热电站、年产 120 万吨水泥的"平山"水泥厂等。

由于苏联向经互会东欧成员国提供的燃料和原料占这些国家进口燃料和原料的 70% 以上，其中石油和石油产品占 80%，天然气占 98%，铁矿石占85%—90%，棉花占 70%，木材占 80%，造成了东欧国家在经济上对苏联有较大的依赖性，政治上有时不得不向苏联作出某些让步。

同样，苏联参加经互会获得很多好处。例如：通过经互会的合作，苏联可以获得某些东欧成员国的先进工业技术和科研成果，促进本国工艺水平和劳动生产率的提高，可以从东欧国家得到许多所需的产品，补充苏联国内市场产品供应的不足，同时可以通过经互会作为推销其产品的市场，通过"共同建设联合项目"，可以解决资金和劳力不足的某些困难，加速苏联东部地区自然资源的开发，可以腾出资金和人力发展本国急需的工业。当然，除了经济利益外，苏联通过经互会更能得到政治上的利益。

经互会成员国面临着不少的困难和急需解决的问题。70 年代中期以后，经互会国家的经济增长率开始出现下降趋势。苏联和东欧 6 国 1966—1970年国民收入年平均增长为 7.4%，1971—1975 年为 6.2%，1976—1980 年为4.1%，1981 年为 3.1%。1983 年以来有所回升，但幅度不大，1986 年才达到 4.3%。此外，经互会国家的产品在国际市场上的竞争能力一直较差，为了从西方进口先进技术和设备，一些国家不得不从西方大量借债，背上沉重的债务包袱。

随着经互会"经济一体化"的加深，成员国之间，特别是同苏联之间的矛盾不断出现。其中主要有：

燃料和原料的供应问题　按照经互会协议，苏联在 1990 年以前应充分满足经互会东欧成员国对能源的需求。由于苏联燃料、原料基地逐渐移至东部地区，开采、运输困难，石油产量近几年连续减产。特别是世界市场石油价格大幅度上涨，苏联为了赚取外汇，压缩对东欧国家的供应，使东欧成员国日益增长的能源需要未能完全满足，造成有些国家的工业生产开工不足，交通运输受到严重影响。为此，在 1979 年召开的经互会第 33 次会议上，东欧成员国一致要求苏联履行经互会第 32 次会议上通过的有关"能源广泛合作的长期协定"。苏联在 1980 年仍然宣布，苏在 1981—1985 年每年供给东欧国家的石油只能保持在 1980 年的水平，即比原来的许诺减少 20%，引起东欧国家的很大不满。在以后的经互会会议上，东欧成员国常常就能源合作问题提出意见。匈牙利总理拉扎尔在经互会第 37 次会议上说，发展经互会内部的经济合作的主要问题，过去和现在都是如何可靠地满足经互会国家对燃料和能源的长期需要。罗马尼亚总理德斯克列斯库说，在当前以及今后很长一段时期里，确保所有成员国对燃料、能源和原料的基本需要，按合理定额和接近人均的消耗量来确定其数量，是一个头等重要的问题。他认为经互会在这方面的合作"不能令人满意"。他说，罗马尼亚由于在经互会范围内所获得的石油、天然气、煤炭、新能源和基本原料这类产品的比例比其他成员国少得多，它不得不用自由外汇进口很大数量的能源和原料。苏联虽表示要作出努力，今后尽可能多供应燃料和原料，但又强调苏联今后向东欧各国供应能源和原料的能力"在很大程度上取决于这些国家在多大程度上提供苏国民经济需要的产品"。1984 年 6 月举行的经互会最高级会议上通过的《关于进一步发展和加深经互会成员国经济和科技合作基本方针的声明》中还明确规定："为保证苏联向其他成员国提供原料和载能体，有关国家应采取必要措施向苏联提供必需的产品。"

外贸价格问题　70 年代上半期，世界市场石油价格骤涨。苏联在 1975 年春季召开的经互会执委会会议上提出，从 1976 年起，把 1958 年经互会会议上规定的石油价格 5 年不变的原则改为每年按前 5 年世界市场石油平均浮动价格进行调整，而东欧国家向苏联出口的机器产品等提价较低，特别是匈牙利和保加利亚等国向苏联出口的农副产品的价格更远远低于世界市场的水平，结果对苏贸易出现很大逆差。仅 1975—1980 年的 6 年间，东欧各国对苏联的贸易逆差就达 62 亿卢布，使东欧国家在经济上蒙受重大损失。近几年来，国际市场上油价下跌，而苏联向东欧国家出口的石油按前 5 年的平均价格计算却继续上涨，1982 年上涨 29%，1983 年又上涨 17.1%。为此，在价格问题上经常发生争吵。东欧国家要求改变计价办法。1984 年 6 月，经互会最高级会议决定，从 1985 年起，将现有的石油计价办法改为按前 12 个月的平均价格计算，以接近国际市场上的浮动价格。矛盾虽有缓和，但这次会议并未规定调整成员国出口的农副产品和机械产品价格，所以矛盾并未解决。

相互供货的质量和时间问题　经互会国家为了换取外汇，把本国高质量的产品争相向西方出口，而相互供货质量都比较差，而且往往不按合同规定时间供货。因此，许多国家都相互埋怨，对没有履行合同表示不满。在经互会第 37 次会议上，苏联部长会议主席吉洪诺夫说，经互会应"采取刻不容缓的措施来提高互相供应的制品和商品的质量"，"完全杜绝提供陈旧产品的做法"。

合作体制问题 波兰常驻经互会副代表斯·韦乌佩克提出，改变经互会范围内的整个合作体制，是经互会"当今的头号任务"。他认为，经互会原有的决定、方法和手段如今已经"不够或者过时了"。他指出，"必须采取措施清除经互会的官僚制度"，"寻求新的一体化模式"，"把合作建立在真正坚实可靠的经济原则和经济核算基础上"。他还要求经互会实行多边贸易平衡，使各国货币汇率更加反映现实，使货币相互可以兑换，以世界市场的现行价格作为确定经互会各国间贸易价格的基础，并建立经互会关税同盟，设立经互会国际仲裁局，修改经互会机构的工作程序等。

此外，在结算问题、转账卢布问题、共同开发联合项目问题，以及经互会内部拉平成员国经济发展水平等问题上也都存在着许多矛盾。

本文参考书目：

［1］ 《经互会重要文件选编》，北京 1980 年版。
［2］ 尼·法捷耶夫：《经济互助委员会》，北京 1977 年版。

1954 年日内瓦会议

冬 岩

1954 年 4 月 26 日至 7 月 21 日，中、苏、美、英、法五国和朝鲜、越南、老挝、柬埔寨等 23 个国家，在日内瓦举行会议，谋求和平解决朝鲜问题和印度支那问题。日内瓦外长会议进行了将近三个月，分两部分交叉举行。第一部分从 4 月 27 日到 6 月 15 日，讨论和平解决朝鲜问题，第二部分，从 5 月 8 日起到 7 月 21 日结束，讨论恢复印度支那的和平问题。苏联外交部长维·米·莫洛托夫、美国国务卿约·福·杜勒斯（5 月 3 日以后由副国务卿史密斯接替）、中华人民共和国总理兼外交部长周恩来、法国外交部长乔·皮杜尔、英国外交大臣安·艾登，参加了两个问题的讨论，其他有关国家按情况分别参加了其中一个问题的讨论。朝鲜民主主义人民共和国外务相南日、南朝鲜外务部长官卞荣泰以及参与侵朝战争的澳大利亚、新西兰、加拿大、希腊、菲律宾、卢森堡、泰国的外长以及土耳其、比利时、哥伦比亚、阿比西尼亚（即埃塞俄比亚）、荷兰等国的代表，参加了朝鲜问题的讨论；越南民主共和国代理外交部长范文同以及老挝、柬埔寨、南越保大政权的代表参加了印度支那问题的讨论，但柬埔寨和老挝抗战政府的代表未被邀请参加会议。这次有名的国际会议的重大成果，是通过了恢复印度支那和平的《日内瓦会议最后宣言》，从而结束了长达八年之久的印度支那战争。

日内瓦会议前的形势

日内瓦会议，是根据 1954 年 2 月，苏、美、法、英四国外长柏林会议的决定召开的。柏林会议曾就朝鲜和印度支那问题达成这样的协议："鉴于用和平方法建立一个统一与独立的朝鲜将是缓和国际紧张局势和恢复亚洲其他地区和平的重要因素；建议由苏维埃社会主义共和国联盟、美国、法国、联合王国，中华人民共和国、大韩民国、朝鲜民主主义人民共和国及其他有武装部队参加朝鲜战争并愿意参加会议的国家的代表于 1954 年 4 月 26 日在日内瓦举行会议，以期对朝鲜问题和平解决。"协议还提出"同意在那个会议上还要讨论恢复印度支那和平的原题，届时将邀请苏维埃社会主义共和国联盟、美国、法国、联合王国、中华人民共和国及其他有关国家的代表参加"。

这一协议的达成，首先是中国人民以及朝鲜、印度支那各国人民坚持反对帝国主义侵略，争取世界和平斗争的重大成果。朝中人民和印度支那人民在两个战场上不断取得的胜利，从根本上迫使美、法等国不得不同意坐到谈判桌上来，讨论和解决朝鲜问题以及恢复印度支那和平问题。其次，也是苏联政府坚持不懈地争取大国协商，谋求解决重大国际问题的努力的结果。苏联政府早在 1953 年 9 月 28 日，及以后致法、英、美三国政府的历次照会中，就一再建议召开五大国会议，审查和解决国际紧张局势的问题。

第二次世界大战后，美国国力空前增强，它处在扩张的势头上通过各种手段，妄图在世界上建立它的霸权地位，扼杀亚洲人民，特别是中国人民革命事业的胜利成果，用军事冒险行动征服朝鲜，进而进攻中国。它盗用联合国名义，纠集 15 个国家，共同进行了这场侵略战争。但是朝中两国人民并肩战斗，通过五大战役把美国侵略者及其帮凶赶到三八线以南，美国并被迫同意在板门店举行停战谈判，于 1953 年 7 月 27 日签订了停战协定。

朝鲜停战协定签订后，朝中方面反复建议用和平方式统一朝鲜，并坚决主张尽速召开解决朝鲜问题的政治会议，但都遭到了以美国为首的侵略集团的无理反对和拒绝。美国侵略军还用武力劫夺朝中两国的被俘人员，使遣返战俘和解决朝鲜和平统一的会议迟迟不能召开。

印度支那战争，是法帝国主义强加在印度支那人民身上的侵略战争。正如周恩来总理当时指出："印度支那战争是法国殖民主义者挑起的一个企图重新奴役印度支那人民的殖民战争……"1946 年 9 月，法国趁日本法西斯覆灭和中国国民党军队撤退之机，派军队进驻越南，占领西贡，设立专员公署企图重新恢复殖民统治。1946 年 12 月，法国撕毁"法越初步协定"，向越南民主共和国发动了进攻，但法帝国主义并未能征服印度支那各国人民，自 1946 年开始的抗法斗争，使它陷入了进退维谷的困境。从战争开始到 1954

年 3 月，共有 381000 多法军与越南伪军被歼，3/4 的越南领土获得了解放，柬埔寨和老挝人民也奋起反抗。到 1953 年 10 月，法国不得不承认老挝为法兰西联邦内的独立国家，同意柬埔寨在 1946 年 1 月废除保护制，1953 年宣告完全独立。法国在印度支那战场上所消耗的军费，已从 1947 年的 2300 亿法郎增加到 1952 年的 18000 亿法郎，1953 年，达 40000 亿法郎。美国从 1949 年起把印度支那列为侵略对象，干涉越南战争，企图遏制亚洲革命，1950 年 2 月，美国承认了越、老、柬三国的伪政权，美国一方面供给法国军队军费，1951—1954 年，美国提供的大量军事援助，分别占法国侵越军费的 30%、35%、47% 和 78%，一方面又借机插手印度支那战争，直接派遣军事使团，利用法国屡屡失败的"窘境"，加强"对印度支那的干涉，以图逐步代替法国在印度支那的地位"。印度支那各国人民在对法帝国主义进行英勇斗争的同时，不断提出和平解决印度支那问题的建议。早在 1946 年至 1947 年，胡志明主席就几次呼吁，在尊重印度支那人民民族权利的基础上进行和平谈判。1953 年 11 月，胡志明主席在答《瑞典快报》记者的谈话中，再次表示了关于和平解决印度支那问题的主张。越南人民的立场，获得了世界各国人民的普遍支持。与印度支那各国人民血肉相连的中国人民，在全力支持他们的反抗斗争的同时，也一贯主张和平解决印度支那问题，实现印度支那人民的独立、自由和民主的愿望。由于侵略印度支那的战争，法国国内的阶级矛盾也空前激化起来，人民反战情绪愈益高涨，对统治集团极为不满，连法国侵越军总司令也哀叹"印支战争不能获得军事胜利来结束"。1948 年，法国国民议会投票反对侵越战争的非共产党议员仅 5 人，到 1954 年 3 月，增加到 160 余人。法国议会也不得不提出要"用一切可能办法通过谈判谋取全亚洲和平"。

越南劳动党和越南人民军在抗法救国的斗争中日益壮大。1951 年，越南人民接连发动了中游战役、西北战役、东北战役、宁平战役，解放了大片国土，歼灭大量法军。1953 年，越南劳动党根据抗法战争形势，决定在奠边府发动战略进攻，在中国军事顾问团的直接帮助下，战役从 1954 年 3 月 13 日开始，经过 55 天的激战，5 月 7 日解放奠边府，歼灭法军 16000 人。正是在这种形势下，在中朝人民和印度支那人民斗争节节胜利，在全世界人民渴望和平解决朝鲜问题和恢复印度支那和平的形势下，达成了柏林四国外交部长协议，并如期举行了日内瓦会议。

关于朝鲜问题的讨论

　　日内瓦会议一开始，就围绕着和平解决朝鲜问题展开了激烈的辩论和尖锐的斗争。中国、苏联和朝鲜民主主义人民共和国的代表团，以诚意和协商的精神，与参加会议的各国一起谋求日内瓦会议的成功。朝鲜民主主义人民共和国代表团在讨论朝鲜问题的第一次会议上，就提出了《关于恢复朝鲜的国家统一和举行全朝鲜自由选举的方案》的建议。方案的中心内容是：举行全朝鲜的选举"以组成朝鲜的统一政府"；一切外国武装力量"在 6 个月内撤出朝鲜"；恢复朝鲜的统一，"把朝鲜统一成为一个统一的、独立的、民主的国家"。这一方案，完全符合朝鲜人民恢复祖国统一的全民族的愿望，也符合加强各国人民之间和平的利益，因而得到中苏两国外交部长的坚决支持。周恩来外长在阐明中国的立场时指出：朝鲜民主主义人民共和国的建议应当"成为和平解决朝鲜问题的协议的基础"。同时又提出日内瓦会议不能回避的一个重要问题，即关于战俘问题。因为在朝鲜停战前后，美韩当局强迫扣留了 48000 余名朝中被俘人员，使他们不能重返祖国。为此，在 5 月 3日的会议上，周恩来外长严肃提出"必须采取措施：保证 1953 年 6 月和1954 年 1 月被强迫扣留并编入军队的朝中被俘人员得以重返祖国"。

　　恢复朝鲜统一，首先是朝鲜人民自己的事情，任何企图把朝鲜人民所不能接受的，关于朝鲜国家的政治和社会制度的解决办法强加给他们，都是通不过的。朝鲜民主主义人民共和国的三项建议，不仅符合民主原则，也符合朝鲜人民的根本利益，本应被接受作为日内瓦会议解决朝鲜问题的基础。但是美国及受其控制的国家，从一开始就毫无诚意，顽固地反对朝鲜、中国以及苏联和平解决朝鲜问题的建议，坚持把 1950 年 10 月 7 日联合国的非法决议强加给日内瓦会议，即让美军长期留驻朝鲜，以确保全朝鲜局势的"长期稳定"。联合国关于朝鲜问题的协议，是根本违反联合国宪章的宗旨和原则的，是为扩大美国侵略朝鲜战争的目的。美国的目的是利用谈判，提出用扩大李承晚统治到全国的办法"统一朝鲜"的计划。其核心是：中国人民志愿军从北朝鲜撤出，美国军队继续留在南朝鲜；北朝鲜交给美国军队占领，在那里举行由联合国"监督"的选举。美韩集团的建议，充分暴露了美帝国主义妄图吞并整个朝鲜的野心。对此，周恩来外长严正指出"由于美国的操纵，联合国已被置于朝鲜交战一方的地位，失去了公平处理朝鲜问题的资格和道义力量"。

在日内瓦会议上，美国纠集其他侵朝国家，一再阻挠会议的正常进行，甚至以中断会议相要挟。但中、苏、朝三国代表团，始终本着协商与和解的精神，竭尽全力促使朝鲜问题达成能为各方都接受的协议，并准备为此做出各种妥协，只要这种妥协不危害朝鲜人民的利益和世界和平与安全事业。

为了打破僵局，朝鲜民主主义人民共和国代表团曾提出：同意美国军队和中国人民志愿军，按照均等比例的原则从朝鲜分阶段撤退，中国代表团在5月22日的会议上提出："为了协助全朝鲜委员会根据全朝鲜选举法在排除外国干涉的自由条件下举行全朝鲜选举，成立中立国监督委员会，对全朝鲜选举进行监督。"苏联代表团团长、日内瓦会议两主席之一莫洛托夫支持朝、中两国的建议，并认为，会议在许多问题上的观点已经趋于接近，应当把观点吻合或接近的一些条款确定下来，而继续讨论有争议的问题。上述建议充分表现了中、苏、朝三国力求和解的真诚愿望和协商精神。但是，所有这些建议，都遭到美国及侵朝国代表团的反对。他们顽固地坚持由联合国监督朝鲜的选举，甚至扬言，如果由联合国监督选举的问题达不成协议，会议将不可能完成关于朝鲜问题的任务。

在这种情势下，朝鲜、中国和苏联，又相继提出了三个有助于达成协议的新建议，以期在最后时刻挽救会议免于破裂。这些建议是：南日外务相提出的保证朝鲜和平状态的六点建议，周恩来外长提出的由中、苏、英、美、法、朝鲜民主主义人民共和国和大韩民国举行限制性会议，讨论巩固朝鲜和平的有关措施，莫洛托夫外长提出的由会议的参加国发表共同宣言，保证不采取任何可能足以对维持朝鲜和平构成威胁的行动的建议。

美国肆意破坏日内瓦会议，拒不接受朝、中、苏三国代表团提出的合理建议，纠集15个参加侵略朝鲜的国家发表了一个《16国共同宣言》，硬要日内瓦会议接受。该宣言以抹杀事实、颠倒黑白的手段，表明美国等国决心使会议在未达成任何协议的情况下结束。这理所当然地遭到了中、苏、朝三国拒绝。在会议即将陷于破裂的时刻，周恩来外长提出了一项最低限度的、最具有和解性的建议："日内瓦会议与会国家达成协议，它们将继续努力以期在建立统一、独立和民主的朝鲜国家的基础上达成和平解决朝鲜问题的协议。关于恢复适当谈判的时间和地点问题，将由有关国家另行商定。"周恩来外长这种力求和解、仁至义尽的让步，受到与会许多国家代表的赞赏和同意，其中包括日内瓦会议两主席之一、英国外交大臣艾登，但却遭到美国代表团的无理拒绝。

日内瓦会议关于和平解决朝鲜问题的讨论，历时 51 天在没有达成任何协议的情况下，于 6 月 15 日结束。

显然，日内瓦会议的破裂，并非由于日内瓦会议没有可能对和平解决朝鲜问题在已经一致或接近一致的基础上继续讨论，并求得协议。会议的破裂只是由于美国的一意孤行，拒绝协商，美国应负日内瓦会议朝鲜问题谈判破裂的责任。

关于印度支那问题的讨论

日内瓦会议自 5 月 8 日至 7 月 21 日，讨论了另一项议程，即恢复印度支那的和平问题。

印度支那问题的讨论，是在越南人民对法国侵略军的反击取得决定性胜利的形势下开始的。5 月 7 日，奠边府战役的胜利，沉重地打击了法国侵略者，它对日内瓦会议恢复印度支那和平的讨论，当然是有重要意义的。这时，法国已无力继续进行印度支那战争。

5 月 8 日，会议一开始，越南民主共和国代表团就提出了恢复印度支那和平的八项具体建议，以作为谈判的基础。其核心是：法国承认"越南在越南整个领土上的主权与独立，并承认高棉与寮国的主权与独立"；"在规定的时限内，自越南、高棉、寮国领土上"撤退法国的军队；在印度支那三国"举行自由普选"并建立"统一的政府，不允许有外来的干涉"；印度支那三国政府，承认"法国在这些国家内现存的经济与文化上的利益"，并同意研究自愿"加入法兰西联邦的条件"。

越南民主共和国代表团，还阐明提出上述建议的目的在于：停止战争、建立和平；保证在承认印度支那人民的民族权利的基础上恢复和平；建立印度支那各国与法国的友好关系。

越南民主共和国的建议，得到了中国和苏联代表团的支持。周恩来外长郑重指出："摆在我们面前的重大任务就是要在承认印度支那人民的民族权利的基础上，停止敌对行动，恢复印度支那的和平。"

当时摆在法国政府面前的路有两条，一是在印度支那继续扩大战争，这不仅损害印度支那各国的利益，危害亚洲地区的和平，而且也违背它的国家的根本利益，二是同印度支那各国建立正常的关系，这既符合印度支那各国的利益，有利于亚洲的和平和稳定，又满足法国人民反战的愿望。法国代表团团长、外交部长皮杜尔，在会上一方面为法国殖民主义者的侵略辩护，另一方面表示愿意促成军事行动的停止，企图把会议只限制在纯军事问题上，不解决政治问题。但是，没有政治问题的解决，印度支那的和平就不能恢复。不过，法国代表团的某些建议，如与会国保证停战的原则，成立国际委员会以监督停战条款的执行等，还是有利于谈判顺利进行的。但就总体说来，法国的建议不是旨在达成印度支那和平，而只是在越南人民的沉重打击下，考虑停止军事行动。他们甚至避而不谈柬埔寨、老挝的停战问题。

会议进行中，被无理地拒之于会议之外的寮国抗战政府和高棉抗战政府，于 5 月 22 日发表了"关于在全印度支那实行停火和停战以恢复和平的声明"，表达了这两个国家的人民渴望停战、恢复和平的强烈愿望。

为促进会议的进展，使印度支那早日恢复和平，中国代表团于 5 月 27 日的九国代表团会议上，提出了《关于在印度支那停止敌对行动的建议》。这是中国代表团为谋求在军事停战方面达成协议所作的重大努力，目的在于使与会国根据共同点达成协议，以便作为进一步谈判的基础，同时，对于那些差异点也寻找方法加以解决。中国代表团主张，目前在印度支那应该不分哪一个国家，不分正规军和非正规军，都必须同时停火而没有例外。这份含有六项条款的建议，更进一步促进了会议参加国观点的接近，并为会议达成协议铺平了道路。苏联、越南民主共和国代表团坚决支持中国的建议。

在中国代表团的推动下，5 月 29 日，日内瓦会议达成了第一个协议——《九国代表团关于印度支那问题的一项决议》。决议的核心是：双方军事司令部的代表"应即在日内瓦会晤"，讨论有关停战的具体问题，以便"促使敌对行动的早日和同时终止"。这一决议的通过，为日内瓦会议处理印度支那问题打下了良好的基础。

当时的国际形势和法国的国内形势，也为印度支那问题的解决，提供了有利条件。世界各国人民渴望印度支那和平的恢复，许多国家的政府，首先是亚洲各国政府，都表现出解决印度支那问题的积极态度。会议在 6 月 19 日达成了在柬埔寨和老挝停止敌对行动的协议后，各国外长暂时离开日内瓦期间，周恩来总理访问印度、缅甸，在发表的"联合声明"中，都表示深切期望印度支那和平问题能得到满意解决。英国政府也表现出"和平精神"，赞成谋求达成协议的办法。这时，法国政局发生了变化。法国人民一贯反对印度支那战争，他们对拉尼埃政府"依靠实力摆脱战争"和热衷于依靠美国扩大干涉与援助的方针，表示强烈不满，曾多次派代表团去日内瓦，要求结束战争，恢复印度支那和平。法国政府的立场在议会中也遭到了多数的反对，在一片反对声浪中，坚持顽固立场的拉尼埃—皮杜尔政府倒台，国民议会通过了停止"肮脏战争"的决议，由孟戴斯—弗朗斯领导的新内阁表示"将竭尽一切力量达成印度支那的和平"。

在这种形势下，经过努力，会议终于冲破重重障碍，达成了恢复印度支那和平的一系列协议。这些协议包括《关于在越南停止敌对行动的协定》《关于在老挝停止敌对行动的协定》《关于在柬埔寨停止敌对行动的协定》。这三个协定，是由在越南、老挝、柬埔寨三国交战双方司令部的代表，于1954年7月20日夜和7月21日中午签订的。7月21日，在最后一次的日内瓦会议上，通过了恢复印度支那和平的《日内瓦会议最后宣言》。历时三个月的日内瓦会议随之宣布结束。

日内瓦会议关于恢复印度支那和平协议的达成，结束了1946年到1954年长达八年的印度支那战争，这是印度支那人民的胜利，是对帝国主义侵略势力的一次沉重打击。协议的主要内容是：（1）规定印度支那三国停止敌对行动。（2）在北纬17度线以南，9号公路以北划一条临时军事分界线，建立非军事区。三国不得再从境外运入增援性的外国军队、军事人员和武器弹药。（3）设立双方司令部代表组成的联合委员会解决争端，设立由印度、波兰、加拿大三国代表组成的国际委员会，负责监督实施。（4）法国政府被迫同意越南、老挝和柬埔寨独立，并从这三个国家撤出其军队；印度支那三国在尊重基本自由的情况下，分别于1955年、1956年举行自由选举。（5）日内瓦会议的与会国家在对柬埔寨、老挝和越南三国的关系上，保证尊重上述各国的主权、独立、统一和领土完整，并对其内政不予任何干涉。印度支那三国保证不参加任何军事集团，任何外国也不得在他们的领土上建立军事基地。

对于这个《日内瓦会议最后宣言》，美国政府未予签字，仅仅声明，美国政府将"按照联合国宪章第二条第四款关于各会员国在其国际关系上不得使用威胁和武力的规定，美国将不使用威胁或武力去妨害这些协定和条款"。但是，后来的事实证明了，美国政府完全背弃了自己的诺言和它所承担的义务，并彻底地破坏了《日内瓦会议最后宣言》和各项协定。

日内瓦会议关于印度支那协议的达成，促进了国际局势的进一步缓和，促成了印度支那地区和平的实现，这是具有重要意义的成果。同时，会议的结果表明：任何国际争端是可以用和平协商的方法解决的，不同社会制度国家间可以和平共处，并能在国际事务中合作。会议也反映了美国在国际事务中的孤立。尽管由于杜勒斯之流的阻挠和破坏，和平解决朝鲜问题没能达成任何协议，但朝鲜问题并没有从日程上抹掉。诚如周恩来总理兼外长在中央人民政府委员会第 33 次会议上的外交报告中所指出的，"日内瓦会议在恢复印度支那和平问题上，既已达成了解决政治问题的原则协议，这就为朝鲜问题的政治解决带来了新的希望"。

日内瓦会议能够获得如此重大的成果，是印度支那人民、法国人民和全世界爱好和平的国家及人民从各方面共同努力的结果。中华人民共和国政府对日内瓦会议所作出的卓越的贡献，是为世人所公认的。同时，印度支那问题谈判的成功，雄辩地证明了中国参加解决国际问题的决定性意义。

全世界人民都热烈地欢迎日内瓦会议的成功。日内瓦会议，作为第二次世界大战后的一次极为重要的国际会议，已载入了现代国际关系的史册。

本文参考书目：

[1]　《日内瓦会议文件汇编》，世界知识出版社 1954 年版。

[2]　《新华月报》1954 年第 3 期，第 56—104 页；第 4 期，第 102—105 页；第 5 期，第 21—25 页；第 6 期，第 48—89 页；第 7 期，第 60—101 页；第 8 期，第 53—74 页。

[3]　《周恩来总理兼外长在中央人民政府委员会第三十三次会议上的外交报告》（1954 年 8 月 11 日）。

[4]　《中央人民政府委员会关于批准政务院总理兼外交部部长周恩来的外交报告的决议》（1954 年 8 月 11 日中央人民政府委员会第三十三次会议通过）。

万隆会议：亚非国家团结的
历史性盛会

李铁城

1955 年 4 月 18 日至 24 日，亚非会议在印度尼西亚万隆举行。这是历史上第一次由亚非国家自行发起召开、讨论与亚非各国有关重大问题的国际会议，亦称万隆会议。万隆会议的召开象征着亚洲和非洲广大地区的觉醒，标志着亚非国家作为重要的政治力量登上了国际舞台，将在世界事务中发挥重大的作用。

会议的缘起

第二次世界大战以后，帝国主义势力遭到严重削弱，世界被压迫民族反对帝国主义、殖民主义的民族解放运动蓬勃兴起。亚非地区的政治形势发生了巨大变化。

亚洲首先冲破了殖民体系的枷锁：印度、巴基斯坦、印度尼西亚等南亚和东南亚国家相继独立，朝鲜和越南人民在无产阶级政党的领导下，通过武装斗争，建立了人民民主国家，1949 年中华人民共和国宣告成立。随后中朝两国人民在朝鲜战争中打败了美帝国主义。印度支那三国人民取得了抗法战争的胜利。亚洲的崛起鼓舞了非洲的民族独立运动。阿尔及利亚、摩洛哥、突尼斯举行反帝武装斗争；撒哈拉以南的非洲人民爆发了争取民族独立的大规模群众运动。"沉睡的非洲"已经觉醒。到万隆会议召开前夕，亚非地区出现了近 30 个民族独立国家。

帝国主义、殖民主义不甘心自己在亚非地区的失败。特别是战后登上资本主义世界霸主地位的美国，感到亚非形势的变化对其称霸世界的全球战略是一种威胁。为此，它在朝鲜战争后继续奉行实力政策，加紧在远东和东南亚制造新的紧张局势，并公开插手印度支那事务。1954 年 4 月初，艾森豪威尔以多米诺骨牌"一个倒、倒一片"来比喻印度支那的形势，鼓吹美国必须介入印度支那以顶住所谓共产主义的攻势。杜勒斯更认为，印度支那的丢失很可能会造成美国全球战略中整个远东阵地的崩溃。1954 年 9 月，在美国一手策划下，以西方国家为主体的军事同盟——东南亚条约组织成立，严重破坏了由于达成日内瓦协议给东南亚地区带来的短暂缓和。美国利用这个组织把冷战正式引进了东南亚地区。在此期间，美国不仅通过它的军事集团来"遏制"新中国，还同台湾当局签订所谓"共同防御条约"，公开在我国台湾地区进行战争挑衅。

　　一年以后，在美国的策划与支持下，旨在镇压中东各国民族解放运动的"巴格达条约组织"成立。美国通过"巴格达条约组织"把北大西洋公约组织与亚太地区的军事同盟体系联结起来，形成了一个以美国为首的，包围社会主义国家的新月形军事同盟条约网。① 此外，美国还积极推行"第四点计划"②，加紧向亚非国家进行渗透。

　　美国的所作所为，严重威胁亚洲新兴国家的独立和安全，将导致殖民主义的东山再起。在这种形势下，新兴国家进一步认识到相互支持，团结一致反对帝国主义侵略的必要性。为了本地区的和平与安全，他们希望通过共同的努力排除外来势力，缓和亚洲的紧张局势。一些国家的领导人从本国的实际利益出发，认为避免卷入冷战的旋涡对己更为有利，决定采取和平中立的外交政策。印度总理尼赫鲁说了一句形象的话："不能把所有的鸡蛋放在一个篮子里。"正是在这些思想指导下，亚洲国家之间的横向联系加强了，一些国家开始同中国建立和发展友好关系。

　　1954 年 4 月 29 日，中国和印度两国签订了《关于中国西藏地方和印度之间通商和交通协定》。印度同意中国提出的互相尊重领土主权、互不侵犯、互不干涉内政、平等互惠、和平共处五项原则作为指导两国关系的准则，并在该协定的序文中对五项原则给予正式的确定。同年 6 月，周恩来总理访问

---

　　① 美国在亚太地区拼凑的大小军事集团达 7 个："美国菲律宾共同防御条约"（1951 年 8 月）；"美国、澳大利亚和新西兰条约"（1951 年 9 月）；"美国日本安全保障条约"（1951 年 9 月）；"美国、'大韩民国'共同防御条约"（1954 年 1 月）；"东南亚防务条约"（1954 年 9 月）；"美国、'中华民国'共同防御条约"（1954 年）；"巴格达条约"（1955 年 2 月）。

　　② 1949 年 1 月 20 日，杜鲁门在第二任总统就职演说中，提出了美国外交的"四项行动方针"，其中第四点"技术援助和开发落后地区的计划"，即被称为"第四点计划"。1950 年 6 月获美国国会通过。其目的是通过对受援国进行技术和经济援助而加强美国对受援国的控制。

印度和缅甸。在中印两国总理和中缅两国总理分别发表的《联合声明》中，和平共处五项原则再次得到确认。它为社会制度不同的国家之间处理相互关系提供了准则；体现了亚非国家反对帝国主义干涉，捍卫民族独立和主权，要求平等地参与国际事务的愿望。

1953 年 8 月，印尼总理沙斯特罗阿米佐约曾提出召开亚非会议的设想。1954 年 4 月，南亚五国总理在科伦坡召开会议①，讨论共同关心的国际问题。沙斯特罗阿米佐约在会前发表的一项声明中，正式提出"举行一次更广泛的亚非国家会议的可能性"的问题。科伦坡会议讨论了印尼总理的这项倡议。会议的"最后公报"表示："支持印尼总理探讨召开这种会议的可能性。"同年 9 月，印尼总理先后访问印度和缅甸，与两国总理继续讨论召开亚非国家会议问题，三国总理都认为有必要在近期内举行亚非国家代表会议。中国虽然没有参加亚非会议的酝酿和筹备，但中国从一开始就积极支持会议召开，并为此作出了自己的努力。1954 年 6 月，周恩来总理访问印度和缅甸时，向尼赫鲁和吴努都明确表示中国支持召开亚非会议。12 月，毛泽东主席又向来访的吴努总理表明了中国对这个会议的希望。在会议筹备期间，中国和印尼双方还曾通过外交途径就会议问题交换了意见，并且建议把五项原则作为亚非会议的指导思想。

1954 年 12 月底，南亚五国总理在印尼茂物举行会议，研究召开亚非会议问题。会议决定与会五国联合发起召开亚非会议，邀请包括中国在内的 25 个亚非国家和地区参加，并定于 1955 年 4 月在印尼万隆举行。

茂物会议提出召开亚非会议的目的是：促进亚非各国间的亲善和合作，探讨和促进各国相互间的与共同的利益，建立和增进友好及睦邻关系；讨论参加会议各国的社会、经济与文化问题和关系；讨论对亚非国家人民具有特别利害关系的问题，如捍卫民族主权和反对种族主义及殖民主义；讨论亚非国家在世界上的地位，以及对促进世界和平与合作应作出的贡献。

茂物会议的决定，受到亚非各国的普遍欢迎和支持，并引起国际上的高度重视。正如尼赫鲁总理所说，提出召开亚非会议"表明亚洲和非洲在受到西方国家二百年来的统治和剥削后的觉醒"。除仍由前殖民者白人执政的中

---

① 1954 年 4 月 28 日至 5 月 2 日在科伦坡举行的南亚五国总理会议上，主要讨论了印度支那局势和关于召开亚非会议的建议问题。五国总理会议是由锡兰（今斯里兰卡）总理科特拉瓦拉提议召开的，参加会议的其他四国总理是：印尼总理沙斯特罗阿米佐约、印度总理尼赫鲁、缅甸总理吴努、巴基斯坦总理阿里。

非联邦政府表示由于"环境"的缘故不能参加外，其余 24 个国家和地区全部接受了邀请。

对此，帝国主义的态度也十分明显，其中美国为了达到阻止亚非会议的召开，把矛头首先对准新中国。茂物会议以后，美国对中国的战争挑衅步步升级。1955 年 1 月，美国国会授权美国总统为所谓"防护和保卫"台湾和澎湖列岛"不受武装进攻"，可以"使用美国武装部队"。2 月，美国完成了批准美蒋条约的立法程序。3 月，美国总统和国务卿多次叫嚷要准备同中国打一场全面战争，并露骨地进行核讹诈。在此期间，美国还捏造中国要"夺取亚非世界领导权"，已对远东"构成了尖锐、迫切的威胁"，极力挑拨中国与亚非国家的关系，人为地制造对中国的恐惧和疑虑。

为了挑起矛盾，美国利用政治拉拢和经济引诱的办法加紧对一些与会国施加影响，要它们在会上既要"同共产主义影响作斗争"，又要"抵抗中立主义的压力"，以保护美国和美国的军事集团政策。1955 年 2 月，东南亚条约组织在曼谷举行会议，杜勒斯竟表示希望万隆会议将"支持和加强"东南亚条约组织"所表明的高尚理想"。4 月 15 日，美国总统艾森豪威尔表示将要求国会通过新的"援助计划"，以此为诱饵对某些与会国施加影响。美国的意图是，即使不能阻止亚非会议的召开，也要给会议制造种种难题使其"分裂而瓦解"。

帝国主义甚至利用特务搞骇人听闻的谋杀事件。4 月 11 日，中国代表团先行人员包乘"克什米尔公主号"专机自香港飞往印尼途中，因飞机上被蒋帮特务安放定时炸弹在沙捞越西北海面上空爆炸而坠海罹难。由于周总理应邀取道仰光同缅甸等国领导人会晤，敌人以暗杀手段阻挠以周总理为首的中国代表团前往万隆参加会议的阴谋未能得逞。

在亚非国家和平中立倾向进一步发展的情况下，经过亚非国家的共同努力，亚非会议排除了帝国主义的干扰和破坏，如期举行。

历史性的盛会

4 月 18—24 日，美丽的山城万隆成了"亚洲和非洲的首都"。4 月 18 日上午，亚非两洲的第一次历史性聚会，在万隆独立厅隆重开幕。来自阿富汗、缅甸、柬埔寨、中华人民共和国、埃及、埃塞俄比亚、黄金海岸（今加纳）、印度、印度尼西亚、伊朗、伊拉克、日本、约旦、老挝、黎巴嫩、利比里亚、利比亚、尼泊尔、巴基斯坦、菲律宾、锡兰（今斯里兰卡）、沙特阿拉伯、苏丹、叙利亚、泰国、土耳其、越南民主共和国、南越、也门（今阿拉伯也门共和国）的 304 位代表出席了会议。代表团团长中有 13 位是总理或相当总理一级的国家领导人，有 3 位副总理和 4 位外交部长。一些正在为争取民族独立而进行斗争的亚非国家的民族主义政党，如阿尔及利亚民族解放阵线、突尼斯新宪政党、摩洛哥独立党、南非联邦非洲人国民大会、南非印度人大会等也派出代表，以观察员身份列席了会议。

印度尼西亚总统苏加诺在大会上以"让新亚洲和新非洲诞生吧"为题致了长篇开幕词。他说："这是人类有史以来第一次有色人种的洲际会议。"他指出，殖民主义是一个狡猾的敌人，只要它没有死亡，世界上反殖民主义的斗争就没有完全取得胜利。他呼吁，亚非国家联合起来，共同反对殖民主义、种族主义。苏加诺还强调，亚非国家在世界政治舞台上发出呼声的时刻已经到来，我们不是要建立反对其他集团的集团，而是为亚非各国、为全人类找出通向和平的道路。世界和平与各国之间的合作是亚非国家进行建设、实现社会正义和繁荣的必要条件。沙斯特罗阿米佐约被一致选举为会议主席。会议一致通过的议程是：（1）经济合作，（2）文化合作，（3）人权和自决权，（4）附属国问题，（5）世界和平与合作的促进。巴勒斯坦、突尼斯和摩洛哥问题也将予以讨论。会议主席宣布，会议将以全体会议、秘密会议和代表团团长会议的形式进行。各代表团团长还决定会议上达成的任何决议都必须全体一致通过。开幕式以后，会议分两个阶段进行。

第一阶段全体会议，从 18 日下午至 19 日全天进行大会发言，发言的共有 22 个国家的代表。大多数代表的发言在基本点上都是一致的。他们谴责殖民主义、种族主义，认为这些祸害是世界不稳定的根源；希望在五项原则基础上加强和扩大亚非国家间的合作和团结；要求维护世界和平与缓和国际紧张局势，渴望发展民族经济和文化，消除饥馑和贫困。

由于与会国家在社会制度和意识形态方面存在着差异，加上历史遗留问题造成的某些国家之间的隔阂，彼此间存在分歧是难免的。美国利用这些分歧，在会前、会外多方活动，使会议很难不受干扰。有少数代表的发言就重复了人尽皆知的西方的反共观点，并把矛头指向中国。有的诬蔑共产主义是一种"新形式的殖民主义"；有的提出"亚非国家当前面临的问题不是反对殖民主义，而是反对共产主义"，并要与美国联合反对共产主义，有的指责中国进行"颠覆活动"要中国代表团表明"对和平共处的诚意"。这些发言一度把会议气氛搞得相当紧张，引起普遍忧虑和不安。

在这种形势下，中国代表团团长周恩来总理将在19日下午发言的消息，引起会议内外格外的关注和重视。周恩来决定把原来准备的一个系统阐明亚非形势和任务以及我国和平外交政策的主要发言用书面形式散发，针对会议出现的情况，在大会上作一补充发言。周总理的发言被安排在下午全体会议接近结束之前。当时会场上座无虚席，包括苏联大使、美国大使、荷兰高级专员等许多国家外交官都来列席旁听。数以百计的记者也涌进会议厅，有的人甚至站在椅子上，等待着中国代表团的发言。

周总理首先向与会各国表明："中国代表团是来求团结而不是来吵架的"，"中国代表团是来求同而不是来立异的"。他深刻地论述了亚非国家间存在着广泛的求同基础，他说："亚非绝大多数国家和人民自近代以来都曾经受过，并且现在仍在受着殖民主义所造成的灾难和痛苦。""从解除殖民主义痛苦和灾难中找共同基础，我们就很容易互相了解和尊重、互相同情和支持，而不是互相疑虑和恐惧、互相排斥和对立。"周总理还就关于不同的思想意识和社会制度问题、关于有无宗教信仰自由问题、关于所谓颠覆活动问题，以确凿的事实和令人信服的论述回答两天来少数代表对中国的误解和指责，阐明中国政府的立场和政策。周总理真挚地表示欢迎所有到会的各国代表来中国参观。他最后热忱地呼吁："让我们亚非国家团结起来，为亚非会议的成功努力吧！"

与会代表热烈欢迎和高度评价周总理的发言。大会主席沙斯特罗阿米佐约等人指出这个发言是使会议走向成功的一个转折点。周总理的发言不仅驱散了两天来在会议上空一度凝聚起来的阴云，而且及时地提出了"求同存异"方针，为下一阶段会议找到了一条绕开对立和争吵而继续进行的道路，为会议的成功作出了重要贡献。

第二阶段会议，从20日到24日进入专项议程讨论。由各国代表团团长及其顾问组成的政治委员会和由各代表团代表组成的经济、文化委员会分头举行秘密会谈。后两个委员会分别讨论经济合作、文化合作两项议程，并很快达成了一致意见。政治委员会讨论其余的全部议程，它是三个委员会中最重要、权限最大，也是争论最多的一个。争论主要集中在下面两个问题上。

第一，反对殖民主义问题。亚非国家深受殖民主义之害，对何谓殖民主义本应是一清二楚的。正如周总理所说："再没有比西方殖民国家几百年来在亚非两洲的殖民统治更能清楚地说明殖民主义的实质。"但有些人节外生枝，对殖民主义作了奇异的和别有用心的歪曲，硬把共产主义诬为"殖民主义"，提出"要象反对西方殖民主义那样反对苏联殖民主义"。在政治委员会会议上，中国、印度尼西亚、印度、埃及、土耳其等九个国家分别提出了关于殖民主义的四个不同提案。土耳其等九国的提案要求"谴责一切形式的殖民主义，包括凭借武力、渗透和颠覆活动的国际学说"。政治委员会为此发生了很大争论，最后由主席裁决成立一个专门小组，负责在上述四个提案的基础上拟出各方都能接受的方案。

第二，关于和平共处问题。在讨论世界和平与合作的问题时，政治委员会出现了两种对立观点：坚持和平中立的国家主张同共产主义国家共处，避免结成任何军事联盟，提出以五项原则代替实力政策；参加西方军事联盟的国家则反对同共产主义国家共处，宣扬实力政策，它们把北约、东南亚条约组织等美化成"和平的支柱"，攻击和平共处是共产党的语言。两种观点截然对立、僵持不下，会议面临危机。在关键的时刻，周总理在 4 月 23 日上午会议上作了长篇发言。他提出亚非国家讨论世界和平和合作问题，应该撇开不同的意识形态和国家制度，以要求和平合作为共同基础，这样我们就能够达成协议，组成保卫世界和平的强大力量。他举例说，有人说"和平共处"（Co—existence）是共产党用的名词，那么可以换一个名词，可以采用联合国宪章中所用的"和平相处"（live in peace）。他说，如果有人反对五项原则的措辞和数目，那么五项原则的写法可以修改，数目也可以增减，因为我们所寻求的是把我们的共同愿望肯定下来，让大家来遵守。随之他提出了一项由中国代表团草拟的把各国代表连日发言中都同意的共同点归纳成为七项原则的"和平宣言"草案，并且就每项原则都作了详尽的解释。周总理的发言引起了与会代表的极大注意。大家感到就和平共处问题达成协议已经有良好的基础。

促进亚非团结、推动会议成功的种种努力，不只发生在会议厅内，许多代表团为着增进友谊和了解，积极进行接触，展开广泛的会外外交活动。其中中国和印尼两国政府签署关于双重国籍问题条约以及周总理就台湾地区局势问题发表的声明，被认为是对推动会议进展有重要意义的两件大事。

华侨双重国籍问题是旧中国遗留下的一个烦难问题。万隆会议上有的国家代表在发言中借此攻击中国，说中国有可能利用海外华侨的双重国籍进行颠覆活动。为此周总理在会议上正式声明，中国毫无颠覆它的邻国政府的意图，中国政府准备与有关国家的政府解决华侨的双重国籍问题。4 月 22 日，中国和印尼两国政府签订了关于双重国籍问题的条约。这不仅解决了两国之间一个久悬未决的问题，而且表明了中国的诚意，为中国同东南亚其他国家解决这一问题提供了范例。

会议期间发生的轰动最大的事件，是周总理就台湾地区局势发表的重要声明。4月23日中午，中国、缅甸、锡兰、印度、印尼、巴基斯坦、菲律宾、泰国的代表团团长对和缓远东紧张局势问题、特别是和缓台湾地区紧张局势问题进行了会谈。周总理在8国代表团团长会议上发表声明："中国人民同美国人民是友好的。中国人民不要同美国打仗。中国政府愿意同美国政府坐下来谈判，讨论和缓远东紧张局势问题，特别是和缓台湾地区的紧张局势问题。"周总理这一简短的声明，立刻震动了万隆，传遍世界，粉碎了美国想利用它一手造成的台湾地区的紧张局势来影响亚非会议的阴谋，向全世界表达了中国人民的和平诚意，并导致了尔后的中美大使级谈判。在万隆的各国代表团对周总理的声明几乎是一致地作出积极反应，认为它是"一篇非常好的声明"，"完全符合亚非会议的目的"。

寻求亚非团结和求同存异的精神，终于使会议克服了分歧。4月24日晚上，万隆会议举行最后一次全体会议。在热烈的掌声中，与会国家一致通过会议决议，即《亚非会议最后公报》。会议充满着亚非世界团结胜利的喜悦。包括中国在内的19个国家的代表先后在闭幕式上发言，他们盛赞会议取得的重大成就，盛赞会议对促进世界和平和合作所作的重大贡献。大会主席沙斯特罗阿米佐约在闭幕词中集中表达了亚非国家的心声："现在我们大家都知道，我们需要实行容忍，彼此像友好的邻居一样在和平中一起生活，而这是人类赖以昌盛的唯一可靠的、真实的基础。愿我们在我们已经共同采取的道路上继续前进，并愿万隆会议成为指引亚洲和非洲的进步前途的灯塔。"

历史性的成就

历时7天的万隆会议，冲破了帝国主义的阻挠和破坏，取得了重大的历史性成就。它首先集中体现在会议一致通过的《亚非会议最后公报》上面。公报共包括经济合作、文化合作、人权和自决、附属地人民问题、其他问题、促进世界和平和合作、关于促进世界和平和合作的宣言七个方面。

经济合作的决议，强调促进亚非区域经济发展的迫切性，提出与会国在互利和互相尊重国家主权基础上进行经济合作。决议不排除同亚非地区以外国家的合作，但它强调了亚非国家之间进行合作的重要性。决议提出以互相提供技术援助、鼓励促进亚非国家间的联合企业，扩大贸易往来、采取集体行动稳定原料商品国际价格等多项具体措施，加强亚非地区的经济合作。尽管万隆会议提出加强亚非之间互助合作、共同争取国际经济关系中平等地位的斗争还处于起步阶段，但它指出了亚非国家之间经济发展的正确方向和发展前景，成为日后第三世界经济合作和争取国际经济新秩序的先导。

文化合作的决议，谴责了殖民主义和种族主义压制亚非人民发展民族文化和阻挠亚非国家间的文化交流。肯定了亚非人民恢复亚非各国原有的文化接触和发展新的文化交流的共同要求。各与会国决心为更密切的文化合作而努力，也"希望在发展亚非文化合作的同时，同其他国家发展文化接触。这会丰富它们自己的文化，并且还会有助于促进世界和平和了解"。

公报在"人权和自决"、"附属地人民问题"和"其他问题"这三部分决议中，宣布它"完全支持联合国宪章中所提出的人权的基本原则"和"人民和民族自决的原则"，并注意到"自决是充分享受一切基本人权的先决条件"。决议谴责"对于成为非洲广大区域和世界其他地方的政府和人的关系的基础的种族隔离和歧视的政策和实践"；宣布"殖民主义在其一切表现中是一种应当迅速予以根除的祸害"。决议支持附属地人民争取自由和独立的事业，特别是北非人民争取自决和独立的斗争，并要求有关国家给予这些国家和人民以自由和独立。决议支持巴勒斯坦的阿拉伯人的权利，支持印度尼西亚和也门为维护民族权益的斗争。

促进世界和平和合作的决议，要求联合国的会员应当具有普遍性；要求安理会支持接纳具备会员国条件的亚非国家，决议认为亚非地区国家在安理会中的代表权是不充分的，提出非常任理事国的席位分配应能使亚非国家参加安理会，"以便它们可能对维护国际和平和安全作出更有效的贡献"。决议表达了亚非国家对战争与和平问题的严重关切，认为"裁减军备、禁止生产、试验、使用核子和热核子作战武器，对于拯救人类和文明免受大规模毁灭的恐惧和前景是紧迫需要的"。

公报在《关于促进世界和平和合作的宣言》这一决议中，提出了各国应当在下列原则的基础上，作为和睦的邻邦彼此实行宽容，和平相处，发展友好合作：（1）尊重基本人权，尊重联合国宪章的宗旨和原则。（2）尊重一切国家的主权和领土完整。（3）承认一切种族的平等，承认一切大小国家的平等。（4）不干预或干涉他国内政。（5）尊重每一国家按照联合国宪章单独地或集体地进行自卫的权利。（6）不使用集体防御的安排来为任何一个大国的特殊利益服务；任何国家不对其他国家施加压力。（7）不以侵略行为或侵略威胁或使用武力来侵犯任何国家的领土完整或政治独立。（8）按照联合国宪章，通过如谈判、调停、仲裁或司法解决等和平方法以及有关方面自己选择的任何其他和平方法来解决一切国际争端。（9）促进相互的利益和合作。（10）尊重正义和国际义务。这就是著名的十项原则，它是万隆会议达成的最重要的协议。十项原则是和平共处五项原则的引申和发展，又一次替愿意和平共处的国家指出了努力的方向。

万隆会议为与会国提供了难得的相互接触的机会，使亚非国家能够自由地互相接触。这种面对面的接触促进了各国的相互了解和尊重，加强了亚非国家的团结，是和平共处的生动体现。尼泊尔代表团团长说："最重要的事实是到处洋溢着亚非团结感。这种团结感是这样强烈，连那些反对公理并且跟着另外一方跑的人最后都不能不同意，因为他们不想违背潮流。"甚至连美国舆论也被迫承认，某些代表的亲美发言"没有对会议的结果产生任何影响"，"几个信仰美国哲学的亚洲朋友的声音很快就沉寂下去了"。

万隆会议的成就是亚非人民团结合作、求同存异、协商一致精神的结晶，是与会各国共同努力的结果。在这次会议中，科伦坡会议国家，特别是作为东道国的印度尼西亚，以及印度和缅甸代表团坚持茂物会议原则的努力，是使会议获得成功的重要保证。埃及和其他许多国家的代表团坚持亚非团结对会议成功也起了建设性的作用。万隆会议的胜利也是与周恩来总理和他率领的中国代表团的不懈努力分不开的。周总理为推动会议成功、为促进亚非团结事业作出了重大贡献，并通过与各国代表进行广泛接触，加强了中国与亚非各国的相互了解，为后来许多国家与我国建交创造了条件。周总理和他率领的中国代表团在万隆的活动，是新中国外交史上的丰碑。

万隆会议作为亚非团结反帝事业中的一个具有伟大意义的事件载入史册。它所体现出的亚非各国人民反对殖民主义、种族主义，争取和巩固民族独立，保卫世界和平，要求亚非国家之间和平相处、友好合作的精神，通常被称为"万隆精神"。万隆精神集中反映了当代世界反对帝国主义、殖民主义的鲜明特点，对后来世界形势的发展有着深远的影响：万隆精神鼓舞了亚洲、非洲、拉丁美洲人民争取民族独立和自由的斗争，加速了帝国主义殖民体系的瓦解；它促进了亚非国家之间的团结合作和睦邻友好，加强了亚非新兴国家的民族自信和民族自觉；它推动了日益众多的亚非国家走上和平、中立和不结盟的道路，此后，这些国家作为一支新兴的政治力量，在世界事务中所处地位日臻重要，促使国际政治力量向着多元化方向发展。从一定意义上说，万隆会议是战后两极世界向多极世界演变的一个重要转折点。

不结盟运动的兴起

戴 天 王丽霞

60 年代初形成的不结盟运动，坚持独立自主、非集团的原则，坚持和平、中立、不结盟的宗旨，坚持反帝、反殖的方向，增强了第三世界在国际事务中的影响。在当代历史上，不结盟运动是争取世界和平和稳定，为建立新的国际政治、经济关系而斗争的一支重要力量。

不结盟运动的产生

不结盟运动所以能在 20 世纪 60 年代初兴起是国际形势发展的必然结果。世界反法西斯力量在第二次世界大战的胜利，促进了殖民地、半殖民地人民的觉醒，民族解放运动和各国人民反帝、反殖革命运动蓬勃发展。中国革命的胜利和 1955 年万隆会议的召开，把亚非民族解放运动推向了新的高潮。自战争结束至 60 年代初期，有 40 多个国家先后摆脱殖民枷锁赢得独立。仅 1960 年，撒哈拉以南非洲就有 17 个国家宣告独立，形成了著名的"非洲独立年"。这些新独立国家大都选择了独立、自主、不结盟的发展道路。另一方面，老殖民主义者力图保住自己的殖民利益，而美国则乘机填补"真空"，推行新殖民主义政策。新老殖民主义的矛盾尖锐化、表面化。与此同时，正在兴起的另一个超级大国苏联也在同美国争夺亚、非、拉广大的中间地带。大国之间这种争夺势力范围的斗争，对第三世界国家的独立、主权和安全形成越来越大的威胁。在这种形势下，一些有声望和有影响力的独立国家的领袖，如铁托、尼赫鲁、纳赛尔、苏加诺、恩克鲁玛等逐渐形成了共同的或近似的国际意识，主张参与国际事务，推动第三世界各国政治和经济的联合，为反对新老殖民主义、反对大国干涉、保卫世界和平而斗争。

不结盟运动是随着国际形势的变化发展起来的，而不结盟思想的形成和不结盟运动的酝酿可以追溯到更早的时期。如前所述，第二次世界大战后，国际关系发生的最大变化之一就是亚、非一系列国家取得了独立，为亚、非国家的团结和力量的凝聚创造了新的国际环境。美帝国主义的世界霸权的衰落，则为亚、非国家摆脱美、苏冷战和两大阵营对峙局面，开展集团外交奠定了基础。在此形势下，铁托、纳赛尔、尼赫鲁于 1956 年 7 月 18 日至 19 日在南斯拉夫的布里俄尼岛举行政治会晤。7 月 20 日，三国领导人发表一项《联合声明》。《声明》反对把"世界分成强有力的国家集团"，提出"应该建立世界规模的集体安全"，"应该继续并且鼓励奉行不同政策的各国领袖之间的接触和意见交换"。其后，经过几年的酝酿和讨论，在 1960 年第 15 届联合国大会期间，铁托、纳赛尔、尼赫鲁、恩克鲁玛和苏加诺在纽约会晤，协商召开不结盟会议事宜。这五个国家的领导人被称为"不结盟运动的创始人"。

1961 年 2 月至 6 月，铁托访问非洲九个国家，提出关于举行不结盟国家首脑会议的建议。在铁托和纳赛尔的积极努力下，由埃及、南斯拉夫、印度、印度尼西亚、阿富汗五国发起（后来它们被称为"不结盟运动的发起国"），1961 年 6 月间在埃及首都开罗召开了由 20 个国家的代表参加的不结盟国家首脑会议的筹备会议。这次会议规定了参加不结盟国家首脑会议的五项标准：

1. 被邀请国必须执行以和平共处和不结盟为基础的独立政策，或者表现出与这一政策相一致的倾向；

2. 被邀请国必须一贯支援民族独立运动；

3. 它们不得是参与两大阵营纠纷的集体军事条约（军事同盟）的成员；

4. 它们不得是有大国参加的、卷入两大阵营纠纷的区域性防御条约或双边条约的成员；

5. 被邀请国不得赞成在其领土上为两大阵营之一的利益建立军事基地。

关于参加不结盟运动的五项规定，使万隆精神从深广方面得到发扬。筹备会议决定于 1961 年 9 月正式召开不结盟国家和政府首脑会议。

同年 9 月 1 日至 6 日，首届不结盟国家和政府首脑会议在南斯拉夫首都贝尔格莱德举行。25 个国家作为正式成员参加会议，3 个国家作为观察员列席会议。会议通过了《不结盟国家的国家和政府首脑宣言》。宣言指出："只有殖民主义、帝国主义和新殖民主义的各种表现形式都被消除……之后，持久和平才能实现"；不结盟国家"决意协同作出努力来制止各种新殖民主义和帝国主义统治的一切形式和表现"，它宣布与会各国全力支持阿尔及利亚、安哥拉、突尼斯、古巴以及其他为争取和维护民族独立而斗争的各国人民。宣言要求各大国签订全面彻底的裁军条约，以缓和国际紧张形势，认为"现有的军事集团……不时引起国际关系恶化"，"不结盟国家应该参与有关世界和平与安全"的国际问题的解决。宣言要求消除殖民主义遗留下来的经济不平衡状态，废除国际贸易中心的不等价交换，稳定原料和初级产品价格；并建议立即建立联合国基本发展基金。宣言还要求恢复中华人民共和国在联合国的合法权利。会议决定把这个宣言送交联合国。

首届不结盟国家和政府首脑会议的举行，标志着独立于美苏之外的第三种国际政治力量即不结盟运动的形成。这一运动的形成和发展与整个国际斗争格局的演变同步进行，推动了国际政治力量由美苏两极向多极化方向转化。不结盟运动所确立的不结盟，独立自主的原则和反帝、反殖的立场，以后受到越来越多的第三世界国家的承认和支持，从而促进了第三世界的兴起和壮大。

不结盟运动的发展

不结盟运动形成以后，自 1961 年至 1983 年先后召开了 7 次首脑会议。它们在反对帝国主义、殖民主义，促进亚非拉各国民族解放运动的深入发展；在反对霸权主义、国际强权政治和集团政治，维护第三世界国家的独立、主权和平等地位；在反对超级大国侵略和战争政策，保卫世界和平和各国安全；在改革旧的国际经济关系，建立国际经济新秩序等方面，作出了不懈的努力。

1964 年 10 月 5 日至 10 日，第二次不结盟国家和政府首脑会议在埃及首都开罗举行。有 47 个成员国的代表团、10 个国家和两个组织的观察员参加会议。这次会议通过了关于不结盟运动的下列策略原则：

1. 争取解放仍然处于附属地位的国家，消灭殖民主义、新殖民主义和帝国主义；

2. 尊重各国人民的自决权，谴责使用武力阻挠这一权利的行使；

3. 反对种族歧视和种族隔离政策；

4. 和平共处；

5. 尊重各国主权及领土完整；

6. 根据联合国宪章的原则不以武力相威胁或使用武力解决争端；

7. 全面彻底裁军：和平使用原子能，禁止一切核武器试验，建立无核区，防止扩散核武器和取消一切核武器；

8. 反对军事条约，反对在外国驻军和建立军事基地；

9. 执行联合国决议，使联合国有效地发挥职能；

10. 推动经济发展和加强合作；

11. 进行文化、科学、教育合作。

这 11 条策略原则，在一定意义上是整个不结盟运动的宗旨。它们在以后历届会议中多次被重申，并根据国际形势的发展作出了相应的决议。这次会议还遵循上述策略原则，通过了《和平和国际合作纲领》。与会的不结盟国家就反帝、反殖和保卫世界和平问题表示了共同的立场。纲领指出："帝国主义、殖民主义和新殖民主义是国际紧张局势和冲突的一个基本根源。""殖民地人民可以正当地使用武力来充分运用他们的自决权和独立权"；"与会国保证……齐心协力给正在进行反对殖民主义和新殖民主义的各国人民提供一切道义上、政治上或物质上的一切必要的援助和支持"。纲领要求取消外国军事基地，消除核威胁，停止军备竞赛。

1970 年 9 月 8 日至 10 日，第三次不结盟国家和政府首脑会议在赞比亚首都卢萨卡举行。参加会议的有 54 个成员国，8 个国家和 8 个组织作为观察员出席了会议。会议通过包括《关于和平、独立、发展、合作和国际关系民主化的卢萨卡宣言》《关于不结盟和经济进步的宣言》等一系列文件。

在前两次首脑会议上，与会者的主要矛头是针对老牌的帝国主义，要求"最后结束殖民主义"，随后又转向美国的新殖民主义。进入 70 年代以来，由于美苏两国在第三世界的争夺日趋激烈，构成对第三世界国家的主要威胁，从这次会议起，与会的不结盟国家把斗争的主要矛头针对美苏两个超级大国，特别是指向美国的霸权主义。两个超级大国受到指名或不指名的谴责。《卢萨卡宣言》第一次提出把世界分为"穷国"和"富国"；指出："超级大国之间的恐怖均势没有给世界其他地区带来和平与安全"，"对别国内政的干涉，施加政治和经济压力，使用武力和进行颠覆的威胁，这些做法都达到了令人吃惊的程度，并成为经常的威胁"。宣言反对"大国垄断"国际事务；主张："一切主权国家都有权完全自由地决定自己在政治、经济、社会和文化各方面的发展道路。"以卢萨卡会议为标志，不结盟运动开始向两个超级大国的霸权斗争提出了公开的挑战。

　　70 年代大批新独立国家面临实现经济独立以巩固政治独立的严重任务。不结盟运动在政治领域进行反殖、反帝、反霸斗争的同时，还必须在经济领域展开斗争。卢萨卡会议成了这方面的转折点。会议通过的宣言指出，许多新独立的国家"仍然处在帝国主义统治和新殖民主义的剥削下"，表示"争取实现在平等互利基础上的经济独立"，已经是不结盟运动刻不容缓的基本目标。

　　按照卢萨卡会议通过的不结盟运动的组织形式走向制度化，每隔三年召开一次首脑会议的决定，1973 年 9 月 5 日至 9 日，第四次不结盟国家和政府首脑会议在阿尔及利亚首都阿尔及尔举行。参加会议的有 75 个成员国，10 个国家和 16 个组织作为观察员、3 个国家作为来宾出席了会议。会议通过《在阿尔及尔举行的第四次不结盟国家国家元首和政府首脑会议宣言》《经济宣言》《经济合作行动纲领》《关于民族解放斗争的宣言》等一系列文件。在这次会议上决定成立部长级协调局。会议文件宣布："拒绝任何形式的奴役和依附、任何干涉和压力，不管它们是政治的、经济的还是军事的"，并强调"穷国"和"小国"要团结起来，"打倒帝国主义、殖民主义、种族主义，犹太复国主义和霸权主义"。

　　当时的苏联领导人勃列日涅夫在会前给本届会议主席布迈丁写信施加压力，指责不结盟国家把世界分为"大国"和"小国"、"穷国"和"富国"的主张，不应该把美苏两国相提并论。阿尔及利亚公布了这封信，引起与会国家的强烈不满。会议不顾苏联的压力，在会议文件中坚持"反对霸权"的正义立场，把矛头直接指向两个超级大国。

　　1976 年 8 月 16 日至 20 日，第五次不结盟国家和政府首脑会议在斯里兰卡首都科伦坡举行，参加的有 86 个成员国，10 个国家和 12 个组织作为观察员、7 个国家作为来宾出席了会议。罗马尼亚在多数成员国的支持下，以来宾身份参加会议。本次会议的一个明显特点是强调了政治独立和经济独立的相互关系；通过《政治宣言》《经济宣言》《不结盟国家和其他发展中国家经济合作纲领》等文件。《政治宣言》宣告："不结盟运动是抗击各种形式和表现的帝国主义和其他各种形式的外国统治的一支重要力量"；指出："政治和经济有着不可分割的联系"，"脱离政治来孤立地处理经济事务，是错误的"。《经济宣言》强调："争取政治独立……不能同争取经济解放的斗争分离开来"，号召"不结盟国家同其他发展中国家一起，为建立新的国际经济秩序以结束富国和强国对付'弱国'和'穷国'的剥削而努力奋斗"。

　　第六次不结盟国家和政府首脑会议是第一次在拉丁美洲国家召开的不结盟运动的会议。它于 1979 年在古巴首都哈瓦那举行，参加会议的有 95 个成员国，12 个国家的观察员和 8 个国家的代表以来宾身份出席了会议。由于会议的某些参加国特别是东道主古巴受到苏联的影响，使不结盟运动内部产生了意见分歧。这次会议在三个根本问题上经历了尖锐的争论：（1）不结盟运动应该坚持还是放弃其不结盟的概念和反帝、反殖、反霸的宗旨，（2）不结盟国家是否应该努力促使它们各国之间团结合作，（3）不结盟运动内部应该坚持民主协商的原则还是采取把少数国家的意志强加给多数国家。在大多数国家的努力下，会议坚持了不结盟运动的非集团原则，维护了运动的团结，否定了个别国家鼓吹苏联是不结盟运动的"天然盟友"的主张，取得了积极的成果。

　　这次会议通过《政治宣言》等一系列决议，重申运动的以下原则：尊重所有国家的独立、主权、领土完整和社会自由发展；不结盟国家独立于大国或集团的争夺和影响之外，反对参加军事条约和联盟；同帝国主义、殖民主义、新殖民主义、外国占领和霸权作斗争；各国实现积极的和平共处；建立新的国际经济秩序，在平等的基础上发展国际合作；在殖民和外来统治下的各国人民有权实行自决和独立；支持民族解放运动。

　　但是，不结盟运动的首批成员国之一的民主柬埔寨，受到越南的侵略，它的合法性遭到古巴等国的否定，被剥夺了参加会议的权利。由于会议曾一度出现偏袒苏联对外政策的气氛，缅甸代表中途退席，并宣布退出不结盟运动。

　　第七次不结盟国家和政府首脑会议于 1983 年 3 月 7—12 日在印度首都新德里举行。出席的有 101 个成员国，10 个国家和 8 个组织作为观察员、10 个国家和 16 个组织作为来宾出席了会议，使这次会议成为不结盟运动力量的一次空前大检阅。会议通过了《新德里文件》《政治宣言》《经济宣言》《经济合作行动纲领》《集体自力更生宣言》等一系列文件。这次会议坚持了不结盟运动的基本纲领和宗旨，较大程度上拨正了自上届首脑会议以来出现的偏袒苏联的方向，重申支持不干涉主权国家内部事务以及不允许对主权国家使用武力的原则，呼吁"外国军队"撤出阿富汗和柬埔寨，并要求"全面重建国际秩序"，以扭转目前在世界上存在的"争夺势力范围、统治地位和军备竞赛"的趋势。《经济宣言》强调不结盟国家要为建立国际经济新秩序而继续努力，并提出了加速"南南合作"的措施。

不结盟运动的特点

从 1961 年形成的不结盟运动，走过了 20 多年的历程，具有以下三个特点。

第一，政治上从和平中立到反帝、反殖，进而发展到反对强权政治和霸权主义。

60 年代初，不结盟运动的思想基础比较复杂，有民族主义、和平主义和在大国间搞平衡的实用主义，而发起国的共同思想则是在两大阵营和军事集团之间保持和平中立。然而，随着不结盟运动的发展，大批新独立国家主要是非洲国家成为不结盟运动的生力军，它们举起反帝、反殖的旗帜，使运动在实践中突破了原先和平中立的框框。在第一、第二次不结盟国家首脑会议上，矛头主要指向法、英、葡等老殖民主义，要求"立即无条件地、彻底地和最后废除殖民主义"。由于美国在战后推行新殖民主义政策，终于把自己置于同第三世界国家尖锐对立的地位，不结盟运动的矛头指向了美国。在以后各次不结盟国家首脑会议上，美国均成为众矢之的，特别在非洲、中东、印支、裁军、种族歧视等问题上，它一直受到不结盟国家的谴责。70 年代以来，美、苏两个超级大国在第三世界的争夺日益激烈。一些受到苏联霸权主义威胁的国家开始提出不结盟运动不能只反对美国。1970 年第三次首脑会议通过的宣言把世界划为"穷国"和"富国"，反对"大国"垄断国际事务，谴责"超级大国的恐怖均势"，实际上已将美、苏相提并论。1973 年第四次首脑会议进一步号召不结盟国家要"通过有效行使反对霸权的国家主权来巩固它们的独立"，"拒绝任何形式的奴役和依附、任何干涉和压力"，首次提出了反霸原则。

超级大国的霸权主义在以后历次不结盟国家首脑会议上都受到严厉谴责。1976 年第五次不结盟国家首脑会议通过的《政治宣言》强调，帝国主义"会以新殖民主义形式和霸权关系的方式继续存在"。许多国家在会上不指名地谴责苏联。在讨论建立"印度洋和平区"问题时，美苏两国同样处于被指责的地位。会议《政治宣言》中专门就印度洋和平区写了一章，谴责"大国"在印度洋的"争夺"。70 年代中期，苏联支持越南侵占柬埔寨，直接出兵入侵阿富汗。1981 年 2 月在新德里举行的不结盟国家外长会议，在多数国家的要求下，通过一份要求从阿富汗和柬埔寨撤出外国军队的文件。不结盟国家首脑会议还多次通过决议，要求美苏两国率先裁减军备。

由于不结盟运动坚持反对霸权主义，两个超级大国把不结盟运动看成是它们推行扩张政策的障碍，力图破坏和分裂不结盟运动。早在不结盟思想刚刚兴起时，杜勒斯就攻击中立、不结盟政策是"不道德的和近视的"。美国和其他一些帝国主义国家对不结盟运动进行威胁利诱，指望它采取"亲西方的方针"。另一个超级大国苏联，鼓吹自己是不结盟运动的"天然盟友"，力图把它纳入自己的轨道。但随着不结盟运动的国际影响日益增强，苏联也加入攻击不结盟运动的行列。苏联报刊发表文章，指责不结盟运动"成分不纯"，是"五花八门"的大杂烩；"抵制两个超级大国"并与之"保持等距离"是"错误"的。苏联把不结盟国家和政府分成"进步的"和"反动的"，"持进步方向的政权"和"保守势力"，蓄意制造混乱，分裂不结盟运动。当对不结盟运动攻击不灵时，苏联在 70 年代后期又把自己打扮成不结盟运动的"朋友和战友"，提出不结盟国家同它结盟。不结盟运动创始人之一铁托在第六次不结盟国家首脑会议上针锋相对地回答说："我们从来不同意充当任何人的橡皮图章或后备军。"在大多数与会国的坚决斗争下，这次会议挫败了苏联的企图，通过了坚持不结盟、非集团原则的《政治宣言》。在第七次不结盟国家首脑会议上，一向同苏联保持较密切关系的甘地夫人也强调，"不结盟运动不存在什么天然敌人或天然盟友的问题"。

第二，愈益重视和强调经济领域的斗争。

不结盟运动从它兴起之日起，就把国际经济领域的斗争作为其重要内容之一。随着民族解放斗争的深入发展和世界经济形势的变化，不结盟国家愈来愈认识到发展民族经济、争取国家经济独立的重要性。1970 年第三次不结盟国家首脑会议宣言中经济部分的章节超过了政治部分，明确指出："发展中的国家被剥夺了享有平等……的权利"，因此，"在平等、互利的基础上争取经济独立"，仍然是不结盟运动的基本目标之一。此后的各次首脑会议，经济问题被列为重要议程，为此专门发表宣言，提出了自己的斗争目标和策略。

不结盟运动把争取建立国际经济新秩序作为目标。第三世界国家在政治上独立后，帝国主义、殖民主义还在不同程度上控制这些国家的经济命脉。它们通过不合理的国际分工为基础的生产体系、贸易体系和货币金融体系，剥削和掠夺第三世界国家。它们还转嫁经济危机。许多不结盟国家的经济和贸易状况严重恶化。它们认识到，要实现"在平等互利的基础上的经济独立"，必须彻底改变旧的不合理的国际经济关系。

早在1964年第二次不结盟国家首脑会议上，就提出了建立"新的和公正的经济秩序"的主张。1973年第四次不结盟国家首脑会议充分肯定了"七十七国集团"①提出的建立"国际经济新秩序"的口号，把它作为不结盟国家和其他发展中国家的共同战斗纲领，认为这是一种"新的全球发展战略"。这次会议通过的《经济宣言》号召第三世界国家从掌握自然资源主权和确定原料价格着手，发展民族经济，争取经济解放。在第四次不结盟国家首脑会议主席布迈丁的倡议下，1974年第六届特别联大不顾美、苏两个超级大国的阻挠，通过了《建立新的国际经济秩序宣言》和《行动纲领》。在第五、第六两次不结盟国家首脑会议宣言中，又提出了"国际经济新秩序"的具体构想，并强调"不管受到什么威胁和压制性的经济制裁，决心共同努力……达到这些目标"。

不结盟运动国家在考虑经济发展时，总结了历史的经验教训，强调了发展中国家的集体自力更生，推进"南南合作"。1973年召开的第四次不结盟国家首脑会上，提出了集体自力更生思想，把加强不结盟国家和其他发展中国家的经济合作，在全球谈判中彼此协调立场，作为不结盟运动在经济领域中斗争的一个重要方面。1979年第六次不结盟国家首脑会议宣言指出，发展中国家在互利基础上自力更生，加强合作，不仅"可以加速它们的发展"，而且将加强它们为实现国际经济新秩序同发达国家进行谈判的实力。这次会议还通过了《加强发展中国家集体自力更生的哈瓦那政策性指导原则》。在以上思想的指导下，1982年2月首次"南南会议"在新德里召开，与会国大多数是不结盟国家。

第三，不结盟运动队伍不断扩大，并在组织上走向制度化。

不结盟运动在开始时是一个比较松散的国际性组织，它既无常设主持人，也没有常设机构。会议不定期举行，第一次和第二次首脑会议相隔三年，第三次首脑会议拖了六年才开。这六年中，由于一些国家发生政权更迭和帝国主义的挑拨离间，不结盟运动缺乏生气，几乎停止了活动。最后在南斯拉夫等国的努力下，1970年才开成第三次首脑会议。此后，不结盟运动逐渐走向制度化，制定了一系列规定，开始具备一个正式组织的特点。它规定

①　1964年举行的第一届联合国贸易和发展会议上，77个发展中国家联合起来，为争取建立国际经济新秩序而斗争，发表了《七十七国联合宣言》，从此形成"七十七国集团"。

每隔三年召开一次首脑会议，由会议东道国领导人任首脑会议主席，任期三年。每届首脑会议主席为不结盟运动的发言人，可以代表不结盟运动向联合国提出不结盟国家的决议；还分别建立了部长级协调局①和驻联合国代表协商局②，加强了不结盟国家的经常性合作。

在60年代，参加不结盟运动的主要是亚、非国家，欧洲只有南斯拉夫，拉美只有古巴。到1970年第三次不结盟首脑会议时，成员国中的拉美国家还寥寥无几。1979年第六次首脑会议时，非洲国家（除南非外）全部加入了不结盟行列，拉美国家增至11个。近年来，拉美许多国家独立自主的倾向有所发展。一股不结盟的热潮正在拉美兴起，许多拉美国家纷纷要求参加不结盟运动。到1983年，已有119个国家（其中包括18个以观察员名义的国家）加入不结盟运动。他们代表占全世界近一半人口的20多亿人民，占当年联合国158个成员国的3/4。不结盟运动作为第三世界最大的政治性国际组织，已成为当代国际社会中强大而充满生气的政治力量，并在国际事务中发挥越来越显著的作用。

---

① 它又称"不结盟国家协调局"，1973年成立，为不结盟国家部长级机构，最初由17国组成，1979年扩大到36国，协调局主席由同届首脑会议东道国担任，协调局主要负责两次首脑会议之间的组织工作；协调不结盟各国政府的活动和立场；监察和促进各成员国执行经济合作行动纲领所托付的责任等。

② 它是不结盟国家在联合国的组织，由不结盟国家协调局的成员国驻联合国的代表组成，其任务是在联大和安理会召开期间协调不结盟国家的立场。

巴格达条约组织的建立

潘 光 邓新裕

巴格达条约组织是 50 年代国际舞台上昙花一现的军事、政治集团。成员国包括土耳其、巴基斯坦、伊拉克、英国和伊朗。美国则以"视察员"身份参加，而实际上对这个组织起控制作用。

在这个条约组织正式成立以前的 1955 年 2 月，土耳其与伊拉克之间先签订了《伊拉克和土耳其间互助合作公约》，由于签订地点在伊拉克首都巴格达，所以一般称之为《巴格达条约》。同年的 4 月 5 日、9 月 23 日、11 月 3 日，英国、巴基斯坦和伊朗先后加入，巴格达条约组织遂于 1955 年 11 月正式成立，总部设在巴格达。

1958 年 7 月，伊拉克费萨尔王朝被推翻；同年 10 月，该条约组织总部被迫迁往土耳其的安卡拉。1959 年 3 月，美国分别同土耳其、伊朗、巴基斯坦签订了内容相同的双边防御协定，所以美国在该组织中享有了正式成员的地位，参加常设委员会。同年 3 月，伊拉克卡塞姆新政府宣布退出巴格达条约组织。8 月该组织改名"中央条约组织"。

到 1979 年 3 月，伊朗、巴基斯坦宣布退出中央条约组织，接着土耳其也步其后尘。4 月 30 日，美、英、巴基斯坦、土耳其四国代表在会议上决定，中央条约组织自 1979 年 9 月 28 日起正式解散。

巴格达条约组织维持了不到 4 年，其改名后的中央条约组织存在了约 20 年，其间各成员国意见分歧，早就埋下了必然垮台的种子。巴格达条约组织的建立反映了战后一个时期内中东地区的重要形势：老殖民主义卷土重来，力图在那里恢复和推行殖民统治；新殖民主义者则俨然以第二次世界大战中胜利"盟主"的姿态，挟其余烈积极渗入，扩张势力；大国霸权主义开始在这一石油资源丰富、战略地位重要的区域互相角逐；而中东各国人民战后有了新的觉醒，纷纷掀起了前所未有的民族解放运动高潮。

美国进入中东

　　1947 年 3 月，杜鲁门主义发表后，美国统治集团便迫不及待地将美元、武器和各类人员大举投入了中东地区。1947 年 6 月美国抛出的"马歇尔计划"也把中东的一部分（土耳其）包括在内。到 1949 年 1 月，杜鲁门又提出所谓援助落后地区的"第四点计划"，将埃及、伊拉克、沙特阿拉伯、约旦、黎巴嫩、伊朗、以色列等国都列入该计划。美国打着"遏制"苏联和"填补"英国留下的"空白"的旗号，凭借强大的经济军事实力，以越来越大的规模渗入中东，控制了一系列国家。

　　美国决策人物特别重视控制黑海海峡的土耳其。1947 年春，参众两院先后通过了杜鲁门致国会咨文中提出的援助希腊、土耳其的议案，其中给予土耳其的援助是 1 亿美元。1947 年 7 月，美国与土耳其签订了"关于援助土耳其的协定"，就这笔援助作了具体规定。即 8000 万美元用来促进土耳其军队的现代化，2000 万美元用以在土耳其修建军事设施；美国负责改组土耳其军队，并向其提供必需的武器装备。次年，美国又拉土耳其参加"马歇尔计划"，与它签订了"经济合作协定"。从 1948 年 4 月该计划开始实施到 1950 年底，美国给了土耳其 1.08 亿美元的直接援助和 1.75 亿美元的间接援助。在这两年内，美国给土耳其的军事装备名义上仅 2 亿美元，实际上远远超过这个数字。同时，数千名美国顾问涌入土耳其，不仅改组并控制了土耳其军队，还插手政府其他部门。美国很快在土耳其境内建起海空军基地，它的舰队和机群频频光顾土耳其的领海和领空。

　　美国势力早在第二次世界大战期间就渗入了伊朗，战时一度担任伊朗财政总监的美国人米尔斯曾控制该国的经济命脉，许多权力很大的美国"顾问"在伊朗军队和宪兵中供职。战后初期，美国全力支持伊朗镇压苏联支持的阿塞拜疆和库尔德分离势力，进一步扩大了在伊朗的影响。杜鲁门主义发表后，美国国务院新设一个司，将伊朗与希腊、土耳其的事务合在一起掌管。1947 年 6 月，美国宣布向伊朗提供 2500 万美元的军事贷款。苏联为了取得伊朗北部石油的开采权，压伊朗政府签订了伊苏石油协定。在伊朗南部拥有巨大石油利益的英国试图与苏联达成妥协，以分享伊朗的石油，然而伊朗舆论却强烈反对这一协定。美国在这个问题上采取了与英国不同的立场，全力支持伊朗议会否决这个协定，既赢得了不少伊朗人的好感，又为自己的石油财团进入伊朗扫除了障碍。就在伊苏石油协定被否决的同一个月（1947年10月），美国与伊朗签订了军事协定，规定美国军事使团将负责改组伊朗军队，并对它拥有监督权。该协定包含一个特殊的条款：如美国同意，伊朗政府不得聘请任何其他外国人担任与伊朗军队有关的职务。这是美国进一步控制伊朗的重要标志。"第四点计划"出笼后，杜鲁门选择伊朗作为实施该计划的第一个国家。美国各公司的代表纷纷来到伊朗进行"考察"，美国资本随之大量涌入伊朗。1948年11月，伊朗国王巴列维抵美访问。次年5月，伊美两国又签订了一个军事协定，美国答应增加军事援助，伊朗则同意让美国使用自己的机场、港口、基地和其他军事设施。

美国对伊拉克也十分重视。40年代末，乘英国与伊拉克关系紧张之际，美国石油财团竭力挤进伊拉克，扩大了自己在该国的开采权。50年代初，美国通过实施"第四点计划"，进一步渗透伊拉克，并开始向它提供军事援助。巴基斯坦和阿富汗从地理上说虽不是中东国家，却与中东有着极其密切的联系。美国也千方百计从经济、政治、军事等方面渗入这两个国家，试图控制它们。阿富汗想要维持与苏联的友好关系，对美国的意图有所警惕。巴基斯坦最关心的是对付印度，而印度与苏联的关系正逐步加强，于是巴基斯坦便不得不转向美国寻求援助。

除了与苏联接壤或接近的国家外，中东其他国家也同样受到"美国旋风"的冲击。美国不但继续独霸沙特阿拉伯的石油资源，而且在政治上、军事上对它进行控制。美国资本进入了原来被英国视为禁脔的埃及、约旦等国，竭力排挤英国资本。战后美国一跃成了埃及的头号伙伴，而以前这个位置向来是属于英国的。美国还宣称"同情"叙利亚、黎巴嫩争取独立的斗争，乘虚打入这两个原来被法国控制的国家。至于美国在巴勒斯坦支持以色列建国并对外侵略，不但损害了阿拉伯国家的利益，也使英国耿耿于怀。总的来看，战后初期英国对美国向中东渗透采取的方针具有两重性，既有倾美反苏的一面，又有与美争夺的另一面。随着"冷战"的展开，倾向美国逐渐上升为主导方面。英国的具体做法大致是：将中东北部直接与苏联对抗的重担尽可能甩给美国，而又竭力不让美国插手自己在中东南部控制的战略基地、交通线和石油资源。因此，英美在中东南部的矛盾相对来说要比在中东北部尖锐得多。这在巴勒斯坦问题和埃及的事态发展上表现得特别明显。美国在中东南部夺得的势力范围不如在中东北部那么多，英国的抵制也正是一个重要原因。

从"三国宣言"到"中东防御组织"

在全球范围"冷战"愈演愈烈的形势下，中东的重要战略地位更加突出起来。美国参谋长联席会议在与国务院一起制定对中东政策时指出："美国必须控制东地中海和整个中东地区。"因此，中东民族解放运动的蓬勃发展使美国为首的西方阵营惊慌失措，苏联在政治、经济等方面进入中东更被它们看作是可怕的"挑战"。面对这些棘手问题，前几年还自以为能单独主宰中东的美国被迫转向拉英法一起行动，而英法也正好乘机借助美国的力量来维护自己的利益。这样，新老殖民主义开始努力调和相互间的矛盾，以携手共同镇压中东民族解放运动，"遇到"苏联向该地区的推进。1950年5月25日，美英法三国政府发表了关于中东局势的"三国宣言"，公然以中东的"宪兵"自居，宣称要以武力干涉一切有损于它们在这一地区利益的事态发展。这一宣言立即遭到了阿拉伯国家的反对和苏联的抨击。

在伊朗，美国本来是想乘英国之危捞一把，摩萨台政府也对美国抱有幻想。然而事态的发展使美国感到面临"共产主义伊朗的可怕局面"，便决定与英国勾结起来搞掉摩萨台。为了拉美国，英国则允诺将来伊朗石油工业可由英国、美国和荷兰的石油企业组成的"国际公司"来管理。这样，美国实际上捞到了更多的好处。1953年8月19日，摩萨台政府被内外反动势力推翻，轰轰烈烈的伊朗石油国有化运动终告失败。连《纽约时报》后来都承认，美国中央情报局在这一事变中"起了关键作用"。

40年代末50年代初，东西方的两大阵营各自组织军事集团的趋势进一步发展。在中东，美国统治集团也已不满足于分别控制一些国家，而试图建立一个为自己全球战略服务的政治军事集团。特别是北大西洋公约组织（土耳其也加入了该组织）建立后，美国更加快了在中东拼凑这样一个地区性集团的步伐。当时的国务卿艾奇逊和马歇尔经过研讨，主张拉英国一起组织一个以埃及为核心的中东集体安全体系。原来一直抵制美国渗入埃及的英国，此时在埃及问题上处于自身难保的困境，反倒巴不得美国来拉自己一把，便顺水推舟地接受了美国的计划。1951年10月13日，美英两国拉法国和土耳其一起向埃及提出建立军事集团的建议，正式"邀请"它参加一个总部设在开罗的"中东司令部"，还特别指出该司令部将同北大西洋公约组织相结合；同年11月10日，美英法土又发表关于建立"中东司令部”的宣言，声称“中东的防务对于自由世界是十分重要的”，要求阿拉伯国家、以色列及一些与中东并无关系的西方国家都来“尽力协助中东地区的共同防务”。

如前所述，这时埃及反对英国殖民主义的斗争正处于高潮之中。在革命运动的推动下，埃及政府断然拒绝了四国建议。黎巴嫩、叙利亚、伊拉克等国舆论也强烈反对“中东司令部”计划。黎巴嫩国民大会发表声明，谴责该计划是对黎巴嫩独立的威胁。叙利亚总理哈基姆和伊拉克首相赛义德想要接受这个计划，但立即在抗议的声浪中垮了台。阿拉伯联盟秘书长阿扎姆更明确宣布：“阿拉伯世界一致反对西方强国提出的中东防御条约。”这样，除了以色列以外，几乎没有什么中东国家公开接受“中东司令部”计划。在这个计划出笼后，苏联政府也分别向阿拉伯各国、以色列和美、英、法、土发出照会，指责该计划将造成北大西洋公约组织的军队对中东国家的“占领”，宣布对在苏联边境进行的新的侵略部署不能置之不理。

“中东司令部”计划破产后，美、英、法等国并不甘心。它们一度试图以塞浦路斯为基地建立防御组织，但因遭遇种种困难也未成功。埃及1952年7月革命后，执政的军官们的对外政策一度尚不明确。西方又对此寄予希望，决定再作努力以争取埃及和其他阿拉伯国家参加地区集体安全体系。1952年10月，美国又提出“中东防御组织”计划。明眼人马上就能看出，这一计划只不过是“中东司令部”计划改头换面后的翻版而已。“防御组织”计划在中东引起的反应丝毫不比“司令部”计划好，埃及和绝大多数阿拉伯国家仍然坚持中立主义，对参加西方发起的反苏联盟不感兴趣。到1953年初杜鲁门政府离任为止，美国在组织中东的亲西方军事集团方面仍然毫无进展。

拼凑而成的“北层军事联盟”

1953年艾森豪威尔政府上台伊始，以激烈反共著称的新任国务卿杜勒斯便把拼凑中东军事组织视为当务之急，亲自到西亚、北非及南亚诸国游说一番。他出访的第一站便是开罗，结果在那里一无所获。纳赛尔问杜勒斯：“我怎么能对我们国家的人民说，我将和那些还占领着我们国家的人们合作，一起参加一项军事同盟条约呢？”在与杜勒斯的会谈中，埃及领导人表示他们无意卷入冷战，也不相信埃及有遭到苏联进攻的危险。杜勒斯接着又访问了约旦、叙利亚、黎巴嫩、伊拉克、沙特阿拉伯、利比亚、印度、巴基斯坦、土耳其等国。在阿拉伯世界，他到处感受到强烈的反英情绪和对美国支持以色列的不满，却难以找到什么人愿接受他兜售的计划。这使他大失所望，终于认识到要把大多数阿拉伯国家拉进一个军事联盟是不现实的。然而，他也发现，那些与苏联接壤或离苏联较近的中东北部国家却有可能同意参加一个对付苏联的"防御"组织，于是便产生了组织"北层联盟"的想法。

杜勒斯出访的结果使美国统治集团决定在组织中东军事集团问题上转变方针，改换手法，而杜勒斯本人在这改变中起了决定性的作用。就方针而言，美国决定放弃试图把中东大多数国家同时拉入一个军事集团的努力，转而集中力量先促使中东北部诸国组成一个小型军事联盟，然后再伺机扩大之。采取的手法也相应发生了变化，从原先想要使所有国家一举达成多边条约改变为先使各有关国家分别达成双边协定，随后再逐步将这些双边协定拼凑成多边条约。据此，由杜勒斯主持，美国国务院制订了第三个中东集体安全计划，即"北中东司令部"（或"北层联盟"计划）。在美国领导人的心中，应参加这一集团的国家首先是土耳其、伊拉克、伊朗和巴基斯坦。

上述几个国家的领导人之所以较易被美国拉入反苏军事集团，主要原因无非是以下几条：担心苏联南下威胁本国安全；害怕人民革命危及自己的统治；过于依赖以美国为首的西方大国而无法自拔。土耳其和伊朗在历史上一直对北方强邻俄罗斯怀有传统的恐惧感，战后初期苏联对土耳其提出领土要求和支持伊朗国内分离势力，又使这种恐惧感大大增强。虽然斯大林去世后，苏联竭力重建与这两个国家的友好关系，但它们仍然心有余悸。如前所述，美国是利用土耳其、伊朗对苏联的不信任感而大举渗入并控制了这两个国家的。1950 年亲美派曼德列斯在土耳其上台后，不仅决定参加北约，还下令派一个旅去朝鲜战场当炮灰，并卖力地推销"中东司令部"计划，将自己的国家完全推上了美国遏苏反共的战车。伊朗石油国有化运动夭折后，巴列维王朝也进一步倒向西方，指望依靠美援来镇压国内的进步运动和亲苏势力，以维护封建专制统治。伊朗国王曾特意向美国总统艾森豪威尔表示，他相信他的国家能"成为自由世界防卫中有意义的一环"。伊拉克之成为对"北层联盟"感兴趣的唯一阿拉伯国家，主要原因还不是离苏联较近或面临苏联支持的库尔德人叛乱，而在于首相努里·赛义德对国内革命运动的极端恐惧。此人是美国一手扶植起来的，曾公然声称：伊拉克和其他阿拉伯国家没有英国帮助就无法生存。他曾几次被人民赶下台，以后又依仗英美的支持再上台。这样的人物自然只有投靠西方阵营才能维持自己的"生存"。巴基斯坦的情况与上述三国略有不同，它的问题在于与印度的对抗正在逐步升级。而急需的军事援助均来自美国和其他西方国家，因此不得不屈从于白宫的压力。总的来说，上述国家都各有"苦衷"。以为参加美国发起的军事联盟能解决自己面临的难题，但结果却适得其反。

在美国导演下，以中东唯一的北约国家土耳其为主角，便开始拼凑军事集团：1954 年 2 月，土耳其与巴基斯坦缔结了《友好合作条约》，这是全剧的序幕。接着，利用共同信仰伊斯兰教的有利条件，这两国领导人到中东各国游说，争取的重点当然是阿拉伯国家，特别是伊拉克。努里·赛义德内心深处是非常愿意参加美国炮制的军事联盟的，只是担心遭到阿拉伯各国的反对，才迟迟不敢作最后决定。在这关键时刻，美国决定再给他一点好处，表示愿意向伊拉克提供军事援助。两国就此交换照会，于 1954 年 4 月达成了军事援助协定，美国军事考察团随即抵达巴格达。这一招有力地配合了土耳其和巴基斯坦的游说，终于将伊拉克拉进了双边军事条约。1955 年 1 月，曼德列斯亲抵伊拉克访问。2 月 24 日，土耳其和伊拉克终于缔结了《互助合作公约》，即一般所称的"巴格达条约"。该公约宣称：双方"为了它们的安全和防御应进行合作"，并欢迎阿拉伯联盟成员国或任何其他国家缔约。公约特别规定："在至少有四国成为本公约的缔约国时，应设立一相当于部级的常设理事会以执行在本公约宗旨范围内的职务。"实际上为将来扩大为一个多边军事集团埋下了伏笔。

巴格达条约在阿拉伯世界遭到了强烈反对。还在土伊谈判过程中，曼德列斯就来到贝鲁特，企图拉黎巴嫩参加土伊公约，但遭到了断然拒绝。巴格达条约缔结前一个月，阿拉伯联盟理事会在开罗召开紧急会议，决定派代表团去巴格达说服伊拉克不与土耳其缔约，但这一使命没有成功。巴格达条约一出笼，埃及和沙特阿拉伯首先提出强烈抗议，此后其他阿拉伯国家也先后表态反对该条约。从 1955 年 10 月到 1956 年 5 月，埃及、叙利亚、黎巴嫩、约旦、沙特阿拉伯、也门等国家互相之间分别签订了双边或三边防御协定，实际上组成了一个阿拉伯国家防御同盟，与巴格达条约针锋相对。唯一被排除在这个防御同盟外的阿拉伯联盟成员国就是伊拉克。在中东以外，苏联、各社会主义国家和许多中立国家也严词谴责巴格达条约的缔结，并表示支持阿拉伯各国与之抗衡的立场。

　　虽然除伊拉克外没有能拉到任何其他阿拉伯国家，美国仍全力以赴地使这出戏继续唱下去。英国首先响应，于 1955 年 4 月 4 日签署了加入巴格达条约的文件。同一天，英国还与伊拉克签署了另一项协定，获得了控制伊拉克境内若干军事基地和训练伊拉克军队的权利。英国首相艾登为此踌躇满志，希望巴格达条约能"成长为中东的一个北大西洋公约组织"。同年 7 月 1 日，巴基斯坦宣布土巴条约并入巴格达条约，9 月 23 日正式参加了这个条约。在美国不断施加压力之下，因担心苏联抗议而犹豫不决的伊朗也这年 10 月加入巴格达条约。11 月，所有成员国齐集巴格达，宣布巴格达条约组织正式建立；组成了部长理事会和军事、经济、反颠覆、联络等委员会；决定将总部设在巴格达，由一位秘书长领导，常设秘书处，以主持日常工作；伊拉克人奥尼·哈利迪当选为首任秘书长。有意思的是，美国却没有正式加入巴格达条约组织，而只是以"观察员"身份列席组织的会议，继续躲在幕后进行操纵。据许多学者分析，美国这样做的目的主要是：避免冒犯反对这一条约组织的以色列；维持与阿拉伯国家（特别是埃及）之间的脆弱关系；在条约之外起缔约国不能起的作用。

　　美国统治集团煞费苦心，终于在中东拼凑成了一道"遏制"苏联的"屏障"，从而将北大西洋公约组织和东南亚条约组织联结起来，完成了对社会主义国家的包围；同时，想通过这个条约组织加强对中近东的控制，镇压民族解放运动。然而不久就发现，这个条约组织的建立反而"促使阿拉伯国家与苏联结盟，引起激进思潮的高涨"，为苏联大踏步进入整个中东，特别是以前它难以进入的阿拉伯世界创造了有利条件。1955 年 9 月，苏联、捷克斯洛伐克和波兰向埃及提供武器的协定签署，便是这一发展的标志。此后，大国在中东的抗争便开始了一个新的阶段，而中东民族解放运动的浪潮不可遏制地继续发展。

本文参考书目：

　　[1]　卡帕特等：《转变中的土耳其外交政策（1950—1974）》，荷兰，莱顿 1975 年版。

　　[2]　托马斯和弗赖伊：《美国、土耳其和伊朗》，美国，坎布里奇 1951 年版。

　　[3]　西·内·费希尔：《中东史》下册，北京 1980 年版。

　　[4]　柯克：《中东简史》，伦敦 1959 年版。

［5］　拉马札尼：《伊朗外交政策（1941—1973）》，美国，夏洛茨维尔 1975 年版。

［6］　赫里维茨：《近东和中东的外交文件的记录》第 2 卷，美国，普林斯顿 1956 年版。

［7］　布里桑：《美国与中东的外交关系（1784—1975）》，美国，梅特琴 1977 年版。

［8］　《苏联和阿拉伯国家》，莫斯科 1961 年版。

［9］　伦乔夫斯基：《世界事务中的中东》，美国，康奈尔大学出版社 1980 年版。

石油输出国组织的成立

朱安琪

1960 年 9 月 14 日在巴格达成立的石油输出国组织是亚洲、非洲、拉丁美洲产油国为了反对国际石油垄断资本的控制和剥削，维护石油资源和民族经济权益，最早建立、规模最大的原料生产国组织。石油输出国组织的成立是石油斗争史上划时代的重大事件，它标志着第三世界的石油斗争已从分散状态进入了有组织的联合斗争的新时期。20 多年来，该组织在维护成员国的国家主权和经济权益方面采取了一系列措施，与国际石油卡特尔进行了不懈的斗争，推动了第三世界的原料斗争，已成为第三世界打击超级大国、霸权主义、改造旧的国际经济秩序的一支重要力量。

帝国主义对石油资源的掠夺和产油国反控制的斗争

石油是极其重要的战略物资，历来是帝国主义、霸权主义激烈争夺的对象。自 20 世纪初开始，国际石油公司通过与亚非拉产油国签订石油租让协定，长期控制产油国的石油资源和石油勘探、开采、提炼及销售等方面的权利，攫取了巨额利润。早期的石油租让协定的租让期限一般都长达 60—90 年之久，租让面积十分广阔。根据租让协定规定，国际石油公司只需向产油国支付百分之十几的利润作为矿区使用费，或者每开采一吨石油仅支付 4 个金先令（相当于每开采一桶石油支付 0.16 美元）。由于许多国家税收法律不完备，石油公司连所得税也不支付。国际石油公司能在租让区内为所欲为，当地政府无权过问。租让区实际上成了国中之国。

由于国际石油公司疯狂掠夺亚非拉产油国的石油资源，世界石油市场在 20 世纪 20 年代出现了供过于求的状况，掀起了一场激烈的价格战。为了维护和加强对亚非拉产油国的控制和掠夺，避免在价格战中同归于尽，1928 年初，石油七姊妹①中最有势力的三家国际石油公司——新泽西美孚石油公司、英荷壳牌石油公司和英伊石油公司开始举行秘密会议，谈判休战。后于 8 月在苏格兰的阿克纳卡里堡签订了《阿克纳卡里协定》，承认 1928 年各个国际石油公司分割世界石油市场的现状维持不变，限制石油生产新设备增加，以防生产过剩，并实行统一的石油价格，阿克纳卡里协定规定的原则后被其他国际石油公司接受。同年 7 月，伊拉克石油公司的股东——新泽西美孚石油公司、加利福尼亚美孚石油公司、英伊石油公司、英荷壳牌石油公司和法国石油公司签订了"红线协定"，规定公司的任何成员不得独自在旧土耳其帝国的领土内寻求新的石油租让地；如公司的某个成员在这一区域内取得石油租让地，其他成员也要按伊拉克石油公司中的股份比例参与租让。国际石油公司通过签订《红线协定》②和《阿克纳卡里协定》瓜分了亚非拉产油区，并组成国际石油卡特尔。西方国家通过垄断石油生产、石油市场和石油价格能够更有效地控制和掠夺亚非拉石油资源。英、美、荷、法在 1937 年和 1939 年分别控制了亚非拉石油开采量的 96.3% 和已探明储量的 94.8%。它们在该地区获得了大片石油租让地，其中包括伊拉克、科威特、卡塔尔的全境，以及沙特阿拉伯、伊朗和巴林各国 3/4 的领土。可以说，国际石油卡特尔规定的海湾加算方式，在 20 世纪 30 年代和 40 年代上半叶主宰着世界石油市场的价格。海湾加算方式规定任何石油都以美国石油生产成本最高的地区得克萨斯海湾的离岸价格加上从得克萨斯海湾运往石油市场的标准运费计算，从而保护了生产成本昂贵的美国石油，并使在生产成本低廉的亚非拉产油国经营的国际石油卡特尔成员获得超额利润。

　　第二次世界大战后，石油在世界能源消费结构中的地位日趋重要，西方工业国对亚非拉石油的依赖日益严重。为了满足迅速增长的市场需求，国际石油卡特尔更加紧掠夺亚非拉的石油资源。1956 年，美、英、荷、法在亚非拉的石油租让面积已达 1349.8 万平方公里，所控制的亚非拉石油的探明储量高达 193 亿多吨。1946—1960 年，它们从亚非拉 14 个主要产油国中至少

---

　　①　七姊妹是指七家国际石油公司——新泽西美孚石油公司、英荷壳牌石油公司、英伊石油公司、德士古石油公司、加利福尼亚美孚石油公司、莫比尔石油公司和海湾石油公司。

　　②　谈判时，由于大家都不清楚旧土耳其帝国的领土究竟有多大，伊拉克石油公司的股东卡洛斯特·古尔本金拿起一支红铅笔在伊朗和科威特以外的中东地区周围画了一条边界线，该协议因此被称为"红线协定"。

掠取了 36.5 亿吨石油，"七姊妹"从亚非拉产油国榨取的纯利至少为 174 亿美元。

帝国主义对亚非拉石油资源的控制和掠夺，遭到了亚非拉产油国的强烈不满和反抗。第一次世界大战爆发后，亚非拉产油国在苏联十月社会主义革命的鼓舞下，开始兴起保卫国家石油权益的斗争。当时，拉丁美洲是亚非拉最大的产油区，拉丁美洲产油国人民最早受到石油垄断资本的压迫和剥削，他们首先奋起反抗。秘鲁于 1915 年就展开了反对国际石油公司偷税漏税的斗争。接着，哥伦比亚、委内瑞拉等国也掀起了维护民族资源、争取提高石油税的斗争。墨西哥政府经过艰苦曲折的斗争，于 1938 年 3 月 18 日颁布了石油国有化法令，接管了外国石油公司的财产。拉丁美洲的石油斗争波及中东产油国。伊朗政府围绕税收问题也与英国石油公司展开斗争，并于 1932 年单方面废除了最早签订的租让协定——达西协定①。

第二次世界大战后，帝国主义阵营的力量遭到严重削弱，亚非拉地区出现了民族解放运动的高潮。在革命形势的鼓舞下，亚非拉产油国纷纷摆脱帝国主义的殖民统治，宣告独立。它们强烈要求维护石油资源，提高石油收入，发展民族经济。因此，战后亚非扫地区的石油斗争进入了新的发展阶段。

1943 年 10 月，委内瑞拉政府通过所得税法，规定对外国石油公司的利润实行对半分成。此举遭到外国石油公司的仇视。为了制止委内瑞拉的斗争势头，11 月，美国石油公司在委内瑞拉策划军事政变，推翻了民主行动党政府。但是，委内瑞拉的斗争经验已使中东产油国受到鼓舞。50 年代初期，沙特阿拉伯、科威特、伊拉克等国也为实现利润对半分成的税收法，与石油公司展开斗争，并获得胜利。伊朗由于提出实现利润对半分成的要求遭到英国石油公司的拒绝，便效法墨西哥，开展了石油国有化运动。1951 年，伊朗议会通过石油工业国有化法案，接管了英伊石油公司的资产，建立了伊朗国家石油公司。为了抗议伊朗颁布的石油工业国有化法案，英伊石油公司停止了在伊朗的石油生产，伙同其他 6 家国际石油公司联合抵制购买伊朗石油，对伊朗实行经济封锁，并用武力阻止伊朗石油外运。伊朗由于不能出口石油，

---

①　1901 年，英国人威廉·诺克斯·达西与伊朗国王签订了石油勘探和开发租让协定。通过这个协定，达西的勘探公司获得了长达 60 年的石油开发租让权。这是世界上第一个比较完整的国际石油开发协定。

经济十分拮据，摩萨台政府的地位受到严重削弱。美国乘机出面斡旋，以期取代英国在伊朗的石油势力。美国通过中央情报局纠集伊朗国内的反动势力，于1953年8月策动扎希迪将军发动军事政变，推翻了摩萨台政府。1954年，在美国政府的压力下，扎希迪政府被迫与英、美、荷、法石油公司组成的国际石油财团谈判，签订了垄断和瓜分伊朗石油资源的协定。根据协定规定，国际石油财团获得了伊朗石油和天然气的勘探、开采和提炼的专利权，有效期40年，公司将按照利润对半分成的原则支付税收。伊朗国家石油公司只是名义上对一切固定资产拥有所有权。继伊朗石油国有化运动后，伊拉克、巴林、埃及等国也提出了实现石油国有化的要求，智利、哥伦比亚和巴西先后成立了国家石油公司。中东产油国还利用一些独立石油公司与国际石油卡特尔之间的竞争，同独立石油公司签订了条件较为有利的合营制石油勘探和开采合同，从而冲破了旧的租让制度。如1957年，伊朗国家石油公司和意大利国家碳化氢公司所属的阿吉普公司以50%对50%的投资比率设立了伊意石油公司，根据协定规定，伊朗政府通过税收和股份收入，可以取得该公司75%的利润。

亚非拉产油国通过与石油垄断资本的长期较量，逐步认识到国际石油卡特尔之所以能够长期垄断产油国的石油勘探、生产、提炼和销售，并控制油价，在于它是一个联合的国际性组织，它的背后有几乎整个西方帝国主义做靠山。国际石油公司能够依靠政府的支持，使用各种手段颠覆维护石油权益的政府，扶植依从于它的傀儡政府上台，武装镇压产油国人民要求提高工资，改善工作条件的罢工斗争，并迫使产油国按压低的垄断价格出售原油，保持其高额利润。显然，要摆脱国际石油公司的控制，必须摆脱自发的、分散的、孤军作战的不利状况，只有组织起来，进行联合，才能保障产油国的利益。

40年代末期，亚非拉产油国已经开始考虑联合斗争的问题。由于中东地区的石油产量在第二次世界大战后迅速上升，国际石油公司企图利用中东的廉价石油对委内瑞拉施加压力，破坏委内瑞拉的石油税收政策。委内瑞拉政府深知敌不过石油蕴藏量异常丰富、石油开采成本极其低廉的中东产油国，为了避免竞争，决心采取主动行动，与中东产油国协调石油政策。1947年，委内瑞拉已与伊朗取得联系，希望发展合作关系。1949年，委内瑞拉政府派遣3人代表团访问沙特阿拉伯、伊朗、埃及、叙利亚、伊拉克和科威特等国，宣传利润对半分成的好处，表示希望协调石油政策。1951年，阿拉伯产油国和伊朗回访了委内瑞拉。阿拉伯国家联盟为了协调阿拉伯产油国的石油政策，于 1952 年建立"石油专家委员会"，两年后又设立一个永久性机构——石油局。1953 年 6 月，伊拉克与沙特阿拉伯政府签订协定，决定交换石油情报，定期磋商石油政策。阿拉伯产油国在加强相互之间联系的同时，迫切希望与非阿拉伯产油国联合起来，感到任何一个石油机构，如无伊朗和委内瑞拉两个非阿拉伯的石油输出大国参加，它的力量必然受到限制。联合斗争已成为阿拉伯产油国和非阿拉伯产油国的共同愿望。

50 年代，各产油国家中已涌现出一批受过西方教育、有组织能力、熟悉石油技术和经营管理业务的石油专家。在战后民族解放运动普遍高涨的形势鼓舞下，他们逐渐觉醒。为了维护本国的石油权益，他们积极引导产油国人民与国际石油公司展开石油斗争，主张产油国联合起来组成一个世界性的石油输出国机构。委内瑞拉的佩雷斯·阿方索和沙特阿拉伯的阿卜杜拉·塔里基是当时突出的代表人物。阿方索是委内瑞拉民主行动党政府的矿业和石油部长。他认为石油是一种会枯竭的自然资源，由于石油储量不断下降，国内能源需求却在增长，因此石油收入应用来发展和改造国民经济，使经济多样化，为人民的长期生存打下基础；石油输出国的石油政策应使每桶石油的出口收入达到最高额，不能为了出售石油，以低廉的价格在市场上进行竞争。他主张通过稳定世界石油价格，保证委内瑞拉的石油收入，为实现这一目标，必须联合亚非拉主要产油国，组成一个世界性的石油输出国联合机构，通过配额生产控制世界石油产量和出口量。沙特阿拉伯的石油大臣塔里基非常赞同阿方索的观点，认为亚非拉产油国应联合起来，仿效美国的配额制控制油价，建议根据参与国的储藏量及其在市场上的地位来制定生产定额，调节产量。在他们的推动下，亚非拉产油国开始走上有组织的联合斗争的道路。

石油输出国组织的成立

1959 年 2 月和 1960 年 8 月国际石油公司先后两次单方面强行压低石油标价是导致石油输出国组织成立的直接原因。

50 年代末期，国际石油垄断公司、苏联以及美国一些独立石油公司为了争夺世界石油市场，在拉丁美洲竞相投标，造成世界石油市场价格下跌。国际石油卡特尔为了把油价下降的危机转嫁给亚非拉产油国，于 1959 年 2 月强行把中东石油的每桶标价压低 0.18 美元，委内瑞拉原油的每桶标价也下降 0.15 美元。由于 50 年代亚非拉地区已普遍实行利润对半分成的税收制度，利润分配的计算基础是石油标价，因此国际石油卡特尔单方面强行压低石油标价使产油国的石油收入蒙受巨大损失。据统计，仅中东四个主要产油国每年损失达 1.32 亿美元。为了维护石油收入，阿拉伯国家联盟于 1959 年 4 月在开罗举行了第一次阿拉伯石油会议。委内瑞拉和伊朗应邀派代表团以观察员身份出席了会议。大会通过一系列重要决议，其中包括提高产油国在石油开采中利润分成比例，稳定原油标价及西方公司未经与产油国协商不得变动石油标价的决定。会议期间，一些主要石油输出国的代表进行了多次讨论。委内瑞拉、沙特阿拉伯、科威特和伊朗等国秘密同意成立一个石油协商委员会，保持定期联系。沙特阿拉伯代表塔里基和委内瑞拉观察员阿方索还就成立石油输出国组织问题交换了意见。这次大会为石油输出国组织的建立打下基础。会后，阿方索和塔里基经过多次会晤，于 1960 年 5 月在加拉加斯发表联合公报，呼吁产油国遵循共同的石油政策，维护自身合法权益，并公开号召建立石油输出国组织。

由于美国在 1959 年开始强制实行石油进口限额，进一步加剧了美国一些独立石油公司与国际石油垄断公司、苏联之间的竞争。1960 年春天，苏联以每桶低于中东原油 0.60 美元的价格把大批原油出售给意大利。印度政府购买苏联原油的价格也大大低于国际石油垄断公司的子公司从母公司进口的原油价格。国际石油卡特尔为了加强竞争地位，转嫁经济危机，竟无视第 1 次阿拉伯石油会议作出的关于石油公司不得在事先未与产油国政府协商的情况下擅自更改石油标价的决议，于 1960 年 8 月再次单方面决定把中东石油的每桶标价降低 0.10 美元。1959 年 2 月和 1960 年 8 月两次降价使中东原油的每桶标价降低 0.28 美元。按照利润对半分成的石油税收制度，中东产油国的每桶原油收入减少了 0.14 美元。两次压价使中东主要产油国在 1961 年至 1970 年共损失 40 亿美元。

中东产油国对于国际石油卡特尔无视产油主权和利益的行径义愤填膺，决心进行反击。当时，伊拉克与石油公司正在进行的关于收回未开采的租让地等问题的谈判也陷入僵局。为了反击石油公司单方面压价，并取得国际上的声援，使谈判顺利进行，8 月 25 日伊拉克石油部长邀请沙特阿拉伯，科威特、伊朗和委内瑞拉的石油部长到巴格达聚会，以便针对石油公司单方面强行削减石油标价的行动采取一项共同的对策。

1960 年 9 月 10—14 日，伊朗、伊拉克、科威特、沙特阿拉伯和委内瑞拉的石油部长在巴格达开会。经过充分协商讨论，五国石油部长一致认为，为了反击国际石油垄断公司，维护产油国的石油收入，有必要建立一个永久性的国际机构。9 月 14 日，会议通过两项决议，正式宣布成立石油输出国组织。

巴格达会议通过的第一项决议宣告：石油输出国组织成员国对于石油公司以往更改油价所采取的态度再也不能熟视无睹；成员国应要求石油公司保持价格稳定，避免一切不必要的波动；成员国应尽一切办法使目前的油价恢复到削价前的水平；石油公司应保证如果出现石油公司认为必须更动油价的新情况，上述公司应与受影响的成员国进行协商，以便充分解释情况，为了注意生产国和消费国的利益，注意必须保证生产国的稳定收入，保证正常地向消费国供应石油，保证石油工业投资者的合理收益，成员国应研究和制定通过调节生产保障油价稳定的制度；如果由于执行这次会议通过的某项决议，有关公司对一个或几个成员国直接或间接地使用制裁手段，其他成员国不得接受上述有关公司为了企图阻碍实施会议通过的决定而可能提供的增加石油出口或提高价格之类的优惠待遇。

石油输出国组织章程规定：石油输出国组织的主要宗旨是协商和统一各成员国的石油政策，确定最有效的手段，单独地、集体地维护成员国的利益。

1961 年 1 月举行的石油输出国组织第二次会议决定把总部设在日内瓦，后由于瑞士政府不愿签订东道国协议，1965 年石油输出国组织把总部迁至维也纳。

石油输出国组织的主要组织机构是：大会、理事会和秘书处。

大会是该组织的最高权力机构，由各成员国石油部长率领的代表团组成。大会负责制定总政策和确定实施总政策的适当措施；决定理事会的报告和建议；批准各成员国任命的理事会成员，选举理事会主席；批准和修改该组织的章程；通过该组织的预算和决算。大会按一致同意的原则进行工作，每年召开两次会议，必要时可召开特别会议。

理事会是该组织的执行机构，由各成员国指派的并经大会确认的一名理事组成，任期两年。理事会负责执行大会的决议；向大会提交报告和建议；负责大会的筹备工作；起草年度预算。每年至少开会两次。

秘书处是该组织的日常办事机构。秘书处内设秘书长办公室和技术、行政、情报、法律、经济及统计等部门，并设有研究油价和能源问题的经济委员会。秘书长负责组织和管理日常工作，并为该组织的法定代表。

石油输出国组织初建时有 5 个创始成员国伊朗、伊拉克、科威特、沙特阿拉伯和委内瑞拉。根据石油输出国组织章程规定，凡有大量的原油净出口、与成员国的利益基本相同的任何其他国家，如被正式成员国的 3/4 多数所接受、包括全体创始成员国的一致同意，均可成为本组织的正式成员国。按照这条规定，卡塔尔于 1961 年、印度尼西亚和利比亚于 1962 年、阿布扎比于 1967 年、阿尔及利亚于 1969 年、尼日利亚于 1971 年、厄瓜多尔于 1973 年、加蓬于 1974 年先后加入了该组织。迄今，石油输出国组织已有 13 个成员国，拥有 1280 万平方公里土地，3.5 亿人口，成为第三世界规模最大的一个原料生产国组织。1980 年，该组织已探明的石油储量为 4340 亿桶，占世界探明石油储量的 67%；它的原油日产量为 2687.8 万桶，占世界原油日产量的 45%；它的原油日出口量为 2288.9 万桶，占世界原油日出口量的 74.8%。

石油输出国组织成立的
意义和影响

石油输出国组织的成立标志着亚非拉产油国的石油斗争已从分散的、自发的斗争进入了有组织的联合斗争的新时期。石油输出国组织是第三世界最早建立的一个对抗国际卡特尔的原料生产国组织。它的诞生，推动了第三世界的原料斗争。在它的带动下，第三世界原料生产国纷纷仿效石油输出国组织，联合起来，为捍卫民族权益、摆脱国际卡特尔的统治而斗争，先后涌现了一批原料生产国组织。石油输出国组织与国际石油公司长期不懈的斗争，猛烈地冲击了建立在殖民主义、帝国主义、霸权主义基础上的国际经济旧秩序。

石油输出国组织成立不久，就立即组织成员国投入到维护石油标价稳定、提高石油收入的斗争中去，并着手研究石油价格和外国石油公司的投资利润，以期得出一个公正的确定价格的公式。当时，亚非拉地区普遍实行利润对半分成的税收法，但国际石油公司利用产油国政府不精通石油业务的弱点，不仅把矿区使用费压低到 12.5% 的最低额，还不按照资本主义国家的通常惯例办事，即在支付所得税前，事先把矿区使用费在生产费用项目中扣除，然后计算利润，而是把矿区使用费和所得税合在一起，统统作为产油国应得的50%的利润，使产油国蒙受巨大损失。石油输出国组织为了维护成员国的合法收益，经过两年多的斗争，于1964年与国际石油公司达成矿区开采税经费化的协议。国际石油公司被迫同意把矿区使用费作为独立项目，与所得税分开支付，但要求在若干年内按打折扣的标价计算矿区使用费。这场斗争的结果使中东产油国的石油收入在1964—1966年中增加4.05亿美元。

石油输出国组织通过采用配额生产制，使石油标价在60年代中保持在1960年8月的水平，粉碎了国际石油公司利用石油生产能力过剩，向产油国施加压力，以期达到分裂和破坏石油输出国组织的阴谋。从1968年起，石油输出国组织便把油价斗争的重点转到统一和提高石油标价，以及夺回标价决定权方面。1970年12月，在加拉加斯举行的第21届石油输出国组织会议提出了提高标价和税率的要求，决定采取集体行动。1971年2月，石油输出国组织经过顽强斗争，迫使国际石油公司签署德黑兰协议，规定石油公司按利润的55%向海湾产油国交纳所得税，并把阿拉伯标准轻油的每桶标价提高到2.18美元，从而结束了帝国主义单方面决定原油标价、压低税率的时代，实现了该组织成立时提出的把标价恢复到削价前水平的目标。

1973年10月第四次中东战争爆发后，石油输出国组织的阿拉伯成员国以石油为武器，通过缩减石油生产、对支持以色列的国家实行石油禁运、提高原油标价等措施，狠狠打击了犹太复国主义及其支持者。海湾产油国于1973年10月16日第一次单方面决定把阿拉伯标准轻油的每桶标价从3.01美元提高为5.12美元，12月底又宣布从1974年1月1日起增至11.65美元。该组织的其他成员国也宣布从1974年1月1日起实行提价。从此，石油输出国组织夺回了原油标价决定权，结束了帝国主义任意掠夺第三世界的廉价石油时代。1975年1月，该组织废除了原油标价制，实行单一价格制，进一步限制了西方石油公司的利润。当1978年底伊朗发生动乱，造成世界石油供应紧张时，石油输出国组织再次大幅度提价，阿拉伯标准轻油的每桶售价以1978年底的12.7美元涨至1980年8月的30美元。及至两伊战争爆发后，该组织又决定自1981年起把阿拉伯标准轻油的每桶价格调整为32美元，最高价格为41美元。石油输出国组织在70年代中先后两次大幅度提高油价，使该组织的石油收入从1972年的143.74亿美元增至1980年的2788亿美元。西方因此爆发了两次石油危机，西方工业国的经济受到沉重的打击。

石油输出国组织通过建立国营石油公司，进行参股斗争，开展石油国有化运动，维护了产油国的石油资源主权。石油输出国组织成立后，各成员国先后成立了国营石油公司，准备从事国内石油资源的勘探和开采工作。1968年该组织发表的《关于成员国石油政策的宣言性声明》，为成员国进行参股和国有化运动指明了方向。1972年，沙特阿拉伯石油部长亚马尼代表海湾产油国同国际石油公司就产油国政府取得石油公司股权份额进行谈判。经过几个月的反复较量，迫使国际石油公司签订了参股协议，规定从1973年1月1日起，海湾产油国参与在当地经营的石油公司的25%的股权，从1978年开始至1981年，每年增加5%，1982年增加6%，使产油国在1982年参股总额达到51%。但海湾产油国政府在与外国石油公司签订具体协议时，把参股份额提前于1974年，达到60%。

石油输出国组织成员国在进行参股斗争的同时，还先后开展了石油国有化运动。70年代初期，伊朗从国际石油财团手中接管了全部石油经营权，阿尔及利亚、伊拉克和利比亚部分实现了石油国有化。1974年，第六届特别联大通过了关于建立新的国际经济秩序的宣言和行动纲领。在《宣言》关于实行国有化精神的号召和鼓舞下，石油输出国组织的成员国加快了国有化的步伐。科威特、卡塔尔、迪拜、委内瑞拉和伊拉克全部实现了国有化，沙特阿拉伯政府于1976年与阿美石油公司达成了全部接管该公司股权的基本协议。

通过参股和国有化运动，目前石油输出国组织成员国已全部或大部控制了本国的石油资源。1979年，成员国政府控制本国原油生产的份额分别为：伊拉克100%，委内瑞拉100%，卡塔尔99.6%，伊朗94.6%，科威特93.5%，阿尔及利亚92.1%，尼日利亚67.5%，利比亚67.4%，阿拉伯联合酋长国64.1%，厄瓜多尔62.6%，沙特阿拉伯58.6%，印度尼西亚45%，加蓬25.1%。成员国政府控制的原油产量已占该组织原油总产量的75.5%。

石油输出国组织利用石油收入向第三世界国家提供经济援助。尤其是第四次中东战争爆发后，该组织通过大幅度提高原油标价，石油收入激增，对第三世界国家的援助有了巨额增长。1974年，该组织提供的优惠援助已从1972年的4.94亿美元增至34.56亿美元。为了减轻石油提价对第三世界非产油国经济的影响，1975年3月在阿尔及尔举行的石油输出国组织首脑会议决定加速向第三世界国家提供援助，次年成立了石油输出国组织特别基金。1973—1980年，该组织共向第三世界国家提供395.07亿美元的优惠援助，成为仅次于经济合作与发展组织的世界第二大援助集团。如按援助额占国民生产总值的比率看，自 70 年代以来，石油输出国组织提供的优惠援助占其成员国的国民生产总值的比率均高于经济合作与发展组织，居世界首位。石油输出国组织对第三世界国家的援助有助于第三世界发展民族经济，缓和债务危机，减少对西方工业国经济上的依赖，同时加强了第三世界国家内部团结，提高了自己在国际舞台上的政治经济地位。

石油输出国组织还利用石油，对帝国主义施加压力，迫使西方工业国同意进行南北对话。1975 年 3 月举行的第一届石油输出国首脑会议提出召开一次发达国家和发展中国家的国际会议，以便进行对话和协调行动，解决世界重大经济问题。经过产油国的斗争，1977 年 5 月 31 日至 6 月 2 日，在巴黎举行了国际经济合作部长级会议，作出了工业化国家提出 10 亿美元作为特别行动计划，援助低收入国家的紧急需要的决定，重申官方发展援助金额要达到国民生产总值的 0.7% 的指标。石油输出国组织通过加强南南合作，推动南北对话，为建立国际经济新秩序贡献了力量。

本文参考书目：

［1］ Fuad Rouhani, *A History of OPEC*, New York：Praeger Publishers, 1971.

［2］ Ian Seymous, *OPEC Instrument of Change*, London：The Maemillan Press Ltd, 1980.

［3］ Benjamin Shwadran, *The Middle East*, *Oil and the Great Power*, New York：Halsted Press, a division of John Wiley & Sons, INC. , 1973.

［4］ Loring Allen, *OPEC Oil*, Oelgeschlager, Cambridge Massachusetts：Gunn & Hain, Publishers, Inc, 1979.

［5］ Mana Saeed Al-Otaiba, *OPEC and the Petroleum Industry*, London：Croom Helm Ltd, 1975.

［6］ *The Middle East and North Africa 1982—83*, London：Europa Publications Limited, 1982.

［7］ *Development Co-operation*, Paris：OECD, 1981.

［8］ *Petroleum Economist*, London：Petroleum Press Bureau Ltd, 1978—1983.

［9］ 《第三世界石油斗争》，三联书店 1981 年版。

［10］ A. 马努克扬、K. 柯查列兹：《资本主义石油市场》，财政经济出版社 1956 年版。

［11］ 安东尼·桑普森：《七姊妹》，上海译文出版社 1979 年版。

［12］ 丹尧沃特·拉斯托·约翰·马格诺：《石油输出国组织》，中国财政经济出版社 1980 年版。

［13］　勃·弗·拉奇科夫：《石油与世界政治》，上海人民出版社 1977 年版。

［14］　《帝国主义与石油》，世界知识出版社 1958 年版。

［15］　《世界知识年鉴》，世界知识出版社 1982 年版。

［16］　《世界经济年鉴》，中国社会科学出版社 1981 年版。

美国对日本的占领和"民主改革"

汤重南

日本从 1945 年 8 月宣布投降，直至 1952 年 4 月旧金山片面媾和条约生效止，处于美国的单独占领之下，史称"美国占领期"。其间，美国占领当局直接、间接推行非军事化、民主化政策，指令日本政府进行了政治、经济、军事、教育、司法等方面的改革，史称"战后民主改革"。这是日本历史发生根本转折的时期。

美国对日本的单独占领

在日本宣布投降三个月之前，美国已开始考虑单独占领日本的问题。1945 年 5 月 12 日，美国代理国务卿格鲁问陆军部长史汀生：应不应该使苏联成为占领日本的分担者？史汀生表示应将苏联排除在占领、管理日本之外。他说，虽然现在还不是讨论占领、管理日本的方法问题的时候，但根据占领德国的经验，也许要得出由美军单独占领才是明智的这一结论。同月，斯大林在与美国总统特别助理霍普金斯会谈中谈及日本问题时曾表明苏联要求参加对日占领、管理的意向。他说：美苏两国政府必须就"分担占领日本的地区等问题进行严肃认真的协商"，但美国未予理睬。7 月 15 日，美国副国务卿特别助理杜曼提出了"对日占领与军政府"备忘录，于 8 月 18 日得到总统杜鲁门批准。这一文件声称："美国负有提供占领军的主要责任，占领军统帅及其属下的主要司令官应是美国人"，"不搞多国家的分区占领"，"美国在决定军政府政策时应有至高无上的发言权"。

在日本宣布投降前夕，美国政府已经决定单独占领日本。杜鲁门说："我决定，对日本的占领，不能重蹈德国的覆辙，我不打算分割管制或划分占领区。我不想给俄国人以任何机会，再让他们像在德国和奥地利那样去行动。"他表示，"坚持对日本和太平洋的完全控制"，是美国对远东和日本的基本方针。美国政府于8月13日设置"盟国驻日占领军最高统帅总司令部"（简称"盟总"），14日任命美国太平洋陆军总司令麦克阿瑟上将为盟国驻日占领军最高统帅司令官（简称"最高司令官"），着手推行名为"盟国驻日占领军"，实为美国军队单独占领日本的政策。①

日本宣布投降后，美军先遣部队于8月28日开始进驻日本本土。除千岛群岛因美国同意斯大林提出的由苏军接受日军投降外，整个日本本土都由美军接受日军的投降。斯大林于8月16日提出把北海道北半部作为苏军接受日军投降地区的要求，被杜鲁门坚决拒绝。对美国即将任命麦克阿瑟为驻日盟军最高司令官的做法，苏联于8月11日由外长莫洛托夫召见美国驻苏大使哈里曼，提出任命两个最高司令官，另一个由苏远东军司令华西列夫斯基元帅担任的要求，亦被美国断然拒绝。

8月30日，自称掌握着对8000万人的民政责任和绝对控制权的日本太上皇麦克阿瑟从马尼拉飞抵东京，开始对日本实行"间接统治"。所谓"间接统治"，即保留日本政府，将日本政府作为"盟总"的日常事务机关。美国占领时期的各项政策，一般由"盟总"对日本政府下达指令和"劝告"，经由其实施。而"盟总"，上至盟军最高司令官，下至全体职员，均由美国人所担任。

8月30日至9月6日，麦克阿瑟率领的美军第八军和第六军46万人陆续进驻日本，将日本各大城市和战略中心地区均严密控制起来。9月6日美国联合参谋总部行文麦克阿瑟，赋予他极大权力。文件说："我们和日本的关系，不是以契约，而是以无条件投降为基础的。由于你的权力至高无上，在权限上无需接受日方的任何异议。"从此麦克阿瑟君临日本成为太上皇，他也曾趾高气扬地说过："我是8000多万日本国民的绝对统治者。"

9月6日，美国政府将杜鲁门于8月29日批准的《（日本）投降后初期美国的对日方针》（简称《初期对日方针》）正式下达给"盟总"，并指示麦克阿瑟于9月22日以白宫指示形式公布。这份文件，突出了美国在占领日本期间的地位与作用，首先是一份确定美国独占日本的文件。

---

① 《波茨坦宣言》将冲绳、小笠原、硫磺岛、千岛群岛划出日本主权范围之外，冲绳、小笠原、硫磺岛实际上等于美国领土，千岛群岛则被苏联单独占领，就此而言，日本也是被分割占领的。而且除美军外，象征性的还有少数英联邦军队参加了对日本广岛县等九县的占领。但从总的情况看，从占领日本本土上看，一般均认为美军单独占领日本。

　　到 1945 年底以前，美国一手包办了对日占领政策的决定。不仅对苏联，就是对中国和英国，美国也不让参与决定对日占领政策和实施其事。9 月 2 日，在美国军舰密苏里号上，举行了日本投降的签字仪式。10 月，根据日本投降签字仪式当天公布的"总命令第一号"，完全解除了日本本土日军的武装。11 月底，日本陆军省、海军省及其他军事机构全部废除。美国完成了对日本的实际单独占领。

　　本来，对日占领，法律上应是"盟军"，名义上也是由"盟军"实行的，对日本的管制，应是盟国共同的事，但美国力图将对日占领变为美军单独占领，将对日管制变为美国的单独管制。美国的做法，自然引起其他盟国的不满。英国曾于 8 月 22 日提出设立一个权力很大的盟国对日管制机构，类似于盟国对德国的管制机构的意见，受到苏联的支持。在 9 月 10 日至 10 月 2 日于伦敦召开的中国、美国、苏联、英国、法国五国外长会议上，对设立何种性质、有多大权限的对日管制机构问题进行了激烈的争论，未能达成协议。最后决定由美、苏、英三国协商解决。终于在 12 月莫斯科三国外长会议上达成协议：决定从 12 月起成立两个对日管制机构。一个名为"远东委员会"，于 1946 年 2 月正式成立，设在华盛顿。由中、美、苏、英、法、印度、菲、新西兰、澳大利亚、加拿大、荷 11 国（1949 年 11 月又有缅甸、巴基斯坦加入）代表组成，其职权为"制定"使日本完全履行投降条款的"政策、原则和标准"，审议盟军最高司令官的指令及措施，中、美、苏、英四国在委员会中享有否决权。另一个是"盟国对日管制委员会"（亦称对日理事会），设在东京，由中、美、苏、英四国代表组成，其主要任务是实现《波茨坦宣言》的规定：完全解除日本武装，使其民主化。这是一个接受盟军最高司令官的咨询，并向其提出劝告的机构。这两个机构的主席都是美国代表，而且由于美国的把持和破坏，实际上在决定对日政策时几乎没能发挥什么影响。经远东委员会决定的政策，只有经过美国政府才能向盟军最高司令官发出指令。在委员会不能达成协议时，美国政府可以单独发出临时指令。实行政策的细则，亦由盟军总部拟定。1952 年旧金山和约生效后，远东委员会和对日理事会被美国解散。

　　"盟总"从 10 月 2 日起在东京开始工作，下设参谋部和民政局、法务局、统计资料局、经济科学局、民间谍报局、民间通信局、民众情报教育局、天然资源局和公众卫生福利局 9 个局，以后又陆续增设外事局、国际检察部、民众财产管理局、政治顾问部、远东国际军事法庭、赔偿局、会计局、化学局等部、局机构。负责决定、处理日本的有关事宜，并分工制订战后改革的各项计划，指导各项改革的进行。

美国对日占领政策

1945 年 9 月 22 日公开发表的美国《初期对日方针》，是 1951 年前美国对日占领政策的基本依据和纲领性文件，又是"盟总"主持和推行战后改革的指导方针。

这一文件共分四个部分。第一部分是"最终目标"，这是美国占领政策的核心部分。最终目标有二：一是"保证日本不再成为美国之威胁，不再成为世界和平与安全之威胁"；二是"最终建立一个和平与负责之政府"。为达到这些目的，需采取以下四项主要措施：（1）日本之主权将限于本州、北海道、九州，四国及按《开罗宣言》和美国参与的其他协定所规定之附近岛屿；（2）日本应完全解除武装实行非军国主义化；（3）鼓励日本国民的个人自由与尊重基本人权等要求，亦鼓励其组织民主主义的与代议制的机构；（4）给予日本国民达到平日要求的机会，如经济方面的自力发展的机会。

第二部分是"盟国权力"，声称：对日本本土的军事占领具有军事行动的性质，"一切占领部队皆将由美国所指派之最高司令官指挥"。对日本的占领及管理，"美国将竭尽一切努力与主要盟国磋商，并组织适当之咨询机构，但如主要盟国发生意见分歧时，则按美国政策执行"。并规定："天皇与日本政府之权力将隶属于盟军最高司令官"，最高司令官具有实施投降条款，执行占领及管理日本政策之全权。最高司令官为达到美国的目的，可以通过包括天皇在内的日本政府诸机构和各机关行使自己的权力。但这只是利用现存的日本统治形式，而不是支持天皇及其日本的政府机构。

第三部分是"政治"。有三项规定：（1）解除武装及非军国主义化。解除陆海空军、秘密警察组织等一切军事组织和力量，对一切军事设施和资材按最高司令官要求处理。拘禁军部和政府的其他陆海军的高级官吏、国家主义与军国主义各组织之领导人，以及其他军国主义侵略的主要代表人物。（2）对战争罪犯的规定：逮捕并审处战犯。（3）鼓励个人自由与要求民主主义的基本原则，保护民主的政党，释放政治犯。迅速对司法、法律及警察组织进行改革，保护个人自由及民权。

第四部分是"经济"。有四项内容：（1）经济非军事化，规定了采取若干措施以摧毁日本军事力量之现存经济基础，并使之不得复活。（2）扶植民主主义势力，奖励和支持经济部门的民主主义为基础的各种组织的发展。（3）恢复和平的经济活动。盟国将采取具体措施，彻底改革经济活动及经济机构，使国民从事有益于和平的有益职业，以使日本恢复物质力量。（4）对战争赔偿及立即完全归还一切掠夺的财产的具体规定。

美国的这一对日方针，其目的是使日本在政治、经济、军事上都不再构成对美国的威胁，也在较大程度上反映了世界民主进步势力和日本人民要求根除日本军国主义和专制主义，实行民主化改革的愿望。

这一方针是以确保美国利益，服从美国全球战略为出发点的，其核心即最终目标是使日本"不再成为美国的威胁"即太平洋地区争霸的对手，"建立支持美国目的的政府"。把日本置于美国殖民地统治的状态，而"盟总"成为日本实际上的统治者。

美国的对日方针、政策，主要通过"盟总"以向日本政府下达"指令"的方式贯彻实行。在美国占领日本的6年间，"盟总"共发出各种"指令"达2500多项，平均每天要发出一项以上"指令"。美国在日本推行的战后民主改革，也是为美国的"最终目标"服务的。但是，当国际形势发生重大变化，特别是美苏开始冷战，中国革命取得胜利之时，使日本在亚洲战略格局中的地位骤变，美国从其全球战略考虑，就改变了初衷，调整了对日方针，把消除日本对美国的威胁为主要目标，转为使日本成为美国推行冷战政策的基地和"反共堡垒"的方针。

1948年1月6日，美国陆军部长罗亚尔发表著名的讲演，声称要使日本成为"经济上自主"的远东"反共堡垒"。首次公开声明美国政府对日占领政策开始转变。1949年开始实施的复兴日本的"道奇计划"，标志美国初期对日占领政策已经转变。从此，美国采取了复兴日本、重建日本垄断资本主义、重新武装日本等一系列政策，以便日本为美国的亚洲政策服务。

美国对日政策的转变，使占领初期推行的民主化政策出现波折。有些政策（如"解散财阀"）虎头蛇尾，草草收场，成为战后改革不彻底的一个重要原因。

这一转变，也加速了日本国内政治走向保守和反动。日本政府镇压工人运动，宣布日本共产党非法，等等，亦是这一转变的直接后果。

非军事化的政策和措施

从 1945 年 9 月起，美国开始执行使日本非军事化的各项政策措施。

在非军事化方面，美国首先铲除日本军国主义的武装力量及撤销军事机构。美军用不到两个月时间解除了共 717 万日军武装。同时解散大本营、陆军省、海军省、军需省、陆军参谋本部、海军军令部、军事参议院、教育总监部等军事机构，废除《兵役法》《国防保安法》《国家总动员法》等有关军事法令，并禁止军事科学研究和军需生产。

接着，开始逮捕和审处战犯。"盟总"从 9 月起陆续宣布逮捕一批批战争罪犯或战犯嫌疑者。9 月 11 日，宣布逮捕东条英机等 39 名。11 月 19 日，宣布逮捕小矶国昭等 11 名。12 月 2 日，宣布逮捕平沼骐一郎、广田弘毅等 59 名。12 月 6 日，宣布逮捕近卫文麿、木户幸一等 9 名。1946 年 1 月 19 日，盟军最高司令官发表设置远东国际军事法庭的特别通告。参加这一法庭的有中、美、苏、英、法、荷、加、澳、新西兰、印、菲 11 国。1946 年 2 月 15 日，盟军最高司令官任命由盟国各自提名的 9 位法官，后增为 11 位法官。1946 年 4 月 29 日向法庭提出起诉书。审讯自 1946 年 5 月 3 日开始，直到 1948 年 11 月 12 日终结，开庭 818 次，记录 4.8 万多页，出庭证人 419 名，书面作证人 779 名。共对 28 名被告进行审判。最后于 1948 年 11 月 12 日宣布对 25 名甲级战犯的判决。宣判东条英机、广田弘毅、土肥原贤二、板垣征四郎、松井石根、武藤章、木村兵太郎 7 名战犯处以绞刑。其他荒木贞夫、平沼骐一郎、木户幸一、小矶国昭等 16 名战犯判处无期徒刑。判处东乡茂德 20 年、重光葵 7 年有期徒刑（后被释放）。7 名甲级战犯于 1948 年 12 月 22 日被执行绞刑。

最后是进行政治整肃。1946 年 1 月 4 日，"盟总"发布两次进行政治整肃的指令。第一项规定，取缔一切支持日本军国主义、国家主义的政党、社团组织。列入被取缔名单的初为 27 个，后来陆续增加，实际取缔 147 个。第二项指令是解除公职令，命令日本政府解除战争期间军国主义政党、社团的领导人物和职业军官等军国主义分子的公职。1947 年 1 月 4 日，进入整肃第二阶段，整肃面扩大到地方政府官员、经济界、出版界的头面人物。到 1948 年 3 月整肃结束时止，受到调查的对象是 717415 人，受到整肃的有 201815 人，其中职业军官 11 万人，经济界受整肃的 1535 人。以后，由于美国对日方针的转变，特别是到朝鲜战争爆发后的 1951 年下半年，整肃对象基本上全部被解除了整肃。

民主化改革

在推行非军事化政策同时，从 1945 年 9 月起，美国在日本推行了民主化改革。这一改革涉及政治、经济、文化、教育等社会生活的广泛领域。10 月 11 日，麦克阿瑟接见日本新任首相币原喜重郎时，告诉币原，日本宪法必须修订，以实现"自由主义化"。同时将其他各项改革概括为"确保人权的五大改革"，即妇女解放和参政、鼓励建立工会组织、教育民主化、废除秘密审讯司法制度、经济机构民主化五项。

（一）政治方面的改革

通过修改宪法，对近代天皇制、议会制、内阁制、中央集权制、司法制度等政治制度进行了改革。

最早公开向全社会提出修改 1889 年制定的《大日本帝国宪法》问题的，是《朝日新闻》1945 年 9 月 21 日的社论《重臣责任论》。该社论写道：明治"宪法中关于统帅权的第 11 条、第 12 条，如今都已成徒具形式的空文。这些，理所当然地将要发展到对国家基本法（宪法）的重新探讨"。在此前后，"盟总"、日本政府、各政党以及民间方面，都在研究修改宪法问题，并纷纷提出了各种改革方案。麦克阿瑟在 1945 年 10 月 4 日接见当时相当于副首相身份的国务大臣近卫文麿谈改宪问题，是官方首次提出修改宪法问题。一周后的 10 月 11 日，他又在对币原首相发布"五大改革"指令时再次示意，要日本方面修改宪法。此后，日本政府提出了两个方案，自由党、进步党也提出了各自的改宪方案。这四个方案都是坚持"维护国体"，保持天皇统治大权的方案。提出另一类型方案的有日本共产党、社会党、日本宪法研究会及其成员高野岩三郎等。这四个改革方案，基本上都提出了国民主权的原则，三权分立原则和保障国民生存权、劳动权等各种自由权利的条款，反映了广大日本人民要求民主化的意志。其中宪法研究会的草案对后来"盟总草案"影响很大，许多规定都被其直接吸收。1946 年 1 月 1 日，裕仁天皇按"盟总"要求发表"人格宣言"，宣布自己是人而不是神，自我否定了其一直拥有的神权。

1946 年 2 月 13 日，"盟总"把体现三个基本原则即国民主权、放弃战争、保障基本人权的"盟总草案"交给日本政府，要求其按此起草日本宪法，并于 2 月 18 日要求日本政府在 48 小时内接受这个草案。3 月 6 日日本政府发表新的宪法草案，这是以"盟总草案"为蓝本制定的。4 月 17 日，政府发表"宪法修改草案"。6 月 20 日，将其提交 4 月 10 日大选新选出的第 90 届帝国议会审议。经过三个半月审议，对政府草案作了大幅度修改增补，追加了一些民主化的重要规定，将政府草案中含混不清的规定明确起来，规定了"主权属于日本国民"，增加了一些公民权利及文官制度等规定。对"放弃战争"的和平主义条款也予以肯定。10 月 7 日众议院最后通过，于 11 月 3 日公布，这就是战后新的《日本国宪法》。新宪法于 1947 年 5 月 3 日正式生效。

《日本国宪法》，取消了天皇总揽统治大权的权力，使天皇只是日本国家的象征，其行使国事也只是礼仪性的。第 1 条规定："天皇是日本国的象征，是日本国民统一的象征，其地位，以主权所属的日本国民之意志为依据。"新宪法废除了辅佐天皇的枢密院和贵族院及内大臣府，取消了军部，还取消了天皇的敕令、敕语立法的权利，从而排除了天皇和军部对议会的控制和干涉。

通过修改宪法，改变了过去议会仅对天皇负责、是辅佐天皇的机构的状态，建立了较为完善的资产阶级议会制度。新宪法规定："国会是最高国家权力机关，是国家唯一立法机关。"（第 41 条），"国会由众议院及参议院两议院构成之"（第 42 条），修改宪法、制定法律、审议预算，任命总理大臣等一切重大问题均由国会规定。

通过改革，原来的"敕令内阁"变成了议会制内阁。新宪法规定"行政权属于内阁"（第 65 条），同时规定，"内阁总理大臣及其他国务大臣必须是文职人员"（第 66 条），内阁除执行一般行政事务外，还执行下列 7 项事务：（1）执行法律、总理国务；（2）处理外交关系；（3）缔结条约；（4）掌管有关官吏的事务；（5）编制并向国会提出预算；（6）制定政令；（7）决定大赦、特赦、减刑，免除刑罚执行及恢复权利（第 73 条）。

通过改革中央集权的政治体制、实行地方自治。新宪法第 92 条至 95 条规定，都、道、府、县、市、町、村在宪法和法律允许的范围内，实行地方自治。"地方公共团体的长官、议会议员以及法律规定的其他官吏，由该地方公共团体的居民直接选举之"（第 93 条），"地方可设置议会"（第 93 条），"有管理财产、处理事务及执行行政的权能，得在法律范围内制定条例"（第94条）。

通过改革司法制度，改变了天皇高于法律的状况，扩大了司法机构的独立性，最高法院成为与国会、内阁分立的独立机构。新宪法规定"一切司法权属于最高法院及由法律规定设置的下级法院"，"行政机关不得施行作为终审的审判"（第76条）。"最高法院为有权决定一切法律、命令、规则以及处分是否符合宪法的终审法院"（第81条）。

新宪法还在10—40条中规定了国民权利与义务。扩大了国民的资产阶级民主权利，使妇女与男子一样享有了选举权与被选举权。

尤其值得重视的是新宪法第二章放弃战争。宪法第9条规定，日本"永远放弃以国家权力发动的战争、使用武力或武力威胁作为解决国际争端的手段"，"为达到前项目的，不保持陆海空军及其他战争力量，不承认国家的交战权"。

（二）经济方面的改革

"盟总"和日本政府在经济方面进行了三大民主改革，即改组财阀、农地改革和劳动立法。

改组日本财阀，是在"盟总"一再指令之下进行的。1945年9月21日，"盟总"发表麦克阿瑟关于"解散财阀"方针的指令。11月4日，经"盟总"一再催促，日本政府才提出"解散财阀"的方案。经"盟总"批准后开始实施，至1947年基本完成。"解散财阀"的具体措施可以归纳为四个方面：（1）解散作为财阀总公司的控股公司。被指定为控股公司的有三井、岩崎（三菱）、安田、住友等83家。实际上被解散的只有三井、三菱、安田、住友等42家，而在42家中又有26家开办了第二公司作替身，真正被解散的仅16家。（2）消除财阀家族对企业的控制，使属于战前财阀的大公司，大企业的领导人几乎全部交出了领导职务。三井、三菱、住友、安田、中岛、野村、浅野、大仓、古河、鲇川10大财阀的56个家族被定为财阀家族，与这些财阀有关的625家公司被指定为"限制公司"。接着，将被指定的控股、财阀家族和"限制公司"所持全部股票公开拍卖，并勒令财阀家族及所属主要公司的领导人一律辞去公司领导职务，禁止其在10年内重新任职。此外，还勒令2500家战时的主要银行、公司的大股东，领导人辞去职务。（3）分割大企业，防止经济力量过度集中。1947年12月18日公布了《经济力量过度集中排除法》（简称"集排法"），指定实缴资本占当时全国公司的65.9%的325家公司为对象。"集排法"执行的结果，实际被处理的仅 80 家大公司，其中被分割的公司仅 28 家。（4）制定禁止垄断法，防止已被"解散"的财阀复活。1947 年 4 月 14 日，公布了《关于禁止垄断和保证公平交易的法律》（简称"禁止垄断法"）。该法律较为严格地规定：全面禁止卡特尔的共同行动，限制企业间的结合，禁止设立控股公司，原则上禁止事业公司持股，金融机构的持股率不得超过对方公司股份的 5% 等。后来美国对日占领方针发生变化，大幅度地放宽了各种限制。1948 年 4 月，日本政府制定"关于准备吸收外资的试行方案"后，使一度削弱的日本垄断资本的实力逐渐恢复，大批原属已"解散"的财阀的企业，通过横向结合，重新组成战后新形式的垄断集团——企业集团。

尽管改组财阀的措施并未根本触动日本垄断资本主义的经济基础，但使旧的垄断企业领导集团和垄断资本的组织形式发生了重大变化，为日本企业管理体制改革和经营管理的现代化，创造了必要的条件。

农地改革，是对日本社会经济基础进行的一项重大改革。1945 年 12 月，"盟总"向日本政府发出关于改革土地制度的指令。日本政府于 1945 年 12 月 29 日制定了第一次农地改革方案。该方案明显地偏袒地主，公布后地主又大规模夺佃，因此遭到广大日本农民的强烈反对而搁浅。1946 年 5 月 29 日，苏联代表在对日理事会讨论农地改革的会上提出了主张收购、征用不在村地主的全部土地的方案，受到美国反对。在 6 月 12 日的对日理事会上，英国提出折中方案，成为第二次农地改革方案的蓝本和基础。1946 年 11 月公布的第二次农地改革法，包括《自耕农创设特别法案》和《农地调整法改正法律案》，其主要内容有以下几点：（1）由国家征购不在村地主的全部出租地，在村地主超过 1 町步①（北海道规定为 4 町步）以上的土地，以及经市、町、村农地委员会决定需要收购的房地、草地、未开垦地等 4 种土地。（2）将征购的土地出售给佃农和"有能力的经营者"。购买土地的农民可一次付清购地款，亦可在 30 年内付清。（3）规定地租以货币交纳。地租率水田不得超过收成的 25%，旱地不得超过 15%。（4）各市、町、村成立由地主 3 人、自耕农 2 人、佃农 5 人组成的农地委员会，具体推行农地改革。

到 1949 年底，农地改革基本完成。通过这一改革，日本政府征购了地主、寺院、教会、神社的土地 194.11 万町步，相当于改革前租地面积的

---

① 町步：日本土地面积单位，约合 0.9918 公顷。

80%，加上原军用地和其他国有地，共196.8万町步。176万户地主的土地被征购，475万多户佃农、半佃农共购买193.8万町步土地。据统计，改革后拥有1町步以内租地者118万户共44万町步，拥有租地1町步者26万户共22万町步，共计114万户66万町步，1户平均不到0.5町步，且租地仅占总耕地面积的10%。改革后，自耕地大幅地增长。1950年增长到551.4万町步，占耕地面积的88%。总之，不在村地主完全被消灭，在村地主基本上被消灭。自耕农和以自耕为主，佃耕为辅的农户541.1万，占总农户的87%。此后自耕农继续增加，从而基本上消灭了寄生地主及寄生地主土地所有制，建立了以自耕农为主的小农经济，促进了农业发展。

劳动立法是战后经济改革中的重要方面。"盟总"和日本政府先后制定一系列劳动法。1945年12月，制定了《工会法》，于1946年3月开始实行。工会法承认工人组织工会的自由和团结的权利。此后，组织工会和加入工会的人数急速增加。到1946年6月工会从无增至1.2万个，会员达368万人。1946年9月，公布调整劳资争议的《劳动关系调整法》，确定了工人的基本权利，实行男女同工同酬，规定劳动合同、工资、劳动时间等，其中亦有限制镇压工人的一些条款。1947年还先后制定出《补偿工人灾害保险法》《职工稳定法》《失业保险法》等稳定工人经济地位的有关法律和制度。这一系列劳动立法，从法律上改变了以前工人毫无权利、苛酷的劳动条件，确定了八小时工作日，承认日本工人组织工会和罢工的权利，经济地位有了改善。工人运动取得了迅速发展。

（三）文化教育方面的改革

为铲除日本军国主义教育毒瘤，1945年10月22日，"盟总"发布《关于对日本教育制度的管理政策》备忘录，宣布"禁止普及军国主义的和极端的国家主义思想，废除军事教育学校和军事训练"。接着又于30日发布《关于教员和教育行政官的调查、解职、任命问题》的指令，要求立即罢免具有军国主义思想和过激的国家主义思想以及反对美国占领政策的教职员工，不许军队复员人员在学校任职。12月25日，"盟总"发出指令，将宗教尤其是神道与国家分离，禁止用神道进行军国主义和国家主义宣传，禁止用神道欺骗群众进行侵略战争。31日，"盟总"宣布停止充满神道和法西斯军国主义思想的修身课、日本历史和日本地理课的指令。1947年3月31日，制定了《教育基本法》，建立起取代带封建性、军国主义法西斯主义教育的、以个人主义为中心的资产阶级教育体系。"基本法"还相对地贯彻了教育机会均等的原则，规定"所有国民都应有按其能力接受教育的机会，不能根据人格、信仰、性别、社会身份、经济地位、门第等给予差别教育"，"国民对其受保护的子女，有义务实行九年普遍教育"，并实行男女同校。与此同时，还改革中央集权的教育体制，实行地方分权制。文部省亦由历来的监督机关变成行政指导机关，由民选的各级教育委员会担当学校设备、教职员任免等具体行政工作。日本文部省 1950 年 8 月在《日本教育改革的进展》报告中指出，通过教育改革已把教育的基本点"确立在民主主义的、现代的、科学的、自由主义的理想之上"。

除前述各项改革外，"盟总"和日本政府还对家族制度、警察制度、公务员制度等进行了相应的民主主义改革。

战后改革的历史地位

日本的战后非军国主义化、民主化改革，是在日本帝国主义被打败投降后的特定历史条件下，美国占领当局为摧毁日本的军国主义，对外侵略体制和势力，指令日本政府实行的。从历史的角度看，这一改革也是日本历史发展的必然要求，是与日本人民长期的斗争和强烈要求紧密相关的，它既是在某种外来的压力下进行的，又是有历史连续性的日本社会发展的必然结果，这些改革使日本终于完成了因明治维新不彻底而遗留下的历史任务，完全可以将其视为明治维新的最终归宿。因此我们不同意某些日本学者提出的"强加说"观点，这种观点认为战后改革是"外来力量（美国）强加给日本"的。从改革的现实推动力量看，美国占领当局的确是起了决定性的主导作用，但也应看到日本人民反对军国主义，要求民主的革命要求和斗争，亦是推动改革前进的重要力量，更应该看到世界民主势力在推动改革中的作用。因此，我们也不能完全赞同某些学者仅仅强调揭露美国占领当局的动机与目的，而过低估价战后改革意义的观点。

的确，日本战后改革本质上是属于资产阶级民主主义范畴的自上而下的改革，无论从制度上还是从各项改革的措施、结果考察，都存在种种局限性和不彻底性。这次改革毕竟只是资产阶级的民主改革，新宪法规定维护资本主义私有制，虽然废除了寄生地主土地所有制，但垄断资产阶级仍存在并很快得以增强，资本主义社会的本质性的东西均被保留下来了。垄断资本剥削农民的重要形式就是征收各种捐税，农民在农地改革后所负担的苛捐杂税比改革前成倍增加，同时还利用工农产品的剪刀差盘剥农民。农地改革并不是无偿没收地主土地，也不是无偿分配土地给农民，改革也未冲击拥有山林的地主，并保留下66万町步的出租土地。地主在政治上并未受到冲击，依然在农村中保持其政治地位。改组财阀也只是革掉了财阀家族在经济领域中的控股关系，调整了垄断资本内部的纵向主从关系。实际上不久又组成了以横的关系的新的垄断集团。等等。

但是，应该如实地肯定这次改革所具有的反封建、反法西斯军国主义的资产阶级民主改革的地位和作用。正是通过战后改革，在政治上，使带军事封建性的帝国主义国家变成了资产阶级民主主义国家，使天皇集权制变成了议会内阁制；在经济上，改善和调整了阻碍生产力发展的生产关系中的某些环节，"卸掉"了长期背着的影响资本主义发展速度的"包袱"，从而造成了新的较好的再生产条件，促进了社会生产力的发展。

我们一方面看到战后改革完成了明治维新所未能完成的一些历史任务，另一方面也应看到这次改革在克服明治维新所造成的消极方面的历史意义，它革除了军国主义的、法西斯主义的毒瘤，搬掉了日本社会发展道路上的绊脚石，铲除了亚洲及太平洋地区不安定因素——日本军国主义。这无疑是一种历史上的巨大进步。

更应充分肯定的是，战后改革是日本资本主义发展史上的里程碑，是日本历史发展的重要转折点和新的起点。正是通过战后改革，为战后日本民主政治，为经济高速度发展，迅速实现国民经济现代化打好了基础，创造了条件。日本学者指出："战后改革，总的来说，为后来的发展作好了准备"，"离开战后的民主改革，就谈不上日本的'战后体制'，也谈不上战后的经济发展"。总之，战后改革尽管有阶级的局限性和不彻底胜，但它在日本历史上，与公认的具有划时代意义的大化改新、明治维新两大社会变革相并列的事件，并不过分。战后改革揭开了日本历史发展的新的篇章。

本文参考书目：

［1］ 高木八尺编：《日美关系研究》上册，东京大学出版会1971年版。

［2］ 竹前志荣：《占领战后史》，双柿会1980年版。

［3］ 《战后史资料集》，新日本出版社1984年版。

［4］ 《战后世界历史长编》第1册，上海人民出版社1975年版。

［5］ 《杜鲁门回忆录》，中译本第1卷。

战后日本经济的恢复与发展

吴寄南

第二次世界大战以后，日本的经济增长速度在主要资本主义国家中是最高的。1953—1979 年日本工业平均年增长率为 10.9%，同期联邦德国为 5.7%，法国为 4.2%，美国为 4%，英国为 2.5%。日本国民生产总值占资本主义世界的比重，1950 年只有 1.5%，1980 年猛增为 13.3%，在资本主义世界的地位从第 7 位跃升到第 2 位，仅次于美国。西方有些学者把战后日本经济的发展称为 20 世纪的"奇迹"。

战后十年经济的重建

战后，日本为医治战争的创伤，把战时工业改组为平时工业，大体上花了 10 年时间。一般认为，1945—1955 年是日本经济的"复兴期"，即国民经济恢复和改组的时期。

1945 年 8 月 15 日，日本天皇向全国发布无条件投降的停战诏书，第二次世界大战终于宣告结束。日本军国主义发动的大规模侵略战争，给中国人民和亚洲各国人民带来了深重的灾难，也使日本民族遭受了一场空前的浩劫。战争末期，包括惨遭原子弹袭击的广岛、长崎在内，全国共有 119 个城市化为废墟，毁于战火的住房达 236 万栋，900 万人流离失所。近一半的工业设备、道路桥梁、港湾设施受到不同程度的破坏。工矿业生产急剧下降，如果以战前 1934—1936 年的工矿业生产指数平均水平为 100，1945 年仅为 60.2，1946 年更跌到 30.7。1945 年农业歉收，大米产量只有常年的六成，酿成了严重的粮食危机。由于物资极度缺乏，货币发行量激增，通货膨胀日甚一日。1945 年秋到 1946 年初，主要消费物资的黑市价格暴涨为官价的 30 倍到 60 倍。经济上的混乱状况一直持续到 1947 年。该年由著名经济学家都留重人主持编写的日本第一部《经济白皮书》承认"政府、企业、家庭皆有亏损"。这句话概括了当时日本经济的困难局面，以致成为名言。

战后日本经济的重建是从实行"倾斜生产方式"开始走上轨道的。为了使日本经济摆脱瘫痪状态，日本政府于 1946 年 8 月成立了经济安定本部，负责制定和实施有关经济政策。当时日本经济复苏的最大障碍是能源不足。因为缺煤，高炉陆续熄火，全国有一半列车停驶，恢复生产急需的原材料运输出现障碍，工业生产日趋萎缩。经济安定本部遂于 1946 年秋实行"倾斜生产方式"。所谓的"倾斜生产方式"就是在资金和原料严重不足的情况下，集中一切力量恢复和发展煤炭生产，用生产出来的煤炭重点供应钢铁业，再用增产的钢铁加强煤炭业。首先，要努力造成煤和钢铁扩大再生产的能力，以此为杠杆，带动整个经济的恢复。根据这个经济战略，政府专门设立的"复兴金融公库"在 1947—1948 年向煤炭业发放了 475 亿日元的贷款，占该公库全部贷款总额的 36%。1946 年日本产煤 2274 万吨，1947 年即达 2932 万吨，增长近 30%，同期的钢产量也增长了 21%。1948 年，日本经济出现了初步好转的迹象。工矿业生产恢复到战前的 54.6%，其中煤炭达到 90%，钢铁 49.2%。虽然有这些效果，但由于支付巨额的价格补贴和大量贷款，通货膨胀则如脱缰之马失去了控制。批发物价的上涨率，1947 年和 1948 年分别为 193% 和 167% 之多。

日本的经济恢复得到了美国的大力扶植。第二次世界大战结束以后，美国对日本实行军事占领，按照波茨坦公告精神，推行了旨在铲除军国主义社会经济基础的民主改革，并强制日本拆迁工业设备赔偿战胜国。1948 年后，随着东、西方冷战加剧和中国人民革命战争的趋向于胜利，美国统治集团企图把日本作为远东的反共堡垒，以对抗所谓的"远东的共产主义"，对日本的占领政策的重点开始转到扶植日本恢复经济上来。具体来说，首先是一再削减日本对美国的战争赔偿，到 1954 年 5 月干脆一笔勾销，已拆迁的工业设备也全部发还。其次是向日本提供恢复生产急需的资金和物资。1949—1951 年，美国以"占领地区救济基金"和"占领地区经济复兴基金"名义，向日本提供的贷款和美援物资达 23 亿美元。美国还直接干预日本的经济结构的改组。美国国务院和陆军部于 1948 年 12 月联合发表声明，提出于"稳定日本经济九原则"，要求日本尽快结束财政金融上的混乱状态。次年 2 月，底特律银行董事约瑟夫·道奇以美国总统特使、占领军财政金融顾问资格赴日，向日本政府提出加强税收、冻结工资、削减财政补贴、停止"复兴金融公库"放款等主张，实行所谓"道奇整顿"。日本 1949 年的财政预算被编成一个有大量盈余的"超平衡预算"，1 美元等于 360 日元的汇率也是在这时确定的。"道奇整顿"使居民赋税加重，企业银根抽紧，货物积压，需求萎缩，但政府的财政收入在 1949 年度则首次由赤字转为盈余，货币发行量趋于减少，物价水平开始下降，猖獗一时的通货膨胀得到了缓和，为而后的经济恢复创造了必需的前提。

1950 年，朝鲜战争爆发后，美国在毗邻的日本大量采购军火和给养，维修卡车、坦克、舰艇等，这对当时苦于需求不足的日本经济无异是一个求之不得的强刺激。日本从提供商品和劳务得到的"特需"收入，1950 年为 1.49 亿美元，1953 年猛增为 8.09 亿美元。战争期间合计为 24.7 亿美元，占同期日本出口总额的一半。另一方面，朝鲜战争促使西方各国扩军备战升级，掀起了一股采购物资热，这又为日本商品进入世界市场敞开了大门。仅 1950 年下半年，日本的出口比上半年增加 55%。1952 年的出口额等于 1949 年的 2.7 倍。自 1949 年以来由于市场萧条积压下来的近 1500 亿日元货物随之倾销殆尽。轻纺工业因为得到大量订货迅速恢复发展；钢铁、机械、造船、水泥等行业的生产也有大幅度增长。整个经济生活空前活跃起来。国民生产总值在 1951 年度达到战前水平。正如日本垄断资产阶级所说的，"朝鲜战争"成了促进日本经济复兴的"天赐良机"。

1951 年，旧金山"和约"签订后，美国名义上结束了对日本的军事占领。日本政府在实现"经济自立"的口号下，大力进行经济结构的改组和基础工业的建设，开始实施一系列国家垄断资本主义措施。主要包括：制订钢铁、煤炭、造船、电力等行业的生产合理化计划，把私人投资的 40% 吸引到这些行业，加快改造旧设备的步伐；设立日本开发银行和日本进出口银行，对重点行业的设备投资和进出口提供长期低利贷款，并直接对铁路、港湾、电力等部门进行财政投资，支持基础工业的恢复和发展；修订税制，对企业设备实行特别折旧制度，加速设备更新，扩大资本积累。1953 年，日本政府规定，企业购入新设备的当年就可以提取相当设备价格 50% 的折旧费，从利润总额中扣除，无需纳税。在政府的鼓励下，各企业竞相增加投资，更新设备。1951 年，日本企业中使用期限超过 6 年的旧设备占 71%，1955 年便下降为 42.8%。1950 年日本开始实行《外国投资法》，1951 年加入了国际货币基金组织和世界银行，利用外资，进口设备也逐渐增多。1951—1955 年，日本制造业的劳动生产率提高了 47%，工业生产平均每年增长 12.3%。这段时期，日本的农业也有所恢复和发展。战后，美国在日本推行了农地改革，建立了以小土地所有制为基础的个体农民经济，农民的积极性有所提高，再加上政府鼓励增产化肥、推广良种、兴修水利，使农业生产逐年上升。到 1951 年日本的农业生产已超过了战前水平。1955 年粮食总产值创历史最高纪录，其中稻米基本上实现了自给。这一年，日本的人均国民收入超过了战前水平，从而标志着战后经济恢复的大体完成。1956 年度颁布的政府《经济白皮书》在回顾战后 10 年的经济生活后，正式宣布："现在已不再是'战后'，我们现在面临着一个完全不同于过去的局面，在恢复中求发展的时代已经过去。今后的发展要靠实现现代化。"

日本经济的现代化和高速度增长

从 1956 年起，日本以赶超先进工业国家为目标，开始了实现国民经济现代化的新时期。1956—1973 年，日本实际国民生产总值每年平均增长10% 以上。这种长期、持续的高速增长在世界资本主义经济发展史上是罕见的。所谓"经济奇迹"主要是指这一时期的发展。

1956 年以后的日本经济发展又大体分为两个阶段，第一阶段是 1956—1964 年。

这一阶段日本围绕重、化工业化，进行了大规模的设备投资和设备更新，为国民经济全面现代化奠定了物质技术基础。1956 年以后，日本出现了被称为"神武景气"①（1956—1957 年）和"岩户景气"②（1959—1961 年）的两次经济发展高峰。1964 年的国民生产总值比 1956 年翻了一番。这一阶段日本经济发展的主要特点是：

1. 设备投资大量增长。1956 年的私人设备投资比 1955 年猛增 54.6%。以后，除个别年份外，设备投资每年都有较大幅度增长。投资的 70% 集中在钢铁、机械、电力、化学等行业，使日本很快形成重、化工业的体系。这一阶段，随着耐用消费品的逐渐普及，电机、电子、汽车、合成纤维、合成树脂、石油化学等新兴工业部门的投资也有大幅度增长。这些工业的发展反过

---

① "神武"是日本传说中第一代天皇，在位期间国内经济繁荣兴旺。"神武景气"泛指日本历史上的繁荣。

② "岩户"是日本传说中的皇帝祖神——天照大神开辟岩石，君临人间，开创了日本历史。"岩户景气"泛指前所未有的繁荣。

来又刺激为它们提供机器设备和原料的机械、钢铁等基础工业部门的投资，形成"设资引进投资"的局面。在大规模设备投资热潮中，引进外国先进技术的速度更快、范围更广了。1950—1955 年的 6 年间日本共引进 1148 项外国技术，而 1956—1961 年的 6 年中引进外国技术 2273 项，几乎翻了一番。日本引进的外国技术中，80% 以上是基础工业技术，主要来自美国，也有西欧和其他地区的。日本从引进的技术中广泛吸取各国之长，并且加以消化、吸收，迅速缩短了与世界先进水平的差距。

2. 能源结构发生变化。日本的能源结构历史以煤炭为主。50 年代中期，由于中东石油得到大规模开采，以美国为首的国际垄断组织不断压低价格，从国外进口石油所需费用比国内开采煤炭还便宜。这种情况促使日本的能源结构迅速发生变化。1956 年，在日本的能源供应中煤炭仍占 49.7%，石油仅为 21.9%，到 1964 年时，石油比重上升到 55.7%，煤炭比重则降为 29.2%。结果，一方面是煤炭工业受到严重打击，大批矿山被迫关闭；另一方面，在进口廉价石油基础上，各工业部门的能源费用大大降低，以石油为原料的石油化学工业得到蓬勃发展，与进口石油有关的港湾建设、造船和钢铁工业也空前繁荣起来。廉价而充足的石油供应成为日本经济高速发展的重要支柱。

3. 对外贸易迅速发展。随着重、化工业化的顺利推进，日本的对外贸易额在大幅度增加，进、出口额分别在 1957 年和 1959 年超过了战前水平。1956 年至 1964 年，日本出口贸易每年平均增长 13.5%，高于其他主要资本主义国家的同期水平。出口商品的构成情况也有很大变化，1955 年日本出口商品中比重最大的是纺织品，占 37.3%；1960 年是钢铁坐头号交椅，比重为 34.2%；1965 年占第一位的是船舶和机械了，比重为 31.2%。这一年纺织品比重下降为 13.5%，出口中重、化工业产品占 62.4%。这类产品垄断性强，价格高，能较长期地控制国外市场，容易使贸易总额迅速增加。日本的进口贸易从战后直到 60 年代初，一直由政府严格控制，通过分配外汇配额，优先进口为高速增长所必需的机器设备，限制进口国内企业竞争力差的产品。随着日本经济实力的增强，日本政府于 1960 年颁布《贸易汇兑自由化大纲》，规定各种商品分期实行进口自由化的期限，有条件地开放一部分国内市场。1960 年日本的进口自由化比率为 41%，到 1964 年便增为 93%，达到欧美发达资本主义国家大致相等的水平。1963 年和 1964 年，日本先后接受了《关税与贸易税协定》第 11 条和《国际货币基金组织章程》第 8 条的规定。1964 年日本加入了经济合作发展组织，从而标志日本正式成为先进工业国家的一员。

日本经济高速增长的第二阶段是 1965—1973 年。

日本从经济上、技术上全面赶上世界先进水平的决定性阶段正是这一时期。其间，日本的实际国民总产值年平均增长率为 10.5%。1967 年的国民生产总值超过了英国和法国，1968 年又赶上联邦德国，成为仅次于美国、苏联的世界第三经济大国。1973 年日本的经济规模等于 1965 年的 2.4 倍。这一阶段日本经济发展的特点是：

1. 工业生产规模向大型化发展。1965 年，日本一度出现经济萧条，政府采取"反危机"措施后，日本经济从 1966 年起又出现繁荣局面。这就是长达 58 个月的经济持续高涨——"伊弉诺景气"。①

到 1970 年为止，私人设备投资的年均增长率为 23%。1965—1973 年共引进 15000 多项外国技术，平均每年 1700 多项。这一阶段，为了增强日本工业产品的国际竞争力，日本的钢铁、电力、机械和石油化学等基础工业设备投资向巨型化、大容量化发展，形成建设大型企业的热潮。除了原有企业的合并、改组外，在太平洋沿岸陆续填海造地，新建了一批举世瞩目的现代化大型工厂。1965 年以后新建的君津、大分、福山等年产 1000 万吨以上的大型钢厂先后投产，使日本的钢产量从 1965 年的 4100 多万吨一跃而为 1973 年的近 1.2 亿吨。这一阶段新建的还有 50 万千瓦的大容量火力发电站、50 万吨级的超级船坞、年产 30 万吨乙烯的石油化工厂等。生产规模的大型化发展，对日本从经济上、技术上全面赶超世界先进水平起到决定性作用。1970 年，日本的钢铁、发电、机床、汽车、船舶、水泥、化纤、纸张、塑料产量分别达到资本主义世界的第一、二名。

2. 技术革新取得的突破。60 年代后半期，日本在继续大量引进外国先进技术的同时，加快本国独立研制工艺技术的步伐。1964—1973 年，日本的科研经费大约增长了 3 倍，到 70 年代初期，日本每万人中有 21 名自然科学研究人员。这一比例在发达资本主义国家仅低于美国。由于科研力量迅速增强，日本独创的新产品、新技术、新工艺日益增多，在民用消费品领域（特别是高档家用电器等）尤为明显。60 年代末，日本抢先在美国之前，首先

---

① "伊弉诺景气"："伊弉诺"是传说中的天照大神之父，意思即是比"神武景气""岩户景气"规模更大的繁荣。

研制出全集成电路化的大型高速电子计算机。彩色电视也是日本首先在工艺上作出更大的改革，投入批量生产，成为大宗出口、创汇的"拳头产品"。此外，在照相机、手表、录像机、电子显微镜等产品领域，日本也击败众多竞争对手，取得了技术上公认的领先地位。在科学技术迅速发展的基础上，1965—1973 年日本的劳动生产率平均每年增长 12.4%。到 70 年代初，日本在生产技术上达到了世界一流水平。

3. 国际贸易和金融的地位显著改善。1965 年以后，日本的对外贸易继续大幅度增长。重化工业产品出口比重从 1965 年的 62.4% 上升到 1970 年的 73%、1977 年的 84%，而且由于重视技术革新，实行大批量生产，工业产品的国际竞争力大大增强。在同欧美发达资本主义国家争夺市场的竞争中，日本逐步占上风。1965 年以后，日本在对外贸易方面已基本上可保持顺差局面，改变了战后相当长时期内大量入超的被动局面。1965 年日本出口 83.2 亿美元，贸易顺差为 19 亿美元，1972 年出口增为 280.3 亿美元，贸易顺差跃为 89.7 亿美元。1965—1973 年则平均每年有 40 亿美元的贸易顺差。外贸顺差的结果不但使日本有可能扩大技术装备、原料和燃料的进口，也使日本的黄金外汇储备逐年增加，日元的国际地位不断提高。到 60 年代中期以后，更导致了日本资本输出的迅猛增长。1961 年日本各种形式的资本输出为 3.81 亿美元，1965 年增为 2.8 倍。日本资本输出主要集中在亚非拉第三世界国家，投资范围遍及轻纺、化学工业等，以对采矿业的投资比重最大。进入 70 年代后，日本对美国和西欧各国的直接投资也急剧上升。

4. 产业结构逐步实现现代化。日本作为后起的资本主义工业国，农、林、牧、副、渔业所占比重历来比较大；工业中少数技术先进的大企业和大量分散、落后的中小企业同时并存，形成所谓独有的"双重经济结构"。在高速增长时期，这种落后的产业结构开始发生了质的变化。日本政府于 1961 年制定了《农业基本法》，通过中央及地方财政预算，为实现农业化提供大量投资、贷款和补贴。到 70 年代初，日本农业基本上实现了机械化、化肥化、水利化和良种化。在大约 2/3 农业劳动力转入工业和其他行业的情况下，农业仍有较大的发展，每公顷土地的动力配备和作物单产均居世界前列。日本的中小企业原来处于同大企业直接对抗、竞争的地位，60 年代以来实行以大企业为中心的系列化，使这些中小企业被组织在大企业周围，成为大企业的配套、协作厂。生产的相对稳定，便于中小企业采用新技术，并在设备和管理上逐步现代化。1966—1973 年，制造业的中小企业产值年均增长

17%以上，它们不仅为大企业源源不断供应配套器件，而且日益成为大量出口的工业部门。在经济高速增长时期，日本的第一产业（包括农、林、牧、副、渔业）的就业人员占全体就业人口的比重由1955年的41%降为1965年的24.6%，1975年再降为13.8%，第二产业（包括工矿业、建筑业）就业人员的比重则由1955年的23.5%，分别提高到1965年的32%和1975年的34.1%，第三产业（包括交通运输、公用事业、商业、金融、服务业等）就业人员的比重也由1955年的35.1%，提高到1965年的43.4%和1975年的52.1%。工业中重、化工业所占比重由1955年的42.7%上升为1965年的51.1%，到1970年即达68.9%。这一比例超过所有发达的资本主义国家，占世界首位。70年代初期，日本基本上实现了国民经济现代化。

70年代中期后的经济缓慢增长和问题

70年代中期，日本经济进入了一个转折时期。国内外经济形势的变化，使日本的经济危机、生态危机和能源危机交织迸发，不得不在经济政策和产业结构上进行适当调整。不过，经济增长率虽下降到5%左右，但仍高出欧美各国的一倍以上。

在经济高速增长时期，日本的社会生产力有很大发展，但由于资本主义的基本矛盾即生产的社会化和生产资料私人占有制的矛盾日益激化，经济危机频繁发生。1955—1970年，日本的工业设备投资增长15.2倍，企业利润增长18.5倍，而工人的实际工资仅增加1.2倍。工人工资的增长远远落后于生产和资本家利润增长的速度。随着小汽车、电冰箱、电视机等耐用消费品的逐渐普及，国内市场和群众消费规模难以扩大。在经济高速增长时期迅速膨胀起来的生产力同有支付能力的需求间，出现了不断扩大的差距。国内需求的疲软，加上世界性经济危机，生产过剩的现象越来越严重。在这次危机中，工业生产下降幅度达到20.8%，企业倒闭和失业人数都突破了战后最高纪录。1974年和1975年的私人设备投资分别下降了10.8%和13.1%。工矿业生产指数到1978年才恢复到危机前最高水平。紧接着，从1980年7月起，日本再次陷入了世界性的经济危机。生产严重过剩，企业开工率徘徊在70%左右。在这场经济危机中，工业生产断断续续的下降趋势持续34个月才截止，被称为"马拉松的不景气"。从1975年开始，日本政府通过发行赤字公债，扩大财政支出，用增加公共投资的办法刺激经济回升，同时加紧对美国、西欧的商品倾销，用扩大出口来弥补国内需求不足。其结果，除 1974 年外，日本的国民生产总值基本上每年都有 3%—6% 的缓慢增长。

70 年代初期，重、化工业化带来的环境问题也开始尖锐起来。垄断资产阶级为追逐高额利润，竞相在沿海地区投资设厂，加剧了人口的畸形集中和城市公害的骤然增多。据 1970 年的统计，以东京湾为中心的关东、东海和近畿三大工业区，集中了化学工业生产的 66.7%，钢铁工业生产的 71.6%，运输机械生产的 83.7%，和电气机械生产的 90.7%，占全国面积 1% 的东京、大阪、名古屋地区竟集中了全国 32% 的人口。这不仅给住宅、运输和供电供水造成巨大压力，还引起了日益严重的环境污染问题。熊本水俣病、四日市气喘病和富山县神奈川流域发生的骨痛病等骇人听闻的公害事件相继发生。公害申诉案件从 1967 年的 2.8 万件增加到 1972 年的 8.8 万件，平均每年递增 26%。日本在成为经济大国的同时也成了举世闻名的"公害大国"。近年来，这一问题虽稍有缓和，但仍未根本改观。

另一突出问题是能源危机。日本是个能源消费国。石油的 99.7% 依赖进口，是仅次于美国的石油进口国。1955 年日本总共消费 980 万千公升石油，1972 年猛增为 2.17 亿千公升。70 年代中期，日本接二连三地受到石油危机的打击，其中尤以 1973 年的第一次石油危机的打击为甚。当时，石油价格陡涨 3 倍，而且有中断供应之虞。日本只有 50 多天的石油储备，措手不及，陷入一片恐慌。政府被迫削减对钢铁、石油化工等部门的石油供应和电力供应。1974 年实际国民生产总值下降 1.3%，批发物价和零售物价分别上涨 31.4% 和 24.5%。国际收支逆差达 66 亿美元。1980 年发生第二次石油危机，石油价格再次猛涨，日本的国际收支逆差又增至 112 亿美元。能源供应的严峻现实，迫使日本把对付石油危机当作"最优先的课题"来解决。1974 年后，日本积极开发、推广节能和省能的新技术，如高炉炉顶压发电、连续铸钢、纸浆回收、回转式预热水泥窑等等。钢铁、电力、水泥、造纸、炼铝五大耗能行业的石油消耗在 7 年内下降了 29%。1980 年日本的实际国民生产总值比 1973 年增加 30%，而石油进口却下降 10%。推广节能、省能措施，再加上原子能、地热等替代能源的开发以及企业"减量经营"取得进展，在一定程度上减缓了石油危机带来的冲击。

近些年来，在新的国内国际形势下，日本垄断资产阶级开始意识到必须对产业结构进行根本性的改造，即用消耗资源少，附加产值高的知识密集型产业取代大量消耗资源、消耗劳动和产生公害的重、化工业。日本政府在经济政策上作了相应调整。一方面，鼓励垄断资本扩大资本输出，把能耗高、污染环境的产业转移到发展中国家去，另一方面，大力扶植汽车、电子、精密机械，航空、原子能等工业部门的发展。目前，日本拥有工业机器人占全世界的80％，汽车和机床的产量分别在 1980 年和 1982 年赶上美国，跃居世界第一位。第五代"智能"型电子计算机的研制工作也在加紧进行。1981年日本科研投资达 59324 亿日元，是 1965 年的 10 倍，1975 年的 2 倍。科研投资的增长速度远远超过美国和西欧各国。1981 年公布的《技术白皮书》宣称：日本在 80 年代必须向"科学技术立国"迈步，走向"自立自主技术时代"。在今后若干年里，日本在新兴产业的领域里将保持一定的发展势头。

日本经济迅速发展的原因

战后日本经济的发展，是在特定历史条件下实现的，是资本主义政治经济发展不平衡规律作用的结果。

第二次世界大战以后一段时期内，主要资本主义国家的经济发展都比较快。推动经济发展的两个基本因素是在生产力领域发生的科学技术革命和国家垄断资本主义的发展。前者使生产率突飞猛进地增长，后者则在一定程度上缓和了竞争和生产的无政府状态，使资本主义生产关系的某些环节得到部分改善。这两个基本因素虽然是指一般发达国家，但在战后日本经济的发展过程中表现得特别明显。日本所以后来居上，赶上和超过英国、法国和联邦德国，还有以下具体条件：

1. 战后的民主改革取得实效。战前日本的资本主义生产关系中，残存着浓厚的封建因素：农村中保留着封建土地所有制，工业中则存在着财阀的封建式垄断。同欧美发达的资本主义国家相比，改善生产关系中其他落后环节，促使生产力发展的余地比较大。战后初期，日本进行的农地改革、解散财阀、工会自由等一系列民主改革，是由占领当局自上而下推行的，具有种种局限性，但它基本上清除了生产关系中的封建因素，完成了像明治维新这类资产阶级未能完成的历史任务，推动了社会生产力的发展。

2. 政府制定的经济政策比较得当。战后日本历届内阁都积极干预经济活动。从吉田茂开始，多届内阁都利用美军的所谓军事保护奉行"富国轻兵"路线，即在和平宪法的名义下，把本国军费开支压缩在不到国民生产总值1％的水平上，腾出更多资金用于建设。政府投资一直占日本国内总投资的

20%以上，占财政支出的 50%。对电力、铁路、港湾设施等所谓"公共工程"的投资，为垄断资产阶级提供了廉价的电力和交通运输的便利。此外，日本政府在战后各个时期，根据国内外经济形势，制定出合乎国情的经济发展战略。从 1955 年起，先后制订过 9 个中、长期经济计划。其中 1960 年池田内阁提出的《国民经济倍增计划》较为正确地估计了日本经济的发展趋势，推动了设备投资的高涨。政府有关省、厅还通过财政金融政策和所谓的"行政指导"，影响经济的发展。日本政府运用税收杠杆，扩大企业内部积累，鼓励和促进私人设备投资，采取低利息政策，向企业大量贷款，加强外贸和引进外资的管理，扶植有战略意义的新兴产业，适当保护弱小产业；在每次经济危机爆发时，交替采用紧缩通贷政策或者赤字财政政策，千方百计地缓和和缩小危机的破坏程度，促进经济的回升。日本政府制定政策时比较审慎，注意保护政策的一贯性，它对经济活动的干预，可以说，在发达资本主义国家中是最出色的。

3. 抓住时机，充分利用有利的外部条件。第二次世界大战以后，资本主义有一段和平发展、繁荣高涨的时期，日本充分利用这一有利的国际环境，为经济发展创造良好的市场、资金、技术和资源条件。战后初期，日本的工业技术装备比欧美国家落后 20—30 年。当时，在主要资本主义国家正掀起一场以电子计算机、激光、原子能和航天技术为标志的科学技术革命，国际上的技术贸易和技术转让空前活跃。日本垄断资产阶级抓住这一有利时机，积极吸收国外的先进技术。由于日本的技术落后，设备陈旧，引用新技术的要求迫切，淘汰旧设备的顾虑较少，科学技术转化为直接生产力的成效显著。战后 30 多年来，日本在引进技术装备方面，能够占世界首位。1950—1975 年日本从几十个国家引进 25000 多项技术，只用了不到 60 亿美元的代价便拿到了外国用半个多世纪、花费 2000 亿美元取得的成果。此外，日本利用战后一段时期内原料、燃料价格下跌，工业品价格上涨的机会，确立了进口资源、出口产品的经济体制。此外，初级产品的再加工和工业品的不等价交换也得到不少好处。

4. 重视教育的普及和人才的培养。生产力中最主要的因素是人。战后日本经济发展得比较快，是同日本基础教育发达，开发"人的资源"分不开的。明治维新以后，日本就注意发展教育事业，培养和造就技术人才。战后早在 1948 年就普及了初中教育，以后又普及了高中教育。教育经费由 1950 年的 1599 亿日元，1972 年增为 40244 亿日元，增加 25 倍。在日本政府的行政费中，教育经费占 20% 以上，在资本主义国家里是比例最高的。目前，日本的高中入学率达 95%，大学入学率达 40%，全国有 1/3 以上人口受过大学教育。就文化水准来说，日本在主要资本主义国家已名列前茅。尽管日本企业职工的学历不断提高，企业的经营者还是十分重视在职教育和终身教育，通过各种形式的培训、轮训和研修，提高职工的实际工作能力和技术理论知识。日本企业特有的"终身雇佣制""年功系列工资制"以及资本家为笼络工人而灌输的家族意识、群体观念，使日本工人比较安心工作，愿意钻研新技术。这支拥有较高教育程度和熟练技术水准的劳动力队伍，使日本能较充分地吸收、消化和发展引进的外国先进技术，迅速摆脱经济上、技术上的落后面貌，跳跃式地赶上或超过欧美发达的资本主义国家。

战后日本经济的发展，是资本主义发生、发展、灭亡的总过程的一个片段。尽管它有许多成功的经验可供各国借鉴，但是，在经济高速增长时期积累起来的资本主义各种固有矛盾的逐渐激化，使日本经济发展将面临一系列难以克服的障碍，它的道路将是坎坷不平的。

本文参考书目：

［1］　《世界经济》第一册第二章《战后日本经济》，人民出版社 1980 年版。

［2］　《日本经济问题文集》（日本经济学会 1978 年讨论会报告汇编），财经出版社 1979 年版。

［3］　《当代日本经济问题》（日本经济学会 1982 年第二届年会讨论文集），河北大学日本研究所编。

［4］　《日本问题》（辽宁大学日本研究所编）第 27、28 期。

［5］　《现代日本经济事典》，中国社会科学出版社 1982 年版。

［6］　［日］中村隆英：《日本经济——その成長と構造》，东京大学出版会 1978 年发行。

［7］　［日］宫本又次编：《日本经济史》，青林书院新社 1977 年版。

［8］　［日］林直道：《现代的日本经济》，青木书店 1979 年版。

［9］　［日］安藤良雄编：《近代日本经济史要览》，东京大学出版会 1979 年第 2 版。

［10］　［日］中村静治：《战后日本的技术革新》。

［11］　［日］内野达郎：《战后日本经济史》，讲谈社 1978 年版，新华出版社 1982 年中译本。

［12］　［日］都留重人编：《现代日本经济》，朝日新闻社 1977 年版，北京出版社

1980 年中译本。

　　[13]　　[日]都留重人：《日本经济奇迹的终结》，商务印书馆 1979 年中译本。

　　[14]　　[日]东洋经济新报社：《经济统计年鉴》，1978 年版（长期统计，1946 年以来动向），1983 年版。

越南抗法战争(1945—1954年)

李克明

1945年8月15日，日本向盟国投降。越南共产党①利用这个时机发动全国总起义，推翻了日本的法西斯统治，迫使傀儡皇帝保大退位，取得了八月革命的胜利。

1945年9月2日，胡志明主席在河内巴亭广场50万人庆祝大会上宣读《独立宣言》，宣告越南民主共和国成立；宣布："完全同法国脱离关系，废除法国与越南签订的一切条约，取消法国在越南的一切特权。"法国不甘心丧失其殖民遗产，在英美的支持下发动新的殖民战争，企图重新统治越南。越南人民为维护国家的独立和统一，经过9年的英勇战斗，取得了抗法战争的胜利，越南北方获得完全解放。从而在越南一半国土上第一次真正推翻了帝国主义和封建主义的统治，完成了八月革命未竟的历史使命。

法国卷土重来

法国统治越南达80余年之久。第二次世界大战期间，法国贝当政府于1940年6月22日向德国法西斯投降。同年7月，日本法西斯确立武力南进政策，法国维希政府同意日本在北越驻军。9月22日，日本不顾美国警告，派兵侵占谅山，控制了越南北部。1941年7月21日，法国维希政府又同意日本在南越驻军，7月24日，日军开进南越。从此，越南沦为日、法两国共同统治的殖民地。

1945年3月9日，日军发动政变，解除法军武装，囚禁法属印度支那联

---

① 越南共产党于1930年2月3日成立，同年10月改称印度支那共产党，1951年3月改称越南劳动党，1976年12月改称越南共产党，本文统称越南共产党，简称越共。

邦总督让·德古海军上将和其他法国军官，接管了法国殖民地机构，并扶植保人上台，在顺化组织越奸陈重金为首的傀儡政府。3 月 11 日，保大发表声明，宣布"恢复独立安南国"，废除 1884 年签订的"越法保护条约"，保证与日本合作，以实现"大东亚圣战"的目标。就这样，法国经营了 58 年的法属印度支那联邦被日本独占。

在反法西斯战争期间，印度支那原被划分在蒋介石的军事顾问魏德迈将军指挥下的中国战区内。1945 年 7 月，波茨坦会议重新划分了盟军暂时占领印度支那的职责范围，规定北纬 16 度以北保留在中国战区范围内；北纬 16 度以南划归英国海军上将路易斯·蒙巴顿勋爵指挥的东南亚统帅部辖区内。当时，盟军的任务是：解除日军①武装，看管和遣返日本投降人员，释放和救济法国战俘及被拘留的平民。戴高乐怀疑美国的动机，强烈地反对波茨坦会议的这一决定。他宣称：那是背着法国而企图夺去它的海外领土，法国将不予承认。战后，随着国际形势的变化，杜鲁门政府调整了美法关系，拉拢法国以共同对付苏联。1945 年 8 月 24 日，杜鲁门在与戴高乐会谈时表示，美国不反对法国重返印度支那，并保证今后不给法国在印度支那的事务制造障碍。在美国的许诺下早已组建好的法国远征军，由英美提供海运，开到印度支那，发动一场新的殖民战争。

根据波茨坦会议的决定，英、美军队进入印度支那南部。1 万多英军在格雷西将军率领下于 1945 年 9 月 13 日进入西贡。他们恢复法国殖民统治机构，释放并重新武装法国战俘，将他们和随英军同来的法国先遣队组成 6000 多人的西贡市民警卫队。9 月 21 日，第一批法国远征军乘英舰在西贡登陆，9 月 23 日清晨，法军发动突然袭击进犯西贡市人民委员会市政厅和其他公共建筑，越军随即奋起反击，南部抗法战争爆发。

南部抗战爆发后，西贡市各界立即实行总罢工，越军向法军所有据点发起进攻，法国殖民机构顷刻瓦解。这时，格雷西指挥英军把越军逐出主要据点，并把这些据点交还法军。9 月 25 日，越共南部区党委决定成立南部抗战委员会，统一领导卫国军、自卫队和游击队。次日，胡志明发出《给南部同胞的信》，号召全国人民全力支援为保卫祖国独立而奋斗牺牲的南部军民。越南全国立时掀起声势浩大的支援南部抗战运动。

9 月 30 日，越法双方代表开始谈判，一致同意停火。越方要求所有法军

---

① 当时在印度支那的日军共约 6 万人，由土桥将军率领。

解除武装，将西贡市民警卫队交给西贡市人民委员会管辖。法方拒绝越方的要求。10月12日谈判破裂，战火再起。10月15日，法国远征军总司令勒克莱将军率领一个装甲师到达西贡，到10月25日，法军总数已达2.5万人，战局随即发生变化。10月19日，法军在英军帮助下在芽庄登陆，但被越军围困了3个月之久。11月25日，法军沿1号公路进攻西贡东西各省。12月，法军1.5万人沿14号公路北上，进攻中部西原山区，侵占邦美蜀。1946年1月，法军沿20号公路北上，侵占夷灵、大叻。2月初，自邦美蜀、大叻南下，进攻宁和、藩朗、藩切，芽庄解围。接着，又沿1号公路、14号公路北上，企图侵占岘港以北地区。各地军民吸取西贡抗战经验，法军一到，立即破坏工厂、道路、桥梁，设置街垒、路障，开展游击战，撤往农村，建立抗法根据地。

1946年1月1日，盟军东南亚统帅部与法国驻印度支那高级专员达尚礼签订一项协定：英军除管制和遣返日本投降人员之外，印度支那北纬16度以南的全部军务由法国负责；从1946年3月4日起，英军撤走，由法军接管。

根据波茨坦会议的决定，美国盟军总部在日本投降后禁止日军向越南交出武器，让蒋介石的军队进入印度支那北部。在卢汉将军的率领下，20万中国军队自1945年8月31日起，占领北纬16度以北所有城市。在中国占领军的扶掖下，以武鸿卿、阮祥三为首的"越南国民党"和以阮海臣为首的"越南革命同盟会"也回到了越南。他们组织武装力量，割据老街、河江、安沛、富寿、越池、永安、谅山、海宁等省部分地区。他们要求改组越南民主共和国临时政府，要求担任政府要职，并阴谋发动政变，另建"越南国民政府"。面对这种局势，越共中央"为了不损害民族团结"，采取了"痛苦的方法"，于11月11日宣布"自动解散"，实际是转入地下，秘密领导抗战建国战争。

1945年11月25日，越共中央发出《抗战建国指示》，指出全党、全民的紧急任务是："巩固政权，抗击法国殖民者，清除内患，改善人民生活。"同时还指出："当前的主要敌人是法国侵略者，必须把斗争火力集中起来对准他们。"为争取国民党占领军与共和国政府合作，越共中央决定对中国占领军作些让步：接受武鸿卿、阮祥三、阮海臣担任政府要职的要求；保证让非共产党人士以及中国国民党支持的组织于1946年1月6日选出的共和国立法机关中有真正的代表；把蒋介石忌讳的越南解放军改称越南卫国军。这样，就可以拒绝法军在北方登陆，不许法国行政官员复职。随后，共和国政府得到了中国方面提供的贷款，用以购买中国枪炮并获得法国和日本两方面留下的军用储备物资。

法国政府为使中国占领军撤走，对中国国民党政府作了让步。1946 年 2 月 18 日，中法两国政府代表在重庆签订中法协定，法国以放弃他们在中国的治外法权；允许中国政府购买滇越铁路通过中国领土内的部分；允许中国在海防设一自由地带，免付转口贸易的关税；法国将颁布一项新的法令，规定中国在印度支那的居民享有的权利等条件，换得了所有中国军队将在 1946 年 3 月 31 日以前撤离印度支那的允诺。中国军队撤离印度支那期限之前，法军即于 1946 年 3 月 6 日在海防登陆，对此中国军队给以炮击，法国军舰也炮击中国军队阵地。4 月 12 日，中法两国军队又在河内发生武装冲突。后来，中国军队因急于调回国内打内战，防务便由法军接替，大批法军进入北方。

越南全国抗法战争爆发

越共中央为争取缓和时间，以巩固和发展革命力量，切实做好抗战建国的准备工作，提出"以和求进"的方针。法国殖民者为争取时间，部署兵力，也愿意谈判。

1946 年 3 月 6 日，越方代表胡志明、武鸿卿，法方代表法国驻印度支那高级专员让·圣德尼，在河内签订《初步协定》。协定规定：法国政府承认越南民主共和国为一个自由的国家，拥有自己的政府、国会、军队和财政，是印度支那和法兰西联邦的一部分，关于三圻①合并问题，通过表决方式征询人民意见决定；越南政府对接管中国军队防务的法军，准备予以友好的接待；双方一致同意立即停止敌对行动，缔结条约附属协定。规定：协定签订后 10 个月，暂驻越南的 1.5 万名法军将开始在 5 年内逐步撤完。1946 年 7 月 9 日，范文同率领越南代表团在巴黎近郊枫丹白露就越南未来的地位、越南外交权、三圻合并、法国在越南的经济和文化利益等问题同法国政府谈

---

① 阮朝初年，分全国为南圻、中圻、北圻三大行政区，故名。法国侵占越南后，南圻改称交趾支那殖民地，中圻改称安南保护国，北圻改称东京保护地。越南独立后，南圻改称南部（南越），中圻改称中部（中越），北圻改称北部（北越）。

判。9 月 8 日，法国政府宣布，由于意见分歧很大，会议将不再继续进行。9月 14 日，由胡志明和法国政府海外领地部部长马里于斯·穆泰在巴黎签订《临时协定》。协定规定：越南政府承认法国在越南的经济和文化利益；法国停止在南方的军事行动，尊重越南民主自由的原则，释放由于政治问题和抗战行动而被捕的南方人民；南方人民享有集会、结社、新闻、往来的自由等权利。但是关于越南未来的地位、越南外交权、三圻合并等问题则始终没有得到解决。法国政府坚持重建其在越南的殖民统治，因而只同意越南"在法兰西联邦内实行自治"；而胡志明则坚持越南完全独立和统一，所能作出的最大让步，只是同意"在法兰西联邦内的独立和统一"。

法国乔治·皮杜尔总理认为，如果承认越南享有自治领的地位，势必为法国的自治领开创危险的先例。为此，他悍然撕毁了这个协定。1946 年 4 月18 日，越法双方代表在大叻举行谈判，旨在停止仍在继续的敌对行动，并对越法之间未来的经济、文化和政治关系提出建议。但在谈判期间，法国远征军总司令华尔露就下令法军进驻海防—芒街和谅山—海宁地区，并进攻北部西北高原和中部西原高原。同年 7 月至 9 月，越法双方代表在巴黎谈判期间，法国驻印度支那高级专员达尚礼在大叻召开"法属印度支那联邦会议"，法国皮杜尔政府声称：承认"交趾支那自治共和国"的"独立"，肢解了越南，同年 9 月 14 日《临时协定》签字后，越南政府将河内巴士特尔医院移交给法国，并下令南方越军停火；法国却在南方恢复伪政权机关乡公所，并下令法军封锁海防港口。11 月 20 日，法军阻挠越南海防海关收税，并枪击越南海关关税警察，越南自卫队立即还击。华尔露遂以此为借口，下令法军侵占海防和谅山，并派几千法军在岘港登陆。12 月 16 日，法国在越南的全体高级官员在海防举行会议，策划新的殖民战争。12 月 17 日，法军越过河内安宁区米粉街的障碍物，袭击越南首都自卫团的防守所，自卫团当即自卫还击。华尔露又以此为借口，下令法军进攻安宁区。12 月 18 日，法军侵占越南政府的交通部和财政部。同日，北部法军司令莫里哀向越南政府提出最后通牒，要求立即解除越南首都自卫团和自卫队的武装，并以占领越南首都警察局相要挟。越南政府拒绝了莫里哀的要求。12 月 19 日，法军开始炮击河内，随后发动了对越南的全面武装进攻。

1946 年 12 月 20 日，胡志明发出《号召全国抗战》的告人民书，庄严宣告："我们宁可牺牲一切，决不肯亡国，决不肯做奴隶。"他号召全国人民"不分男女，不论老幼，不分宗教、党派、民族，只要是越南人，就要起来打倒法国殖民者，拯救祖国"。12月22日，越共中央发出《全民抗战的指示》，指出抗法战争是一场"全民、全面、长期的抗战"，历时9年的越南抗法战争从此全面展开。

越南抗法战争的历程

抗法战争大致可分为防御、相持、反攻三阶段。

防御阶段（1946年12月—1947年12月）。抗法战争爆发时，法国投入近10万海陆空兵力，而越南卫国军的总兵力8.5万人，地方部队和民兵游击队100万人。武器原始，又无外援。用胡志明的话说："当时我们只能用棍棒对抗敌人的飞机、大炮"，有人甚至讥讽越南的抗战是"蚂蚱踢大象"，可见敌我力量之悬殊。

法军持其优势兵力，采取"速战、速胜"的战略方针，企图一举歼灭越军主力。他们从河内、海防等大城市向周围城乡发动大进攻，占领重要交通线，控制了红河三角洲地区。同时，在岘港登陆的法军，则大举进攻广治、顺化，拦腰切断了越南南北的通道，完成了对南方、北方的分割，使部署于南方和北方的越军不能互相呼应。1946年12月23日，法军对海防滥肆轰击，造成2万多平民伤亡。在法军气焰嚣张的进攻形势下，越军采取积极防御的战略方针。他们将队伍一分为二，一部分打阵地防御战，正面狙击法军进攻；另一部分则转移到农村，开展游击战，消耗法军有生力量。在河内，越军进行了两个月的"卫城街垒战"，打死、打伤、瓦解法军1.9万人。

1947年9月，法军进攻北部西北山区，占领和平、山西、义路后，沿滇越铁路进占老街，切断北部山区与平原地区的联系。10月7日，法2万多人、飞机40架、汽车800多辆，外加许多艘军舰和汽艇，向北部山区发动大进攻。他们兵分两路，形成钳形，企图在北泮合围，歼灭越军主力，占领北部中央根据地。越南军民发扬"决战决胜"的精神，在诱敌深入之后，展开游击战和运动战，予以分割包围，全国各战场也紧密配合，于12月23日粉碎了法军的进攻，打破了7000余法军组成的战斗包围圈，收复了太原、宣光等地，取得了越北战役的胜利。在高平，法军的指挥飞机被击落，法国远征军副总参谋长兰贝特及其参谋机关人员全部丧命。法国远征军总司令瓦吕伊被撤职，由萨兰代理。法国驻印度支那高级专员亦被召回国。越北大捷，宣告了法国"速战、速胜"战略方针的破产，标志着越南抗法战争由战略防御阶段进入战略相持阶段。

相持阶段（1947年12月—1950年12月）。在越南全国抗战一年中，法军伤亡2万多人，相当于法国在印度支那总兵力的1/6；而越军则由8.5万人发展到12.5万人。1948年2月，法国派布莱佐代替萨兰任远征军总司令，增调15万兵力到越南。布莱佐鉴于法军无法迅速取胜，于是在相持阶段便改取"以越制越、以战养战"的战略方针，以维持其长期侵略战争。越军则以多种斗争形式打击敌人，夺取战争主动权。

1948年，布莱佐收缩兵力，放弃北部高平、北𣴎部分地区，对南方占领区进行"绥靖"，对北方解放区进行"蚕食"和"扫荡"，并进行"封锁"，着重控制红河三角洲。1949年以后，实行小规模的"蚕食"北部解放区的政策，掠夺人力、财力、物力，破坏越军的后备力量。同时，法国还利用保大，武鸿卿、阮祥三等越南民族败类来分裂人民，破坏抗战。1949年6月，扶植保大建立"君主立宪国"，纠集封建余孽，组建伪军，同越军作战。同年12月，中国人民解放军解放了广西，桂系白崇禧残部2.7万多人逃入北部法占区。法国政府竟将其一部分送往海南岛，交给蒋介石；另一部则编入驻谅山等地的法军和保大伪军，由武鸿卿指挥。1950年2月，英美两国承认保大伪政权。杜鲁门随即宣布把援助蒋介石的7500万美元拨给保大政府。同年3月19日，美国两艘军舰驶入西贡，为法军运来大量武器。对此，西贡50多万市民举行声势浩大的反美示威游行。这一天，后来被定为越南人民"爱国反美斗争日"。

针对法军战略方针的改变和国内外反动势力的互相勾结，越军以连、排为单位，插入敌人心脏地带，发展正规军、地方军、民兵游击队三结合的武装力量体制，并组建机动部队，实施运动战。他们协同敌后军民开展反扫荡战，消灭敌人，重建人民政权。这样，不久就在敌后建立起许多游击根据地，法军为对付越军的游击战，将大兵团拆散，分成许多小单位，驻守各地据点。法军兵力一分散，就失去了进攻的能力，逐渐陷入被动挨打的境地，而越军游击战则愈益发展，武装力量日益壮大。随后，越军逐渐集中，起初以营、继之以团，进而以师为单位进行战斗。1948—1949年冬春，越军在东北、西北、罗江、洮江等战役中取得了胜利，解放了大片国土。1950年1月，越军乘黑夜潜入河内白梅机物，一举摧毁敌机22架，予法军以沉重打击。

但是，敌强我弱的军事形势并未改变，北部中央根据地的处境仍十分困难。1945 年 9 月 2 日越南民主共和国成立之后，没有得到任何国家承认，越南政府被西方殖民者讥讽为"影子政府"。自 1947 年起，还只是得到中国广西、云南的革命武装（粤桂纵队和滇桂纵队）和群众提供的少量援助。1950 年 1 月 18 日，中国政府第一个承认越南民主共和国，并正式建立外交关系。接着，苏联东欧及其他社会主义国家也先后与越南建交，从此，越南抗法战争获得了极为有利的国际条件。这一天，后来被定为越南人民"外交胜利日"。

1950 年 1 月底，胡志明秘密访华，代表越共中央，请求援助。中共中央和毛泽东根据胡志明的请求，作出了全面援越的重大决策。经双方商定，首先发动边界战役，扫清边界敌人，以便把物资送到越南。同年 7 月，派陈赓将军入越，协助越方武装干部和部队，组织这次战役。8 月，又派以韦国清为首的中国军事顾问团入越，长期协助越军的建设和作战。在此之前，还派了以罗贵波为首的中国政治顾问团入越，协助北部中央根据地的建设，向越方介绍财政经济工作、整顿干部思想作风工作、政权建设工作和发动群众工作等方面的经验。正是在中国的强有力支援下，越南各方面的工作才逐步走上轨道，从而保证了抗法战争的顺利进行。

根据越南战场上的形势和越军的实力，陈赓将军认为，目前越军还缺乏攻坚经验，最好先打高平与谅山之间的小据点东溪，拦腰切断第 4 号公路，然后南下围攻七溪，迫使高平、谅山守敌出援，在运动战中消灭他们。这样，拿下高平也就不成问题。胡志明十分赞赏陈赓的见解，提到越共中央常委会讨论，并决定采纳陈赓的方案。

9 月 16 日，越军按预定计划向东溪发动进攻。9 月 18 日，全歼东溪守敌 300 余人，活捉东溪法军指挥官。边界战役首战告捷！

东溪守敌被歼后，高平法军指挥官沙东上校率部弃城南逃，七溪法军指挥官勒巴上校带领 2000 多人北上迎接。为了消灭这两股敌人，陈赓指挥越军在东溪附近布置袋形伏击圈，先吃勒巴兵团，再歼沙东兵团。这是一场十分艰苦的山地战。越军战士连续战斗九昼夜，紧紧咬住敌人，不让他们会合。10 月 8 日，越军发动猛攻，勒巴兵团全军覆没，勒巴和他的参谋部全体被俘。次日，沙东兵团也全军覆没。这是越军打的第一次大歼灭战，全歼法军 8000 余人，生俘法军三名上将和许多中下级军官，缴获大批粮食和军用物资。河内法军司令部惊慌失措，急命七溪、那岑、同登、谅山、老街守敌全部由山区向南撤退，集中兵力防守红河三角洲，北部边境的法军防御体系全线崩溃。

边界战役，打通了长达 1000 多公里的中越边界，解放了高平、谅山、老街、太原、和平五省，使北部中央根据地与中国等社会主义国家连成一片。边界战役的胜利，标志着主要战场（北部）的军事主动权已转移到越军手中，也标志着越南抗法战争由战略相持阶段进入了战略反攻阶段。

反攻阶段（1950 年 12 月—1954 年 7 月）。1950 年 6 月 25 日，朝鲜战争爆发，美国总统杜鲁门将法国的侵越战争和美国的侵朝战争看作是美国的"双管战争"。1950 年 12 月 6 日，法国派名将让·拉特尔·德·塔西尼出任法国远征军总司令兼印度支那高级专员。同年 12 月 23 日，美法签订《美法相互防卫协定》，1951 年初，美国在西贡建立美国军事顾问团，予法国以大量军需援助，企图挽回败局。

在美国的援助下，塔西尼制订了紧急"绥靖"与猛烈反攻相结合的"塔西尼计划"：集中兵力，先"绥靖"占领区，后进攻解放区，以夺回战争主动权。他在占领区周围，制造宽 5—10 公里的无人地带，同时以 2300 个地堡为防御体系，巩固红河三角洲地区。此外，还扩充伪军，巩固伪政权，以实现其"以越制越、以战养战"的政策。但法军一集中，就控制不住占领区，进攻解放区，占领土地，兵力又分散，陷入无法解决其侵略战争矛盾的困境之中。从 1951 年春季起，越军乘塔西尼集中兵力"绥靖"占领区之机，在中国军事顾问团的协助下，连续发动了中游、和平、西北等局部性的反攻战役，共歼法军 4 万余人，解放了拥有 125 万人口的国土。其中和平战役，打败了塔西尼调集的 20 个营兵力的进攻，在战役中（1951 年 12 月—1952 年 2 月），共歼敌 2.2 万人，是战争爆发以来越军歼敌最多的一次战役。在战役进行时，塔西尼在巴黎病死，乌尔·萨朗接替法国远征军总司令的职务。但败局已无法挽回。1953 年 8 月，法军被迫放弃北越西北高原重要据点那产，转攻为守。至此，塔西尼的全面战争计划宣告破产，而越军则牢牢地控制着战争主动权。

1953 年 5 月，法国远征军总司令再次易人。亨利·纳瓦尔，接替其前任后，提出了"在美国的援助下，集中机动部队，转守为攻，在 18 个月之内（1953 年 10 月—1955 年 5 月）消灭越军主力，取得决定性的胜利"的"纳瓦尔计划"。为实现这一计划，法国从本土、非洲、朝鲜抽调援军 12 个营（2 万人），拼凑伪军 54 个轻装营。用机动部队进攻北部解放区，用伪军固守南部和中部的占领区。1953—1954 年冬春，纳瓦尔在北部平原集中 18 万机动兵力。1953 年 9 月，他动用 17 个机动营，发动"黑鲤战役"，兵分三路进攻红河左岸禄江以北地区，但不到 10 天即被越军粉碎，被歼 1700 余人。同年 10 月，他又发动"海鸥战役"，大举进攻宁平、清化解放区，但不到一个月，被越军歼灭了 3 个营和 16 个连，又以失败告终。11 月 20 日，他动用空降部队 5000 人攻占北部西北高原重镇奠边府，并把它看作是进攻解放区的据点和机动作战的基地。但是纳瓦尔和他的前任塔西一样，陷入了无法解脱的矛盾之中：法军一集中，其他战线就暴露在越军面前。于是越军乘机发动大反攻，迫使纳瓦尔分兵增援，以解除法军对北部中央根据地的威胁。从 1953 年 10 月到 1954 年 5 月，战斗主要在三个相互关联的地区——老挝、奠边府和红河三角洲之间进行，并波及越南中部和柬埔寨东北部。

　　1953 年 11 月 6 日宁平战役结束后，越军乘胜进军西北，迫使纳瓦尔分兵 5000 人，空投奠边府，并出动驻印度支那的全部空军组成"空中桥梁"来支援。12 月 10 日，越军进攻西北重镇莱州，切断莱州—奠边府的通路；12 月 12 日解放莱州城，从北面包围了奠边府，迫使纳瓦尔再次分兵 5000 人，空投奠边府。12 月 21 日，越军进攻老挝中寮，三天之内，歼敌 2200 人。12 月 25 日，越—老联军进攻湄公河流域，解放他曲和沙湾他吉东部地区，迫使纳瓦尔分兵，通过"空中桥梁"，增援沙湾那吉。1954 年 1 月 26 日，越—老联军发动上寮战役。首先进攻法军在上寮的乌江防线，拦腰切断了法军从奠边府通往上寮的战略联络线。其次乘胜北上，解放丰沙里全省。与此同时，在下寮的越—老联军向下寮挺进，于 1954 年 1 月 31 日突然袭击阿速坡，解放波罗芬高原，迫使纳瓦尔分兵，通过"空中桥梁"，增援老挝王都琅勃拉邦和芒赛。同年 1 月 27 日，越军进攻中部西原高原，打下菠莱古，并与柬埔寨解放军配合，解放柬埔寨东北地区。至此，越军打通了纵贯印度支那南北战场的战略交通线。而北部平原敌后游击队也展开大反攻，牵制了法军机动部队半数兵力。正当纳瓦尔手忙脚乱之际，1954 年 3 月，越军突然袭击戒备森严的海防涂山机场和吉卑机场，摧毁敌机 86 架，予法军"空中桥梁"以致命的打击。这时，法军机动部队被越军牵制在遥远的地区，无法互相呼应，奠边府成了孤立的据点，无预备兵力可供增援，越军遂趁机发动奠边府战役。

　　奠边府，位于北部西北高原，坐落在芒清盆地之中，是莱州省的一个县。它靠近老挝边境，是越南通往老挝的交通要道。法国和美国部把它视为重要的战略十字路口。法军占领奠边府后，把它建成一个坚固的要塞。法国人吹嘘奠边府是印度支那"空前坚固的据点",是"东南亚的凡尔登"。

奠边府离中国边境不远,越军可以就近得到补给。26 万民工被动员来修整旧道、建造新路、架设桥梁,构成一个大运输网,保障了战役的后勤供应。就在奠边府大决战的前夕,武元甲过高地估计了法军的战斗力和防御工事的性能,主张取消这次战役。胡志明主席听从了中国军事顾问团团长韦国清的意见,抓住有利时机,把战役进行下去。

1954 年 3 月 13 日至 15 日,越军发起初次进攻。突破铁丝网和地雷阵,冲进 3 个防御中心。3 月 30 日,越军占领奠边府东区高地,形成居高临下之势,同时在西区、西北逐步缩小包围圈,使法军机场不能使用,4 月初,越军发起第二次进攻,法军防御阵地再次缩小,越军逼近要塞中心。5 月 1 日,越军发起总攻。5 月 6 日全歼东、西两区防御中心守敌。5 月 7 日进攻中区,占领法军指挥部,活捉法军司令戴加斯特莱准将及其司令部、参谋部全体人员,近万法军投降。经过 55 个昼夜的血战,具有历史意义的奠边府战役胜利结束。

是役,全歼法军16200 人,其中生俘 1.5 万人,击落敌机 62 架,缴获守敌全部武器、弹药和车辆。在以奠边府大捷为标志的 1953—1954 年冬春大反攻中,越军共歼法军11.2 万人,粉碎了"纳瓦尔计划"。1954 年 6 月,纳瓦尔离开越南回国。

越南抗法战争胜利结束

1954 年 5 月 8 日,日内瓦会议开始讨论恢复印度支那和平问题,1954 年 7 月 21 日,与会各国就恢复印度支那各国和平达成了《关于在越南停止敌对行动的协议》《关于在老挝停止敌对行动的协议》《关于在柬埔寨停止敌对行动的协议》,并通过了《日内瓦会议最后宣言》。主要内容为:与会国尊重越南、老挝、柬埔寨的独立、主权、统一和领土完整,不干涉其内政;越南、老挝、柬埔寨三国不参加任何军事同盟,也不允许外国在它们的领土上建立军事基地;在印度支那全境实行停火,法国从印度支那撤军,并设联合委员会及国际委员会作为军事停战的监察和监督机构等。日内瓦会议挫败了美国扩大越南战争的图谋,美国代表拒绝在协议上签字,但声明不使用武力威胁来妨碍协议的执行。日内瓦协议的签订,标志着越南抗法战争胜利结束,也标志着法国在印度支那地位的终结。

历时 9 年的越南抗法战争，共歼灭法军 561900 人，法国消耗战费 100 亿美元，其中美援 26 亿美元，法国第 20 届内阁倒台，8 个远征军总司令败走。与此同时，越南有无数城市、村庄被夷为平地，约 50 万人死亡。截至 1954 年 6 月，"法兰西联邦"部队的总人数接近 55 万人，其中法国远征军 20 万人，保大伪军 35 万人；越南人民军约有 33.5 万人。日内瓦协议规定：以北纬 17 度为越南临时军事分界线，法军在 10 个月内完全撤出北纬 17 度以北地区——北方、与此同时，越军也从北纬 17 度以南——南方撤走。1955 年 1 月 1 日，越南民主共和国还都河内。5 月 16 日，越南接管海防。至此，越南北方完全解放。1956 年 4 月，法国远征军完全自南方撤回法国。

越南抗法战争的胜利，给正在土崩瓦解的殖民主义体系以沉重打击，预示殖民主义的末日即将到来。它雄辩地证明，在战后的国际条件下，殖民主义者、帝国主义者不仅不能倒转历史车轮，而且会被弱国、小国打败，这极大地鼓舞了其他弱小殖民地国家人民争取独立和解放的斗争，对法属北非、西非和赤道非洲的独立斗争产生了巨大影响。

越南人民抗美救国战争

梁志明

越南人民抗美救国战争是第二次世界大战后最激烈、最持久的一场反侵略战争。从 1959 年开始[①]，越南人民经过 10 多年的浴血奋战，在世界人民和社会主义国家的大力支援下，击败美国侵略者，推翻南越反动政权，完成了祖国的统一。抗美救国战争的胜利谱写了越南人民民族解放斗争史上光辉的一章。

美国对越南的侵略与干涉

1954 年 7 月 20 日，在日内瓦举行的国际会议上，签订了关于印度支那停战协议。协议规定，在保证尊重越南、老挝、柬埔寨的主权、独立、统一和领土完整，并对三国内政不予任何干涉的基础上停止战争，恢复印度支那地区的和平。关于越南部分，协议规定了巩固和平和防止战争再起的各项条款：禁止一切增援部队和新增的军事人员进入越南，并禁止运入一切新的武器，弹药和其他作战物资；禁止在越南全境建立外国军事基地；不允许南、北两个地区参加任何军事同盟……协议还明确规定：北纬 17 度线为临时军事分界线，它无论如何不能解释为政治的或领土的边界，在越南人民军集结到此线以北和法联邦部队集结到此线以南地区以后，应在 1956 年 7 月内举

---

① 关于越南抗美救国战争的起源和发展阶段是一个值得研究的问题。若从 1954 年 7 月日内瓦会议后开始到 1975 年 5 月，应为 21 年。但这一时期最初几年主要是政治斗争，辅以武装自卫。越南史学界称这一时期为美吴集团进行"单方面战争"时期。笔者认为南越人民武装斗争实从 1959 年 8 月中部原广义省荣蓬地区人民起义开始，1960 年南方民族解放阵线的成立，标志着有组织有领导的武装斗争全面兴起，而后经过"特别战争"（1961—1964），"局部战争"（1965—1968），"越南化"战争（1969—1973）等阶段，到 1975 年，进入总攻击，夺取最后胜利阶段。

行全国自由选举，以实现越南的民主和统一。

协议签订后，9 年的抗法战争结束，法国驻印支的军队于 1956 年 4 月全部撤走，印支地区出现和平的曙光，远东的紧张局势得到缓和。但是，对印支地区早就怀有野心的美国却阻挠日内瓦协议的实施，加紧对这个地区的渗透与扩张。

第二次世界大战期间，当德国法西斯侵占法国本土，日本侵入越南，法国在印支的统治衰落时，美国就提出战后以"国际托管"方式接管印支的方针。越南民主共和国诞生后，法国发动了重建殖民制度的侵略战争。美国改变策略，一面支持法国殖民者，镇压三国人民革命力量；一面通过援助，将自己的军事、政治与经济势力渗入印支地区，排挤和取代法国。在中华人民共和国成立，尤其是朝鲜战争爆发以后，美国杜鲁门政府将"越战"与"韩战"视为敌视和反对新中国的"双管齐下"的战争，把印支地区作为包围和进攻中国大陆的"南翼"。1950 年 6 月，杜鲁门政府决定加速援助法国及其扶植的保大傀儡政权，进一步干预印支事务。

1950—1954 年，美国给法国的军援总额达 26 亿美元。美国的援助在法国侵略印支战费的比重逐年增加，到 1954 年已达法国侵略战费的 70%。奠边府战役期间，美国制订了代号为"秃鹫"的计划，准备出动海、空军甚至地面部队直接干涉，并调动航空母舰到北部湾活动，威胁要使用战术原子弹等。奠边府战役的胜利和日内瓦停战协议的签订，使美国的阴谋未能得逞。

在签订停战协定时，美国没有在协议的《最后宣言》上签字，只单独发表了一个"不使用武力或用武力威胁破坏协议"的声明。就在协议签字的第二天，美国总统艾森豪威尔宣称："美国不受这个会议决议的约束。"五角大楼关于越南战争的秘密报告透露，日内瓦协议缔结后几天，艾森豪威尔政府的国家安全委员会就认定这个协议是一场"灾难"，美国总统批准采取行动以"防止共产党在越南进一步扩张"。

1954 年 9 月 6—8 日，经过美国国务卿杜勒斯的多方奔走，美、英、法、澳、新、菲、泰和巴基斯坦八国在马尼拉召开外长会议，缔结《东南亚集体防务条约》，组成东南亚军事集团。这个条约组织悍然宣布将越南南方、老挝、柬埔寨划入它的"保护"之内。与此同时，美国统治集团鼓吹"多米诺骨牌理论"，声称"一个国家倒下后，其他国家将会一个跟一个倒下去"，"如果印度支那落入共产党手中，泰国、缅甸与印尼就会受到威胁"，甚至会在整个远东和太平洋地区引起连锁反应。正是在这种理论指导下，从艾森豪威尔政府到约翰逊政府都奉行遏制中国、阻挠越南统一的政策，并且步步深入地干涉印支三国的事务，终于点燃了又一次侵略印支的战火。

还在日内瓦会议尚未结束的时候，1954 年 7 月 7 日，在美国的压力与安排下，法国同意长期居住在美国的吴庭艳回到越南，充当保大政权的内阁总理。越南停战后，美国大力扶植亲美的吴庭艳集团，排斥亲法派。在军事上，美国违背日内瓦协议，保留驻南越的军事顾问团，派遣奥丹尼尔将军担任团长，全部接管南越伪军的装备训练，并且不断增派军事人员，运进战略物资，修建军事基地。据统计，1954—1960 年，美国在南越的各类军事人员由 200 人增至 3500 人；运输军事物资进入南越的美国船舰由 1955 年的 15 艘次增至 1960 年的 235 艘次；南越的空军机场 1954 年仅有 6 个，1960 年初增加到 40 个。全长 30 多公里的西贡—边和公路，经拓宽改建后变成一条宽 100 公尺的飞机跑道，实际上是一个巨型机场。岘港、芽庄、归仁和金兰湾等海港扩建后，也变成美国的海空军基地。在政治上，美国大使取代法国高级专员凌驾于南越伪政权之上；美国的顾问控制南越的各个部门，掌握那里的实权。1954—1960 年，南越接受美国约 16 亿美元的拨款。在南越政府的预算中，美国援助占 40%，而军事开支方面至少占 85%。南越政府实际上是一个完全依赖美援供养、依靠美国顾问支撑的傀儡政权。

在美国的卵翼下，吴庭艳宣布日内瓦协议签字日为"国耻日"，拒不执行协议关于南北双方协商举行普选统一国家的决定。同时打着"独立""反殖排封"的旗号，排除亲法和异己势力。1954 年 11 月，他把亲法的参谋总长阮文馨赶下台，夺取了军权；1955 年 4—7 月，他又将平川派、和好教、高台教、大越党和国民党的武装打垮、收编；同年 10 月 26 日，他采用"公民投票"废黜"国家元首"保大；翌年 3 月在南越举行片面选举，召开"国民议会"，制定"宪法"，宣布成立"越南共和国"。吴庭艳自任总统兼总理和国防部长，将自己的兄弟、亲属及党羽安插在政府各个要害部门。建立了吴氏家族的独裁统治。①

在美国支持下，吴庭艳以"反共"为国策，在 1955 年 4 月越南南方抗

---

① 除了吴庭艳本人担任总统兼总理、国防部长及"国家革命运动党"领袖外，其四弟吴庭儒是总统府首席政治顾问、"勤劳人位党"首领、掌握公安特务等大权；二哥吴庭淑为顺化区大主教、掌握南越宗教事务大权；五弟吴庭练是驻英大使，控制南越对欧外交事务及全部对外贸易；六弟吴庭瑾为中部南区保安部队司令；吴庭儒的妻子陈丽春为"国会"议员，控制半军事的妇女组织，并能支配国家的外汇，其父陈文章为南越驻美大使。

战部队北上集结完毕后，发动了一系列"挖共""灭共"战役，扫荡前抗战根据地，大肆搜捕留在南方的前抗战人员和其他爱国人士。监狱和集中营遍布于南越各地。1958 年 12 月 1 日，距西贡 33 公里的富利集中营发生了 6000 名政治犯中毒，1000 多人被毒死的大惨案。1959 年 5 月，吴庭艳又发布"第 10 号总统法令"，在西贡、顺化、邦美蜀三地设立特别军事法庭，并进行庭外流动审判，带着锄头机，随时处死爱国人士。

在美吴集团的统治下，仅在停战后头五年内（到 1960 年 9 月），就有 20 万人以上被监禁，1 万多人惨遭杀害。成千上万人被迫去修筑军事设施、战略公路，被驱赶到荒无人烟的"垦荒区"，从事苦役劳动。残暴的法西斯统治，使南越经济萧条，人民失业，民不聊生，因而民变蜂起。

抗美武装斗争的崛起

为了遵守日内瓦协议，实现民主和国家统一，越南北方和南方两地人民展开了不懈的斗争。1955—1958 年，越南民主共和国政府曾五次致函南越当局，建议召开协商会议，讨论通过普选统一国家问题。吴庭艳一概置之不理，并拒绝有关南北两个地区人民自由来往，互通邮电、贸易、开展经济文化交通等建议。从 1955 年底起，美吴集团封锁了北纬 17 度临时军事分界线，妄图使越南南北分裂永久化；同时宣布南越处于战争状态，加紧扩军备战，变本加厉地镇压南方人民的反抗斗争。

在此形势下，从 1955 年开始，一个南越人民要求实现日内瓦协议，争取祖国统一、民主自由和改善生活的斗争浪潮席卷从广治到金瓯的广阔地区，许多宗教教派、民主党派和团体都投入斗争。西贡、顺化等地举行了有成百上千群众参加的集会、游行、罢工、罢课和罢市。美伪集团的反动措施，如"公民投票""诉共"运动、拒绝关于国家统一的协商、颁布法西斯法令、搞集中营和进行军事扫荡等遭到各阶层群众的强烈反对。这一时期越南人民为实现日内瓦协议、争取和平统一国家的斗争以政治斗争为主。但是，这些合法的斗争被美国和吴庭艳集团残酷镇压下去。留在南方坚持斗争的革命力量遭到严重损失，党的基层组织大部分被破坏。和平统一的道路被堵塞。南越人民从实际斗争中认识到，唯有拿起武器，才有出路。1956 年 8 月，越南劳动党南方局党委提出"南方革命的目的是推翻美吴法西斯独裁政权"。1959 年 1 月，越南劳动党第 15 次中央会议指出，南方社会是新型的殖民地和半封建社会，吴庭艳政权是一个残暴、好战和背叛民族利益的政权，是美帝国主义的工具；提出南方革命的任务是用革命暴力反对反革命暴力，把政权夺到人民手里。

1959 年 8 月，中部原广义省荣蓬县人民打响了武装斗争的第一枪。翌年 1 月 17 日夜，南部槟梛省的革命群众拿起棍棒、大刀和梭镖，捣毁美伪据点，消灭反动分子，夺取武器。各地人民相继奋起，组织人民武装，在被解放的村庄建立人民自管委员会，没收恶霸地主的土地，分给穷苦农民。群众武装反抗的"崛起运动"，从南部的湄公河两岸，迅速波及西部高原以及中部中区的广大地区。

在人民武装斗争高涨的形势下，1960 年 12 月 20 日，南方各阶层、各民主党派、宗教和各民族代表举行会议，建立了越南南方民族解放阵线。它以越南人民革命党[①]为核心，包括 20 多个政党、团体和教派组织，是越南南方各阶层人民爱国统一战线的组织。阮友寿律师任主席。它发表宣言，主张"团结各界人民、各阶层、各民族、各党派、各团体、各宗教和爱国人士。不分政治倾向，为推翻美吴集团在南越的反动统治，实现独立、民主、和平、中立进而实现和平统一祖国而斗争"。阵线发表了十大行动纲领：推翻美帝国主义变相的殖民地制度及其走狗吴庭艳的独裁政权，成立民族民主联盟政权；实现广泛和进步的民主制度，废除美帝国主义者及其走狗的经济垄断，保护国货，鼓励国内工商业；实行减租，重分公地，进而实行土地改革；提倡民族的进步的文化教育；建设一支民族的军队；实行男女平等，保证各民族之间的平等；执行和平中立的外交政策，与一切尊重越南独立和主权的国家建立外交关系；恢复越南两地区之间的正常关系，进而和平统一祖国；反对侵略战争，积极保卫世界和平。南方民族解放阵线的诞生，标志着越南南方人民争取民族解放和祖国统一的斗争进入了一个新的阶段。在民族解放阵线的旗帜下，南越反对美伪集团的各种力量联合起来，翌年 2 月建立统一的武装力量——"越南南方人民解放武装力量"[②]。从此人民武装斗争

---

①　越南人民革命党在 1962 年 1 月 1 日发表的成立宣言中指出，该党是"越南南方工人阶级和劳动人民的政党，同时也是越南南方全体爱国人民的政党"。裴庭清在越南《历史研究》1976 年第 6 期的《新殖民主义在越南的失败过程》一文中说：越南人民革命党"实际上是越南劳动党的一部分"。

②　它由越南南方各地的人民武装单位统一组成、逐步发展为拥有主力部队，地方部队和民兵游击队组成的武装力量。越南人民军大将阮志清等曾担任南方解放武装力量的总指挥。

蓬勃发展。

1961年美国总统肯尼迪上台后，为了镇压南越民族解放运动，以越南南方为试验场，发动一场不宣而战的"特种战争"。所谓"特种战争"又称为"反游击战争"或"次有限战争"，被认为是同核大战和有限战争并列的第三种战争形式。为此，美国专门训练了进行这种战争的"特种部队"（又称绿色贝雷帽部队）。在南越进行的"特别战争"，实际上是由美国出钱出枪、在美国顾问和特种部队参与和指挥下，"用越南人打越南人"的新殖民主义战争。

为了进行"特种战争"，1961年5月，美国副总统约翰逊访问西贡，与吴庭艳会谈，发表了《联合公报》，提出美国扩大对南越伪政权的援助，扩充伪军，使用美国专家"协助"伪军等八点措施。这是美吴之间的一项双边军事协定。为执行《联合公报》，同年6月和11月，美国加利福尼亚州斯坦福研究室主任斯特利和总统特别军事顾问泰勒先后到南越实地考察，制订了"斯特利—泰勒计划"。年底，肯尼迪政府的国家安全委员会正式批准这一计划。

"斯特利—泰勒计划"要求在18个月内"平定"南越，并在北方"建立基地"。根据计划，首先强化南越伪政权，大力扩充伪军，把他们作为进行"特种战争"的主要工具。截至1964年底，甫越伪军包括正规军、"保安军"、武装警察和"民卫团"增加到60万人，其中正规军20多万。美国顾问派到连、营一级，实行严密控制。同时，强制推行建立"战略村"计划。把农村居民赶进被铁丝网、壕沟和碉堡四面包围的村寨。美国助理国务卿罗杰·希耳斯曼在一份关于南越的报告中说："战略村的目的之一是控制人和供应物资的来往。颁发身份证，实行宵禁……这个计划要求在现有村庄周围布防——有刺铁丝，隙望塔，充满竹钉和陷阱的壕沟。"显然，他们妄图割断游击队与人民群众之间的联系，以达到"竭泽而渔"的目的。"战略村"被称为"特种战争"的重要支柱。吴庭艳将它的实施抬高到"国策"的地位，设立了由其弟吴庭儒为首的"战略村特别委员会"，计划到1962年底，在南越总共17000多个村中建立16000余个战略村。他们还加强城市和军事基地的设防，并计划从临时军事分界线起，沿着越老和越柬边界地区建立"无人区"，企图切断越南北方支援南方人民斗争的"胡志明丛林小道"。

1962年2月，西贡设立"美国军事援助司令部"，作为"特种战争"的指挥部，美驻太平洋陆军副司令哈金斯被任命为司令。正如一位西方评论家指出，这个司令部的设立，"标志着美国直接卷入新的印度支那战争的开场"。到1964年，美国在南越的特种部队和其他军事人员达到22000人。在他们的指挥下，几十万南越军队采用"重点清剿""油点扩散""分进合击""直升飞机空运""水陆装甲车运进"等战略战术，使用凝固汽油弹、磷弹、使树叶脱薄的化学毒剂等灭绝人性的武器，进行大规模的寻歼和扫荡，屠杀人民，毁坏森林和庄稼，毒害居民与牲畜，实行"三光"政策，制造"无人地带"。

"特种战争"并没有使战争进程按照发明者的主观愿望发展。南方解放军、游击队和广大群众密切配合，开展游击战，结合运动战，打击美伪军，摧毁"战略村"。1963年1月2日，美伪出动2000多人的精锐部队，在直升飞机、M—113两栖装甲车和炮艇的掩护下，向美荻省丐礼县新富乡北村扫荡。北村军民仅有敌人的1/10兵力，以奇制胜，3X歼敌1500多名，击落击伤敌机15架。其中一些直升机在着陆时被当场击毁。北村军民的辉煌战绩鼓舞了南越人民的斗志。各地军民掀起"学习北村，杀敌立功"的运动。到1964年7月，美伪建立的战略村80%以上被摧毁，有许多变成人民的战斗村，南越伪军伤亡30多万。企图迅速"绥靖"南越的"斯特利—泰勒计划"遭到严重失败。

与此同时，在"特种战争"的后方基地——城市，人民爱国运动空前高涨。工人，学生、知识分子、佛教徒纷纷走上街头，反对吴庭艳集团的独裁统治，形成了打击美伪的第二条战线。信仰天主教的吴氏家族压制佛教，激起佛教徒的抗议。1963年5月8日，顺化市两万佛教徒抗议禁止举行佛祀仪式，举行示威游行，遭到镇压，死伤数十人，被捕100人。6月11日，西贡僧侣1000多人举行示威，僧人广德为抗议吴庭艳的镇压政策在街头焚身。从此，南越爆发了持续半年之久由佛教徒和其他阶层参加的群众抗暴斗争。

在这种形势下，吴庭艳集团分崩离析，内讧加深，吴氏家族极端孤立。美国发现吴庭艳已成为推行侵略政策的累赘时，便采用"换马术"。在美国大使洛奇和中央情报局的策划下，1963年11月1日，西贡发生倒吴军事政变，吴庭艳和吴庭儒被政变部队打死。

吴庭艳垮台后，南越局势更加不稳，政变频繁，杨文明上台不过两个月，1964年1月30日阮庆发动军事政变，取而代之。同年3月，美国总统约翰逊执政，他指派国防部长麦克纳马拉制订一个两年（1964—1965年）内"绥靖"南越计划，支持阮庆政权建立"越美联合指挥部"，增加军事顾问和人员，企图强化侵略战争。这一新的战略计划随即遭到越南军民的迎头痛击。1964 年 12 月在巴地省平也县，南越解放军主力部队首次在白天出击，一举歼灭伪军主力 2 个机动营和 1 个装甲车支团，击落击伤敌机 37 架。平也战斗的胜利标志着美国在南越推行的"特种战争"战略的破产。

决战决胜，全民抗战

"特种战争"失败后，约翰逊政府炮制了一个"战争逐步升级"的理论，策划扩大在南越的侵略战争，并轰炸北方，以挽回败局。1964 年 6 月，威斯特摩兰将军接替哈金斯，任美国驻南越军援司令。7 月，按照美国制定的"34A 行动"计划，伪军发起了两次对北方沿海的袭击。8 月 2—4 日，美国制造"北部湾（即东京湾）事件"。以美国驱逐舰"马多克斯号"等在这个水域受到越南炮艇袭击为借口，大造战争舆论。8 月 5 日，悍然派遣飞机对北越义安、清化和鸿基等地沿海港口进行轰炸，把侵略战火烧到越南北方。美国国会随即通过早在 5 月就拟定的"东京湾决议案"，宣布授权约翰逊"采取一切必要措施，以击退对美国部队的任何武装攻击"。这个决议给予美国总统调动武装部队，扩大侵越战争的特权，实际上是一份美国公开侵略越南的"宣战书"。

1965 年 2 月 7 日，美国空军对北越开始大规模轰炸。3 月 8 日，首批美国海军陆战队在岘港登陆，直接承担在南越的作战任务。战争不断升级，范围日益扩大，开始了以美军为主力的"南打北炸"的"局部战争"。

1965 年后，侵越美军人数急剧增加。1965 年底为 18 万多人，1968 年达到 547 多人。南越伪军扩大到 100 多万。南朝鲜及东南亚条约集团的部分成员澳、新、菲、泰等国的军队也卷入战争，他们的最高数字为 69000 人（1969 年）[1]。美国在战争中使用了除原子弹外的几乎全部新式武器，其威力与精确性超过两次世界大战。在越南南北投下的炸弹和发射的炸弹总计达 1450 万吨，大大超过了侵朝战争投下的炸弹量，比它在第二次世界大战时投到各个战场的总量多好几倍。美国原空军参谋长利梅将军叫嚷，"必须摧毁每一个工厂，每一个工业单位。只要两块砖头还黏结在一起，我们决不停炸"，要"把越南北方推回到石器时代"去。

---

① 据《美国百科》第 28 卷的材料，南朝鲜投入 4.8 万人，泰国一个师、澳大利亚一个旅，菲律宾和新西兰各自派出规模较小的部队。此外，有 30 多个国家提供"非军事援助"。

越南人民毫不屈服。1966 年 7 月 17 日，胡志明主席发表著名的《告全国同胞书》："战争可以延长 5 年、10 年、20 年或者更长的时间，河内、海防和其他一些城市、企业可能被摧毁，但是越南人民是吓不倒的！没有什么比独立、自由更可贵。"在胡志明的"决战决胜"精神号召下，越南人民为解放南方，保卫北方，全面展开抗美救国战争。

在 4 年（1965—1968 年）的空中破坏战争中，尽管北方许多城镇地区遭到毁灭性轰炸，不少城市被夷为平地。但是，美国没有达到摧毁北方经济军事力量和阻遏北方支援南方战斗的目的。北方军民在社会主义国家的大力援助下，开展了反击空中破坏战争的全民运动，击落击伤几千架敌机，[①] 打死和俘虏了成千名美国飞行员。南方军民面对百万敌军的大规模进攻，开展了反对敌人"寻歼"和扫荡的杀敌运动。1965 年 8 月 19 日，南方广义万祥地区的军民击败了有空军和海军掩护的 8000 名美军的大扫荡，歼敌 1000 名，击毁 22 辆坦克，13 架飞机。南方军民又在十分艰苦的条件下，连续粉碎美伪军在 1965—1966 年冬春和 1966—1967 年冬春的两个旱季攻势，共歼敌 28 万多人。1966 年初，顺化、岘港以及南越各个城市爆发了反对阮文绍—阮高其反动军人政权和要求美国佬滚回去的群众政治运动。翌年 8 月，南方民族解放阵线召开特别会议，作出在城市开辟新战线的决定，要求把武装力量的总进攻和发动城市群众起义相结合，把政权夺到人民手里。

为了实现这一战略，1968 年 1 月 30—31 日（农历除夕），南方解放武装力量发动了空前强大的"新春攻势"，向西贡、顺化、岘港、芽庄、归仁、大叻等 64 个大中城市、34 个省会和 45 个空军机场、军事基地展开进攻。解放军突入西贡市，袭击伪总统府、伪军总部、伪警察局和广播电台，占领美国大使馆内的大院达 6 小时，攻占顺化市区要塞达 26 天，200 架停在机场的美机被击毁，战斗中被击伤的飞机约为这个数字的 4 倍。新春攻势给予美伪集团以沉重打击，产生了巨大的政治和心理上的影响。

约翰逊政府的"战争升级"政策不仅耗费了巨额的军费，从 1967 年以来，每天要付出 1 亿多美元；而且使数万美国青年在战争中丧命，美国国内反战运动日益高涨。新春攻势后，美国主和舆论迅速上升。许多国会

---

① 据越南公布的数字，截至 1968 年 11 月 1 日，共击落美机 3243 架。参见《越南劳动党的 45 年活动》，第 89 页。

议员、官员及两大党的人士均对政府的政策不满。在 1968 年的美国大选中，"越战"问题成为关注的焦点。陷于困境的约翰逊于 1968 年 3 月被迫宣布部分停止对越南北方的轰炸，将目标局限于北纬 19 度线以南地区，并要求与越南民主共和国和谈。4 月，驻越美军司令威斯特摩兰奉调回国，由其副手艾布拉姆斯接替。5 月 13 日，越美双边会谈在巴黎开始。10 月 31 日，约翰逊发表声明，完全停止对越南北方的轰炸。至此，美国的"战争升级"政策破产。

签订巴黎协定

1969 年 1 月，尼克松以和平解决越南战争的许诺上台执政。他根据国际国内形势的变化，决定调整全球战略，从亚洲收缩力量，以摆脱美国军事力量长期陷于越南战争泥潭中的被动局面。7 月，尼克松在关岛提出"新亚洲政策"，即"尼克松主义"①，提出"战争非美化"或称"越南化"的策略，要求大力扩充伪军，重新利用伪军为主要工具，逐步代替美军。这个战略实质上是以美国为靠山，在美国人指挥下，重操"用越南人打越南人"的手段。从 1967 年 7 月起，美军开始分批撤出。另一方面，尼克松面对南越民族解放力量的扩大，被迫在事实上承认越南南方民族解放阵线及 1969 年 6 月成立的越南南方共和临时革命政府，将巴黎越美双方会谈扩大为包括南方民族解放阵线及西贡阮文绍政权在内的四方会谈。

巴黎四方会谈从 1969 年 1 月 25 日开始。同时，从 3 月 22 日起，由美国总统国家安全事务助理基辛格和越南民主共和国政府特别顾问黎德寿举行秘密会谈。在公开谈判中，双方陈述各自的主张，实质问题则在秘密谈判中解决。谈判涉及停火、遣返战俘、撤军和南越政权组成等方面，焦点集中在撤军和政权两大问题上。越南主张"必须从越南南方撤出美军和其他外国的全部军队"，由南越人民在没有外来干涉下自己解决内部事务；解散西贡伪政府，成立民族和睦政府。美国提出"共同撤军"，实行国际监督，即要求从越南南方撤走北方部队，保证南越伪政权，成立以阮文绍集团为主体的联合政府。尼克松政府

---

① 尼克松主义又称"关岛主义"，源于 1969 年 7 月 25 日尼克松在关岛的谈话。尼克松主义的三项原则，即"伙伴关系""实力""谈判"，被称之为"和平新战略"。他主张盟国分担责任，企图将盟国和仆从推上第一线，实行美国出钱出枪，由当地人打当地人的政策。

即想从越南"体面地撤军",又想保存以阮文绍为首的亲美政权。

为了达到上述目的,美国不断玩弄军事冒险和政治讹诈,时而停炸诱和,时而以炸迫和。

1970年3月18日,美国乘柬埔寨国家元首西哈努克亲王出国访问时机,策动柬埔寨朗诺—施里玛达集团发动反动政变,并于4月30日,以攻打"越共庇护所"为名,出动约10万美伪军入侵柬埔寨,把战火扩大到柬埔寨境内。在美国扩大侵略战争的形势下,1970年4月24—25日,印支三国四方领导人举行印度支那人民最高级会议,发表联合声明,号召越、柬、老三国人民加强团结,把抗美救国战争进行到底。从此,印支三国人民的抗美战争连成一片,开创了一个新局面。

1971年2、3月,美伪军4万多人在越南溪山至老挝东部地区的九号公路一带发动"兰山七一九"攻势,企图切断越南北方通向南方的战略补给线,封锁"胡志明小道"。南方解放武装力量与老挝解放军互相配合,在九号公路两侧,经过43个昼夜激战,歼敌2万余人,击落击伤敌机496架。同年12月初,柬埔寨朗诺集团15个旅在美国空军支援下,发动"真腊二号"战役,企图打通六号公路切断解放区东部与西南地区的联系。柬埔寨军民在以西哈努克亲王为首的柬埔寨民族统一阵线领导下,重创敌军6个旅,击毙击伤12000多人,赢得抗美救国战争以来最大的一次胜利。

印支三国人民在抗美救国战争中,协同作战,终于挫败了美国的战争"越南化""老挝化""高棉化"的计划。尽管1972年美国恢复对越南北方的全面轰炸,4月出动B—52战略轰炸机对河内、海防等城市滥施轰炸,并进行"空中布雷",封锁越南北方的港口与河道,但都摆脱不了它的困境。

1973年1月27日,越南人民经过10多年的英勇战斗和4年多的谈判斗争,终于迫使美国签订《关于结束战争、恢复和平的协定》,即《巴黎协定》。根据协定,美国保证尊重越南的独立、主权、统一和领土完整,在60天内从越南南方撤出全部美国及其同盟者的军队和军事人员;承认南方人民的自决权;承认在越南南方存在两个政权、两种军队、两种控制区。3月2日,在巴黎召开了有12个国家和政府代表参加的关于越南问题的国际会议①。会议通过决议书,确认和保证关于越南问题的协定和各项议定书得到

---

① 出席会议的国家和政府有苏、中、美、英、法、越南民主共和国、越南南方共和、越南共和国(即西贡伪政权)以及国际盟察和监督委员会4个成员国匈、波、印尼、加拿大。

严格、彻底的执行。3 月 29 日，最后一名美军士兵撤出南越。

抗美救国战争的胜利

美军撤出以后，美国以"民事人员"的名义保留两万多名军事顾问，继续推行"战争越南化"政策，并给阮文绍集团以大量军事援助。1973 年美援为 8 亿美元，1974 年 2 月，尼克松要求国会在 1974—1975 年度给予南越政权 14.5 亿美元的援助。阮文绍竭力破坏《巴黎协定》。1973 年 1 月至 1975 年 1 月，西贡政权不断进犯解放区，并出动 4 万架次飞机进行轰炸和侦察。然而，美国的撤军，使得印支地区的形势和力量对比发生不利于反动势力的剧变。1974 年，南越各阶层、各政党和宗教派别，包括伪政权官员和军人均起来反对独裁政权，要求阮文绍辞职。同年 8 月，尼克松因"水门事件"下台。福特继任总统，宣布继续给予西贡政权军事和经济援助，但已无法扭转败局。

1975 年春，越南的抗美斗争取得决定性的胜利。3 月初，越南军民发动总攻击，采用中间突破，先北后南战略，连续发动了西原、顺化—岘港和西贡三大战役。4 月 26 日，阮文绍逃亡国外。29 日，美国大使和在西贡的美国人"紧急撤退"。30 日，西贡伪政权宣布无条件投降，命令伪军放下武器。5 月 1 日，越南南方全境解放，抗美救国战争胜利结束。

越南南方的完全解放，为实现国家的统一创造厂条件。1976 年 6 月 24 日—7 月 3 日，在河内举行统一的国会会议，正式宣布南北统一，将国名改为越南社会主义共和国。

越南人民为了祖国的独立和解放，进行了 10 多年艰苦卓绝的斗争，显示了小国战胜帝国主义大国侵略的又一个光辉范例，鼓舞和推动了亚非拉被压迫民族争取解放的斗争。

越南人民的反侵略战争给美帝国主义以沉重的打击。据《美国百科》提供的材料；美国耗费了 1389 亿美元；美军战亡人数为 46397 人，负伤 306653 人。侵略印支的战争还加剧了美国国内的各种矛盾，在侵越战争期间，人民反战运动达到美国历史上空前的规模；统治集团内部的争吵十分尖锐。美国报刊承认，越南"战争是美国过去一世纪历史上最悲惨的一章"。

越南人民的抗美战争，是当代世界反帝反殖斗争的重要组成部分。他们的正义斗争获得了社会主义国家和世界各国人民的广泛同情与支持。越南人民的胜利是与印支三国人民抗美斗争的相互支持以及国际上的大力援助分不开的。在越南抗美战争期间，中国成为越南的"坚强后盾"和"可靠后方"，不惜作出巨大的民族牺牲，在各个方面给予越南无私的支援。中国人民和政府先后提供了价值 200 亿美元的援助物资。越南各地的华侨也投入了抗美斗争，为战胜侵略者流血流汗。从国际范围来看，越南抗美战争的胜利，是世界各国人民团结反帝、反侵略斗争的重大胜利。

本文参考书目：

[1]　《日内瓦会议文件汇编》，世界知识出版社 1954 年版。

[2]　《印度支那问题文件汇编》（1—3），世界知识出版社 1961 年版。

[3]　《关于美国国防部侵越报告材料汇编》（上、下），三联书店 1973 年版。

[4]　［英］D. C. 瓦特：《国际事务概览》（1962 年）、（1963 年）上海译文出版社。

[5]　［苏］N. E. 沙夫罗夫主编：《局部战争今昔》，解放军出版社。

[6]　《越南劳动党的四十五年活动》，越南外文出版社 1976 年版，河内。

[7]　William S. Turley, The Second Indochina War, London, 1984.

[8]　Histoire Des Guerres du Viet-Nam, Paris：Bordas 1981.

[9]　《印度支那转折的一年》（1972—1973），越南外文出版社 1974 年版，河内。

[10]　雄理：《南方人民团结解放的旗帜》，越南普道出版社 1964 年版，河内。

[11]　《进退两难，七上八下——美帝国主义在侵越战争中的冒险性和虚弱性》，世界知识出版社 1965 年版。

[12]　王合：《吴庭艳家族兴亡史》，《东南亚研究资料》1964 年第 1 期。

[13]　徐善福：《美帝侵略越南的罪行和越南人民抗美救国斗争的伟大胜利》，《东南亚研究资料》1965 年第 3 期。

[14]　朱越仁：《越南民主共和国》，世界知识出版社。

[15]　陈文饶：《铜墙铁壁的南方》，越南科学出版社 1964 年版，河内。

[16]　《美国对越南南方的干涉和侵略政策》，世界知识出版社 1963 年版。

[17]　陈文荣：《三十年战争终结》，世界知识出版社 1984 年版。

[18]　《美国新殖民主义》第 1—5 集，越南外文出版社 1976 年版，河内。

[19]　梁杜：《越南抗美救国战争的光辉胜利》，《外国史知识》1986 年第 3 期。

[20]　越文《历史研究》集刊，1976 年第 1—6 期、1985 年第 6 期（篇名不一一列出）。

印度尼西亚八月革命

梁英明

1945年8月17日，即日本法西斯投降后的第三天，印度尼西亚宣告独立和建立印度尼西亚共和国，掀起了资产阶级民族民主革命的高潮。经过四年的独立战争，八月革命终于取得了胜利。这一胜利是印度尼西亚人民几个世纪反殖民主义斗争的伟大成果，是印度尼西亚民族解放运动史上光辉的一页。

八月革命的爆发

日本发动太平洋战争后，于1942年3月初进攻印度尼西亚，当时的荷印总督及其殖民军队不战而降。印尼人民从此又遭受日本法西斯铁蹄的践踏。日本占领军为了继续在太平洋地区的侵略战争，大肆掠夺印度尼西亚的石油、橡胶等重要资源，强迫印尼农民向占领当局低价出售大米。茂物等地农民被迫交售的大米竟占收成的40%—70%。日军还在印尼大规模征募"劳务者"，派往缅甸、泰国等地，替日本侵略者修建铁路等军事工程。这些劳工因积劳成疾而死或因反抗而被杀害者达200万人以上。1943年，日军强迫十几万印尼青年参加"兵补"和"卫国军"等军事组织，充当日本侵略者的炮灰。

日本的殖民统治激起印度尼西亚人民的反抗。印尼共产党人建立了"反法西斯运动"等抗日组织。许多共产党员参加了以"佐约波约"[①] 为名的抗

① 佐约波约（Joyoboyo）是14世纪爪哇的一个国王，印尼历史上的预言家。据传说，他曾预言印尼人被白种人统治300年后，从北方来的黄种人将把白种人赶走。这一黄种人停留在印尼的时间与五米的生长期相同，即只有三个月。

日团体，发动印尼石油工人和种植园工人进行怠工。并破坏铁路、桥梁以截断日军的运输线。爪哇和苏门答腊各地先后爆发了反抗日军征粮的斗争。1942年春，苏门答腊阿隆地区的农民，在共产党人沙利佛丁领导的"印尼人民运动"所属农民组织的发动下，举行反抗日军支持地主夺地的起义。1944年2月25日，在爪哇新雅巴那爆发有几百人参加的抗日武装斗争。1945年2月14日，驻守在爪哇勿里达的卫国军因不满日军的高压政策，在印尼军官苏普里雅迪率领下，打死当地全部日本驻军。日本当局从雅加达增派大批援军，才把起义镇压下去。苏普里雅迪和8名印尼军官被处死，40多人被监禁。

日本侵略者在对印尼人民进行残酷镇压的同时，推行所谓"三亚运动"，鼓吹"日本是亚洲的领袖，日本是亚洲的保护者，日本是亚洲的光明"。日本占领印尼后，即取缔印尼原有的政党、工会和团体。1943年，日军当局建立御用组织"民众力量总会"（翌年改称"爪哇奉公会"）和所谓中央参议院及地方参议会，宣称"将赐予印度尼西亚独立"，欺骗印尼人民为日本侵略战争效劳。日军释放了战前被荷兰殖民者监禁的苏加诺等民族独立运动领导人，以争取印尼民族资产阶级的合作。印尼民族资产阶级的领袖人物对日本将赐予印尼独立的诺言抱有幻想，对日军采取积极配合的态度。苏加诺出任民众力量总会会长。一些资产阶级作家鼓吹所谓"双刃文学"，认为它既可以为"大东亚共荣圈"服务，也可以宣传印尼的民族主义。

1945年初，日军在南太平洋海战中节节败退。2月底，美军攻入马尼拉市，重新占领菲律宾。日本占领者为了进一步争取印尼民族资产阶级的支持，对付印尼人民日益增长的反日情绪，于3月宣布成立印度尼西亚独立准备调查会。6月1日，苏加诺在这个机构的第一次会议上发表题为《建国五原则的诞生》的著名演说，提出以印度尼西亚民族主义、国际主义或人道主义，协商制戒民主主义、社会繁荣和信仰神道为基础，建立独立的印度尼西亚。这就是印度尼西亚建国五项原则（"潘查希拉"）。[1]与此同时，少里尔等领导的各派青年组织在雅加达和万隆召开会议。号召印尼青年准备为独立而战。8月7日，日军宣布成立印度尼西亚独立筹备委员会，由苏加诺任主席，哈达任副主席。第二天，苏加诺和哈达飞往西贡，谒见日军南侵最高指

---

[1]　建国五项原则后载入《1945年宪法》，顺序改为：信仰神道、人道主义、民族主义、民主主义、社会公正。

挥官寺内寿一。在印尼人民要求独立的热情高涨的形势下，日本当局被迫同意印尼成为一个独立国家。随后，战争形势急转直下，日本法西斯于 8 月 15 日宣布无条件投降。

日本投降的消息传出后，参加苏加尼派、学习社、海军团等抗日组织的印尼爱国青年学生的代表，于 8 月 15 日晚在雅加达举行会议。代表们认为，由于日本投降，出现了极为有利的形势，印尼必须立即宣布独立，不能等待日本的"恩赐"。苏加诺和哈达曾长期反对荷兰殖民统治，在印尼民族主义者中享有较高声望，青年们认识到，只有苏加诺和哈达能担当联合一切民族主义力量，实现民族独立的重任。会议决定派艾地、威卡纳、苏巴迪奥等代表会见苏加诺和哈达，反映青年的要求。苏加诺和哈达认为日军当局的态度还不够明朗，主张等候时机，避免流血。他们的答复使青年们失望和不满。于是，青年们于 8 月 16 日晨把苏加诺和哈达强制带到雅加达市郊的凌牙斯登克洛，直到他们同意立即宣布独立，才将他们送回雅加达。苏加诺和哈达在同印尼独立筹备委员会成员及苏巴佐、威卡纳、苏加尼等人商讨后，起草了《印度尼西亚独立宣言》。8 月 17 日早晨，各派政治组织代表在苏加诺住所庭院内集会。苏加诺宣读了由他和哈达共同签署的宣言：

> 我们印度尼西亚民族于此宣布印度尼西亚的独立。有关移交政权及其他事宜将尽快以有秩序的方式进行。

苏加诺　哈达

代表印度尼西亚民族，

雅加达，1945 年 8 月 17 日

会后，在日本同盟通讯社工作的印尼职工把宣言印发各地，通过电台向全世界宣告印度尼西亚八月革命的爆发和印度尼西亚共和国的成立。这一消息激起印尼人民为独立而战的热情。雅加达、泗水等城市的群众纷纷集会、示威和游行，到处响彻着同一个口号："一旦独立，永远独立！"

8 月 18 日，苏加诺召开独立筹备委员会会议。会议修改并通过在日军占领时期起草而尚未公布的共和国宪法；推选苏加诺为共和国总统，哈达为副总统；成立国民委员会，协助总统处理国事。8 月 29 日，由 137 名委员组成的中央国民委员会正式成立，选举加斯曼为委员会主席，印尼独立筹备委员会即宣布解散。9 月 4 日，组成以苏加诺为首的第一届总统制内阁。10 月

5 日，苏加诺宣布建立印尼人民治安军，作为共和国的武装部队。10 月 17 日，中央国民委员会宣布其为印尼国会，并成立以沙里尔为首的工作委员会，主持日常工作。10 月 30 日，工作委员会宣布在印尼实行多党制。于是，印度尼西亚共产党、社会党、马斯友美党①和印度尼西亚民族党等宣告成立或恢复活动。

英勇的抗荷独立战争

日本投降后，荷兰殖民者未能立即重返印尼，从而有利于印尼人民从日军手中夺取政权。但是，印度尼西亚幅员广阔，岛屿众多，荷兰殖民者有长期的统治基础，又使印度尼西亚独立运动的发展极不平衡。八月革命爆发后，年轻的印度尼西亚共和国面临极为复杂的局势。

早在 1942 年 12 月 8 日，流亡在伦敦的荷兰女王发表声明，计划在战后举行一个圆桌会议，讨论由荷兰与印尼等原有的三个直属殖民地共同组成荷兰联合王国。战后，荷兰并没有放弃这一梦想。它企图靠 5 万多人的军队，重建在印尼的统治。1945 年 9 月 15 日，第一批"远征军"从荷兰派往印尼。

荷兰的计划得到英国的积极支持。1945 年 7 月在波茨坦召开的英美联合参谋部会议决定，东南亚地区的军事管辖权交由东南亚战区司令英国海军上将蒙巴顿负责。日本投降后，应由英军受降，解除日军武装和遣返被日军囚禁的欧洲人。9 月 29 日，第一批英军在雅加达登陆，10 月 10 日占领万隆，10 月 29 日占领泗水。英军占领印尼的大城市，为荷军重返印尼开辟道路，同时在马来西亚和新加坡加紧训练荷兰军队。英国国务大臣诺贝尔贝克公然声称："英国政府仅承认在荷兰盟邦主权下所有领土中的荷兰政府。"

但是，英国政府错误地估计了形势。在八月革命中建立起来的印尼武装力量在各地反抗英军的入侵。

早在八月革命爆发时，泗水市民奋起夺取日军武器，到 10 月初，泗水完全掌握在印尼共和国青年团、印尼共和国暴动队等武装力量手中。10 月

---

① 马斯友美党是日本占领时期组织的伊斯兰教协会与其他伊斯兰教政党和团体于 1945 年 11 月 7 日联合组成的。该党宣传"伊斯兰教至上"，主张建立"百分之百的伊斯兰教国"，执行亲西方的政策，代表大地主、大资产阶级利益。

25 日，英国军队在泗水登陆后，在港口区遭到印尼武装力量的顽强抵抗。应雅加达英荷联军总部的要求，苏加诺、哈达和沙里尔等飞往泗水寻求解决办法，结果达成一项停火协议，其中规定英军撤回港口区内，印尼武装力量同意被日军监禁的欧洲人经港口上船离境，双方交换战俘，联合组织巡逻部队。但是，苏加诺等人返回雅加达后，战斗重新爆发。不久，英军 49 旅旅长马拉贝上校遭枪杀。在查明事实真相之前，英军当局断定这是印尼武装力量策划的暗杀事件，并以此为借口，增派第 5 步兵师到泗水。10 月 31 日，苏加诺总统在广播讲话中呼吁印尼武装力量停止一切战斗，用和平手段解决争端，泗水的局势暂趋平静。11 月初，当被日军监禁的约 8000 名欧洲人全部撤离泗水后，英军便开始部署新的进攻。11 月 9 日，新任 49 旅旅长曼塞尔少将下令印尼武装力量在 24 小时内交出全部武器。在这一要求遭到拒绝后，英国在 11 月 10 日出动大军，包括几十架飞机和 7 艘战舰，向印尼武装力量发动总攻。经过半个多月激战，印尼武装力量撤离市区，转移到农村继续进行游击战争。印尼人民的英勇奋战使泗水赢得"英雄城市"的光荣称号。战争爆发的日子——11 月 10 日后被国家定为英雄节。

11 月 25—26 日，万隆也发生反对英军占领的战争。由于力量悬殊，印尼武装力量被迫退出市区。12 月 8 日，英军进攻茂物，几天后占领全市。英国由于战后经济凋敝，困难重重，不愿长期陷入印度尼西亚的战争，便策动荷兰政府于 1946 年 3 月 13 日开始同印尼进行谈判。谈判期间，荷兰一方面赶运大批增援部队到印尼接管英军占领区；一方面采取分而治之的老手法，在印尼各地扶植一批傀儡邦，如在东部地区成立包括苏拉威西、马鲁古和努沙登加拉等岛屿的所谓东印尼邦，在西爪哇成立所谓巴巽丹邦等，以分化印尼民族抗荷阵线。

正当泗水保卫战紧张进行之际，1945 年 11 月 14 日印尼组成了以社会党领袖沙里尔为首的第二届内阁。同荷兰的谈判断断续续地进行了半年多。在此期间，英军逐步撤出在印尼的占领区，交由荷兰军队接管。1946 年 7 月 14 日，盟军东南亚战区司令部决定把原荷印领土主权全部移交给荷兰政府。沙里尔内阁在谈判中要求荷兰承认印度尼西亚共和国在爪哇和苏门答腊的领土主权。印尼陆军中的激进派认为沙里尔内阁过于退让，于 6 月 27 日绑架沙里尔。在苏加诺总统干预下，沙里尔获释，谈判重新举行。11 月 15 日，荷兰与印度尼西亚共和国达成一项以谈判地点命名的《林牙椰蒂协定》。1947 年 3 月，两国政府分别批准了这一协定。协定共 17 条，主要内容是：

荷兰承认印度尼西亚共和国在爪哇、苏门答腊和马都拉的事实上的政权。印度尼西亚领土划分为四个区，即印度尼西亚共和国、婆罗洲、东印度尼西亚和新几内亚（西伊里安）。其中新几内亚前途未定。印度尼西亚共和国应首先与各邦组成印度尼西亚合众国，于 1949 年 1 月 1 日前同荷兰组成荷兰印度尼西亚联邦，以荷兰国王为最高元首。盟军与荷军从印度尼西亚共和国领土撤退。印度尼西亚共和国同意将八月革命中没收的外国财产全部归还。《林牙椰蒂协定》签订后，英军在 1946 年 11 月内全部撤离。

尽管印度尼西亚共和国在《林牙椰蒂协定》中作了许多让步，荷兰殖民者并不打算执行协定，它利用谈判之机，向印尼增运大批军队，使总兵力达 12 万人。1947 年 6 月以前，美国向荷兰提供的贷款达 3.55 亿美元，还提供大批飞机、大炮等武器装备。1946 年 12 月，荷兰殖民军在军官威斯特林指挥下，在苏拉威西大肆焚烧村庄，杀害 4 万多名无辜平民。《林牙椰蒂协定》经两国政府批准后不久，荷兰还企图利用自己的军事优势，修改《林牙椰蒂协定》，于 1947 年 5 月 27 日突然向印度尼西亚共和国发出"最后通牒"，强迫印尼接受下列要求：（1）印度尼西亚共和国应立即与荷兰及东印尼邦、西加里曼丹邦等合组临时联邦政府；（2）组织联合宪警部队，以维持包括印度尼西亚共和国在内的治安与秩序；（3）设立联合机构，以管制印尼的出口和外汇。这些正是荷兰在林牙椰蒂谈判中曾经提出而遭印度尼西亚共和国拒绝的要求。美国为了插手印尼事务，以提供经济援助为诱饵，迫使印度尼西亚共和国接受这些条件。沙里尔内阁基本上同意上述要求，只有组织联合宪警一项未敢接受。沙里尔内阁对荷兰的妥协退让政策引起人民的反对，于 6 月 27 日宣布辞职。随后，由印度尼西亚共产党领导人沙利佛丁组成包括马斯友美党、社会党、印度尼西亚民族党在内的联合内阁。

荷兰没有达到既定目的，便在 1947 年 7 月 21 日，向印度尼西亚共和国发动全面战争，即所谓第一次警卫行动。荷兰军队在爪哇从雅加达和泗水，向印度尼西亚共和国两面夹攻，企图占领共和国临时首都日惹。在苏门答腊，则扩大荷兰在棉兰、巨港和巴东的占领区，夺取种植园区和油田。印尼武装力量在进行顽强的抵抗后，被迫放弃了一部分城市，在农村开展游击战争。他们不断袭击铁路和公路，使荷兰军队只能龟缩在一些大城市里。

7 月 30 日，印度和澳大利亚把印度尼西亚问题提交联合国安全理事会。8 月 1 日，安理会向荷兰和印度尼西亚双方呼吁停战，并决定受理印度和澳大利亚关于讨论印度尼西亚问题的提案。8 月 4 日，荷兰同意暂时停火。

8月7日，安理会接受印度尼西亚共和国提出由联合国仲裁的要求，决定成立由三国代表组成的调处委员会，荷兰和印度尼西亚共和国各提一国担任委员，再由这两国提名第三国。结果，荷兰提名比利时，印度尼西亚共和国提名澳大利亚，比、澳两国共同提名美国。由于美国听任荷兰侵略军向印度尼西亚共和国首都日惹进攻，故意拖延，直到12月8日，调处委员会才在美国军舰伦维尔号上召集双方开始正式谈判。

1948年1月17日，荷兰和印度尼西亚共和国签订了《伦维尔协定》。它在军事方面的主要内容是：双方就地停战，以原荷兰驻印尼总督樊·穆克提出的划界线为基准，划分双方占领区。所谓樊·穆克线是从荷兰军队插入印度尼西亚共和国境内最远的两点画一直线，这样就把印度尼西亚共和国的一些大米产区划入荷兰占领区。

沙利佛丁内阁在内外压力下接受了这条划界标准线，从袋形地带撤出了大约3万名印尼军队。在政治方面，规定印度尼西亚共和国必须加入印度尼西亚合众国。但是，印尼合众国已不再是由原来的4个区域组成，而是由共和国和荷兰扶植的14个邦①组成。在过渡时期，荷兰在印度尼西亚领土上继续行使主权，成立临时联邦政府。沙利佛丁内阁中的右翼政党——马斯友美党的成员先是极力主张接受《伦维尔协定》，协定签字后又攻击这项协定并退出内阁，迫使内阁倒台。2月初，组成了以副总统哈达为首的新内阁。哈达内阁立即表示要切实执行《伦维尔协定》。这充分洗明马斯友美党反对沙利佛丁内阁签订《伦维尔协定》，是为了把共产党人和其他进步势力排斥于内阁以外，建立清一色的资产阶级右翼政府。

根据《伦维尔协定》，荷兰占领了印度尼西亚大部分领土，包括许多种植园和主要港口如雅加达、泗水、三宝垄、棉兰、巨港、巴东等。印度尼西亚共和国的辖区只限于爪哇和苏门答腊的内地。荷兰还进一步对印尼共和国实行经济封锁，使共和国的处境日益困难。哈达内阁对外妥协和对内反共的政策引起广大人民的极为不满，加剧了国内的阶级矛盾。哈达内阁一成立，日惹和茉莉芬、谏义里等城市就爆发了群众示威游行。5月21日，印度尼西亚共产党和其他进步党派团体召开会议，制定了民族纲领，要求改组哈达内

---

① 14个邦是：东印尼邦、西加里曼丹邦、东加里曼丹邦、南加里曼丹邦、东爪哇邦、巴巽丹邦、马都拉邦、东苏门答腊邦、南苏门答腊邦、邦加邦、勿里洞邦、廖邦、马辰邦、达雅克邦。后又成立中爪哇邦，合计为15个邦。

阁。民族纲领提出最迟在 1949 年 1 月 1 日建立独立的印度尼西亚民族国家，但是未能提出实现独立所应采取的具体办法。

当时，兼任内阁国防部长的哈达提出一项军队整编方案，准备把共产党人和具有进步思想的官兵从军队中清洗出去。5 月 20 日，梭罗驻军第 4 师官兵 5000 多人为反对整编方案举行示威。结果，第 4 师师长苏塔尔托 7 月 3 日在梭罗被暗杀。7 月 21 日，美国政府外交政策顾问霍普金斯和调处委员会美方代表柯契兰在爪哇的沙冷岸同哈达以及马斯友美党领导人纳席尔、苏基曼和穆罕默德·罗姆等人秘密会谈，制定所谓消灭赤色分子的建议，由美国提供武器和经费 6500 万美元。

8 月 10 日，长期在国外的印度尼西亚共产党领导人慕梭回到国内。在慕梭领导下，印度尼西亚共产党于 8 月 13—14 日在日惹召开中央政治局会议，总结八月革命的经验教训，通过了称为《印度尼西亚共和国的新道路》的决议（简称《新道路》）。决议说："印度尼西亚共产党承认它过去赞同《林牙椰蒂协定》的错误，印度尼西亚共产党将继续努力为废除《伦维尔协定》及一切不是基于平等地位签订的协定而奋斗。"决议提出建立一个工人阶级的公开政党。决议认为，秘密的共产党党员建立的印度尼西亚社会党同沙里尔的社会人民党合并为社会党是一个错误。它要求印度尼西亚共产党，社会党和劳工党统一为一个政党即印度尼西亚共产党。决议还要求进一步发动农民，为此提出了土地归农民的口号。会议决定 10 月召开印度尼西亚共产党代表大会。由于发生茉莉芬事件，这次代表大会未能举行。

茉莉芬事件是帝国主义和印尼反动派策划的。1948 年 9 月 1 日，印尼军队中的反动军官在梭罗绑架了人民民主阵线[①]秘书、印尼共产党党员斯拉末维查稚等人，转往日惹秘密监禁。进步官兵占优势的梭罗驻军第 4 师立即派五名军官前往营救，结果这五人又被扣留。9 月 11 日，第 4 师向西利旺仪师发出最后通牒，要求 9 月 13 日下午 2 时前释放这些军官，但是他们却遭杀害。于是，这两支部队开始交战。消息传到茉莉芬后，当地驻军第 29 旅也同西利旺仪师军警部队发生冲突，并于 9 月 18 日夜晚解除了军警部队的全部武装。这时，茉莉芬州州长不在，由人民民主阵线各党推举茉莉芬副市长苏巴尔迪代行州长职务，以稳定局势。在日惹的哈达政府认为这是"推翻印

---

① 人民民主阵线是 1948 年 2 月 26 日由左翼阵线改组而成立的统一战线组织，成员有印尼共产党、社会党、劳工党、社会主义青年团和印尼总工会等，沙利佛丁任主席。

度尼西亚共和国的叛乱行动"，出动大军围攻茉莉芬。9 月 19 日，印度尼西亚共产党领导人慕梭和沙利佛了来到茉莉芬。慕梭向哈达政府建议停战，遭到拒绝。共产党人被迫拿起武器自卫。经过十几天战斗，印尼共产党领导的武装于 9 月 30 日退出茉莉芬，他们在向梭罗转移途中受到西利旺仪部队的围剿，伤亡惨重。10 月 31 日，慕梭在战斗中牺牲。西利旺仪部队占领茉莉芬后，实行白色恐怖，逮捕共产党人和其他进步人士 3 万多人，其中约 1 万人遭到杀害。印尼共产党领导人沙利佛丁、苏立诺、马鲁多·达鲁斯曼等 11 人未经法庭审判被秘密枪杀。

茉莉芬事件使印度尼西亚革命力量遭到重大挫折。荷兰殖民者认为有机可乘，进一步向印度尼西亚共和国提出无理要求。1948 年 12 月初，荷兰和印度尼西亚共和国恢复谈判，主要讨论组织联邦政府问题。荷兰要求享有派兵镇压印度尼西亚共和国内部"骚乱"的权力，为共和国政府所拒绝。12 月 11 日，荷兰单方面终止伦维尔停火协议，向印度尼西亚共和国发动第二次殖民战争，即所谓第二次警卫行动。荷兰军队在空军的配合下攻陷了日惹、苏加诺、哈达以及总理沙里尔、外交部长阿古斯·沙林等内阁阁员被俘，分别拘禁在苏门答腊岛的托巴湖畔和邦加岛上。同时，印度尼西亚共和国在苏门答腊武吉丁宜成立了以沙弗鲁丁为首的临时政府。

荷兰发动第二次殖民战争后，仍然只能占领印度尼西亚的大城市和主要交通线。印度尼西亚武装力量在广大农村展开游击战，使荷军疲于奔命，粮食供应短缺。因茉莉芬事件被监禁的共产党员纷纷逃出集中营，重新拿起武器，英勇抗击荷兰侵略者。印尼武装部队和游击队一度攻入口惹市，占领市区 6 个小时。在荷兰的军事优势面前，印尼人民始终没有屈服。

12 月 24 日，安理会通过决议，要求荷兰和印度尼西亚停止敌对行动，荷兰立即释放印度尼西亚共和国总统和副总统等领导人，荷兰政府未予理会。12 月 28 日，安理会再次决议要求荷兰首先释放印度尼西亚共和国领导人。1949 年 1 月 7 日，荷兰政府同意半年后在印度尼西亚举行大选，1950 年内把印度尼西亚主权移交给民选政府。

1949 年 1 月 20 日，印度召集 20 个亚非国家在新德里举行会议，讨论印度尼西亚问题。23 日，会议向安理会建议要求荷兰无条件释放印尼共和国领导人，荷军于 3 月 15 日前撤出印尼共和国领土，6 月 1 日前举行大选，1950 年 1 月 1 日前将印尼主权交给印尼政府。1949 年 1 月 28 日，安理会基本上同意这些建议，只是把大选日期推迟到 10 月 10 日前，1950 年 7 月 1 日前移交主权。安理会还决定将原来的三国调处委员会改为印度尼西亚委员会，扩大其权力。

在国际舆论的压力下，荷兰政府于 2 月 26 日宣布同意恢复与印尼的谈判，并提出 3 月 12 日在海牙举行圆桌会议，讨论成立印度尼西亚联邦和临时政府问题。3 月 1 日，荷兰政府又宣布，即使印度尼西亚共和国拒绝参加圆桌会议，它也将同印度尼西亚各邦举行这一会议。

八月革命的胜利

美国担心旷日持久的抗荷战争将使印度尼西亚共产党的力量日益壮大，迫使荷兰放弃单方面限期召开圆桌会议的方案。1949 年 4 月 14 日，在美国代表柯契兰主持下，荷兰和印度尼西亚在雅加达举行谈判预备会议。5 月 7 日，双方代表签署联合声明，即《五·七停战协定》。其要点为：（1）印度尼西亚共和国向武装部队和游击队发布停战令；（2）印度尼西亚共和国同意参加荷兰召开的圆桌会议，以组织印度尼西亚联邦政府；（3）荷兰同意释放苏加诺、哈达等印度尼西亚共和国领导人。7 月 6 日，苏加诺、哈达等人终于获释。

7 月 19—22 日，印度尼西亚共和国与各邦代表举行会议，为圆桌会议作准备。参加会议各方一致同意：（1）独立后的印度尼西亚国体为联邦制，以红白旗为国旗，大印度尼西亚歌为国歌，印度尼西亚语为国语；（2）共同起草临时宪法；（3）双方选举总统；（4）印度尼西亚共和国的国民军为印尼联邦军队的核心。

8 月 23 日，圆桌会议在海牙举行，荷兰首相任主席。参加会议的有以马塞芬为首的荷兰代表团，以哈达为首的印度尼西亚共和国代表团，以及以素丹哈密德为首的各邦代表团。美国代表柯契兰也参加了会议。11 月 2 日，签订了圆桌会议协定。这一协定包括以下文件：《海牙圆桌会议总则》《移交主权宪章》《财政经济协定》《荷兰印度尼西亚军事协定》和《印度尼西亚联邦共和国宪法》等。这些文件的主要内容为：（1）印度尼西亚共和国和 15 个邦区共同组成印度尼西亚联邦共和国。荷兰最迟在 1949 年底将主权移交给印度尼西亚联邦共和国。（2）印度尼西亚联邦共和国参加荷兰印度尼西亚联邦，承认荷兰国王为最高元首。（3）印度尼四亚联邦共和国在外交、国防、财政、经济、文化等方面同荷兰"永久合作"。根据这一规定，印度尼西亚必须偿还前荷印殖民地政府积欠的 43 亿盾债务，必须归还没收的所有外国企业，必须承认外国人原来享有的特权，必须给荷兰以贸易特惠。荷兰派 2000 人组成的军事使团留驻印度尼西亚，负责印尼军队的"训练并提供技术和装备"，一切费用由印度尼西亚承担。(4) 印度尼西亚领土西伊里安继续由荷兰占领，一年后由荷兰和印度尼西亚双方以谈判方式解决。

圆桌会议协定签订后，印度尼西亚共和国和 15 个邦区组成了印度尼西亚联邦政府，选举苏加诺为总统，哈达为副总统，成立以哈达为首的联邦政府内阁。12 月 27 日，荷兰将西伊里安以外的前荷印领土主权移交给印度尼西亚联邦政府。

荷兰坚持成立印度尼西亚联邦共和国是企图削弱印度尼西亚共和国的影响，分化印度尼西亚民族的力量，以实现分而治之的目的。但是，联邦制同印度尼西亚广大人民要求民族统一的强烈愿望相违背。因此，印度尼西亚各地立即掀起了要求统一的运动。在广大人民的压力下，13 个邦区宣布解散，并入共和国，只剩下东苏门答腊邦和东印度尼西亚邦未并入。1950 年 5 月 19 日，印度尼西亚共和邦代表哈林与印度尼西亚联邦政府代表哈达（同时代表东苏门答腊邦和东印度尼西亚邦）举行会议，经过谈判协商，达成了一项协议，组成统一的印度尼西亚共和国，原来各邦同时宣布解散。双方组织混合委员会，起草新宪法。8 月 14 日，印度尼西亚联邦众议院通过了统一的印度尼西亚共和国临时宪法。8 月 15 日，苏加诺总统正式宣布成立统一的印度尼西亚共和国。这是八月革命的伟大成果。1954 年 8 月 10 日，在经过多年的努力之后，印度尼西亚共和国废除了荷兰印度尼西亚联邦。

印度尼西亚八月革命是一场反帝反封建的民族民主革命。在当时的历史条件下，革命的领导权掌握在印尼民族资产阶级手中。印度尼西亚共产党人积极参加了这一革命，特别是抗击荷兰殖民侵略的武装斗争，并为此作出了重大贡献和牺牲。

印度尼西亚八月革命提出的"一旦独立，永远独立！"的口号，反映了印度尼西亚广大人民的共同愿望和决心，得到了各阶层群众的热烈拥护。海牙圆桌会议协定的签订，说明在战后印尼民族主义精神高涨的形势下，荷兰企图凭借武力重建其荷属东印度殖民地的梦想是不可能实现的。当然，在圆桌会议协定中，印度尼西亚共和国对荷兰殖民者作了妥协和退让，特别是西伊里安的主权归属问题尚未解决①。因此八月革命还没有完全实现它的目标。这正是印尼民族资产阶级在政治上的软弱性的表现。

　　印度尼西亚八月革命具有重要历史意义。它宣告荷兰对印度尼西亚殖民统治已一去不复返。它同东南亚各国的民族独立运动汇成一股巨流，成为第二次世界大战后亚洲民族独立运动的重要组成部分，给帝国主义在东方的殖民势力以沉重的打击。

———————

　　①　经过印度尼西亚人民的斗争，印度尼西亚共和国于 1963 年 5 月 1 日完全收复了西伊里安，实现了领土的完整和统一。

朝鲜的分裂和两个朝鲜的出现

朱明权

朝鲜的分裂及两个朝鲜的出现是在特定历史条件下，外来势力无视朝鲜人民的正当权益，实行粗暴干涉的后果，特别是美帝国主义的侵略政策是一个最重要的原因。

三八线的确定

美帝国主义垂涎朝鲜半岛由来已久。早在 1943 年 3 月 27 日，美国总统罗斯福就向英国外交大臣艾登提出了战后立即对朝鲜实行托管的建议。1943 年 12 月，在德黑兰会议期间，罗斯福明确主张对朝鲜实行为期 40 年的托管。1945 年 2 月 8 日，在雅尔塔会议上，罗斯福又以"为那里的人民作好自治的准备"为借口，建议在日本战败后由美苏中三国对朝鲜实行"也许要 20 年到 30 年"的托管。虽然斯大林当时认为"托管期越短越好"，并主张邀请英国参加，但还是同罗斯福就托管朝鲜的问题达成了谅解。同年 5 月末，斯大林在接见美国总统杜鲁门的特使霍普金斯时又表示，苏联对四国托管朝鲜的政策的态度不会因美国总统易人而改变。在波茨坦会议上，苏联方面进而提出就此事展开具体的讨论。

1945 年 8 月 8 日，苏联对日宣战。8 月 10 日，日本"御前会议"决定接受"波茨坦公告"。当时，大批苏军潮水般地涌进了朝鲜半岛，而美国可调去的部队尚在数百公里之外的冲绳。在这种形势下，为了尽可能地阻止苏军南下，美国军方和国务院匆忙拟定了以北纬 38 度线作为划分美苏在朝鲜分别接受日军投降的区域分界线的方案。8 月 14 日，美国总统杜鲁门正式批准了这一建议。次日，杜鲁门向斯大林发出了一封密信，并附去由美国制定、指令由驻日大本营出面颁发的投降命令"总命令第一号"。其中规定，在北纬 38 度以北的朝鲜境内的日军应向苏军投降，在北纬 38 度以南的境内日军应向美军投降。根据这一划分办法，那些按实力来说美军尚不能到达的广大地区（其中包括旧都汉城以及两个重要海港仁川和釜山），都被纳入了它的受降范围。因此，当着斯大林在 8 月 16 日的复信中宣布了"基本上不反对命令的内容"、对于有关朝鲜的做法没有异议时，美国政府高兴得甚至感到有些出乎意料。白宫原以为，鉴于美苏两国在该地区的军事地位，苏联会坚持一条更南面的界线。在大国的意志影响下，在既不为朝鲜人民知晓，也未经国际会议讨论情况下，这条日后分割了南北朝鲜的"三八"线就被确定下来。9 月初，美军登陆南朝鲜前夕，苏军按照协议从已占领的汉城、仁川等地撤退到"三八"线以北。

美国的反托管阴谋和在南朝鲜
建立傀儡政权

在取得抗日武装斗争的伟大胜利后，朝鲜人民迫切要求建立一个统一的民族独立国家。但是，朝鲜人民的这一美好心愿一开始就受到了美帝国主义的践踏。它竭力牢固建立自己在南朝鲜的罪恶统治，并妄想进而将整个朝鲜置于美国的新殖民主义枷锁之下。为此，一方面，在美军进驻南朝鲜以后，美国占领当局纠集当地的地主和买办资产阶级等反动势力，疯狂镇压爱国人民；另一方面，又玩弄起从建议托管到"反对"托管的手法。

1945 年 12 月 16—26 日，美苏英三国外长会议在莫斯科举行，朝鲜问题是其中的议题之一。会上，美国国务卿贝尔纳斯提出，首先应由美苏两国的占领军司令组成统一的军事行政机构对整个朝鲜实行一定时期（无法估计其期限）的军管，然后由美苏英中四国进行为期五年的"托管"统治，必要时可再延长五年，而回避了朝鲜人民建立自己本国政府的问题。这一建议显然是企图在国际托管的幌子下建立起美国对朝鲜的长期统治。苏联外长莫洛托夫表示拒绝贝尔纳斯的方案，主张应立即由朝鲜的各民主政党和社会团体出面组建民主临时政府，而托管只能以五年为限。会议最后以苏联的提案为基础达成了协议。按照这项协议规定：为了重建朝鲜成一独立国家，为了创造各种依据民主原则发展朝鲜的条件及尽速清除日本在朝鲜长期统治的恶果，特设立临时朝鲜民主政府；为了协助组成临时朝鲜民主政府，并为了初步筹划适当办法，由美苏两国占领军司令部的代表组成联合委员会；联合委员会在咨商临时朝鲜民主政府后，应将有关建议送交美苏英中四国政府联合考虑，"以便四强能就在朝鲜实行以五年为限的托管制的问题达成协定。"

朝鲜人民所希望的，当然是苏美两国军队在解除日本侵略军的武装后立即同时撤出朝鲜，在没有外来干涉的情况下依靠自己的力量尽早建立独立自主国家。但是，在当时的情况下这一愿望是不现实的。莫斯科外长会议的有关决议如果真正能够得到执行，对于阻止美帝国主义的侵略野心、加速独立自主的国家的建设，无疑也是有益的。因此，朝鲜的各个进步政党、社会团体和爱国人民都对这一决议采取了欢迎和支持的态度。

但是，莫斯科外长会议的协议却在美国统治集团中引起了强烈的不满，特别是遭到了驻在南朝鲜的美国军政官员的反对。在他们看来，如果该决议真正得到执行，美国在朝鲜建立殖民统治的计划无异于南柯一梦。因此，他们主张放弃托管计划，直接越用南朝鲜的右派势力组成傀儡政权，以确保美国对这一部分朝鲜领土的长期控制，并借此实现兼并北朝鲜的阴谋。杜鲁门赞成这种观点。1916 年 1 月 5 日，他在白宫当面向国务卿贝尔纳斯宣读了自己的一封信，指责后者在莫斯科外长会议上对苏的所谓"妥协"过甚，声称应在朝鲜建立"一个强有力的中央政府"，即与蒋介石政权相类似的傀儡政权。为了达到这一目的，美帝国主义除了通过自己在南朝鲜的官员对莫斯科外长会议的有关决定进行公开的攻击外，还唆使和支持南朝鲜那些右翼政党和团体掀起所谓的"反托管运动"。由他们拼凑了"反托管委员会"，组织反托管的示威游行，并在各种集会和报刊上散布种种谎言，掀起反共的狂热。1946 年 1 月 23 日，斯大林在接见美国驻苏大使哈里曼时，对美国的这种出尔反尔和别有用心的做法提出了指责，但美国政府毫无改弦易辙之意，仍以各种手段阻碍莫斯科外长会议决议的实施。

1946 年 3 月 20 日，按照莫斯科外长会议决议成立的美苏联合委员会在汉城召开第一轮会议，讨论同朝鲜各民主组织咨商建立临时政府等问题。讨论一开始，美国代表就建议以反对莫斯科外长会议决议的所谓"民主议院"为基干，组成"协议委员会"。该议院是不久前由美国占领军当局在南朝鲜网罗大地主、大买办和朝奸建立起来的，李承晚即是其首领。美国代表还主张授予协议委员会以确定临时政府的成员名单和制定临时宪法的大权。这一提案显然违背了莫斯科外长会议的决议，因而遭到了苏联的反对。经过长时间的激烈争论后，4 月 18 日，联合委员会通过了必须以拥护莫斯科外长会议决议的民主政党和社会组织作为咨商对象的原则。但是，在随即讨论南北朝鲜参加咨商的组织名单时，美国代表坚持要求列入咨商朝鲜的那些反对托管的右翼组织或小得可怜的宗教团体，却将全国农民组合总联盟和朝鲜劳动组合全国评议会等真正具有广泛群众基础的民主社团排斥在外，并故意在民主组织的概念上纠缠不清。由于美国方面的有计划的破坏活动，经过 24 次会议以后，5 月 8 日，联合委员会宣布无限期休会。

自此之后，美帝国主义与南朝鲜的右翼政客相勾结，加紧了进行分裂朝鲜民族的活动。5 月 12 日，反对莫斯科外长会议决议的反动分子在汉城举行所谓"争取独立大会"，公开叫嚣建立南朝鲜的单独政府。8 月，美国占领军当局设立了所谓朝鲜民事行政机关，接着，为炮制反动的选举法又在12 月 12 日下令成立了所谓"朝鲜人的立法机关"——"南朝鲜过渡立法议院"。1947 年初，美国国务院明确指示应由李承晚着手拼凑所谓"南朝鲜单独政府"，并许诺向他提供 6 亿美元的贷款。1947 年 2 月，美军政府打出了"南朝鲜过渡政府"的招牌，从而完成了由立法到行政的过渡性的傀儡政权体制。1947 年 3 月，美国宣布了杜鲁门主义，以遏制苏联为主要目的的冷战政策正式出笼。在这种世界战略设计中，对于妄图称霸全球的美帝国主义来说，朝鲜有了更加重要的地位。因此，当美苏联合委员会在朝鲜人民和国际舆论的压力下恢复工作后，美国势必要为它设置更加难以逾越的障碍。

1947 年 5 月 21 日，美苏联合委员会开始了第二轮会谈。到 6 月 11 日，双方就同南北朝鲜各民主政党及社会组织进行咨商的程序和内容达成了协议。但是在审定作为咨商对象的组织名单时，美国又重操故技。北朝鲜方面仅仅只有 38 个组织提出了参加咨商的申请，而南朝鲜方面申请参加咨商的组织竟达到 425 个，其中除了那些参加"反托管运动"的右翼组织外，还包括了一大批一夜之间捏造出来的"虚无党派"和"幽灵社团"。按照美方和右翼势力的统计，仅这些政党、社团的成员人数就已高达 5600 万人，而当时整个朝鲜的人口不过 3000 万，真是滑天下之大稽。针对美方的这一荒唐举动，苏联方面建议，拥有 1 万人以上会员的实际存在的团体才有被认作咨商对象的资格。美国代表虽然认可了这一原则，但又以若干所谓反对托管的组织未包括在内为理由，拒绝接受苏方提出的有咨商资格的社团名单（北朝鲜 28 个，南朝鲜 119 个）。在随后的讨论中，苏联代表又建议由南北朝鲜的相同名额的代表组成全朝鲜临时人民会议。由于按照这一动议不能保证南朝鲜反动势力在其中的绝对优势，同样遭到美方的反对。与此同时，美国占领军当局大肆迫害和威胁南朝鲜的真正的民主政党和社团，以使其不能参与咨商。为了彻底阻挠莫斯科外长会议的决议的执行，8 月 26 日，美国代理国务卿洛维特致函莫洛托夫，要求抛开联合委员会，将朝鲜问题提交美苏英中四国外长会议讨论。在苏联政府否决了这一建议之后，9 月 17 日，美国政府更径直将问题提交第二届联合国大会。这实际上宣布了莫斯科外长会议决议的无效。10 月 18 日，出席美苏联合委员会的美方代表正式提议终止委员会的工作。

美国政府坚持将朝鲜问题提交联合国的做法，不仅是对莫斯科外长会议决议的公开嘲弄，而且也是对联合国宪章的粗暴践踏。根据联合国的有关规定，某一国的内政问题及已有国际协定的战后处理问题不属于联合国的职权范围，必须由有关国家解决。因此，从任何一个角度看，朝鲜问题都不能成为联合国大会的议题。美帝国主义妄想通过联合国来实现自己对朝鲜的控制。这一阴谋遭到朝鲜人民和世界进步公众的谴责。在 9 月 26 日的美苏联合委员会的会议上，苏联代表抨击了美国政府蓄意破坏莫斯科外长会议决议的卑劣行径，同时建议苏美两国军队在 1948 年初同时撤离朝鲜，让朝鲜人民在没有"盟国的协助和参与"的条件下自己组织政府，10 月 9 日，苏联外长莫洛托夫致函美国国务卿马歇尔，重申了这一立场。金日成在不久以后的一次演说中庄严宣布："今天朝鲜问题只能由朝鲜人民自己来解决。除了朝鲜人民以外，任何人没有能力，也没有权力解决这个问题。"但是，美国依靠在联大中的多数地位，强行将朝鲜问题列入了联大议程，并且否决了苏联代表团先后提出的邀请北，南朝鲜代表参加讨论朝鲜问题的议案（10 月 28 日），及美苏政府分别从南、北朝鲜撤出本国军队的议案（10 月 29 日）。11 月 14 日，同样是在美国的一手把持下，第二届联合国大会通过了美国代表团提出的关于朝鲜问题的议案。根据这一非法决议，将由澳大利亚、加拿大、中国（国民党政权）、萨尔瓦多、法国、印度、菲律宾、叙利亚以及乌克兰九国的代表组成联合国朝鲜临时委员会；在这一委员会的监督下在朝鲜举行议会选举，然后成立全国政府；如果可能，占领军在全国政府成立后 90 天内撤出。表决时，苏联、乌克兰、白俄罗斯、波兰、捷克斯洛伐克、南斯拉夫的代表拒绝投票。乌克兰还声明拒绝参加临时委员会。

朝鲜人民强烈反对第二届联大关于朝鲜问题的非法决议。1948 年 1 月 8 日以印度代表梅农为首的临时委员会一行到达汉城后，北朝鲜方面拒绝了他们的入境。1948 年 2 月 20 日，北朝鲜的民主政党、社会团体的联合组织——北朝鲜民主主义民族统一战线中央委员会发表了告全体朝鲜人民书，号召朝鲜人民用自己的双手建设完全的自主独立国家。该呼吁书强调，要在没有外来势力干涉的情况下，由朝鲜人民自己举行全朝鲜选举，建立民主统一政府。在这种形势下，临时委员会感到难以完成联大非法决议所规定的任务，梅农被迫赶回纽约进行请示。在美国的授意下，联合国秘书长赖伊召开了所谓"小型联大"①。2 月 26 日，美国又一次开动表决机器，强迫"小型联大"通过了关于只在朝鲜举行联合国监督下的单独选举的非法决议。以此为标志，美帝国主义在朝鲜进入了公开推行民族分裂政策的阶段。美国的这一政策在临时委员会内部造成了严重分歧。3 月 9 日，委员会于汉城就 5 月 9 日在南朝鲜选举所谓"国民议会"的问题进行表决时，尽管美国政府施加了压力，澳大利亚和加拿大的代表仍坚持反对立场，法国和叙利亚的代表弃权。最后这一建议勉强获得通过。美国允诺提供选举所必需的"自由气氛"为条件。

朝鲜人民坚决反对这一势必造成祖国长期分裂的严重步骤。1948 年 4 月 19 日，根据北朝鲜民主主义民族统一战线的倡议，在平壤召开了南北朝鲜各政党、社会团体代表联席会议，南北朝鲜的 56 个政党、社会团体的 695 名代表出席参加，其中包括毕生以反共为业的右翼民族主义者金九和中间派势力的领袖金奎植等人。这次会议显示了朝鲜爱国民主力量的大团结。4 月 23 日，大会通过了关于朝鲜政治形势的决议，给全朝鲜同胞的檄文以及给苏美两国政府的要求书。决议和檄文指出，朝鲜必将得到统一，坚决反对在南朝鲜进行亡国的单独选举和建立单独政府。要求书呼吁苏美两国政府同时从朝鲜撤出自己的军队，让朝鲜人民在没有外国干涉的情况下，根据自己的意志，在全国自由地举行民主选举，建立统一的民主国家，使祖国获得真正的民族独立，成为同全世界爱好自由国家平等的一员。4 月 30 日，包括南北朝鲜的 43 个政党、社会团体的领导人的协议会在平壤发表了一个联合声明。它宣布，在外国军队撤出之后，南北朝鲜各政党、社会团体将联名召开全朝鲜政治会议，立即建立代表朝鲜各阶层人民的民主临时政府，坚决反对南朝鲜的单独"选举"，也决不承认将要通过单独"选举"成立的单独政府。

但是，美帝国主义却一意孤行。为了使所谓的"选举"能够按照它的意

---

①　"小型联大"即"联合国大会临时委员会"，是根据美国在二届联大上的提议，于 1947 年 11 月 13 日经全体大会通过而设立的，负责在二届联大闭幕到三届联大开幕期间执行联大授权的六项有关任务。该机构由联合国每会员国选派一名代表组成。美国试图以此绕过安理会，免受苏联否决权的牵制。苏联反对设立这一机构。

志进行，在投票临近之时，美国军政府在南朝鲜大肆逮捕、迫害爱国人士，镇压人民爱国运动。因 5 月 9 日正遇日食，美李集团恐不吉利，遂临时将选举改在次日举行。5 月 10 日，它们在南朝鲜全境出动了用坦克、大炮和机枪武装起来的机动部队，利用所有警察、暴力团和"乡保团"胁迫人民到"投票站"投票。尽管如此，参加投票者仍不及合法选民总数的 30%。在济州岛等地，人民甚至开展了武装斗争，破坏和烧毁"投票站"。

就在 5 月 10 日南朝鲜进行非法选举的当天，南朝鲜民主主义民族战线发表严正声明，拒绝承认这次"选举"和由此产生的"国民议会"。美军司令部按照这次无效选举的所谓结果，在 1948 年 5 月 30 日悍然拼凑了一个由地主、资本家和亲日派官僚组成的南朝鲜"国民议会"。这个傀儡议会经过了一个多月的吵闹又炮制了一部"宪法"。同年 8 月 15 日，以李承晚为首的所谓"大韩民国政府"在汉城登台。届时，美国政府特派麦克阿瑟当天由日本飞到汉城。麦克阿瑟在所谓的"贺词"中叫嚣要依靠"大韩民国政府"拆除"人为的障碍"，实现朝鲜的统一。

在李承晚傀儡政权粉墨登场后，美国政府紧接着又主演了一场宣布结束军事占领，撤销军政府和向"大韩民国"移交"政权"的丑剧。而实际上，根据 1948 年 8 月到 12 月美李签订的一系列经济协定和军事协定，美国已控制了南朝鲜的所有军事、政治、经济等重要部门。同年 12 月 12 日，美国政府又挟持第三届联合国大会通过了关于承认"大韩民国政府"及设立"联合国朝鲜委员会"的非法决议。该决议颠倒黑白，将南朝鲜李承晚傀儡政府称为"合法的政府"，声称产生这个政府的选举"乃是这一部分朝鲜选民自由意志的真实表示并曾由临时委员会观察；而且该政府是朝鲜境内唯一的这种政府"。这一非法决议还规定设立由澳大利亚、中国（国民党政权）、萨尔瓦多、法国、印度、菲律宾、叙利亚七国组成的朝鲜委员会，并赋予它以广泛的权力，包括"在朝鲜全境旅行、咨商与观察之权"。该委员会代替了原来的临时委员会，成为美国继续在朝鲜进行干涉和侵略的新工具。

朝鲜民主主义人民共和国成立

在美国占领军进驻南朝鲜后，客观形势表明，在一定的时期内，朝鲜革命在南北两地不同的环境内会以不同的形式进行。为了"在北半部建立争取祖国统一和独立以及全国性革命胜利的强有力的革命民主基地"，1945 年

10 月1 日，在平壤就成立了北朝鲜共产党中央组织委员会；1946 年 2 月 8
日，北朝鲜各民主政党、社会组织以及各道各郡人民委员会的代表又在平壤
举行会议，成立了北朝鲜中央政权机关——北朝鲜临时人民委员会，金日成
当选为委员长。在苏美联合委员会举行第一轮会议的整个过程中，党和人民
政权领导北朝鲜人民迅速展开了涉及社会经济各个方面的反帝反封建的民主
改革，建立了人民民主制度，并采取了一系列措施以促进统一的临时政府的
成立。为了发展民主改革的成果，继续推进革命，也为了粉碎敌人企图分裂
和破坏民主力量的阴谋，1946 年 3 月 28 日，北朝鲜的共产党和新民党合并
组成了劳动党。当南部傀儡政权即将出场时，为了巩固和加强朝鲜北半部这
一强大的革命民主基地，1947 年 2 月 17 日在平壤召开了北朝鲜道、市、郡
人民委员会代表大会。大会选出了北朝鲜的最高权力机关——北朝鲜人民会
议。2 月 21 日，北朝鲜人民会议第一次会议建立了以金日成为首的北朝鲜最
高执行机关——北朝鲜人民委员会。当美国强行将朝鲜问题提交联合国，并
操纵联大和"小型联大"通过成立临时委员会及在南朝鲜举行单独"选举"
的非法决议时，北朝鲜的劳动党及人民委员会在深刻揭露美国的帝国主义阴
谋的同时，采取了切实有效的反击措施。1948 年 2 月 7 日，在以抗日游击战
士为骨干的人民武装的基础上，朝鲜人民军正式建立。

在美帝国主义制造了南朝鲜的单独"选举"后，朝鲜人民面临着空前严
峻的考验。当时的局势要求他们采取果断的实际行动，任何犹豫和动摇都会
给民族的前途带来不可估量的损失。1948 年 6 月 29 日，南北朝鲜各政党和
社会团体的领导人协议会再次在平壤召开会议。金日成在报告中指出，要毫
不迟延地建立代表朝鲜人民意志的全朝鲜最高立法机关，实行朝鲜民主主义
人民共和国宪法，由南北朝鲜各政党、社会团体的代表组成全朝鲜独立国家
的斗争方针的决议，重申反对非法组成的南朝鲜"国会"和将以此为基础成
立的南朝鲜傀儡政府，号召通过选举建立朝鲜最高人民会议，由南北朝鲜代
表组成朝鲜中央政府，朝鲜最高人民会议和朝鲜中央政府应促使外国军队立
即撤出朝鲜。南朝鲜的傀儡政权"大韩民国政府"成立 10 天后，即 1948 年
8 月 25 日，南北朝鲜全境举行了最高人民会议议员的选举。在北半部，根据
普遍、平等、直接的选举原则，在自由的气氛中用秘密投票的方式进行选
举。99.97% 的选民参加了投票，选出了 212 名议员。在南半部，鉴于反动派
的阻挠，采用了"双层选举"的方法，即先由选民以签名表示赞成或反对的
非公开的方法选举南朝鲜人民大会的代表，然后在人民大会的会议上再由代

表选举最高人民会议议员。尽管美李集团的暴力镇压和破坏，仍有 77.52%
的选民参加了选举，选出了 1080 名代表。当选代表从 8 月 21 日到 26 日在朝
鲜北部的海州举行了大会，按照南朝鲜的人口比例，以秘密投票方式选出了
360 名议员。9 月 2 日，在南北普选胜利结束的基础上，朝鲜民主主义人民
共和国最高人民会议第一次会议在平壤召开，参加会议的有在南北朝鲜选出
的 572 名议员。9 月 8 日，会议通过了朝鲜民主主义人民共和国的宪法，产
生了最高人民会议常任委员会，推举金日成为内阁首相及国家元首。9 月 9
日，金日成首相向全世界宣告了朝鲜民主主义人民共和国的诞生。翌日，金
日成首相在发表政纲时况，共和国政府要从实现国家的完全统一和建设一个
富强民主的自主独立国家的目标出发，把全体朝鲜人民紧密地团结在共和国
政府的周围，动员他们参加争取祖国统一的斗争，并将竭尽全力实现苏美两
国的同时撤军，这是恢复国土完整和民族统一的先决条件。会议据此通过了
致苏美两国政府的信函，要求它们同时撤退驻朝鲜的军队。10 月 7 日，朝鲜
民主主义人民共和国政府致电联合国秘书长和联合国大会主席，要求给予朝
鲜民主主义人民共和国的代表以出席联合国大会参与讨论朝鲜问题的可能
性，并且宣布，在没有朝鲜民族合法代表参加的情况下，联合国大会不能对
朝鲜问题进行讨论和作出任何决定。

　　朝鲜民主主义人民共和国的成立加速了北朝鲜的革命和建设。在它的努
力下，苏联政府于 1948 年底将自己的军队全部撤离了北朝鲜。但是，美国
不仅继续将自己的军队驻扎在南朝鲜，并且与李承晚集团相互勾结，继续推
行分裂朝鲜的政策。从此，造成了朝鲜长期分裂并出现了两个朝鲜的局面。

本文参考书目：

[1]　《朝鲜问题大事纪要》，世界知识出版社 1951 年版。

[2]　《朝鲜问题文件汇编》，人民出版社 1954 年版。

[3]　金汉吉：《朝鲜现代史》，平壤：朝鲜外国文出版社 1980 年版。

[4]　《朝鲜民主主义人民共和国统一国家方案汇编》，平壤：朝鲜外国文出版社
1982 年版。

[5]　《战后世界史长编》编委会：《战后世界历史长编》第一编第四分册，上海人
民出版社 1978 年版。

朝鲜人民抗美救国战争

陈文波

1950—1953 年的朝鲜战争是朝鲜人民反对美国侵略，维护、争取国家独立和统一的救国战争。朝鲜人民在社会主义国家特别是中国人民的支援下，打败了美国侵略者及其在南朝鲜的傀儡。朝鲜人民在这场战争中的胜利，捍卫了他们的革命成果；为保障亚洲安全和世界和平事业作出了重大贡献。

第二次世界大战结束后的朝鲜形势

1945 年 8 月日本战败投降前夕，苏美两国商定，以北纬 38 度线（即三八线）作为两国在朝鲜接受侵朝日军投降的临时分界线。8 月 8 日，苏联对日宣战。15 日，苏军在朝鲜人民革命武装力量配合下解放了三八线以北的朝鲜领土。9 月 8 日，美军在仁川、釜山登陆，进驻三八线以南的朝鲜领土。美国对南朝鲜实行军事占领，扶植当地亲美势力，企图把南朝鲜变成美国的殖民地和军事基地。

1945 年 12 月，苏美英三国外长在莫斯科会议上达成协议：由苏、美在朝鲜的军事代表组成联合委员会，协助朝鲜组织临时民主政府，实行南北朝鲜的统一。然而，美国蓄意阻挠使上述协议未予实施。为了使它对南朝鲜的占领合法化，美国操纵联合国于 1947 年 11 月设立 "联合国朝鲜临时委员会"，规定该委员会在朝鲜全境 "视察"，监督朝鲜普选，建立朝鲜政府和武装力量，从而干涉朝鲜的内政。1948 年 5 月，美国在南朝鲜进行所谓 "国民议会" 选举。7 月公布 "大韩民国宪法"。8 月 15 日成立 "大韩民国政府"，建立了以李承晚为 "总统" 的傀儡政权，企图永久分裂朝鲜。

　　朝鲜北半部解放后，在朝鲜劳动党①的领导下，建立了北朝鲜临时人民委员会和各级人民政权，开始实行民主改革。1946 年 3 月颁布土地改革法，没收日本帝国主义者、民族叛徒和占地超过 5 町步②地主的土地，无偿分给无地少地的农民。同年 8 月颁布产业国有化法令，将日本帝国主义及其走狗占有的工商企业、铁道、银行和文化机构等收归国有。在实行民主改革的基础上，1947 年 2 月选举产生了最高立法机构北朝鲜人民会议，并选出以金日成为委员长的北朝鲜人民委员会。为了粉碎美国及其走狗在 1948 年 7—8 月建立"大韩民国"，分裂朝鲜的阴谋，同年 8 月，朝鲜劳动党决定在全朝鲜进行最高人民会议选举。北朝鲜有 99.97% 的选民参加选举，在美李集团控制下的南朝鲜也有 77.52% 的选民参加选举。9 月由普选产生的人民会议在北部的平壤召开，制定了朝鲜民主主义人民共和国宪法，组成了以金日成为首相的共和国内阁。9 月 9 日，朝鲜民主主义人民共和国宣告成立。

　　美国和李承晚集团拒不承认根据全体朝鲜人民的意志建立的共和国和合法的共和国政府。美国还在当年召开的第三届联合国大会上提出"朝鲜问题"，操纵联合国于 12 月 12 日通过"关于承认大韩民国政府及设立'联合国朝鲜委员会'"的非法决议。在美国的干涉下，朝鲜依然处于南北分裂的局面。

　　南朝鲜人民反对美国和李承晚集团奴役、分裂朝鲜的行径，从 1946 年以来多次进行工人罢工和人民的武装暴动。1948 年 10 月，驻丽水的千余名伪军宣布起义，得到当地人民和学生的支持。反对美、李统治的人民游击战争普遍兴起，到 1950 年初，已发展到能进攻大城市，同伪军师一级作战的规模。美国和李承晚集团对人民的反抗斗争加紧镇压，仅 1949 年就屠杀爱国人士约 93000 名，同时，加紧策划"北进统一"，宣称"要在热战中赢得胜利"，妄图武装侵占朝鲜北部。在美国的指使下，李伪军在三八线上的武装挑衅日趋频繁，1947 年为 270 次，多在班、排、连级；1949 年增加到 2617 次，扩大到营、团级。朝鲜半岛成为第二次世界大战结束后在亚洲引起战争的一个热点。

　　第二次世界大战结束以后，国际政治力量的对比有了根本的变化。随着德、日、意三个法西斯国家的垮台和英法两国的严重削弱，美国上升为帝国

---

① 前身为朝鲜共产党，1946 年 8 月朝鲜共产党与新民党合并，改称朝鲜劳动党。

② 1 町步合 15 市亩。

主义霸主。苏联在第二次世界大战中的胜利，以及在欧亚两洲出现一批人民民主国家，特别是中国革命的胜利，使得世界形势向着有利于和平、民主和社会主义的方向发展。在这样的形势下，美苏之间的对立加剧。美国统治集团认为"共产党世界和非共产党世界的冲突"将长期存在，加紧推行对苏的"遏制"政策。在亚洲，美国加快了扶植日本的步伐，把包括朝鲜在内的东北亚视为其全球战略中的重要地区。它积极扶助李承晚集团加速建立"国防军"（即南朝鲜伪军），向南朝鲜派遣军事顾问团直接训练和指挥南朝鲜伪军，策划在朝鲜半岛挑起局部战争。

1950年1月，美国和南朝鲜签订《美韩联防互助协定》。同年6月中旬，美国总统杜鲁门派国防部长约翰逊、参谋长联席会议主席布雷德利去东京与美驻远东陆军总司令麦克阿瑟讨论援助李承晚集团"统一朝鲜"事宜。国务院顾问杜勒斯以"总统特使"身份飞赴汉城，在6月18日和南朝鲜"国防部长"申性模一起"巡视"三八线。19日，李承晚与杜勒斯会谈，李承晚表示"必须去掉划分朝鲜的三八线"。同日，杜勒斯在南朝鲜会上给李承晚集团打气，要求南朝鲜"发挥值得称道的作用"，表示美国愿给予"一切必要的道义和物质的支持"。美国和李承晚集团已处于箭在弦上一触即发之势。一场战争迫在眉睫。

从爆发战争到停战谈判

就在杜勒斯专访南朝鲜几天之后，1950年6月25日凌晨，爆发了朝鲜战争。朝鲜人民军与南朝鲜军队的五个师激战。在黄海道海川郡西部地区、金川地区和江原道铁原地区朝鲜人民军先后击退越过三八线的南朝鲜军队，大举反击，一天内向南挺进10—15公里，开始了朝鲜解放战争的第一个阶段。

战争爆发当天，美国操纵联合国安全理事会，通过决议①指控所谓朝鲜民主主义人民共和国军队进攻南朝鲜"构成对和平的破坏"。6月27日，杜鲁门命令美国海、空军参加朝鲜战争，给南朝鲜军队以"掩护和支持"；同时命令第七舰队侵占台湾海峡，阻挠中国人民解放自己的领土台湾，在亚洲

---

① 当时，苏联作为安理会常任理事国，因抗议未予恢复中华人民共和国在联合国的合法地位，拒绝出席安理会会议。

地区制造紧张局势。6月30日，杜鲁门又命令美国陆军投入侵朝战争。7月7日，美国操纵联合国安理会通过授权美国组织"联合国军"援助南朝鲜的决议。8日，麦克阿瑟被任命为"联合国军"总司令。此后，美国纠集英法等共15个国家组成"联合国军"。

朝鲜战争爆发后，6月26日，金日成发表了题为"集中一切力量争取战争胜利"的广播讲话。他号召朝鲜军民"一致奋起投入打倒和粉碎李承晚卖国'政权'及其军队的救国斗争"，提出了"一切为了战争胜利"的口号。27日，朝鲜政府宣布进入战时状态，并于7月1日颁布战时动员令。在战争开始后的几周内，有85万青年学生报名参军，工人组织工人团开赴前线。朝鲜北方人民投入了反对美帝国主义及其走狗的正义战争。

朝鲜人民军于6月28日解放汉城。李承晚在前一天从汉城逃到釜山。朝鲜人民军乘胜向南追击，在7月18—20日进行了大田战役，全歼美军第24师，活捉师长迪安，解放重镇大田。人民军继续南进，从7月底到8月初，把敌人完全压缩到洛东江左岸釜山周围约100平方公里的狭小地区。人民军在不到一个半月时间里，解放了朝鲜南部90%以上的地区（125个县中的108个县）和92%以上的人口，取得了战争第一阶段的巨大胜利。

美国为了挽救军事败局，调集了500多架飞机、300多艘舰艇和5万多兵力，于9月15日在朝鲜中部仁川登陆。同时在南部的洛东江一线增强兵力，转入反攻，企图"围歼"进入朝鲜南部的人民军主力，并在短期内占领整个朝鲜。朝鲜人民军此时处于极其不利的形势，一方面尽量拖延敌人进攻速度，争取时间援救在南部被围的人民军主力，另一方面进行有组织的后退。由于敌强我弱，9月28日美军占领汉城。10月1日南朝鲜伪军由东线，10月7日美军由西线，分别越过三八线，侵入朝鲜北部。10月11日，金日成针对当时的形势，发表了题为"用鲜血保卫祖国每寸土地"的广播讲话。朝鲜军民英勇战斗，且战且退。10月20日，平壤失守。接着，敌军一路进犯新义州东南；另一路深入鸭绿江中段南岸的楚山镇，打算在11月1日前全线推进到中朝边境。美国的军舰、飞机不断侵犯中国的领海和领空，进行侦察、扫射和轰炸。美国甚至扬言："在历史上，鸭绿江并不是中朝两国截然划分的不可逾越的障碍"，他们梦想占领整个朝鲜进而侵略中国。

进犯朝鲜北方的美军和南朝鲜伪军到处烧杀抢掠："即使站在你们面前的是儿童或老人，也不要手软。统统把他们杀掉！"美帝国主义收罗南朝鲜歹徒和留在北半部的反动分子组织"治安队""灭共团"等反动组织，肆意屠杀爱国者和无辜人民。在黄海道有 12 万以上居民惨遭杀害，其中信川郡 35000 多人被害，占全郡居民的 1/4。侵略者的暴行激起朝鲜人民的无比愤慨。他们响应劳动党的号召，组织人民游击队，组成了活跃于敌占区的第二战线。

以 1950 年 10 月 25 日中国人民志愿军赴朝参战为标志，朝鲜战争由第二阶段进入了第三阶段。

朝鲜战争爆发以后，朝鲜人民的正义斗争得到社会主义各国特别是与朝鲜唇齿相依的中国人民的同情和支持。1950 年 6 月 28 日，毛泽东主席代表中国人民表示"进行充分的准备，打败美帝国主义的任何挑衅"。同一天，周恩来总理发表声明谴责美帝侵略朝鲜，并向朝鲜人民"表示同情和敬意"。在美军重踞汉城以后，9 月 30 日周恩来总理严正宣告："中国人民决不能容忍外国的侵略，也不能听任帝国主义者对自己的邻人肆意侵略而置之不理。"10 月 3 日，他通过会见印度驻华大使，向美国发出警告，如果非朝鲜的部队越过三八线，中国就要采取军事行动，援助朝鲜人民。当美国侵略军越过三八线大举北进，扩大侵略战争，威胁中国的安全时，我国人民及时掀起了"抗美援朝、保家卫国"的群众运动。我国政府迅速组成以彭德怀为司令员的中国人民志愿军。

1950 年 10 月 25 日，中国人民志愿军跨过鸭绿江与朝鲜人民军并肩作战，至 1951 年 6 月 10 日，连续取得了 5 次战役的伟大胜利。

在中国人民志愿军赴朝前的 10 月 15 日，麦克阿瑟夸下海口：朝鲜战争将在"感恩节"（11 月 23 日）以前结束。他还说，至晚在圣诞节前把第 8 军撤回日本。结果证明侵略者过高地估计了自己的力量。朝中军队给闯进清川江以北的敌人以歼灭性打击。迅即发起反攻，激战 12 昼夜，收复楚山、熙川、云山等地，歼敌 13000 多名。至 11 月 5 日，朝中军队并肩战斗的第一次战役，以麦克阿瑟"感恩节攻势"的破产而宣告结束。

第二次战役从 11 月 25 日至 12 月 24 日。美、伪军在第一次战役惨败后，麦克阿瑟又一次吹嘘："我很想遵守在圣诞节以前打发战士们回家的诺言"，于 11 月 24 日发表声明说："联合国军的大规模围攻作战，正在进入决定性阶段。"11 月 25 日，朝中两国军队发起反攻，西线部队在清川江附近向南挺进，迫使敌人在 12 月 1 日开始全面退却；东线部队于 11 月 27 日在长津湖畔对美第十军进行围歼战，迫使敌人仓皇退却，12 月 6 日收复平壤。至 12 月 24 日，完全消灭或驱逐了侵入三八线以北的西部和中部地区的敌人。美国扬言"为结束战争"而发动的"圣诞节总攻势"同样遭到破产。美、伪军开始了"十二月总退却"。在这次战役中，总计歼敌 34700 名，其中美军 21000 余人。美国《新闻周刊》说："这是自珍珠港事件以来美国军事上最大的失败，它也许会成为美国历史上最大的军事灾难。"

美国因在第二次战役遭到失败而想争取一段喘息时间，于 12 月 24 日第五届联大提出建立所谓"朝鲜停火三人委员会"（由印度、加拿大、伊朗组成），演出了一场"无条件立即停火"的骗人把戏。朝中两国军队识破敌人的阴谋，在 1950 年除夕开始了新年攻势，即第三次战役。除夕当天，朝鲜北部气温降到了零下 30 度左右，担任主攻的中国人民志愿军步兵和炮兵部队冒着严寒，强渡临津江。1951 年元旦早晨，突破敌人多处防线，挥师向汉城挺进。朝鲜人民军沿春川、原州一线穿插南下，切割、包围了大量伪军，威胁汉城敌军的退路。1 月 3 日，美军第八军司令李奇微被迫下令汉城守军撤退。4 日，朝中两国军队再克汉城。8 日解放仁川、水原、原州、骊川等地。直抵三八线附近。第三次战役使得侵略军损失大批武器物资，伤亡13000 余人。

1 月 23 日，美国以 23 万美、伪军大举向北反扑。朝中两国军队采取积极的防御战，给敌人以极大的杀伤，迫使美、伪军每天前进平均不到 1.5 公里。2 月 11 日起，朝中军队发动第四次战役，进行汉江阻击战，取得横城大捷，歼灭美军许多团、营，使伪军第 8 师几乎全军覆灭。美、伪军以巨大兵力进行"绞肉机作战行动"不让朝中军队获得休整时间，企图从中部突破朝中部队防线。朝中军队采用节节狙击，诱敌深入战术，将主力转移到三八线附近，并于 3 月 14 日主动撤出汉城。① 从 1 月 25 日到 3 月 14 日的 49 天的战斗中，朝中军队歼灭敌军 3 万多人，缴获大量武器、弹药。侵略军以惨重的代价才向北推进了 30 多公里。

1951 年 4 月 22 日至 6 月 10 日，朝中两国军队进行了第五次战役。仅在头 8 个昼夜中，就收复开城、汶山、涟川、春川等城镇和广大城区，以后又解放襄阳城。这次战役中共歼敌 38000 余人，将三八线以北的敌人赶到三八线以南。

---

① 美军直到朝中军队撤出汉城四天后的 3 月 18 日，才敢入城。

边谈边打的停战谈判

美国在侵朝战争中节节失利，加剧了美国统治集团内部以及美国与其他资本主义国家之间的矛盾。

由于美国自 1950 年 10 月下旬以来的五次战役中受挫，侵朝美军总司令麦克阿瑟一再向美国参谋长联席会议建议扩大战争，主张立即袭击中国东北，封锁中国沿海，并利用台湾国民党军队。杜鲁门等人主张打一场有限战争，不愿在此时冒同中苏进行全面战争的危险。但是，麦克阿瑟 1951 年 3 月 24 日发表的声明和 4 月 5 日在众议院宣读的麦克阿瑟信件，把扩大战争的意图公之于众，也把他和杜鲁门一派在侵略时机和步骤上的分歧暴露出来。杜鲁门认为麦克阿瑟的言论是向最高统帅的挑战，加上侵朝军事上的失利，在 4 月 11 日下令免去麦克阿瑟的一切职务，由马修·李奇微继任。

朝中方面在战场上取得重大胜利同时，还在外交斗争中取得成果。1950 年 11 月 28 日，中国特派代表伍修权在联合国安理会上控诉美国武装侵略台湾和干涉朝鲜的罪行，重申解放台湾是中国的内政，志愿军援助朝鲜是中国人民的义举，伍修权建议安理会公开谴责并严厉制裁美国侵略中国领土台湾和武装干涉朝鲜的罪行；立即采取有效措施，使美国自台湾撤出它的武装力量，保证太平洋与亚洲的和平与安全；使美国及其他外国军队一律撤出朝鲜，朝鲜内政由南北朝鲜人民自己解决，以和平处理朝鲜问题。这是新中国的代表第一次在联合国讲坛上发言，产生了深远的影响。

1951 年第五届联合国大会召开期间，美国提出了污蔑中国为"侵略者"的提案。周恩来总理代表中国政府就朝鲜问题向联合国发出通知，建议召开中、苏、英、美、法、印度和埃及七国会议，商谈关于从朝鲜撤退一切外国军队、向朝鲜人民建议由朝鲜人民自己解决朝鲜内政；美国武装力量从台湾和台湾海峡撤退等问题。虽然美国施加巨大压力使其诽谤案于 1951 年 2 月 1 日通过，但苏、捷等社会主义国家完全支持中国提案，反对美国提案；亚非 12 国主张召开七国会议，反对或不支持美国提案；瑞典、挪威、芬兰和英、法、荷、加、澳等国也对美国提案附有各种保留条件。美国专栏作家李普曼认为"这是美国自己招惹的严重失败"。

美国在战争中的失败，以及在国内和国际上面临的种种矛盾，使它处于内外交困的境地，不得不考虑进行谈判。

1951 年 6 月 23 日，苏联驻联合国代表马立克发表广播演说，建议采取和平解决朝鲜问题的第一步骤：交战双方谈判停火与休战，双方把军队撤离三八线。由于苏联等社会主义国家主动提出通过和平谈判解决朝鲜问题，国际舆论也广泛要求和谈，美国被迫与朝中协商后，双方代表团于 7 月 10 日在开城开始谈判。

在谈判第一天，朝中双方面首席代表南日提出停战谈判的三项建议：（1）双方同时下令停止一切军事行动；（2）确定三八线为军事分界线，双方武装部队同时撤离三八线 10 公里，并立即进行交换俘虏的商谈；（3）在尽可能短的时间内撤退一切外国军队。美方代表反对把撤退外国军队列入议程。

7 月 26 日，双方商定五项议程：（1）通过议程，（2）确定军事分界线，建立非军事区，（3）在朝鲜境内实现停火与休战的具体安排，（4）关于战俘的安排问题，（5）向双方有关各国政府建议事项。其中第 5 项是朝中方面的建议，使这次谈判兼具军事和政治的双重性质。

在讨论第二项议程时，朝中方面提议以"三八线"作为军事分界线。美方却要求把军事分界线划在三八线以北 18—50 公里的朝中阵地之内，妄图取得 12000 平方公里的北方地区作为领土补偿。美方提案透露后，遭到世界舆论抨击。谈判从 8 月 23 日起休会 68 天。

1951 年 10 月 25 日，在板门店恢复停战谈判，朝中方面先后提出以现有战线为基础对整个战场加以全面调整的方案以及就地停战来确定军事分界线的方案。美方对此一概拒绝，提出要朝中方面退出开城地区 1500 平方公里，暂不对军事分界线和非军事区作出具体规定的荒谬主张。在美方拖延阴谋一再被戳穿后，双方于 11 月 27 日就确定军事分界线和非军事区等问题达成协议。

当天，还就实现停战的具体安排进行讨论。美方坚持干涉朝鲜内政，要求将来建立的停战监督机构可以自由出入朝鲜全境，限制朝中方面修建飞机场和扩充航空设备等，未能达成协议。

在 12 月 11 日的谈判中，双方讨论遣返战俘问题，朝中方面根据 1949 年关于战俘待遇的《日内瓦公约》的原则，提出迅速遣返全部战俘。美方却提出所谓"自愿遣返""一对一交换"的要求，企图强迫扣留朝中被俘人员 10 余万人。谈判形成僵局。1952 年 10 月 8 日，朝中方面就此问题提出新方案，双方战俘一律送至非军事区，通过双方红十字会联合小组的访问，在中立国视察小组观察之下，按国籍、地区分类和遣返。美方代表拒绝讨论，并且宣布无限期休会。此后，朝中战俘为争取合理待遇和重返祖国展开了英勇斗争。1953 年 2 月 22 日，侵略美军总司令马克·克拉克（1952 年 4 月继任）建议先行交换病伤战俘。在双方交换病伤战俘后，周恩来总理和金日成首相先后发表声明，认为病伤战俘问题的合理解决，应导致全部战俘问题的顺利解决，提出分两步解决战俘问题的新建议："谈判双方应保证在停战后立即遣返其所收容的一切坚持遣返的战俘，而将其余的战俘转交中立国。"4 月 26 日，中断半年之久的谈判在板门店复会。6 月 8 日，才就战俘问题达成协议。

在整个谈判期间，美国玩弄两手策略，想以谈判掩护其军事进攻，以军事压力迫使朝中在谈判中屈服。朝中方面针锋相对，展开了一场尖锐复杂的军事与外交相交织的斗争。谈谈打打，边谈边打，军事斗争仍然非常激烈。

美国于 1951 年先后发动大规模的"夏季攻势"和"秋季攻势"。朝中军队由运动战转入阵地战，在横贯朝鲜 250 公里的战线上构筑地下坑道，积极防御，持久作战。在粉碎敌人的夏、秋季攻势中，歼敌 25 万。1952 年 10 月，美军向中国人民志愿军控制的上甘岭阵地发动大规模进攻，向这块 3.7 平方公里的阵地总共投入 6 万人的兵力，出动 18 个炮兵营、3000 架次飞机，178 辆坦克，激战 43 天，把山头削低了两公尺，最后以伤亡 25000 人的惨败告终。

美国地面部队打不赢，便利用自己的"空中优势"，出动 20 多万架次飞机，对朝鲜后方的铁路、公路和桥梁滥施轰炸，发动所谓的"绞杀战"。1952 年与 1951 年相比，敌机轰炸次数增加约 70 倍。朝中方面年轻的空军在空战中打垮了美军的"空中优势"。地面部队积极展开反空袭斗争，组成了炸不烂的运输线，保证了战争物资的供应。

1952 年春，美国不顾国际公约，在朝鲜北部和中国东北使用细菌武器，妄图从根本上毁灭朝中两国人民的抵抗能力。两国人民展开爱国卫生运动，粉碎了美方的阴谋，并以确凿的证据向全世界揭露美国发动细菌战的罪行。

1953 年 6 月，朝中军队发动金城反击战，歼灭美、伪军 12 万余人，收复 240 平方公里。这时，朝中军队能在 1 小时内打破敌人的面宽 21 公里、纵深 18 公里的阵地。照此下去，美、伪军的整个防线只需 2—4 次进攻就有全面崩溃的可能性。美国鉴于军事上处于极为不利的形势，被迫同意签署停战协定。

停战协定的签订

1953 年 7 月 26 日，历时两年的朝鲜停战谈判达成协议。27 日上午 10 时，朝中方面首席代表南日大将和美方首席代表哈利逊中将在板门店签署了《朝鲜停战协定》和《临时补充协议》。

朝鲜停战协定的主要内容为：（1）以双方实际接触线为军事分界线，双方各由此线后退 2 公里，以建立一非军事区；（2）自协定签字后 12 小时起，双方停止一切敌对行为；自非军事区撤出其一切军事力量、武器与装备；停止自朝鲜境外进入增援的军事人员及武器弹药；（3）双方各派 5 名高级军官组成朝鲜军事停战委员会，监督停战协定的实施和协商处理任何违反停战协定的事件；由波兰、捷克斯洛伐克、瑞典和瑞士组成中立国监察委员会，对停止自朝鲜境外运进军事增援等规定进行监督、观察、视察和调查；（4）停战协定生效后 60 天内，各方应将一切坚持遣返的战俘分批直接遣返，将未予直接遣返的其余战俘统交中立国遣返委员会处理；（5）双方军事司令官向有关各国政府建议，在停战协定生效后 3 个月内，召开双方高一级的政治会议，协商从朝鲜撤退一切外国军队及和平解决朝鲜等问题。

朝鲜停战协定的签订，标志着朝鲜人民抗美救国战争的胜利。在 3 年的战争中，美帝国主义动员了美国陆军 1/3 的兵力、空军的 1/5、太平洋舰队的大部分舰艇，以及大量最新的武器装备，用尽了空前残暴的作战手段，结果遭到惨重的失败。敌人在 3 年战争中的损失包括 455000 多美军伤亡在内的 1567000 兵力，以及 12200 多架飞机、560 多艘舰艇和 3250 辆坦克及装甲车，耗费了 1650 亿美元的军费。美军司令克拉克在停战协定上签字时无可奈何地表示："本官在这个时刻不感到喜悦""我们算是遭到了失败"。他承认自己是"美国第一个在没有取得胜利的停战协定上签字的将军"。美报刊认为，这是美国在错误的时间、错误的地点进行的一场错误的战争。

在朝鲜战争期间，中国人民掀起了轰轰烈烈的抗美援朝运动，派出了中国人民志愿军与朝鲜人民军并肩作战。中国人民与朝鲜人民在反对美帝国主义的斗争中生死与共，结下了鲜血凝成的战斗友谊，在反对帝国主义侵略、保卫世界和平的历史上谱写了光辉的篇章。

朝鲜人民抗美救国战争的胜利，具有深远的历史意义。这一胜利，粉碎了美帝霸占整个朝鲜、扼杀新中国的控制亚洲、称霸世界的迷梦。这一胜利，戳穿了美帝不可战胜的神话，证明了帝国主义和一切反动派都是纸老虎，从而鼓舞了全世界被压迫民族和被压迫人民反帝反殖的斗志。

朝鲜停战并不意味着斗争的结束。停战协定墨迹未干，美国和南朝鲜统治集团签订了《美韩共同防御条约》，规定美军有权无限期驻留朝鲜南部，它们还千方百计拖延政治会议的召开；不断发生违反停战协定的事件。

伊朗石油国有化运动

刘　陵

第二次世界大战后初期伊朗人民争取石油国有化运动，是当时席卷亚洲的民族解放运动的一个重要组成部分。它以国有化为形式，以反对帝国主义经济掠夺和政治压迫为内容，并在其发展过程中逐步向反对封建专制、争取民主变革的方向深入，具有深刻的民族民主革命内涵。运动延亘四年多，虽然由于内外反动势力的联合镇压而失败，但影响深远，特别对推动中东人民的反帝斗争，起了重大的作用，对伊朗历史的发展也产生了重要的影响。

石油国有化运动的兴起

伊朗石油资源丰富。50 年代初期蕴藏量约 20 亿吨，为当时资本主义世界第 4 位。1950 年产油 3200 万吨，为当时资本主义世界的第 4 位。1933 年英伊签订了石油租让协定，规定每年将石油利润的 15%—20% 付给伊朗。协定有效期为 60 年。

1909—1950 年的 40 年内，英国总共从伊朗掠取了约 3 亿吨石油，共 50 亿美元以上的利润。英伊公司成为一只依附在伊朗肌体上的巨大吸血蜘蛛。

同时，英伊公司还严重侵犯伊朗主权，在它所租让的 10 万平方英里土地上，自建一整套行政机构、警察和军队，使租让地变成了"国中之国"。公司还运用其强大的政治经济实力左右伊朗政局，直接干涉伊朗内政。

战后，英伊在石油问题上的矛盾突出起来了。这首先是因为伊朗迫切需要增加收入，以应付财政经济上的困难。1946 年，伊朗政府为了克服工农业生产下降的危机，缓解社会公众的不满，曾拟定了一个七年计划，声言要开展改革和建设；但资金无着，只有在增加石油税上打主意。为此，伊朗正式要求英国修改 1933 年协定，提高石油税。

伊朗的要求得到了美国的幕后怂恿。美国企图借伊朗之手排挤英国，染指伊朗石油。1947 年 10 月，伊朗国会通过了处理石油矿藏的法令，法令指出伊朗政府有权恢复民族权利，对本方石油采取必要措施。这个法令的起草者便是与美国有密切联系的议员沙法克·礼查扎德。

伊朗的政府根据 1947 年 10 月国会通过的法令，要求与英国进行谈判。11 月谈判开始，但无结果。1948 年 9 月伊朗在谈判中提出了 25 点要求，主要是：提高石油税；补偿英国战时低价购油的差价；伊方应有查账、定价的权力，以及裁减外国雇员和提高伊朗职工福利等。内容虽广泛，要求却不高，根本没有涉及国有化问题。但英国却不作让步。这就引起了伊朗舆论的愤慨。一些爱国议员在国会讨论中抨击英伊公司。1949 年 1 月议员阿巴斯·埃斯堪德里甚至建议撤销与英伊公司签订的协定。

1949 年 2 月，伊朗在谈判中提出英伊双方均分石油利润和伊方有权管理公司的一切业务两点要求，但遭拒绝。英方继而在 5 月 5 日提出自己的方案，即对 1933 年租让协定的补充协定。

补充协定的主要内容是：同意增加一点石油税，即按每年实际产油量，以吨计数，每吨增付 2 先令。和伊方的要求相比，英方的让步相差甚远。这表明英国坚持 1933 年租让权及其所带来的全部利益，无意退让。

伊朗政府看到反英群众运动正在日益兴起，便急于了结石油争执，居然在 1949 年 7 月 17 日同意签署这个协定。补充协定的内容一经披露，爱国人民的愤怒便再也遏止不住了，顿时全国爆发了抗议高潮。7 月下旬国会讨论补充协定，爱国议员们大声疾呼，反对通过。他们采用延阻辩论的办法，挫败了统治集团在 15 届国会期满（7 月底）前让国会批准这一协定的图谋。

反对补充协定的斗争揭开了石油国有化运动的序幕。从此，运动便一发而不可制止地逐步升级了。

1949 年 10 月举行了第 16 届国会选举。统治集团制定了一系列的反民主法规，制造假票，伪造统计数字，千方百计力图阻止爱国人士当选。但反补充协定人士则加强团结，集体抗击统治集团的限制和破坏。10 月 14 日，首都知名爱国人士在著名的爱国政治家摩萨台的率领下，进入王宫请愿，要求政府中止干涉选举和宣布首都已举行的选举无效。国王被迫同意。10 月 23 日他们又在摩萨台家中集会，宣布成立爱国政党民族阵线。

初创时，民族阵线还只是一些意见暂时一致的闻名人士的联合，但在以后发展为一个政党。并吸收集体成员，具有爱国政党联盟的性质。这些政党团体中较重要的有：代表知识分子的伊朗党、代表资产阶级民族主义分子的劳动者党和某些有影响的宗教团体。民族阵线最初只提出选举民主化的口号，没有涉及石油问题；其唯一主张是："通过选举自由和出版自由以建立民族政府。"

民族阵线的主要领导人是伊朗著名政治家穆罕默德·摩萨台。他出身于贵族官僚家庭，青年时代曾留学瑞士和法国，学习法律和经济，受到资产阶级民主法治思想熏陶。回国后，他历任省长和财政副大臣等职。礼萨汗发动政变后，又由于反对其军事专制作风，与之不合。礼萨汗称王时，摩萨台不畏压力，在国会中起而反对，从而深为礼萨汗忌恨，被贬谪多年，仍不免于祸。他在1940年被以虚构罪名逮捕，囹圄生活半年多。礼萨汗逊位后，摩萨台重返政治舞台，被选入国会。摩萨台作风清廉，正直敢言，在群众中颇有威望。他本人是个大庄园主，在德黑兰等地广有房地产，并和首都民族资产阶级人士联系密切。有他出面领导，民族阵线的号召力增加了。

1950年3月，第16届国会选举结束。民族阵线在德黑兰选区大获全胜，取得了全部12个席位中的8个。摩萨台和民族阵线的重要领导人马基（政治活动家及历史学家）、巴格伊（劳动者党领导人）、萨勒赫（伊朗党领导人）、萨伊干（石油工程师）等均被选入国会。

他们立即在国会中展开反对补充协定的活动。从这时起，民阵宣布其主要任务为解决石油问题。摩萨台的心腹和重要助手侯赛因·法特米建议将石油收归国有，借以达到既取得财源又赢得群众从而建立民族资产阶级政权的目的，得到摩萨台的赞许并采纳。

6月19日，摩萨台在国会发言，猛烈抨击补充协定，号召人民恢复对南部石油的权利。国会决定选出由18名议员组成的特别石油委员会以审议补充协定，其中民阵成员占6席。他们提出了石油国有化的主张，但未获通过。委员会于11月25日一致决议，拒绝补充协定。

同时，民阵也发动群众在国会外大造声势。德黑兰的大学生于12月内连续在国会门口集会和请愿，要求取消英伊公司的租让权。什叶派阿亚图拉（教长）卡沙尼也发动教徒举行大规模集会，要求把英伊公司收归国有。这些几万人乃至10万人参加的盛大集会，对主张批准补充协定的当权派形成了很大的压力。

执政的拉兹马拉政府被迫于12月26日宣布取消补充协定，但仍主张与英伊公司谈判，争取提高石油税。

1月11日，伊朗国会成立了新的石油委员会，负责拟订实现1947年10月国会通过的关于石油问题法令的具体办法，限于两个月内完成。委员会由9人组成，摩萨台、马基等均列名其中。

形势逼人，英伊公司开始清醒，于2月10日表示愿意与伊方研究签订类似美国与沙特阿拉伯均分利润的方式的协定，但为时已晚。国会石油委员会也已于1月底即开始讨论摩萨台等民阵成员提出的石油国有化议案了。

3月7日，反对国有化的伊朗首相拉兹马拉被宗教狂热分子刺杀。这一恐怖事件震慑了许多反对国有化的议员，使他们不敢出面和民阵成员的主张对抗。

在这样的形势下，石油委员会于3月8日一致通过国有化建议。15日及20日国会两院也先后顺利通过，并决定再延长2个月以制订具体实施方案。至此，石油国有化终于从口号变成了国会通过的法案。这是民阵的重大成就。

1950年4月26日深夜，伊朗国会石油委员会一致通过了石油国有化具体实施方案，它随后于28日及30日又先后为国会两院批准。国会还以压倒多数推荐摩萨台出任首相，组织新政府。在伊朗现代史上，摩萨台政府是第一个代表民族资产阶级利益的政府。民族资产阶级的代表从而取得了领导石油国有化运动的合法权力。这是爱国力量的重大胜利。

石油国有化法令共有9条规定，其主要内容是：立即褫夺前英伊公司财产，但可从未来的石油收入中提出25%进行补偿；认定一切石油及石油产品的收入都是伊朗国家的财产，伊方将清查前公司的账目；以及规定伊朗石油将优先或仅仅提供给前英伊公司的买主。

法令规定，由国会和财政大臣共组混合委员会，作为法令执行机构，并由该委员会立即拟订伊朗国家石油公司的组织章程。

石油国有化法令体现了伊朗民族资产阶级维护主权和民族权益的决心，也作了相当妥协，留出了很大的回旋余地。摩萨台自信能借助外交手段迫使英国承认既成事实，解决争端，从而实现石油国有化。

摩萨台政府的对内对外政策，
1952年7月事变

摩萨台政府的上台靠的是拥护石油国有化的社会阶层的支持。在为期两年的斗争中，各阶级、阶层和社会集团对待石油问题的态度已大体分明。民族资产阶级要求国家保证它发展的条件，渴望石油国有化能为自己提供广阔的发展前景。它是石油国有化的创导者。广大城市小资产阶级（包括传统的市场分子①和现代的小业主、职员和大学生等）则切盼国家复兴进步，为自己提供安定的生活和发展的机会，因而积极拥护石油国有化，它们实际上是国有化运动的主力。工人阶级则历来具有反帝反封建的强烈要求，积极参加石油国有化运动。以上这些阶级和阶层就是国有化运动的基本力量。

反对国有化的社会力量中，主角是宫廷贵族和大地主大资产阶级，它们依附于外国石油资本，只求多分得一些石油利润，反对国有化，更害怕这个运动可能引发的社会变动。

至于广大的农牧民，则基本上没有参与这场运动。

摩萨台政府在施政纲领中列举了三项任务：（1）实现石油国有化法令，"将所得收益用于加强国家经济和作为为人民创造福利和安乐的手段"；（2）改革国会和地方议会的选举法；（3）在对外政策上支持联合国原则，和一切国家友好。三项任务中的首要者，是实现石油国有化。

伊朗政府要求英方于5月底前派代表赴伊处理与国有化有关事务，并争取美国的同情。它接受美国的斡旋，于6月中旬与英国进行谈判，同时派出以巴扎尔甘工程师为首的接管委员会前往阿巴丹，开始接管英伊公司所属企业。

英国坚决抗拒。这是因为英伊公司是英国在中东殖民利益的重要阵地，而且公司获利丰厚（1950年即获利1.6亿多美元），是英国重要财源。工党政府以外相摩里逊为首的一派在保守党的支持下，竟调动伞兵和军舰，企图用武力解决。但首相艾德礼比较持重，主张"同意接受国有化原则"，在谈判中谋取更多的好处。这一派意见最后占了上风。

美国统治集团中存在两派意见：一派认为应支持摩萨台以排挤英国并取代之，美国驻伊大使格拉第和国务卿助理帮办麦吉里是这一派的代表，国务卿艾奇逊私下里也同意这种意见；另一派则认为美英在中东虽矛盾尖锐，但有共同利益，应与英国协调行动，压制摩萨台。前一派意见起初占上风，表现为4月美英华盛顿会议上，美国曾力促英国在形式上承认国有化；格拉第

---

①　市场 Bazzar，是伊朗城市里小商人和作坊的聚居地，它的活动不限于商业，常成为政治活动的场所。市场分子指的就是这些小商人和手工匠。

也在国有化法令通过前夕，向摩萨台表示支持，还允诺提供经济援助。美国国务院于 5 月 14 日声明："美国政府虽不相信国有化，但承认其他政府有选择走那条路的权利。"这实际上是对伊朗表示了某种同情和支持。

但在石油资本的强大影响下，美国政府的态度很快便发生了某些变化。在英伊争执中以中间人自居，美国也力劝英国不要动武。杜鲁门于 6 月 1 日写信给英首相艾德礼和摩萨台，要他们以西方共同利益为重，调整冲突。他的意思是要英伊举行谈判，和平解决问题；同时在调处英伊冲突中帮助美国石油资本打进英国独占的伊朗石油领域。

6 月 14 日开始的英伊谈判，因英方仅同意形式上设立新的伊朗国家公司（亦即形式上同意国有化），但实质上坚持控制该公司的理事会而告失败。伊朗随之正式开始接管英伊公司，收回了阿巴丹炼油厂。

英国则加紧上诉海牙国际法院。6 月 30 日国际法院作出裁决，责成双方维持 5 月 1 日前的现状，以待最后裁决。伊方拒绝，并声明以后不承认国际法院的管辖权。

为了打破僵局，杜鲁门于 7 月 9 日写信给摩萨台，表示愿派著名外交家、前美驻苏大使哈里曼为他的私人代表，去伊朗协助调处。摩萨台对这一建议甚为欢迎。7 月下旬至 8 月下旬，哈里曼进行了调处。英国政府正式表示承认国有化原则，但又坚持要取得销售石油的垄断权和由英国人担任伊朗石油公司总经理，为伊方所不能同意；而伊方的最后修正案即在国有化前提下，改用一个外国人主持石油生产管理（这明显地对美国有利），也为英美共同拒之门外。哈里曼偏袒英国的调处毫无结果。

此后，英国一面对伊禁运，并威胁任何人不得购买"赃物"（伊朗石油），一面又向安理会控诉伊朗"掠夺"了它的财产。伊朗则以牙还牙，收回了英伊公司控制的管理、运输权，并积极准备在安理会和英国展开针锋相对的斗争。

1951 年 10 月 16 日，安理会讨论伊朗石油问题。摩萨台亲自赴会，在会上理直气壮地揭发和控诉了英国的殖民掠夺政策，宣传了自己的主张，博得了广泛的国际同情。安理会最后决定等到国际法院作出最后裁决后再开会讨论，使英国利用联合国向伊朗施加压力的计划失败。

英美又企图通过国际复兴与开发银行来控制伊朗石油。12 月底国际银行提出设立中立的管理委员会总揽伊朗石油事务，银行则有全权决定石油的生产，提炼和销售。摩萨台坚决反对这个全盘否定国有化的方案。

由于英美在 1951 年下半年在远东问题上达成了一系列妥协，英国以同意对中国禁运和同意召开旧金山片面对日和会为代价，换取了美国在伊朗石油问题的支持，这表现为哈里曼在调处后期态度的变化和驻伊大使格拉第随之被调离伊朗。英美对伊态度日趋协同一致。1952 年 1 月 9 日，杜鲁门和英国新上台的保守党政府首相丘吉尔发表联合声明，赞同国际银行的方案。同时，美国也不断加强对摩萨台的经济压力；3 月 20 日美国政府正式拒绝了伊朗的贷款要求。但美国却继续保持军事援助和按第四点计划的对伊援助，因为这些款项的接受者是大资产阶级大地主集团和上层军警人士。

而摩萨台为了向美国表示友好和信任，也在宫廷的压力下表态愿接受美国军援，和美国进行军事合作。

摩萨台的言论和行动遭到了以人民党①为代表的左翼的反对，认为这是他在尽力寻求与美国勾结。以宫廷贵族等为代表的右翼也对摩萨台拒不接受西方方案，坚持国有化原则十分不满。而美国态度的变化和英国保守党政府上台后执行的露骨的强硬政策，又使外交谈判的道路越走越窄，原先设想通过谈判实现国有化、取得大笔石油收入的计划，已被证明为极不实际。这使摩萨台政府面临困境。

日趋恶化的财政经济状况，首先是财政困难使摩萨台政府难以应付。由于英伊公司拒付石油税国家财政收入锐减。原英伊公司雇用的几万伊朗工人由于开工不足，陷于失业，亟待政府救济。因此，国家财政亦字大增，外汇短缺、商品匮乏、物价飞涨、人民生活水平下降。

摩萨台政府被迫寻求解决问题的新途径。1952 年初它制定了一个"不依赖石油的经济政策"，其主要内容有以下几点。

（1）增税节支。1951 年 10 月政府削减了国家预算开支 15%、同时提高某些奢侈品（如小轿车）进口税 50%、烟草税 30%；还增征所得税，追缴大商人、大地主拖欠的税款。

（2）发行公债，总数为 20 亿里亚尔，首期公债为 5 亿里亚尔。

（3）鼓励和扩大出口。积极开采矿产，用以出口，以赚取美元，建立商业及出口银行。

（4）鼓励及扶助民族工业。发放贷款，减免机械设备的进口税，以增产

---

① 伊朗人民党成立于 1941 年 9 月，1949 年 2 月被宣布为非法，摩萨台政府执政后，处于半合法状态。它的前身是伊朗共产党。

国内生活必需品。

（5）组织失业工人从事公共工程。

这些措施当然只具有治标的性质，即使全部贯彻，也只能缓和危机于一时。它还触犯了宫廷贵族大地主大商人集团的利益，而为其所不容。

人民党对摩萨台政府这一政策也持反对意见，并发动群众拒购公债，领导工人不适当地要求增加工资、改善福利等，使政府增添了困难。

"不依赖石油的经济政策"没有缓和政府与日俱增的财经困难，而对日益恶化的经济状况，民族阵线内部出现了重大分歧。

劳动者党领导人巴格伊开始动摇，要求摩萨台改变政策，并对他进行公开抨击。一些宗教团体如"伊斯兰殉道团"则对摩萨台不遵循伊斯兰教规办事，实行世俗化政策不满。右翼民族主义者对摩萨台不公开反共及容许人民党半合法存在持强烈反对态度。这些人开始脱离民阵，并公开反对摩萨台。

反国有化势力也乘机对政府加紧攻击。1952年3月，他们在国会中公开成立反摩萨台集团。

双方围绕第17届国会选举进行了较量。由于不民主的选举制度未经改革和大封建主在农村的强大影响，大批反动分子得以当选，民阵在国会中的席位虽也增加了，但掌握国会多数的是反动势力。他们和宫廷相结纳，气焰嚣张，使摩萨台动辄受制。

这一形势迫使摩萨台向以宫廷为代表的反动势力摊牌。1952年7月，他要求国会授以6个月全权，以全力应付困局，并要求自任国防大臣，以着手掌握军队。这个要求被拒绝，摩萨台被迫破釜沉舟、背水一战。7月16日，他宣告辞职。

国王立即任命亲美官僚、大封建主卡凡姆继任首相。18日，卡凡姆发表声明，斥责摩萨台，声言要改弦易辙，解决石油问题。

石油国有化运动面临夭折的危险。

摩萨台的辞职，不过是一种以退为进的策略。摩派议员28人立即行动，于17日发表声明，指出只有在摩萨台的领导下才能实现国有化。首都和各城市群众继起响应，强烈要求摩萨台复职。摩派议员趁热打铁，号召首都人民于7月21日举行总罢工和大示威。这时，什叶派宗教领袖卡沙尼也号召教徒们支持摩萨台，对帝国主义和反国有化势力发动"圣战"。人民党见局势险恶，于是中止了对摩萨台的批评，大力发动群众反对卡凡姆上台。摩萨台、卡沙尼和人民党不约而同地联合行动，显示了强大的威力。

7月21日，德黑兰参加示威的群众多达几十万人，示威迅即发展成为起义，群众高呼"人民领袖摩萨台万岁"和"建立共和国"的口号，与军警激战，王朝统治面临崩溃危险。巴列维国王立即决定让步，同意接受摩萨台的条件，国会也通过授予他6个月全权。摩萨台再度执政。

摩萨台初步认识到了清理内部限制王室权力和进行某些民主改革的重要意义。他首先把政府中的亲宫廷分子清除出去，并禁止国王和外国使节直接交往，迫使以反民主反国有化而著称的阿什拉芙公主流亡国外，从而削弱了国王的权力和影响。他又兼任国防大臣、着手控制军队，强迫一批反动的高级军官退役，提拔了一批有爱国思想的中级军官，削减了军费，裁撤了部分军队。

在行政方面，摩萨台政府对财政、司法、选举制度和教育都酝酿改革，任命了一批开明人士担任部长。这些人士提出了一些改革建议，如允许妇女享有平等的选举权；将某些重要交通运输企业收归国有；国家干预市场以控制粮价等。1952年10月，政府又颁布了新土地法，规定减少地租20%。此外还颁布了新税收法，减少低收入者的负担。这表明：民族资产阶级政府在反对专制王权、促进社会进步的道路上有所前进。

国内反动势力和保守分子反对这些进步倾向，使政府的改革措施难以实行。更为严重的是，改革触怒了什叶派宗教领袖和民阵中一些上层人士，加剧了反帝队伍的内部分歧和分化。著名的民阵领导人马基和什叶派领袖卡沙尼就因此而与摩萨台决裂。

人民党在7月事变后得到了发展，它在策略上也作了某些调整，主张与摩萨台建立反帝统一战线，但没有提出具体措施。摩萨台则囿于资产阶级偏见和害怕触犯美国，不愿与人民党接近，并仍然对它实行限制政策。

摩萨台与英美之间进行了又一次重大的外交较量。1952年8月30日，杜鲁门丘吉尔再次联合建议：伊朗和英伊公司共同销售伊朗石油，同时将伊朗向英伊公司补偿问题交国际法院裁决，摩萨台拒绝了英伊共同售油，但同意由国际法院审定补偿问题，不过伊方也要求英伊公司对国有化后给伊朗造成的损失作出补偿。这就既坚持了国有化原则，又作了重要让步，充分体现了伊方解决问题的诚意。但英国却不予接受。至此，摩萨台通过外交途径解决石油问题的努力，已濒临最后失败。

接着，摩萨台采取了果敢的措施：于10月22日宣布对英断交。这表明他对英国已不抱希望。但他对美国仍然怀有幻想，相信由于"美国在我们这个世界的使命是制止共产主义的传播"，会最后给予他援助。

随着经济政策的失败和国有化队伍的分裂与削弱，而美援又久待不至，摩萨台政府陷入了深深的困境。

摩萨台政府的困境　1953 年 8 月反动政变

1953 年初，摩萨台政府面临着十分严峻的国内外局势。

在国际方面，由于摩萨台政府再度拒绝接受英美于 2 月中旬提出的建议①，外交解决的大门最后关闭了。美国共和党政府执政后，完全甩掉了某种中立的外衣，公开采取对伊朗敌视的态度。美国总统艾森豪威尔等与英国外相艾登在 1953 年 3 月会晤时，在对伊朗政策上达成了完全的谅解。这就是：要"下功夫找人取代摩萨台而不是收买他"。美国国务卿杜勒斯在 4 月遍访中东，但不去伊朗，他甚至露骨地说："任何伊朗政府只要不是共产党政府，都比现政府好。"

在国内，严重的财经危机和反动势力的猖獗活动威胁着摩萨台。延续二年的财经危机，已使政府到了山穷水尽的地步。政府已无力向机关工作人员发放工资，国库一空如洗，只好乞灵于大量印发钞票。从 1952 年下半年起，一年之内竟印发了 30 多亿里亚尔新钞。其结果是恶性通货膨胀，国家经济濒于崩溃。

反动势力则在美国的协助下气焰嚣张，公然把国会变成了反政府的中心。更为严重的是，他们内外勾结，积极组织军事政变。前内政大臣萨希迪是阴谋的领导者，他串连了大批退役高级军官，以俱乐部为掩护，拉拢收买军队指挥官，暗杀忠于摩萨台的军队负责人。4 月份摩萨台在警察部队中的得力助手、警察总监阿夫沙杜斯竟被他们谋杀。

与此同时，定特摩萨台的队伍继续削弱。5 月份第三力量党②又从民族阵线分裂出去。

这时，人民党看到局势危急，便致信摩萨台，再度呼吁合作。民族阵线的某些领导人认为可以接受，但摩萨台怕刺激美国，拒不同意。

---

① 建议主张建立由英美等国联合组成的国际公司，代替英伊公司，所产石油以六五折售予公司参加者；补偿问题则由国际法院审处。它完全剥夺了伊朗通过国有化已取得的成果。

② 劳动者党在 1952 年分裂，一部分由巴格伊领导、离开了民阵；另一部分由马勒基领导，成立第三力量党，留在民阵。

摩萨台对反动势力的进攻也进行了相当坚决的抵抗和反击。

1953 年 1 月，他首先解散了反动分子麇集的国会参议院，半年后又宣布举行公民投票，决定国会众议院是否应予解散。8 月新举行的公民投票中，绝大多数票同意解散。这样，成为反动分子公开反政府中心的国会便不存在了。同时他也向反动势力的最高权威象征宫廷发动了反击。

1 月，摩萨台迫使国王和国会将授予他的全权延长 12 个月。2 月，他又要求国王离开伊朗（因宗教人士反对而未实现）。5 月，他终于迫使国王把领导武装部队的全权交给由他兼任的国防大臣。他还一再公开演说，要求国王效法英国君主，君临而不统治。他直接点名斥责一些重要王室成员，并在 5 月下令将王室土地收归政府管理，使双方关系空前紧张。

原属王家所有，后来大部分又被巴列维分给耕种它的农民的 2000 多个村庄，是一笔巨大的地产。王室通过它取得大量收入，又通过所谓分地而在部分农民中赢得了声誉和支持。这些地产全部收归政府后，王室被剥夺了土地收入和沽名钓誉的手段，受到极大的打击。

但摩萨台在王朝制度的存废问题上却犹疑不决。看来他更倾向于暂时保留之，只要国王放弃特权，不干预国有化运动，甘心退居权力有限的立宪君主，至于推翻王朝制度，建立民主共和国，则不是他所欲为的。历史证明，摩萨台没有乘势追击、扫除王室这个反动的权威象征，对国有化运动的成败产生了多么重大的影响。

伊朗国内外反动势力正是以国王的名义发出号召，发动反动政变的。

他们早已从 1952 年下半年起就在策划军事政变了。美英情报部门在年底建立了协作关系，决定由美国中央情报局人员凯米特·罗斯福主持其事，英国战略情报局则运用在伊情报网，提供各种情报。他们决定在 8 月发动军事政变，步骤是：

首先由国王出面，将摩萨台撤职，任命萨希迪为首相，同时由美国支持萨希迪发动军队，武力夺取政权；上层宗教人士则制造混乱，并把罪名推到人民党头上，以便同时镇压人民党。美国中央情报局为政变拨款 1000 万美元，作为经费。

巴列维于 8 月 13 日首先发难，下令解除摩萨台的职务，任命萨希迪为首相。但巴列维刚在里海之滨的行宫中签发命令，人民党的报纸就刊出了政变计划的全部内容，打乱了萨希迪的原定步骤。政变计划不得不推迟。

摩萨台政府虽然采取了某些紧急应变措施，但不够有力。萨希迪看到有隙可乘，便在 16 日凌晨恢复行动。他命令王宫卫队司令逮捕摩萨台和政府要员，但摩萨台已有戒备，无法下手。总参谋长里亚希将军也逃脱，只捕得外交大臣法特米等人。里亚希立即调动忠于政府的部队反击，救出了被捕者，解除了王宫卫队武装，政变失败。巴列维闻讯后，立即匆匆驾机逃出伊朗。

德黑兰人民得知后，举行了声势浩大的反政变示威，同时要求宣布废除王朝制度，成立共和国。人民党在示威中起了重要的组织作用。18 日，人民党又一次向摩萨台呼吁联合，主张建立共和国，保证各民主政党的自由活动。摩萨台避不作答，转而找到美国大使韩德逊，要求美国给予支持。韩德逊表示只有在确立法律和秩序后才能考虑，亦即虚以美援为钓饵，诱使摩萨台镇压群众，一石二鸟，既打击人民党，又削弱支持摩萨台的力量。渴求美援的摩萨台竟然听从了这一毒计。

他立即命令军警"恢复秩序"，大量逮捕示威群众。民族阵线的机关报把国王出逃看作大功已经告成，居然发表社论说，现在来自国王的危险已经过去，但来自共产党的危险则在扩大，如不迅速制止，国家就会毁灭。不过民阵的激进分子法特米等人则较清醒，认为反动政变的危险还继续存在，主张立即推翻王室，建立民主共和制度。

摩萨台镇压反政变群众的行动，为萨希迪再次发动政变扫清了道路。他立刻把国王签署的将摩萨台解职令紧急印刷了几万份，在首都和各地广为散发，为军事政变制造合法气氛。同时又急忙调遣邻近地区的政变部队，还买通了原来忠于政府的首都警卫部队中的装甲兵指挥官，让他率部充当政变前锋。凯·罗斯福则收买了大批无业游民，冒充群众，发动反政府示威并挑起与左派群众的冲突，为政变部队的出动制造借口。卡沙尼也组织教徒参加反摩萨台示威。这次政变定于 8 月 19 日发动。

人民党探知政变部署后，于 19 日凌晨打电话告诉摩萨台，要求联合起来制止政变，首先要请摩萨台发表广播讲话，号召群众进行武装抵抗。对此，摩萨台竟予拒绝。他还表示，广大群众支持他，不怕政变。

8 月 19 日上午开始了反动军事政变。一切按计划进行。当无业游民的队伍与支持政府的群众发生冲突时，政变部队便以维持秩序为名介入。里亚希将军急调装甲部队对付政变，不料坦克进城后却宣布倒戈，局势立即逆转。政变部队占领了首相官邸，但摩萨台逃脱，次日在近郊被擒。政府的主要成员都成了阶下囚。

萨希迪组成了新政府，摩萨台政府被推翻了。

美国驻伊军事使团直接支援了政变部队，他们所使用的弹药、车辆、通讯工具都是美国军事使团提供的。

政变成功后，逃亡罗马的国王返国。萨希迪政府对爱国群众进行了大规模镇压，两年之内，被判死刑的达 5000 人，被投入监狱的有几万人，还有 5 万人被迫逃离伊朗。人民党在镇压中首当其冲，损失重大，它在部队中的秘密组织被破获，600 多个军官被捕，组织领导人鲁兹贝赫被处死。

摩萨台被交付军事法庭审判。他在法庭上作了长达 5 小时的发言，为国有化事业辩护。法庭判处他死刑，后改为 3 年徒刑，刑满后被软禁在首都郊区他的庄园里，1967 年病逝。外交大臣法特米则被处死刑。

美国对政变成功十分高兴。除立即拨发属于第四点计划的 2300 万美元外，又紧急赠款 4500 万美元给萨希迪政府，还另外赠送 150 万美元为军队奖金。英国也同萨希迪政府接触，于 12 月初恢复了英伊外交关系。

国际石油资本和萨希迪政府举行了谈判。1954 年 8 月，双方签订了新的石油协定。国际石油财团取代英伊公司，瓜分了伊朗石油。分配比例是，英伊公司享有伊朗石油公司股权的 40%，英荷壳牌公司享有 14%，5 家美国公司共享有 40%，其余 6% 归法国石油公司享有。伊朗放弃对石油的生产控制权和国外销售权，仅在名义上保有对油田资产的所有权，还获得某些次要的权利（如交通、医疗、培训人员、福利权等）。协定还规定伊朗须向英伊公司付出补偿 2500 万镑，石油利润对半分成。新协定有效期延到 1979 年，还可以自动延长到 1994 年。至于国际石油团所获租让面积则仍为大约 10 万平方英里。

以石油国有化运动为形式的，在伊朗现代史上规模空前的民族民主革命，为什么最终陷于失败呢？

从主观方面看，最重要的原因是进步力量的分裂，在运动的整个过程中，始终未能形成反帝反封建王朝的民族民主统一战线，以致被各个击破。

以摩萨台集团为代表的民族资产阶级坚决反对帝国主义掠夺，勇敢捍卫民族权利，但另一方面又患了"恐共病"，害怕群众，限制民主，拒绝和左派进步力量合作。而人民党领导的左派进步力量则在相当长的时间内否认或低估民族资产阶级的反帝革命性，把它和大资产阶级混为一谈，对它执行左倾政策，从而也使反帝联合不能实现。运动后期这一认识虽有所改变，但政策措施不力，因而也没有收到成效。

其次，摩萨台集团虽然也反对王朝专制，但只限于对国王权力作出一定的限制，并无推翻封建王朝，建立民主共和的认识和决心，在关键时刻不能顺应群众要求，因势利导、摧垮封建王室这一反动的权力象征和顽固堡垒，留下了贻害无穷的祸根。

再次，无论是民族资产阶级还是左派进步力量，都没有充分认识到农民的重要性，不去发动农民，对如何把运动引入农村，使它和某些农民自发的反封建斗争结合起来，不够重视。结果是，国有化运动仅仅局限在城市里，得不到广大农村的响应和支援。

最后，摩萨台集团对美国始终抱有极不实际的幻想，对英美矛盾作了过高的错误估计。这些错误使它不去做好进行长期斗争的充分准备，对反动军事政变既缺乏警惕更无充分的应变措施。

从客观因素看，失败的主要原因在于缺乏有力的国际支援。

世界进步公众对伊朗人民的正义行动普遍寄予广泛同情，给予道义声援。中东一些国家的人民也在伊朗的影响下发动了反帝行动。这些行动都在一定程度上支持了伊朗人民的斗争。

摩萨台政府在英国强横的经济封锁和英美公然的合力打击下，处境越来越困难，面临失败的深渊时，却得不到切实有力的国际援助。苏联报刊发表了一些同情伊朗人民的文章。在安理会讨论伊朗石油问题时，苏联代表反对英国对伊朗提出颠倒是非的所谓控诉。在摩萨台政府的主动下，苏联也曾经和伊朗签订了小额易货协定。当伊朗政府要求不再延长苏联对里海的渔业租让权时，苏联表示同意。但当海牙国际法院对石油问题作出不利于伊朗的裁决时，苏联法官却引人注目地缺席。摩萨台政府由于军方压力同意延长美国军援期限时，苏联立即向伊朗提出强硬抗议，使伊朗资产阶级人士感到"有如背后挨了一棍"。综观苏联对摩萨台政府的政策，实在谈不上有什么重要的实际支援行动，而是置身局外，作壁上观。而摩萨台也根本无意主动向苏联寻求声援。

这就使伊朗陷入某种国际孤立，从而大大便利了英美对伊朗的联合行动。

伊朗人民争取石油国有化运动虽然失败了，但影响深远，不可低估。

伊朗人民受到了一次极其深刻的爱国主义教育，国有化思想成为扎根人心的普遍信念。民族民主革命的巨大影响冲击着国内的旧秩序，迫使统治阶级也打起革命的旗号，在60—70年代进行了若干改良。尤其重要的是：广大群众加深了对美国的认识，连民族资产阶级人士也改变了对美国的看法，开始抛弃对它的幻想。因此，尽管美国从此开始控制伊朗，但遭到的反抗更是空前强烈。国有化运动对中东特别是海湾地区人民的影响重大，它大大推动了这些地区的反帝爱国运动。1951 年 10 月，埃及人民废除了 1936 年英埃条约；1952 年 7 月又推翻了法鲁克王朝，建立了共和国。1951 年 3 月，伊拉克出现了国有化的呼声，一些议员还提出了正式议案。在科威特，1952 年石油工人罢工中也提出了把美国石油公司国有化的要求。这些都是伊朗人民反帝斗争的回声。中东人民还从伊朗事件中学习了许多有益的经验。

国际石油垄断资本也从伊朗所发生的事件中吸取了某些教训，从而在中东产油地区普遍作出了一些让步。此后，对石油利润对半分成的规定，成为对各产油国普遍实施的原则。

伊朗石油国有化运动也改变了中东的国际格局。英国在中东的地位继续削弱。美国则显著加强。从两国在中东石油中所占比额看，1946 年英国 58%，美国为 42%；到 1958 年，英国下降为 40%，美国则上升为 60%。美国已取代英国，成为主宰中东石油的霸主。

克什米尔问题

闵光沛

克什米尔是查谟和克什米尔邦的简称。克什米尔问题即克什米尔的归属问题，是 1947 年印巴分治时，英国帝国主义为了在印、巴之间制造对立而遗留下的。印度和巴基斯坦为此发生争执，并于 1947 年 10 月发生武装冲突。战争虽经联合国干预于 1949 年元旦停火，同年 7 月划定了停火线，但克什米尔的归属问题仍未解决。时至今日，印度和巴基斯坦在克什米尔问题上的争执依然存在，克什米尔问题仍是一个悬而未决的问题。

克什米尔问题的由来

克什米尔在南亚次大陆分治前是当地最大的土邦之一，面积约为 21 万平方公里，人口约为 500 万，其中穆斯林占总人数的 77.11%，印度教徒占 20.12%，锡克教徒和佛教徒占 2.77%。

克什米尔位于南亚次大陆的最西北部，东北部和北部与中国的西藏、新疆接壤，西北角与阿富汗交界，阿富汗狭长的瓦罕走廊把它与苏联分隔开，西部毗邻巴基斯坦，南部与巴基斯坦和印度两国为邻。其战略地位极为重要，素有"中亚细亚的心脏"之称。

克什米尔山川秀丽，景色宜人，是喜马拉雅山中心的一块美丽富饶的土地。莫卧儿皇帝贾汉吉尔曾说，那里是"人间天堂"。克什米尔谷和查谟平地是富庶的农业地区，盛产谷类、水果和蔬菜，工业以森林、纺织和手工业为大宗。首府斯利那加市为邦的夏都，查谟市为邦的冬都，是统治家族的所在地。

克什米尔人民和查谟人民创造了灿烂的古代文明。在长期的历史发展中，印度教徒、穆斯林和锡克人曾先后在这里建立王朝。但是这两个地区并不是自古就在一起的。18世纪后半叶，查谟的一个多格拉人首领渐露头角，扩大了势力。到古拉布·辛格时，力量更加强大。1846年，乘英国殖民者与锡克人争战之机，古拉布·辛格与英国人达成协议，以750万卢比把英国殖民者夺取的克什米尔买了过来，并表示接受英国的最高统辖权。双方于同年3月16日签署"阿姆利则条约"。从此克什米尔就一直处于马哈罗阁古拉布·辛格及其后继者的统治下。在克什米尔谷地，穆斯林约占全体居民的93％。在查谟，居民大多数信仰印度教。辛格本人是印度教徒。英国制造了查谟—克什米尔邦，把印度教的统治者强加在穆斯林头上，从而在次大陆的英国权力的两个继承者之间撒下了激烈争吵的种子。

马哈罗阁对克什米尔实行封建专制的暴虐统治。少数多格拉、婆罗门几乎控制全部高级职务，而占人口绝大多数的穆斯林则处于被压迫的无权地位。反对宗教歧视、民族压迫和阶级剥削的斗争不断爆发。曾就读于阿利加尔穆斯林大学的谢赫·穆罕默德·阿卜杜拉，于1932年10月成立查谟和克什米尔穆斯林会议，1936年5月提出它的目的是"完全的责任制政府"。1939年6月，该组织为了避免成为穆斯林的一个教派组织，改组为全查谟和克什米尔国民会议，以团结各宗教教派的人物；同时也是为了取得印度国民大会党的支持。1940年，穆斯林联盟提出建立"巴基斯坦"后，阿卜杜拉手下一位名叫古兰·阿巴斯的助手，宣布脱离国民会议，恢复穆斯林会议。从此，克什米尔内部出现了两政党。1944年，国民会议在其"新克什米尔"的纲要中，提出进行全面改革的计划。1946年5月，当英国政府派出的内阁使团到印度与各党派会谈时，它向使团提出要马哈罗阁"退出克什米尔"的决议，并在备忘录中对阿姆利则条约的合法性表示怀疑，认为那是一种"出卖行为"。邦政府实行镇压，逮捕了阿卜杜拉和他的许多同事。随后，阿巴斯也被逮捕，冠以发动反对统治者的"直接行动"的罪名。直到印巴分治时，他们仍然被拘押在邦政府的监狱里。

次大陆分治时，关于分治后各土邦的归属问题，进行过多次讨论，其基本原则由英国内阁使团的1946年5月16日建议所确定。英国内阁使团的声明说："由于英属印度将在英联邦之内或之外获得独立，土邦王公与英国国王之间迄今所有的关系将不复存在。最高权力既不能由英王保留，又不能转交给新政府……各土邦准备并愿意在印度事态的新发展中合作。各土邦将采取的合作形式，是一个要在建立新宪政机构期间谈判的问题……"并提出"应成立包括英属印度和印度土邦在内的印度联邦，负责下述事项：外事、国防和交通，并有权为上列事项征集必要的经费"；"土邦应保留除交给联邦之外的一切事项和权力"两条具体建议。1946 年 5 月 22 日，内阁使团在关于土邦与最高权力致王公院主席的备忘录中，进一步指出："当新的完全自治或独立的一个或几个政府成立时……英国政府就不再行使最高权力了。这就是说，土邦从与英国国王的关系中得到的权利都不再存在，土邦交给最高权力的一切权利都归还给土邦。因此，土邦与英国国王和英属印度之间所有的政治协定均已结束。这个空白应由土邦与英属印度的一个或几个后继政府建立联邦关系，或由土邦与它（它们）缔结特殊的政治协定来填补之。"

路易斯·蒙巴顿接任印度总督后，于 1947 年 6 月提出"六三计划"，在土邦来的归属问题上没有改变内阁使团的建议。同年 7 月举行的王公院重要会议上，蒙巴顿宣布，两个自治领分别建立各自的土邦部。以指导与土邦的谈判。蒙巴顿说，为土邦参加自治领的加入证书已拟好，凡土邦加入自治领，都要交出外事、国防和交通三项基本权力；英国的最高权力在移交政权时将终止，各王公土邦届时即成为独立的政治实体。他还强调指出，"你们不能避开你们邻近的那个自治领"，因而存在着无法逃避的某种地域上的强迫性。

上述计划、建议、演说包括三项内容：英国移交权力后，各土邦即在事实上成为某种独立的政治实体；各土邦是否加入自治领或加入哪一个自治领，应由土邦通过与自治领的谈判来决定；各土邦在加入某一自治领时，应考虑地理条件等客观因素。

印巴分治时克什米尔的马哈罗阇是哈里·辛格，一个花花公子式的王公。他当时犹豫不决，对克什米尔是否加入或加入哪个自治领，一时尚未作出最后抉择。或许他更倾向于保持该邦的某种独立地位。哈里·辛格试图同时与两个自治领接近。8 月 12 日，辛格向印巴双方发报，要求与双方缔结"维持现状协议"。巴基斯坦方面接受这一意见，于 1947 年 8 月 15 日与克什米尔签订协定。根据这一协定，巴基斯坦负责克什米尔的铁路、邮电、交通及食物、石油等必需品的供应。印度却要求克什米尔派代表去德里商谈条件。

为了诱使哈里·辛格作出加入印度的决定，国大党进行了一系列活动。5 月，国大党主席克里帕兰尼访问克什米尔，企图说服辛格加入印度的制宪会议。随后，几个已经决定加入印度的土邦首领被指使去劝说辛格加入印度。8 月，甘地又去克什米尔。这些活动都没能说服辛格马上作出决定。

1947 年 9 月，国民会议的领袖阿卜杜拉和其他一些领导人被释放，而穆斯林会议的领袖阿巴斯却未获释。阿卜杜拉随即去德里同国大党领袖们会谈。与此同时，印度开始修筑一条从帕坦科特至查谟的公路，这势必引起人们，特别是巴基斯坦方面的极大关注。

在克什米尔内部，人民大众反对王公专制的自发斗争不断发展。在蓬奇省的苏特纳底地区，占人口 90% 的穆斯林居民在律师穆罕默德·易卜拉欣的领导下，展开了反对哈里·辛格专制统治的斗争。蓬奇是英国殖民者战时招募兵员的地区。第二次世界大战期间，将近 4 万蓬奇人曾在英国军队服役。在邻近的巴基斯坦西北边省境内的帕坦部落人的支援下，蓬奇人获得了土制武器，反对专治统治的斗争开始向武装斗争的形式发展。辛格命令他的穆斯林臣民们交出武器，他们却在山区组织游击队，解放了沿西旁遮普边界的大片地区。穆斯林会议的一些成员曾经在 7 月 19 日通过决议要求辛格加入巴基斯坦。在蓬奇地区人民斗争迅猛发展的形势下，穆斯林会议的领袖们于 10 月 1 日在拉瓦尔品第召开会议，决定组织自由克什米尔政府，由易卜拉欣担任政府首脑。

正当蓬奇的穆斯林和邦政府的部队对抗时，各地人民反对王公专制的自发斗争，遭到了邦政府军的残酷镇压。在查谟，近 20 万穆斯林居民惨遭杀害，其余的穆斯林难民纷纷逃离家园，进入巴基斯坦。消息传到边境地区，激怒了帕坦部落民。10 月 19 日，约 900 名穆斯林组成的先头部队，乘摩托车自西北边省的瓦齐里斯坦出发，向克什米尔进军。在巴基斯坦支持下，部落民于 1947 年 10 月 20 日越过边境，10 月 22 日进抵多米尔，直指邦省府斯利那加市。在三四天内，就有 2000 左右的帕坦人进入克什米尔境内，他们宣布要进行一场反多格拉族的"圣战"。10 月 25 日，马哈罗阁逃到查谟。在印度上邦部秘书梅农建议下，哈里·辛格同意加入印度，并将要求加入印度的文件和给蒙巴顿的信交由梅农带回德里，想以此换取印度的援助。10 月 27 日，蒙巴顿有条件地接受这种加入，并说，"一俟部落民被逐出，法律和秩序得到恢复，克什米尔的加入问题应根据人民的意见来决定"。印度政府也同意这只是一种临时措施，至于克什米尔的前途，将由公民投票所表示的人民愿望来决定。显而易见，克什米尔的归属仍是一个有待决定的问题。

印巴武装冲突和联合国的干预

克什米尔的马哈罗阁要求加入印度，印度政府就此声称"合并在法律上和宪法上就手续完备了"，进而为出兵"清除入侵者"提供了依据。就在印度接受克什米尔马哈罗阁加入的当天，印度政府的部队已在凌晨被空运到斯利那加镇压自由克什米尔运动。印度军队阻挡帕坦人的攻势，与穆斯林部落民发生激战。10月30日，巴基斯坦政府发表声明，宣布拒绝承认克什米尔加入印度，认为它违反了已签订的维持现状协定。它更加积极地支持部落民和克什米尔邦内的反邦政府力量。这场冲突实际上成为印度和巴基斯坦之间的一次不宣而战的武力冲突。直到1947年底以前，印度军队一直在许多地区进攻，以逐步把帕坦人驱赶回去。后因大雪封山，交通困难，进攻才暂时停止。

1947年11月1日，蒙巴顿和巴基斯坦总督真纳在拉合尔会谈失败。为了打破僵局，巴基斯坦总理阿里·汗建议将克什米尔争端提交国际舆论仲裁，请联合国立即指派代表去实现停火。对巴基斯坦提出的"外来部队"撤出的意见，印度反对，强调"印度军队是去克什米尔保护人民的，必须呆到劫掠者被赶出以后"。因此，印巴两国总理12月8日的会谈仍没有达成协议。

印度政府于1947年12月31日将克什米尔问题提交联合国安全理事会，根据联合国宪章第35条，指控巴基斯坦"侵略"。1948年1月15日，巴基斯坦政府提出反诉。印度代表断言"查谟和克什米尔已经加入印度自治领，是印度的一部分"。巴基斯坦代表则强调克什米尔与巴基斯坦的经济、地理、宗教和文化联系，说明克什米尔的情况主要是人民反抗王公的压迫性统治。他指出哈里·辛格将克什米尔加入印度是非法的，而印度在土邦加入问题上自相矛盾，对朱纳加尔和海得拉巴，它强调地域毗连和居民构成；对克什米尔却又另立原则，置地域邻近和居民成分于不顾。在双方撤军的问题上，安全理事会没有满足印度的要求，而是呼吁双方克制，不采取使局势进一步恶化的步骤。1948年1月20日，安全理事会通过一项决议，准备成立三人委员会对印巴争端进行调查和调解。尼赫鲁对此深感失望，抱怨说："在这个问题上，安全理事会的人们采取了极狭隘的观点。"

4月中旬，待克什米尔的冬季刚刚结束，印度军队立即发动春季攻势，占领了克什米尔西部的几座城镇，直逼巴基斯坦边境。巴基斯坦军队也于5月初收复了自由克什米尔的一些失地，印巴之间的武装冲突日益激烈。

1948年4月21日，联合国安理会通过英、美等六国提出的关于克什米尔问题的决议，决定成立联合国印巴问题委员会，由该委员会采取适当措施，调停印巴在克什米尔地区的冲突，以恢复该地区的和平和秩序，并创造条件举行公民投票，以决定克什米尔的前途。同年7月，印巴委员会成员抵达印度和巴基斯坦。经过一个月的活动，该委员会于8月13日向两国提出新的建议，规定实现停火和谈判达成一项停战协定。建议提出，巴基斯坦应确保撤出部落民和志愿人员，行政权交给联合国监督下的"地方当局"，当巴基斯坦正规军撤出时亦应撤出同等数量的印度军队。印度方面接受，附有澄清；巴基斯坦方面接受，附有条件。问题未能解决，印度于同年9月发动攻势，巴基斯坦向安全理事会控诉，该委员会于是再度受命调查和调解。

经过进一步谈判后，该委员会于1948年12月11日提出新计划，扩大8月13日的建议。印度于12月23日，巴基斯坦于12月25日接受这项新计划。1949年1月1日午夜，两国政府达成停火协议，同时宣布双方在查谟和克什米尔的部队停火。几天后，该委员会正式通过使停火协议具体化的决议。15日，两国军队指挥官会晤，同意遣返战俘。部落民开始撤出。双方在7月29日划定停火线。

停火线是按照当时印巴双方的实际兵力部署来划分的。按照停火线划界，克什米尔实际上被分割成两部分：

自由克什米尔，得到巴基斯坦政府支持，占据该邦西部和西北部，约占克什米尔面积的2/5，人口约100万，经济比较不发达。由自由克什米尔政府管理。

马哈罗阇的克什米尔，得到印度政府支持，占据该邦的大部分地区，约占克什米尔面积的3/5，人口约400万，经济比较发达，由查谟和克什米尔国民会议领导的政府管理。1947年10月31日，阿卜杜拉出任邦临时政府首脑，1948年3月成为邦政府总理。此后，老王公逐渐被人遗忘，宣布退位，其子卡兰·辛格继任，然而邦的实际权力掌握在阿卜杜拉和他的同事们手里。

停火协议生效后，问题并未解决。两国对于撤军和由谁代表"地方当局"看法均不同。委员会建议双方把各自的歧见报告公民投票执行官、美国海军上将切斯特·W.尼米兹，巴基斯坦同意，印度反对，问题于是又回到安全理事会。1950年3月14日，安全理事会要求两国政府，在五个月内解除武装，然后安排公民投票，同时决定派出一名调解人，协助制订和完成这一计划。5月澳大利亚著名法学家欧文·迪克逊作为调解人来到德里，在印度、巴基斯坦、克什米尔工作到8月，最后宣布调解失败。迪克逊在报告结束时提议，在有限的地区举行公民投票分治克什米尔，或许可作为一种解决方法。

1951 年 1 月，在英联邦总理会议上，巴基斯坦总理阿里·汗坚持要求把克什米尔问题列入会议的议事日程。会上提出各种建议，其中一项建议从次大陆之外派英联邦的军队来维持克什米尔的治安，同时举行公民投票。印度总理尼赫鲁拒绝此项建议。

英国和美国仍然谋求联合国介入克什米尔问题。1951 年 2 月，英美两国在安全理事会提出联合提案，支持迪克逊关于解除武装的建议。3 月 30 日安全理事会通过一项修正案，但为印度所拒绝。安全理事会改派美国人弗兰克·P. 格拉汉为新调解人，印度拒绝帮助他执行决议。克什米尔的局势日趋恶化，战争阴云密布，大有一触即发之势。此后格拉汉又提出过几次报告，但两国争执依旧，没有达成任何协议。双方的主要分歧是，解除武装后两国各应保留多少军队，公民投票执行官何时开始工作。鉴于双方无法达成一致，格拉汉只得把问题留给两国直接谈判，调解失败。

1953 年 8 月，巴基斯坦总理阿里·汗与印度总理尼赫鲁经过磋商，就克什米尔问题达成某种谅解。双方在 8 月 20 日发表的新闻公报中说："克什米尔争执应根据该邦人民的愿望来解决……确定人民愿望最好的方法，是举行公平的不偏不倚的公民投票……公民投票执行官将于 1954 年 4 月底委派。"这项协议的含义是明白无误的。根据协议，印度和巴基斯坦两国政府就承担了义务，承认克什米尔人民有权决定自己的命运，承认解决克什米尔问题的方法是实行公民投票，因而不能诉诸武力或单方面采取行政措施以解决此问题。克什米尔问题的解决似乎有了希望。

克什米尔问题的演变

问题并没有像人们所期望的那样发展。就在安理会调解争执期间，印度政府采取一系列措施，强行吞并克什米尔的大部分地区，使之成为印度的一个邦。

1950 年 10 月 27 日，查谟和克什米尔国民会议总委员会通过决议，建议邦政府召开制宪议会，拟定宪法，决定邦的前途，1951 年 10 月 31 日，制宪议会正式召开。议会在宪法条例中剥夺了马哈罗阇的一切重要权力，只给他一个政府顾问的名义；确认政府对议会负责、享有除国防、外事和交通之外的其他一切事项的自治权。几个月后，阿卜杜拉在一次演说中否认印度宪法适用于克什米尔。尼赫鲁急忙采取行动，与阿卜杜拉会谈，并于1952年7月在印度人民院宣布，克什米尔邦与印度其他邦不同，享有更多的权利和特惠，以示安抚。

阿卜杜拉坚持认为，克什米尔应享有完全的自治，只按内阁使团的建议交出三项权力。他声称，他和尼赫鲁1952年7月协议的基础，就是这个基本原则。印度政府对此极不满意。邦内的印度教徒中，有人鼓动该邦与印度完全合并，有人成立"人民党"。印度的一些右翼党派煽动风潮，甚至派员到该邦去活动，组织并入印度的萨蒂亚格拉哈运动，对邦政府施加压力。与此同时，查谟和克什米尔国民会议副总理兼内政部长巴克什起而反对阿卜杜拉，并于8月9日取而代之。阿卜杜拉被解除总理职务后，即遭逮捕。印度政府终于如愿以偿，消除了吞并克什米尔的障碍。

巴克什执政后，为使克什米尔尽快归并到印度积极行动。1954年2月6日，印占克什米尔制宪议会批准加入印度。4月13日，克什米尔与印度的海关关卡被撤销。5月14日，印度总统普拉萨德发布一项命令，确认由1952年7月德里协定、1954年2月印占克什米尔制宪议会动议所形成的克什米尔与印度的关系。1956年11月，印占克什米尔制宪议会通过了一部由印度拟定的克什米尔宪法，宣布克什米尔是"印度联邦的不可分割的一部分"。1957年1月26日印度独立节时，新宪法生效，印占克什米尔制宪议会自行解散。7月26日，卡兰·辛格为新任邦长，巴克什任邦政府总理。1960年1月，印度最高法院接管克什米尔的司法权。这样，印度政府单方面归并了克什米尔，使之成为印度辖下的一个普通的邦。

克什米尔事态的发展，激起巴基斯坦人的不满和愤慨。自1953年以来，巴基斯坦政府一直主张举行公民投票，由克什米尔人民来决定其归属问题。巴基斯坦方面采取了它所能够采取的措施，但因完全不能影响印度的立场而归于失败。巴基斯坦政府曾寄希望于谈判，1953—1964年，印巴两国领导人进行了4次会谈，部长级官员的谈判多达36轮，都毫无结果，或者虽有协议也被弃置不顾。巴基斯坦政府还寄希望于联合国及其安全理事会的干预，但印度政府坚持其固有立场，使之无法正常进行工作。

60年代中期印度和巴基斯坦关于克什米尔的争执日趋尖锐化，终于导致两国间又一次武装冲突。

危机出现在1963年12月，起因于斯利那加市一清真寺中保存的先知穆罕默德的一绺头发不见了。穆斯林群众十分激动，斯利那加市发生了骚乱。后来虽然找到了失踪的头发，穆斯林们仍然激愤异常。破坏停火线的事件屡有发生。

1965 年 4 月，两国在库奇荒原边境地区发生武装冲突，进一步加剧了已恶化的关系。库奇是一片荒芜的盐碱地区，位于印度的古吉拉特与巴基斯坦的信德之间，两国边境尚未正式划界。据 1960 年初签署的西巴基斯坦—印度边境协定，该地区是一处有争议的领土，双方同意研究有关资料，进一步讨论以解决这个问题。冲突发生后，英国首相哈罗德·威尔逊建议，把这一争执提交国际仲裁。在英国和美国的压力下，印度和巴基斯坦于 1965 年 6 月 30 日签署停火协议，中止了这场边境冲突。

但是，一场更加严重的冲突已迫在眉睫。印度方面一直向边境调集军队，进行战争鼓动，准备采取直接的武装行动。早在 1965 年 5 月 17 日，印度军队已越过克什米尔的停火线，以整营兵力袭击巴基斯坦方面的一些哨所。8 月 25 日，约 1000 名印度军队攻击了巴基斯坦控制区的军队。8 月 28 日，两师印度军队越境向南突进。印度政府说，印度方面发现伪装的巴基斯坦人员渗入克什米尔，煽动当地人民反对政府，进行军事渗透活动，其人数达 3000 人之多。这是印度发动军事进攻的一种口实。

1965 年 9 月 6 日，印度军队越过印度—巴基斯坦国际边界线，向巴基斯坦发动大规模的武装进攻。印度政府宣布全国总动员，把印巴两国关于克什米尔的地区性争端，扩大成为两国之间的一次全面战争。双方动用坦克，进行激烈的空战。大国再次介入克什米尔局势。安全理事会于 1965 年 9 月 20 日通过一项关于印度和巴基斯坦冲突的决议，9 月 23 日双方签署停火协议。这一场短促而激烈的战争遂告结束。

第二年初，在苏联总理柯西金的斡旋下，印度总理夏斯特里，巴基斯坦总统阿尤布·汗，在苏联塔什干举行会谈。双方于 1966 年 1 月 10 日签署《塔什干宣言》，表示双方要恢复两国间正常与和平的关系，促使两国人民间的谅解和友好关系。至于克什米尔问题，《宣言》只是说，"双方陈述了各自的立场"。显而易见，克什米尔问题并没有向解决的方向迈进，塔什干会议及其通过的文件也不过只是一纸空文。阿尤布·汗说："《塔什干宣言》是一个意向性的宣言。它规定了解决印度和巴基斯坦之间的主要争端，特别是引起两国间最近这次冲突的查谟和克什米尔争端的体制和程序。这个宣言的意义，应由在找到一种公正而体面的解决这个争端中，实现该宣言条款的程度来决定"。

此后印巴双方在克什米尔地区虽然没有爆发大规模的武装冲突，但双方在克什米尔控制区的部队每年几乎都发生小的武装冲突和交火事件。1972年7月，印巴签署《西姆拉协定》，规定：双方尊重停火造成的控制线，不损害任何一方的众所周知的立场。但是，印度政府1975年2月却置协定于不顾，片面宣布克什米尔印占区为印度联邦的一个组成单位："克什米尔邦。"印度政府的做法引起克什米尔人民和巴基斯坦人民的坚决反对，致使印度和巴基斯坦在克什米尔问题上的争执进一步发展。

综上所述可以看出：克什米尔问题，是英国殖民政权撤出南亚次大陆时遗留下来的历史问题。第二次世界大战结束后，英国慑于南亚地区日益高涨的民族解放运动，采取移交权力的方式退出，以便最大限度地保存它的势力和影响。撤离时英国玩弄手段，挑拨离间，制造了严重的分裂和动乱。在前英属印度，分治的主要依据是教派原则，其结果是挑动印穆两大教派间的仇杀，大批的人民背井离乡，以避杀身之祸，在次大陆造成了一幅惨不忍睹的悲苦情景。在前印度土邦，则把加入自治领的决定权交给了土邦王公，其结果是为两个新成立的自治领埋下长期争执的隐患和祸根，从海得拉巴到克什米尔，自独立以来，印度和巴基斯坦两国或兵戎相见，或唇枪舌战，长期保持着紧张局势，造成了十分严重的后果。对克什米尔争端，英国殖民者当然不能辞其咎。

克什米尔问题长期不能解决，是由于印度在处理土邦加入问题时，执行两种不同的标准。印度总督蒙巴顿、印度总理尼赫鲁都曾确认，应按照克什米尔人民的愿望解决克什米尔问题，其方法是实行公正的不偏不倚的公民投票。可见印度政府对克什米尔人民承诺在先，然后又单方面地强行归并克什米尔。印度这种态度，无法处理好国家间的关系、解决与别国的争端。

在克什米尔问题上，联合国及其安全理事会未能采取有力措施，是使该争端长期拖延未决的重要原因。自1947年底以来，联合国安全理事会确曾多次通过决议，多次派出代表团或调解人协助两国，似乎是在尽其责，但实际上只是敷衍塞责，甚至是为某些大国的意图效劳。它一会儿对印度的要求让步，一会儿对巴基斯坦的要求让步，一时庄严地通过决议，要在克什米尔举行公平无私的公民投票，一时又提出要派外部的军队到克什米尔维持秩序，甚至竟然提出要分割克什米尔。

克什米尔问题的演变，与国民会议及其领导人阿卜杜拉的关系颇大。谢赫·阿卜杜拉在克什米尔邦的事务中占有重要地位。印度归并克什米尔，曾得到国民会议组织的赞同，但当阿卜杜拉不同意印度完全吞并克什米尔，他立即便被解职并被投入狱中。此后，阿卜杜拉三次被捕，在监狱中度过了14年。1968年获释后，他组织了一个新党，名为"公民投票阵线"，再次表明了他的立场。但阿卜杜拉在1975年1月出任邦首席部长后，又同意或解散"公民投票阵线"，阿卜杜拉摇摆不定的政治态度影响了克什米尔问题的解决。

克什米尔问题至今仍未解决。克什米尔人民的自决权利必须受到尊重，克什米尔争端应该如同巴基斯坦和印度向克什米尔人民所保证的那样，按照克什米尔人民的愿望加以解决，由克什米尔人民决定克什米尔的前途。

本文参考书目：

[1]   马宗达等：《高级印度史》，伦敦麦克米伦公司1967年第3版。

[2]   考穆迪：《克什米尔，它的文化遗产》，亚洲出版社1952年版。

[3]   马克斯韦尔：《印度对华战争》，三联书店1971年版。

[4]   沃尔班克：《印度和巴基斯坦简史》，新美图书馆1958年版。

[5]   布朗：《美国与印度，巴基斯坦和孟加拉》，哈佛大学出版社1972年版。

[6]   考尔：《与巴基斯坦对抗》，维卡斯出版社1971年版。

犹太复国主义和以色列国的建立

季国兴

犹太民族早期是西亚古老民族之一，公元前 11 世纪曾在巴勒斯坦建过国家。犹太复国主义的兴起，既反映了分散在世界各地的广大中下层犹太人在长期遭受迫害之后渴望建立一个祖国，从而摆脱流离失所的苦难生活的合理愿望，又是犹太大资产阶级和帝国主义相勾结，向巴勒斯坦侵略扩张的产物。以色列国的建立就是犹太复国主义这种两重性的结果。犹太民族像中东其他民族一样，应享有生存权；但以色列统治集团的侵略扩张政策则应受到谴责。

历史上的犹太民族

犹太人古时称希伯来人，他们和迦南人、阿拉伯人等均为西亚古代闪族人的后裔，与西亚其他古老民族一起，曾世世代代共同生息在巴勒斯坦土地上。巴勒斯坦最早的原始居民是迦南人，他们在公元前 4000 年就开始定居在那里。故圣经《旧约》称这一地区为"迦南地"。公元前 13 世纪，克里特岛和爱琴海沿岸的腓力斯人侵入迦南，将该地称为"巴勒斯坦"，意谓"腓力斯人的土地"。这个名称沿用至今。

在公元前 2000 年，希伯来人从阿拉伯半岛南部迁居到美索不达米亚平原的乌尔一带（今伊拉克南部）居住。公元前 1800 年前后，乌尔居住环境恶化，希伯来人首领亚伯拉罕带领全族人迁徙到迦南。传说他在那里得到上帝耶和华的启示，称亚伯拉罕的后裔是上帝的"选民"、迦南地是上帝赐予希伯来人的"乐土"。迦南人称远方而来的客户为"希伯来"人，意即"渡河"而来的百姓。后来迦南旱灾，希伯来人在亚伯拉罕孙子雅各带领下迁徙埃及，在尼罗河畔定居 430 多年。雅各后来名叫"以色列"，意为"上帝的战士"。公元前 1350 年，希伯来人因不堪忍受埃及法老王的奴役，在其头人摩西的率领下出埃及，在西奈沙漠徘徊流散生活 40 多年后重返巴勒斯坦。摩西在穿越西奈过程中假托耶和华于西奈山上给他受戒之说，创立了"摩西十诫"，成为犹太教教义的奠基人。

公元前 1025 年，犹太人在巴勒斯坦建立了统一的希伯来王国，这可以说是历史上最早的犹太国家。希伯来王国经历了扫罗、大卫和所罗门三王将近 100 年的统治。所罗门统治时为极盛时期，疆域北抵大马士革，南到亚喀巴湾，西临地中海，东达约旦河两岸。所罗门国王并在耶路撒冷为耶和华建立了犹太教"第一圣殿"。

公元前 930 年，希伯来王国分裂为两个国家。北部称以色列王国，建都撒马利亚。南部称犹太王国，国都仍设在耶路撒冷。以色列王国的面积等于犹太王国的 3 倍，但后者较前者富庶。

公元前 722 年，东方两河流域的亚述帝国攻陷撒马利亚，灭以色列王国，虏获其国王。公元前 586 年，东方新崛起的巴比伦王国攻入犹太王国，耶路撒冷城垣被夷为平地，所罗门圣殿被毁。巴比伦王尼布甲尼撒下令把数万名犹太人作为俘虏押回巴比伦。这一著名历史事件，史称"巴比伦之囚"。它是犹太人的第一次大离散。巴比伦人灭掉犹太国，结束了犹太人在巴勒斯坦王国的历史。

公元前 538 年，波斯帝国灭巴比伦王国，占领了包括巴勒斯坦在内的西亚地区。波斯王居鲁士认为犹太教的一神论思想符合其巩固统治的需要，遂采取复兴犹太教的政策。他允许大批犹太人返回巴勒斯坦，帮助重建了耶路撒冷圣殿（史称第二圣殿）。犹太教这时期得到了重大发展，产生了犹太教圣经（《旧约》），形成了以巴比伦犹太学士为主体的祭司阶级。

公元前 332 年，希腊马其顿王亚历山大大规模远征东方，灭掉波斯帝国，继而征服西亚大片地区，攻占耶路撒冷。此后在埃及和叙利亚一带分别建立了希腊化王国，即托勒密王朝和塞流士王朝。亚历山大对东地中海周围地区的征服与统治，打破了各国和各民族之间的隔绝状态。被征服国家的民族开始杂居交往。犹太人此时逐渐流散到南欧、北非和中亚各地，形成了犹太人的第二次大离散。

公元前 2 世纪中期，巴勒斯坦的犹太人出于对希腊塞流士王朝统治及其希腊化政策的不满，在祭司泰蒂斯及其长子犹太・马卡比等五个儿子率领下举行了民族大起义。公元前 165 年，终于摆脱希腊控制，恢复建立了独立的犹太国家，即历史上的"马卡比三国"。马卡比王国在巴勒斯坦存在了约 100 年，公元前 64 年为古罗马统帅庞培所灭。独立的犹太民族国家至此再次覆亡。

在罗马帝国的残暴统治下，巴勒斯坦犹太人先后举行了三次民族大起义，史称"犹太战争"。第一次爆发在公元前53年，犹太人在"奋锐党"人的秘密组织下起义。第二次是公元66年，罗马王泰斯特率兵进行血腥镇压，重演摧毁耶路撒冷城和焚烧犹太教圣殿的事件，把城中约7万名犹太人掳掠到欧洲当奴隶。第三次是公元115年，起义者曾给罗马统治者以沉重打击，把罗马驻军赶出巴勒斯坦南部，并占领耶路撒冷。罗马皇帝哈德良疯狂报复，有系统地捕杀起义者，于公元135年扑灭了这次起义的烈火。经过这三次民族大起义和所遭受的三场大屠杀，犹太人死亡150多万人，幸存者几乎全部逃离或被驱逐出巴勒斯坦，出现了犹太人的"第三次大离散"。犹太民族主体在巴勒斯坦生存了1300多年的历史从此结束。

犹太人一部分流向阿拉伯半岛、巴比伦和波斯，多数迁往北非和西班牙一带，后来流向西欧。"犹太人生活的中心从东方转往了西方"，在意大利、德国、法国和西班牙等欧洲国家"组成了重要的少数派"。公元15世纪，西班牙排犹时，这部分犹太人又流向北非和西亚国家。16世纪和17世纪，当意大利、德国和其他中欧国家"开始把犹太人隔离在'隔都'区内时"，大量犹太人迁向俄国和波兰。18世纪和19世纪，大批犹太人从俄国、波兰逃亡到美国。从德国等国流出的犹太人被称为阿什肯纳齐人，操依地语。从西班牙流向北非和一些西亚国家的犹太人被称为赛法尔德人，操拉迪诺语。后一类人主要从事农业，文化比较落后，具有东方人的习惯，是今天以色列犹太人的基本劳动群众。

经过三次大离散，犹太人在巴勒斯坦近乎绝迹。至640年巴勒斯坦成为阿拉伯帝国一部分时，犹太人定居点不到50个。1170年，整个巴勒斯坦仅有1440名犹太人。公元1267年，居住在耶路撒冷的犹太人只有2户。巴勒斯坦自从在伊斯兰教的旗帜下实现阿拉伯化以来，伊斯兰教成为广泛信奉的共同宗教，一切社会风尚全都阿拉伯化。迦南人、腓力斯人与阿拉伯人共同生活，融为一体，演变为今日的巴勒斯坦阿拉伯人。

犹太复国主义

犹太复国主义[①]按原字音译是"锡安主义"。锡安是耶路撒冷西南角的

---

① "犹太复国主义"一词是1864年出生在维也纳的犹太作家内森·伯思鲍姆创造的。

一座山，在古代是犹太人的王宫和神殿所在地，被认为是"圣山"。锡安山又称郇山。《圣经》中有一段犹太人将回到锡安山聚居的情节。犹太复国运动的倡导者利用这段情节号召散居各地的犹太人返回锡安山，复兴犹太国，因此得名"锡安主义"。

犹太复国主义的产生有着深刻的历史背景。

首先，它是犹太人长期遭受居住国特别是欧洲统治阶级残酷迫害、民族的生存权利备受践踏的结果。犹太人在长达 1000 多年的中世纪历史阶段，处境很凄惨。中世纪的欧洲各国，基督教居于统治地位，它们把犹太教视为异端邪说，对犹太人实行种族歧视、迫害和屠杀，"要犹太人对诸如失火、瘟疫，特别是 14 世纪中叶的黑死病等一切灾难负责"，"凭空捏造说什么犹太人招来了黑死病"。1290 年，英王爱德华一世下令将所有犹太人逐出英国，被迫离开的至少有 16000 多人。1182 年、1306 年和 1394 年，法国 3 次驱逐犹太人。1391 年西班牙各地的排犹暴行事件使 5 万—7 万人死亡。1492 年，西班牙宗教裁判所把不愿改教的 20 多万犹太人全部赶出国境。有统计表明，12 世纪时西欧尚有犹太人 150 万，到 15 世纪时已锐减到不足 30 万。列宁说，他们"不仅遭到一个无权的民族所遭受的一般的经济和政治压迫，而且还遭到剥夺他们起码的公民权的压迫"。[①] 由此广大中下层犹太人一直想回到他们祖先生活过的巴勒斯坦，重建犹太国，认为这是摆脱苦难的唯一出路。

其次，19 世纪末沙皇俄国发生的大规模反犹运动[②]是犹太复国主义产生的催化剂，它使犹太人从一般的复国愿望发展成具体的政治性的群众运动。历代沙皇都采取反犹政策。特别是 1881 年 3 月沙皇亚历山大二世被革命党人刺杀后，为了掩盖阶级矛盾、转移视线，有组织的集体屠杀犹太人的恐怖活动席卷全俄。那年秋天，在俄国南部有 160 多个地方残杀犹太人，被害者不计其数。1882 年颁布"五月法令"，将犹太人赶出乡村和村镇，甚至被赶出固定居住区。结果仅那年就有 2 万多名犹太人逃往国外，也开始了第一次向巴勒斯坦的移民浪潮。有几百人抵达巴勒斯坦，建立起里尚齐翁、罗什平纳、米什马尔哈耶丁和雷霍沃特等最早的一批移民点，这些移民点为犹太复国主义作了组织上的准备。

---

① 列宁：《告犹太工人书》，《列宁全集》第 8 卷，人民出版社 1959 年版，第 463 页。
② 第一次大战前夕，全世界共有 1300 万犹太人，其中 600 万在俄国，占 46%。

再次，犹太复国主义的兴起受着欧美民族主义浪潮的激励和影响，与民族主义潮流有着一定的联系。18 世纪末 19 世纪初，在欧洲资本主义发展的影响下，犹太民族中开始萌发争取民族权利的思想。犹太人开始认识到解脱苦难不可能通过出现"救世主"，而是要通过自己的努力来实现。围绕着"如何改善犹太人的处境"的多种多样的运动兴起。一些人参加了国际激进的社会主义运动，目的是推翻资本主义。一些人提出在巴勒斯坦重建犹太国。1862 年德国犹太人思想家穆萨·海斯以"犹太民族主义"作号召，宣扬"每一个犹太人……生就自动地同自己的整个民族休戚相关，紧密相联"。1881 年俄国敖德萨的犹太医生利奥·平斯克写了一本题为"自我解放"的小册子，提出"没有祖国，犹太人就永远是外国人，不像其他有自己的祖国的外国人，而却是无能为力的乞丐"。可见犹太人复国的民族主义情绪的空前高涨，是有其群众基础和思想基础的。

犹太复国主义经历了几个发展阶段。开始是一些欧化的犹太资产阶级知识分子把犹太群众的复国愿望发展成系统的犹太复国主义理论和有组织的政治运动。其中的代表人物是匈牙利出生的犹太作家西奥多·赫茨尔。赫茨尔在维也纳当剧作家兼记者，他原来主张犹太人与所在国的居民同化，后来目睹法国诬告犹太上尉德雷福斯出卖军事秘密而被判处终身监禁事件，遂转变为犹太复国运动的积极鼓吹者。1896 年，他写了《犹太国：现代解决犹太人问题的一种尝试》一书，宣称犹太人问题既不是社会问题，也不是宗教问题，而是一个民族问题，"同化是不起作用的，反犹太主义在日益增长，不管犹太人怎样忠于他寄居的国家，他们总是被嘲为外国人"，"犹太国不是乌托邦，而是犹太人摆脱困境的必要步骤"。他建议成立"犹太社团"和"犹太公司"两个机构，分别负责犹太复国组织上的筹备和经济上的筹划。赫茨尔的主张得到欧美犹太人的积极支持。1897 年，在赫茨尔的领导下，欧美各国和俄国的犹太复国主义者在瑞士巴塞尔举行了首次"全世界犹太人代表大会"，决定成立统一的世界"犹太复国主义组织"，赫茨尔当选为主席。大会通过的纲领声称，"犹太复国主义的目标是在巴勒斯坦为犹太民族建立一个由公共法律所保障的家园"。大会在犹太复国主义运动史上揭开了重要一页，它标志着犹太复国主义运动已经从分散的地区性的运动进入世界性的有组织的政治运动。

这时，在犹太复国主义运动内部对到何处去建国有着尖锐的分歧。赫茨尔提议在巴勒斯坦或阿根廷建立国家。1903 年英国政府建议在东非肯尼亚或者北非的厄立特里亚建立犹太国家。赫茨尔和西方许多犹太复国主义者倾向于接受此建议。该年在巴塞尔举行的第 6 届犹太复国主义代表大会上，赫茨尔向大会提出了英国人的建议，但俄国和东欧的犹太复国主义代表却强烈反对，他们在投票时退出会场以示抗议。这样，犹太复国主义运动濒临分裂的危险。两年后赫茨尔死了。1905 年召开的第 7 届犹太复国主义代表大会"以压倒多数拒绝了除在巴勒斯坦和其接壤的国家之外的所有其他地方定居的方案"。

英国犹太人魏兹曼继赫茨尔之后逐渐掌握了犹太复国主义运动的领导权。他宣传巴勒斯坦"是一个没有人民的国家"，"与此同时，却有一个没有国家的犹太民族，因此应当把珍珠镶到戒指上"。他主张立即向巴勒斯坦移民建立犹太移民区。1913 年在第 11 届犹太复国主义代表大会上，他的这一主张取得胜利。之后，魏兹曼便积极求助于英国以实现犹太复国主义的目标。1914 年他向英国政府献计说："如果巴勒斯坦进入英国的势力范围，并且英国以后鼓励在那里安置犹太人的话，那么在往后的 50 年中，将有可能引进 100 万或更多的犹太人，他们将形成苏伊士运河的一支强大的卫队。"

犹太复国主义者的主张符合了英国当时在中东地区的战略意图。第一次世界大战前英国插足埃及和控制了波斯湾沿岸各国，但奥斯曼帝国统治下的利凡特一带已成为法国的势力范围，英国对此不甘心。在英国政府看来，如再获得巴勒斯坦，这对于加强英国在地中海东南地区的战略地位，保障英国到印度的交通大动脉——苏伊士运河的安全，将会有极大好处。为了借助犹太人控制巴勒斯坦，压制阿拉伯地区的民族解放运动，推行"分而治之"的政策，英国遂答应接受犹太复国主义者的要求，认定："巴勒斯坦如果有一个大规模的犹太居留地，对正处于危机中的那个地区的英国的重大利益将起稳定作用，并将有助于整个中东的新生。"1917 年 11 月 2 日，英国外交大臣阿瑟·詹姆斯·贝尔福将《关于建立犹太民族之家的宣言》以通知形式提交当时英国犹太复国主义者联盟副主席、大财阀华尔特·罗思柴尔德。宣言提出："英王陛下政府赞成在巴勒斯坦为犹太人建立一个民族之家，并为达成此目的而尽最大的努力。"这就是人们经常提及的"贝尔福宣言"。

美国国内有几百万犹太人从一开始就积极支持犹太复国主义。早在 1917 年 10 月，美国总统威尔逊就向英国政府表示他对"贝尔福宣言"草稿的支持。1919 年 1 月，美国在巴黎和会上提出"关于建立独立的巴勒斯坦国家的建议"。1922 年 6 月，美国国会正式通过一项支持"贝尔福宣言"的决议，声称美国"同意在巴勒斯坦为犹太人民建立一个民族之家"。

帝国主义者利用犹太复国主义为它们的扩张政策服务，而犹太复国主义运动的领导人也依靠帝国主义来实现其建国的目的，于是，在英美帝国主义支持下，犹太复国主义运动进入了一个大膨胀阶段。

美国自 1922 年起对巴勒斯坦实行委任统治，在英国的支持下，定居各地的犹太人开始大规模地向巴勒斯坦移居。1918 年巴勒斯坦的犹太人仅有56000 人，占居民总数的 7%，1931 年达 170000 人，占居民总数的 17%，1939 年增加到了 446000 人，占居民总数的 29%。这些犹太移民挟其资金和技术，在巴勒斯坦建立很多城镇和工业企业，并吞占了阿拉伯人的大片土地。据统计，1916 年巴勒斯坦犹太移民拥有 42100 公顷耕地，1927 年增加为 90300 公顷，1947 年猛增为 185000 公顷。

随着犹太移民的急剧增加，巴勒斯坦的民族矛盾和宗教纠纷日益加剧。从 20 年代初到 30 年代末，巴勒斯坦不断爆发阿拉伯人反对犹太人的暴动或起义，其中以 1936 年到 1939 年的阿拉伯民族大起义最为波澜壮阔。阿拉伯民族运动极端派在耶路撒冷的回教领袖穆夫蒂·胡塞尼领导下，不惜联合法西斯德国，企图武装抗英和驱逐犹太人。第二次世界大战前夕，英国担心它在中东的石油资源落到德国手里。为了平息阿拉伯人的反英情绪，守住这个战略地区，1939 年 5 月 17 日英国政府发表了《关于巴勒斯坦的白皮书》，允诺巴勒斯坦将在 10 年内获得独立，5 年内把移往巴勒斯坦的犹太人限制在7.5 万人之内，此后不再发给移民证。白皮书对阿拉伯国家当权人物起了某种安抚作用。

但是英国政府的白皮书却激怒了犹太人。犹太复国主义者和英国政府的关系紧张起来。随着第二次世界大战的爆发和战争中英国势力的削弱，犹太复国主义者不再指望依靠英国建立"民族之家"，转而向美国谋求支持。对此美国开始取代英国，充当了积极支持和扶植犹太复国主义的主要角色。

以色列国的建立

第二次世界大战期间，希特勒残酷迫害犹太人。据战后调查统计，仅在德军占领区的 900 万犹太人中就有 600 万惨遭杀害。这使得全世界的犹太人不管是否已参加"犹太复国主义组织"，都出现了一致支持犹太复国主义的倾向。1942 年 5 月，犹太复国主义者在纽约比尔特摩尔旅馆举行会议，制定了所谓"比尔特摩尔纲领"，内容有，结束英国在巴勒斯坦的委任统治；在整个委任统治下的巴勒斯坦①建立一个犹太国家和一支犹太人军队，撤销英国 1939 年的白皮书，取消对犹太移民的限制。在此纲领指导下，他们采取的策略是反英亲美，打击阿拉伯人。在英国放弃巴勒斯坦委任统治权之前，破坏它的委任统治权力的基础，在英国无力保持其委任统治并决定撤出巴勒斯坦后，就转而打击阿拉伯人，尽量夺占更多的土地，把阿拉伯居民驱赶出去。犹太人为此积极扩充自己的武装力量，其主力叫哈加纳军。

第二次世界大战结束后，美国为攫取巴勒斯坦和中东的霸权地位，积极利用阿犹纠纷以及它们同英国的矛盾，支犹制阿，排挤英国。当时美国统治集团内部在推行这个基本政策前提下在具体做法和侧重点上曾有着分歧。他们竞相对新上任的杜鲁门总统施加影响。同石油财团关系较深、对中东事务比较熟悉的外交军事部门官员，从战略和经济利益考虑出发，提醒杜鲁门在推行政策时要顾及阿拉伯人的反应。同犹太金融资本联系密切的政客、包括杜鲁门的一些主要顾问，则从国内外政治考虑出发。认为为了利用犹太复国主义排挤英国，防止犹太复国主义者倒向苏联，争取国内犹太人投票支持民主党，必须公开全面地支持犹太复国主义者的计划。杜鲁门虽然有时在做法上摇摆于上述两派之间，但其基本态度是倾向于后一种意见，并最终亲自出马支持建立以色列国。

战后英美之间在巴勒斯坦的矛盾首先在犹太移民问题上白热化起来。1945 年 5 月，犹太复国主义者向英国送交请愿书，要求让 10 万犹太人迁入巴勒斯坦，英国断然拒绝，而杜鲁门却表示支持。1945 年 7 月波茨坦会议期间，杜鲁门特地向英国首相艾德礼提出犹太复国主义者的上述要求。艾德礼有意回避。波茨坦会议后，杜鲁门于 8 月 31 日写信给艾德礼，声称，"美国人民坚决相信，移民到巴勒斯坦去的大门不应关闭"。杜鲁门以后又多次致函艾德礼，重申这一要求。英国此时要拒绝美国插手巴勒斯坦问题，已是力不从心了。

1945 年 10 月 19 日，英国为了拖延解决移民问题的时间，并使美国在巴勒斯坦事务中"从幕后策划者的地位变为公开负责的合伙人"，向美国建议

---

① 英国对巴勒斯坦实行委任统治时，以约旦河为界，将巴勒斯坦分成东西两部，四部仍称巴勒斯坦，东部称外约旦，犹太复国主义者不予承认，他们把外约旦包括在要建立的犹太民族国家的范围之内。

成立英美联合调查委员会。该委员会于1946年1月4日开始工作，同年4月30日公布了调查报告。报告中提议准许10万名犹太人移入巴勒斯坦，这就在主要点上适应了美国的政治需要。英国原先要求美国推迟公布调查报告，美国置之不理。英国不甘示弱，宣布在巴勒斯坦犹太地下部队解除武装和美国对军事、财政援助作出保证之前，不予执行。

1946年6月，英美达成协议，同意双方派出联合专家代表团进一步协商。代表团在英国代表的坚持下提出一个在英国高级专员负责的中央政府下成立犹太省、阿拉伯省、耶路撒冷区和内格夫区的"分省自治计划"，也称莫里森—格雷迪计划。计划中的犹太省只占巴勒斯坦面积的17%；关于10万移民，提出要"征得阿拉伯人同意"。犹太复国主义者对此计划激烈反对。在美国，国务卿贝尔纳斯虽赞同此计划，但民主党纽约州委员会主席保罗·菲茨帕特里克则警告杜鲁门总统："要是这个计划付诸实施，民主党在今秋选举中提出州的候选人名单就将毫无意义。"杜鲁门接受了后者意见，通知艾德礼他不能接受分省自治计划。

1946年7月，犹太建国协会执行机构在巴黎开会商讨对策。会前，执行机构头目之一、内厄姆·戈德曼曾和华盛顿官员交换意见，结论是在全巴勒斯坦建立犹太国的纲领在目前是不现实的，只有准备接受分治，才有希望获得美国支持。8月5日，会议接受此意见，通过了"在巴勒斯坦适当地区建立有活力的犹太国的'新计划'"。这个所谓"适当地区"是指加利利和特拉维夫到阿克的沿海平原，再加上整个内格夫沙漠，约占巴勒斯坦面积的65%。

犹太建国协会执行机构在同美国官员共同炮制"新计划"后，就决定拒绝出席英国9月10日在伦敦召开的阿犹圆桌会议。10月4日犹太教赎罪日那天，杜鲁门发表关于巴勒斯坦局势的声明，公开支持犹太建国协会的"新计划"，并表示随时准备帮助10万名犹太人移入巴勒斯坦。美国对此提出强烈抗议。英国外交大臣贝文说，如果不是杜鲁门坚持要让10万名犹太人移入巴勒斯坦，破坏了他的计划的话，一切都会很顺利。贝文揭露杜鲁门发表此声明是为了竞选总统的需要，抢在（他的竞选对手）杜威的前面。10月6日，杜威发表了"移民不仅是10万名而是几十万名"的讲话，杜鲁门确实比杜威抢前了两天。

英国看到巴勒斯坦问题无法解决，犹太复国主义者在美国的支持和怂恿下，在巴勒斯坦肆无忌惮地开展恐怖活动，直接危及它的殖民统治，于是采取以退为进的策略，于 1947 年 2 月宣布把巴勒斯坦问题提交联合国，4 月 2 日，英国驻联合国代表贾德干正式通知联合国秘书长赖伊，把巴勒斯坦问题列入联合国议程，并要求事先召开联大特别会议，成立一个特别委员会，进行实地调查，然后提出报告，供 9 月间联大讨论。英国估计联合国讨论的结果，不是同意延长英国委任统治的期限，便是无法达成任何协议，只得交还英国处理。它预计后一种结果可能性最大，不想事与愿违，弄巧成拙。

联合国巴勒斯坦特别会议于 1947 年 4 月 28 日到 5 月 15 日举行。5 月 14 日，苏联代表葛罗米柯在会上作了长篇发言。他首先用了很长篇幅讲到委任统治制度的"破产"，说联合国在审议时"必须考虑到结束委任统治这一点"。然后他说，犹太人在战时"遭受到非常的不幸和苦难"，"西欧国家都不能够确保犹太人的基本权利受到保护，并保护他们不受法西斯刽子手的暴力迫害，这说明了犹太人之所以有建立他们自己的国家的愿望。不把这个事实予以考虑而拒绝犹太人有实现这个愿望的权利，是不公正的。不以这个权利给予犹太人民是没有理由的"。他建议在巴勒斯坦"建立一个独立的、二元的、民主的和同样性质的阿拉伯—犹太国"，如果该方案不能实施，就考虑"把巴勒斯坦分成两个独立的自治国家，一个是犹太国，一个是阿拉伯国"。葛罗米柯的发言使联合国人士普遍感到"大为吃惊"，英国更是惊慌失措，犹太复国主义者则感到喜出望外。

联合国特别会议最后通过决议，成立了由加拿大等 11 国组成的特别委员会进行具体研究。该委员会后来提出两种方案：一是加拿大、捷克等七国的方案，即所谓"多数方案"，主张在英国委任统治结束后有两年过渡时期，然后实施分治；二是印度、伊朗、南斯拉夫三国的方案，即"少数方案"，主张成立联邦国家。9 月 16 日第 2 届联合国大会成立专门委员会，进一步讨论上述两个方案。美、苏都表示支持"多数方案"。苏联并对该方案提出修改建议，主张委任统治结束后立即实施分治。11 月 25 日，专门委员会以 25 票对 13 票通过了"多数方案"。

联合国大会 11 月 26 日讨论专门委员会通过的分治计划。美国代表发言要求大会立即表决。英国代表反对。阿拉伯国家和一些非阿拉伯国家的代表也坚决反对。犹太复国主义者代表眼看要以 2/3 的多数通过分治决议有困难，忧心忡忡。下午，葛罗米柯在会上发言，支持分治计划。他说："巴勒斯坦分成两个国家的决定，是符合联合国的原则和宗旨的"，"符合两个民族的根本民族利益"，"是唯一行得通的办法"。27 日是感恩节，联大会议休会。犹太复国主义头目魏兹曼赶紧写信给杜鲁门，表示新建立的犹太国绝不会落入苏联手中，以解除美国的顾虑，进一步争取美国的支持。魏兹曼说，正因为来自东欧的犹太移民"不愿意被共产主义同化"，所以不必担心犹太国"会在某种方式下被人作为共产主义思想侵入中东的通道"。28 日会议复会。法国代表提议推迟一天表决，以给阿犹双方"进一步提供协商的机会"。犹太机构代表分赴白宫、美国国会和各社会团体加紧活动，要求对在纽约开会的各国代表团施加影响。海地、菲律宾、利比里亚等在美国压力下支持分治计划。午夜，杜鲁门亲自出马，命令国务院为通过分治方案作出"外交努力"。国务院于是动用了全部力量，不择手段地拉票，特别是对一些拉美国家施加压力。29 日，联合国大会以美苏等 33 国赞成，阿拉伯国家等 13 国反对，英国等 10 国弃权，通过了"巴勒斯坦将来治理（分治计划）问题的决议〔第 181（二）号决议〕"。

巴勒斯坦分治决议规定，英国在巴勒斯坦委任统治的结束不得迟于 1948 年 8 月 1 日，在委任统治结束后两个月内成立阿拉伯国和犹太国，阿拉伯国面积为 11000 多平方公里，包括北部的加利利、约旦河以西地区和加沙地区，占总面积的 40.7%，犹太国面积为 15850 平方公里（其中内格夫面积 9500 平方公里），占全面积的 58.7%，两国经济上实行联合，耶路撒冷及其郊区村镇（计 158 平方公里）是一个"在特殊国际政权下的独立主体并由联合国管理"。

联合国分治决议一通过，巴勒斯坦阿拉伯人和阿拉伯国家纷纷举行示威，反对分治。12 月 8 日至 17 日，阿拉伯联盟 7 个成员国的总理和外长在开罗集会，发表声明，宣布阿拉伯人"决心为反对联合国分裂巴勒斯坦的决议而战"。英国积极支持阿盟反对联大决议。犹太复国主义者则认为联大分治决议的通过是大好时机，决定采用武力建立犹太国。1948 年春，犹太地下军向阿拉伯人不断发动进攻。4 月 9 日，犹太复国主义者头目之一梅纳赫姆·贝京领导的恐怖组织"伊尔贡"血腥屠杀耶路撒冷附近的德杰尔·亚辛村，全村 250 名男女老少无一幸免。4 月 22 日，犹太武装力量占领海法港，迫使当地 7 万阿拉伯人离乡背井。

阿犹双方在巴勒斯坦的武装冲突急得联合国秘书长赖伊坐卧不安。赖伊曾一再向美国要求组织联合国军队去巴勒斯坦强制执行分治决议。美国考虑强行分治将冒与阿拉伯人作战的风险，另外美国一旦出兵将很难拒绝苏联参加这支联合国部队的要求，于是改变态度，于 3 月 19 日向安理会提出托管巴勒斯坦的建议。4月19日，联合国召开紧急会议，讨论美国托管建议，辩论毫无结果。犹太复国主义者明白，既然联合国不能强行干涉，只要巴勒斯坦还处于激烈的军事冲突中，托管就无法实现。他们便加紧向阿拉伯人发动进攻，继续制造流血事件。同时还公然宣布：英国委任统治结束之时，便是犹太国成立之日。这使美国统治集团感到托管已行不通。杜鲁门和他的白宫亲信担心苏联屡次声明坚持联大分治决议也许会对犹太人发生作用。民主党内亲犹太集团此时也不断向杜鲁门陈述获得犹太人选票之重要。这样，杜鲁门最后决定继续支持分治计划。

5月12日，犹太复国主义领导集团开会具体讨论建国宣言的内容。当讨论到有无必要在宣言中提到国家边界时，出任以色列临时政府总理兼国防部长的本古里安野心毕露地说："美国独立宣言中没有提到边界线。我们没有必要提边界。国家宣布独立不需要规定边界。我们一个字也不需要提到它，因为我们不知道边界将来情况怎样。……如果我们把阿拉伯人打败，占领了西加利利和耶路撒冷通道两侧的土地，这些地区就可成为我们国家的一部分。"会议最后同意本古里安的意见，在建国宣言中只字不提边界。

5月13日，魏兹曼又给杜鲁门写信，信中说："5月15日，英国将结束委任统治，犹太国的临时政府将承担在犹太国境内维持法律和秩序的全部责任"，"我深切地期望美国将立即承认新的犹太国的临时政府。我想全世界将认为，当今最伟大的民主国家作为第一个欢迎世界大家庭中的新国家是特别适宜的"。杜鲁门接到这封信后，决定立即采取行动，宣告美国承认这个新国家。5月14日，巴勒斯坦时间半夜12点（华盛顿时间下午6点），本古里安在特拉维夫现代艺术博物馆正式宣布"以色列国"成立。电台播出消息后，白宫新闻秘书就向记者宣布美国对以色列"事实上"的承认。这时距以色列宣布成立只有11分钟，5月17日苏联承认以色列，照会中把以色列政府看作是"在犹太人的巴勒斯坦地区的合法政权"。

5月15日，即在以色列国成立的第二天，阿拉伯联盟成员国埃及、约旦、伊拉克、叙利亚和黎巴嫩就与以色列之间爆发了第一次中东战争。阿拉伯国家初期曾占优势，部队直逼以色列临时首都特拉维夫，后由于内部不团结，加上以色列在美国的支持下实行反攻，结果战败。1949年2月至7月分别同以色列签订停战协定。以色列通过战争控制了巴勒斯坦20700平方公里。而联合国分治决议规定要建立的阿拉伯国家却没有建立，联大关于耶路撒冷国际化的决议也没有实施。战争使96万巴勒斯坦人被逐出家园，沦为难民，此后以色列统治集团进一步推行侵略和扩张政策，使阿、以冲突连绵不断，中东局势持续紧张。

本文参考书目：

［1］　Aharon Cohen, *Israel and the Arab World*, New York, 1970.

［2］　Fred J. Khouri, *The Arab-Israeli Dilemma*, New York：Syracuse University Press, 1971.

［3］　John Donovan, *US and Soviet Policy in the Middle East*, *1945—1956*, New York, 1972.

［4］　George Kirk, *The Middle East*, *1945—1950*, London, Oxford University Press, 1954.

［5］　Dilip Hiro, *Inside The Middle East*, 1982.

［6］　John Snetsinger, *Truman, the Jewish Vore and the Creartion of Israel*, California：Hoover Institution Press, 1974.

［7］　*Encyclopedia of Zionizm and Israel*, New York, 1971.

［8］　David Ben-Garion, *Israel*, *Years of Challenge*, New York, 1963.

［9］　Abba Eban, *My Conutry*, New York：Random House, 1972.

［10］　哈里·杜鲁门：《杜鲁门回忆录》中译本，生活·读书·新知三联书店 1974年版。

［11］　国际关系研究所编：《巴勒斯坦问题参考资料》，世界知识出版社 1960年版。

［12］　纳达夫·萨弗兰：《以色列的历史和概况》中译本，人民出版社 1973 年版。

伊拉克 1958 年革命

王 彤 唐宝才

伊拉克 1958 年革命是一场反帝反封建的资产阶级民主革命。它推翻了费萨尔王朝的反动统治，沉重地打击了帝国主义势力，建立了伊拉克共和国。

费萨尔王朝统治下的伊拉克

位于两河流域、已有近 5000 年文明史的伊拉克，16 世纪初成为奥斯曼帝国的一部分。第一次世界大战期间，英国出兵占领了巴格达及伊拉克的大部分地区。战后，伊拉克成为英国的"委任统治区"。1920 年伊拉克人民举行反英大起义，沉重地打击了英国的殖民统治。1921 年，英国政府被迫宣布伊拉克"独立"。根据英国殖民大臣温斯顿·丘吉尔主持的 1921 年 3 月 12 日开罗会议决定，伊拉克实行帝制，立前汉志国王侯赛因的第三子费萨尔·伊本·侯赛因·哈希米（史称费萨尔一世）为国王。费萨尔王朝的建立绝不意味着帝国主义在伊拉克的统治结束。1922 年 10 月签订的《英伊同盟条约》规定，伊拉克在财政和国际事务方面接受英国的建议，英国承诺向伊拉克提供军事援助。条约确认英国在伊拉克的委任统治地位。1930 年 6 月签订的为期 25 年的《英伊同盟条约》规定，两国建立密切的同盟关系，在外交事务上充分协商。伊拉克同意英国在巴士拉附近的塞巴和巴格达以西的哈巴尼亚建立空军基地并在那里驻军，由英国训练和装备伊拉克军队：战时英军享有伊拉克所能提供一切便利和协助，并享有在伊拉克陆、海、空交通线的使用权。1932 年伊拉克加入国际联盟后，英国大使作为英国高级专员的接替者，仍然干涉伊拉克的各项事务。1948 年 1 月在朴茨茅斯签订的《英伊同盟条约》进一步加强了英国对伊拉克的控制。《条约》除规定英国有权在伊拉克境内建立军事基地外，遇到"战争威胁"时英国有权派军队到伊拉克，双方成立"共同防御委员会"。

费萨尔王朝是英国一手扶植起来的封建政权。1924 年王朝发布的宪法内容与 1922 年《英伊同盟条约》相吻合，它既保护英帝国主义的利益，也维护伊拉克封建统治阶级的利益。宪法虽然规定公民享有民主权利，却并不实施，议员名单由首相、内政大臣和王家人员决定，而不是由公民选举产生。1933 年 9 月费萨尔一世病逝后，太子继位，称加齐一世。后来因为加齐一世反对英、法政策，英大使示意亲英的伊拉克首相努里·赛义德"把国王控制起来，或者废掉"。1939 年 4 月，加齐一世便突然死于车祸。此后，年仅四岁的太子继位，称费萨尔二世，由其堂叔、亲英的阿卜杜·伊拉摄政（1943 年，阿卜杜·伊拉被立为王储）。由于英国政策的需要，以及伊拉克政界无止无休的权力之争，伊拉克内阁更迭频繁。自 1920 年至 1958 年革命前夕，伊拉克前后组阁 50 余次。仅努里·赛义德一人即组阁 14 次之多。最短的内阁只有 11 天。努里·赛义德为效忠英国，1942 年曾提出过旨在将叙利亚、黎巴嫩、外约旦、巴勒斯坦和伊拉克组成一个由英国控制的联邦的"肥沃新月计划"（亦称"大叙利亚计划"）。1954 年，他的第 12 届内阁以反对共产主义为名，发布一系列法令，对集会、结社、出版等都作了极严的限制，特别规定对赞成、传播共产主义思想，参加共产党，声援和平运动和民主青年组织等，谋求推翻现制度者处以 7 年以上徒刑直至死刑。1954 年底至1955 年初，他与土耳其首相阿德南·曼德列斯谈判，于 1955 年 2 月 24 日签订《伊拉克和土耳其间互助合作和约》（巴格达条约）。1955 年 11 月，根据该条约规定，成立了英、美操纵的以反对阿拉伯民族解放运动和社会主义为宗旨的"巴格达条约组织"。在伊拉克人民的心目中，努里·赛义德是帝制时代黑暗统治的象征。

50 年代的伊拉克，政治上追随帝国主义，经济上受帝国主义的控制。国家石油收入的 70% 掌握在帝国主义者手里，主要用于帝国主义军事项目和战略科研项目。1951 年至 1956 年用于发展工业的投资为 9800 万伊拉克弟纳尔，仅占同期预算总数的 18%。1957 年工业收入为 2984 万伊拉克弟纳尔，仅占同年国民总收入的 8.5%。外国垄断公司千万百计削弱本国资本。国内市场被外国商品全面占领。在农村，地主、部落酋长、反动王室和寺院占据着 90% 的农田，大部分农民被束缚在地主的土地上，终身成为地主的债务人。用一位伊拉克经济学家的话来说，"伊拉克农民的收入还不够养活家畜"。农业生产方式落后，生产力低下。闻名于世的两河流域沃土，只有大麦和椰枣勉强维持出口。王朝为了满足帝国主义战略需要和统治阶级腐朽生活需要，逐年增加外债，岁岁增加捐税。市场通货膨胀，50 年代物价比 30 年代末增长 6 倍。人民生活日益贫困，健康水平每况愈下，竟有 50% 的儿童活不到 10 岁就夭折，人均寿命只有 30 岁，库尔德等少数民族境遇更差。

帝国主义者和封建统治者相互勾结，残酷剥削压迫人民大众，阶级矛盾、民族矛盾日益尖锐。继 1920 年人民大起义以后，伊拉克的反帝反封建运动一浪高过一浪。1935 年、1948 年两次人民起义和 1936 年、1941 年爱国军人发动的两次军事政变，都沉重地打击了帝国主义势力和封建王朝的统治。第二次世界大战以后，阿拉伯民族解放运动深入发展。1952 年 7 月 23 日，以加麦尔·阿卜杜勒·纳赛尔为首的埃及"自由军官组织"发动武装起义，推翻法鲁克封建王朝统治，摆脱了帝国主义对埃及的控制。在埃及"7·23"革命精神鼓舞和启发下，1952 年 10 月民族民主党、独立党、人民联合阵线党向王储阿卜杜勒·伊拉提交一份备忘录，要求在伊拉克进行根本性改革。随之发动的起义迫使当时的穆斯塔法·奥迈里内阁辞职。

在伊拉克各阶层人民反帝反封建斗争过程中，陆续建立起一些爱国党派，如伊拉克共产党、民族民主党、独立党、民族联盟党和库尔德民主党等。这些政党在 50 年代非常活跃，通过本党的机关报抨击当局政策；发表声明，宣传本党的政治主张；积极组织罢工、示威游行……1956 年 11 月至 1957 年初，伊拉克人民声援埃及反对英、法、以三国侵略的运动遭到努里·赛义德政府的镇压后，便发展为全国规模的反政府斗争。1957 年 2 月，在伊拉克共产党和民族民主党的倡导、推动下，伊拉克共产党、民族民主党、阿拉伯复兴社会党、独立党及一些民族独立主义者联合结成"伊拉克民族统一阵线"。1957 年 3 月 9 日，"民族统一阵线"发表声明，提出推翻努里·赛义德内阁，解散议会，退出巴格达条约组织，反对帝国主义各种形式的干涉，奉行独立的阿拉伯政策，首先是积极中立政策；给人民以集会、结社、出版、组织政党的自由；取消非常法、释放政治犯等爱国进步主张。"民族统一阵线"成立后，积极组织、领导了人民群众的反抗斗争：1957 年 4—5 月反对努里·赛义德政府接受美国旨在指使中东国家反对共产主义的"艾森豪威尔主义"的斗争，1958 年 2 月反对伊拉克、约旦为对抗埃及、叙利亚联合成立"阿拉伯联合共和国"而结成"阿拉伯联邦"的斗争。

这时的伊拉克，已成"山雨欲来风满楼"之势，一场摧枯拉朽的革命运动随时都有爆发的可能。

"自由军官组织"和革命的爆发

伊拉克军官，特别是中、下级军官，大多来自社会中、下层。他们与人民大众血肉相连，有着共同的阶级和民族情感。他们不愿做帝国主义和封建王朝镇压人民的工具。1948年巴勒斯坦战争中阿拉伯七国军队败于以色列手下，这对伊拉克军官教育颇深。他们认为，阿方所以吃败仗，政治方面的原因是主要的；必须摆脱依赖帝国主义的腐朽封建统治，才谈得上解放巴勒斯坦。埃及"7·23"革命成功后，伊拉克爱国军官学习埃及的经验，决定按照埃及自由军官组织的模式建立伊拉克"自由军官组织"，积蓄革命力量，联合全国人民和各国爱国党派，以武力消灭君主制度，实现政治、社会改革。

伊拉克"自由军官组织"的创建者是里法特·哈吉·希里。里法特是一位工程兵少校，参加过1948年巴勒斯坦战争。他于埃及"7·23"革命后数周，即1952年9月就开始秘密筹划创建"自由军官组织"，在工程兵等兵种中发展了自由军官组织第一批成员。1952—1956年，伊拉克军内出现几个自由军官组织，其中包括陆军第3师第19步兵旅旅长阿卜杜勒·卡里姆·卡塞姆准将在曼苏尔组织的自由军官组织，第20步兵旅3营营长阿卜杜勒·萨拉姆·阿里夫上校也是该组织的成员之一。由于各组织都还处在秘密发展阶段，随时面临着被破坏的危险，所以彼此间没有联系。

1956年10月，英、法、以三国侵略埃及失败以后，伊拉克的自由军官们决心加快行动步伐。年底，里法特领导的自由军官组织在巴格达成立伊拉克自由军官最高委员会，委员会由8人组成。1957年春，当他们知道卡塞姆领导的组织时，就与之合并，并增选卡塞姆为最高委员会成员。不久，卡塞姆当选为最高委员会主席。1958年春，经卡塞姆推荐，阿里夫参加了最高委员会。这时，最高委员会成员增至15人，各地自由军官总数发展到200人左右。

最高委员会制定出革命的目标和原则。这些原则中，有关国内方面的内容包括推翻帝制，建立在议会民主基础上的共和制；消灭封建土地所有制，把土地分给农民，实现经济、社会、教育各方面的根本改革，消灭贫困、愚昧和落后；伊拉克一切财富包括石油在内的权利收归伊拉克人民所有；退出英镑区，使国家的经济、金融从帝国主义的控制下解放出来。有关民族方面的为实现伊拉克全国统一和各民族团结，承认库尔德等少数民族权利；加强与阿拉伯国家团结，和其他阿拉伯国家一起以人力、物力支持巴勒斯坦人民，逐步实现阿拉伯统一。奉行积极中立的不结盟政策；在对外政策和国际关系方面，则主张在不损害国家、民族利益的基础上确定伊拉克与所有国家的政治、经济关系；废除所有损害伊拉克主权的军事协议，清除外国在伊拉克的军事基地，退出巴格达条约，退出伊约联邦。最高委员会还制定出具体的革命行动步骤，即以武力废除国王、王储、首相，宣布建立共和国；最高委员会在宣布革命后即为革命指导委员会，掌握立法和行政权；由民族统一阵线成员组成文职联合过渡政府，该政府必须接受革命指导委员会指导，实现全国统一；从国家机构中清除前统治集团的党羽，警惕机会主义者混入革命队伍，实现社会公正，消灭国家机构中的腐败、行贿现象，军队不介入政治，准备参加解放被占领的阿拉伯领土；实行公民选举，建立全国委员会，以取代革命指导委员会。

为了尽早实现革命的愿望，在 1958 年 7 月 14 日以前，自由军官组织曾多次制订起义计划。1956 年 11 月，卡塞姆率部队从约旦回伊拉克时，曾计划乘费萨尔二世、阿卜杜·伊拉和努里·赛义德到车站迎接之机起义。结果因准备不充分，努里·赛义德也未去车站而作罢。随后，自由军官组织多次制订行动计划，但都因情况临时有变化或自由军官组织内部意见不一致而未实施。

起义的时机终于来临了，1958 年 6 月初，阿里夫获悉他所在的陆军第 3 师第 20 步兵旅即将奉调自迪亚拉经巴格达赴约旦，准备配合约旦部队袭击叙利亚，以破坏叙利亚与埃及的统一。此行代号为"沙漠行动"。阿里夫将这一情报带往巴格达。最高委员会果断决定利用 20 旅在其途经巴格达时举行起义。"沙漠行动"的起程日期先是通知在 7 月 3 日，因故改为 7 月 7 日，后又推迟到 7 月 13 日夜。就在 20 旅起程的前一天，阿卜杜·伊拉和努里·赛义德从国外回到巴格达，准备于 7 月 14 日与国王一起去伊斯坦布尔度假和出席巴格达条约组织会议。自由军官们把发动起义的时间就定在 7 月 14 日晨。为了避免走漏消息，负责执行这一使命的卡塞姆和阿里夫只把发动起义的时间告诉了少数自由军官。他们商定：卡塞姆指挥的 19 旅驻扎曼苏尔做后备队，并保障开往巴格达的 20 旅背后安全；阿里夫在 20 旅 1 营营长阿卜杜·拉蒂夫·达拉吉上校等自由军官协助下，负责在行军途中接管 20 旅指挥权，率军占领巴格达，宣布革命；卡兹姆·贾希姆·阿扎维少校和阿卜杜勒·希塔尔·拉蒂夫少校负责控制巴格达的拉希德军营。

　　7 月 13 日夜，20 旅按计划自迪亚拉起程向巴格达方向进发。当队伍行至距巴格达 10 公里的汉·白尼·萨尔德村时，阿里夫设法将旅长艾哈迈德·哈吉·穆罕默德·阿里调走，让他率其指挥部先行前往法卢贾，随后逮捕了不支持革命的 2 营营长亚辛·穆罕默德·拉乌夫上校，由自由军官阿迪勒·杰拉勒上校取而代之。在由巴格达赶来的自由军官瓦斯菲·塔希尔中校、易卜拉欣·贾希姆少校和易卜拉欣·阿巴斯·拉米少校的接应下，20 旅开进巴格达。1 营、2 营、3 营兵分三路直奔王宫，首相府、电台、国防部、邮电局、电报局、电话局等要害部门。

　　7 月 14 日晨 5 时半，起义军打响第 1 枪。6 时以前，阿里夫占领电台。6 时整，电台播出了阿里夫宣读的第 1 号革命声明。声明号召军人兄弟、爱国人士和全国人民团结起来，共同埋葬帝国主义扶植的腐败的封建王朝。占领和控制拉希德军营是整个革命行动计划的重要组成部分。当时掌握军队实权的参谋长穆罕默德·拉菲克·阿里夫中将就在军营里，一旦他逃出自由军官之手，与其他军政要员取得联系，则后果不堪设想。贾希姆·阿扎维和阿卜杜勒·希塔尔此举进行得很顺利，他们逮捕参谋长等人后迅速派出军营里的坦克部队去占领机动警察部队驻地。起义部队用坦克和大炮包围了巴格达附近的英国空军基地，封锁了所有进出城的通道。革命军民涌进王宫，费萨尔国王和阿卜杜·伊拉王储从睡梦中惊醒。阿卜杜·伊拉自知大势已去，力劝国王与革命军民谈判，暂时退位出走，待机东山再起。革命军民没有给他们苟延残喘的机会，立即将他们处死。起义部队进攻首相府时，努里·赛义德听到枪声从后门逃出，钻进别人汽车的尾厢跑到城北的卡齐米亚躲了近一昼夜。他指望英国干涉革命，但未见英国动静，又以为英国支持革命，惶惶然不知所措。7 月 15 日，革命军民在城南发现男扮女装的努里·赛义德，将他击毙。

　　7 月 14 日革命声明播出后，所有的自由军官立刻行动起来，在爱国军人的支持下夺取各部队的领导权。驻南方迪瓦尼亚的 1 师师长奥马尔·阿里准将和驻北方基尔库克的 2 师师长阿卜杜勒·瓦哈卜·沙吉企图发兵巴格达扼杀革命的阴谋被彻底粉碎。驻约旦的伊拉克部队也在自由军官的带领下迅速回国参加革命。全国城乡，工矿、油井、交通线都很快掌握在革命军民手里。

为了使爱国党派做好准备配合自由军官的行动，卡塞姆和阿里夫将发动起义的时间预先通知了一些爱国党派的负责人。阿拉伯复兴社会党于7月14日晨给发动起义的部队运送一批急需的武器弹药，这在占领巴格达电台和控制拉希德军营的战斗中发挥了重大作用。该党还计划在需要时营救自由军官。独立党总书记曾受卡塞姆等人委托，亲赴开罗与纳赛尔总统面谈有关在伊拉克发动革命成功的可能性问题，争得了他的支持。该党副主席和总书记还受卡塞姆委托起草了革命的第1号声明。伊拉克共产党通过其在部队官兵中的党员及受其影响的进步军官积极参加了"7·14"革命，并在当天公开发表声明，表示支持革命、捍卫共和国的决心，号召建立"人民抵抗组织"，协助部队稳定革命后的局势，以对付任何风云突变。在革命军队、各爱国党派和人民群众的共同努力下，全国形势很快稳定下来。

伊拉克共和国建立

1958年7月14日革命的第1号声明宣告了伊拉克共和国的诞生，随后成立了以卡塞姆为总理的共和国政府。伊拉克的帝制时代从此结束了。

卡塞姆政府没收了王室、王宫中的一切财产；没收了王室成员和其他大封建主的大部分土地。政府根据1958年7月27日颁布的临时宪法组成了土改委员会。土改委员会按照1958年10月1日颁布的30号法令，将土地分给无地少地的农民（1959—1962年伊拉克全国有27000户农民分到土地1440000杜纳姆①），并规定了私人占有土地的最高限额（水浇地为1000杜纳姆，旱地为2000杜纳姆），铲除了封建土地所有制的基础。分到土地的农民和原小土地所有者由于摆脱了封建剥削，劳动积极性大大提高。农业生产力也得到相应的发展。

伊拉克共和国领导人利用各种场合宣布伊拉克反对形形色色的帝国主义计划和帝国主义同盟的立场。共和国诞生的第二天即1958年7月15日，伊拉克就退出了伊约联邦，1959年3月24日，伊拉克正式退出巴格达条约，从根本上动摇了总部设在巴格达的该条约组织，从而使这个帝国主义国家旨在包围和威胁社会主义国家的军事同盟集团的链条断了关键的一节。

---

① 1杜纳姆＝3.75市亩。

　　1959 年 5 月 15 日，伊拉克政府宣布废除 1954—1955 年美、伊签订的关于军事援助等三个协定；经过伊、英两国政府长时间谈判，1959 年 5 月 30 日，英军最后撤离它在伊拉克的军事基地。从此，伊拉克摆脱了帝国主义的奴役和压迫，获得了真正的独立和主权，帝国主义在阿拉伯国家及整个中东的势力受到了沉重的打击。

　　1959 年 6 月 22 日，伊拉克退出英镑区，这是实现国家财政、经济独立的重要步骤。1960 年 8 月，伊拉克政府与英国石油公司谈判，争得了伊拉克在公司内投资和增加伊拉克分享石油利润份额的权利。1961 年，伊拉克政府又发布 80 号法令，收回租让给外国石油公司土地的 99.5%。1962 年，伊拉克建立了国家石油公司和国家生产、出口石油组织，从而结束了外国垄断石油公司掌握伊拉克经济命脉的历史。共和国采取减免税收等措施鼓励民族工商业的发展，使伊拉克从经济上摆脱外国资本的控制。

　　伊拉克共和国重视加强与阿拉伯各国人民的团结。1958 年临时宪法明确指出，伊拉克是阿拉伯民族的一部分。"7·14"革命胜利后不久，伊拉克政府就以人力、财力和武器支援巴勒斯坦、阿尔及利亚和阿曼人民的解放斗争，与阿联等国政府和人民建立了密切关系。伊拉克革命的胜利为阿拉伯民族解放运动增添了新的活力。

　　在国际关系上，伊拉克共和国政府奉行积极中立、不结盟的外交政策，在万隆会议 10 项原则基础上同许多国家建立了外交关系。革命的胜利使伊拉克脱离了反动营垒，步入争取和平进步的革命洪流。

　　伊拉克 1958 年革命后建立的政权基本上实现了革命前自由军官组织最高委员会制定的革命目标和原则。只是拟议中的革命指导委员会始终没有建立起来。卡塞姆实行少数人专权，未能像革命前和革命中那样继续依靠人民群众和爱国党派的力量。加之领导人之间的互相猜忌、暗算，妨碍了革命的继续发展。1958 年 9 月底，卡塞姆免去了武装部队副总司令阿里夫的副总理兼内政部长职务，委派他为驻西德大使。随后不久，卡塞姆粉碎了阿里夫的一个团发动的叛乱，又将阿里夫及其部下逮捕，以企图谋杀政府总理的罪名审讯、定罪。1959 年 2 月，内阁的六位部长辞职，其中包括独立党总书记和复兴党在内阁的唯一代表。由于他们不支持卡塞姆的政策，或对这些政策持模棱两可的态度，卡塞姆对内阁进行了改组。革命后形势的发展和暴露出的问题，充分说明了民族资产阶级的革命不彻底性。然而，伊拉克 1958 年革命的功绩不属于任何个人和组织，而是属于全体人民。它是伊拉克人民多年来为反帝反封建而进行的殊死斗争的结果。

伊拉克民族主义自由军官发动和领导的，各爱国党派、爱国人士和全国人民共同参加的 1958 年革命，宣告了伊拉克封建制度的灭亡，将这个文明古国从几个世纪被奴役的地位拯救出来，成为拥有主权的独立国家；它使帝国主义在中东的政治、经济、战略利益受到了极大损失，摧毁了帝国主义反动派在中东的堡垒，使中东人民增强了从帝国主义枷锁下挣脱出来的信心。

本文参考书目：

［1］　利萨·阿卜杜勒·哈桑·祖贝迪：《伊拉克 1958 年 7·14 革命》。

［2］　《阿拉伯简易百科全书》。

［3］　马家骏等编：《阿拉伯东方各国人民的民族解放运动（1945—1958）》，北京师范大学历史科学研究所亚非研究室主编，1958 年。

［4］　齐力：《伊拉克共和国诞生》。

［5］　《苏联大百科全书》第 18 卷。

［6］　《苏联大百科全书》1957 年年鉴。

［7］　赫利勒·凯纳：《伊拉克的昨天和明天》。

［8］　赫勒杜·萨蒂阿·哈斯里：《7·14 革命和伊拉克共产党人真情》。

［9］　侯赛因·贾米勒：《新生的伊拉克》。

［10］　舒阿德·哈伊里：《伊拉克的 7·14 革命》。

［11］　S. H. 朗里格：《伊拉克（1900—1950 年）》，人民出版社 1977 年版。

1952 年埃及七月革命

唐同明　向　群

1952 年 7 月 23 日，以加麦尔·阿卜杜勒·纳赛尔为首的埃及自由军官组织发动七月革命，推翻英国帝国主义支持下的法鲁克王朝，建立埃及共和国。七月革命是一次具有反帝反封建性质的资产阶级民族民主革命。它使埃及走上了独立发展道路。

七月革命前的埃及社会

埃及位于非洲东北部，地处欧、亚、非三大洲的咽喉，战略地位极其重要。1882 年，英国占领埃及。到第一次世界大战爆发时，埃及在法律上仍然是奥斯曼帝国的一个行省，但实际上已经沦为英国的殖民地。1914 年 12 月，英国以向土耳其宣战为名，宣布埃及为它的"保护国"。第一次世界大战后，在埃及民族独立运动的压力下，英国被迫于 1922 年 2 月 28 日宣布埃及为"独立国"。但是，英国继续从政治、经济、军事和外交各个方面严密地控制着埃及，使埃及处于半殖民地状态。1936 年 5 月，英国迫使埃及政府签订为期 20 年的《英埃同盟条约》。条约规定：埃及在战时置于英国的管理之下；在平时，英国有权在苏伊士运河区驻军 1 万人和飞行员 400 人；英国空军有权在埃及领空飞行和使用埃及的飞机场；埃及军队的一切武器必须向英国购买，英国向埃及派遣军事代表团，负责训练埃及军队，等等。这个不平等条约严重地损害了埃及的主权和独立。

在英国的殖民奴役下，埃及的农业经济发展缓慢。在 1882 年英国入侵前的 60 年中，埃及的土地灌溉面积从 200 万费丹（1 费丹 = 6.3 市亩），增加到 500 万费丹，增加了 1.5 倍。但在英国入侵后的 65 年中（至 1947 年），只增加了 100 万费丹。同一时期内，埃及的人口却几乎增加了两倍（从

680 万增加到 1900 万）。

　　为了保证给英国纺织工业提供大量的廉价原料，英国殖民者迫使埃及长期维持单一作物的殖民地经济形态。埃及 30% 以上的可耕地被用来种植棉花，总产值占农业生产总值的一半左右。自英国占领以后，本是粮食出口国的埃及，几乎年年进口粮食。英国资本家垄断埃及棉花出口，以 4—5 埃镑购买 1 坎塔尔（1 坎塔尔 = 44.928 公斤）棉花，运回英国织成棉纺织品后，运销国外，并以 100 到 200 埃镑的价格在埃及销售，从而获得巨额利润。

　　埃及在变成英国源源不断的原料供应地的同时，也成了英国推销商品的市场和投资的场所。第二次世界大战期间，输入锐减，英军在埃及的大量军事订货和军事建筑，刺激了埃及民族工业的发展，用本国资本建立了一些具有现代化设备的工厂。但是，埃及的工业品竞争不过英国的商品，埃及民族工业所需要的机械、燃料和 80% 以上的工业原料依靠进口。在外国资本的排挤下，埃及的民族工业难以生存，新建立的工厂在 1949 年后纷纷倒闭。到 1952 年，埃及民族工业的产值仅占国民生产总值的 10%。外国资本在埃及的投资总额，到七月革命前夕已达到 5.8 亿埃镑，其中英国资本约占 80%。1946 年埃及约有 400 家公司，其中只有 20 家属埃及民族资本，全属外国资本的达 40 余家，其余的是属于受外国资本控制的埃及资本和外国资本的混合公司。除苏伊士运河公司每年从埃及攫取了巨额利润外，英国还控制着埃及的交通运输、对外贸易、采矿和石油等大企业。英国资本控制下的“埃金银行”，资本不过 100 万埃镑，却垄断经营着 2000 万埃镑的 20 个大工厂和商业企业。埃及采用英镑为汇兑本位。英国垄断了埃及的金融业。

　　英国殖民主义者在埃及还据有许多大地产。他们既与埃及的封建王室相勾结，同时又以王室为代表的封建地主阶级作为在埃及实行殖民控制和掠夺的社会基础。埃及的法鲁克国王（1936—1952 年）是埃及最大的地主。王室与宫廷占有全国可耕地的 1/4。仅占全部土地所有者人数 0.4% 的埃及地主拥有 200 多万费丹土地，而占人口绝大多数的农户只占有全国耕地的 35%，其中有近 200 万户农民每户占有的土地不到 1 费丹，而每户需要 2 费丹土地才能维持最低生活，约 200 万户根本没有土地。无地少地的数百万户农民被迫沦为佃农和雇农。一般情况下，佃农要把每年收获量的 75%—80% 交给地主。而封建统治者每年把 1.3 亿埃镑的巨款用于购买外国消费品和奢侈品，以及修建高楼大厦与宫苑别墅的费用。

反帝反封建斗争的高涨

帝国主义特别是英国的殖民掠夺，本国的封建统治，严重阻碍了埃及社会经济的发展，引起埃及人民极大的不满。第二次世界大战以后，埃及人民争取民族独立的斗争不断高涨。从 1945 年开始，埃及各阶层人民一致要求废除 1936 年英埃同盟和英国军队撤离埃及。当年 12 月，在人民的压力下，埃及政府被迫提出修改英埃同盟条约的要求，遭到英国政府的拒绝，埃及各地随即爆发了轰轰烈烈的反对英帝国主义的群众运动。

1946 年 2 月上旬，埃及各大、中学生组织埃及学生联合委员会，领导学生进行反英斗争。2 月 9 日，开罗数千名学生前往阿比丁宫向国王请愿。游行队伍到阿拔斯大桥时，遭到反动军警的镇压，数十名学生被军警打死，200 余人受伤，酿成"阿拔斯大桥惨案"。

阿拔斯大桥惨案后，各大城市纷纷举行反对英军暴行的示威游行，在斗争中，工人和学生组织了工人学生联合会，宣布 2 月 21 日为"英军滚出埃及斗争日"，号召全国人民在这一天举行总罢工、总罢市。他们发出呼吁："让我们高高举起民族的旗帜！让我们坚定地团结在一起——工人、学生、商人、公职人员和全国人民团结起来，洗干净奴役的耻辱！"

2 月 21 日，埃及爆发了全国反英总罢工，强烈要求驱逐英国军队。在开罗、亚历山大和其他许多大城市，所有公共机关、商店、饭馆、咖啡馆都停止营业；工厂停工；高等、中等学校停课；各种交通工具停止行驶。开罗有 10 万群众举行反英示威，英军和封建统治当局故意寻衅，并同游行者挑起冲突，结果造成开罗和亚历山大两地的游行者大量伤亡。面对统治当局的镇压，工人学生委员会号召全国人民再次举行总罢工、总罢市，对英帝国主义的暴行表示抗议，对死难者表示悼念。全国各阶层、各党派、各团体一致响应这个号召，示威和罢工高潮席卷全国。

为了缓和埃及人民的反英情绪，英国政府决定与埃及王国西德基政府进行关于修改条约和撤军问题的谈判。1946 年 10 月 25 日，会谈结束，签订了《西德基—贝文议定书》（草案）。这一协定规定，在建立英、埃国防联合委员会的条件下，英国军队在三年内从埃及撤走；承认英国有权在它认为埃及的安全受到威胁的任何时候可将自己的军队开入埃及；在埃及继续保留英国的基地。埃及政府这一出卖民族利益的行为，激起了全国人民新的抗议运动。首郡开罗的局势非常紧张，以致参加谈判的埃及大多数代表（12 人中有 7 人）发表声明，拒签协定草案，埃及议会被迫否决议定书。1947 年 12 月9 日，西德基被迫辞职。

1948 年 5 月，巴勒斯坦战争（即第一次中东战争）爆发。埃及在战争中遭到失败。埃及军队深感法鲁克王朝及其政府腐败无能。这就加剧了士兵和中、下级军官对封建王朝的不满。战后，埃及的财政经济情况日益恶化，主要农作物棉花的生产情况迅速下降，粮食大幅度减产。由于英美商品充斥着埃及市场，埃及民族工业发展障碍重重，工厂停闭，工人失业现象日益严重。埃及处于死亡线上，饥饿和半饥饿的人数以百万计。埃及的民族矛盾和阶级矛盾日益尖锐化。

1950 年 1 月，主张废除英埃条约的华夫脱党的领导人纳哈斯组织政府，它重开与英国撤军的谈判，但没有取得任何结果。11 月 16 日，埃及政府向议会提出要求英军立即从埃及撤退的声明。翌年 7 月，英国外交大臣欧内斯特·贝文在英国下院发表声明，顽固地表示英国军队要留在苏伊士运河区。面对英帝国主义的蛮横态度，从 1951 年 8 月初开始，埃及人民在全国范围内举行大规模的示威游行与罢工，坚决要求英军撤出埃及。在这种形势下，埃及政府不得不在 1951 年 10 月 10 日，向埃及国会提出关于废除 1936 年《英埃同盟》和 1889 年《英埃共管苏丹协定》的决议。10 月 15 日，埃及议会正式宣布废除这两个条约。

埃及宣布废除 1936 年英埃条约后，英国政府立即宣布不承认这种"片面的废除"。英国不仅不撤离其在苏伊士运河区的占领军，而且增派部队到埃及进行武装威胁，驻埃英军达 85000 人。1951 年 10 月 17 日，英国军队占领包括塞得港和伊斯梅利亚在内的一些城市和战略据点，控制了开罗和苏伊士运河地区之间的铁路交通。1952 年 1 月中旬，英军又侵占从开罗到苏伊士运河地区的许多据点。

英帝国主义的公开武装入侵，激起了埃及人民的抵抗。苏伊士运河地区的 6 万名工人宣布总罢工，拒绝为殖民者服务。整个运河地区的交通和日常工作全部陷于瘫痪。来自全国各地的成千上万的爱国者组织游击队和志愿军在运河区与英军展开武装斗争，开罗、亚历山大、塞得港、伊斯梅利亚等地举行大规模示威游行。埃及全国各地都展开抵制英货的运动。在农村，农民要求解决土地问题，反对封建地主阶级的斗争逐渐展开。在一些大地主庄园，甚至国王的领地上都发生了农民暴动。

英国占领军把大批拒绝替英国人工作的埃及人关进集中营。他们用机关枪扫射手无寸铁的示威者。为了对付人民游击队，他们竟毁灭整个的村庄。

1952 年 1 月 26 日，英帝国主义在美国的支持下，勾结埃及王室制造了"开罗纵火案"。许多外国企业和办事机构被烧毁，开罗变成了一片火海。一时开罗秩序大乱。英国制造纵火案的目的，在于诬蔑埃及"秩序混乱"，迫使埃及华夫脱党下台；以"外侨生命财产没有保障"为借口，坚持长期占领埃及。同时，把纵火的罪名强加在工人和学生身上，进行迫害，从而打击反英运动。法鲁克国王秉承英、美帝国主义的旨意，借机大肆逮捕、杀害爱国者，任意囚禁无辜群众。

1952 年 1 月 27 日，法鲁克国王解散了主张废除英埃条约的华夫脱党政府。任命亲英分子马赫尔为政府首相。马赫尔政府一上台就宣布全国戒严，设立军事法庭，逮捕数以千计的爱国者。埃及议会也于 3 月被解散。1952 年上半年，埃及政局动荡不定，五个月中更换了五次内阁。人民反对英帝国主义及其走狗法鲁克封建王朝的斗争持续不断。形势的发展表明，封建君主制度已无法继续下去了。埃及人民只有把反对帝国主义的斗争和反对封建君主制度的斗争结合起来，才能使埃及摆脱帝国主义的控制，取得民族独立。

七月革命爆发

1952 年 7 月，埃及全国处于白色恐怖之中。在此同时，以加麦尔·阿卜杜勒·纳赛尔为首的自由军官组织积极筹划推翻法鲁克王朝的斗争。

自由军官组织创建于 1939 年。它的成员是军队中具有反帝、爱国思想的中下级青年军官。他们在各级军事院校里受过教育，较多地了解社会各阶层的情况。严酷的现实生活，激发起他们的民族责任感，他们立誓要拯救危难中的祖国，要保卫埃及的荣誉和尊严。埃及军官自 30 年代末以来已发生变化，"除王室家族外，军官中没有贵族、地主和商人的子弟"，他们大部分出身于中小资产阶级。自由军官组织首先是代表这些社会阶层的利益。自由军官组织在军队中进行民族主义的宣传活动和基层组织的建立工作。1948 年巴勒斯坦战争中，它的成员积极作战，在军队中有很大影响。然而，法鲁克国王及其卖国集团贪污军费，干涉军事指挥，竟将大批破烂武器运往前线，致使埃及军队遭到失败，充分暴露了封建王室和政府的腐败无能，同时激化了埃及士兵和军官的不满情绪。纳赛尔这时认识到，"除了赶走英国人之外，

'自由军官组织'还必须献身于推翻或至少是彻底改革埃及政府的整个体制"。自由军官组织放弃了对国王的幻想，并且宣布："最大的战场，还是在埃及！"

1950年，自由军官组织进行了改组，建立了由10人组成的革命执行委员会作为最高领导机构，纳赛尔当选为该委员会主席。从此，自由军官组织在纳赛尔的领导下进行武装起义的准备。

军队中革命情绪的增长，引起内外反动势力的恐慌。1951年底，法鲁克国王将埃及军队中的军官俱乐部组织进行改选，企图安插亲信以加强控制。为了挫败国王的阴谋，纳赛尔第一次领导了公开反对国王的斗争。经过自由军官组织的宣传鼓动，冲破了军队中亲王室势力的百般阻挠，军官们选出了自己所拥护的军官俱乐部主任和由1/3自由军官组织成员组成的军官俱乐部管理委员会。这一事件表明，革命思想已深入军队，自由军官组织在军队中已具有很大的实力。

1952年初，自由军官组织提出了自己的政治纲领：消灭殖民主义，取消封建制度，根除垄断和资本主义剥削，加强军队，建立稳定的民主生活。这个纲领概括了埃及民族民主革命的基本任务，它反映了民族的利益和广大工农群众的愿望。到1952年初，自由军官组织的成员发展到约1000人，遍及各个兵种，掌握了军队的实权。自由军官组织组织严密、精干，以秘密活动为主，当埃及其他民族主义组织遭到破坏而纷纷瓦解的时候，它仍然完整地保存了自己的组织，逐步地控制了埃及的军队。

1952年春天，埃及革命形势日渐成熟，纳赛尔决定选择一个有利时机发动起义。2月10日，自由军官组织执行委员会召开会议，决定把原来计划于1955年11月开始的行动提前，在当年11月发动起义。因为每年8月5日国王要率领群臣去亚历山大港避暑，11月返回开罗。自由军官组织就可以把打击目标集中在开罗。为了使这一计划能稳妥实施，自由军官组织执行委员会成员鉴于他们自己在社会上缺乏名望，便于1952年6月，推选颇有"名望"的纳吉布将军担任执行委员会主席，纳赛尔任副主席兼参谋长。实际上，革命的决策者和领导者仍是纳赛尔。

法鲁克国王和英国殖民当局预感到革命难以避免，决定先发制人。6月17日，国王下令解散军官俱乐部管理委员会，将所有非王室指定的委员调往边远哨所。同时，根据国王的命令，对军官进行大调动，自由军官组织一些重要骨干被迫离开首都。7月20日，自由军官组织还得到这样的消息：国王将改组政府，熟知自由军官组织执行委员会情况的侯赛因·苏里·阿密尔少将将担任内阁国防部长，政府有一个逮捕 14 名自由军官组织重要成员的黑名单。埃及形势发生突然变化。

1952 年 7 月 20 日夜，自由军官组织执行委员会在开罗召开紧急会议，决定将起义的时间提前到 7 月 23 日。计划分三个步骤：（1）夺取军队的领导权，并完全控制武装力量；（2）组织文官政府；（3）驱逐国王。会上，纳赛尔还分析了英国和美国可能采取的行动。为了对付英军可能发动的袭击，他在军事上采取了预防措施，以一个旅的兵力封锁通往苏伊士的道路，还布置了一条临时防线，配备更多的后备兵员。

7 月 22 日晚 11 点钟，在纳赛尔指挥下，自由军官组织发动起义。起义部队首先逮捕全部高级官员，占领各兵种的重要据点，控制军队。随后，起义部队占领飞机场、火车站、电报电话局、埃及广播电台、各警察所和政府办公大楼。7 月 23 日凌晨，纳赛尔所领导的革命武装力量已完全控制了首都。

7 月 23 日早晨 7 点半，自由军官组织的领导人之一萨达特以纳吉布的名义向埃及人民发表广播讲话。他指出：贪污和行贿是"我们在巴勒斯坦战争中失败的主要原因"。自由军官组织认为，"必须采取措施，用新的精神和决心激励埃及人民勇往直前，为实现埃及人民的愿望而奋斗"。为了反对王室的专制暴政和国家的腐败政治，埃及军队已经起义，夺取了政权。

自由军官组织宣布解散最后一届王室内阁，组织一个在自由军官组织执行委员会绝对监督下的、过渡性的文官内阁，旧政府被推翻了。

正在亚历山大港消夏的法鲁克国王，用尽一切办法来挽救自己的王位，甚至请求英、美政府出兵干涉埃及革命。革命领导当局派遣装甲兵团开进亚历山大，迫使统治埃及 16 年的法鲁克国王于 7 月 26 日逊位给未成年的儿子艾哈迈德·法德亲王。当天下午 6 时，法鲁克国王和他的妻子，带着几十件行李，乘游艇离开埃及，逃往意大利，封建王朝统治埃及的时代结束了。

七月革命的深入发展

自由军官组织夺取政权后，将执行委员会改名为革命指导委员会，由纳吉布担任主席。实际领导人是委员会的副主席纳赛尔。9 月组织新政府，由纳吉布任总理。革命指导委员会掌握政权后，采取一系列措施，推动革命向纵深发展。

它所采取的第一个重大措施，就是颁布土地改革法。1952 年 9 月 9 日的《土地改革法》规定：封建王室占有的土地一律没收；地主个人占有的土地不得超过 200 费丹，但可将其余不超过 100 费丹的土地分给子女，多余的土地由政府征购，然后按低价（每费丹 140 埃镑，分 30 年付清）出售给无地或少地的农民。原在被征购土地上从事耕作的贫苦农民有购买土地的优先权，每户可购买 2—5 费丹。土地改革法令有它本身的局限性，它不是全部没收地主的土地，而只是征购多余部分，进展比较缓慢。1952—1960 年只有20 万农户得到了土地。6% 的大土地所有者还占有全国耕地的 48%，94% 的中小农户只占耕地 52%，其中有 100 万农户仍没有土地。但是土地改革的进行打击了封建势力，削弱了地主阶级的政治经济地位，改善了农民的生活。土改后，还建立了一批农村合作社。此外，一些大土地所有者开始向工商业资本家转化，所有这些对埃及经济的发展起了积极的作用。

在实行土地改革的同时，纳赛尔为了巩固取得的政权，开始整顿国内各政治党派。1952 年 7 月 31 日，革命领导当局要求穆斯林兄弟会、华夫脱党等国内的现存政党进行自我整顿，修改他们的纲领和宗旨，以适应形势的变化。这些代表外国殖民势力、大地主和大资产阶级利益的旧政党，拒绝进行整顿，并进行公开反对军政府的活动。于是，革命领导当局在 1953 年 1 月16 日，颁布了解散一切政党并没收其财产的决定。同时宣布，从 1953 年1 月至 1956 年 1 月为"三年过渡时期"。在此期间，实行全国戒严，禁止一切政党的活动，由革命指导委员会代行议会职权。

革命领导当局采取的另一项改革措施，是在 1952 年 12 月 10 日宣布废除1923 年宪法。1953 年 2 月 10 日，埃及公布了过渡时期临时宪法，规定一切权利归革命指导委员会和政府部长会议。革命的领导人（即革命指导委员会的主席）为了保卫革命的成果和达到革命的目的，有权行使国家最高权力；革命指导委员会与政府部长组成的联席会议有权讨论国家总的方针和政策。

1953 年 6 月 18 日，埃及政府宣布永远废除君主政体，成立埃及共和国。纳吉布担任共和国总统兼总理，纳赛尔担任副总理。

随着七月革命形势的发展，革命指导委员会内部在社会革命纲领问题上出现了分歧。纳赛尔主张将革命深入下去，建立一个新埃及。纳吉布则认为革命已经完成，今后的任务是恢复议会民主，建立君主立宪制，依靠旧政党建立资产阶级共和国。

在土地改革问题上，纳吉布表面上不表示反对，内心里却不赞成伤害土地所有者的利益。在他主持土地改革期间，态度消极，土改工作进展缓慢，给大地主违反土地改革法的有关规定出卖多余土地造成了可乘之机。

在对待清洗各政治党派的问题上，纳吉布不同意纳赛尔实行的革命措施。他指责纳赛尔把所有政党，包括华夫脱党在内看成无用东西是"太轻率"，认为纳赛尔的做法体现了蛮干精神。纳吉布主张以妥协方法处理军政府与各政治党派之间的关系。他在演说中公开表示对被清洗党派的同情。

1954 年初，纳吉布与纳赛尔之间的矛盾日趋尖锐。在 3 月至 4 月，斗争达到高潮。为了争取广大群众的支持，纳赛尔宣布，革命指导委员会将于 3 个月后解散，过渡时期即将结束。到那时候，将进行立宪会议的选举，革命政府的部长辞职，旧政党的领导人全部释放。他将纳吉布所主张的施政方案展示在广大群众面前，使群众感到纳吉布方案的实质是要恢复已被推翻的旧制度。于是，广大群众上街举行示威游行，反对纳吉布，支持纳赛尔的革命政策。1954 年 4 月 17 日，纳赛尔取代纳吉布任总理和革命指导委员会的主席。同年 11 月，纳赛尔代理总统职务。

1956 年 1 月 16 日，在埃及的三年过渡时期到期的日子，埃及政府公布了新宪法草案。6 月 23 日，埃及举行公民投票。新宪法以获得 99% 的赞成票而被通过。新宪法规定，"埃及是一个民主共和国"。总统为国家元首，任期 6 年，总统有权否定法律和解散议会，任免官吏。国民议会任期 5 年。根据宪法，纳赛尔由国民议会选举为总统，并于 7 月 7 日由公民投票通过，建立以纳赛尔为首的新的政府，革命指导委员会被撤销。

新宪法的通过标志着埃及人民完成了一项重要的历史任务，它进一步巩固了埃及作为独立、自主、共和的国家基础。到此，七月革命建立的政权得到了真正的巩固。

在维护国家主权方面，革命领导当局在埃及人民支持下，从 1953 年开始与英国政府谈判，要求英军从苏伊士运河地区撤退。埃及政府经过努力，终于在 1954 年 10 月 19 日签订了《英埃关于苏伊士运河军事基地的协定》。协定规定，英军自订约之日起的 20 个月内全部撤出埃及领土。

从 1882 年以来，英国在埃及驻军达 74 年之久，1956 年 6 月 18 日，最后一批英军撤离埃及领土。这一天，纳赛尔在塞得港前英国海军俱乐部（英军撤退前所占用的最后一处建筑物）升起了埃及国旗。这是埃及人民维护国家主权和领土完整的一次重大胜利，也是七月革命的重要成果之一。

在对外政策方面，革命领导当局执行反对帝国主义和不结盟政策，支持各国人民的民族独立的斗争。1953 年 1 月，埃及政府同苏丹所有政党签订关于埃及承认苏丹人民有自决权利的协定。1955 年，纳赛尔不顾美、英帝国主义的威胁，参加在印度尼西亚万隆召开的亚非会议，对亚非国家团结反帝事业作出了贡献。

埃及的七月革命结束了帝国主义和封建王朝在埃及的统治。七月革命胜利后所进行的一系列经济政治改革，虽然并不彻底，但在一定程度上促进了埃及经济的发展和社会的进步。

1956 年苏伊士运河战争

陈和丰

20 世纪 50 年代中期，帝国主义国家的争夺集中在中东这个具有重大战略意义的地区。1956 年 7 月，埃及维护自己的民族权益，将英法资本控制下的国际苏伊士运河公司收归国有。英法为了继续维持它们的殖民利益，勾结以色列发动了侵略埃及的战争。在埃及人民的英勇反击下，英法以的联合进攻遭到失败。埃及在苏伊士运河战争中的胜利，标志着英法在中东的殖民统治基本结束。

埃及收回苏伊士运河前后的局势

位于埃及境内的苏伊士运河地区原是连接亚非两洲的地峡。1859 年，法国殖民主义者费迪南·德·莱塞普斯组建的国际苏伊士运河海运公司驱使埃及数十万民工开凿运河。历经 10 年艰辛，苏伊士运河于 1869 年 11 月 17 日正式通航。为此，埃及付出了 1680 万英镑的工程费用，占运河投资总额的 79%。12 万民工在强迫劳役中丧生。1882 年，英国排挤法国，占领埃及，在运河区建立它在海外最大的军事基地，运河成为 "大英帝国的动脉" 和 "生命线"。1936 年 8 月签订的《英埃同盟条约》进一步确认英国在运河区驻军的权利。

苏伊士运河在战略上和经济上对西方具有重大的价值。运河全长 173 公里[①]。它沟通地中海和红海，使欧亚两洲之间的航程比绕道非洲好望角缩短

---

① 关于运河长度说法不一，另有 174 公里和 175 公里之说。本文所列长度根据埃及出版的《苏伊士运河地图》的资料，从苏伊士的陶菲克港至伊斯梅利亚为 84 公里，从伊斯梅利亚至塞得港为 78 公里，从塞得港灯塔至灯标为 11 公里。

6000—12000 公里，成为东西方海上交通的咽喉要道。1955 年通过运河的船只共 14666 艘（货运量达 10.750 万吨），其中 3/4 属于北大西洋公约组织国家的船只，这里面近 1/3 属于英国。帝国主义从亚非地区掠夺的石油和其他原料约一半通过运河输往西欧。英国 1955 年进口石油约 2800 万吨，其中 2000 万吨经运河运来。由于英法掌握运河公司 96% 的股票，伦敦和巴黎的银行源源不断地获得巨额利润。到 1949 年底，英国从运河公司攫取的利润，约为它购买股票金额的 16 倍。1955 年运河收入达 1 亿美元，而埃及所得只有 300 万美元。苏伊士运河是埃及近百年来蒙受剥削和压迫的历史见证，收回运河是埃及人民强烈的民族要求。

1952 年七月革命后，埃及人民反对英军占领运河区的斗争日益高涨。1953 年 4 月，埃及和英国就 8 万英军撤离运河区问题进行谈判。1954 年 10 月 19 日，双方在开罗签订《英埃关于苏伊士运河基地的协定》，宣布废除 1936 年《英埃条约》。英国被迫同意在 20 个月内分批撤军。埃及也作了让步，同意阿拉伯国家或土耳其一旦遭到外国的武装进攻时，英军可重返运河区。1956 年 6 月 12 日，最后一批英军撤离运河区，从而结束了英军占领埃及 74 年的历史。但是，国际苏伊士运河公司仍然掌握在英法殖民者手中。

由于埃及坚决支持巴勒斯坦人民收复失地的斗争，它同以色列的矛盾日趋激化。1955 年 2 月 28 日，以色列向埃及管辖的加沙地带发动了自 1949 年停战以来规模最大的军事进攻。为了阻止以色列的进一步侵略，埃及准备向西方购买武器。但是，英国坚持以埃及支持巴格达条约作为出售武器的条件；法国为了对埃及支持阿尔及利亚的反法民族解放战争进行报复，向以色列输送了大量武器；美国提出除非美埃签订共同安全条约，否则将不提供武器。在这种情况下，埃及于 1955 年 9 月 27 日宣布同捷克签订军火贸易协定，通过捷克购买苏联武器。中东地区的矛盾变得更为复杂。

1955 年 12 月，美英两国企图通过经济"援助"抵制苏联在埃及的影响，表示愿在埃及政府计划建造的阿斯旺水坝第 1 期工程中提供 7200 万美元"赠款"（其中美国提供 5600 万美元），世界银行也将借给埃及 2 亿美元。但是，必须以美国对埃及进行财政监督和停止苏埃军火交易为前提，从而被埃及拒绝。为了迫使埃及屈服，7 月 19 日，美国宣布撤回对埃及的"援助"，英国的"援助"，世界银行的贷款也随之取消。

面对这一情况，埃及总统纳赛尔决定把苏伊士运河收归国有，用自己的力量建造阿斯旺水坝。7 月 23 日，纳赛尔秘密召见埃及石油管理局局长尤尼斯，委托他制订接管运河公司的计划。1956 年 7 月 26 日，纳赛尔总统在亚历山大港发表演说，强烈谴责西方帝国主义企图扼杀埃及和阿拉伯民族主义的阴谋。他宣读了自己签署并由内阁通过的《关于国际苏伊士运河公司国有化的法令》。法令规定：运河公司收归国有，全部财产移交埃及，对股票持有者给予补偿，公司一切机构全部解散，运河航运由埃及政府成立专门的机构管理。在纳赛尔发表讲演的同时，尤尼斯带领一批军事和文职人员，接管了苏伊士运河公司伊斯梅利亚总管理处和运河设施。另有三个小组分别接管运河公司在塞得港、苏伊士和开罗的办事处。接管运河公司的工作顺利完成。苏伊士运河国有化震动了西方世界。7 月 26 日晚，英国首相安东尼·艾登召集有三军参谋长参加的内阁紧急会议，商讨对策。会议认为，英国在这一地区的主要权益必须保护，必要时不惜使用武力。三军参谋长奉命拟定一项计划和时间表，准备在其他办法失败时，采取占领运河的军事行动。当英国发出的"抗议"照会被埃及退回后，艾登认为这是 1940 年以来英国"所遇到的最危险的局势"。法国政府在 7 月 27 日上午和中午连续举行会议，讨论应急措施。英法两国决定冻结埃及在英法的存款和运河公司的资金，两国的商船通过运河不向埃及交纳通行费；同时调兵遣将，对埃及施行武力威胁。27 日，艾登致电美国总统艾森豪威尔，要美国和英法一起"对埃及施加最大的政治压力"，"准备使用武力"；并提议三国立即举行外长会议。

　　美国固然担心运河公司国有化会影响它在中东的石油利益和动摇它对巴拿马运河的控制，但可利用英法陷入困境取而代之称霸中东。美国采取了既反对使用武力又要保持一定的紧张局势的策略。8 月 1 日，美国国务卿杜勒斯携带艾森豪威尔劝阻艾登不对埃及使用武力的信件到达伦敦，参加美英法三国外长会议。会议几经磋商于 8 月 2 日发表联合公报，否认埃及拥有将运河公司收归国有的权利，建议邀请 24 个国家[①]在伦敦开会，试图通过国际会议把运河重新置于帝国主义的控制之下。

　　8 月 16 日伦敦会议召开，22 个国家的代表出席会议，埃及和希腊拒绝参加。杜勒斯提出了"四点计划"，中心内容是把运河交给一个"和联合国保持联系"的"国际委员会"管理。杜勒斯计划暴露了美国试图通过联合

---

　　① 被邀请的 24 国是：埃及、法国、意大利、荷兰、西班牙、土耳其、英国、苏联、澳大利亚、锡兰（今斯里兰卡）、丹麦、埃塞俄比亚、联邦德国、希腊、印度、印度尼西亚、伊朗、新西兰、日本、挪威、巴基斯坦、葡萄牙、瑞典和美国。

国攫取运河的阴谋，由于一些与会国的反对或持保留意见而未能通过。会议一致同意的只是把会议记录交给埃及政府当参考。9 月 3 日，由澳大利亚、美国、伊朗、埃塞俄比亚、瑞典代表组成的五国委员会去埃及，诱压纳赛尔接受伦敦会议的建议。埃及坚持反对国际管理运河的立场，五国委员会只得宣布结束使命。

9 月 10 日，埃及政府照会有关各国，建议成立一个代表苏伊士运河使用国意见的谈判机构，在不损害埃及主权和尊严的情况下解决运河的航行自由和安全等问题。

英法无视埃及的合理建议，除继续加强在地中海的军事部署外，又在 9 月 14 日煽动 493 名运河外籍职员（其中领航员 114 人）集体辞职。这时，美国别出心裁地提出"苏伊士运河使用国协会"计划。9 月 19—21 日，美英法召集 22 个国家再次在伦敦举行会议，讨论建立"苏伊士运河使用国协会"问题。苏联等四国拒绝出席会议。会议因意见分歧未取得协议而草草收场。10 月 1 日，"协会"在伦敦成立，实际上只是一个徒具形式的机构。

英法为了在政治上变被动为主动，在军事上掩盖它们的战争准备，于 9 月 23 日把苏伊士运河问题提交联合国安全理事会讨论。英法事先曾和美国磋商，美国表示不参加英法向安理会提出的提案，要英法不必要求安理会采取任何行动。10 月 2 日，杜勒斯在记者招待会上公开表示："我承认三国在处理苏伊士争执的态度方面是有不同的……在任何以某种形式或方式涉及所谓殖民主义问题的地方，美国却是担任着一个多少有点独立的角色。"英法为此感到"愤慨和惊慌"，只好与美国"分道扬镳"。

10 月 5 日安理会讨论运河问题，分歧很大。在联合国秘书长哈马舍尔德的安排下，英法和埃及三方于 10 月 9 日举行秘密会谈，达成六项原则的协议。它们是：（1）保持运河的自由通航；（2）尊重埃及的主权；（3）任何一国的政治问题不得影响运河的经营管理；（4）运河通行费由"苏伊士运河使用国协会"和埃及共同商定；（5）运河通行费中应提出相当大的一部分作为发展之用；（6）如有原苏伊士运河公司和埃及政府之间的争执，双方同意仲裁解决。10 月 13 日英法向安理会提出提案，其中第一部分是六项原则，第二部分仍无理要求埃及接受"国际管理"运河和承认"使用国协会"的特权。10 月 14 日，安理会讨论时一致通过六项原则，对提案中的第二部分苏联行使了否决权。会后英法表面上同意在 10 月 29 日同埃及重新谈判，实际上这一天却成为以色列向埃及发动进攻的日子。

英法以侵略埃及惨遭失败

英法两国的经济制裁、政治讹诈和武力威胁都未能使埃及屈服，它们只得采取战争冒险挽救自己的失败。早在 8 月 5 日，英法联合军事计划小组就奉命拟订一项"准备对埃及发动联合作战，以恢复苏伊士运河的国际控制"的计划。这项定名为"步枪手"的军事行动，原设想攻占亚历山大港后直指开罗，后改为在塞得港登陆，以求尽快占领运河区。英法联军总司令由英国中东地面部队司令查尔斯·凯特莱上将担任，副司令是法国海军中将巴尔若，下辖地面部队、海军特遣部队和空军特遣部队 3 个司令部。计划调集战斗人员 8 万名（英国 5 万人），军舰 130 多艘（英方 100 多艘），航空母舰7 艘（英方 5 艘），数以百计的登陆艇，80 艘运输军需的商船和 2 万辆车辆，此外还有大量的空军和空降部队。

在策划和准备这次侵略战争中，以色列充当了"自愿的打手"和急先锋。早在 1955 年中，以色列就派遣一支小队深入埃及的西奈半岛进行侦察活动。1955 年 11 月，以军参谋部制定了一项侵占加沙地带和西奈半岛南端沙姆沙伊赫的方案。法国和以色列早有勾结。苏伊士运河国有化前后，两国于 9 月 29 日至 10 月 1 日在巴黎就联合国侵略埃及的政治和军事问题进行正式会谈。随后法国派代表团去以色列了解和落实法国空军利用以色列军事基地和进一步向以提供军援问题。10 月 8 日，以军参谋部决定了侵占西奈的军事计划。

10 月 15 日，法国政府有关成员向艾登提出英法和以色列联盟的战略计划，并要求英国阻止伊拉克部队进驻约旦。艾登感到以色列进攻埃及可以为英法的军事干涉找到一个"天赐的借口"，但考虑到英国同约旦等阿拉伯国家订有同盟条约，公开和以色列结盟，处境将十分尴尬。10 月 16 日，艾登和英国外交大臣塞尔温·劳埃德飞往巴黎同法国总理居伊·摩勒和外长比诺密谈。会上初步达成英法以三国联合侵略埃及的协议。为了鼓励以色列大胆进攻，艾登签署由法国交给以色列的一份书面文件，表明一旦埃以爆发战争，英国不会援助埃及。从 10 月 22 日起，英法以军政头目在巴黎举行一系列决策性的会谈。以色列总理戴维·本—古里安开始要求三方同时动手，以免以色列"扮演侵略者的角色"，而英法像是"和平的天使"。英国外长则要求以色列必须先向西奈发动一场"真正的战争"，对运河形成威胁，否则英法难以发出最后通牒。法国主张利用美国总统选举和波兰问题使美苏无暇顾及中东的机会立即进攻埃及，并保证用法国的海空军来保护以色列的海军和空防。10 月 24 日，英法以最后确定三方联合作战的军事行动：先由以色列对西奈半岛发动攻击，吸引埃军主力东援；接着英法要求埃军撤出运河区，由英法军队占领塞得港、伊斯梅利亚和苏伊士；如果埃及拒绝英法的要求，英法就向埃及发动进攻。10 月 25 日，以色列按照预定的计划，秘密而迅速地进行动员。

埃及在运河公司国有化后，已决定在运河区实行军事管制，并征召预备役军人入伍。8 月 9 日，纳赛尔下令成立"埃及民族解放军"。约有常备军 10 万人，主要是陆军。埃及计划集中力量，保卫运河区和尼罗河三角洲，西奈半岛只留 6 个营的部队。10 月 24 日，埃及和叙利亚、约旦成立联合司令部。

10 月 29 日晚以色列出动 45000 名侵略军，分四路侵入西奈半岛。在南路，首先空降第 202 空降旅一个营于米特拉山口，该旅其余部队随后从孔蒂拉出发进行策应，矛头直指苏伊士城。中路以 4 个旅（2 个步兵旅、1 个装甲旅和 1 个机械化旅）向阿布奥格拉发动猛攻，矛头直指伊斯梅利亚。北路 3 个旅（2 个步兵旅和 1 个装甲旅）沿地中海海岸公路袭击加沙地带和西奈半岛首府阿里什，向罗马尼推进。第 4 路 1 个步兵旅由孔蒂拉和埃拉特沿亚喀巴湾两岸向西奈半岛最南端的沙姆沙伊赫进军。

为了抵抗以色列入侵，10 月 30 日，纳赛尔发布全国总动员令，并命令装甲部队开进西奈，出动飞机轰炸以色列的机场和空降部队。埃及空军在两天内击落以色列飞机 18 架。在阿布奥格拉，埃及以 2 个营兵力抵抗以军 4 个旅的进攻。在沙姆沙伊赫的 1 营埃军同数倍的敌人进行激战。加沙守军一直坚持战斗到 11 月 2 日。埃及海军也英勇出击。在西奈战役中，埃军击毙以军 189 人，打伤 899 人，生俘 40 人。正当埃军准备向以军大规模反击时，英法向埃及发动武装侵略。埃军只得从西奈前线撤退，在战斗中牺牲约 1000 人，负伤约 4000 人。以色列乘虚侵占整个西奈半岛，抓走 7000 名平民。

10 月 30 日下午 4 点多钟，英法向埃及发出最后通牒：要求埃以双方立即停火和从运河两岸各后撤 10 英里，由英法派军进驻运河区重要港口。任何一方若在 12 小时内不接受上述要求，英法将进行军事干涉。当晚埃及内阁召开会议，决定拒绝英法通牒。

10 月 31 日下午 5 点 50 分，英法出动飞机轰炸开罗、亚历山大、塞得港、伊斯梅利亚、苏伊士等城市和一些机场。埃及宣布防空部队进入戒备状态，断绝同英法的外交关系，查封英法在埃及的银行，接管英法在埃及的石油企业。纳赛尔下令驻西奈半岛的军队立即后撤，并封锁运河，以粉碎敌军两面夹击的阴谋。同时，指派内政部长毛希丁统一指挥全国游击活动，将40 万支来福枪分发给民兵，决心依靠群众战斗到底。

英法侵略者在连续数日狂轰滥炸后，决定攻占运河北端的塞得港。11 月 5 日上午，英国向该港空投 1 个营的伞兵，法国 500 名伞兵降在运河东岸的富阿德港，下午英法空降第 2 批伞兵，他们遭到当地军民的围攻。11 月 6 日晨，英法从马耳他海运 22000 名海军陆战队在塞得港附近登陆。塞得港军民同窜入市区的敌人进行肉搏和巷战。英法侵略者先后出动 8 万海陆空军，在塞得港军民的英勇反击下，直到最后停火时，仍未占领该港，其先头部队只能进至塞得港以南 27 公里处的卡卜。埃及军民用自己的鲜血和生命保卫了塞得港，有 1000 多居民牺牲，2000 多人受伤，12000 幢住宅毁于战火。

在埃及人民反抗侵略的日子里，阿拉伯各国人民掀起支持埃及反对英、法、以侵略的正义斗争。叙利亚和沙特阿拉伯继埃及之后与英法断交，约旦、伊拉克同法国断交。叙利亚、黎巴嫩和约旦切断了英国资本控制的伊拉克石油公司的输油管。英军在利比亚的油库被炸毁。沙特阿拉伯决定暂停向英国供应石油。巴林群岛举行总罢工。苏丹向埃及派出了志愿军。一些阿拉伯国家不准英国使用它们的军事基地。苏伊士运河战争"使英国失去了阿拉伯世界"。

亚非拉各国人民纷纷举行游行示威，支持埃及人民收回运河和反抗侵略的正义战争。中国政府发表声明支援埃及反抗英、法侵略，并决定赠送埃及2000 万瑞士法郎和大批物资。印度的孟买和加尔各答的码头工人对英法船只进行了抵制。塞浦路斯人民加紧了袭击英军的活动，使英法的侵埃基地受到威胁。参加巴格达条约的 4 个伊斯兰国家也召开会议，谴责英法以的侵略，并拒绝英国代表出席巴格达条约会议。

英法的侵略也遭到欧美各国包括英法两国人民的抗议。11 月 4 日，伦敦5 万市民在特拉法加广场集会，反对英军侵略埃及。有 1 万多群众喊着"艾登必须滚蛋"的口号，涌向唐宁街的英国首相府，同警察发生了"20 年来最大最猛烈的一次冲突"。法国的反战运动风起云涌，致使摩勒总理不得不要求议会授予他应付紧急局势的权力。

侵埃战争使英法的财经状况急剧恶化。英国仅军事行动一项就耗费约

1 亿英镑，相当于英国年度防御计划开支的 1/16。9—11 月英国的黄金储备减少 15%。沉重的军费负担使英法财政赤字激增，外汇储备锐减。由于运河封闭，油管截断，油源枯竭，使英法许多企业倒闭。失业增加，物价上涨，劳动人民的生活下降。美国则为在中东谋取更大的利益，利用英法的经济困难，压它们停火撤军。美国财政部长乔治·汉弗莱表示，在英法军队离开埃及以前，美国拒绝给英国贷款，同时反对英国从国际货币基金中提取任何款项。

内外交困的局面促使英法统治集团内部矛盾加剧。英国保守党和工党之间的争吵达到白热化。10 月 31 日，工党对保守党内阁提出弹劾。11 月 1 日，两党议员在下院互相辱骂，以致议长不得不宣布休会半小时。上院有 30 名议员谴责政府对埃及使用武力。保守党内部也发生分化。外交国务大臣安东尼·纳丁、公共关系顾问克拉克、财政部经济次官波伊尔因反对侵埃相继辞职。许多人退出艾登政府和保守党。法国议会和社会党指责侵略埃及是"灾难性的政策"。以色列在国内外同样面临着严重困难，它在 11 月 5 日占领沙姆沙伊赫后即宣布停火。

11 月 6 日下午 1 时，艾登通电摩勒："我们必须停火。"摩勒含泪恳求艾登再坚持几个小时，使部队能到达苏伊士城。艾登回答说："我是进退两难啊！我不能坚持了。我正在被所有的人抛弃。……英联邦面临着分裂的威胁。……我不能在没有美国的情况下再干下去。"摩勒最后只得同意停火。11 月 6 日下午 5 时，英法被迫宣布当天午夜停火。至此，英法动员 16 万兵力（不包括以色列的 20 万军队），耗费 3 亿美元军费的侵略战争彻底失败。

大国的纷争和埃及的胜利

英法以联合侵略埃及后，美国乘机排挤英法，妄图乘虚而入，独霸中东。

英、法、以在酝酿侵埃过程中，为避免美国从中作梗，对美国采取封锁的做法。摩勒曾说："如果我们把决定的日子告诉美国人，新的耽搁、新的会议又会强加于我们，那时以色列有可能会逃之夭夭。"美国则对英法背着自己对埃及采取武力行动十分不满。

早在以色列实行动员后，美国就发现法以之间的外交电讯来往急增，预感形势将迅速变化，匆忙下令从中东有关国家撤退侨民。在以色列发动进攻前夕，美国两次向以色列发出不要出兵的"紧急呼吁"。以色列进攻西奈后，杜勒斯觉察到这可能是英、法、以的合谋，认为事态"严重"。艾森豪威尔当即召见并警告英国驻美代办库尔森："中东事态的发展已牵涉到美国和英国的威信"，"两国有义务履行我们关于支持任何侵略受害者的诺言"，表示"不理解"法国勾结以色列的行动。当库尔森探询美国是否首先要求召开安理会时，艾森豪威尔明确表示，明天"早上开门第一件事"就是先于苏联去找联合国。

10 月 30 日晨，美国要求召开联合国安理会紧急会议，提出提案，要求以色列停火撤军，并要联合国所有会员国在该地区不得使用武力或以武力威胁。在提案表决时，英法第一次使用了它们在安理会的否决权。

英法空袭埃及后，艾森豪威尔立即发表广播讲话，指责英、法、以侵埃"没有同美国进行任何磋商"就采取这一"错误"行动，声称"美国将不卷入敌对行动"，并将把它关于"终止敌对行动的要求"提交联合国大会。

11 月 1 日下午和晚上联合国大会召开紧急会议。亚非拉国家反侵略的呼声很高。美国急忙提出一个既适应这些国家愿望又便于自己排挤英法的停火决议提案①。11 月 2 日，大会以 64 票对 5 票通过了上述提案。艾登对此深表伤感："在联合国带头采取反对以色列、法国和英国的行动的不是苏俄，也不是任何阿拉伯国家，而是美国政府。"

由于英法拒绝停火，11 月 3 日埃及政府要求立即召开联合国大会，采取行动制止侵略。在这次大会上，美国提出关于苏伊士运河问题和巴勒斯坦问题，企图打乱会议主题，转移斗争目标。联合国大会排除美国的干扰，于次日通过亚非国家提出的关于限定英法在 12 小时内停火的决议。大会还通过得到美国支持的加拿大提案：组织一支保证和监督停火的"联合国紧急部队"。

决定建立联合国紧急部队后，美国为迫使英法早日停火和撤军，以中断石油供应，不准使用美援武器，甚至动用第 6 舰队，对英法进行威胁。11 月 6 日晨，艾森豪威尔电告艾登："如果你想保持美英团结与和平的话，我要

---

① 这项提案的要点是：（1）各方立即停火，停止将军队和武器运入该地区；（2）缔结停战协定的各国立即将军队撤回停战线后；（3）联合国务会员国不将军事物资运往敌对地区；（4）一俟停火生效，即采取步骤使苏伊士运河重新开放并恢复安全的航行自由；（5）联合国秘书长观察本决议遵守情况，并就此事迅速向安理会和联大提出报告，以便它们采取适当的进一步行动；（6）在决议得到遵行以前，联合国大会继续进行紧急会议。

求你立即下令停火，我不能再等下去了。"艾森豪威尔还命令美国部队进入戒备状态。

英法被迫停火后，11月7日艾登提出同摩勒当晚去美国与艾森豪威尔会谈的要求。艾森豪威尔在国务院的反对下，要求艾登和摩勒推迟访问。他认为英法首先应执行联合国关于撤军的决议。艾登为此牢骚满腹地说，美国差不多在每一个问题上都对英国采取坚决反对的态度，"停火后比停火以前更加严厉"。支配美国政府的唯一思想就是折磨他们的盟国。

正当新老殖民主义者为了争夺中东闹得不可开交的时候，苏联也利用战争和战后矛盾错综复杂的局面，向埃及和中东地区渗透。战争开始前，苏联部长会议主席布尔加宁曾多次给艾登和摩勒写信，暗示苏联正密切注视着中东局势。战争开始阶段苏联采取观望态度。英法轰炸埃及时，叙利亚总统库阿特利正在莫斯科同赫鲁晓夫、朱可夫等人会谈。库阿特利认为苏联"必须进行干涉"。苏联领导人表示他们不可能进行军事干涉，只能通过联合国采取政治手段解决。库阿特利向纳赛尔转告了苏联的态度：（1）苏联不准备打一场世界大战；（2）基于这一点，苏联不能进行军事干涉，甚至不能派遣志愿军；（3）苏联所能提供的援助最多不过是运送一些装备和派遣一些技术人员。11月5日，布尔加宁给艾登、摩勒和本—古里安分别送去措辞非常强烈的照会，说苏伊士运河战争可能会"发展成第三次世界大战"，声言苏联"决心使用武力"。同时他还写信给美国总统，建议苏美"紧密合作"共同出兵埃及制止英法侵略。信中说苏美是"两个拥有包括原子弹和氢弹在内的各种现代武器的大国"，如果两国"坚决表示保证和平反对侵略的决心，那么侵略将会结束，再也不会有战争"。艾森豪威尔认为苏联建议美苏"联合行动"是"不可思议的"，美国在联合国多方施展策略，就是为了抢在苏联之前行动，避免苏联插手停火撤军等事宜，为此，美国特别警告说，任何新的部队进入中东，都将使联合国的所有成员国，包括美国在内，不得不采取有效的反措施。

英法宣布停火后，美国坚决反对英法和苏联参加联合国紧急部队。11月上旬，联合国决定在安理会常任理事国以外的国家招募部队。这支部队从11月15日起分批进入埃及，到12月中旬，总数达到3700人。埃及政府为了促使英、法、以撤军，同意联合国部队入境，但规定它的参加国、进驻人数、驻扎地点和期限，事先应征得埃及同意。在埃及和全世界人民坚决斗争下，英法侵略军于1956年12月22日全部撤出埃及。联合国部队按规定于

12 月 24 日开始撤出塞得港，不久撤出整个运河区。

　　直到 1957 年初，以色列军仍然拒绝撤出西奈半岛南端的亚喀巴湾地区和加沙地带。1957 年 1 月 19 日，联合国大会通过要求以色列立即从埃及撤军的决议。1957 年 2 月 2 日，联合国大会又通过两项决议，要求以色列"不再拖延地完全撤至 1949 年停战线后"；并决定在以色列完全撤出沙姆沙伊赫和加沙地带后，派遣联合国紧急部队驻扎在埃以停战线上。决议通过后，以色列提出两项撤军条件：（1）要求保有加沙地带的民政管理权和警察部队，（2）以色列获得自由通过亚喀巴湾的保证。由于阿拉伯国家的坚决反对，以及苏联指责美国利用以色列"在中东扮演国际警察的角色"，艾森豪威尔认为，以色列拒不撤军不仅会妨碍苏伊士运河通航和中东石油对西方供应，而且增加了苏联在阿拉伯世界的影响。因此，美国一方面尽力阻止联合国对以色列作出强迫性的决定，另一方面秘密向以色列提出"安全"保证。1957 年 3 月 8 日，以色列被迫撤出加沙地带和沙姆沙伊赫，联合国紧急部队进入这两个地区。3 月 17 日，埃及政府宣布接管加沙地带，任命自己的行政长官。

　　战争结束后，埃及立即着手清除国内政治、经济和文化领域内的英法殖民势力。1957 年 1 月 1 日，埃及政府宣布废除 1954 年签订的英埃协定；1 月 15 日，将所有外国在埃及的银行、保险公司和贸易公司收归国有。4 月 10 日，苏伊士运河恢复通航，24 日，埃及政府重申运河由埃及经营管理，通行费一律交付埃及的运河管理局。5 月 13 日和 6 月 12 日，英法先后被迫宣布它们的船只向埃及当局交纳通行费。

　　苏伊士运河战争以埃及人民的胜利而告终。正如纳赛尔在庆祝运河国有化 1 周年的大会上说："今天的苏伊士运河属于埃及了，而过去埃及是属于苏伊士运河的。"

　　苏伊士运河战争使英法在中东的势力遭到严重削弱，促使英法在整个亚非地区的殖民统治迅速崩溃。1956 年 11 月 27 日，约旦继民族主义政党在议会选举中获胜后，宣布废除英约同盟条约，撤销英国在约旦的军事基地。同月，叙利亚接管英法开办的学校。1957 年 3 月和 8 月，英国在亚非两个影响较大的殖民地——加纳和马来西亚宣布独立。1958 年 7 月，伊拉克人民推翻了费萨尔王朝的统治，成立了伊拉克共和国，并于 1959 年 3 月退出巴格达条约组织。1958 年 9 月，阿尔及利亚共和国临时政府在开罗宣布成立。1960 年非洲有 17 个国家宣布独立。英国最保守的"苏伊士集团"哀叹说，"从埃及的撤退，导致了大英联邦这个旧概念的瓦解"。

本文参考书目：

［1］ 国际关系研究所编：《中东问题文件汇编》，世界知识出版社 1961 年版。

［2］ 《苏伊士运河问题文件汇编》，世界知识出版社 1956 年版。

［3］ 唐纳德·纳夫：《苏伊士的战士们》，纽约 1981 年版。

［4］ 托马斯·休：《苏伊士事件》，载《中东战争》上册，上海译文出版社 1979 年版。

［5］ 穆罕默德·哈赛因·海卡尔：《开罗文件》，上海人民出版社 1973 年版。

［6］ 安东尼·艾登：《艾登回忆录》，世界知识出版社 1960 年版。

肯尼亚"茅茅"运动

丁邦英

从 15 世纪葡萄牙殖民者入侵到 1963 年英国殖民政府垮台，位于非洲东部的肯尼亚经历了漫长的殖民统治。其间，当地人民为反对殖民统治、争取民族独立，曾进行过多次艰苦卓绝的斗争，涌现出许多可歌可泣的民族英雄。20 世纪 50 年代爆发的指向英国殖民者的"茅茅"运动是肯尼亚反殖斗争史上规模最大、影响最深的一次群众斗争运动。"茅茅"运动延续数年，给了英国统治当局以沉重的打击，有力地加速了肯尼亚民族独立运动的进程，也推动了整个东部非洲的民族觉醒。

"茅茅"的由来

"茅茅"估计创建于 20 世纪 40 年代末期，它是肯尼亚当地非洲人反对英国白人殖民者的民族爱国武装组织。有关"茅茅"创建的确切日期，在肯尼亚史书和各国历史文献上均无明确记载。关于这个组织的名称——"茅茅"的由来，存在着各种各样不同的解释。有人说它源于肯尼亚主要部族吉库尤人领地的一个地名，也有人说它是"欧洲人滚回欧洲去！让非洲人独立！"这句口号的斯瓦希利文缩略语。多数倾向于认为 J. M. 卡里乌基所提供的解释是迄今为止最有权威和最有说服力的。

卡里乌基是"茅茅"运动著名的参加者，著有《被拘留的茅茅》一书。在这本书里，他解释说，"茅茅"的命名源于"茅茅"战士的秘密联络暗号。他写道，"茅茅"创建初期在奈瓦沙举行了一次大规模加入组织的宣誓集会。为了防止当局破坏，会场外设有哨兵防守，并规定万一有情况，就高喊"茅茅"作为联络暗号，与会者听到喊声就马上离散。在吉库尤土语里，uma uma（乌马乌马）是离开、散开的意思。为了迷惑敌人，哨兵故意将

uma uma 倒过来喊成 Mau Mau（中文译作"茅茅"）作为联络暗号，结果警察真的来了，哨兵即高喊"茅茅！……"与会者闻讯随即离散，使敌人扑了个空。后来奈瓦沙警察所在打给当局的报告中说，当他们刚逼近会场时，就听有人高喊"茅茅"的名字通报消息，使他们的行动失败。当局据此便把"茅茅"误认为是这个组织的名称。此后便以讹传讹，"茅茅"也就真的成了这个组织的名称。由此可见，"茅茅"并不是这个组织自己确定的名称。

"茅茅"是肯尼亚民族独立运动深入发展的产物，在政治纲领与其先前的肯尼亚主要民族主义组织基本相似。早在 20 世纪 20 年代，哈里·舒库创立的吉库尤中央协会就明确提出了"争取自由独立，夺回本地人失去的土地"的政治口号。这个组织于 1940 年 5 月 30 日被当局取缔。1944 年，原吉库尤中央协会总书记乔莫·肯雅塔创建了肯尼亚非洲人的联盟（以下简称肯联）。这个组织把发展成员的范围从原吉库尤中央协会的吉库尤族扩大到整个肯尼亚非洲人，以至成员曾多达 10 万之众。由于上述组织强调以和平抗议为主要斗争方式屡遭镇压，肯尼亚人民才在实践中认识到单靠政治斗争是不能获得成功的，必须开展武装斗争。于是，肯尼亚第一个反对英国殖民者的黑人爱国武装组织——"茅茅"诞生了。"茅茅"与肯联有着极为密切的联系，许多肯联成员同时也是"茅茅"组织的成员或领导者。正因为如此，殖民当局在对"茅茅"运动开始全面镇压的第二天，即 1952 年 10 月 21 日，便以"茅茅""领袖罪"逮捕了肯联主席乔莫·肯雅塔。次年 6 月，又指控肯联是"茅茅"的秘密后台，进而宣布肯联为非法组织，予以取缔。

鉴于英国殖民当局对黑人的高压统治和严密控制，也为了适应当地人的觉悟水平，"茅茅"在发展成员时均通过秘密誓约的方式进行，这种仪式带有原始的部落传统色彩，只是在誓词中鲜明地表达了这个组织进步的政治倾向。誓词是这样写的："我决心为土地、为民族而战，不惜流血捐躯，若派我焚毁敌营，无论白天黑夜，我决不畏惧。若派我消灭敌人，不管敌人是谁——即使是父母兄妹，我决不犹豫。……禁止调戏妇女，戒绝腐化堕落。保护战友，严守机密……如果我违背誓言，甘受极刑惩处。"

"茅茅"在创建初期，其成员都是吉库尤人。后来发展到吉库尤族的近亲梅鲁族和恩布族以及其他部族，成员遍及肯尼亚今中央省、内罗华地区以及东方省、峡谷省和尼安萨省的部分地区。"茅茅"的主要领袖人物都是吉库尤人，他们大都是受过良好教育的知识分子。这个组织的主要创建人和领导人是德舟·基马蒂·瓦契乌利。他于 1920 年出身在肯尼亚涅里城附近赛盖恩盖村的一个吉库尤族农民家庭。幼时在吉库尤族自己办的小学就读。这种教育使他从小就在心灵里滋生了民族主义的萌芽。后来接受了中等教育。1941 年初，他辍学到军队服役。退役后继续上学深造。1944 年从学校毕业。他当过教员，做过工，经过商。基马蒂具有较深的文化素养，有着强烈的民族主义感。基马蒂亲身体察到处于殖民统治下的广大黑人群众的疾苦，认清了殖民主义者的罪恶本质，从而坚定了他团结黑人群众与英国殖民者进行斗争的决心，终于积极参加创建和领导了肯尼亚黑人爱国武装组织——"茅茅"。

"茅茅"运动的社会背景

"茅茅"成员 90% 以上都是吉库尤人，这个组织的主要创始人及领导人亦均为吉库尤人，所以谈论"茅茅"运动的社会背景，主要是以吉库尤人当时的状况为依据。

爆发"茅茅"运动的社会背景是复杂的，概括起来主要有两个方面。第一是经济方面的因素，表现为英国殖民者的土地掠夺政策及其后果；第二是政治方面的因素，主要表现为英国殖民者的种族歧视政策及其影响。

吉库尤族是肯尼亚 48 个部族中最大的一个部族，其人口约占肯尼亚全国非洲人总数的 1/5。吉库尤族是一个农业部族，以土地为生命之本。位于肯尼亚中部高原地区的吉库尤本土吉库尤兰土地肥沃、雨量充沛、气候宜人，是从事农耕的天然宝地。英国殖民主义者对富饶的肯尼亚中西部高原地区早就垂涎欲滴。英国在"东非保护国"的长官查理·艾里奥特一开始就打算"把保护国的内地建成一个白人国家"。1899 年以后，随着通往蒙巴萨的铁路修建成功，英国殖民者大批涌到肯尼亚开辟种植园。为了支持白人对土地的掠夺，1901 年殖民当局颁布法令，把"保护国"内一切所谓"公有"土地都划为"皇家土地"，受殖民当局支配使用。1906 年，英国政府正式同意建立"白人高地"的政策。自这以后，殖民当局把 16700 多平方英里的土地划归白人专有，在这一掠夺过程中，吉库尤人首遭其害。英国殖民者来到肯尼亚以后，首先把吉库尤人高原上大片大片的良田沃土攫为己有，封之为"白人高地"。把那些小块零散的、贫瘠的土地留给吉库尤人，划为吉库尤人"特居地"。据英国政府一个土地委员会估计，吉库尤人失地总数为 100 多平方英里（不包括森林地）。这个数目乍看起来并不算大，但对地少人多的吉库尤人来说却是一个灾难性的损失。整个吉库尤本土面积只有 1240 平方英里，养育着近百万吉库尤人。这个地区长期存在人口密度大、土地利用率高的现象。白人殖民者一下侵占了他们 1/10 的土地，使十几万的吉库尤农民失去耕地，断了生计。为了生活，吉库尤人大批大批地到白人种植园做工或做所谓"外来占地户"。根据 1918 年政府法令，在白人种植园里的"外来占地户"欲取得少量耕地的权利，必须每年给白人庄园主至少干 180 天的活。实际上这是继掠夺土地以后，为了进一步榨取廉价劳动力而设下的圈套。殖民当局还无理规定，在吉库尤人"特居地"里，不许种植经济价值高的农作物，如咖啡、西萨尔麻等。当局向吉库尤人强行征收茅屋人头税等各类苛捐杂税，进行野蛮的经济剥削。随着英国殖民者掠夺政策的日益加剧，越来越多的吉库尤农民遭到破产，被迫离开"特居地"出外谋生。到 40 年代末，外流的吉库尤人（主要是男人）约 30 万，占整个部族人口的 30%。吉库尤人一半以上的劳动力在白人种植园出卖血汗。另有许多人流入城市，沦落街头，过着凄惨的赤贫生活。据 1948 年内罗毕非洲人事务局局长的一份报告说，流入城市的当地非洲人"有的睡在滨河路的人行道上，有的睡在泥沼地里快要倒塌的臭窝棚内，有的睡在路边停靠的公共汽车旁……"

英国殖民者野蛮的土地掠夺政策和经济剥削，严重威胁着吉库尤人的生存，孕育着一场大规模暴力行动。导致"茅茅"运动爆发的另一原因是英国殖民当局大力推行的种族歧视政策。在推行这一政策过程中，政治、经济和文化水平在肯尼亚国内一直处于领先地位的吉库尤族受到压迫和歧视最深。

在英国人入侵以前，吉库尤族的政治领导一直实行一种传统的"部落民主制"（权力分散的民主政治制度）。吉库尤族设有酋长，部族的各级首领都是根据其年龄及其社会生活中所表现出来的勇敢、智慧、公正和能力，通过民主选举产生的。吉库尤族的各级首领都不世袭，而是定期向一届新首领移交权力。这种世代相传的"部落民主制"领导体制，保证了吉库尤人社会的安定和团结，促进了吉库尤族的开化和发展。

吉库尤人的最后一次交权仪式是在 19 世纪末进行的。1895 年肯尼亚成为英国的"东非保护国"以后，特别是自 1920 年沦为英国殖民地以后，吉库尤人这种由"部落民主制"领导全族的传统随之遭到禁止。20 世纪 20 年代的一次交权仪式刚开始不久，即被英国殖民当局以所谓"带有煽动性"为由制止了。英国殖民者在肯尼亚实行一种以部族为基础的所谓间接统治，即培植甘愿为其驱使的酋长、头人以及设立由殖民当局控制的"土著人法庭"等，作为他们统治和压迫吉库尤人及肯尼亚其他各族人民的工具。这些酋长、头人及"土著人法庭"长者都是由殖民当局视其效忠程度直接任命的。他们领取当局的薪俸，为当局效劳，实质上是殖民政府的下级官吏。英国殖民当局强加给吉库尤人的这些官吏，彻底破坏了吉库尤族传统的"部落民主制"领导，搅乱了他们原始的安宁，因而激起了吉库尤人的强烈反感和不满。

吉库尤人是英国入侵后，肯尼亚第一批知识分子和工人阶级的民族来源。他们的祖先失去土地后流入城市，很快掌握了各种技术，成了肯尼亚非洲人第一代技术工人。也有少数人开始接受文化技术培训。1910 年，吉库尤人创建了肯尼亚师范学院，培养自己的师资。后来，乔莫·肯雅达就任该院院长，使这个学校成了肯尼亚民族主义者的摇篮。

面对吉库尤人的迅速觉醒，英国殖民者惶恐不安。他们一面攻击吉库尤人"想入非非"，"竟在最污秽的茅屋里读莎士比亚"，一面惊呼"对吉库尤人的教育进行得太快了"。"他们从野蛮状态进入目前状态应该需要 200 年，而不是 40 年"。后来，英国殖民当局便把吉库尤人排挤在许多技术工作之外，连英国皇家步兵也不征召吉库尤人。同时他们还对吉库尤人和肯尼亚其他各族人民立下道道禁令，如禁止夜间出门；禁止携带武器；禁止公开或秘密集合；不经允许，禁止四人以上同行；禁止听原部族头人的讲话，禁止参加公民投票；禁上使用白人厕所；禁止一切传统的部族活动（包括吉库尤人的割礼习俗），等等。种族歧视政策激起了肯尼亚各族人民、特别是具有强烈民族主义意识的吉库尤人的深切痛恨。为了与殖民当局的政治压迫和种族歧视政策作斗争，一些民族主义组织相继成立，如"吉库尤青年协会""东非人协会""吉库尤中央协会"及"肯尼亚非洲人联盟"等。同时涌现出了哈里·舒库、乔莫·肯雅塔等著名的民族主义领导人。肯雅塔公开号召所有被剥夺的非洲青年，为了通过争取非洲自由的斗争以永远保全祖先神灵的社会、坚信死者、生者和来者都会团结起来，为重建被摧毁的宗庙而奋斗。应该说，所有这些都为后来"茅茅"运动的兴起从组织上和思想上作了发动和准备。

此外，国际形势的变化对"茅茅"运动的兴起也是一个重要因素。特别是第二次世界大战以后，民族独立运动在世界范围内蓬勃发展。印度、巴基斯坦的相继独立、中国革命的胜利、加纳民族独立运动的发展……这些消息通过报纸和广播传到肯尼亚，使肯尼亚广大黑人群众特别是"茅茅"的领导阶层受到很大震动和鼓舞。"茅茅"的主要领袖人物之一瓦鲁赫乌·伊托特因仰慕中国革命，自称"中国将军"，在后来的"茅茅"运动中他建立了卓越的功勋。

为生存为独立而战

"茅茅"运动前后延续了近10年之久。这场斗争运动分为两个阶段，即1952年10月宣布"紧急状态"以前的初级阶段和宣布"紧急状态"以后的大规模斗争阶段。

在"茅茅"运动初期，斗争主要是以白人聚居的内罗毕特区为中心进行的。当时"茅茅"战士的斗争方式不是采取公开的两军对阵，而是采用秘密的方式，分成许多小股力量从各处不断地对白人发起偷袭。"茅茅"运动一开始就给英国殖民者造成了严重的恐怖气氛。白人的生命和财产时刻受到威胁，人人自危，整个内罗毕陷于一片混乱。一名美国记者当时写道："茅茅"的谋杀使白人产生了一种恐怖和歇斯底里的气氛，没有人知道下一次将轮到谁被杀。

基于"茅茅"的秘密斗争方式，有关当时斗争场面的确切报道材料很少。但是，英国殖民者的惊慌之状，足以反映出"茅茅"战士进行秘密斗争的一个侧面。据当时有关目击者报道，当"茅茅"运动刚刚兴起的时候，内罗毕"全城紧张得让人受不了"。"每个人身上都带着枪，枪支一下子成了最紧缺的热门货"。在内罗毕的一些社交场所里，经常发现"一些穿着透明晚装的大家闺秀，在她们的金丝钱包里装着手枪。当她们漫不经心地把钱包扔在咖啡桌上的时候，那铿锵之声，确使人毛骨悚然"。在内罗毕英国总督府的一次午宴上，当宾主用英语交谈政治话题时，"总督夫人玛丽·巴林总是很有礼貌地引导大家用法语进行交谈，因为懂英语的佣人可能了解谈话的内容，这样事情就不妙了。原来那里的人员刚刚被审查——就在总督府里——而且他们中间发现了一些茅茅嫌疑分子"。

"茅茅"的斗争震动了全国。大批大批的吉库尤人和其他部族的人民纷纷加入"茅茅"组织，使"茅茅"战士从当初的2000人很快发展到数万人，战斗力不断壮大。到1952年10月，"茅茅"战士已拥有各类枪支800支，子弹14万发。

面对"茅茅"运动的蓬勃发展，殖民当局非常恐慌。他们要求在吉库尤人中最有影响的人物乔莫·肯雅塔出面制止运动。肯雅塔答应试一试。当他用吉库尤语发表演讲那天，听众达数万人之多，盛况空前。可是演讲过后，斗争的烈火非但没有被熄灭，反而如火上加油，更加猛烈了。这时当局才发现受骗了，原来肯雅塔是在用当地话在进行鼓动，而他们恰恰是为他提供了便利场所。于是当局便变换手法，开始大规模镇压。他们通过白人传教士和反动酋长制造舆论，诬蔑"茅茅"战士是"杀人打劫的叛匪"，"茅茅"是"血淋淋的恐怖团体"，是地地道道的黑人三 K 党。军队和警察准备武装镇压。1952 年 10 月 20 日，英国总督伊夫林·巴林宣布肯尼亚全国进入紧急状态。21 日，以拘捕肯雅塔开始进行大逮捕，全面展开了对"茅茅"的镇压，企图一举扑灭"茅茅"运动。自这以后，"茅茅"运动进入了更大规模的斗争阶段。

殖民当局的武力镇压，激怒了"茅茅"战士。就在宣布"紧急状态"的第二天，即 10 月 22 日，"茅茅"领袖基马蒂在涅里地区组织了一次有 500 名"茅茅"战士参加的大规模宣誓活动。接着，当众处死了殖民当局的忠实走狗恩德里·万交拜酋长，给殖民当局的镇压以有力的回答。自这以后，"茅茅"战士在其领袖基马蒂的领导下，更加频繁地展开了袭击活动。袭击对象不仅是英国殖民者，而且包括白人传教士和为殖民当局效忠的反动酋长和头人。

为了捉拿基马蒂，当局在全国各地张贴通缉令，出 1 万先令的高价悬赏基马蒂的首级。基马蒂终于不幸被捕。但不久，即成功地越狱脱逃。由于当局的大肆镇压和搜捕，在首都及内罗毕地区继续开展斗争已经很困难。于是"茅茅"战士便撤到离内罗毕不远的山林地区。他们兵分两路，一路由"中国将军"伊托特率领到肯尼亚山区，一路由基马蒂率领到阿伯达雷山区。在那里，"茅茅"以山林作掩护，与英国殖民军及其帮凶进行斗争，打了不少胜仗。奇袭奈瓦沙警察所是基马蒂亲自部署的一次成功的战斗。1953 年 3 月 26 日深夜，阿伯达雷山林里的"茅茅"战士对奈瓦沙警察所发动闪电式袭击。战斗仅用了 20 分钟，缴获了上百支枪支及弹药，营救了几百名被关押在拘留营里的"茅茅"战士和平民。后来，在袭击拉里村、卡伊立基村民防军营地及奥萨亚警察所等战斗中，"茅茅"战士都机智勇敢地取得了胜利。

随着斗争的深入发展，当局的镇压日趋残酷。1954 年，殖民政府利用手中掌握的国家机器，以首都内罗毕为中心在全国范围内展开了被称为"非洲历史上最惊人的大逮捕"，即所谓的"铁砧行动"。1954 年上半年，被逮捕的肯尼亚非洲人达 165462 人，被隔离投入拘留营的 136117 人，被审讯的 68984 人，被定罪的 12924 人。与此同时，当局对肯尼亚山和阿伯达雷山区发起了大规模的军事行动。在不到两周的时间里，竟向肯尼亚山和阿伯达雷山区投掷了 162 吨炸弹。为了对山上的"茅茅"战士进行封锁围困，当局在肯尼巫山和阿伯达雷山边缘地区制造无人区，强迫当地居民住进特别设防的"新村"，在所谓"保护"之下从事耕作和生活，以切断"茅茅"战士与山下人民的联系。当时，在这些被称为"危险地区"的无人区里，一旦发现黑人，都要进行严格的盘查，稍有可疑便当场击毙。以至于一些具有人道精神的西方记者把这称为"杀人竞赛"。但是，英国殖民当局的封锁和镇压，并未能完全切断山下人民与"茅茅"战士的血肉联系。白天，大批男人和妇女被强迫去挖壕沟、架铁丝网、修筑封锁线。夜晚，他们又成群结队冒着生命危险偷偷给山上的"茅茅"战士运送食品、衣物和武器。

利用黑人杀黑人是殖民当局镇压"茅茅"运动的又一个手段。他们采用离间、恐吓和收买等方法，拼凑了一支帮凶军——民防军，与"茅茅"相抗衡。民防军的成员必须起誓。誓词是当局拟好的。他们的誓词里写道："如果我从未接受过'茅茅'的誓言，我决不会自愿接受，如果我被迫接受，我要及时报告和自首。我愿为政府镇压'茅茅'尽力效劳，永远作伊丽莎白女王陛下政府的忠实臣民。如果我背弃誓言，让吉它弟（宣誓时用的圣石）杀死我。"在镇压"茅茅"过程中，民防军成了白人殖民者的马前卒，不断被派往肯尼亚山和阿伯达雷山区搜山扫荡。殖民当局利用这种手段，挑起非洲兄弟间的自相残杀，造成双方数千人的伤亡。

殖民当局还采用欺骗手段，扬言要立即释放肯雅塔，并许诺将于 1965 年让肯尼亚实现独立。同时开展宣传攻势，挑动部族矛盾，以实现其瓦解"茅茅"战士的斗志，分化"茅茅"队伍的险恶目的。

英国殖民当局的封锁和镇压，使坚守在肯尼亚山和阿伯达雷山上的"茅茅"战士处于十分困难的境地。而当局的欺骗宣传也诱惑了一部分"茅茅"战士，他们相继离开队伍下山。但是大部分"茅茅"指战员在困难面前仍然保持着坚定的斗争信念。基马蒂在一封信中写道："我们有 600 万人民群众，我们的力量无穷无尽。"他号召"非洲人联合起来！""我们一定能赢得独立和自由"。在艰难困苦的环境中，数以千万计的"茅茅"战士仍然遵守着严格的纪律，克服重重困难。由于长期封锁，缺乏生活用品，他们就充分利用山林资源，保证生活需要。武器不足，他们就利用自行车钢梁、自来水管、瓶子、罐子等材料自制土枪和土炸弹。

后来，殖民当局又指派奸细打入"茅茅"内部。由于缺乏经验，很多

"茅茅"战士被告密出卖,惨遭杀害。1956 年 10 月 17 日,基马蒂遭到一群假"茅茅"的袭击,他只身用手枪抵挡,机智勇敢地脱险。同年 10 月 21 日,基马蒂在一次战斗中腿部中弹负伤,终于不幸被捕。第二天,法庭便急不可待地开庭"审判"。在法庭上,基马蒂带着枪伤,坐在椅子上慷慨陈词,据理驳斥当局的指控。10 月 27 日,法庭以所谓"非法携带枪支罪"判处基马蒂死刑。1957 年 2 月 18 日,基马蒂在内罗毕监狱英勇牺牲。

由于失去了卓越的组织者、最高军事领导人基马蒂,加以殖民当局的长期残酷镇压,"茅茅"损失惨重。1956 年以后,轰轰烈烈的"茅茅"运动实际上已经逐渐结束。但是还有少数"茅茅"战士依然坚守在肯尼亚山和阿伯达雷山上。1960 年 1 月,殖民当局宣布结束紧急状态。1963 年肯尼亚独立前夕,肯尼亚政府同"茅茅"就独立后"茅茅"战士出山问题进行谈判,达成协议。协议规定在肯尼亚山和阿伯达雷山上的"茅茅"战士撤离山林,武器上缴,由政府统一进行安置工作。同年底,英国殖民统治结束,肯尼亚宣布独立。最后一批"茅茅"战士在庆祝独立的欢呼声中胜利返回了家园。

"茅茅"运动的影响

"茅茅"运动是肯尼亚历史上一场规模空前的反殖斗争运动,对肯尼亚的独立产生了重大影响。

"茅茅"运动给了英国殖民当局以沉重的打击。在政治上,"茅茅"的斗争"引起了一种接近内战的形势",彻底搅乱了英国在肯尼亚建立的殖民秩序。在经济上,"茅茅"运动给当局造成了严重的负担。到 1960 年 1 月宣布结束"紧急状态"时止,政府所欠国债达 4700 万英镑,这个数目是英国同期在东非其他殖民地国家所欠总债务的 2.5 倍。而在其他方面的损失"几乎是无法估计的"。"茅茅"运动迫使英国早日在肯尼亚实行"宪法改革",从而进一步动摇了殖民统治的根基。

"茅茅"运动促进了肯尼亚各族人民群众的觉醒和联合,得到了社会各阶层的普遍同情和支持。有消息说甚至妓女也把在敌人兵营赚的钱买子弹转送给"茅茅"战士。英国皇家步兵里的许多肯尼亚士兵设法偷偷地向"茅茅"提供弹药。在"紧急状态"下的八年里,在"茅茅"惨遭镇压,肯雅塔一直被关押的情况下,以奥廷加为代表的肯尼亚其他各族人民密切配合,成立几十个各种组织,坚持在肯雅塔的旗帜下积极展开政治斗争,使民族独立运动扩展到整个肯尼亚。这种斗争形势导致了1960年3月全国30多个政治组织合并成立肯尼亚全国性民族主义政党——肯尼亚非洲民族联盟。这个组织一成立，广大群众即踊跃参加，他们丢下田里的农活儿，不顾烈日或下雨，男男女女排着长长的队伍进行入党登记。肯尼亚非洲民族联盟的队伍迅速壮大。仅在涅里一个县内，不到一个月时间报名加入组织的人数就达到35000人。这种空前高涨的政治热情，充分反映了经过"茅茅"运动给广大人民群众带来的政治上的觉醒。

据英国殖民官员卡菲尔德的报告说，在整个"茅茅"运动期间，政府军方面死亡人数为2044人，而"茅茅"方面的死亡人数达到11503人，实际上"茅茅"的损失比这个数字还要大，因为这当中并未包括那些被法庭判处绞刑而牺牲的"茅茅"指战员。"茅茅"战士用鲜血和生命为肯尼亚的独立作出了不朽的贡献。正如"茅茅"运动的重要领导人之一、后来当选肯尼亚议员的卡里乌基所说："今天独立的肯尼亚是建立在茅茅战士的忠骨之上"的。为了纪念"茅茅"运动及其杰出领袖基马蒂，1963年肯尼亚独立以后，政府用基马蒂的名字命名了首都内罗毕的一条主要街道，基马蒂家乡的涅里城图书馆也被命名为"基马蒂图书馆"，当年阿伯达雷山林里的"茅茅"战士为怀念基马蒂而唱的"基马蒂之歌"一直流传至今。今天，在内罗毕国家博物馆里，陈列着当年"茅茅"战士的各种兵器以及烈士们的衣服、誓词和其他遗物，供人们瞻仰参观。

"茅茅"运动是肯尼亚人民、特别是吉库尤人的骄傲。独立以来，人们通过文学艺术及各种形式纪念和赞颂"茅茅"运动。"茅茅"运动在60年代几乎成了肯尼亚文学的唯一题材。肯尼亚老一辈著名作家恩古吉·瓦·西翁戈著的小说《小麦粒子》以这场斗争为背景，曾轰动全国。今天，年轻一代作家仍在不断描写"茅茅"运动。他们说："只要我们是肯尼亚人，我们就需要、而且应该写茅茅运动。因为对于肯尼亚人来说，这是一件重要的，不能回避的伟大历史事件。"

本文参考书目：

[1]　卡里乌基：《被拘留的"茅茅"》（斯瓦希利文版），东非出版社1965年版。

[2]　乔莫·肯雅塔：《面向肯尼亚山》（斯瓦希利文版），东非出版社1966年版。

[3]　佐伊·马什·G.W.金斯诺思：《东非史简编》，英国剑桥大学出版社1963年版。

［4］　约翰·根室：《非洲内幕》，伦敦哈米希，汉米尔顿图书公司 1955 年版。

［5］　高晋元：《吉库尤族的社会政治演变》，《西亚非洲》1981 年第 4 期。

［6］　张冶强、黄祖安：《肯尼亚"茅茅"运动及其领袖基马蒂》，《外国史知识》1981 年第 3 期。

［7］　佐藤土屋：《现代东非文学：从自由到统一》，美国《今日世界文学》1978 年第 3 期。

1944—1954 年危地马拉革命

冯秀文

1944 年，在世界反法西斯战争节节胜利之际，危地马拉爆发了一场民主革命，推翻了以乌维科及其追随者庞塞为代表的军事封建统治，建立了以阿雷瓦洛为首的资产阶级政府。阿雷瓦洛总统和后继的阿本斯总统进行了一系列政治、经济和社会改革，触动了外国垄断资本主要是美国资本的利益，引起美国统治阶级的仇视。阿本斯政府终于在美国的干涉下被颠覆。危地马拉革命无论就其改革的深度和广度，还是从美国对一个独立的主权国家的粗暴干涉程度来说，都是当代拉丁美洲最重大的政治事件之一。

革命前的社会状况

危地马拉是中美洲一个落后的农业国。面积 108889 平方公里。居民大部分是印第安人，占总人口的 60% 以上，印欧混血种人占 30% 以上，白人不足总人口的 3%。国民经济以种植和出口香蕉、咖啡等热带作物为主。20 世纪初，危地马拉经济作物的种植面积占全国耕地的 1/3 以上。1913 年咖啡出口收入为 12254724 美元，香蕉出口收入 825670 美元，占全部出口总额的 90% 以上。工业十分落后，只有几十家设备陈旧的工厂从事纺织、制鞋、面粉、烟草等轻工业生产，带有半手工业性质。

独立后的危地马拉是半封建、半殖民地国家。政治上，国家机器被一小撮白人地主所控制。法律上虽然规定了总统的选举制和任期制，选举权实际上只属于有产者，广大贫困的混血种人和印第安人被排除在外。总统都是靠掌握军队起家，他们利用权势操纵选举，控制议会，镇压反对派，建立独裁统治。经济上，封建生产关系居重要地位。全国土地的一半属于不到人口 30% 的大地主，57% 的农民没有土地。无地和少地的农民不得不以苛刻的条件租种地主土地或到种植园当雇工。种植园内盛行封建性宗法制度，劳役制、债役制、摊派制等剥削形式把农民束缚在土地上，使他们沦为种植园的农奴。

独立后的危地马拉赶走了西班牙殖民势力，但其他列强的侵略势力很快渗入这个国家。第一次世界大战前，危地马拉主要受控于德国，大部分种植园属德国资本家所有。1913 年，在危地马拉出口总额的 14449926 美元中，德国就占 7653557 美元，进口总额 10063327 美元，德国占 2043329 美元。第一次世界大战期间，美国资本急剧渗入。1915 年危地马拉对美国的出口占全部出口额的 60%（危地马拉出口额 11566586 美元，对美国出口 6881410 美元）。1941 年对美贸易达到危地马拉输出总额的 92.3%，输入总额的 78.5%，它的对外贸易几乎全被美国垄断。

美国资本在危地马拉的主要代表是联合果品公司及其所控制的中美铁路公司和危地马拉电力公司。1901 年联合果品公司通过为危地马拉政府代办国际邮电，开始向危地马拉渗透。1904 年该公司同当时的卡布雷拉政府签订了修筑铁路的合同。根据这项合同，联合果品公司承担修建由首都至巴里奥斯港口 1/3 铁路的任务（另外 2/3 已由前届政府修好）。为此，政府给予公司大片海滩、耕地和免税进口建筑物资等优惠，铁路完工后由中美铁路公司租借 99 年。以后，联合果品公司又通过其他合同不断获得新的租让和优惠。到 20 年代末，该公司在危地马拉不仅拥有辽阔的土地、大片种植园，而且控制着通往巴里奥斯港的铁路和沿海的三个港口。联合果品公司由 68 艘货船和 49 艘冷冻船组成的商船队垄断了危地马拉全部进出口物资的运输。稍后成立的美国危地马拉电力公司控制了全国电力的 85% 和首都的全部电力供应。由于受该公司控制，每天 20 点后，全国对外联系的电信业务，包括政府的对外联系都陷入停顿状态。

联合果品公司凭着对市场和运输的垄断，任意压低香蕉收购价格，提高运输费用，打击与之竞争的对手，使危地马拉民族经济遭到灾难性的破坏，因而被称为"绿色魔鬼"。它还有自己的警察和法庭，随意惩罚种植园的工人，成了名副其实"国中之国"。在美国统治阶级的支持下，该公司不仅制约着危地马拉的经济，甚至左右危地马拉的政局。任何一个总统，如果没有它的支持就很难维持。美国垄断资本的活动严重阻碍了社会的进步。使危地马拉殖民地化的程度日益加深。

1931 年，危地马拉的政权落入出身大官僚地主家庭的豪尔赫·乌维科之手。他对内镇压人民，对外投靠帝国主义，建立了残暴的法西斯独裁统治。乌维科不给人民自由，禁止一切政党存在，封闭带独立政见的报纸。共产党员一概被处以死刑，反对政府者不经任何法律程序就被监禁和杀害。在他统治期间，工人和雇工每天需工作十几个小时，工资只有 5—25 个生太伏①。没有劳动立法，也不允许组织工会，工人的权利得不到任何保障。1934 年，乌维科政府颁布专门对付贫苦农民"游民法"。根据这一法令，凡耕种自己的土地或租佃土地不足 2.5 公顷的农民，每年至少要到大地主或外国公司的种植园里做 180 天的雇工，干不足天数者被视为"游民"，将关进监狱或强迫从事最艰苦的公共工程劳动。由于大部分农民没有或只有少量土地，这一法令实际上把他们置于任人宰割的地位。

乌维科对大地主给予很多特权，他们不仅霸占大片土地，还允许拥有武装保护财产。1944 年 4 月的 2795 号令规定，地主可对未经允许进入种植园的人"格杀勿论"，不受法律制裁。乌维科为了得到美国联合果品公司的支持，除了承认该公司已经得到的特权外，还根据 1936 年签订的合同，积极支持该公司向太平洋沿岸扩张。他把这些地区的农民赶走，把最好的土地奉送给公司。到乌维科统治末期，联合果品公司侵占的土地达 50 多万英亩（大西洋沿岸 26 万英亩，太平洋沿岸 30 万英亩）。1944 年，联合果品公司的纯利润高达 1400 多万美元。同期，美国在危地马拉的投资总额超过 7400 万美元，几乎相当于其他主要资本主义国家投资总额的 1 倍。德、英、荷等国的公司也得到许多特权。第二次世界大战前，德国纳粹党徒在危地马拉可以自由活动，甚至带着卐字徽章举行游行。

乌维科的独裁统治，外资的榨取，使危地马拉阶级矛盾和民族矛盾日益尖锐。危地马拉人民多次进行反抗。1930 年、1931 年印第安人反对种族歧视，要求土地的斗争轰动全国。1940 年首都发生由军官、持不同政见者几十人参加的推翻乌维科统治的密谋，被人告发，密谋者都被杀害。第二次世界大战前后，随着民族经济的发展，危地马拉的阶级关系发生新的变化。产业工人发展到了 3 万多人，开始投入争取自身权利的斗争。民族资产阶级逐渐成熟，它是 20 世纪初从统治阶级内部分离出来的，虽然人数不多，但很有影响。这个阶级认识到自身力量的不足，因而注意联合民众的力量。它的代表人物，著名的哲学博士阿雷瓦洛教授很早就投入反对独裁的斗争，并提出

---

① 生太伏为危地马拉货币单位，100 个生太伏为 1 格查尔。

结束军事独裁，改善劳动者处境，进行社会改革的主张。

独裁统治的倾覆和阿雷瓦洛的改革

第二次世界大战开始后，对乌维科独裁统治的不满更加表面化，不仅工农群众和民族资产阶级，连统治阶级内部许多人也反对乌维科。军队出现了离心倾向。

1944 年 6 月，在世界反法西斯斗争胜利形势鼓舞下，危地马拉圣卡洛斯国民大学的学生举行罢课和游行，要求乌维科下台。工人、教员、律师、商人支持学生，一些青年军官也加入游行行列。人们聚集在总统府前高呼"独裁者混蛋！""处死乌维科！"等口号。运动迅速蔓延，发展成全国性的大罢工和抗议浪潮。乌维科调集军队镇压手无寸铁的群众，但为时已晚，军队已不愿充当他屠杀人民的工具了。7 月 1 日乌维科宣布辞职，逃到外国大使馆避难。

乌维科垮台后，由于革命缺乏有力的组织者和领导者，政权被忠于这个独裁者的军官庞塞窃夺。他继承乌维科的衣钵，仍以专制手段统治国家并和乌维科保持秘密联系。危地马拉人民又开始了反对庞塞的斗争。

1944 年 10 月 20 日，陆军上尉阿本斯，总统近卫军少校阿兰纳和商业集团的代表托利略领导发动了全国武装起义。在革命士兵、工人、学生的积极参加下，起义者打败政府军，控制了首都。危地马拉人民的斗争取得胜利。它被危地马拉人民称为"十月革命"。

12 月，举行全国大选。阿雷瓦洛博士成为总统候选人。胡安·阿雷瓦洛出身富有之家，曾在教育部工作，因不满乌维科的独裁统治长期遭到迫害，被迫移居国外。他从未放弃斗争。他的资产阶级民主思想得到大多数人的拥护。经过投票，阿雷瓦洛获 85% 以上的选票当选总统。他的政府中包括各派政治力量的代表，中、小资产阶级代表占绝大多数。在革命中起了重要作用的阿本斯被任命为国防部长。阿雷瓦洛政府的组成，标志着政权转到民族资产阶级的手中。

阿雷瓦洛执政后，对国家的政治、经济开始了一系列改革。1945 年 3 月 11 日，刚组成的全国立宪议会颁布危地马拉新宪法。新宪法宣布："危地马拉是自由、民主和独立的国家"，"是一个以保证它的居民能享有自由、教育、经济福利和社会正义为主要目的而组织起来的共和国"。宪法规定：实行民主政治，取消性别、种族、宗教、肤色、阶级、信仰等各种形式的歧视，人人有言论、出版、集会的自由，承认工会和政党（共产党除外）的合法地位；总统任期6年，除非相隔12年以后，绝对不许连任，现役军人不能选为总统或进入国会，总统必须忠于民主政治和轮掌权的原则。宪法还规定：禁止垄断，取缔大种植园，限制外国垄断组织在危地马拉的活动，责成国会采用税收和立法等手段达到上述目的。宪法还对男女平等、同工同酬、发展生产和改善工人的劳动条件等问题作了原则的规定。这部宪法表达了人民渴望民主、进步的愿望，成了以后制定各项改革法的纲领性文件。

阿雷瓦洛执政时期还通过了社会保险法、劳动法和石油法等。1946年颁布的社会保险法规定，政府将采取多种措施改善人民的生活条件：实行粮食分配，建立学校、医院、诊疗所、产院，修建廉价的简易住宅、开办孤儿院、开展扫盲运动等。到1950年，享受社会保险的有7万多人，建校总数比前30年的总和还多，阿雷瓦洛总统的夫人亲自上讲台执教。1947年通过的劳动法承认工人有组织起来为切身的福利而斗争的权利。它对改善工人的劳动条件作了许多具体规定：如实行8小时工作制，夜班为6小时，加班应付双倍工资；工人有选择工作的自由，无理解雇工人要加补工资；男女同工同酬，给女75天产假并照发工资等。劳动法对工人的劳动条件给予了法律保障，使劳动者第一次有了人的尊严。

根据宪法，阿雷瓦洛政府对外国公司的活动进行了种种干预。它要求美国控制的泛美航空公司必须任用危地马拉人担任高级技术职务，指责联合果品公司偷税漏税和对危地马拉工人的歧视，要其服从国家法律。为了保护危地马拉的资源，限制外国垄断组织对危地马拉石油的肆意掠夺，1949年的石油法宣布："危地马拉的石油资源，只有国家、危地马拉人和民族资本占主要部分的危地马拉公司才有权开采。"阿雷瓦洛还批准建立第一家完全由民族资本控制的国家银行，设立农业总署，专门负责筹建集体农场、合作社、农业试验站等。

在对外关系上，阿雷瓦洛总统实行独立自主的外交政策。在他任期内，断绝了同特鲁希略（多米尼加）、索摩查（尼加拉瓜）独裁政权的外交关系，反对亲法西斯的佛朗哥政府。当美国大使帕特逊公开扬言，如果危地马拉政府"继续摧残美国的商业活动，就休想从美国得到任何东西"，甚至以公开的武力干涉相威胁时，阿雷瓦洛政府毫不客气地宣布他为不受欢迎的人。1945年4月，危地马拉同苏联建立了外交关系。

阿雷瓦洛总统的政策促进了工农运动的迅速发展。1945 年，第一次由政府出面组织庆祝五一国际劳动节的游行。1950 年 5 月 1 日，阿雷瓦洛总统检阅了游行队伍。在政府的支持下，工人加强了对外国垄断资本家的斗争，相继出现了各种维护工人利益的劳工组织。1945 年，在首都成立了由工人、职员、农业工人组成的全国工会的统一组织危地马拉第二联合会，会员达 5 万多人，该会提出"工人阶级和农民（包括印第安人）结成联盟，实现民主的土地改革，根除外国垄断组织对危地马拉经济生活的控制"的行动纲领。在工农运动的推动下，1949 年，阿雷瓦洛承认共产党的合法地位。9 月，危地马拉共产党宣布成立。4 名共产党员当选为国会议员（总共有 56 个议员），许多党员成了工会组织的领导骨干或在政府中担任重要职务。

阿雷瓦洛的改革维护了民族利益，是在危地马拉社会停滞不前，半封建半殖民地化的程度日益加深的情况下发生的。这一改革维护了民族利益，保障了劳动人民的部分权利，对民族经济的发展和社会进步起了推动作用，是一次进步的社会改革。但是，阿雷瓦洛的改革是很温和的，封建土地所有制和外国垄断组织的利益并没有根本触动，旧的国家机器没有彻底改造，没有实现农民对土地的要求。革命的任务远远没有完成。

阿本斯执政和革命的深入

1950 年，阿雷瓦洛总统任期结束。在新的大选中，帝国主义支持的反动势力和爱国力量进行了激烈的较量。民主力量和爱国力量结成了统一战线，城市小资产阶级和知识分子组成的革命行动党和代表中小资产阶级利益的人民解放阵线联合提名十月武装起义的组织者阿本斯为总统候选人。反对派则推出旧军人弗恩特斯等人参加竞选。结果，阿本斯得票 267000 张，几乎超过其他对手得票的总和 14 万张的 1 倍。选举结果挫败了反动势力的复辟介图。

哈科沃·阿本斯·古斯曼 1913 年生于克萨尔特南戈城一个欧洲移民家庭，青年时在军校学习，后在军队服役。阿本斯接受的是系统的资产阶级教育，具有资产阶级民主思想。当时正是马克思主义在拉美广泛传播的时期，阿本斯阅读了不少宣传社会主义的书籍，从而也受到社会主义思想的影响。他目睹帝国主义和封建主义对民族经济的摧残，决心献身民族复兴的事业。

阿本斯执政后，继续推进阿雷瓦洛实行的改革，采取了更为激烈的措施。

阿本斯任期内，社会保险法进一步落实，国民教育、公共医疗和卫生条件有了新的改善。1953 年享受社会保险的人数达到 24 万，比初期提高了 4 倍。新建 67 个医疗中心，1952 年有床位 8665 张，接收病员 81000 多人，1954 年达 20 万，占全国人口的 6.5%。1954 年至 1955 年度国家卫生保健方面的预算为 600 多万格查尔①，占全部预算总额的 8.8%。在公共教育方面，阿本斯鼓励全民教育。提高教师的地位，开办人民大学、工人夜校、艺术学院，建立了博物馆、图书馆、社会历史研究所等。1953 年全国已有小学 3788 所，入学儿童 21 万人。在高等教育上，政府支持学校自治，学生参加管理，制度民主化。主要大学完善和增设了化学、人文学、农艺学和经济学等新学科。教育经费超过 1000 万格查尔，占国家预算的 15.22%，比 1943 年增加 8 倍。首都危地马拉城成了拉丁美洲大学联盟总部所在地，和许多重要国际学术会议的召开地点。

为了发展生产，阿本斯改组政府机构，建立了以促进农、牧、林业发展为目的的生产发展部。1953 年建立国家农业银行。阿本斯认识到，以联合果品公司为代表的外国垄断组织是发展民族经济的严重障碍。为摆脱它们对危地马拉经济的控制，在阿本斯的推动下，危地马拉修建了一条与铁路并行的公路，并计划在首都附近修建一座马里纳拉水电站，以与美国控制的中美国际铁路公司和危地马拉电力公司相抗衡。1953 年 10 月，政府把中美国际铁路公司控制的铁路收归国有，并在租约期满后收回巴里奥斯、圣何塞、切佩里科等重要港口的主权。阿本斯政府要求外国公司必须遵守危地马拉的法律，保障劳动者的工作和生活条件，支持工人与外资进行斗争。在 1952 年初的一场劳资纠纷中，政府站在危地马拉工人一边，限令联合果品公司按危地马拉劳动法庭的判决，为 3700 名被无理解雇的工人补发工资，否则就拍卖他们的财产。在中美国际铁路公司工人的罢工胜利后，阿本斯亲自向工人们表示祝贺。

阿本斯政府采取的最重要措施是进行土地改革。1945 年宪法确立了取消庄园的方针。由于地主们的反对，阿本斯上台时，土地高度集中的情况没有丝毫改变，大片土地被大地主和外国公司所占有。联合果品公司几乎占有全国土地面积的 1/4，成了危地马拉最大的地主，而土地的利用率只有 8%。

---

① 当时 1 格查尔相当于 1 美元。

1952 年 6 月 17 日，危地马拉国民议会通过第 900 号令，正式颁布土改法。其宗旨是：消灭农村的封建土地所有制及其生产关系，发展资本主义耕作方法。为危地马拉的工业化开辟道路。法律规定："废除一切形式的农奴制和奴隶制"，"禁止农民的无偿劳动及以劳役为地租"，地主和外国公司占有的地产，凡面积超过 90 公顷的未耕土地均予以征收，以土地券偿付。征收的土地按每户 3 公顷到 7 公顷分给无地或少地的农民。法令鼓励农民采用先进的耕作方法，保证向农民提供耕畜、化肥、种子，必要的农业技术，增加农业信贷等。

土改所涉及的主要是大地主和外国公司。实施不到两年，政府就征收了联合果品公司闲置的土地近 40 万英亩，占全部被征地产的 28.66%，补偿该公司土地债券 1185115 格查尔。联合果品公司对此提出上诉，被阿本斯否决。据 1953 年 6 月土地部给总统的报告表明，土改法实行一年，有 110 个国营农场的土地分给无地农民，49 个农场改为合作社，另有 3000 多万英亩私人地产被征收。1954 年 6 月，全国已有十几万农民得到 100 多万公顷的土地。农民还得到 600 多万格查尔的贷款和几万头牲畜。农民的生产积极性调动起来，地主因害怕征收未耕地而扩大种植面积，两年内全国农作物的产值增加了 2900 万美元。

阿本斯在对外政策上同样奉行独立自主的方针。为维护中美洲各国的友好共处，促进各自的经济、社会和文化的发展，1951 年 10 月，危地马拉政府发起成立中美洲国家组织①。阿本斯坚持不批准 1947 年的里约热内卢防务协定，因为这一协定实际导致拉美国家的军队都归美国控制。在美洲国家组织和泛美会议上，危地马拉多次持反对美国的立场。在联合国大会上，危地马拉是拉丁美洲唯一反对美国"共同安全体系"的国家。在朝鲜战争期间，包括国会议长在内的 21 名议员联名致电朝鲜民主主义人民共和国，支持他们的抗美斗争。1953 年，阿本斯派出拉丁美洲第一个代表团来华参加在北京举行的世界和平大会。

阿本斯的改革取得了明显的成效。1943 年至 1953 年国民经济总产值由 13161 万格查尔增加到 55828 万格查尔，增长了 4.2 倍。其中工业生产增加 30%，对外贸易增长 4 倍，人均收入提高 46%，最低工资由每天 5—25 个生

---

① 这一以维护和平为宗旨的地区性组织后来被美国控制，并用来反对危地马拉。于是，1953 年 4 月危地马拉退出了该组织。

太伏增加到 80 个生太伏。国家可以不再进口大米、玉米和棉花，其中玉米和棉花还供出口。1954 年首次出口棉花 110000 英担，价值超过 350 万格查尔。民族工业发展十分迅速。1946—1953 年增加的 26000 万格查尔私人投资中，民族资本占 90%，1954 年的私人投资比革命前增加 13 倍。这一时期，危地马拉是拉丁美洲经济发展速度最快的国家。

阿本斯时期，工农运动发展到了一个新的阶段。在行业工会蓬勃发展的基础上，1951 年 10 月，首都举行了统一全国工会的代表大会，成立了全国统一的工会组织危地马拉劳工统一联合会。它由 15 个行业、区域联合会及481 个基层工会联合组成，会员超过 10 万人。种植园的农业工人、农村雇工也都组织起来。农民联合会会员多达 30 万人。1954 年拥有 6000 多会员的第三届农民代表大会开幕，阿本斯等政府成员前往参加。阿本斯忠于"充分保证一切人（包括社会各阶级和阶层）可以有各种各样信仰、意见和组织形式的彻底民主的原则"，承认共产党的合法存在，亲自接见来访的各国共产党代表团。1952 年，危地马拉共产党改组为危地马拉劳动党，劳动党在国会中仍占 4 席（总共 58 席）。在全国 332 个行政区中，劳动党占有优势地位的就有 2 个。党员最多时有 3000 人。在政府、国家机关、工会中，劳动党是一支活跃的力量。

阿本斯改革比阿雷瓦洛的改革更广泛和深入，特别是土地改革沉重地打击了以联合果品公司为代表的外国垄断资本。当然阿本斯的改革是在资产阶级允许的范围内进行的，他不支持工人反对民族资产阶级的斗争。阿本斯否决了共产党提出的劳动法。土地改革只限于闲置的土地，而且是有偿的赎买。这些都使改革的效果受到影响。

美国的干涉和改革的失败

危地马拉革命的不断深入，在国内外引起强烈的反响。拉美各国都把关切的目光投向危地马拉。1953 年 3 月，在智利首都圣地亚哥举行的拉美劳联第三届大会上，各国代表热烈祝贺危地马拉人民所取得的胜利，由于革命表现了鲜明的反帝、反封建性质，也招致了反动势力的仇视。美帝国主义感到，危地马拉的革命损害了它在危地马拉的经济利益，将会引起整个加勒比地区乃至拉丁美洲的革命风暴。为此，它急于阻止这场革命的前进。

早在革命初期，美国就不断反对阿雷瓦洛政府采取的进步措施。在美国政府的支持、鼓动下，国内反对派曾策划 30 多次企图推翻革命政府的阴谋。反动分子暗杀了革命委员会委员、陆军司令阿兰纳。阿本斯执政后，美国多次照会危地马拉政府，要求废除土改法，这些都没有达到目的，美国政府便准备以武力消灭危地马拉革命。

为了给武装干涉制造口实，美国统治阶级开始了大规模的宣传攻势。它利用报纸、杂志、广播等对危地马拉的改革进行攻击和诽谤，宣扬危地马拉发生的一切都受苏联的指使，阿雷瓦洛和阿本斯总统"成了共产党的工具"，土改是"布尔什维克的土改"，"危地马拉已被共产主义所掌握"，"成了共产主义的桥头堡"。美国负责美洲事务的助理国务卿卡博特煞有介事地声称："在安的列斯地区，我们遇到了共产主义的严重挑战。"助理国务卿布兰顿更为露骨地表示："对共产主义在拉丁美洲一个国家的根除，甚至包括使用武力，不应看作是对该国内部事务的干涉。"1954 年 3 月，在委内瑞拉首都加拉加斯召开的第 10 次泛美会议上，美国国务卿杜勒斯亲自出马，不顾墨西哥、危地马拉、阿根廷、乌拉圭等国的反对，操纵会议强行通过所谓"反对共产主义威胁"的第 93 号决议。根据这一决议，"当共产主义企图控制一国政府时"，其他美洲国家将承担采取联合紧急行动的义务。

武装干涉的准备是秘密进行的。联合果品公司提供了数百万美元的活动经费。美国中央情报局制定了入侵方案。联合果品公司的前雇员卡斯蒂略·阿马斯被物色为入侵的指挥者。阿马斯原是危地马拉的旧军官，1950 年11 月在一次阴谋推翻革命政府的暴动中被俘，后逃往国外。从 1953 年起，阿马斯就在联合果品公司的支持下，在洪都拉斯、尼加拉瓜等地招兵买马，组织起一支 2000 人的"解放军"。美国政府为阿马斯提供经费，供给武器，帮助运输和训练，甚至准备派遣飞行员，动用当时最先进的轰炸机直接参战。1954 年 5 月，美国与洪都拉斯、尼加拉瓜签署军事协定，拉开了武装干涉危地马拉的序幕。

在革命面临外部武装干涉的威胁时，民族资产阶级的软弱性暴露出来了。阿本斯虽然表示要"奋起保卫祖国，针锋相对，寸土不让"，但并未采取有力的措施。他从社会主义国家购买了一批武器，迟迟不敢发给民众，把工农武装起来。

1954 年 6 月 18 日，阿马斯的反革命武装从洪都拉斯分两路侵入危地马拉。危地马拉政府当即声明，抗议美帝国主义对危地马拉内政的干涉，要求联合国制裁侵略者。拉丁美洲各国政府纷纷谴责美帝国主义的干涉行径。美国政府不顾国际舆论的谴责,利用担任安理会主席之便,极力阻挠在安理会讨论危地马拉问题,为入侵军争取时间。然而,忠于阿本斯的政府军队奋勇抵抗反革命入侵军,工农群众在工会的号召下组成民兵协助政府军作战。阿马斯的军队很快被击溃,仓皇逃回洪都拉斯。

武装入侵失败了。可是,由于美国大使的秘密活动,政府中的很多军官被收买。反革命武装入侵时,他们经常出入美国大使馆,向入侵军提供情报,入侵失败后,他们决定从内部搞垮革命政府。6月27日,三名军官冲进阿本斯住宅,逼他辞职。阿本斯被迫把政权交给了陆军司令卡洛斯·恩里克·迪亚斯。6月29日,迪亚斯在美国大使普里弗依的安排下自动下台,7月8日,入侵军司令卡斯蒂略·阿马斯就任临时总统。

美国对危地马拉革命的干涉激起了拉美各国政府的强烈反对。乌拉圭、阿根廷和智利等国谴责美国对一个主权国家的侵略。阿根廷、萨尔瓦多、玻利维亚等国人民举行了反美示威游行。在有拉美各国议员参加的圣地亚哥会议上,与会者一致谴责"美帝国主义和中美洲各国独裁政权协同策划对危地马拉的侵略,是一个帝国主义国家侵略的典型例子"。苏联、中国以及世界许多国家的政府和人民都以各种形式表达他们反对美国干涉、声援危地马拉的正义立场。

阿马斯一上台,立刻恢复了旧秩序:1945年宪法被废除;土改被停止;农民得到的土地重新回到大地主和联合果品公司,中美国际铁路公司等又获得新的优惠和特权。阿马斯大肆逮捕并镇压革命政府的成员、工农运动的领袖和革命的支持者,取缔工会、农会和民主党派,重新建立了独裁统治。乌维科时期的许多头面人物又掌握了大权。危地马拉人民又陷入黑暗的深渊。

1944—1954年危地马拉革命,是在世界民族民主运动洪流中爆发的一场由民族资产阶级领导、人民群众参加的反帝、反封建运动。就其性质来说,它属于资产阶级民主革命的范畴。这次革命使民族资产阶级掌握政权达10年之久,资产阶级民主政府深入人心。它是危地马拉由一个半封建半殖民地社会向资本主义社会转变的重要里程碑。危地马拉革命失败的主要原因是它的不彻底性。革命虽然推翻了独裁者,但是并没有彻底改造旧的国家机器,特别是没有改造旧军队。许多反动军官仍盘踞在重要岗位上,留下了隐患。革命失败的另一个原因是民族资产阶级的软弱性和局限性。阿雷瓦洛和阿本斯作为资产阶级的代表,希望摆脱封建势力和帝国主义的桎梏,但是,他们在实际上只是对敌人进行限制和赎买。在革命受到威胁的关键时刻，他们不敢充分发动群众，反而放弃了对革命的领导。从外部来讲，革命失败主要由于美帝国主义的干涉，它策划了外部入侵和内部颠覆，把革命扼杀了。这 10年革命在危地马拉历史上留下了光辉的一页，至今仍受到人民的怀念。

战后两个德国的形成

竺培芬

1945 年第二次世界大战结束后，美苏英法四大国分区占领了德国。苏联和美英法三国的占领政策各自有别，在德国问题上的矛盾日益加深。美国提出马歇尔计划后，美苏关系进入"冷战"阶段。作为冷战的必然产物，1949年 9—10 月，德国被一分为二，形成了德意志民主共和国和德意志联邦共和国两个国家。

苏美英法分区占领德国

德国在 20 世纪曾两度成为欧洲的战争策源地。制止德国军国主义的东山再起，是战后国际关系上的一个重要问题。第二次世界大战尚未结束时，美国便考虑对德处置问题。在经济上，美国曾抛出变德国为农业国家的摩根索计划①，后因统治阶层意见不一，中途夭折。在政治上，美国主张肢解德国。1943 年底，罗斯福在德黑兰会议上提议将德国分割成 5 个部分，每个部分为一个独立国家，德国的鲁尔和萨尔地区则由国际共管。罗斯福的政治肢解方案曾得到苏联的支持。斯大林在德黑兰会议上表示赞成肢解德国，他担心一个统一的德国很可能在 10—20 年恢复它的力量。

英国对于美国肢解德国的方案，只在表面上表示支持，实际大有保留。英国首相丘吉尔认为，肢解德国势必损害德国人民的民族感情，他主张占领德国，避免背上肢解战败国的恶名。丘吉尔还通过历史的回顾，为他的占领

① 以罗斯福政府的财政部长亨利·摩根索为代表的美国一些有影响的集团认为必须从领土和政治上对德国进行肢解，把它的领土分割为若干小国，消灭德国国家，并把德国变为一个仅有少量工业的农业国，摧毁德国的经济潜力。

主张寻找依据。在他看来，德国在第一次世界大战后复活了军国主义，成为第二次世界大战的罪魁，关键在于盟国并未强制德国执行凡尔赛条约中关于解除武装的规定。他认为，若要使德国在第二次世界大战后不再危害和平，首要条件是盟国必须在德国保持主宰地位，强制德国按照盟国意愿行动。丘吉尔主张德国在战后应由美英苏三大盟国共同占领。在他的指示下，英国设立了艾德礼委员会，并就占领德国事宜拟订报告。1944 年初，英国根据艾德礼委员会报告，正式向欧洲协商委员会提出关于划分德国占领区的建议。

战争后期欧洲战场军事形势的迅速发展，促使美国向英国的立场靠拢。1944 年上半年，苏联红军胜利的攻势很快逼近德国东部边界。美国担忧苏军有可能占领德国大片领土。届时，美国便会陷入被动状态，不仅肢解德国不成，恐怕连占领德国也成问题。出于上述考虑，美国决定支持英国的占领方案。1944 年 9 月，当欧洲协商委员会以艾德礼报告为蓝本，提出第一份临时划分德国占领区建议时，美国表示同意。按照这一建议，德国领土划分成三个占领区，苏联占领东部，英国占领西北部（包括鲁尔地区），美国占领西南部和萨尔地区，首都柏林由三国共同占领。

1945 年初召开雅尔塔会议时，美英两国已就临时占领德国达成了协议。苏联觉得，按照英国的占领方案，它的占领面积占德国领土的 40%，比英、美的占区都大得多。此外，德国战败在即，苏联若要在德国问题上具有发言权，首先必须取得占领德国的合法地位。因此，苏联愿意接受英国的占领方案。在雅尔塔会议召开之初，美英苏三大国实际上已就临时占领德国达成默契。在雅尔塔会议上，美英苏三国肯定了大国占领乃是处置德国的有效形式，会议《公报》指出："根据已商得同意的计划，三国部队将各自占领德国的一个区域……成立一个中央管制委员会执行互相协调管理控制的工作。此委员会由三国的最高司令官组成；总部设在柏林。"

雅尔塔会议实际肯定了分区占领德国的方式，而且从三国扩大为四国占领。英国竭力主张法国应参加对德占领，因为英国无法承担在欧洲战场西线单独遏制德国的任务。美国经慎重考虑，同意英国的建议。雅尔塔会议召开的第二天，1945 年 2 月 5 日，罗斯福提议法国参加对德占领。斯大林在罗斯福斡旋下表示赞成。会议《公报》表示："法兰西如果愿意的话，三国当邀请它承受一个占领区，并参与管制委员会，作为第四委员。"法国参加对德占领必须在这样的前提下，即法占区只能从英占区和美占区中划出，而不缩小苏占区的范围。

盟军在欧洲战场告捷和占领德国后不久，1945年6月5日，四国驻德占领军总司令在柏林发表声明，把德国分成4个占领区，东区归苏联，西北区（包括鲁尔）归英国，西南和萨尔归美国，西区归法国；柏林由"四国的武力占领"。柏林声明还规定，由四国驻德占领军总司令正式组成"盟国管制委员会"，"共同管理当地的行政"。从7月中旬起，苏美英法四国在德国和柏林按划定区域实行占领和管制。8月初，波茨坦协定肯定了苏、美、英、法对德国的分区占领状态，确定了对德管制的政治与经济原则：在政治上，使德国非军国主义化，非纳粹化，实现民主化，在经济上，有步骤地消灭德国的军事潜力，改组德国经济，使之纳入和平轨道，控制其战后的生产水平。根据这些原则，战后的德国应该建成一个爱好和平的民主国家。

不同的占领政策

雅尔塔和波茨坦会议所确定的解决德国问题的原则，符合德国社会进步的要求。然而，苏美英法四国共同占领德国以后，它们采取了不同的占领政策。为了防止德国军国主义的东山再起，苏联驻德军事政府一进入占区，便解散了占区内德国陆海空军、党卫军、秘密警察等军事组织和准军事组织，逮捕、审讯与严惩法西斯罪犯。根据苏联驻德军事政府于1945年10月30日发布的第124号命令，过去属于希特勒国家、军事机关以及苏军指挥部下令禁止和解散的各种组织的财产，一律暂时统一管制。1945年10月31日第126号命令规定，将纳粹党及其各级机关、各附属组织的财产没收充公。苏联驻德军事政府还着眼于在苏占区确立德国共产党的领导地位。它派遣德共党员担任各级领导职务，设立党校提高共产党员的领导水平与理论修养。1946年，德国共产党与德国社会民主党合并成立德国统一社会党。在该党领导下，苏占区进行了一系列经济改革，在城市将3000家私营企业收归公有，在农村则在1947年1月以前基本上完成了土地改革，把土地分给劳动农民，消灭了容克地主阶级的经济基础，使苏占区经济逐步沿着社会主义方向发展。

在苏联对德政策中，向德国索取赔偿是其中的重要组成部分，历来坚持严厉的赔偿政策。在雅尔塔会议上，苏联提议德国应赔偿200亿美元，苏联取得半数，即100亿美元。会议决定将苏联提案作为以后谈判的讨论基础。在波茨坦会议上，苏联再次重申上述赔偿要求，遭到英美两国的反对。因此，波茨坦协定在赔偿问题上只确定原则，未规定具体数额。根据确定的赔偿原则，苏、美、英、法都有权从各自占区取得赔偿，但苏联除从本占区获取75%的赔偿外，还可从其他三个占区取得25%的工业设备赔偿。

对德战争结束后，1945年5月10日，美国总统杜鲁门正式批准还在罗斯福领导下草拟的美国参谋长委员会第1067号指令，使之成为美国对德占领的指导方针。指令规定，德国被占领不是解放德国，而在于它是被战败的敌国。为此，德国必须受到严格控制，禁止它的一切政治活动，不准德国人自由迁徙，管制报刊、电台及其他宣传教育机关。该指令还规定：美国准备在民主基础上重建德国的政治生活；在经济上，则对其重要工业部门实行监督管制，而不是予以取消。显然，这一指令带有对德国实行宽严结合，支持与惩罚并举的性质。

1945年8月日本向盟国投降后，世界进入了战后时期。美国对外政策的一个重要方面是遏制苏联。它不再对德国疾恶如仇，而是考虑利用德国地处中欧的重要战略地位，使之成为遏制苏联的前哨阵地。其次，美国以为德国具有较强的经济潜力，如能使它恢复元气，便能对整个西欧经济的恢复产生重要作用。美国政府正是从战略需要与恢复西欧经济考虑，逐渐抛弃了1067号指令中对德严厉的部分，反而强调指令中关于扶植德国的规定。于是，美国驻德军政府在本占区内尽可能对纳粹战犯从轻发落，它拒绝对工业家战争罪犯进行国际审判，同时，对确定犯有战争罪的75%的人仅判处罚款，对20%的人仅限制其选择职业或禁止担任公职。它设法重建资产阶级政党，对阿登纳为首的基督教民主联盟更是倍加倚重。经济上，它力求复兴德国经济，并以各种形式保存垄断资本组织与德国工业的原有结构。没有一个大垄断联合企业进行非卡特尔化，军事工业设施没有拆除。垄断企业仍由原先的经理和垄断资本的代表在占领当局的监督下进行管理。这样，美国对德政策便从1067号指令的宽严兼备演变为以宽为主的性质。

德国在战后处于四国占领下，美国的对德政策只能在美占区推行，尤其难以扩大到苏占区。美国估计到德国前途有两种可能：经过较量，兼并苏占区及其他占区，由美国独家控制德国，但是，审时度势，较为现实的前途则是以美占区为中心，逐步兼并英法两个占区。美国在德国问题上采取力求取得西方各国支持的策略。美国深知，它的对德政策会受到英国附和，而被法国所反对。因为英国认为，强大的苏联比德国对它更危险，何况德国强大也便于英国在欧洲纵横捭阖搞平衡。至于法国，它在以往的100年中曾三次遭受德国入侵，最为警惕德国的东山再起。法国的占领政策在于尽量削弱德国，它还要求将萨尔地区划归法国，鲁尔地区由国际共管。美法两国对德政策不相协调，美国经仔细权衡，决定应逐步弥合两国在对德政策上的分歧，增强西方在德国的实力地位。

西方采取分裂德国的步骤

美苏两国占领政策不同，他们常在盟国管制委员会上争论不休，其中的焦点则是对德国经济的安排。美国力主发展德国经济，把它作为西欧经济复兴的重要一环。为此，美国驻德副军事长官克莱还曾派人做实地调查，竭力主张提高德国的工业水平。美国认为，苏联严厉要求德国赔偿的政策乃是美国扶持德国经济的阻力。美国政府经过内部磋商，决定对准赔偿问题开刀，并从波茨坦协定上寻找依据。

在德国战后的赔偿问题上，波茨坦协定确立了基本原则，但也规定了两个前提：一是保留充分的资源，使德国人民能在战后不依赖外援生活；二是生产品及储存物品的出口所得首先应用于偿付进口所需费用。美国援引这两项条款，认为若要使德国既不依靠外援，又具有偿付进口的能力，关键在于保留足够的工厂和保障最低限度的工业水平。因此，解决赔偿问题必须服从于上述两个前提。

1945 年秋，盟国管制委员会讨论德国最低工业水平问题时，美国提议德国钢产量的最低限额为 780 万吨，苏联和法国表示反对。美国认为，法国是出于对德恐惧心理，不希望与它毗邻的是一个强大的德国，苏联则是为了索取更多的赔偿。1945 年 12 月 31 日，美国驻德副军事长官克莱警告说，在钢铁生产限额和德国工业总水平达成协议前，赔偿将不可能取得进展。美国继而又利用波茨坦协定中有关德国"经济统一"条文，制造停止赔偿的舆论。1946 年 4 月 8 日克莱扬言，盟国应制订共同的进出口计划，逐步实现四个占区的经济统一，否则美国将坚持修改赔偿计划。5 月 3 日，克莱又在盟国管制委员会上突然宣布，除了先前已预支的赔偿外，将不再从美占区向苏联提供一切赔偿。

当时，美苏关系已日趋恶化。1946 年 3 月 5 日，丘吉尔在富尔敦发表的"铁幕"演说被视为帝国主义对社会主义国家实行"冷战"的序幕。因此，克莱选择这个时机停止向苏联提供赔偿，显然与美苏冷战的节奏紧相配合。

此后，美国逐步转向于统一西方各占领区，坚持分裂德国的立场。

1946 年 5 月 26 日，美国驻德剧军事长官克莱向华盛顿发出密电，要求在当年冬天以前实行美英占领区合并，以便促进德国经济迅速发展。7 月 20 日，美国驻德军事长官麦克纳尼在盟国管制委员会正式提出合并占区的建议，得到英国的响应。这是因为英国战后经济拮据，花费 3 亿美元维持英占区更使它的财政开支捉襟见肘。在此之前的 7 月 10 日，苏联外长莫洛托夫在巴黎外长会议上就对德政策发表声明，要求实现德国的统一，首先必须建立一个全德中央政府。9 月 6 日，美国国务卿贝尔纳斯在斯图加特发表声明，反对莫洛托夫的建议，声称要首先实行德国的经济统一。而西方占区的合并是实现这一目标的必由之路。12 月 2 日，美英双方达成协议，签署"德国美占区和英占区经济合并协定"，并于 1947 年 1 月 1 日正式生效。

随后，美英便着手筹建相应的组织机构。在美英军政府监督下，成立了美英两个占区的执行委员会，负责执行双方联合的政策。执行委员会实质上相当于高级行政部门，为了掩人耳目，它分设在若干个城市，负责经济事务的设在明登①，负责粮食和农业的设在斯图加特，负责交通运输的设在比勒费尔德②，负责邮电、民政和金融的设在法兰克福。1947 年 5 月 29 日，美英签订关于改组双占区经济机构的协定，增设经济委员会，其总部设在法兰克福。原先的执行委员会隶属经济委员会，执行经济委员会的决定，并向经济委员会提供建议。此外，经济委员会还拥有某些立法权。

双占区成立与改组时，美苏两国在欧洲的关系已全面破裂。美国总统杜鲁门继丘吉尔发表"铁幕"演说之后，在 1947 年 3 月 12 日发表致国会咨文，提出战后美国对外政策纲领，即"杜鲁门主义"。杜鲁门要求国会拨款 4 亿美元援助希腊和土耳其政府。7 月 12 日，美国与土耳其政府签订《关于援助土耳其的协定》，利用提供 1 亿美元的援助，从土耳其取得提供海、空军基地的回报。7 月，美国军事经济代表团到达希腊；11 月成立了美希联合总参谋部，并向希腊派驻军事人员 18000 名。美国从此得以控制东地中海，实行对苏联的"遏制"政策。与此同时，美国新任国务卿马歇尔于 6 月 5 日在哈佛大学的讲话中提出了《援助欧洲复兴方案》，即"马歇尔计划"。12

---

① 在今联邦德国中部，处于威悉河和米特尔兰运河交汇点，是铁路和公路交通中心之一，并设有河港。

② 在今联邦德国中北部，是联邦德国的工业中心之一。

月 19 日，杜鲁门向国会提出"美国支持欧洲复兴计划"咨文，要求国会在1948—1952 年拨款 170 亿美元。国会于 1948 年 4 月 2 日通过"1948 年对外国援助法"。"马歇尔计划"正式被执行，其目的在于保持一个在美国控制下繁荣而稳定的西欧，以便"遏制"苏联和实现美国的世界霸权。

"杜鲁门主义"与"马歇尔计划"的提出，宣告美国正式向苏联发动冷战。在这种情况下，美苏在德国问题上陷于僵局，致使 1947 年底召开的第五届伦敦外长会议以失败告终。

在伦敦外长会议上，美法之间逐步弥合了分歧。会前，美国已向法国作出两项让步，一是向法国提供 2.5 亿美元贷款，二是在 1947 年 10 月 5 日宣布萨尔经济并入法国，并建立自治政府。会议期间，美国集中精力拉拢法国，于 12 月 4 日宣布通过萨尔宪法，以法律形式保证萨尔并入法国。美国的让步促使法国改变在德国问题上的立场，考虑法占区与美、英占区合并。

伦敦外长会议后，美国决定从政治经济上进一步分裂德国，只是要等待形势的发展。1948 年初捷克斯洛伐克爆发"二月事件"，以哥特瓦尔德为首的捷克共产党推翻资产阶级联合政府，掌握了政权。欧洲冷战气氛从此益浓。美国大肆渲染"苏联和共产主义的威胁"，并以此为借口，大力加速德国分裂步伐。1948 年 2 月 23 日至 6 月初，美、英、法拉拢荷兰、比利时、卢森堡在伦敦召开了六国外长会议。会议结束时发表了"伦敦建议"，就建立司法、立法、行政三权分立的西德政府的雏形提出一整套设想。立法机构由两院组成，上院由各州派等额代表参加，下院按州人口比例选举代表参加。两院拥有同等的立法权，但拨款权在下院，任命权在上院。政府首脑由两院选举产生，联邦政府下设的地方政府拥有教育、卫生、福利、警察、宗教与文化等事务的权力。"伦敦建议"还规定设立最高法院，调解中央与地方政府的纠纷，保护地方权力不受中央政府侵犯。最高法院有权建立完整的司法制度。为了尽早成立西德政府，六国代表建议美、英、法军事长官召集西方占区州总理开会，授权他们举行制宪会议，制定宪法，时间不迟于 9 月1 日。

"伦敦建议"的核心是分裂德国，成立西德国家，并把它纳入美国与西欧结盟的大西洋联盟的轨道。"伦敦建议"公布后不久，6 月 18 日美、英，法占领当局宣称，自 6 月 21 日起在德国的西方占区单方实行币制改革，规定西方占区将发行一种新马克即"B"记马克。币制改革乃是美国为首的西方 3 国分裂德国的第一个实际步骤。

美国加紧分裂德国和两个德国的形成

西方占区实行单独的币制改革后，苏联发出抗议照会，指出西方实行单独币制改革旨在分裂德国。几天后，苏联驻德军事长官索科洛夫斯基宣布，苏占区和大柏林区实行币制改革，发行加上特别印记"D"的新马克，以保护苏占区经济免遭西方占区币制的破坏。苏联针对美国及西方分裂德国的趋势，还采取更为重要的步骤，从1948年6月24日起实行"柏林封锁"，全面切断西德和柏林之间的水陆交通。在具体做法上，苏联留有余地，仅切断水陆交通，从汉堡、汉诺威、法兰克福通往柏林的三条空中走廊仍保持畅通。

苏联实行封锁柏林的政策，顿时成为美国统治集团的中心议题。美国驻德副军事长官克莱认为，苏联实行柏林封锁，是为了阻止西德国家的建立。柏林历来是德国的首都，柏林被封锁，必将在西方占区德国政界人士和普通居民中产生巨大的心理影响。更为重要的是，苏联封锁柏林取得成功，西方三国必被撵出柏林，苏联便会紧逼西方三个占区。克莱断定，苏联封锁柏林，将从根本上动摇西方分裂德国的计划。美国内阁经过磋商，同意克莱的分析。

6月27日，美国内阁召开紧急会议，就苏联封锁柏林制定对策。有的主张撤出柏林，有的主张不惜一切代价坚守柏林，还有的主张稳健从事。第二天，副国务卿洛维特、国防部长福莱斯特尔和陆军部长罗亚尔代表内阁，前往白宫，就西方在柏林的去留问题请示杜鲁门。杜鲁门的回答是：西方不仅要留在柏林，而且要通过空运冲破苏联对柏林的封锁。6月29日起，美国便实行空运。在柏林被封锁的一年中，据统计，总计飞行277728架次，空运货物211万吨。在西方占区和西柏林之间架起一座"空中桥梁"。

苏联深知，美国实行空运，旨在冲破"柏林封锁"，以显示它分裂德国的决心。为此，苏联便在一切外交场合对西方施加压力，并表明它仍要用柏林封锁阻止德国分裂。1948年8月2日和8月23日，美国驻苏大使史密斯偕同英法两国大使，两次会见斯大林。斯大林向三国大使明确指出，只要德国被视为统一的整体，而柏林被视为它的首都，那么，西方三国留在柏林，是可以理解的，也是可以解释的。但在西方六国的伦敦会议后，德国西部已经分离，实际上已成为一个单独国家。因此，西方国家必须重新考虑伦敦会议关于建立西德国家的决定，不然，苏联将继续封锁柏林。

美国因苏联坚持封锁柏林，决定加强空运，同时加快分裂德国的步伐。自 1948 年下半年起，美英法三国占领当局负责起草占领法。同年 9 月 1 日，西方占区组成由阿登纳为首的 65 名州地方自治代表会代表参加的议会委员会，主管基本法的拟订工作。经过半年左右的筹备，占领法与基本法初见眉目。根据草拟的基本法，未来西德政府结构确定为联邦制。至 1949 年初，德国的分裂已难以避免。

1949 年 3 月 25 日，阿登纳以西方占区议会委员会主席身份前往瑞士，并在伯尔尼大学发表演说。阿登纳的瑞士之行既是为了争取西方国家承认并支持未来的西德政府，也是为了使未来的西德国家尽快摆脱被占领状态。他在演说中指出，德国西半部包括鲁尔在内，曾是欧洲最大的工业基地，如今却因无政府状态陷入混乱之中，人民生活与住房条件也极差。唯有及早建立西德国家，德国西部才有可能出现经济繁荣和政治稳定的局面。阿登纳就未来联邦德国政府的对外政策强调说，它将毫不迟疑地与西欧各国结成联盟并在经济上与西欧融为一体。他认为，未来的西德若要成为对内稳定，对外联合西欧的国家，盟国占领状态必须逐步结束。他提议盟国把权力移交给德国人，仅保留监督的职责。阿登纳发表的这番政见，引起了西方占领国的注目。

西方占领当局于 4 月 10 日将占领法提交德国议会委员会讨论。考虑到阿登纳的要求，占领法规定移交部分权力。根据占领法，未来的西德政府可在盟国允许范围内，就国内问题或其他问题制定立法。将要成立的西德政府还可正式参加"马歇尔计划"。西方占领国囿于形势，作出上述某些让步，但对于外交、外贸、赔偿等大权则抓住不放，与以前不同的只是占领形式略有改变。西方三国将继续保持盟国占领状态，军政府将予取消，而由文职担任的高级专员取代军事长官，成为盟国驻西德国家的最高机构。

占领法提出后，基本法便列入议事日程。4 月 25 日，美国国务院委派主持占领事务的墨菲前往德国，表示美国政府希望迅速成立联邦德国政府，此事不容耽搁，否则便会"有助于共产主义事业"。西方占领当局敦促德国议会委员会加速基本法的定稿工作。5 月 8 日，德国议会委员会以 53 票对 12 票通过基本法。四天后，5 月 12 日，西方三国军事长官在法兰克福批准基本法，同时公布了占领法。

占领法与基本法的问世，标志着联邦德国政府结构基本确立。苏联知道，封锁柏林已不能阻止建立西德国家的进程，遂于 5 月 12 日宣布撤销柏林封锁。同时，苏联呼吁召开四国外长会议解决德国问题。

5 月 23 日，苏美英法四国外长会议在巴黎玫瑰宫开幕。第二天，苏联外长维辛斯基全面陈述苏联对德国问题的立场。维辛斯基要求缔结对德和约，呼吁各国占领军自缔约后一年从德国撤退。他着重发表了苏联关于德国重新统一的意见，提议使半瘫痪状态的盟国管制委员会恢复正常活动，使之成为在整个德国真正行使最高权力的机构。同时，建议以苏占区和西方占区经济机构为基础，建立全德国务会议，行使全德政府职能。美国与英国对苏联建议设置障碍。5 月 28 日，英国外交大臣贝文发言，同意德国重新统一，前提是在整个德国推广西方占区的基本法。言下之意，统一德国必须以西方占区为核心，合并苏占区。贝文还呼吁在四国监督下，在整个德国实行自由选举，组成全德联邦政府。外长会议于 6 月 20 日以失败告终。

巴黎四国外长会议结束后不久，1949 年 8 月 14 日，德国西方占区还举行联邦议院选举。结果，在 442 个议员席位中，基督教民主联盟占 139 席，社会民主党占 131 席，自由民主党占 52 席。9 月 7 日，联邦议院和联邦参议院成立，并选出两院议长。9 月 12 日，特奥多尔·豪斯当选总统。15 日，康拉德·阿登纳被任命为联邦共和国总理。9 月 20 日，德意志联邦共和国正式成立，定都波恩。

德意志联邦共和国成立前后，苏联为了维护德国东半部人民利益，决定在苏占区成立民主德国政府。苏占区当局首先从经济着手，制订为期两年的经济计划，确定恢复生产的具体指标。接着，苏占区建立制宪委员会，拟订宪法，使民主德国政府的建立有了法律依据。至 10 月初，民主德国政府筹备就绪。10 月 7 日，东占区成立临时议院，由临时议院宣告德意志民主共和国正式成立，并责成德国统一社会党领袖奥托·格罗提渥组织政府。10 月 10 日，威廉·皮克当选为德意志民主共和国总统。12 日，格罗提渥任政府总理。同日，苏联政府宣布将行政权力移交给德意志民主共和国政府，并撤销苏联驻德军政府机构，代之以德境管制委员会。

德意志联邦共和国与德意志民主共和国的相继成立，宣告德国正式分裂为两个国家。

联邦德国的经济复兴

伍贻康

德国在第二次世界大战中战败，无条件投降，不仅使国内经济遭受严重破坏，而且领土被分割，政治上由占领当局主宰一切。1949 年，两个德国先后成立，德国历史开始新的一页。曾几何时，德意志联邦共和国（简称联邦德国）的经济竟然复兴。这是战后世界史上引人注目的问题：一个战败了的被分裂的国家，怎样能在短时期重新进入世界经济大国的行列之中。

阐述联邦德国的经济复兴问题，时期起迄众说不一。有的从狭义的纯经济角度论述，一般指所谓"经济奇迹"时期，严格的只定为 1948 年到 1955 年，较宽的阐述到 1965 年，少数迄于 1973 年。也有人广义地论述联邦德国经济复兴，德国作为战败国如何重新跃入世界强国之林，其通常的下限是到 70 年代初期。我认为从寻找发展的角度来论述联邦德国的经济复兴问题，单单阐述经济高速发展的"经济奇迹"是不够的，因为讲复兴，不单是一个经济发展问题，还应包括国家在经济发展基础上重新在国际舞台上占据重要地位的情况。如果这样看，那么联邦德国真正返回国际舞台，并作为一个大国而为世界所公认，应在 60 年代末 70 年代初。这时联邦德国开始推行新"东方政策"，加入了联合国；摆脱了单纯"一面倒"的外交政策，真正开始以独立自主的姿态活动于国际舞台上。如果联系到西欧复兴问题，下限定在 70 年代初也较合适，因为 1973 年 1 月 1 日起英国加入欧洲共同体，共同体从六国扩大到九国。以共同体为代表的西欧联合进入一个新时期，西欧被公认为世界主要力量中心之一。因此，本文阐述的起迄日期是从德国第二次世界大战战败之后到 20 世纪 70 年代初。

战后德国西部社会经济的衰败

战后德国国土被分割和占领，城镇、铁路、发电厂、通信系统、工厂和民房建筑受到严重破坏。原欧洲最大工业中心鲁尔区变成死气沉沉的废墟。据战后初期调查，美占区12000家工厂中只有10%还在从事有限的生产，英美占领区内有2341座铁路桥梁被摧毁，50%以上的机车和30%的货车被损坏，城市中心几乎到处是断壁残垣、碎砖乱石。克虏伯军火企业中心埃森市，房屋建筑被毁87%，近乎一座死城。战后幸存的德国人民为希特勒发动战争承受了沉重苦果，他们中极大部分人既失去了工作，又丧失了家园。城市里无数难民像老鼠钻地洞那样住进了地窖和建筑物残骸的空隙处，用砖、木、纸板和金属片等来抵御风雨严寒。60%的居民处于严重饥饿状态，战前通常每天吃3000卡路里热量食物，现在按官方配给每人每天只有1550卡定量，有时甚至连这点食品也得不到保证。1946—1947年严冬，鲁尔区每人每天定量只有六七百卡。人们在饥饿死亡线上挣扎，许许多多儿童得了软骨病。柏林的儿童死亡率高达16%。总之，当时普通德国人最关心的是头上瓦、桌上食、炉中火，他们为寻求工作维持生计而日夜奔波。

战后德国西部工业生产设备除遭到战争破坏者外，其余还遭到战胜国的拆迁和种种限制与管制。1946年，美英占领区的工业生产只有1936年的1/3，其中钢铁业为21%，有色金属为18%，汽车制造业为17%，纺织业为20%。整个联邦德国的煤产量和发电量，分别相当于1938年的27.8%和39.8%。在职工人数只为战前的76%。1947年联邦德国在资本主义世界对外贸易中所占比重只有0.5%，而战前的1938年为10.3%。物质奇缺，物价昂贵，通货膨胀，帝国马克如同废纸。美国卷烟一度成了新的交换媒介和衡量价值的尺度，各种商品和服务的价格学以几支、几包、几条香烟计算。一种被称为"卷烟经济"的怪现象出现在西德。美国占领军趁机投机倒把，大发横财。美国大兵可用香烟、食品罐头换取德国人的金银、古董、皮毛、相机等。"颇有胜利者对战败的敌人进行掠夺和分赃的味道"。1947年夏，美国商务部长哈里曼访问德国西部占领区后认为："德国的经济……目前仍在继续衰退中……贮备物质正在迅速地消耗着，农业肥料不足，工业零件和原料即将用罄……除非我们立刻采取步骤把走下坡路的趋势扭转过来，否则，我们将面临接踵而至的许多危机……除非我们准备马上采取行动把德国的生活从目前的可怜而混乱的状态中恢复过来，我们就不可能达到我们的基本目标。德国的粮食供应和工业生产远远落后于西欧各国……"美国政府当局从实现美国争霸世界的全球战略出发，不能容忍联邦德国如此衰落下去，它已决定根本改变对德政策，扶植并重新复兴联邦德国，使联邦德国能够成为美国对苏抗衡中的桥头堡和安全屏障。

当时德国西部幸存下来的德国人约有 4500 万。战后最初几年陆续从东部过来的难民有 1000 万左右。他们之中至少有数百万人除了身上的衣衫外，几乎一无所有。对这千疮百孔、混乱不堪的烂摊子，不少人沮丧、失望、对前途完全没有信心。但更多的人奋力挣扎，不惜一切代价求自身生存，他们已从第三帝国噩梦中清醒过来，企求新的生活，期望经济迅速复兴。

经济复兴及其成效

要振兴经济，整顿社会混乱，必须首先治理恶性通货膨胀和猖獗的黑市交易，因为流通领域的混乱成为工农业生产恢复和发展的严重障碍。当时德国西部境内数千亿计的帝国马克毫无信誉，在 1947 年冬 1948 年春，每磅肉的黑市价为官价的 30 倍，蛋、奶油、面粉、食糖的黑市价格竟分别高达官价的 100—187 倍。美占区军事长官克莱承认，在德国西部"没有一个人对通货有信心，工厂和商人都宁愿储存货物而不要现金，把这作为对付通货膨胀和可能的货币改革的保护手段。物物交换威胁着正常的商品交易，在黑市流通的货物大概不下于合法市场"。人们除了能用马克凭证购买一些东西外，其余几乎什么也无法买到。

占领当局经过精心筹划，1948 年 6 月 20 日实行代号为"捕鸟猎犬行动计划"的迅速而有效的币制改革。用一种新的德意志马克取代旧的帝国马克。实行两种兑换率，即对于与个人生活有关的经常性收入，严格控制兑换数量，新旧马克按 1:1 兑换，其余则按 10:1 兑换。通过这次改革，德国西部的货币流通量一下子减少了约 93%，即由 1480 亿帝国马克减少为 100 亿西德马克。从此通货基本上得到稳定，货币恢复了正常功能。它使囤积的货物出笼，商店货架上东西逐渐多起来，黑市逐渐为自由市场所取代。统治当局以社会市场经济理论为指导的经济政策，推动整部社会经济机器开始正常运转，资本主义再生产能力渐渐恢复。

1949 年 9 月建立的以阿登纳为总理的联邦政府，根据当时的社会经济状况和人民心理，把全体人民的注意力集中引导到恢复战后的国家经济填饱肚子上，号召人们埋头苦干，修复家园，重建祖国，提出争取"人人富裕"的口号，使人们的精力用于螺母和螺栓，锤子和锯子，以及砖头和石灰浆上。以免税和官方信贷作刺激，鼓励人们用自己的双手逐步重建住宅、工厂和发电厂，恢复交通、商店、咖啡馆和文化设施。于是生产和人民生活出现了复苏的生机。

在全国人民同心协力的苦干下，联邦德国在建国第二年即 1950 年，它的工业生产已超过战前 1936 年同一地区的水平，农业生产超过战前水平的 2%。在这基础上，联邦德国的国民经济进入了高速发展时期。

50 年代是西方通常誉之为联邦德国的"经济奇迹"时期。这 10 年中工业生产的年平均增长率高达 11.4%，其间发电量增长 1.6 倍，粗钢增长 1.8 倍，车辆增长 5.4 倍，塑料产量增长 6.9 倍，工业总产值从 487 亿马克增加到 1647 亿马克，增长了 2.4 倍。同时期国民生产总值也从 233 亿美元增加到 726 亿美元，增长了 2.1 倍。

60 年代的经济发展速度已明显放慢，而且在 1966—1967 年发生了战后第一次工业生产绝对下降的经济危机。但这 10 年中工业生产的年平均增长率仍有 5.8%，工业总产值增长了 1.2 倍。国民生产总值以美元计增长了 1.6 倍。

事实上，从总体来说，从联邦德国 1949 年建立直到 1974 年爆发经济危机从此陷于严重滞胀为止，联邦德国经济持续了 25 年的高速增长。1950—1973 年，剔除通货膨胀因素，国民生产总值按马克固定价格计算，增长 3.06 倍，正好翻两番，年平均增长率为 6.3%。其中，工业产值增长 4.33 倍，年平均增长率为 7.5%，农业产值增长 0.75 倍，年平均增长率为 2.5%。这一增长速度在整个德国经济发展史上也是非常突出的。这期间的工业生产增长速度不仅大大快于 19 世纪 60—70 年代德国近代工业高涨时期的发展速度，快于德国 20 世纪初进入帝国主义时期的工业发展速度，而且大大快于第一次世界大战后的经济恢复和发展的速度。因此，可以说 20 世纪 50—60 年代联邦德国工业发展速度，是德国经济发展史上工业增长速度最快的时期。这期间，它的工农业劳动生产率都有明显高。在采矿和加工工业中，按每个就业人员计算的人均产品，1950—1973 年增长 3.15 倍，年增长率为 6.4%；在农业部门里，按每个农业就业人员计算的人均谷物收获量，1950—1973 年从 2.05 吨增加到 10.84 吨，增长 4.3 倍。同期，猪的人均存栏数从 2.37 头增至 10.47 头，增加了 3.4 倍，牛的人均存栏数从 2.22 头增至 7.35 头，增长了 2.3 倍。

这一时期联邦德国的经济发展速度在世界上也是比较突出的。50 年代它的工业发展速度，超过了美、英、法、意，仅次于日本；60 年代它的发展速度虽仍超过美、英，但已不及法、意，当然更落后于日本，但 50—60 年代合在一起，联邦德国的工业发展速度仍只低于日本，在发达国家中居于第二位。

随着经济的迅速增长，联邦德国人民的物质生活水平也有较大改善。据统计，1973 年共有 2340 万套住宅，平均每 2.5 人拥有一套平均面积为 88 平方米的住房，即绝大多数居民户都住房宽敞，人均居住面积在 30 平方米以上。其时，联邦德国按人口平均的国民收入为 4978 美元，相当于美国的 87.9%。在资本主义大国中仅次于美国而居第二。联邦德国还有一个世界上花费最大、设计得很周详的社会保障计划，1977—1978 年度全年社会福利金额总计达 3000 亿马克（约合 1250 亿美元），即平均每个居民享用社会福利金 2015 美元。人民消费水准较高，例如，人均啤酒消费量居世界之最，肉类和乳制品消费也达世界最高标准。人们生、老、病、死等方面基本上有了保障。

重新崛起的经济大国

随着工农业生产的迅速发展，经济实力不断增强，联邦德国在资本主义世界中的地位日益提高。1950 年它的国民生产总值只占资本主义世界的 4.2%，低于美、英、法而居第四位。到 1959 年和 1960 年，它先后超过了法国和英国，在 20 世纪中第三次跃为资本主义世界中第二经济大国。只是到 1968 年被日本赶上，才退居第三位。按人口平均计算的国民收入，1950 年为 418 美元，高于意大利和日本，在六个资本主义大国中居第四位；1960 年超过法国，随后又赶上英国，仅次于美国。70 年代中由于美元不断贬值，马克升值，按美元计，联邦德国的人均国民收入在 70 年代中后期已超过美国，在大国中雄踞首位。

工业生产，1948 年联邦德国只占资本主义世界的 3.6%，低于美、英、法。1950 年这一比重迅速上升到 6.3%，已赶上法国。50 年代中期又超过英国。有 10 多年时间，这一比重保持在 10% 以上，居资本主义世界的第二位。后来日本工业生产增长速度加快，到 1976 年超过联邦德国，后者才退居资本主义世界第三位。

对外贸易，1950 年联邦德国外贸总值在资本主义世界位居第五位，1953 年超过法国，1954 年超过加拿大，1962 年赶上英国，跃居第二位。其中出口贸易，1950 年居第五位，后来先后超过法、加、英，1960 年遂居资本主义世界第二位。其制造业产品出口甚至在 1970 年就已追上美国，而居世界之首。出口贸易的迅猛发展，使联邦德国从 1952 年就出现对外贸易的年年顺差。50 年代年平均顺差 22 亿马克，60 年代平均顺差为 87 亿马克，70 年代平均顺差更增加到 309 亿马克。这种状况在世界上是独一无二的。

经济和贸易的迅猛发展，使联邦德国的财政实力日益增强。1948 年它的黄金外汇储备只有 3 亿美元，在资本主义世界中所占比重只有 0.7%。到 1970 年，它的黄金外汇储备猛增到 124 亿美元，占资本主义世界的 15.2%，超过美国，跃居首位。其后联邦德国在这方面一直保持并增强其优势地位，是世界上财力储备最雄厚的国家。随着经济实力的增长，对外资本输出也逐年增加，到 1970 年已超过法国，次于美、英，居世界第三位。

从上述情况可见，联邦德国不仅已成为世界经济大国，而且在西欧是首屈一指的。早在欧洲经济共同体成立之时，联邦德国经济实力就已在六国中占据首位，到 1972 年，它的国内生产总值占六国共同体的 38.9%，1973 年占九国共同体的 32.2%，在共同体中举足轻重。

长期以来，联邦德国鉴于本身曾是战败国，德国统一问题尚待解决，受制并有求于美、苏、英、法四国（它们迄今仍在柏林驻军），因而在国际事务方面采取低姿态，素有"经济上的巨人，政治上的侏儒"之称，在外交上追随美国。后来，随着联邦德国经济实力的不断增强，国际政治格局由两极对抗向多极中心演变，联邦德国成为美苏两个超级大国实施全球战略的争夺焦点。双方都对它进行拉拢，就使联邦德国的国际地位更显重要。60 年代后期，它开始推行新"东方政策"，以独立自主的姿态开展国际外交活动，在美苏之间左右逢源，进一步提高了在国际事务中的地位和作用，从而摆脱了"政治上侏儒"的地位，开始以真正的经济和政治大国的面貌出现于国际舞台上。

经济复兴的重要因素和条件

联邦德国经济所以能迅速复兴，有其内部的和外部的、经济上的和政治上的、主观的、客观的、历史的和现实的多方面的因素和条件。综合概括起来，主要有以下几点：

第一，拥有相当坚实的国内物质基础和技术基础。战前，德国在资本主义世界中就是仅次于美国的第二经济大国。战争期间，德国的工业又有扩展。现今的联邦德国是战前德国垄断资本和工业生产最集中的地区。估计集中战前全国股份公司的 72.6%，股份资本的 79.8%。1936 年该地区工业产值占全德的 62.4%。

战争后期德国西部地区经济遭受严重破坏，但美英飞机轰炸的主要目标并不是工业企业，而是交通枢纽和城市住宅区。据粗略估算，整个西德地区由战争导致的工业生产能力的减缩只在 10% 左右。据 1957 年西柏林的德国经济研究所发表的关于 1924—1956 年西德地区工业固定资本价值的材料认为，战争期间的破坏和战后初期的拆迁所造成的西德地区工业固定资本损失，约为 1938 年的 30%。1938 年以后德国又进行巨额工业投资，因此 1948 年的西德地区工业固定资本大致上同 1938 年不相上下。这一巨大的工业设备和生产能力，为联邦德国工业恢复和发展奠定坚实的物质基础。

德国原有科技文化水平较高，工程技术力量雄厚，战后初期西部又从东部接纳了近千万难民，这些人中相当一部分是科技人才和青壮劳力，更加强了西部的科技、建设力量。这支由科学家、工程技术人员和廉价的熟练工人所组成的庞大建设大军，为联邦德国经济复兴提供了宝贵的技术和人力基础。

第二，制定和执行一整套比较合乎国情并行之有效的社会经济政策。以阿登纳和艾哈德为代表的联邦德国统治集团，选择社会市场经济理论作为国家经济复兴和建设的指导方针。他们根据群众当时的心理状态，标榜这是既区别于所谓"中央计划管理经济"，又不同于古典式"自由放任"经济，即既不是社会主义，又不是资本主义的"第三条道路"。他们鼓吹要建设一个保护竞争，保障"社会安定"，"以高度造福于大众为显著特点"的社会性的市场经济。实质上这是一种比较温和的资产阶级经济改良主义思想，它在坚定维护生产资料私有制的基础上，力图以"市场经济为主，国家调节为辅"的方式，来协调"个人自由、财富增长和社会安全"关系，把个人和社会集团的"自由和责任"统一起来，力求使不同社会阶层和社会集团在经济权力的占有和经济利益的分配上，尽量"公平"一些，以保证垄断资本统治的长治久安。他们从币制改革着手，强调保护"竞争"，鼓励物质"刺激"，放手让人们去从事生产，活跃市场，追求财富；但同时也建立"联邦卡特尔局"，颁布相应法规，以适当限制垄断经济发展。国家通过货币、信贷、贸易、关税、税收、投资等经济杠杆和一系列社会政策，以及其他措施，对国民经济的发展实行一定程度的有节制的干预，以保证生产和市场销售的有效竞争。

联邦德国政府以上述经济理论为指导，建立了一个稳定而持续的社会市场经济体制。它实行税收改革，以减税、免税为主要内容，鼓励人们奋发图强的创业精神；实行奖励投资、支持出口的政策，刺激人们扩大生产，促进固定资本更新，提高产品竞争能力；推行劳资共同决定制度，吸收工人参与企业管理，协调劳资关系，改善和提高企业经营和管理水平；大力加强科技研究和发展工作，采用先进技术，善于吸收和利用国外科技成果；重视智力投资，大力发展教育事业，不断提高人们的科学文化水平。

由于有一个长期的政治稳定局面，加上全国上下是一种"发愤图强"的"民族意志感"，各阶层人民的积极性都能集中到经济建设上来。在西方大国中，联邦德国的失业率算是最低的，工人罢工是最少而且是温和的。这就保证了上述政策措施得以贯彻实施，取得了物价稳定、充分就业、生产持续增长、外贸迅速扩展的成果，使经济复兴能较快实现。

第三，从美国取得适时的援助。联邦德国经济在恢复过程中，一度原料和资金十分缺乏，粮食和各种消费品供应严重不足。美国在战后最初三年对德20亿美元的援助，缓解了联邦德国这方面的危机。1947年下半年，美国制订了"马歇尔计划"，1948年到1951年，联邦德国依据"马歇尔计划"等共获得36.5亿美元援助，而根据"马歇尔计划"设立的"马克对等基金"即联邦德国工商企业偿还"马歇尔计划"的款项，可作为短期信贷再投资于本国，经济建设中。单该项基金的投资，到1956年即达100亿马克。因此，"马歇尔计划"及其"马克对等基金"，对于当时缺少外汇，急需资金和原料物质的联邦德国经济恢复和发展好比雪中送炭。所以，当时的联邦经济部长艾哈德把"马歇尔计划"称为联邦德国经济"复兴的第一个决定性动力"。联邦总理阿登纳则说："没有美国的援助，德国的复兴是不可能的。"

其后，从50年代中期起，美国私人资本大规模涌入联邦德国。1957年美国对联邦德国私人直接投资5.8亿美元，到1969年猛增到42.8亿美元，年平均增长率为18.1%，高于美国对其他国家直接投资的增长速度。几十亿美国资本对联邦德国工业加速现代化无疑起了促进作用。

第四，有一个适应经济复兴的国际环境。正当联邦德国经济刚刚恢复到战前最高工业生产水平之际，1950年6月爆发了朝鲜战争，这给联邦德国带来莫大的政治好处和经济好处。朝鲜战争加剧了美苏在欧洲的对抗。美国为了进一步调动西德的巨大潜力，加快了给新生的联邦德国在政治上和外交上参与国际事务的机会，迅速放宽以至取消对联邦德国的工业管制。朝鲜战争不仅加强了美国在欧洲的军事部署，为联邦德国提供巨大劳务创造条件，而且来自美国数以亿万计的军事物质和装备的订货，为联邦德国刚刚起飞的工业生产，尤其是钢铁业和机器制造业提供了源源不断的订货单。可以说朝鲜战争为联邦德国的工业起飞提供了无比的良机。美国政论家西奥多·怀特认为，"朝鲜战争唯独使德国人迅速、全面、无条件地得到了好处"。

50 年代，联邦德国先后加入欧洲煤钢共同体，欧洲经济共同体等国际组织，这不仅使它在政治上取得欧洲平等一员的伙伴地位，更重要的是为其商品开拓了一个没有贸易壁垒的极其广阔的国际市场。联邦德国对欧洲共同体其他 5 国的出口，1957 年时占其出口总额的 27.6%，1970 年增至 40.1%。在 60 年代初，联邦德国已排挤美国夺得对共同体国家和整个西欧商品出口的第一把交椅。对外贸易迅速扩张，为迅猛增长的工业生产解决了出路，反过来又进一步刺激生产发展。1950—1970 年，联邦德国工业生产对外依赖性大大加强，这 20 年间整个工业的国外销售额所占比重从 8.3% 增加到 19.3%。一些新兴关键工业部门对国外市场的依赖更大。例如，造船工业国外销售额由 19.9% 增至 36.2%，机械制造业从 20.3% 增至 35.5%，汽车制造业从 11.5% 增至 39.1%，化学工业从 12.3% 增至 31.1%，电气工业从 7.7% 增至 21.6%，其中办公器械和数据处理设备工业的国外销售额 1970 年达 46.6%，光学和精密机械工业也从 26.6% 增至 36.6%。这几个工业部门的国外销售额约占整个工业国外销售额的一半。所以，广阔而日益增长的出口贸易无疑是联邦德国经济复兴的支柱。同时，廉价而有保证的原油进口，不仅促进了石油加工业以及石油化工和塑料业的迅猛发展，而且为联邦德国节约了资金，降低了成本，提高了产品竞争力。

联邦德国长期军费负担极轻，工人工资较低，等等，无疑也有利于经济复兴和工业的迅猛起飞。

然而，联邦德国作为一个垄断资本占统治地位的资本主义国家，无法逃避地必然受资本主义基本经济规律的支配，也根本不可能解决资本主义固有的基本矛盾，即使在经济复兴的高速发展时期，也发生过周期性经济危机。随着内外条件的变化，随着经济增长而孕育产生的内外种种矛盾的发展，联邦德国经济发展的速度明显趋慢。在 70 年代，工业生产年平均增长率只有

2.7%，不及 50 年代的 1/5，不及 60 年代的 1/2。这种速度甚至在 19 世纪
50 年代以来的 100 多年德国经济发展史上也算相当低的了。而且自 1973 年
世界性能源危机和随即爆发的世界性经济危机袭击，联邦德国经济急转直
下，陷于空前严重的滞胀状态，迄今已有 10 年，尚未出现根本转机。显然，
联邦德国经济复兴的"奇迹"，只不过是资本主义发展历史总趋势中一段短
暂的良辰美景而已。

本文参考书目：

［1］　埃·哈特里奇：《第四帝国的崛起》，世界知识出版社 1982 年版。

［2］　复旦大学世经所：《战后西德经济》，上海人民出版社 1975 年版。

［3］　米切尔：《欧洲历史统计（1750—1970）》，伦敦 1975 年版。

［4］　《第二次世界大战后资本主义国家经济情况》（统计汇编），世界知识出版社
1962 年版。

［5］　《国际金融统计》。

［6］　《德意志联邦共和国统计年鉴》。

［7］　《阿登纳回忆录》。

法国的重建和戴高乐争取
大国地位的活动

朱明权

1944 年 8 月 19 日，巴黎人民举行英勇的反法西斯起义，经过几天浴血奋战，终于在 8 月 24 日解放了自己的城市。翌日，戴高乐回到巴黎。8 月 31 日，法兰西民族解放委员会，即临时政府从阿尔及尔迁回巴黎。随着国土的解放，法国的各种矛盾迅速激化，国家的重建和大国地位的恢复问题十分尖锐地提上了日程。

戴高乐重建法国的一些措施

解放后的法国满目疮痍。比起第一次世界大战来，第二次世界大战给法国造成了更为巨大的灾难。据法国战争破坏委员会的估计，在这次战争中，法国丧失了它所有财富的 45%。死亡人数达 635000 人，还有 585000 人因战争而残废。经济上亟待重建。

政治上，法国也面临着重建的问题。自贝当政府在 1940 年 6 月向德国投降以后，1875 年建立的法兰西第三共和国即已灭亡。在战争过程中，法国本土以及海外殖民地出现了形形色色的抵抗运动组织。以法共领导的游击队为核心的 50 万内地军，力量尤其强大。在战争取得胜利以后，法国需要建立一个有力和统一的政权，并重新确定自己的政治制度。

另外，解放后的法国需要重新恢复自己的大国地位。1940 年法国战败后，法国的国际地位一落千丈。在大战临近最后胜利之际，美英继续将法国排除在大国行列之外，不让它参与战后世界的安排和决定。这同法国资产阶级的利益显然是不相容的。

在这种形势下，作为资产阶教代表人物的戴高乐，为了重建法国的政治与经济，为了使法国重新获得已经失去的大国地位，采取了一系列措施。

戴高乐回到巴黎所做的第一件事，就是立即采取措施，排除一切平行的权力，确立自己的统治地位。当时，以法共为核心的全国抗战运动委员会试图将自己变成一个永久性的权力机构，成了戴高乐首先打击的目标。8月28日，他将20名游击队的主要负责人召集到一起，不顾其中一些人的强烈反对，宣布把内地军编入正规部队，解散现有内地军的指挥部和参谋部。戴高乐的这一决定，激起了游击队的反抗。法国东南部有11个解放委员会声称不接受戴高乐的命令。但法共总书记莫里斯·多列士强调"全国团结"和"统一行动"，要求法共拥护戴高乐的领导，提出法国"只能有一个政府、一支共和国军队和一支警察"的口号。这样，戴高乐不仅取得了对内地军的指挥权，解除了其他抵抗运动的武装，而且扼杀了一个"平行的权力"的萌芽。

为了扩大资产阶级专政的基础，进一步巩固自己的权力，戴高乐还采取了另外一些措施：首先，惩办法奸，将维希政权的首要分子送到军事法庭审判，贝当和赖伐尔等20余名法奸被判处死刑，14000多名维希官员受到惩处。其次，9月9日，戴高乐正式对刚迁回不久的临时政府进行改组，吸收了一些国内抵抗运动的领袖。10月14日，巴黎公布咨询议会名单，全国抵抗运动委员会被并入这一清谈机构。再次，为了巩固对全国的控制，挫败共产党人在外省夺取政权的可能性，戴高乐以整顿国内治安和制止无政府行为为名，不断派遣军政人员前往各地接管解放委员会的权力，镇压和消灭人民武装力量。9月14到11月6日，戴高乐还多次对各省进行了广泛视察。可以说，到11月底，戴高乐已经巩固了他所代表的资产阶级权力。

与此同时，戴高乐也未忽视经济问题。他认识到，如果法国的财政陷于破产，经济陷于崩溃，法国的秩序就不堪设想，资产阶级的统治基础也会遭到严重削弱。为了改善当时的经济状况，促进法国的复兴，戴高乐采取了一系列措施。首先，从1944年12月起，戴高乐对煤气、电力等能源工业、银行和各种信贷机构实行国有化政策，没收了雷诺汽车公司、法国染料公司以及国营报业公司等。国有化公司包括法国煤矿公司、法国电力公司、法国煤气公司、法国航空公司、法国大西洋航空公司等企业，使资产阶级国家掌握了恢复国民经济的前提，戴高乐还实行了一项社会政策，安置回国的战俘和难民250万人，规定向所有雇佣劳动者提供自动保险及家庭补贴，保证佃农的租佃权。1945年2月22日，戴高乐下令成立"企业委员会"，以促使资方与工人的联合。很明显，这种社会保险政策和劳资合作政策是为了缓和劳动人民的不满情绪和阶级矛盾，从而加速经济的恢复。1945 年 6—8 月，在戴高乐的支持下，当时的财政部长和国民经济部长普利文推行了一项清理计划，颁布了由国家征收"团结税"和限制物价的法令。1946 年初，在让·莫内领导下的一个委员会制订了一个计划，对煤炭、电力、钢铁、水泥、运输和农机部门实行计划调节，以推动经济恢复，并以新技术装备上述基础工业。另外，在强调法美平等关系的前提下，戴高乐还设法取得美国的经济援助。1945 年 2 月 28 日，法美签订了一个租借协定。根据其中规定，美国向法国供应 16.75 亿美元的原料和粮食、9 亿美元的工业设备和 10 亿美元的商品。法国是马歇尔计划的受惠国之一，这也是其经济复兴的原因之一。

由于这些内外因素的作用，在一个短暂的时间里，似乎法国这个"病人已经有了起色"，通货膨胀的速度放慢，生产有所恢复。1947 年法国工业增长率为 13.4%，1948 年为 18%，已恢复到战前 1938 年水平，1951 年已超过战前水平。

争取大国地位的斗争

戴高乐的活动主要集中在法国大国地位的恢复上。

法国解放之后，还远远不能和美苏平起平坐。1944 年 9—10 月，美苏英中为筹建联合国召开了敦巴顿橡树园会议，却未邀请法国参加。该会议决定，联合国安理会常任理事国将由四"大国"组成，法国再次被排斥在外。在伦敦的欧洲委员会中，美苏英的代表继续在没有法国参加的情况下讨论着有关欧洲、特别是有关德国的问题。1944 年 9 月，罗斯福和丘吉尔在魁北克举行了会谈，10 月，丘吉尔和斯大林在莫斯科进行了会谈。对于他们之间的协议，法国一无所知。尤其使戴高乐不能容忍的是，直到 10 月底，即在他凯旋巴黎两个月之后，美英才承认他的政权。在戴高乐看来，这种坚持排斥法国的状况是不正常的，不仅需要改变，而且也是可以改变的。

戴高乐认为，为了使法国的复兴成为可能，必须消除来自德国的威胁，必须对它实行肢解和非中央集权化。同时，戴高乐感到，美国是阻挠法国加入大国俱乐部的主要力量。因此，他为恢复法国大国地位所作的最初努力，就是密切法国和英国、苏联的关系，争取它们的支持。

戴高乐首先向丘吉尔发出访问法国的邀请。1944 年 11 月 10 日，英国首相到达巴黎。会谈中，戴高乐竭力主张，在未来重大国际问题的处理上，英法应采取一致行动，以便建立起一种否决力量，限制华盛顿和莫斯科的行动。然而丘吉尔的态度令人失望。一方面，为了保持均势，维持传统和安全，他表示愿意帮助法国，甚至准备同法国缔结正式的同盟条约。另一方面，丘吉尔不同意与法国共同行动，以对付莫斯科和华盛顿。对于法国在德国问题上的具体要求，他也敷衍搪塞，含糊其辞。事后，戴高乐说，丘吉尔的态度表明，他参加了一种不许法国插手的游戏，对法国采取了一种为他人所要求的保留态度。

丘吉尔访问法国的唯一实际效果是，11 月 14 日，苏美英三国正式向法国政府发出派遣常任代表参加伦敦欧洲委员会的邀请，他将与其他三国的代表享有完全的平等权利。

在丘吉尔访法之后，戴高乐立即把眼光转向东方。为了表明法国在国际关系中有完全的行动自由，并非必须总得同盎格鲁—撒克逊国家对话，为了争取苏联对法国的支持，戴高乐作出愿意访问苏联的姿态。苏联为了扩大戴高乐与英美之间的矛盾，加强自己同美英抗衡的力量，积极地安排了这一访问。

1944 年 12 月 2 日，戴高乐到达莫斯科。在同斯大林会谈中，他着重指出德国的野心给法苏造成的灾难，建议两国通过直接协商共同提出处置德国的初步方案。然而斯大林并不肯对此给予明确许诺，而是一再强调同美英进行磋商的必要性。因此，戴高乐的访苏之行并未达到他预期的目标。在斯大林的建议下，经过双方艰苦的谈判，12 月 10 日，两国缔结了为期 20 年的互助同盟条约。这无疑使戴高乐感到一定的满足。12 月 21 日，他在法国咨询议会中颇为得意地宣称，事态的进展逐渐使人承认，没有法国的参加就不能处理世界事务。

就在戴高乐访苏后不久，他被迫又一次为法国的大国地位而斗争。

1945 年 1 月初，英美报纸透露，"三巨头"不久将在雅尔塔举行会晤以决定战败德国的处理及其他战后安排问题。英国和苏联的半官方渠道很快证实了这一消息。这使戴高乐强烈不满。1 月 15 日，他向美苏英三国发出备忘录，提醒他们注意法国在反法西斯战争中作出的"越来越大的贡献"，要求参加"三巨头"即将举行的会议，并宣布："如果没有法国的参加就作出直接或间接关系到法国的政治或经济事务的某些规定，法兰西共和国临时政府当然不受这些没有它参加而作出的决定的约束。因此，这些决定是无效的。"当"三巨头"不顾法国的要求而在雅尔塔开会时，戴高乐公开发表广播演说，以更加激烈的语气重申上述主张。

戴高乐的坚决态度使得"三巨头"不得不在一定程度上考虑法国的利益和要求。根据 2 月 12 日发布的会议公报，法国被邀请同美英苏一起参加对德国的占领和管制。三国首脑也表示希望法国共同承担会议通过的《关于被解放的欧洲的宣言》中所载明的义务，并与美苏英中一起作为发起召开联合国成立大会的国家，后面一点实质上意味着法国也将成为联合国安理会的常任理事国。尽管如此，仍然不能平息戴高乐的愤懑。他迅速获得一个机会对罗斯福进行回击。

在雅尔塔会议公报发表的当天下午，罗斯福给戴高乐打了一份电报，表示希望在回国途中同戴高乐在阿尔及尔进行会晤。戴高乐认为，在雅尔塔会议刚刚结束之后自己到法兰西帝国的领土上去拜访美国总统，不仅会使人以为法国承认了雅尔塔的全部协定，而且是对法国的侮辱，因此断然拒绝罗斯福的邀请。戴高乐的这一举动使得罗斯福愤愤不已。

随着欧洲战场胜利的临近，在涉及欧洲本土和海外殖民地的一连串问题上，法国同美英的实际利益的冲突尖锐起来。为了捍卫资产阶级的法国的利益，戴高乐尽己所能地同美英进行了斗争。

戴高乐将确保法兰西帝国的遗产同法国大国地位的恢复直接联系起来。他认为，"法国，如果和它的海外领地联合起来的话，是一个大国，可是，如果没有这些领地，它将处于不再是一个大国的危险之中"。为此，尽管戴高乐也看到已经很难原封不动地继承旧的殖民主义制度，却决心维持法国对原有殖民地的控制。法国的态度既然如此，而美英又力图排挤法国的势力，这就使得它们在这一问题上的矛盾迅速激化，并在黎巴嫩和叙利亚首先爆发。

第一次世界大战结束后，黎巴嫩和叙利亚成了法国委任统治地。1941 年 6 月，英军会同自由法国的军队开进这两个地区，驱逐维希势力。在自由法国运动的虚假同意下，9 月和 11 月，叙利亚和黎巴嫩先后宣布独立。实际上，它们仍在法国势力的控制之下。怀着称霸东方野心的英国依仗自己的优势力量，阴谋利用当地的民族主义运动，取法国的地位而代之。在战争的结局已经明朗化的形势下，英国加紧了活动。

1945 年 1 月，叙利亚和黎巴嫩政府要求法国兑现诺言，给予两国真正的独立。戴高乐表面上不予拒绝，却狡黠地采取了迂回手法，要求它们在政治、军事和文化领域作出某些特殊的让步。法国的行为理所当然地激起叙、黎人民的义愤。5月初，这两个地区爆发了普遍的反帝示威游行。法国增派军队对示威群众进行大规模武装镇压。5月29—30日，法国空军对大马士革和其他城市狂轰滥炸，居民死伤数千人。

英国乘机进行干涉。5月30日晚上，丘吉尔通知法国驻英大使，要求法国停火，并声称，如果战斗继续下去，英国军队不能置之不理。次日，丘吉尔又致电戴高乐，宣布他已命令英国驻东方战场最高司令出兵进行干预，要求戴高乐命令法军立即退回原驻地，以免两国军队发生冲突。电报还说，一俟停火实现、秩序恢复，法国即应同英美在伦敦进行三方会谈。在法国看来，这无异于一份最后通牒。并且，美国也不失时机地插了进来。6月1日，杜鲁门致函戴高乐，要他设法恢复中东的安宁并寻求和平解决办法。

对于英美的干涉，戴高乐公开表示了谴责。鉴于当时法国的军事行动已经达到预期的目的，法国无法同时应付叙、黎两国的起义者以及英国军队，更何况在约翰牛的背后还站着山姆大叔，因此戴高乐作了让步，命令驻中东的法军"非万不得已不再进行战斗"。但是，他坚决拒绝英国所谓"东方战场最高司令"对法军的指挥以及丘吉尔关于举行三国会谈的建议。6月4日，戴高乐在接见英国大使时，再次指责英国对法国的侮辱和背叛。

法国与英美在西亚发生冲突的同时，它们在欧洲也进行了对抗，斗争焦点之一是关于注意在阿尔卑斯山的边界问题。法国力主以山脊为界，据此要求将意大利在法国一侧山口附近所占的一些被包地重新划归法国。它还对从前属于萨伏依省的坦特和拉布利亚两个县以及温蒂米勒提出了要求。1945年5月2日德意法西斯军队在意大利投降后，法军很快占领上述地区。

这种做法遭到美英的坚决反对。美国政府向巴黎提出法军撤回到1939年边界的要求。驻意大利的英军按照丘吉尔的命令开到坦特、拉布利亚和温蒂米勒。6月7日，杜鲁门在给戴高乐的电报中威胁说，如果美国的要求不能得到满足，他将不得不停止向法国军队供应装备和弹药。

戴高乐认为，这一事件既是由于美国人的霸权作风，也是由于英国人的怂恿。他对此自然十分愤慨。然而考虑到英国军队在叙利亚的压力，戴高乐决定和缓法美关系，向杜鲁门发出由法军和盟军的代表进行会谈的建议。他抓紧时间造成既成事实：那些原属意大利的被包地，被划给最邻近的法国村庄；在坦特等地选出来属法国的市政机构。最后，法国基本上得到了它原来想占有的那些地区。

在德国问题上，法国与美英也发生了对抗。在对德作战的最后阶段，美国除了将北海沿岸留给英国军队外，让自己的军队承担了几乎所有的军事行动，而法国军队则被限制在莱茵河左岸。戴高乐意识到，各个盟军在德国领土上所采取的各种军事行动，它们的目标、方向和战区界线，都会逐渐造成既成事实，影响到停战以后的情况。为此，戴高乐决心在这一关键时刻尽力扩大法国军队的活动范围和占领区域，而决不接受美国的抑制。

1945 年 3 月 29 日，戴高乐指示法军第一军司令拉特尔将军，即使美国人不同意，也一定要跨过莱茵河。他特别强调"这是一个具有国家最高利益的问题"。法军在 4 月 4 日成功地到达了莱茵河右岸。4 月 20 日，抢在美英军队之前占领符腾堡的首府斯图加特。戴高乐认为，斯图加特不仅是法军向多瑙河、巴伐利亚和奥地利推进的大门，而且对它的占领也是推行法国的占领区计划的一项重要保证。

美国断然拒绝承认法军行动的合法性。4 月 23 日，盟军集团军司令德维尔将军向拉特尔将军提出，斯图亚特是美国第 7 军的中枢，并不属于法国人的战区。第二天，他正式命令法军撤出该城。欧洲战场盟军总司令艾森豪威尔攻击戴高乐给法军第一军的指示违背法美两国间的协定。杜鲁门在 5 月 2 日的电报中警告戴高乐：不要使问题发展到危险的地步。戴高乐的态度十分坚决。他指示拉特尔说，在各有关政府达成协议划定法国占领区之前，拒绝撤出法军所占领的一切地区。在 5 月 4 日给杜鲁门的回电中戴高乐更是针锋相对地提出：摩擦的根源在于盟国未就占领德国这一与法国密切相关的问题同他进行磋商。法国军队继续留在斯图加特。

1945 年 5 月 8 日，法西斯德国战败投降，欧洲战争结束。在戴高乐的强烈要求下，法国代表同 3 大盟国的代表一起在德国无条件投降书上签字。不久，伦敦欧洲委员会按照戴高乐的指定，划定法国占领区。戴高乐对这一些自然感到很满意。但是，"三巨头"在 7 月召开的波茨坦会议又将法国剔除在外，从而又一次否认法国的大国地位。正是在这样的形势下，杜鲁门再次邀请戴高乐访美，想以此举消除戴高乐因为被排除在雅尔塔会议和波茨坦会议之外所造成的不快，改善同法国的关系，在美苏矛盾日益发展的形势下拉拢法国。

8 月 22 口，戴高乐到达美国。在同杜鲁门的多次会谈中，戴高乐直截了当地发泄对雅尔塔会议及波茨坦会议的不满，表示了对德国威胁的担心，并且指责英国在东地中海的干涉以及美国对英国的支持。杜鲁门则强调,不应夸大德国的危险性,在今后的世界上,所谓自由世界与苏维埃世界的竞争将压倒一切。正是从这样一个前提出发,杜鲁门对戴高乐的要求——结束集权的德国,莱茵河左岸自治,鲁尔矿区实行国际管制——采取了保留的态度,坚决主张在物质方面不能对德国过于限制。

杜鲁门和戴高乐的分歧暴露了美法因为不同的利益而在国际事务中采取的不同立场。作为这次访问的具体结果,戴高乐同意美国暂时使用太平洋上法属新喀里多尼亚岛的努美阿港为海军基地,杜鲁门许诺不反对法国重返印度支那。戴高乐的这一访问,确实在一定程度上提高了法国的国际地位。

戴高乐还有着一个更为雄心勃勃的计划。他相信,德国的垮台、英国的削弱、美苏的抗衡,给法国提供了大踏步前进的机会,使法国有可能执行一项“庞大计划”。其主要内容之一是:“从政治、经济和战略观点出发,把靠近莱茵河、阿尔卑斯山和比利牛斯山的国家联系起来,使这个组织成为世界三大势力之一,在必要时,使它成为苏联和盎格鲁—撒克逊两大阵营之间的仲裁者。”1945 年 10 月 11 日,他在访问布鲁塞尔时说,希望有一天欧洲的所有国家都联合起来,目前则首先应该组织一个以莱茵河、英吉利海峡和地中海为动脉的西欧集体组织。回到巴黎后,戴高乐在一次次记者招待会上阐述了自己的主张。这一计划的实质显然是要在美英和苏联之间建立起以法国为领导的第三势力。对这一点,戴高乐本人直言不讳。他在 11 月 23 日的制宪会议上阐述新临时政府的对外政策时说:“我国在欧、亚,非三大洲的地位,使它同时面向东方和西方;它能够而且愿意做一个纽带,而无论如何不能而且不愿意被人利用为赌注。”为了这一计划的实现,戴高乐进行了一些活动。但是从当时法国国内状况及国际形势看,戴高乐的计划是不现实的,缺乏必要的基础。

戴高乐下台和第四共和国建立

在重建法国和争取恢复法国的大国地位的活动中,戴高乐取得一定的成就。然而,他的政策在国内外都招致了不满。各种反对力量的结合,迫使戴高乐很快辞职下台。

首先,戴高乐的具有强烈的民族主义倾向的外交方针,越来越使美国感到不安。它决不允许法国脱离自己的战略轨道。为此,美国不断地向法国施加压力，迟迟不提供已经答应的贷款，中断为法国所急需的煤的供应，为法国战后经济的恢复制造各种障碍。这一做法确实产生了效果。它不仅使法国本已十分严重的经济状况更趋恶化，而且造成法国相当一部分资产阶级同戴高乐的对立。他们指望通过依赖美国的援助来巩固自己在经济和政治上的统治地位。他们认为，法国迫切需要的是经济援助，是生存保护，而不是什么大国地位。

其次，在国家制度问题上，戴高乐同国内各个政治集团进行了激烈的斗争。这一斗争从根本上破坏了战后初期戴高乐统治的基石。戴高乐反对政党政治制度，认为党派斗争势必导致政权软弱无能。他主张建立总统制资产阶级共和国，即总统有权任命内阁和决定重大政策，并在议会和内阁间进行仲裁。然而，各党派都反对建立总统制，虽然它们各自的立场有所差别：激进派和温和派主张恢复1875年宪法，共产党、社会党和基督教民主党三大党则要求建立一个唯一的和拥有最高权力的议会。

随着戴高乐与各党派之间斗争的加剧，为了彻底击溃建立政党政治制度的企图，1945年6月2日，戴高乐在记者招待会上公开表示主张举行公民投票以决定国家的政治制度。尽管各党派的反对，在戴高乐的压力下，8月17日，内阁会议通过全民表决和选举相结合的法令。在10月21日的公民投票中，95%以上的选民拒绝恢复第三共和国。这样，同时选出的制宪议会就有权寻求新的政权形式。在这一议会中，共产党是第一大党。

制宪议会于11月6日开幕，经过一个星期的艰苦谈判，戴高乐被选为总理。他着手改组政府，但遇到抵制，直到12月21日才勉强凑成一个班子。此后戴高乐在政府内常常居于少数，他的政策在议会里往往不能得到支持。戴高乐还知道，制宪议会委托的起草委员会准备提出的宪法草案，同他的希望恰恰相反。根据这个草案，政府只不过是执行议会决议的工具，总理由议会选出，而且只有在他的意图和纲领得到议会的认可之后才可以组阁，共和国的总统不过是个虚位。戴高乐感到，只要存在这样一种政治制度，他的理想就无法实现，甚至没有人会支持他的理想。因此，他决定以退为进，1946年1月20日，正式宣布辞职的决定。戴高乐相信，"等到时机来临，我会重新出来拯救国家——或者由我本人亲自出马，或者由别人按照我留下的范例去行事"。

戴高乐辞职后，社会党人古安继任临时政府首脑。因为社会党和人民共和党的不满，第一届制宪议会提出的一院制议会的宪法草案，在1946年

5月5日的公民投票中遭到否决。6月2日举行了新的制宪会议选举。由于美国在暗中支持，选举结果，人民共和党从上届制宪议会中的第三位一跃而为议会第一大党，以该党党魁皮杜尔为首组成内阁。9月29日和10月13日，新宪法分别在制宪会议及公民复决中获得通过，这就是法兰西第四共和国宪法。11月10日，根据新宪法选出第一届国民议会，法共在议会中又成为第一大党。此后，为争夺总理和总统的职位法国各个政党进行了激烈斗争。最后，勃鲁姆组成清一色的社会党"看守"内阁，另一社会党人奥里奥尔当选为法兰西第四共和国第一任总统。在勃鲁姆以健康原因辞去总理职务后，1947年1月22日，社会党人拉马迪埃组成联合政府，其成员包括不少渴望美援的法国垄断组织的代表。

戴高乐辞职后，法兰西第四共和国推行了向美国靠拢的政策，法国在经济上加深了对美国的依赖。古安担任临时政府首脑不久，就派社会党领袖勃鲁姆为特使，前往美国求援。1946年5月28日，法美在华盛顿签订经济和财政协定。根据这一协定，美国除了恢复对法国用煤的供应外，并通过进出口银行向法国新贷款6.5亿美元。协定还规定由美国提供7.2亿美元，作为偿付购买美国剩余物资以及战争结束后美国对法国所提供的商品的资金，其中包括租借物资。这是美国为控制法国而采取的一个重要步骤。1947年3月，美国认可法国对萨尔的要求，同意优先并且大量地向法国提供鲁尔的煤。4月19日，美英法三国外长乘在莫斯科开会之机达成一项关于德国产煤的分配协议，供应法国的份额从12%增加到21%。5月7日，法国从国际复兴开发银行获得2.5亿美元的贷款。在法国经济社会状况继续恶化的形势下，法国统治集团饮鸩止渴，指望从美国获得更多的"援助"。

当然，美国的每一个美元都不会是白给的。连拉马迪埃都承认，任何一笔贷款的给予都取决于政治现实。在美国的经济压力之下，到1947年，法国的对外政策明显地倒向美国。在4月的莫斯科外长会议上，法国对苏态度的变化，被美国看成是"会议最突出和最光辉的一项成就"。5月4日，法国统治集团把共产党人赶出内阁。在11—12月的伦敦四国外长会议期间，在美英与苏联为德国问题发生严重对峙的情况下，法国坚定地支持美国。12月16日，即会议结束的前一天，皮杜尔在记者招待会上公然宣称，法国可能要把法占区并入双占区。1948年上半年，美国不顾苏联的抗议与反对，纠集英、法、比、荷、卢在伦敦举行六国会议，讨论德国问题。法国在很大程度上放弃原来对德国问题的立场，实行妥协。

　　第四共和国的宪法及其依附美国的对外政策，多次受到已经下台的戴高乐的猛烈抨击。1947年4月7日他在斯特拉斯堡向4万听众发表了一次重要的讲演，其中谈道：当前的世界与过去几个世纪的情况完全不同。在今天的星球上，有两个庞然大物，它们怀着两股强烈的敌意，走上了扩张的道路。在这种形势下，保存自己的独立，对于法兰西来说，就成了迫在眉睫的问题。戴高乐还具体规定了法国面临的任务：首先是消除德国对法国的威胁，其次是重建欧洲成为美苏两个庞然大物之间的平衡因素，再次是尽力为国际合作及其新生机构作出贡献，最后是保持西方的传统信念和作用。戴高乐号召在全国范围里掀起一个民族联盟运动。

　　在戴高乐发表讲演后的几天，即4月14日，戴高乐领导下的"法兰西人民联盟"正式成立。联盟的宣言说："现存的制度，即由顽固的和相敌视的政党瓜分权力的制度，必须为另一种制度所取代，在这种制度下，行政权力将由国家授予而不受政党所操纵，所有不能解决的冲突将由人民自己来解决。"为了扩大联盟的组织和影响，为了重返法国的政府舞台，戴高乐在第四共和国初期多次发表讲演和谈话，广泛宣传自己的政治主张。由于当时美苏冷战开始激化，而德国又是双方斗争的焦点，所以戴高乐在坚持反对美国控制这一立场的同时，指责苏联正在玩弄"霸权的把戏"，鼓吹建立西欧集团与此相对抗。为了实现这个目标，他一方面承认西欧的努力要与美国的相配合，另一方面改变了原来的态度，接受德意志联邦共和国这一现实，并开始赋予法德和解以极大的重要性，把它看成建立第三种力量的重要条件。

本文参考书目：

［1］　戴高乐：《战争回忆录》第3卷，世界知识出版社1981年版。

［2］　布赖恩·克罗泽：《戴高乐传》，商务印书馆1978年版。

［3］　让—巴蒂斯特·迪罗塞尔：《法国和美国，从开始到今天》（Jeau-Baptiste Duroselle：La France et les Etats-unis, des Origines a nes jours），巴黎1976年版。

［4］　盖伊·戴·卡迈：《法国的外交政策，1944—1968》（Guy de Carmay：The Foreign Policies of France），芝加哥1970年版。

［5］　《战后世界历史长编》第2分册，上海人民出版社1976年版。

法兰西第五共和国的建立

吕一民

　　1958 年 5 月，当法国陷入因旷日持久的阿尔及利亚殖民战争而触发的严重危机，面临着军事叛乱和内战威胁的紧急关头，隐退 12 年之久的夏尔·戴高乐东山再起，担任法兰西第四共和国的末任总理。戴高乐上台伊始，即着手埋葬第四共和国，建立法兰西第五共和国。

第四共和国的危机

　　第五共和国的建立是第四共和国日趋没落的必然结果。第四共和国历届政府连年进行殖民战争，追随美国扩军备战，不仅使法国财政经济情况日趋恶化，而且国际地位日益下降。1948 年，法国接受美国的马歇尔计划。次年参加北大西洋公约组织，把自己牢牢地拴在美国的战车上，经济上极大地依赖美国，政治上唯美国马首是瞻，追随美国的侵略政策和战争政策。为了对付殖民地国内风起云涌的民族解放运动，维护其殖民体系，法国在 1946 年开始了反对越南人民的"肮脏战争"。1954 年，又发动一场镇压阿尔及利亚民族解放运动的殖民战争。1956 年，伙同英国和以色列发动了因苏伊士运河事件而导致侵略埃及的战争。连年的殖民战争不但未能扑灭民族解放运动的熊熊烈火，反而给法国带来了接连的失败和严重的危机。摩洛哥和突尼斯于 1956 年相继宣告独立。由于过分依赖美国，法美之间的矛盾也有所加深，法国的国际地位每况愈下。加剧了法国国内的各种矛盾，财政日益枯竭，经济经常处于衰弱和不稳的状态。印度支那战争使法国死伤 20 万人，耗资达 3 万亿法郎；特别是旷日持久的阿尔及利亚战争使法国投入了大量的军事力量，每年要花费 7000 多亿法郎，1955—1959 年耗资达 83 亿美元，大量的国家军事订货，使法国经济表现出这样一种不正常的趋势：一方面是工业生产指数继续上升；另一方面是财政赤字增大，外汇储备减少，物价飞涨，法郎贬值。广大人民群众对第四共和国的失望和不满情绪日益加剧。大规模的罢工，要求停止阿尔及利亚战争的群众集会和游行示威时常发生。第四共和国已处于困境之中。

1946 年成立的第四共和国基本上承袭了第三共和国的资产阶级议会制。议会由名目繁多、代表着不同政治势力和阶级利益的议会党团组成。没有任何一个政党能单独掌握议会多数，左右局势。政府往往由几个政见不同、利益各异的政党临时拼凑而成。因而，政府危机频起，导致政局长期处于动荡之中。在戴高乐重新执政之前，第四共和国先后更换了 20 届政府，每届政府的平均寿命仅半年，其中最短命的罗贝尔·舒曼内阁只有两天。这种局面已经不能适应法国垄断资产阶级的政治经济利益和要求。第二次世界大战后，随着法国垄断程度不断提高，垄断资产阶级愈来愈需要一个强有力的政权，保证其统治地位的稳固和内外政策的连续性，以适应增强经济实力，更好地对付殖民地声势浩久的民族解放运动，提高法国的国际地位。这些实非第四共和国体制所能胜任。改革政治体制已成为当时的客观需要。

"5·13"事件与戴高乐准备东山再起

1958 年 5 月 13 日发生在阿尔及尔的"5·13"叛乱事件敲响了第四共和国的丧钟。阿尔及利亚自沦为法国殖民地以来，一直被视为法国本土的延伸，与法国本上有着密切联系。在阿尔及利亚居住着大批的法国移民，法国在阿尔及利亚有着巨大的殖民利益。阿尔及利亚所处的战略地位极其重要。1956 年在撒哈拉发现储量丰富的石油和天然气，使法国垄断资本集团特别是石油集团垂涎欲滴。然而，由于阿尔及利亚人民在民族解放运动中英勇不屈，顽强奋战，法国在这场旷日持久的殖民战争的泥潭中越陷越深，使法国垄断资产阶级统治集团内部在阿尔及利亚问题上存在严重分裂，矛盾日趋尖锐。

阿尔及利亚战争成为第四共和国后期政治危机的根源。1954 年 11 月到 1958 年 4 月，短短几年内有 6 届内阁先后因阿尔及利亚问题倒台。1958 年 4 月 15 日，费利克斯·盖伊河内阁又由于萨基埃特事件①被推翻，开始了延续

---

① 萨基埃特是临近阿尔及利亚边界的一个突尼斯村庄。1958 年 2 月 8 日，法国空军为镇压阿尔及利亚民族解放阵线在边界地区的活动，轰炸该村，造成巨大伤亡。突尼斯总统向联合国提出控诉，法国被迫接受英美的"调停"。

4周之久的内阁危机。在这期间，乔治·皮杜尔和勒内·普列文试图组阁，均告失败。5月8日，共和国总统勒内·科蒂召请人民共和党领袖皮埃尔·弗林姆兰组阁。弗林姆兰被认为是阿尔及利亚自由政策的拥护者，他主张所谓以实力求和平的阿尔及利亚政策，即首先加强对阿尔及利亚民族解放运动的军事镇压，提高法国的实力地位，然后选择有利时机与之进行谈判，从而取得"肯定法国的胜利"的和平。坚决主张"法国的阿尔及利亚"，强烈反对任何和谈的阿尔及利亚殖民集团和法国驻阿尔及利亚军队中的极端殖民主义分子，把弗林姆兰的这一政策斥为"放弃政策"。前驻阿尔及尔部长罗贝尔·拉科斯特公开地表示担心法国正在向外交上的另一个奠边府进军。驻阿尔及利亚部队总司令拉乌尔·萨朗打电报向巴黎的国防部总参谋长保罗·埃利将军报告军队以叛乱反对谈判的可能性，表明了军队已经起来反对政府。因此，议会讨论授权弗林姆兰组阁便成为"5·13"事件的导火线。

　　5月13日下午，正当巴黎的国民议会进行辩论，决定是否授权弗林姆兰组阁时，阿尔及尔10万人游行示威，总督府大楼被袭击和占领。叛乱者成立了以伞兵司令雅克·马絮将军为首的"公共安全委员会"，全面负责行政和军事。同日，另一位头目萨朗将军起草了一份致总参谋长埃利将军请转科蒂总统的电报。要求法国成立"坚决捍卫"法国在阿利益的"救国政府"。电文中写道："现在我们面临着威胁民族团结的严重混乱局面，不冒流血危险，这种局面恐难结束。在这种情况下，负责的军事当局认为：迫切需要呼吁一位能主持全国大局的人出来组成一个可使阿尔及利亚公众舆论安心的公共安全政府，由这位最高权威人士发出和平的呼吁，重申使阿尔及利亚归属法国的坚定决心，只有这样才能挽回局势。"翌日凌晨5时，马絮将军公开呼吁戴高乐打破沉默出面组织一个公共安全政府，把阿尔及利亚从外交上的奠边府惨败局面中拯救出来。

　　这一切对在科隆贝隐退多年的戴高乐来说，无疑是一个盼望已久的机会。事实上，"5·13"事件是由多种政治势力包括戴高乐分子在内参与并经过长期精心策划的一场针对第四共和国的军事政变。除殖民主义集团的极端分子、驻阿尔及利亚军队的将军和通称为"黑脚"（pieds—noirs）的欧洲移民外，另一部分人则是戴高乐于1947年建立、而后在1953年解散的法兰西人民联盟的旧部。这一部分人在阿尔及利亚的人数不多，但能量颇大，极力想利用政府困境促成戴高乐东山再起。他们在"5·13"事件前后推波助澜，通过说服或计谋使其他各派接受让戴高乐上台的主张。戴高乐虽未直接参与其事，但绝非如他自己在《希望回忆录》中所表白的那样"丝毫没有关联"，而是与闻其事的。他与在事件中起重要作用的莱昂·德尔贝克的联系就是例证。德尔贝克从 1957 年 12 月到 1958 年 5 月往返巴黎与阿尔及尔之间多达 27 次。当德尔贝克向戴高乐报告，无论在阿尔及利亚及法国本土，无论在穆斯林、移民以及军队中，公众的情绪现在都赞成将军再度出山时，戴高乐向他暗示，一旦召唤到来，他将起来响应。这无异向德尔贝克交底。"5·13"事件时，另一戴高乐派要员、前驻阿尔及利亚总督雅克·苏斯戴尔也秘密前往阿尔及利亚进行拥戴活动。实际上，面对微妙复杂的形势，戴高乐早已作好再度出山的准备。他施展种种政治手腕，笼络诸方，争取公众舆论，排除阻力，以图合法上台。5 月 15 日上午 10 时，当萨朗将军在德尔贝克鼓动下，在阿尔及尔喊出"戴高乐万岁"的口号之后 4 小时，戴高乐终于打破多年的缄默，向报界散发了一个简短的声明：

"国家的衰落不可避免地使得同法国联合的各族人民疏远起来，使得战斗中的军队发生动乱，使得全国分崩离析，并导致丧失独立。

法国 12 年来纠缠于党派政权所解决不了的问题中，它已经被卷进这个灾难性的过程。

过去，法国在深渊中曾经信任我领导全国获得拯救。

今天，当法国再度面临考验时，但愿全国知道，我已准备好担负起共和国的权力。"

为了清除某些人的不安和疑虑，安定人心，争取多数政党支持，5 月 19 日，戴高乐举行记者招待会，否认支持阿尔及利亚叛乱，表白自己无意"侵害公共自由"，回顾自己过去执政时的政绩，重申自己准备执掌共和国的权力。5 月 24 日，一支从阿尔及利亚出发的伞兵部队未发一枪一弹就在科西嘉岛安然登陆，公共安全委员会在阿雅克修和巴斯提亚掌握了政权，由马赛派驻科西嘉岛恢复秩序的宪兵队被解除武装。据内政部估计，这种入侵将在 5 月 27 日、28 日夜间在巴黎或其他地方发生。事态加快了戴高乐争取上台的进程。5 月 26 日深夜，他约请弗林姆兰总理在圣克卢故宫主管人费利克斯·布律诺的家里进行秘密会晤。翌日，他在新的公开声明中宣布："我已经开始了为建立一个能够确保国家统一和独立的共和政府所必需的正常程序。"5 月 29 日，科蒂总统向议会两院发出咨文，提醒内战威胁的存在，并向"那位法国最杰出的人士，那位在我国历史上最黑暗的年代里曾领导我们争取自由，而且在把全国团结在他的周围之后毅然拒绝独裁政权而建立了共和国的那位人士"即戴高乐发出呼吁。同时宣布如果议会同意这一提议的话，他本人将辞去总统职务。这是 1946 年以来共和国总统对全国政治大事进行积极干预的仅有的一次。此举排除了戴高乐上台的最后障碍。爱丽舍宫通过电话把总统咨文内容告诉戴高乐，戴高乐同意应召。晚上 7 点半左右，戴高乐来到爱丽舍宫，在总统办公室里和科蒂总统很快就达成协议。科蒂总统同意戴高乐的计划，即：授予全权，然后让议会休会，最后由新政府草拟新宪法并交付公民投票表决。接着，由戴高乐对外界宣布俩人所达成的协议和条件。5 月 30 日，戴高乐在科隆贝接见各党派来访者。首先是樊尚·奥里奥尔自告奋勇担任新政府副总理。随后是社会党两位领袖居伊·摩勒和莫里斯·戴克松来访。戴高乐对他们作了两点让步，他承认政府应向议会负责，同意亲自到国民议会去，由此在议会投票中获得了社会党议员中大多数人的支持。5 月 31 日，戴高乐在巴黎拉佩鲁斯饭店召集除共产党外的议会各党派负责人开会，当场阐述他的执政纲领。除弗朗索瓦·密特朗外，所有代表都没有提出反对意见。6 月 1 日上午，戴高乐完成了新政府的组织工作。戴高乐任总理兼国防部长，顾夫·德姆维尔担任外交部长，米歇尔·德勃雷担任司法部长。此外，由安托万·比内负责财政、埃米尔·佩尔蒂埃负责内政。同日下午，戴高乐登上国民议会讲坛，宣读总理候选人的例行声明。他用简短的几句话描绘了国家的衰微和危机，然后说道："在这种情况下，我自告奋勇，愿意尝试再一次引导全国、国家和共和国走向得救之道。在经过国家元首提名以后，我必须要求国民议会授权我担负重大的任务。"并指出："如果你们愿意授权成立这个政府的话，它将向你们建议立刻赋予它这些手段。它将要求你们授予全权，以便能够依照环境的要求，在有效率、敏捷和负责任的情况下行动。它将要求你们授予它 6 个月期限内的全权，希望在这个期限届满时，在国家中已恢复秩序，在阿尔及利亚已重新找到希望，全国重新建立团结。从而使政权机关可以重新正常地行使职能。"戴高乐讲完话后，随即离开议会，由议会按照形式进行讨论。在讨论中，孟戴斯—弗朗斯和密特朗等人发言表示反对。最后国民议会还是以 329 票对 224 票的绝对多数通过授权戴高乐组阁。6 月 2 日、3 日，国民议会又通过三项议案：重新授予新政府在阿尔及利亚的特别权力，授予新政府 6 个月的特别权力，授予新政府修改宪法并交付全民表决的权力。经参议院同意后，国民议会宣告解散。至此，戴高乐便作为第四共和国的末任总理，东山再起了。

戴高乐重新上台与新宪法

　　戴高乐东山再起，标志着第四共和国实际上的终结。然而，戴高乐重掌政权，绝非偶然。法国当时那种岌岌可危的形势需要有这样一个人物出现，他既能被认为是共和国的救星和国内和平的维护者，又能被叛乱者所接受。这只有因第二次世界大战享有崇高威望的戴高乐能够胜任。此外，戴高乐打出"复兴""革新"的旗号，并围绕阿尔及利亚战争和日益下降的法国国际地位等问题大力煽动民族主义情绪，高喊要恢复"法国的伟大"，提出稳定财政经济的诺言，在当时具有很大的蛊惑性。因而，戴高乐得以充当法国垄断资产阶级统治集团解救危局的一柄利剑再度执政。戴高乐的重新上台排除了极端殖民主义分子策动军事暴乱的威胁，避免了一场迫在眉睫的内战。更重要的是大权在握，使戴高乐有可能实现他多年来的革新主张。

　　戴高乐把建立新的政治体制作为自己上台后的当务之急。戴高乐的体制改革集中地体现在他领导制定的第五共和国宪法上。改革的要旨在于扩大总统和行政权力，削弱议会的地位和作用，重新调整总统、政府和议会的关系，变传统的资产阶级议会制共和国为半总统制的共和国，以强化资产阶级专政。戴高乐在 12 年前，即 1946 年 6 月 16 日在贝叶的讲话中已提出法国需要一部什么样的宪法。这次讲话为第五共和国宪法提供了基本思想。由于时间紧迫，司法部长德勃雷从最高行政法院抽调出一批年轻骨干组成一个班子，以最快的速度进行工作，在戴高乐贝叶讲话精神的骨架上增肌添肉，拟订了宪法草案，并交付戴高乐和他指定的部长首先进行审查。然后，戴高乐依照议会在 6 月 2 日通过的责成他完成其事的议案办法行事，立即设立一个由 39 人组成的宪法咨询委员会进行咨询活动。在保罗·雷诺主持下，宪法咨询委员会于 8 月上半月进行审议。该委员会对草案作了一些修改，但对其基本内容并没有作什么改动。随后，最高行政法院也对草案进行了一次讨论。9 月 3 日，政府最后正式通过宪法草案。9 月 4 日，戴高乐在巴黎共和广场向全国公民提出这个草案。他在讲话中解释了宪法草案的精神和内容，呼吁人民批准这一草案。这一天的时间和地点都是在著名作家，当时的文化部长安德烈·马尔罗的启示下选择的。9 月 28 日，举行公民投票进行表决。尽管共产党和社会党中左翼的一些人极力反对，但投票表决的结果大大超过了甚至最乐观的戴高乐分子的估计。弃权票是 1936 年人民阵线选举以来最少的一次，只占 15.1%，投票赞成的人占压倒多数，占 79.25%。

第五共和国宪法的特点，首先是扩大总统权力，它赋予共和国总统国家元首、三军统帅和共同体总统的权力。总统任命总理并根据总理的提议任命其他部长，签署法令，批准国际条约，可以无须内阁连署，单独采取某些重要的行动，如解散国民议会、提交公民投票，特别是还可以援引第16条，即"当共和国制度，国家的独立、领土的完整、国际义务的履行受到严重和急迫的威胁，宪法公共权威的正常发挥被中断，总统有权根据形势需要采取各种措施"。这就使法国总统权力骤然膨胀，这在法国历史上是少有的。

新宪法对政府的权力加以明确规定，政府成员（包括总理）均由共和国总统任免。"政府成员不得同时担任议员职务"。议员一旦被任命为部长就得辞去议员职务。此举使政府的实际结构非议员化，或至少部分地非议员化。政府得以摆脱议会党派的控制，提高政府对议会的权力。新宪法规定政府成员不受议会党派利益的羁绊，改变了只有议员才能直接进入政府任职的陈规，有利于从议员之外挑选部长，而且有可能改善政府本身的素质，提高其效率。

新宪法对议会的权力与作用作了某些相应的限制。虽然名义上议会仍拥有立法监督之权，但有许多立法要受总统、政府和宪法委员会的限制。新宪法规定所有法律均须经议会通过，但在实际工作中总统有权越过议会把议案提交公民表决，议会因立法或监督政府的某些事项而影响政府权力时，政府可以阻碍投票，使法案无法通过。当议会讨论某些法案时，如有必要政府部长可以出席发言。出现意见分歧，总统可以解散议会，或使议会无限期休会。在议事程序中，取消了议员对政府的质询，并对弹劾和信任投票规定了一项相当独特的程序。这样，遂使议会和政府在权力关系上互易其位。过去是议会监督政府，现在许多方面是政府制约着议会。新宪法对议会两院的关系也作了调整。第四共和国时，参议院的地位大大低于国民议会。新宪法适当提高了参议院的权力与地位。两院享有几乎同等的立法权，当总统未能行使其职务时，不再由国民议会议长代理，而改由参议院议长代理。这样，使议会两院保持平衡，互相掣肘。总之，法兰西第五共和国宪法使总统拥有广泛的立法权和行政权以及内阁成员任命权。总统还具有撇开议会而行使的"非常权力"，这样议会的权力便缩小了。通过这部宪法，法国从议会制共和国演变为半总统制的共和国。

　　新宪法草案在 9 月经过公民投票通过，10 月 5 日，第五共和国宪法正式公布。戴高乐赢得了实际上是对他个人的公民投票以后，面临着入主爱丽舍宫必须要走的最后一段路程。然而当他们因戴高乐的再度出山而踌躇满志、得意扬扬的时候，戴高乐派还缺少一个具有广泛基础的政治党派。这个党派可以使他们得到权力，并提供一个不是妨碍而是执行戴高乐旨意的议会机器。所以，在全民表决后，苏斯戴尔立即邀请三个戴派小组，社会共和党、法国复兴联盟和共和协会的领导人到他的办公室商量联合事宜。在这三个派别组成的联盟以及后来的三派合并的基础上，于 10 月 1 日建立了新共和联盟。这个曾经多次易名的组织后来成为第五共和国占统治地位的党。由于大选在即，新共和联盟非常迅速地在各区建立了自己的组织。当时，因为决定采用何种选举制度将会深刻地影响国民议会的成分，所以在政府内部，对新的选举法条款的辩论异常激烈。最后，在戴高乐的干涉下，以减少政党的影响，保证政策的连续性为名，决定废弃过去的比例代表制，直截了当地采用"单记名多数二轮投票制"的选举法。11 月 23 日举行议会选举的第 1 轮投票，结果 465 名候选人中，只有 39 人当选。正如戴高乐所期望的那样，大量的左翼选票在共产党和社会党候选人之间分摊了。因此，第 2 轮投票转而大大有利于戴高乐。新共和联盟获得了 26% 的有效选票（在第 1 轮中只获得 18%），居于温和派（24%）、共产党（21%）之前。共产党成了新选举制度的牺牲品，他们虽获得 21% 的选票，却只有 2% 的席位。而新共和联盟的席位却比按比例代表制可获得的席位多了 1 倍。在法国本土的 465 个席位中，新共和联盟获得 198 席，组成一个相当扎实和坚定的核心。温和派获得 133 席，社会党获得 44 席，共产党只获得 10 席。上届议会的议员在新议会中只剩下 133 名，这一数字大大低于传统的标准。各个政党的许多领袖被击败，其中包括达拉第、孟戴斯—弗朗斯和埃德加·富尔等人。大批新人进入议会，使议会面貌一新。作为这一深刻改革的显著标志，12 月 9 日雅克·沙邦—戴尔马被选为本届国民议会的议长。12 月 21 日举行总统选举。根据新宪法第 6 条，由国民议会议员、参议院议员、省参议员、市长和许多市参议员组成的选举团选举国家元首。戴高乐获得约 8 万张选票中的 62394 票，击败共产党候选人阿尔贝·夏特莱，当选为法兰西第五共和国的第一任总统。1959 年 1 月 8 日，新总统前往爱丽舍宫就职。前总统科蒂用这样的话迎接他："第一个法国人现在变成了法国第一人。"随后，两位总统肩并肩地乘坐总统专车前往凯旋门，按照传统向无名英雄墓致敬。次日，新总统任命前司法部长德勃雷为第五共和国的第一届政府总理。新体制开始在法国付诸实施。

新体制下的第五共和国

1959 年 1 月正式付诸实施的第五共和国体制标志着法国现代史上一个重大转折。在第五共和国时期，法国的政治格局、社会经济生活、国际地位都发生了极大的变化。

首先，第五共和国改变了第四共和国 12 年来那种软弱无力、政局动荡不定、政府更迭频繁的局面。从 1959 年以来，政府尽管时有改组和变动，但总理人次更换不多，政治体制较为稳固。继戴高乐之后的几任总统基本上都承袭了戴高乐开创的这一政治体制。政策的连续性得到了一定的保证。其次，由于新体制相对稳定，保证了国家经济职能的加强和政府对经济干预规模的扩大。有利于增加资本主义国家所有制、经济计划的实施，社会福利的干预和调节，有利于提高对外竞争能力。新政府运用国家权力对经济进行直接干预，通过财政改革（包括紧缩开支、增加税收、发行新法郎）以及国家投资、采购、补贴等措施，首先改善了上台时所面临的恶劣的经济状况，继而充分利用 60 年代资本主义高速发展的有利形势，推进法国社会经济的迅速发展，生产总值在 50 年代每年平均增长 4.8%，60 年代达 5.7%，黄金储备由 1958 年的 10 亿美元增加到 1967 年的 61 亿美元，1960 年法国试验成功了原子弹，法国成为资本主义世界第四经济大国。再次，新体制保证了戴高乐推行其独立的外交政策。他全力以赴维护法兰西民族独立，力争法国的大国地位。为此，法国建立了独立的核力量，脱离北大西洋公约军事一体化组织，撤除美国在法国的驻军和基地，反霸抗美，鼓吹"欧洲人的欧洲"，建立巴黎—波恩轴心联合西欧，团结好第三世界，使法国摘掉了"欧洲病夫"的帽子，提高了国际地位。

戴高乐上台后，还有一件重要的事情是结束了阿尔及利亚战争。戴高乐认为，不解决阿尔及利亚问题，法国的一切就无从谈起，他从现实出发，改变了本人过去所持的殖民主义立场，主张经过谈判，允许阿尔及利亚独立和自决，与此同时，设法保持法国在那里的利益。1960 年 6 月，法国与阿尔及利亚开始谈判。极端的殖民主义分子反对戴高乐的政策。萨朗等人在 1961 年 4 月再次发动叛乱。戴高乐下令镇压了叛乱。1962 年 3 月 18 日，两国达成埃维昂协议。法国承认阿尔及利亚独立，又在阿尔及利亚获得开采石油、使用军事基地等权利。

戴高乐第五共和国体制改革，其实质是如何在第二次世界大战后出现的新的历史条件下巩固和加强垄断资产阶级的统治。新体制具有两重性，它虽一定程度上在某些方面符合生产力发展的要求，暂时缓和了某些矛盾，消除了危机，稳定了政局，但没有，也不可能解决资本主义社会所固有的矛盾。新体制加强了本已高度集中的庞大的官僚行政机构，必然招致另外一些不可避免的弊端。总统权力过大，独断专行，限制和侵害了资产阶级民主，势必引起资产阶级统治集团内部新的矛盾和冲突。此外，戴高乐加速资本集中的种种经济措施使垄断兼并的进程加快、规模增大。大批企业和大片耕地的合并使广大中间阶层、手工业者、小商人和农民面临着破产的威胁，引起人民的严重不满，最终加剧了政治和社会矛盾。戴高乐在某些方面能顺应历史潮流，作出了与民族利益相一致的事件，但又视进步势力如邪恶，推行新殖民主义，处处表现出他是垄断资产阶级的意志和愿望的忠实代表者。戴高乐新体制的这种两重性决定了法兰西第五共和国的历史局限性。

本文参考书目：

[1] 戴高乐：《希望回忆录》，上海人民出版社 1973 年版。

[2] 国际关系研究所编译：《戴高乐言论集》，世界知识出版社 1964 年版。

[3] 雅克·夏普萨尔、阿兰·朗斯洛：《法国政治生活》，上海译文出版社 1981年版。

[4] 布赖恩·克罗译，《戴高乐传》，商务印书馆 1978 年版。

[5] 皮埃尔·维昂松—蓬泰：《戴高乐的共和国史》（Pierre Viansson—Ponté, Histoire de la Républiqe gaullienne），巴黎 1970 年版。

[6] 皮埃尔·阿弗里尔：《第五共和国政治制度》（Pierre Arril, Le Régime Politigue de 1s Ve Républigue），巴黎 1979 年版。

[7] 让—雅克·谢瓦里埃：《法国政治制度与政体史》（Jean-Jacgues Chevallier, Historie des Insitutions et des Régimes Politigues de 1a France），巴黎 1981 年版。

[8] 让·拉库蒂尔：《戴高乐》（Jean Lacouture, De Gaulle），巴黎 1969 年版。

[9] 多萝西·皮克尔斯：《法兰西第五共和国》（Dorothy Pickles, The Fifth Frech Republic），纽约 1960 年版。

马歇尔计划的出笼、实施和影响

竺培芬

"马歇尔计划"即第二次世界大战后初期美国的"援欧"计划，又名"欧洲经济复兴计划"。该计划是国务卿马歇尔于 1947 年 6 月 5 日在哈佛大学发表的一篇演说中提出的，故称"马歇尔计划"。马歇尔提出这项计划的目的，在于用经济手段扶助西欧，使其迅速复兴和稳定，进而拉拢和控制西欧，共同与苏联抗衡。由于西欧遭受了第二次世界大战的浩劫，经济元气大伤，迫切需要美国在经济上的帮助，因此积极响应这一计划。马歇尔计划从 1948 年 4 月至 1952 年 6 月，历时四年，取得了一定成效。

西欧困境与美国的打算

战前，西欧是一个经济高度发达地区，谷物产量占全世界总产量的 27%，钢铁产量占世界总产量的 37%。贸易方面，西欧出口占世界总额的 24%，进口占世界的 39%。第二次世界大战中蒙受战争破坏，加上 1946 年底的严寒，使西欧经济凋敝不堪。1947 年初，德国工业产量仅及战前 1938 年的 27%，奥地利、意大利、希腊等国的工业产量未达到 1938 年的 2/3，英国工业也有一半陷入瘫痪状态。素以农业发达著称的法国，1947 年 320 万亩小麦失收，人民食不果腹，每人每天口粮只有 170 克面包。工农业生产一蹶不振，通货膨胀十分严重。法国的批发价上涨 80%，德国的西部占领区物价则直线上升，货币贬值成为不起作用的纸片，甚至以有香烟取代货币作为交换单位的情况。就外贸而言，西欧出口能力薄弱，进口能力又因外汇储备近乎枯竭而受到严重限制。这样，西欧外贸便陷入半停顿状态。当时，西欧若要进口使经济复兴的必要物资，唯一办法便是向国外借债。1945 年中至 1946 年底，西欧共向美国贷款 75 亿美元。

西欧经济濒临崩溃边缘，也激化了各国的国内阶级矛盾。战后初期，西欧各国罢工浪潮此伏彼起，共产党力量日渐壮大。法国和意大利两国共产党成为国内影响较大的政党，并参加政府内阁。西欧各国资产阶级政府对经济困境一筹莫展，对共产党扩大影响更是忧心忡忡，唯恐各国共产党与苏联里应外合夺取政权。为了摆脱经济困境并巩固其统治地位，西欧各国政府纷纷向美国告急求援。

出于称霸世界全球战略的考虑，美国对于西欧严重的情况十分重视。美国政府深知，美国固然强大，但要遏制战后在政治上享有崇高威望、军事上拥有相当实力的苏联，光靠美国一家是不够的。权衡利弊，美国感到在美苏对抗的天平上，西欧具有举足轻重的作用。西欧若倾向美国，则美苏实力之比为4∶1，美国占压倒优势。一旦西欧倒向苏联，美苏实力之比便接近于1∶1，出现势均力敌的复杂局面。显然，与西欧结盟符合美国全球战略利益。西欧向美告急正成为美国与西欧结盟的天赐良机。

关键在于如何与西欧结盟。究竟是采取"杜鲁门主义"的方式还是另辟蹊径？当时，美国政府内部有很多人批评"杜鲁门主义"公开打出反共旗号，未免过于露骨。国务卿马歇尔觉得"杜鲁门主义"的最大缺陷在于高呼反共，却没有抓住西欧要害。据他判断，战后西欧的主要问题是经济凋敝。西欧经济如继续恶化，必将成为各国革命形势的催化剂，而且有利于苏联插手西欧。美国若对每况愈下的西欧经济甩手不管，便有可能失去西欧，从而在对苏冷战中落于孤立的不利地位。因此，美国若要增强对抗苏联的实力，首先得协助西欧摆脱经济困境。这样，从经济上扶植西欧便成为美国与西欧结盟、共同遏制苏联的最佳方案。

当然，美国政府决定采用经济扶植西欧的方案，首先是出于遏制苏联的战略需要，但也有另一层经济考虑，即对外经济扩张。战后初期，美国经济实力膨胀，工业产量占资本主义世界的3/5，黄金储备占资本主义世界的2/3。美国垄断财团为了解决战后美国生产过剩与市场日趋缩小的矛盾，急于扩大国外市场，尤其是传统的西欧市场。然而昔日贸易伙伴——西欧，如今经济萧条、外汇储备紧缺、外贸赤字日增。显然，美国若要打开西欧市场，首先得在经济上扶持西欧，逐步解决西欧外贸面临的问题。"欲取之必先予之"，这样，"复兴"西欧便与美国对外经济扩张的意图密切联系在一起。

至1947年初，美国统治集团已把遏制苏联的政治目标与向外经济扩张的意图糅为一体，"复兴"西欧的"经援"方案日臻成熟。

马歇尔发表哈佛演说

1947 年 3—4 月，美国草拟"援欧"方案，此时正值美、苏、英、法四国外长在莫斯科开会，具体讨论德国、奥地利问题。马歇尔在会上提出德国经济统一的问题，但被苏联否定。会议开了一个多月毫无结果。会议结束前，马歇尔拜访斯大林，斯大林对国际问题及德国问题均未具体表态，只是说，"如果达不成协议，那又有什么关系？我们下次可能达成协议，下次不成，可以等再下一次……必须有耐心，不要悲观"。

莫斯科外长会议结束后，马歇尔抓住斯大林的上述谈话，为美国加快"援欧"计划造舆论。他责怪苏联在欧洲采取拖延战术，其目的不仅使德国问题无法解决，更要使陷入困境的欧洲经济最后崩溃。回国后，马歇尔立即就莫斯科外长会议发表广播演说，介绍欧洲经济现状时，马歇尔强调欧洲的"病人已奄奄一息"，美国必须对症下药，迅即行动。

马歇尔亲自搭班子，研究具体方针，制订具体的"援欧"计划。1947 年4 月底 5 月初，他责成助理国务卿威尔·克莱顿就西欧经济现状写成书面报告。此外，他授权苏联问题专家乔治·凯南领导国务院政策设计司，在两周内将"援欧"具体建议送交国务院。

到 5 月下旬，凯南与克莱顿均向马歇尔提交了"援欧"建议。建议认为，美国只有给濒临绝境的西欧经济"输血"，才能达到控制西欧的目的，必须把西欧作为一个整体来考虑，打破各国的经济壁垒，协调各国的关系，缓和英、法、德的矛盾，以便一致对付苏联，同时还献计说，美国不必急于发表"复兴"欧洲的具体计划，而是乘欧洲经济濒于绝境之机，让欧洲国家联合起来主动向美国提出请求。最后留下的是一个棘手问题，即"援欧"范围究竟包括西欧，还是包括整个欧洲。顿时，是否邀请苏联便成为问题的核心所在。纵然美国早将"援欧"范围定为西欧，但迫于形势，为了避免被指责分裂欧洲，美国政府不得不考虑邀请苏联参加的问题。为此，5 月 28 日国务院召集主要官员与智囊人士开会磋商。

会上，马歇尔很快便把问题集中到一点，即是否要邀请苏联？邀请苏联有什么利弊？副国务卿艾奇逊认为，苏联参加弊多利少，美国国会很可能不肯拨款，从而影响整个"援欧"计划。但据他估计，苏联不一定会参加，因为按照常规，苏联是不愿泄露其国内经济情报的。因此，美国不妨发出公开邀请，然后看一看苏联是否响应。凯南与艾奇逊意见一致，也主张向苏联发出邀请。凯南在发言中进一步分析了邀请苏联的理由。在他看来，苏联是非邀请不可的，唯有这样才能使美国不必承担分裂欧洲的责任。但凯南也承认，苏联当真应邀参加，则又违背美国本意。怎么办？凯南认为，美国只要在邀请苏联的同时，提出苛刻条件，要求苏联像美国一样，多承担责任，多作出贡献，苏联便有可能拒绝参加"援欧"计划。马歇尔感到，凯南言之有理，决定暂不限定"援欧"范围，在宣布该计划时，则尽可能含糊其辞，这样便为其后迫使苏联退出该计划埋下钉子。

经过短期紧张筹备，"援欧"计划的大政方针均已确定。马歇尔便借哈佛大学举行毕业典礼并授予他名誉学位之际，发表"援欧"演说。

授予名誉学位的日子定在1947年6月5日下午，哈佛的毕业生与校友围坐在校园榆树下，倾听各界人士讲话。马歇尔对准备在这次演说中抛出援助欧洲的计划一事守口如瓶。马歇尔的讲话稿由自己起草，发表前甚至没有给国务院留下副本，艾奇逊这样写道："很多人都会感到奇怪——国务卿带着这样一份远远没有准备好的讲话稿去做如此重要的讲演，而且也没有把最后定稿的内容通过国务院。直到最后几分钟，我才通过电话从卡特上校那里探听到讲演的内容。"马歇尔演说时，身穿便服，表情严肃。演说平板单调，历时只不过15分钟，但是却阐明了美国重大的"援欧"政策。

马歇尔具体阐述了欧洲的经济困境：战争使欧洲变成一片废墟，城市、工厂、矿山、铁路均遭严重破坏。如今，欧洲无法生产足够数量的工业品、粮食、原料。此外，欧洲燃料匮乏，工业装备极为陈旧。马歇尔表示，美国愿意提供援助，尽其所能协助欧洲经济恢复正常。接着他提出美国的"援欧"方针：一是如果美国政府单方面制订欧洲经济复兴计划，那既不妥当，也收不到效果。因而欧洲应采取主动，"欧洲必须先行一步"，美国则从旁提供援助。二是美国这次"援欧"与以前不同，不是向个别国家提供零星援助，而是向联合的欧洲提供援助。至于联合的欧洲，是指苏联在内的整个欧洲，还是只包括西欧，马歇尔不作正面解释。他只是含糊其辞地说，该计划假使不能商得所有欧洲国家的同意，也得商得一部分国家的同意，暗示该计划有可能只包括西欧。在演说中马歇尔还说："我们的政策的目的在于恢复世界范围内的正常经济秩序，从而提供一个自由制度得以存在的政治社会环境……我敢肯定，任何愿意加入这一复兴事业的国家，都将得到美国政府的全力合作。任何企图阻碍别国复兴的政府，都不会得到我们的帮助。"

演说发表后不久，"援助"计划便被称为"欧洲复兴计划"，即"马歇尔计划"。

英法响应与苏联东欧拒绝参加

为了引起欧洲的重视和强烈反响，美国官方人士私下与西欧记者密切通气。美国副国务卿艾奇逊专门召见三名驻华盛顿的英国记者。艾奇逊强调，即将发表的马歇尔演说意义重大，催他们马上向国内发讲话全文，并务必及时告知外交大臣欧内斯特·贝文。6月5日下午，马歇尔演说结束时，伦敦已是晚上9点。《每日电讯报》接到驻华盛顿记者马尔科姆·马格里奇的电话记录稿后一小时，便迅速将马歇尔的演说全文送到贝文床头。

贝文看了马歇尔哈佛演说全文后，率先响应。不久，法国总统樊尚·奥里奥尔也宣布法国准备毫不迟疑地参加马歇尔计划。6月17日，贝文赴巴黎拜会法国外长皮杜尔。在为时两天的洽谈中，双方的立场颇为接近。遭受第二次世界大战的破坏后，英法两国均沦为二流国家。经济凋敝又促使英法不得不暂时依赖美国。然而，英国总想重振昔日雄威，法国也时刻不忘恢复其大国地位。出于上述考虑，两国决定借响应马歇尔计划的机会，在即将成立的欧洲组织中充分发挥作用，以求借助美国力量，逐步实现重整旗鼓的目的。为此，贝文和皮杜尔经过协商，一致同意成立由英、法、意大利、荷兰、挪威五国组成的执行委员会，并使之成为未来欧洲组织的核心机构。当然，他们不言自明的意图是英法在该委员会必须起领导作用。

贝文和皮杜尔在会谈中除确定对两国有利的组织结构原则外，还决定邀请苏联共商欧洲响应马歇尔计划的有关事宜。当然，英法的邀请不过是做做姿态而已。它们指望苏联拒绝邀请。然而，万一苏联接受邀请，又怎么办？为此，贝文专门询问美国助理国务卿克莱顿。克莱顿回答说："除非苏联外交政策有重大转变，否则美国人民将不会批准对苏援助。"贝文得悉美国意图后，决心对苏联设置障碍，迫使苏联不参加马歇尔计划。6月19日，英法联合邀请苏联，商讨关于欧洲响应马歇尔计划的预备会。

但事实却是，苏联不仅接受英法邀请，而且派遣外长莫洛托夫出席会议。6月27日，英、法、苏三国外长在巴黎会晤，莫洛托夫率领89名经济学家和顾问组成的大型代表团来到巴黎。苏联对这次会议信疑参半。苏联战时蒙受巨大损失，死亡人数为 1500 万—2000 万，物质损失估计合 5000 亿美元。因而，苏联指望参加"马歇尔计划"，争取美援，便于国内经济复兴。另外，苏联摸不准接受美援有何苛刻条件，想借此机会作一番试探，看是否有可能接受美援。

会议第一天，英法便先发制人。法国外长皮杜尔主张，以英法苏三国为主，拟定欧洲各国统一的经济复兴大纲。皮杜尔的方案有两点引起了苏联的注意，一是欧洲各国必须将其经济情报和盘托出；二是欧洲必须先拿出计划，然后美国再提出具体援助条件。

莫洛托夫仔细听取英法意见后，直到第二天才全面阐述苏联政府观点。他首先指出，欧洲复兴计划若要取得成功，关键不在于欧洲先拿出方案，而在于美国确定援助的具体数额。莫洛托夫还认为，欧洲若制订统一的经济计划，便要求各国泄露其国内经济计划，其结果必然等于干涉各国内政。他的看法虽与英法针锋相对，但态度比较温和，尽量避免与贝文、皮杜尔发生冲突。但英、法外长立场却很强硬，甚至在会外还制造苏联破坏会议的舆论。显然，英、法是想撇开苏联"单独干"。为此莫洛托夫只得向国内请示汇报。

7 月 2 日，会议开到中途时，莫洛托夫接到政府的新指示。他情绪激动，贝文看到他"前额上那个凸块又鼓了起来"，莫洛托夫发表了一篇措辞严厉的声明，谴责马歇尔计划是不可能促进欧洲各国合作重建欧洲，而只是使用美元干预欧洲各国内政的一个邪恶计划而已。贝文起身驳斥莫洛托夫的声明全面歪曲了西方意图，并宣称英国决不因此而退缩。莫洛托夫听后，立即从椅子上站起来，卷起文件退席而去。

苏联退出会议正合西方的心意。接着，英法便策划召开巴黎经济会议，并邀请东欧各国参加。西方邀请东欧，旨在以经援作诱饵，渗透东欧，以削弱苏联在东欧的影响。但是，东欧各国均拒绝西方的邀请。

然而，东欧各国尤其是波兰与捷克斯洛伐克曾经考虑要出席巴黎经济会议。波兰外长曾通知波兰驻法大使格里菲斯，明确表示波兰将派代表赴会。但由于苏联的态度，波兰政府只得收回成命。

捷克斯洛伐克政府宣布将派观察员出席巴黎经济会议。正当物色与会人选时，在莫斯科谈判捷苏双边贸易协定的捷克总理哥特瓦尔德打来一份电报。电报传达了斯大林的意见，要求捷立即撤销原先决定。于是，捷克政府马上公开声明它拒绝英法邀请。

巴黎经济会议与马歇尔计划的实施

苏联东欧拒绝参加后，马歇尔计划的范围便限于西欧。7 月 12 日，西欧经济会议在巴黎开幕。英国外交官奥利弗·法兰克斯爵士主持了会议，法国外长则在会上致开幕词。除英法外，奥地利、丹麦、冰岛、希腊、土耳其、比利时、荷兰、卢森堡、爱尔兰、瑞士、葡萄牙、意大利、瑞典、挪威共 16 个国家的代表出席。会议决定成立以奥利弗·法兰克斯为首的巴黎经济会议的常设机构——欧洲经济合作委员会，下设执行委员会与技术委员会。会议结束时，宣布西欧 16 国将于 8 月底向美国提交一份联合申请美援报告。西欧要求美国提供总数为 282 亿美元的援助。美国认为要价太高，要求修正。9 月 22 日 16 国代表签署欧洲经济合作委员会的总报告，提出“欧洲复兴计划的四项原则”：（1）各国努力发展生产；（2）维持国内财政稳定；（3）在参加国之间发展经济合作；（4）采取措施解决参加国与美洲大陆之间的赤字。总报告向美国提出在四年内提供 224 亿美元的援助要求。

美国政府在反复审批西欧联合申请美援报告前后，在美国国内成立了克鲁格委员会、诺斯委员会与哈里曼委员会，侧重分析美国的外援能力与提供外援的必要性以及外援原则。哈里曼委员会全面阐述了外援与美国的利害关系，强调美国在西欧不仅有经济利益，还有战略与政治的利益，那就是在冷战期间联合西欧对抗苏联的需要。1947 年 12 月 19 日，杜鲁门向国会提交“美国支持欧洲复兴计划”的咨文，要求国会在 1948—1952 年拨款 170 亿美元。经过数月辩论，1948 年 4 月 2 日美国国会终于批准马歇尔计划。

接着，美国和西欧先后成立相应机构。美国成立经济合作署。该署为马歇尔计划的领导机构，负责掌管受援国的援助分配大权，甚至左右受援国的计划、政策与行动。经过精心挑选，美国政府物色斯蒂培克汽车公司原总经理保罗·霍夫曼担任该署署长，前驻苏大使哈里曼任驻欧特别代表。该署在西欧各受援国设立代表处，监督马歇尔计划的实施。一周后，西欧 16 国代表和美、英、法驻德占区军事长官聚会巴黎，在欧洲经济合作委员会基础上成立欧洲经济合作组织，比利时的保罗·斯巴克当选为主席。该组织是马歇尔计划的执行机构，任务是互通经济情报，逐步加强各国经济合作。

经济合作署与欧洲经济合作组织先后成立后，马歇尔计划开始实施。在计划的第一阶段（1948 年 4 月至 1949 年 6 月底），欧洲经济合作组织首先重点解决粮食问题和工农业生产问题，经过一年多的努力，西欧农业出现回升迹象，工业初步有了起色。接着，欧洲经济合作组织责成各国制订经济计划，在产量回升基础上逐步发展经济。然而，欧洲经济合作组织虽有雄心，却无财权，只得仰仗经济合作署。借此机会，经济合作署利用"对等基金"①，把西欧经济纳入它的轨道。经济合作署要求各国协调经济计划，力求做到专业分工，有所侧重。在法国，经济合作署拨款 12 亿美元，插手法国煤钢工业。经济合作署还要求意大利发展那不勒斯热电厂，英国发展沿海造船工业和轻纺工业，西德发展高精尖工业。

经济合作署不仅影响并协调各国经济计划，更指望西欧经济在协调基础上逐步联合，成为一个统一市场，便于美国资本渗透。为此，它在计划第一年便设法打破西欧以双边贸易为主的格局。1947 年，比利时、卢森堡、法国和意大利等国曾缔结一项多边支付协定，却因缺乏结算货币而夭折。马歇尔计划正式实施后，经济合作署紧紧抓住西欧内部贸易支付的上述弱点，将"有条件援助"②与汇划结算糅合起来。1948 年 10 月，在美国提议下，欧洲经济合作组织签署欧洲支付协定，即多边支付协定，确立以美元为结算单位，由瑞士巴塞尔银行担任结算机构。通过这个机构冲破了西欧双边贸易的束缚，初步打开了西欧多边支付的新格局。这样，美国从贸易着手，促进了西欧经济的联合。

1949 年 7 月至 1951 年夏，马歇尔计划进入第二阶段。在这一阶段，西欧各国工农业产量继续回升，财政较前稳定，随着经济好转，英国于 1951 年起停止接受美援，其他国家也逐渐减少美援数额。为此，经济合作署将进一步促进西欧经济联合，1949 年 10 月底，经济合作署署长霍夫曼亲自出马，对欧洲经济合作组织发表演说，要求西欧在初步形成多边支付格局的基础上，逐步取消贸易进口的数量限制和国内外有别的双重价格。霍夫曼强调，西欧若不接受上述条件，美国便会削减"援助"。慑于美国压力，欧洲经济合作组织于 1949 年 11 月 20 日宣布取消 50% 的贸易进口数量限制，次年 1 月底又宣布取消 60% 的进口数量限制。1950 年 9 月，马歇尔计划的 16 个参加

---

① 根据规定，美国政府通过财政预算，拨款（包括赠款和贷款）给经济合作署，由该署向美国企业采购西欧复兴的必需物资，然后把这些物资输往受援国。美国政府把这笔款项连同运输费在内的劳务费，记入专门开列的特别账户。受援国得到这批物资后，把销货所得也记入特别账户。

② 若一个西欧国家向另一个西欧国家提供货物，后者缺乏结算手段，美国则给前者一笔贷款，其数额相当于后者的赊款数额，以此结算了账。这便是所谓的"有条件援助"。

国宣布成立"欧洲支付同盟"。"欧洲支付同盟"的成立，奠定了贸易支付逐步自由化，贸易限制逐步减少的基础，并为西欧日后建立各种自由贸易区提供范例。

经济合作署感到，要促进西欧经济联合，只是贸易自由是不够的，还必须冲破民族疆界，大搞跨国援建项目。经济合作署的上述设想受到美国政府赞赏。美国政府立即宣布将 100 万美元以上的"特别项目"批准权授予霍夫曼，指示他利用"美援"，在电力、钢铁和炼油等重要工业部门尝试并积累跨国工程项目建设的经验。1950 年 5 月，经济合作署支持法国外长舒曼提出舒曼计划，即以西德和法国的煤钢工业为主体，联合意大利、卢森堡、荷兰、比利时的煤钢工业建立煤钢联营组织。近一年后，1951 年 4 月，签署舒曼计划的六国代表宣布成立欧洲煤钢联营组织。该组织以跨国形式将上述六国的煤钢工业糅为一体，这是朝着西欧经济联合迈出的重要步骤。

1951 年秋，马歇尔计划实施进入第三阶段即尾声阶段。这时朝鲜战争爆发已有一年。为了适应朝鲜战争后西欧扩军备战的需要，美国对西欧援助以军援为主。1951—1952 年，美国援欧总额中，经济援助仅占 17.2％，军援占 82.8％。为了贯彻以军援为主的外援方针，美国国会于 1951 年 10 月 10 日通过共同安全法，授权总统成立共同安全署。该署统抓一切外援计划，原则是军援为主，兼顾经济、技术援助。此后，共同安全计划代替了马歇尔计划，经济合作署也为共同安全署所代替。至 1952 年 6 月底，马歇尔计划正式实施完毕。

马歇尔计划的后果和影响

马歇尔计划实施期间，美国国会为之拨款 131.5 亿美元。美国通过马歇尔计划，达到了一箭双雕的目的，它既通过经济上的渗透和扩张加深了西欧对它的经济依赖，又加强了美国对西欧的控制，巩固了它的盟主地位，促使西欧在美苏冷战中更加唯命是从，追随美国，遏制苏联，从而增强了美国对抗苏联的实力。从这个意义上说，马歇尔计划是一项对苏"遏制"政策。所以杜鲁门说，执行马歇尔计划"是为了明智而有效地实现我国外交政策的伟大事业"。

马歇尔计划是美国战后以来影响颇大的对外经援政策。它基本上达到了预期的目的，即促进了西欧经济复兴，使困顿不堪的西欧经济呈现起色。该计划结束时，西欧地区工业产量比战前上升35％，农业产量较战前提高10％。此外，马歇尔计划还推动了西欧的经济联合。欧洲煤钢联营与欧洲支付同盟便是在计划实施期间成立的。

尽管马歇尔计划促进了西欧经济复兴与联合，但这段时期的美欧关系却具有两重性，既有遏制苏联的一致性，又有貌合神离的矛盾性。当时，西欧各国由于经济衰竭，又担忧苏联以东欧为跳板，继续向西欧推进，于是以屈求伸，仰仗美国。但西欧各国不甘长期屈从美国，更不甘经济联合主动权抓在美国手里，待到50年代，西欧各国经济恢复，羽毛渐丰，便在政治、经济上向美国的霸权地位提出挑战。1958年，法国、联邦德国、意大利、比利时、荷兰、卢森堡六国在欧洲煤钢联营基础上成立了西欧共同市场，标志着西欧已将经济联合主动权抓到自己手里。此后，欧美关系便从马歇尔计划的依赖关系逐渐变为伙伴关系。

杜鲁门主义：美国发动
"冷战"的标志

阴巧云

杜鲁门接任总统以后，美国正处在扩张势头上。杜鲁门政府采取了对苏"强硬"政策，大造苏联"扩张"的舆论，制造国际紧张气氛，并制定了以欧洲为重点的遏制战略。1947 年 3 月 12 日，美国总统杜鲁门向国会两院联席会议发表咨文，以援助希腊和土耳其为引子，提出了美国政府内部酝酿已久的遏制苏联、称霸世界的全球战略。他宣告美国作为世界头号强国必须而且能够在世界各地"承担义务"，运用自己强大的实力援助"自由"国家，遏制共产主义的"扩张"，以确保美国的安全和繁荣。杜鲁门这番关于外交政策基本原则的讲话很快被称为"杜鲁门主义"，它成为美苏战时同盟关系公开破裂、美国发动对苏"冷战"的重要标志。

所谓"希、土危机"

1947 年 2 月 21 日，英国政府发表白皮书，承认 1946 年财政赤字超过原先估计，已达 4.5 亿英镑，不得不大大削减海外开支。同日，英国政府向美国国务院发出了结束援助希、土的照会，声称国内严重的经济困难使英国在3 月 31 日以后无法继续向希腊、土耳其两国提供援助。英国强调希、土面临共产主义的严重"威胁"，根本无力维护"民主制度"，由于希、土在军事和战略上的重要性，西方国家绝不能眼看它们落入苏联控制之下。白宫要求华盛顿立即接过援助希、土的担子。"希、土危机"一时成为国际关系中引人注目的突出事件。

巴尔干半岛和东地中海地区，历来被英国视为大英帝国的生命线。大战结束前后，美国利用种种借口，千方百计渗入这个联结欧亚非三大洲的重要战略地区。苏联与伊朗、土耳其的纠纷，恰好为美国提供了机会。1946 年初，美国指使伊朗向刚刚成立的联合国控告苏联拒绝从伊朗撤军①，同时扬言美国准备"使用军事实力"。接着又支持土耳其指责苏联企图侵犯土耳其领土和主权，以夺取黑海海峡②。1946 年 3 月，一支包括"密苏里号"主力舰在内的特遣舰队，借口运送土驻美大使的尸体回国，开往东地中海游弋示威。8、9 月间，苏联两次照会土耳其，要求修改蒙特勒公约，由苏、土共同防卫达达尼尔海峡。而美国却派遣最大的航空母舰"罗斯福号"加入地中海舰队，11 月，"伦道夫号"又接踵而至。这支庞大的美国舰队耀武扬威地访问土耳其、希腊、西班牙等地，要以美国的实力驱赶"俄国的巨大阴影"。它后来扩展成为常驻东地中海的第 6 舰队。

与此同时，美国利用英国耗费巨资仍无法消灭希腊民主军的困境，以提供援助的方式来"填补真空"。1946 年初以后，提供了 2.6 亿美元的援助，年底又派经济代表团赴希腊"考察"。这时渲染形势危急的报告接连从希腊和英国传来，国务院认为希腊"正成为紧张的国际关系的焦点"，草拟了题为"危机和迫在眉睫的崩溃的可能性"的备忘录。据说形势危急的根源是苏联的"侵略"，希腊、土耳其和伊朗当即被确认为遏制苏联的前哨阵地。

恰恰在美国跃跃欲试，准备取代英国控制东地中海地区战略要地的时候，英国发来前述的照会，将渗入、干涉希腊、土耳其的机会拱手送上门来。美国政府官员立刻又惊又喜地认为，"英国此刻已将领导世界的任务，连同其全部负担和全部光荣，一齐移交给了我们"，美国应该从更广阔的世界背景上考虑"希，土危机"，要把援助希、土当作"一把钥匙"，去打开一个"广阔得多的局面"。杜鲁门决定利用这个机会，提出酝酿已久的全球性侵略扩张的纲领。

---

① 第二次世界大战期间，英、苏、美根据"战时需要"分别驻军伊朗，曾决定在对日战争胜利后半年内撤离。1946 年初，美、英军队先后撤走，苏军未撤。伊朗政府派军队镇压苏占区成立的"阿塞拜疆民族政府"，又被苏军挡回。

② 第二次世界大战期间，苏联提出共管黑海海峡的要求，罗斯福、丘吉尔曾表示苏联关于地中海通道的要求是"合乎情理"的。1945 年 6 月 7 日，苏联要求土耳其：（1）归还卡尔斯和阿尔达汉两个边境地区；（2）在达达尼尔海峡地区给予苏联陆海军基地；（3）同意对规定通过达达尼尔海峡问题的国际（蒙特勒）公约作重大修改。土耳其在通知美国后答复苏联说：它将为保卫现有领土和主权而投入战斗。

从对苏"强硬"到全面"遏制"

第二次世界大战结束后，美国统治集团企图凭借自己强大的经济、军事实力，调整与西欧盟国以及昔日敌国德、日的关系，乘它们亟须美国援助之机，把它们拴在一起，既在政治、经济和军事上控制西欧，又在战略上利用西欧，以便对付苏联这个阻碍美国称霸世界的主要对手。杜鲁门上台伊始当即准备对苏联实行"强硬"政策。美国决策层对战后世界性质和美国对策的看法，已在 1945 年底 1946 年初基本形成。

1945 年 12 月，美国国内掀起一股反对"姑息主义"的浪潮。1946 年 1 月 5 日，杜鲁门当面指责国务卿贝尔纳斯对苏不够"强硬"，明确表示"我已厌倦于笼络苏联人"，而要用"强硬的抗议"和武力的"铁拳"对付苏联。杜鲁门自己把这一举动称作"我们政策的转折点"。2 月 22 日，美驻苏代办乔治·凯南向国务院发回一份长达 8000 字的电报，提出了一套"遏制"苏联的政策，美国政府内主张对苏"强硬"的一派立即对此大加赞赏。

美国政府对于公开与苏摊牌会引起什么反响感到没有把握。趁丘吉尔访美的机会，杜鲁门把丘吉尔推上前台，1946 年 3 月 5 日请他在密苏里州的富尔敦发表了著名的"铁幕"演说，借以试探公众反应。结果是美国各界舆论哗然，表明美国人民希望同苏联继续保持友好关系，美国政府和国会内部也有不同看法。杜鲁门深感时机尚未成熟，赶紧举行记者招待会，矢口否认自己与丘吉尔的演说有任何关系。

从杜鲁门陪同丘吉尔到富尔敦发表演说以后一年间，尽管大国之间就意、罗、匈、保、芬五国和约问题勉强达成协议，美国并未放弃伺机插手东欧事务的企图，同时致力于夺取所谓苏联"势力范围"以外的地区。美国统治集团一方面利用德国、希腊、土耳其等问题，竭力渲染苏联"扩张"的危险，制造反共气氛，另一方面在内部加紧制定遏制苏联、争霸世界的全球战略。

当时在对苏方针问题上，美国有两种人与当权的决策集团有严重分歧。一种是以共和党参议员塔夫脱为代表的"孤立主义"派，他们坚决反共，赞成对苏强硬，不过他们反对过多卷入外国事务，主张回到战前孤立主义的做法上去。他们要求削减政府开支，反对拨付巨额援外经费，反对大量海外驻军，这就实际上剥夺了美国政府实行对苏强硬方针的主要手段。

另一派是以罗斯福时期的担任过副总统的商务部长华莱士为代表的"自由派",他们以罗斯福政策的继承者自居,在美国公众中有较大影响。他们反对与苏联公开决裂,甚至提出用承认苏联在东欧的"势力范围"为代价,换取苏联在经济上服从美国的"门户开放"政策。这种和平缓进战略目的同样是夺取世界霸权,可是在做法上却与杜鲁门政府的"主流派"很不相同。华莱士曾两次写信给杜鲁门,反对丘吉尔的富尔敦演说,抨击联英对苏的对外政策,强调美苏合作的重要性。在美国借口土耳其问题耀武扬威,大搞炮舰外交时,华莱士、佩珀等民主党显要议员公开提出异议,给杜鲁门政府泼了一大盆冷水,指出美国如果强硬起来,苏联照样也会强硬起来。正在巴黎出席 21 国和会的贝尔纳斯,依仗范登堡、康纳利等人的支持,指责华莱士作为政府官员不该公开批评政府的对外政策。杜鲁门利用华莱士与贝尔纳斯公开对峙、互不相让的局面,于 1946 年 9 月 20 日把华莱士撵出政府,为公开宣布全球扩张计划扫除了一个内部障碍。

四天之后,白宫主要助理克拉克·克利福德提出了"美国与苏联关系"的长篇报告。这份按照杜鲁门的命令起草、由政府重要官员几经商讨写成的文件,继凯南 8000 字长电报之后,进一步系统阐述了遏制苏联、称霸世界的战略原则。报告鼓吹美国应与英国和其他西方国家建立"我们自己的世界";报告还建议将苏联"侵略扩张"、奉行"军国主义"的情况公之于众,以便改变公众对苏联的看法。报告提出"美国必须拥有强大的军事力量,强大到足以抑制苏联,使苏联的势力范围限于目前它所控制的地区",这就是所谓"遏制战略"。杜鲁门把这份报告在统治集团内部传阅,力图在遏制苏联的全球战略上进一步取得一致意见。1946 年底 1947 年初,凯南又写了一篇分析苏联的政权以及美国应采取的对策的文章,凯南征得国务院有关方面许可,化名"X"在《外交季刊》7 月号上抛出这篇文章,题为"苏联行为的根源"。供福莱斯特尔(海军部长,后任国防部长)"私人参考"。福莱斯特尔极为赞赏,把它推荐给新上任的国务卿马歇尔。这样。遏制战略就具有了"更坚定、更严峻的理论基础"。

这时,苏联报刊先后发表了斯大林对英美记者提问的几次答复和会见罗斯福总统之子埃利奥特·罗斯福时的谈话。斯大林表示,在苏联那样的国家内建设共产主义是完全可能的,苏联和西方民主国家可以长期和平合作。对于美国舰队在地中海游弋,他觉得"无所谓",不相信有新的战争的实际危险。他指出,必须揭露和约束丘吉尔之流新战争的煽动者,但是,应把现时进行的战争叫嚣，同目前并不存在的新战争的实际危险区别开来。

美国政府官员根本不相信苏联的和平诚意。他们认为这是苏联"讹诈"政策失败后发起的和平攻势，目的无非是为华莱士那样的反对派撑腰，制造和利用美英之间矛盾，挫败美英的对苏政策。他们把苏联大量裁减兵员，说成是因为国内发生严重经济困难而作出的"暂时退却"。他们得出的结论是，情况并不像华莱士他们所说的那样，苏联很可能是欺软怕硬的，美国越是"强硬"，也许苏联就越是"谨慎"，因此他们更增强了发动"冷战"的决心。

在 1946 年 11 月国会中期选举中，共和党大获全胜，取得了 1928 年以来第一次控制参众两院的胜利。被民主党参议员佩珀斥为"帝国主义反赤色集团"首领的范登堡当上了参议院外交委员会主席，同时由于副总统职位的空缺，又被推为参议院临时议长。当时，许多报刊认为共和党是靠高唱反共口号，抗议民主党政府对苏过于软弱而赢得选票的。本来就属于民主党保守派的杜鲁门，自然不甘心让共和党将反共旗帜夺走。他不仅深知坚决反共在政治上会获得的好处，而且知道只有这样，才能冲破"孤立主义"的障碍，从共和党控制的、正准备把政府预算削减 60 亿美元的国会手中获得大量拨款。

美国统治集团正是在这样的国际国内形势下，决定对苏联实行"坚定""强硬"的方针，进而制定了全面遏制苏联，夺取世界霸权的全球战略。英国决定停止援助希、土，恰好为美国提供了公开宣布这个遏制战略的最佳时机。

"杜鲁门主义"的出笼

从接到英国照会那天起，美国政府内部，上自总统、国务卿，下至各部文武官员，日夜加班，全力以赴，加紧拟订全球扩张的纲领性文件和对付"希、土危机"的具体方案，同时采取了一系列行动，争取国会的赞同和社会舆论的支持。

1947 年 2 月 27 日，杜鲁门邀请国会两党领袖，包括范登堡、马丁、康纳利、伊顿等来白宫商讨拟议中的"援助"计划。唯独塔夫脱没有参加，据说这是"无意的遗漏"。会上先由马歇尔介绍有关背景和行政部门的建议。但是，他的简略而隐晦的讲话，非但没有打动那些显要议员，反而引起了一大堆问题："这样做要花多少钱呀？""我们卷进去到底是为了什么呢？""这不是为英国火中取栗吗？"等等。

眼看讨论将越来越离题，副国务卿艾奇逊在得到杜鲁门、马歇尔同意后作了长篇发言。他从完全不同的角度讲起，一开始就危言耸听地指出美国面临的是苏联的挑战，如果不帮助希腊那样的国家维护自己的"自由和民主制度"，欧亚非三大洲都将先后屈服于苏联统治，就像一个烂苹果会烂掉整桶苹果一样。他反复强调战后世界只剩下美、苏两大强国，据云在这场民主、自由与专制、极权的斗争中，非美国不能对付苏联的挑战。律师出身的艾奇逊鼓起如簧之舌为冷战政策所作的大胆辩护，打动了国会显要。他讲话结束后，会场鸦雀无声。接着范登堡表示受到"震动"，他认为援助希、土非常重要，但这仅仅是极为严重的世界形势的一部分。他说国会理当支持政府，条件是总统也应如此这般向国会全体议员和全国公众讲明形势的严重性。

这时已经以"国际主义"者面目出现的范登堡，竭力主张美国必须表现出"世界头等强国的气概"，充当世界"精神上的领袖"，在他看来，对付苏联的办法只能是"不再姑息"。以范登堡为代表的共和党多数派与杜鲁门为代表的民主党"主流派"，在遏制苏联夺取世界霸权这一战略目标上，观点如此接近，配合得相当默契。范登堡所提出的"条件"，正是杜鲁门听欢迎的。这种"两党一致"使美国政府官员感到，"历史的转折关头"已经到来，美国可以挺身而出，取代没落中的英国，担当"自由世界的领袖"了。

国务院和有关各部的官员，在艾奇逊指挥下，以最快的速度制订了援助希、土的详细计划，草拟了总统致国会的咨文，还准备了新闻宣传计划。即将出席莫斯科四国外长会议的马歇尔，指示工作班子不用考虑那个会议的成败，因为事态发展已把它贬低到"次要位置"上去了。杜鲁门访问墨西哥回国后，对咨文稿本又进行一番修改，做好了最后准备工作，只等预定在3月10日举行的莫斯科外长会议开幕后，就可以投出这枚"炸弹"了。

1947年3月12日下午，杜鲁门向国会两院联席会议宣读了那篇后来被称为"杜鲁门主义"的咨文。

杜鲁门一开头就说，"今天世界面临的严重局势"牵涉到美国的"对外政策和国家安全"。他从所谓"希、土危机"讲到美国"伟大的责任"，反复强调"美国必须提供援助"，"我们是有能力提供那种援助的唯一国家"。

杜鲁门咨文的大量篇幅用来说明援助希土的"广泛的意义"。他含沙射影地攻击苏联和各国共产党人试图通过"直接或间接侵犯"，把"极权政体"强加于各国人民。他把世界上的斗争概括为"自由制度"与"极权政体"之间的斗争，断言所有国家都必须在两者之间进行选择。针对这种局势，他说：

"我认为，美国的政策必须是支持各国自由人民，他们正在抵制武装的少数集团或外来压力所试行的征服活动。

"我认为，我们必须帮助各国自由人民以他们自己的方式去解决有关他们各自命运的问题。

"我认为，我们的帮助应该首先通过经济和财政援助的途径，这种援助对稳定经济和有秩序的政治进展是关系重大的。"

他强调说："自由制度的崩溃和独立地位的丧失不但对这些国家，并且对全世界都具有灾难性。""假如我们在这一紧要时刻未能援助希腊与土耳其，那么，给予西方的影响将同给予东方的一样深远"。接着他要求国会"果断地"授权政府在1948年6月30日以前向希、土提供4亿美元的援助，选派美国文职和军事人员监督美援使用情况，训练希、土两国的有关人员。

杜鲁门的讲话不过21分钟，不像艾奇逊对国会议员的讲话那样详尽露骨，甚至连"苏联"这个名词他也没有提到。但是谁都清楚，他把苏联说成是使全世界陷入"灾难"的祸首，是同第二次世界大战中德、日一样的"极权主义"国家。按照杜鲁门的说法，如果不能有效地遏制苏联的"扩张"，那么美国在第二次世界大战中所付出的代价将等于虚掷。很明显，杜鲁门以美国总统的身份，郑重其事地宣读这篇咨文，等于向全世界宣告，战争并没有结束，仅仅是作战的对象和方法发生了变化。杜鲁门后来在回忆中就颇为得意地说过，这是"美国对共产主义暴君扩张浪潮的回答"。

全球性的反共产主义"圣战"

杜鲁门主义的提法，顿时在国内外引起很大的反响。除了从各种不同角度表示支持或反对的意见外，还有不少人感到"震惊"，或者担心会引起新的战争，或者哀叹联合国遭到"毁灭性打击"，等等。但美国国会中许多忧虑重重的议员最关心的，是这样一来美国将在世界上承担多大的义务。

为了解除这些议员的疑虑，艾奇逊在参议院外交委员会举行的公开听证会上，竭力回避杜鲁门主义的全球性含义，强调援助希、土并不意味着美国将会按同样方式向所有"民主国家"提供援助，对于其他国家，美国将根据具体情况考虑不同的对策。民主党的康纳利以提问的方式重申：这不是适合于世界上每一个人、每一个国家的不变的办法，因为没有哪两个国家的情况是一模一样的。他煞有介事地问道："难道不是这样吗？"艾奇逊马上高高兴兴地给予肯定的回答。

艾奇逊—康纳利的双簧，意在说明美国政府不会敞开钱包，任人取用。他俩无非要那些既想称霸世界、又不舍得拿钱出来的议员放心。但是，这样解释却有大大缩小杜鲁门主义"广泛的政治含义"之虞。会议主席范登堡唯恐给人以杜鲁门主义仅仅适用于希、土两国的错觉，他把降下去的调子又加以提高，再次强调杜鲁门主义的"世界含义"。他在会上说，"不管我们在什么地方"发现自由国家难以抵抗企图把极权政体强加于它们的侵略行为，美国不一定每次都以同样方式作出反应，但是"我们打算作出反应"。艾奇逊立即附和说："这样说是正确的。"这就透露了美国统治集团借"希土危机"提出杜鲁门主义，确如当时有人评论的，是要发动一场意识形态的"十字军运动"、全球性的反共主义"圣战"，尽管他们要保留如何实施这个"主义"的主动权，力求以最低的代价，最少的风险去达到"领导世界"的目的。

其实杜鲁门主义从来没有规定过什么"地理界线"。杜鲁门自己就认为，"这是美国外交政策的转折点，它现在宣布，不论什么地方，不论直接或间接侵略威胁了和平，都与美国的安全有关"，美国都必须进行干涉。1947 年5 月22 日，援助希、土法案经参众两院通过。杜鲁门签署成为法律。以后半个月，美国提出了援助西欧的"马歇尔计划"。接着又加紧筹划建立联邦德国政府，并且在推动西欧五国缔结布鲁塞尔条约之后建立了北大西洋公约组织。与此同时，美国继续大力资助蒋介石集团扩大内战，逐步放宽对日占领政策，竭力把日本变成在远东遏制"极权主义"的重要阵地。种种事实说明，美国按照杜鲁门主义为指导原则，不仅控制了希、土，而且以欧洲为战略重点，迅速在全球范围内扩张势力，俨然以世界霸主自居。

苏联《消息报》和《真理报》在杜鲁门主义发表后的第三、第四天，就分别发表社论，指出这是"帝国主义扩张政策"。1947 年9 月，苏联和其他八个欧洲国家的共产党和工人党，成立了情报局，并且在宣言中明确指出，世界已分裂为两大对立的阵营。

因此，杜鲁门主义的提出成为美苏战时同盟公开破裂、美苏冷战全面展开的重要标志。

对杜鲁门主义的评价

杜鲁门主义在相当长时期内被当作指导美国对外政策的基本原则，美国政府虽然不断修订对外政策和策略，却没有完全改变这些原则。随着战后美国国际地位的变化，在美国国内出现的几次外交政策大辩论中，如何评价杜鲁门主义总是一个引人注目的问题。

杜鲁门主义提出后的最初几年，一些曾经参与其事的政府官员和史学家声称，苏联恢复战前共产国际的路线，竭力扩张势力，因而破坏了美苏同盟关系，引起"冷战"，美国实行遏制战略只是作出了"被迫而勇敢的反应"。他们把杜鲁门主义说成是结束了长期对苏"绥靖"的倾向，"开辟了一个新的、真正具有革命性的阶段"。这是当时流行的讲法。

可是，当时就有人担心这种遏制战略等于开出一张"空白支票"，会使美国深深卷入苏联周围国家的内部事务，浪费大量资源，而忽视了欧洲这一战略重点。美国决策集团自然知道，在决策过程中必须避免这种非此即彼的简单化做法，而要区别轻重缓急，力求一本万利。然而美国当时的实力和自信，又往往促使那些决策者情不自禁地在全世界到处伸手，终于先后陷于朝鲜战争和越南战争的泥潭而难以自拔。

面对这种情况，西方有些史学家对杜鲁门主义的根据、目标和手段以及方向是否正确、有无必要等问题，提出种种疑问。他们用大量材料说明，战后初期尽管苏联不准西方插手东欧，却并未把门关死，除了涉及本身安全的问题，苏联不仅不打算挑起争端，还确实愿与美国合作，以利于恢复本国经济。恰恰是垄断资本主义的本性决定美国对苏联发动咄咄逼人的攻势，引起了苏联的猜疑和不安全感。特别是在实行杜鲁门主义之后，苏联态度骤变，终于触发冷战，而使美国自己处于同世界人民为敌的境地。

尼克松政府上台以后，撤离越南，承认美国力量有限全面调整美国的世界战略，准备重整旗鼓，挽回颓势。这时有些史学家根据解密的政府档案，重新评价战后初期美国外交政策。有人认为，提出杜鲁门主义称不上是美国外交政策的重大转折点，不过是言辞胜过行动的宣传战。当时美国并无同苏联全面对抗的准备，它既没有控制世界的意图，也意识到自己没有这样的力量。美国的实际目标十分有限，主要是通过财政经济援助，稍后是军事援助，恢复欧洲的自信心，以形成对苏联的有效遏制。他们认为，当时美国的外交政策，在复兴西欧、维护美国国家利益、保卫西方文明方面是卓有成效的。直到朝鲜战争爆发，美国才错误地在全世界承担义务，企图遏制任何地方出现的共产主义。

实际上杜鲁门主义的出现，是在大战结束后，世界力量对比发生激烈变化的复杂情况下，由多方面因素促成的。它既是处于"顶峰"状态的美国领导人一心要按照美国的面貌"重建世界"的反映，也是苏联不因美国强硬而退却，而西欧中东却困难重重，美国急于"填补真空"的结果。

杜鲁门主义与罗斯福的"世界主义"蓝图，都以美国应该"领导世界"为出发点，都企图通过全球性安排来维护美国的利益，实质上都以称霸世界为最终目标。但两者在策略上是有不同的。战后的事实打破了罗斯福通过大国间合作和妥协安排战后世界秩序的设想，杜鲁门才改变其做法。他用援助盟友、遏制苏联代替了大国之间，特别是美、苏之间的"合作"，他不再把联合国当作美国领导世界的法宝，而是另搞一套更为方便，他不是小心翼翼地避免在欧洲明确承担义务，而是在和平时期同西欧国家结成政治军事同盟。

杜鲁门主义刚刚提出时，采取的实际行动虽仅仅是向希、土两国提供有限援助，似乎有煽动之心，无实干之意。但是，冷战的发动并不需要一上来就全面出击。既然美国决策集团对自己的实力估计得那么高，既然它们把世界看成只有美苏两家有资格争夺的天下，把各国共产党与苏联当成"铁板一块"，甚至把各国发生的一切革命或变革都看成是苏联操纵或利用，那么它们就势必四面出击，包打天下，把手越伸越长，把摊子越铺越大，直到四面碰壁，进退两难，才会发现自己"力量的限度"。从这个意义上说，美国从发动"冷战"到陷入"热战"，从充当"自由世界"的施主变为遭到世界人民反对的公敌，正是杜鲁门主义全部逻辑的必然结果。

本文参考书目：

[1]　Arthur M., Schlesinger, Jr, *The Dynamics of World Power*, *A Documentary History of United States Foreign Policy 1945—1973*, Vol. 2, Eastern Europe and The Soviet Union.

[2]　《战后世界历史长编》第 3 分册（1947 年）。

[3]　哈里·杜鲁门：《杜鲁门回忆录》，中译本。

[4]　Dean Acheson, *Present at the Creation*, *My Years in the State Department*, New York：Norton, 1969.

[5]　Joseph M. Jones, *The Fifteen Weeks Harcourt*, New York: Brance & World, 1955.

[6]　James Byrnes, *Speaking Frankly*, New York: Harper & Brothers, 1947.

[7]　D. F. Fleming, *The Cold War and its Origins 1917—1960*, Vol. 1, New York: Doubleday & Company, 1961.

美国麦卡锡主义的泛滥和破产

龚慧峰

1950—1954 年，美国共和党参议员约瑟夫·麦卡锡操纵参议院常设调查小组委员会等机构，捏造事实，制造谎言，大肆指控和调查所谓"共产主义的渗透"，对政府机构、军队和个人实行政治迫害和非法审讯，并摧残科学文化，迫害民主和进步人士，制造恐怖气氛，煽动反共歇斯底里。这股美国政治生活中极端反共反民主的潮流，被称为麦卡锡主义。这一短暂、黑暗的历史时期，亦被人们称为麦卡锡时代。

麦卡锡主义兴起的背景

麦卡锡于 1909 年 11 月出生在威斯康星州一个爱尔兰裔的小农场主家庭，1935 年毕业于马格特大学。当过律师，加入过民主党。1936 年以共和党人身份任州巡回法院法官，1942—1945 年在美国海军陆战队服役。1946 年当选为美国共和党参议员。

这位资浅而声名不好的参议员，据《光荣与梦想》一书作者威廉·曼彻斯特的说法，他是个恶棍。他目无定睛，喜欢酗酒，经常暗自窃笑，说话尖声刺耳，爱奚落别人。曾堕落到从一家房屋预制件公司纳贿 1 万美元、从百事可乐饮料公司的议院说客那里诈骗 2 万美元，曾从事过大豆期货投机和马票赌博。他是个撒谎能手，也是个品质低劣的政客，他不相信任何东西，只爱看到自己的名字见报和渴望继续担任参议员。

另一位美国史学家贝茨评论说，麦卡锡是一位"以一连串令人惊讶的谎言起家，靠这类谎言建功立业，最后又在谎言中了却其政治生涯的"。

那么，这位声名狼藉的政治投机家和蛊惑家，何以成为美国政治舞台上风云一时的人物，以他的名字命名的主义，为何在美国得以猖獗一时，使许多人深受其害，恐怖气氛笼罩整个美国呢？

　　麦卡锡并不只是一种"反共歇斯底里"的现象而已，也不是麦卡锡"患有人格分裂症"的结果。问题的答案，还要从战后政治经济形势的变化和当时美国统治阶级对内对外的政策、特别是反共"冷战"政策以及统治阶级内部两党斗争日益激化中去寻找。

　　众所周知，第二次世界大战结束后，德意日三国溃败，英法遭到严重削弱，而美国却依仗战争中膨胀起来的经济实力和军事实力，爬上了资本主义世界的霸主地位。与此同时，苏联的政治影响和军事实力也大大增强。处于扩张势头的美国通过"马歇尔计划"加强对西欧的控制。杜鲁门政府采取对苏联强硬政策，大造苏联"扩张"和"共产主义威胁"的舆论，以"冷战"政策来"遏制"苏联。1947 年 3 月抛出的"杜鲁门主义"，就是这种政策的主要标志。

　　杜鲁门政府的反共宣传和"冷战"政策，不能不对美国国内政治产生深刻影响，使美国国内出现一股反对"共产主义威胁"、迫害民主和进步势力的反共狂热。1945 年 6 月，美国发生了《美亚》杂志案件，美国联邦调查局对《美亚》杂志驻纽约办事处进行了搜查，搜出一批国务院文件，以此为由逮捕了《美亚》杂志主编贾菲等六人。这一案件涉及国务院，认为国务院内部渗入了共产党人或亲共分子，这就成为共和党人（包括麦卡锡在内）攻击民主党的好题目。1946 年 6 月，加拿大政府又宣布一起"苏联间谍案"，指控有 23 名身居要职的人，把原子弹秘密和铀的样品提供出卖给苏联，这一案件涉及参加美国研制第一颗原子弹的英国科学家克劳斯·富克斯等人，在美国引起了一阵关于"共产主义威胁"的喧嚷声，从而导致了"罗森堡夫妇原子间谍案"。1947 年初，杜鲁门政府颁布《联邦雇员忠诚法》，凡任何与共产党有瓜葛和涉嫌的人，都被认为是"不忠诚"分子和"危害国家安全"分子，尽属清除之列，规定国家机关人员都要进行"忠诚起誓"，声明与共产党无涉。

　　在国会立法方面，也加强了反共反民主的立法，1947 年的《塔夫脱—哈特莱法》，对美国工人运动下了一系列禁令，禁止政治性罢工，禁止工会把工会基金用于政治目的，工人参加工会，必须声明不是共产党员。1950 年，又颁布《国内安全法》，即《麦卡伦—伍德法》，规定一切共产主义组织，必须向司法部登记，并提供人员、干部、组织、财务情况。规定成立"疑覆活动管制委员会"，对共产主义组织进行管制。

上述事实充分说明，麦卡锡的发迹和麦卡锡主义的兴起，与美国对外的冷战政策和对内的反共政策是联系在一起的，至少为麦卡锡主义提供了条件。麦卡锡主义正是在一片"反共产主义威胁"的喧嚷中出笼的。所以美国一位史学家指出："政府在反共措辞上与麦卡锡并无多大区别。"

与此同时，麦卡锡主义的猖獗，也与美国共和党与民主党的激烈斗争有关。尽管在反对共产主义问题上，两党如出一辙，毫无分歧，但在1946年的中期选举中，共和党就牢牢抓住"共产党人渗入政府"这一题目，大做文章，共和党在竞选纲领中，就声称"要把共产党人清除出政府"。共和党在1946年中期选举中取胜后，就控制国会两院，对政府内部进行了大规模安全调查。

1949年，中国革命的胜利和美国在朝鲜战场的失败，对美国政治产生了重大影响，党派斗争随之加剧，共和党大肆攻击执政的民主党，把美国的失败归咎于民主党政府对共产主义的"软弱"，把民主党说成是"丢失中国"的罪魁。他们指责在对华政策上，国务院内部"渗入"了共产党人，这些人与政府外的一批"亲共"的远东问题专家联合在一起，使美国政府对中国作出了有利于苏联和共产党的决策，这些人要对"丢失中国负责"。因此，关于赫尔利辞职、马歇尔使华等，都成为经常攻击的话题。

在两党相互攻讦的过程中，共和党对麦卡锡的支持成为麦卡锡主义兴起的直接推动力，共和党借助麦卡锡作为把民主党赶下台的得力工具，而共和党在竞选中的胜利又助长了麦卡锡主义的盛行。

由于美国外交政策遭到一系列失败，如柏林危机、捷克二月事件和中国蒋介石政府被推翻以及朝鲜战争失败等，都成为以麦卡锡和塔夫脱等为代表的共和党议员攻击民主党政府对共产党"手软"，说政府中混进了"共产党间谍"的重要话题，要杜鲁门总统和艾奇逊国务卿下台。共和党操纵的众议院非美活动调查委员会从1948年开始，把"忠诚调查"的重点从政府以外的部门转移到政府内部，其中对"希斯间谍案"的审讯，使许多人相信和接受共和党对民主党的这种攻击性宣传。

1948年8月，自称曾是共产党工作人员的《时代》杂志高级编辑惠特克·钱伯斯在非美活动调查委员会上做证说，曾任卡内基国际和平基金主席、陪同罗斯福总统参加雅尔塔会议的国务院高级官员的阿尔杰·希斯是共产党员。希斯即予否认。但共和党议员理查德·M.尼克松却抓住不放。过了一段时间之后，他到钱伯斯在马里兰州的农场，拿到钱伯斯从一只南瓜里取出来的三个微型胶筒，冲洗出来的胶卷证明，希斯在 1937 年或 1938 年曾给钱伯斯数百页文件。由于诉讼时效的限制，这时已不能给希斯定间谍罪。大陪审团对他以伪证罪起诉。1950 年 1 月希斯被判刑五年。希斯案件所造成的气氛是，似乎政府中高级官员也"面对共产党的渗入丧失了辨别能力"，因而反共乃当务之急。杜鲁门政府尽管对国会的调查不满，还是加紧了对共产党和进步人士的迫害，1949 年 1 月以违反所谓史密斯法为名，把 11 名美共领导人交最高法院审判。一时间反共气氛甚嚣尘上。

麦卡锡主义的猖獗

　　随着当时各种矛盾的激化，麦卡锡主义的产生乃势在必然。麦卡锡正是利用美国"冷战"政策连遭挫折和希斯被定罪的时机，进行政治投机。这位"天才的煽动家"制造谎言，指控国务院，一时间使他成为美国的新闻人物，并提高了他的身价。

　　1950 年 2 月，麦卡锡在西弗吉利亚州惠林市共和党一个妇女俱乐部发表了一篇纪念林肯的演说。他手里挥舞着一本文件夹子，声称"我手上有一份205 人的清单"，这些人是在国务院工作、却从事颠覆活动的真正共产党人，还耸人听闻地说："国务卿都知道他们是共产党员，但他们仍在草拟和制定国务院的政策。"后又改口说不是 205 人的姓名，但"确实知道 57 个共产党员或者对共产党忠诚的人的姓名"。从此，麦卡锡就开始了法西斯式的迫害活动。

　　麦卡锡主义从开始泛滥起，就施展了无中生有、造谣中伤的伎俩。当麦卡锡在惠林演说一个星期后回到华盛顿时，不少人要他提出那次煽动性讲话的证据，他竟不知所措，还向惠林的业余无线电工作者提出，是否有人录下了他的演讲，因为惠林广播电台当晚广播了他的演说后就把录音带洗掉了。

　　由于麦卡锡演说给人的印象是政府仍在雇用像希斯这样的人，杜鲁门政府坚持要他说明证据。1950 年 2 月 20 日的参议院会议上，麦卡锡作为议员在讲台上点名是不能构成诽谤罪的，但他把卷宗移来移去，说只提号码不提具体姓名，结果在台上若无其事地站了六个小时左右，却没有具体指出任何共产党间谍。于是，在参议院民主党核心会议的要求下，由民主党议员米勒德·E. 泰丁斯组织调查委员会，对麦卡锡"揭露"的不忠诚分子进行一次全面的调查。泰丁斯委员会从 1950 年 3 月 8 日至 7 月 7 日，进行了长达 31

天的听证会，对麦卡锡的指控进行了详细调查，没有发现共产党或同情共产党者，麦卡锡的指控纯属"对参议院和美国人民的欺骗和戏弄"。这个报告在参议院表决时，共和党人支持麦卡锡，指责泰丁斯委员会的报告。由于共和党人的支持，不但没有搞垮麦卡锡的骗局，反而使他声名大振。在第二年秋季的国会竞选中，麦卡锡炮制了一张泰丁斯与共产党领导人白劳德握手的照片，泰丁斯在马里兰州落选，调查也就不了了之。

要指控就要有材料，弄清麦卡锡惠林演说材料的来源，就可以了解麦卡锡的忠诚调查究竟是怎么回事了。据他后来对记者讲，他那份讲话草稿的大部分是从其他共和党人的演说中剪剪贴贴抄来的。事实上，据《惠林消息报》报道，他从尼克松1月26日在众院的讲话里偷了一段，作为自己在惠林演说中的东西，两段话的内容几乎一样。他对颠覆问题的调查就是打了一个电话给《芝加哥论坛报》驻华盛顿办事处的威拉德·爱德华兹，获悉有两份关于国务院工作人员忠诚调查的文件。一份是前国务卿詹姆斯·贝尔纳斯1946年给众议员阿道夫·萨巴斯的信，说在总统负责安全的官员提出的284名不适宜在国务院工作的人中，被解雇的仅79名。麦卡锡把两个数字一减就变成了他掌握的205人。事实上在1950年，这205人中已有许多人不在国务院工作了。另一份是众议院拨款小组委员会的调查员罗伯特·李的调查报告，内容是对108名国务院工作人员档案的调查情况，他们与所谓《美亚》杂志案件有牵连。报告中提到这些人中仍有57人在国务院任职。麦卡锡在得到这两个数字时既无档案，也无原始材料，当时反共已是司空见惯，又有共和党人撑腰，麦卡锡也就可以无所顾忌地煽动反共，从而在"一夜之间出了名"。

泰丁斯委员会的调查，不仅没有使麦卡锡有所收敛，反而使麦卡锡主义变本加厉，横行全国。在朝鲜战争爆发后，恰逢中期选举，麦卡锡有恃无恐，利用美国在朝鲜战场上的失败，对罗斯福和杜鲁门的民主党政府的对外政策，特别是对华政策进行攻击，为共和党选举胜利效尽犬马之劳。他攻击罗斯福在雅尔塔会议上把"中国和波兰出卖给俄国"，并"为朝鲜战争设置了舞台"，说史迪威在中国的使命为"共产党征服"这个国家奠定了基础；说马歇尔任驻华特使时，帮助了中国共产党。总之，民主党执政的20年，是叛卖的20年。

麦卡锡在对华政策问题上大做文章，他乱扣红帽子，与国民党及亲蒋人士勾结一起，集中攻击国务院远东司，以及几位驻华使馆人员。其中受害最深的是谢伟思、戴维斯和范宣德，因为他们三人的名字都叫约翰，所以被称为要为"失去中国"负责的"三个约翰"。他们都曾是美国驻华使馆人员。谢伟思早在《美亚》杂志案件中，因发现有他去延安观察后写的报告底稿而被捕，后又宣告无罪释放。但到1950年，麦卡锡又指控谢伟思，虽然在小组调查委员会审查一年多以后宣告无罪，但被国务院解雇。戴维斯在1950年也被麦卡锡列入黑名单，一直受到审查，最后也被国务院解雇。范宣德在麦卡锡的黑名单中被列为第二号重点对象，麦卡锡不惜雇人去瑞士制造假邮件诬陷他，甚至动用戴笠在"中美合作所"期间的特务对范宣德盯梢的秘书报告，审查直到1953年2月才结束，取消了对范宣德的怀疑。

　　另外，有名的亚洲和中国问题专家、美国国务院远东问题顾问拉铁摩尔，也被麦卡锡列入黑名单，诬告他是苏联"在美国的第一号间谍"，1951年又对"太平洋学会"进行审查和指控，他又被列为主要对象，被迫流亡英国。另外，像进步作家斯诺、史沫特莱、斯特朗等，无不遭到打击和迫害。中国问题专家费正清也受到歧视和一定压力。

　　1953年2月开始，麦卡锡又派两名年轻助手罗伊·科恩和戴维·沙因对"美国之音"进行调查，借口是"美国之音"的"反共宣传已被冲淡"，该机构工作人员是"共产党的同情者"，麦卡锡的指控虽然毫无根据，但"美国之音"负责人和30名雇员不得不辞职。

　　最荒唐的是麦卡锡对国务院设在欧洲的图书馆和驻欧外交官的调查。他又派科恩和沙因为代表，进行了18天的旅行侦查，检查图书馆的书籍和秘密调查美国外交官的情况。这是一次十分荒诞和可笑的调查，这两个愚昧无知的代表的做法，对美国外交官来说是一种耻辱与难堪。结果，麦卡锡宣称，在海外图书馆中，有3万多种书是共产党及同情者写的，其中竟然包括马克·吐温的作品。许多书从图书馆书架上被移走，在麦卡锡一伙的压力下，美国许多地方发生了焚书事件。当时的欧洲报纸，将此事比作30年代希特勒的焚书运动。

　　麦卡锡煽动反共歇斯底里，到处捕风捉影，任意指控，制造白色恐怖。麦卡锡在1952年以吹嘘的口吻说："在过去的两年里，我从大西洋岸到太平洋岸，从墨西哥湾到加拿大边界到处发表演说，揭露政府中的共产党和亲共分子。"麦卡锡利用享有国会议员的豁免权，在国会随心所欲地提出指控和怀疑。谁要是对麦卡锡或麦卡锡主义稍有微词，谁就被认为是"顺从共产党的路线"，或是"叛徒"。受麦卡锡攻击的人，从政府官员到好莱坞电影演员，不一而足。当时几乎是没有什么东西不能怀疑的，而受到怀疑就等于有罪，因而很多美国人天天担心忽然祸从天降。"被指控为与共产党有牵连或共产党的人，直到今天还无法给自己完全洗掉污名"。在这种白色恐怖下，社会学教师如果不骂"共产主义奴役"，就有被解雇的危险，辛辛那那棒球红队一度改了名字；连美国小姐候选人都必须陈述对卡尔·马克思的看法。

麦卡锡利用听证会等进行非法审讯，实行法西斯式的迫害。麦卡锡惠林演说后，逐步操纵了参议院常设调查小组委员会，并迫使其他委员会也按照他对各种共产主义嫌疑分子的指控行事，尽管他并不是这些委员会的成员。除第一个受到麦卡锡听证审讯的霍普金斯大学研究亚洲问题的教授欧文·拉铁摩尔外，更多受到迫害的是民主进步人士和科学家，被称为"原子弹之父"的罗伯特·奥本海默先是被怀疑为苏联间谍受到指控，后被诬为叛国罪。最后经听证会多达992页"材料"的证实而剥夺了参加绝密工作的权利。年已83岁的争取黑人解放的卓越战士杜波依斯被非法扣押审讯。170个以上的进步团体遭到迫害。150个城镇通过并实施各自的"共产党登记法"，并据此逮捕美国共产党人和进步人士。许多加入美国籍的外国侨民遭到严重迫害。

1953年第83届国会开会后，麦卡锡充任政府工作委员会主席，并兼任常设调查小组委员会主席，从此迫害活动达到了一个新的高潮。1953—1954年，政府部门中8008宗"危害安全"人物案经由适当委派的委员会"证实"，其中3002人作为"安全上的危险人物"被解雇；另外5006人在自己案子受到审理前就"辞职"了。同时成千上万的履历被重新审查，许多雇员"不受歧视地"从敏感部门转到非敏感的部门去工作。事情发展到此，麦卡锡主义肆行迫害达到登峰造极之时，也是它破产的开始。

麦卡锡主义的破产

麦卡锡主义刚一出现，美国共产党、一些劳工组织和其他进步团体与人士就挺身而出，对其实质进行了有力的揭露。《工人日报》的编辑米尔顿·霍华德在他所著的小册子中尖锐指出，30年代大危机时美国的法西斯分子柯林神父曾叫嚷要走法西斯道路，麦卡锡就是柯林神父，他们都打着"反共"的口号。同时，报刊上出现了一股强大的反麦卡锡主义的舆论力量。有的指出麦卡锡主义是"爬行的法西斯主义"，如果不制止，这一法西斯主义就会站起来"行走"和"奔跑"。《时代》杂志 1951 年 10 月 22 日的文章把麦卡锡称为"蛊惑民心的政客"。《纽约邮报》1950 年 9 月的文章把麦卡锡主义称为"政治谋杀公司"或"诽谤公司",号召人民起来斗争。许多城市面对麦卡锡主义的迫害活动,出现了示威游行。群众集会的抗议信、书信、电报等频频投向国会和白宫。据艾森豪威尔所说,由于"一种强烈的反对麦卡锡主义的愤恨已在教育界、报界和宗教界中(其实是在一切有见识的人们中)形成了",麦卡锡主义本身已取代共产主义的"赤色恐怖"而成为人们的议论中心。

另外,当麦卡锡主义猖獗到了可能危及垄断资产阶级的根本利益时,也是为统治阶级所不能容忍的。麦卡锡"揭露"了政府中的共产党间谍,麦卡锡主义成为共和党右翼竞选的有效工具。共和党在 1952 年底的大选中获胜执政,并成了参议院多数党,但到了 1953 年底,麦卡锡到了权势的顶峰,居然把矛头对准了艾森豪威尔政府,他飞扬跋扈,插手外交,干扰艾豪森威尔任命查尔斯·波伦为驻苏大使。当任命前中央情报局长和驻苏联大使沃尔特·史密斯为副国务卿时,麦卡锡就以其曾指出麦卡锡有诽谤行为而予以指控,当任命前哈佛大学校长詹姆斯·科南特为驻德高级官员时,麦卡锡就称其信仰有问题而要求取消任命;当政府继续执行和英国缔结的互助条约时,麦卡锡却以英国和新中国有贸易往来而进行攻击。他甚至扬言要调查艾伦·杜勒斯任局长的中央情报局。共和党内出现这种分裂,当时已是众人皆知。民主党一位领导人称共和党"一半是麦卡锡的,一半是艾森豪威尔的"。美国统治阶级到这时已急于要把麦卡锡去掉。麦卡锡对陆军的调查就成了提供一次极好的机会。

1954 年 1 月,麦卡锡小组委员会在对陆军的忠诚调查中,发现陆军牙科医生欧文·佩雷斯拒绝回答全部问题,于是要他到听证会上做证。在这期间,陆军部给佩雷斯上尉晋升一级为少校,并让他从 1 月 18 日起算的 90 天内退役。麦卡锡闻讯立刻将佩雷斯召到纽约质讯,佩雷斯援引宪法修正案第 5 条①答辩了几个问题,回去后即申请退役并于 2 月 2 日获准。麦卡锡就抓住不放,追究谁提升了佩雷斯,谁让他退役。陆军也不示弱,进行了反击。

---

① 该修正案于 1791 年 12 月 15 日经第一届国会提议并批准。条文是:"非经大陪审官提出公诉,人民不受死罪或不名誉罪之宣告,惟发生于陆海军中或发生于战时或国难时服现役之民团中之案件,不在此限。……"佩雷斯是现役军人,退役后即可避免麦卡锡委员会的直接控告和迫害。

麦卡锡有两个得力的年轻助手，罗伊·科恩、戴维·沙因。这两人在麦卡锡委员会中有恃无恐，是无人敢碰的。沙因家乡的兵役局对此并不了解，将沙因征召入伍。1953 年 7 月，陆军部发出入伍通知。科恩提出要让沙因立即出任军官。这一要求被拒绝后，科恩等扬言要搞垮军队。麦卡锡委员会对佩雷斯听证调查的背景即在于此。而沙因入伍后无视军纪，仍频繁地参与调查委员会的活动。麦卡锡还直接和五角大楼通话，要求把沙因调回，结果没成功。陆军部这时就把沙因在部队的材料按月按日编好后抛了出去，指出麦卡锡用不正当的手段向陆军施加压力。参议院决定由麦卡锡的委员会调查此事，但麦卡锡不得在其中任主席。

1954 年 2 月 22 日，陆军部—麦卡锡听证会开始了，麦卡锡常以提出程序问题为由打断别人发言，接着便大谈共产主义威胁，占去很多时间。陆军起用的特别法律顾问是约瑟夫·韦尔奇，他在听证会进行到第 9 天时，抓住一份联邦调查局秘密信件是怎么落到麦卡锡手里这一问题把麦卡锡逼入困境。尽管听证会在举行了 36 天后，根据 7400 页证词对双方都作了指责，但麦卡锡的恶劣行迹在全国广泛传开。6 月 30 日，佛蒙特州共和党议员拉尔夫·弗兰德斯在参议院提出一项谴责麦卡锡的议案。在特别委员会讨论时，麦卡锡继续想用程序问题进行干扰，但已不能奏效，议案最后被通过。参议院在 12 月 2 日又以 67 对 22 的多数票通过了这一议案。其内容有两条。一是麦卡锡"屡次谩骂"小组委员会成员，"干扰了参议院的宪法程序"，其"行为有悖于参议员的传统，特予谴责"；二是麦卡锡指控他人的手段"是蓄意给参议院带来耻辱和声誉扫地的后果"，据此予以谴责。由于与陆军较量中失败，麦卡锡主义从此衰落而一蹶不振。

麦卡锡主义的产生，既适应了当时垄断资产阶级的需要，也有其个人的目的。无论从哪一方面看，麦卡锡都是一个品质低劣的政客，麦卡锡到处发难，以反共英雄自居，以捞取政治资本。垄断财团果然也找到了他这样的代言人，法西斯组织如"美国退伍军人团""民族主义行动者协会"之类以及院外援华集团则成了他的直接支持者。

麦卡锡主义从根本上来说，还是资产阶级专政的一种方式。民主和专制是资产阶级经常交替使用的两种政策，一般来说，统治阶级在经济繁荣时就采取较民主的政策，而在危机或社会动乱时，就诉诸于专制的政策。麦卡锡主义是美国统治阶级强化资产阶级专制的表现。正如艾森豪威尔所承认的："先于威斯康星州的约瑟夫·麦卡锡其人，麦卡锡主义就已问世了"，而麦卡锡被抛弃时，美国国内迫害共产党和进步人士的活动仍在进行。1954 年国会通过的《共产党管制法》宣布共产党为"非法"，并且把有"共产党渗入的"罢工和工会也列为非法。包括杜鲁门、艾森豪威尔和尼克松在内，统治集团内部许多人物都谴责麦卡锡，但他们谴责的仅仅是他后来的"方法"，而不是他所进行的指控和迫害。麦卡锡在 1957 年死于酗酒过度和急性肝炎后，包括白宫在内的所有政府大楼都下半旗志哀。相反，很少有记者，甚至是历史学家对他表示同情。到现在为止，大的出版社出版的大学教科书中，几乎没有一本书中对他作哪怕是折中的评价。

麦卡锡主义对美国政治、外交和社会等方面都产生了深刻的影响。经过麦卡锡主义近五年的泛滥，国内的民主和进步力量遭到严重摧残，这正达到了统治阶级纵容这场法西斯式迫害的目的。从 1954 年以后美国的内政外交来看，都向着更保守和反动的倾向转化。这不能不说是麦卡锡主义泛滥带来的恶劣影响。

本文参考书目：

[1]　黄绍湘：《美国通史简编》，人民出版社 1974 年版。

[2]　［美］威廉·曼彻斯特：《光荣与梦想》，商务印书馆。

[3]　［美］德怀特·D. 艾森豪威尔：《受命变革》，三联书店 1978 年版。

[4]　［美］托马斯·C. 里夫斯：《乔·麦卡锡生平及时代》，纽约 1982 年版（Thomas C. Reeves, *The Life and Times of Joe Mccarthy*, New York, 1982）。

[5]　［美］托马斯·C. 里夫斯编：《麦卡锡主义》，伊利诺伊 1973 年版（Thomas C. Reeves, ed. , *McCarthyism*, Zllinois, 1973）。

[6]　［美］米尔顿·霍华德：《麦卡锡主义及其弥天大谎》，纽约 1953 年版（Milton Houard, *McCarthyism and the Big Lie*, New York, 1953）。

[7]　［美］约瑟夫·莫顿：《麦卡锡其人及其主义》，加利福尼亚版（Joseph Morton, McCarthy, *the Man and the Ism*, California）。

[8]　［美］约瑟夫·麦卡锡：《麦卡锡主义，为美国而斗争》，纽约 1977 年版（Joe McCarthyism, *The Fight For America*, New York, 1977）。

战后初期美国对华
政策的制定与实施

张季良　李志卿

第二次世界大战结束后，美国大力推行夺取世界霸权的战略，加紧对外扩张。在远东，中国首当其冲成为美帝国主义侵略扩张的重要对象。

战后美国侵华战略的形成

1941 年 12 月太平洋战争爆发后，美国的战略方针是"先欧后亚"。为了利用中国的人力、物力去顶住和牵制日本，以减轻美国在太平洋地区所受的军事压力，美国不断向国民党政府提供贷款、租借物资，帮助蒋介石训练和装备军队；同时在"援助"和"共同对日作战"的名义下，扩大美国在华势力，加强对国民党政府的控制，并把它抬高到与美英苏并列的大国地位。

美国之所以重视中国，从近期目标来说，是利用中国减少美国人的牺牲来抗击和打败日本；从远期目标来说，不仅中国本身地大物博，是一个潜力很大的商品市场和原料产地，而且还指望在打败日本这个竞争对手之后，使中国取代日本成为美国在亚洲的主要据点，利用中国反对苏联，以实现其建立"国际新秩序"的设想。1943 年，罗斯福对英国海军上将蒙巴顿勋爵说，把中国当作大国，就可以在"战后一个时期"制止侵略，有了 5 亿中国人民作为盟友，"这在今后 25 年或 50 年是非常有益的"。罗斯福同艾登的谈话更坦率，他说："假如俄国和我们在政策上发生严重冲突，中国毫无疑问会站在我们一边。"当时，美国国务卿赫尔也说，战后"日本在将来很长时间内，失去作为东方大国的资格。唯一的东方大国就是中国了。因而，倘若要在远东获得稳定，并且确保这种稳定的任何安排，必须以中国为中心来进行"。

到了 1945 年，美国政府进一步考虑战后安排问题。1945 年初，美国国务院为罗斯福出席雅尔塔会议准备的文件指出，美国"继续支持中国现在的政府，作为中国人民承认的中央政府"，"盼望在它的体系之内，建立中国所需要的、统一的、有效的统治"。国务院主张由美国"负起领导责任，帮助中国发展一个强大的、稳固的和统一的政府，以便它可以成为远东的主要稳定因素"，并"争取英国和俄国的合作来达到这个目标"。文件直言不讳地承认，美国对华政策是根据所谓"开明的利己主义制定的"。这就意味着，由美国出面扶植蒋介石集团，巩固蒋介石政权对中国人民的反动独裁统治，并充当美国在远东的主要支柱。国务院的这个建议，事实上成为美国对华政策的指导方针。

后来，美国国务卿迪安·艾奇逊在致杜鲁门总统的信中谈道："和平来临时，美国对华政策面临三种可能的选择：（一）完全摆脱一切牵连；（二）实行大规模的军事干涉，帮助国民党消灭共产党；（三）一方面援助国民党尽可能在中国广大的地区建立其权威，一方面鼓励双方从事协商，尽力避免内战的发生。"据艾奇逊分析，第一种政策等于美国放弃了"国际责任"和对中国友好的传统政策；第二种政策"在理论上以及回顾起来，可能令人神往，却是完全行不通的"。他说，"战前10年里，国民党没有消灭共产党"，战后"国民党的力量业已削弱，意志消沉，且不得民心"，而"共产党的力量则较它过去任何时期更为强大"，而且美国人民显然不会允许"美国军队进行大规模的干涉"。

由于上述原因，美国不得不选择了艾奇逊讲的第三种政策，即一方面帮助蒋介石抢占胜利果实，另一方面力促国共两党进行谈判，诱骗中国共产党交出军队。赫尔利在中国的使命正是要执行这种政策。

赫尔利与美国的扶蒋反共政策

1944年9月，赫尔利以美国总统的私人代表身份来到重庆。不久，他就以"第三者"的姿态调处国共两党关系。1944年11月7日，赫尔利到延安与毛泽东主席会谈。11月10日达成以建立联合国民政府和联合军事委员会为中心内容的五点协议。赫尔利一再劝说蒋介石接受"五点协议案"，说这是"使共产党签订协议，将他们武装部队控制权交给国民政府的唯一文件"。赫尔利还直截了当地对蒋介石的一位亲信说："最重要的是引诱共产党交出军队，无论付出什么代价，如果能做到这一点，就算成功了"，但是蒋介石反对在协议中包含废除国民党一党专政、成立联合国民政府的条款，提出只有在"收编"人民武装后，才承认中国共产党的"合法地位"。中国共产党严正地拒绝了这种无理要求。

赫尔利并不甘心。1945 年 1 月 7 日，赫尔利致电毛泽东为蒋介石辩护说，"他深信国民党政府诚恳企望作一种使解决成为可能的让步"。提议国共之间继续谈判。1 月 24 日，国共两党恢复谈判，由于美蒋坚持"改编"中国共产党领导的人民武装，并交由蒋介石委派的美国军官指挥，谈判宣告破裂。

诱骗没有成功，赫尔利便企图采取强硬办法迫使中国共产党就范。2 月19 日，他在离华回国述职前夕，向美国政府提出反对美国援助中国共产党的建议，并表示他的"确定不移的立场是：在中国事实上能够有统一的军事部队和统一的政府之前，一切武装军阀、武装党徒和中国共产党的武装部队都必须没有例外地服从国民党的管辖"。赫尔利的主张得到罗斯福的支持。4 月2 日，赫尔利在华盛顿发表声明，攻击中国共产党，说中国统一的障碍在于"有武装的政党"，声称"美国已承认国民政府为中国的政府，并且在经济上、军事上和政治上支持它，但并不曾支持任何军阀或武装的政党"。这样，赫尔利自己就扯下了"第三者"的假面具。

在诱骗中国人民交出军队碰壁以后，美国政府在国际上加紧进行扶蒋反共活动。首先是极力争取苏联支持美国的对华政策，支持蒋介石政府，借助苏联对中国共产党施加压力。赫尔利曾说："我们相信，苏联的影响将支配中国共产党的行动。""如无苏联的支持，则中国共产党终将以一个政党的地位参加国民党政府。"

1945 年 2 月，美国为了换取苏联参加对日作战和支持蒋介石政府，在雅尔塔会议上，同苏联签订了损害中国主权的秘密防定，明文确定了在中国势力范围的划分，同意苏联恢复日俄战争前沙俄在东北的权益，承认外蒙古的独立现状，苏联承诺据此与蒋介石签订双边条约。而蒋介石在美国压力下，为了取得苏联对他的支持，也愿同苏联谈判，将美苏秘密交易变成中苏之间的正式条约。

4 月，赫尔利于返华途中访问伦敦和莫斯科，与英苏首脑讨论中国问题，争取他们支持"促进蒋介石委员长统治下的中国政治与军事的统一"。会谈后，他向国务院报告，说斯大林在会谈中"表示无条件同意"美国对华政策。但美国驻苏大使哈里曼和代办乔治·凯南对此持有不同看法。国务卿斯退丁纽斯采纳了哈里曼的意见。4 月 23 日对赫尔利发出指示，要他"认清"，"苏联现正忙着对付欧洲，不暇他顾"。"假若苏联开始积极参加远东舞台，那时，中国内部的统一还未建立"，"苏联会重新审查它的政策"。他要求赫尔利让蒋介石"充分觉察情况的急迫"，促使他"感觉必须早日得到政治与军事的统一"，并为同苏联建立一个"相互尊重"的关系打下基础。

德国投降后，为使苏联在雅尔塔协定中的许诺付诸实施，杜鲁门于 1945 年 5 月，派霍普金斯赴苏同斯大林会谈，促使苏联同意与蒋介石政府谈判，在苏联对日宣战，"苏军开进满洲"时，同蒋介石"作出必要的安排"。霍普金斯电告杜鲁门，说斯大林"希望在 7 月 1 日以前见到宋子文"，同蒋介石的代表商谈这个问题。

在美国的策划和怂恿下，国民党政府同苏联于 1945 年 8 月 14 日签订"中苏友好同盟条约"。美国和蒋介石政府用在旅大、中长铁路和外蒙问题上的对苏让步，换取了苏联承认美国在中国的特殊地位，承诺苏联只援助蒋介石的"中央政府"，而无意支持中国共产党。

条约签订后，美国政府自以为得计。赫尔利认为"蒋介石现在将有机会发扬实在而真正的领导地位。他将有机会发扬不仅在战时，且在平时作为中国人民领袖的资格"。美国驻苏大使馆在 9 月 10 日致国务院的电报中也说："由于俄国的保证，中共讨价还价的地位和企图获得军事支持的基础无疑大受削弱。"

在日本宣布无条件投降以后，美国再次策划"和谈"阴谋。就在"中苏友好同盟条约"签字的当天，蒋介石致电毛泽东主席，邀请他去重庆"共商和平建国大计"。接着在 8 月 20 日和 23 日又发了两封类似的电报。8 月 27 日，赫尔利又以"调解人"的姿态，飞往延安，亲自迎接毛泽东。

中国共产党为揭露美蒋"假和平、真备战"的阴谋，派出由毛泽东、周恩来、王若飞等组成的代表团，于 8 月 28 日到达重庆。10 月 10 日签订了一项"国共代表会谈记录"。实际上，蒋介石在美国支持下视"双十协定"为一纸空文。

赫尔利一面玩弄"和谈"阴谋；一面从政治、军事和经济上大力支持蒋介石政府，抢夺抗战胜利果实，阻止中共受降，帮助蒋介石抢占地盘，为发动内战出谋划策。驻华美军最高指挥官魏德迈建议蒋介石"首先控制长城以南、长江以北的地区，并在进驻满洲以前掌握该区陆上交通线"。鉴于蒋介石力量不足，后来他还建议"由美、英、苏三国在满洲成立托管制度，直至国民党政府强大安定足够完全负责控制该区为止"。

为了帮助蒋介石抢夺地盘，美国决定利用日军和伪军"维持治安"，抗拒人民军队受降。杜鲁门说，这种利用日本军队阻止共产党人的办法是"国防部和国务院联合决定而经我批准的"。与此同时，美国从空中和水上运送国民党军队到人民解放军所包围的大城市、交通线及进攻解放区的前线。美国还借口解除日军武装，直接派遣海军陆战队在中国登陆，进驻青岛、天津、秦皇岛等地区。

赫尔利露骨地推行扶蒋反共的政策，遭到中国人民的坚决反对。美国的政策是既要支持蒋介石政府，又不希望卷入和加深中国的内战，但蒋介石的做法却与此背道而驰，他以美援为后盾，有恃无恐地一心扩大内战。美国政府也一时无法拿出一个明确的、使对华政策能够摆脱困境的办法，美国统治集团内部为此发生不同政策的争吵。1945 年 11 月 26 日，赫尔利被迫宣布辞职。

马歇尔的"调停"骗局

鉴于赫尔利的失败，美国决定继续玩弄反革命两手。1945 年 12 月 15 日美国总统杜鲁门发表了一篇对华政策声明，一方面宣称国民党政府是"中国唯一的合法政府，为达到统一中国之恰当机构"，叫嚣"自治性军队，例如共产党军队那样的存在，乃与中国政治团结不相符合"；另一方面声称"美国竭力主张中国国内各主要政党的代表举行全面会议，商量办法，使它们在中国国民政府内享有公开有效的代表权。为此要求修改……一党训政制度"。

为实现美国政府这一目标，杜鲁门派遣原陆军参谋长、五星上将马歇尔作为总统特使，于 1945 年 12 月 20 日来华，演了一出由美国出面"调停"国共两党关系的文明戏，力促实现一个由蒋介石领导下的统一政府，从而有效地控制中国。

马歇尔到中国的第二天就与蒋介石进行会谈，消除了蒋介石对这位特使的疑虑。接着 23 日与共产党代表进行会谈。但是他对苏联难以放心。为此，特于 12 月 26 日致电在莫斯科参加三国外长会议的国务卿贝尔纳斯，迫切想要获得会议情况。直至收到国务卿的复电，内称"目前他（指斯大林）打算履行其对华条约，不会同意去干什么事情来破坏我们为统一中国所作的努力"后，才如释重负，大胆推行美国的侵华政策。

　　在马歇尔的"调停"下，1946年1月7日正式成立以他为主席的三人军事小组，中共代表周恩来，国民党代表张群（后改为张治中等人）。1月10日签订"停战协定"，规定13日停止全国一切军事冲突和调动，还规定在北平设立军事调处执行部，负责停战协定的实施。1月10日至31日召开政治协商会议，通过五项协议。2月25日签订了国共两党军队比例为"5：1"的整军方案。

　　马歇尔来华后，表面以公正的"调解"者自居，努力促成双方停战，事实上并非如此。他私下积极为蒋介石出谋划策，极力加强国民党政府的地位。1946年1月23日，马歇尔在向杜鲁门汇报的电文中，道出了他的一片"苦心"。他说："我已告诉委员长（按指蒋介石），按照我的意见，有两个因素使他绝对必要与共产党尽早建立统一的政府和军队问题达成一项协议。第一，在目前形势下，中国很易受到俄国人小规模渗透方法之害，从而使共产党政权得到加强，而国民政府在中国西北及满洲对俄国的相对地位逐步削弱。第二，明显的是，美国陆、海军力量在中国不能继续留驻很久。"马歇尔所谓的"调停"就是想通过协定的方式，束缚中国共产党的手脚，待蒋介石在全国站稳脚跟后，最后全部吞并或消灭共产党的军事力量。

　　马歇尔处处偏袒国民党政府。当国民党军队破坏停战协定，在东北大举进兵，甚至在沈阳扣留战地小组的共产党代表时，他视而不见。而当解放军收复法库，解放长春之后，他却急忙出来"调停"，让共产党交出长春。

　　马歇尔来华不久，便致电杜鲁门催促美国政府就建立美国驻华军事顾问团提出具体方案。在他的敦促下，杜鲁门于1946年2月25日向国务卿、陆、海军部长颁发了建立美国驻华军事顾问团的指令。3月19日，军事顾问团正式成立。4月29日与蒋介石达成"关于美国驻华军事顾问团的协定草案"。规定该团的宗旨是"帮助并指导中国政府（指国民党政府）发展现代化的武装部队，以便……对包括满洲与福摩萨（指台湾）在内的中国解放区（指从日本人手里收回的失地）建立充分的控制，并维护国内和平与安全"。这个拥有1000多名官兵的顾问团成为美国政府策划和指挥国民党反动派向解放区大肆进攻的机构。

　　马歇尔一面出面"调停"，一面向蒋介石政府提供大量军火及其他物资。在马歇尔来华后半年内，即从1945年12月到1946年6月，美国政府供给国民党的物资共值13.35亿美元，等于日本投降前五六年间美国给予国民党政府租借物资的2倍。此外，美国还继续为蒋介石装备、训练和运送军队，用美国军舰和飞机把国民党军队送到东北、华北和华东各解放区前线。

在美国的支持下，蒋介石先在东北进犯共产党军队驻地，接着于6月26日又大举进攻中原地区，挑起全面内战。国民党反动派叫嚣要在半年内消灭人民解放军。7月底国民党国防部长白崇禧在新乡召开的军事会议上讲："美国友人马歇尔将军曾责备我们关外没有打好，国民党军队太没用。所以这次大家必须争口气，否则马歇尔将军又将责备我们无用。"马歇尔的"调停"骗局昭然若揭。

在美国支持蒋介石发动全面内战之后，1946年8月10日马歇尔和美国驻华大使司徒雷登发表联合声明宣称："冲突日益扩大，有蔓延全面而不可收拾之势。……双方显然无法就此问题获得解决……"实际上宣告"调停"失败。

11月12日，蒋介石召开伪"国大"。马歇尔的"调停"文明戏再也演不下去了，于1947年1月7日离华。他在华期间，虽然在军事上帮助蒋介石取得一些暂时性的胜利，但他的根本任务，即诱骗中国共产党放弃武装斗争的任务没有能够完成。

美国政府内部关于对华政策的争吵

赫尔利和马歇尔在中国的失败，引起美国统治集团内部的争吵。这场争吵主要是围绕美国对华战略在其全球战略中的地位以及美国扶蒋反共的方式和程度问题展开的。

杜鲁门和马歇尔等人主张优先"援助欧洲"，接连提出了"杜鲁门主义"和"马歇尔计划"，害怕在中国陷得太深；而一部分共和党人和军方人士则主张"欧亚并重"或以"亚洲为重点"，主张继续援助蒋介石，"遏制"共产主义。

1947年1月马歇尔出任国务卿后，立即指示远东司司长范宣德起草一份政策性文件。2月7日范宣德拟就一份"美国对华政策备忘录"。提出了"八点建议"，主张"不向中国提供将会助长或鼓励内战的任何形式的军事援助"，"对华的经济援助应以改善其状况为先决条件"。2月21日，马歇尔将副本抄件送交陆军部长帕特森和海军部长福莱斯特尔。这两人对"八点建议"提出不同意见。帕特森反对向蒋介石提供军事和经济援助附加条件，他认为"美国决定在取得积极的政治进步以前不提供经济指导和援助，这等于决定在可以预见的将来，我们对这个问题将不采取任何行动"。福莱斯特尔认为，"如果派一个财政经济使团去中国，有一项道威斯那样的打算，美国在华地位就会改善"。6月9日，参谋长联席会议提出了一份研究报告，认为"在日本被解除武装和被占领的情况下，当前在亚洲能够那怕是表面上抵抗苏联扩张的唯一亚洲政府，就是中国国民政府"。报告主张："以保证不滥用援助为条件，对国民政府提供仔细计划的、有选择的和认真监督的援助，肯定有助于美国的安全利益。""它（指援助）应能使中国更有效地抵制苏联在远东的扩张主义的势力。"而范宣德在给马歇尔的备忘录中说："远东事务司与参谋长联席会议观点上的根本分歧，在于各自对下面问题的回答：在蒋介石要用武力把共产主义从中国消灭掉的尝试中，美国向其提供直接和大量援助的政策是否可取和行得通？"范宣德回答说："远东事务司的回答是，过去是、现在仍然是'否'。因为，这样一种行动（1）必然导致直接介入中国内战；（2）将招致苏联同样介入中国共产党一方；（3）除了我们准备接过中国的军事行动和行政机构的指挥，并无限期地留在中国之外，将一无结果；（4）将招致中国人民的强烈反对；（5）将在中国承担一项……不协调的战略义务。"马歇尔认为参谋长联席会议的建议不十分现实。副国务卿艾奇逊也赞同范宣德的观点。国务院与军方争执不下。最后，马歇尔建议请杜鲁门总统裁决。

在国会讨论杜鲁门援助希腊、土耳其的咨文和"马歇尔计划"期间，美国统治集团在对华政策上的争吵更加激烈。共和党众议员周以德声称"我不能投票赞成在前线的一方投资约200亿美元，而同时在另一条对我们的未来同样至关重要的前线却退却下来"。共和党总统候选人杜威把共产主义诬蔑为"坏疽病"，把欧亚两洲比作两条腿，说什么"只医治一条腿的坏疽，病人是不能得救的"。美国驻日本占领军总司令麦克阿瑟更是认为"与欧洲可能发生的任何事情相比，中国共产党的胜利，对美国是更大的威胁"。

杜鲁门、马歇尔等极力为其对华政策辩解，坚持美国"必须把紧急援助集中在那些……对建立世界政治稳定和经济稳定最有效的地区"，即欧洲。认为"中国太大，问题太复杂"，"不能采取对待希腊、土耳其的政策对付中国"。因为国民党腐败无能，不会有效地利用"美援"，"要想在最近的将来削弱中共使之成为中国一个完全无足轻重的因素，美国就得在实际上接受中国政府"，"但是中国对于主权遭受侵犯，有着强烈的敏感，在所有中国人中间都存在着强烈的民族主义情绪，同时美国也无法提供大量的合格人员"。

但是，马歇尔等人也认为拒绝援助蒋介石"是违背美国利益的"。1948 年 2 月 12 日，马歇尔向国家安全委员会指出："我们既担不起完全撤回对蒋介石的支持的后果，也负不起使我们的资源投入无底深渊的责任。"

1947 年，美国统治集团在对华政策上意见纷纭，举棋不定；而中国人民解放军已开始由战略防御转为战略进攻。在这种情况下，杜鲁门派魏德迈来华，"考察"了两个多月。魏德迈在离华前夕，指责国民党政府腐败无能，强调中国要有"令人振奋的领导"，"必须立即实行激烈的、远大的政治经济改革"。蒋介石对此非常恼火。

杜鲁门、马歇尔为了安抚蒋介石和争取国内反对派支持其欧洲复兴计划，决定采取一种"有限度的援助政策"。1947 年 9 月 15 日任命沃尔顿·巴特沃思接替范宣德为远东事务司司长，着手拟定援华方案。1948 年 2 月 18 日，杜鲁门把总额为 5.7 亿美元的援蒋法案送交国会。经过一番辩论，国会于 4 月 2 日通过了"1948 年援华法案"。其中 3.25 亿美元为"特别补助"，由国民党政府"斟酌使用"，实际上，包括军事援助在内。这样美国统治集团内部的争吵方告一段落。

美国扶蒋反共政策的破产

美国政府的决策人士深知国民党政府腐败无能，不得人心，要它"充当反对共产主义的工具"，"远非理想"。但又认为它"目前是唯一可供使用的工具"，"别无其他选择"。为使国民党政府苟延残喘，马歇尔、司徒雷登等人一再要求国民党政府进行必要的"改革"。改革的要点是"在政府与少数党里，自由主义分子必须处于领导地位"。1947 年 10 月司徒雷登致函马歇尔，主张"利用每一个机会来强调中国政府必须行动，使自由主义分子处于领导地位，削弱反动集团的势力，并推动基本的改革措施"。杜鲁门在 1948 年 3 月 11 日的记者招待会上也宣称："中国自由主义分子与中国共产党人有极大区别。……我们主要是对这些人感兴趣。我们愿看到他们被容纳进中国政府里去。"

在美国的压力下，蒋介石演出了一场"民主改革"的闹剧。1948 年 3 月 29 日至 5 月 1 日召开伪"国民大会"，"选举"蒋介石当伪"总统"。在选举副总统时，竞争非常激烈。美国希望选举李宗仁，认为李是能聚集"大部分自由主义分子的候选人"，他"已经以伟大的改革者的姿态出现"。但李宗仁当选后，并没有掌握实权。李宗仁抱怨说，他"不能做任何事情，因为委员长（按指蒋介石）仍然控制着党、政府、财政及军队"。美国政府导演的这场"改革"闹剧不仅没有收到预期的效果，反而使国民党威信更加扫地，内部矛盾进一步激化。

蒋介石登上"大总统宝座"之日，即国民党政府走向崩溃之时。1948 年 9 月中旬至 1949 年 1 月底，中国人民解放军发动了辽沈、平津和淮海三大战役，歼敌 150 多万人。中国人民解放战争的全面胜利，已成定局。

美国政府眼看大势已去，焦急万分。政府中有些人主张派美军同国民党军队一起固守长江一线，利用天险阻止解放军南下。也有人主张让美国军官在顾问名义下直接指挥蒋介石部队作战。马歇尔认为："当此中国政府在民政和军事两方面的权威分崩离析之际，美国从事如此荒诞不经之冒险，实乃勇而无谋之举。"但美国并不肯就此罢休，又玩弄新的花招。1949 年 1 月迫使蒋介石"引退"，由李宗仁代理总统，用"和谈"作为缓兵之计。这个阴谋也没有得逞。4 月 21 日中国人民解放军横渡长江，蒋家王朝迅速崩溃。1949 年 8 月，杜鲁门政府为推卸对华政策失败的责任，发表了《美国和中国的关系》（简称白皮书），成为一张无可奈何的自供状。它承认"中国内战的不幸结果为美国政府控制所不及"，美国"曾经做或能够做的，都不能改变这个结果"，这是"不幸的，但也是无法避免的事实"。

1949 年 10 月 1 日，毛泽东主席在北京庄严宣布中华人民共和国成立。这标志着美国侵华战略的破产。这是第二次世界大战后美国全球战略最严重的失败。美国 1973 年出版的《光荣与梦想》一书承认："美国在欧洲取得的成就，诸如杜鲁门主义、马歇尔计划、北大西洋公约组织等等，在亚洲这个灾难事实面前，似乎都被一笔勾销了。"

但是，美国统治集团仍没有从失败中吸取应有的教训。在蒋介石集团逃往台湾后，美国政府经过很短一段时间的犹豫、观望，又继续执行敌视中国人民的政策，企图长期霸占我国神圣领土台湾省，结果为此付出了沉重的代价。

本文参考书目：

[1]　《毛泽东选集》。

[2]　《中美关系资料汇编》。

[3]　Foreign Relations the United States，1946，Vol. 9，the Far East：China（《美国

对外关系》1946 年第 9 卷《远东，中国》）。

　　[4]　Foreign Relations the United States，1946，Vol. 10，the Far East：China（《美国对外关系》1946 年第 10 卷《远东，中国》）。

　　[5]　Foreign Relations the United Staees，1947，Vol. 7，the Far East：China（《美国对外关系》1947 年第 7 卷《远东，中国》）。

　　[6]　Foreign Relations the Unieed States，1948，Vol. 7，the Far East：China（《美国对外关系》1948 年第 7 卷《远东，中国》）。

　　[7]　《战后世界历史长编》。

　　[8]　[美] 哈里·杜鲁门：《杜鲁门回忆录》，中译本。

　　[9]　[美] 威廉·曼彻斯特：《光荣与梦想——1932 至 1972 年美国实录》，中译本。

战后美国的黑人运动

李 青

第二次世界大战后，美国广大黑人反对种族歧视和压迫的觉悟不断提高，黑人运动蓬勃发展。20 世纪 50、60 年代发生的大规模黑人民权运动和抗暴斗争，更以磅礴的气势震撼了整个美国社会，引起世界各国人民的关注、同情和支持。

战后初期黑人运动的兴起

自从奴隶制度在美洲建立起，黑人就开始了反抗奴役的斗争。绵亘 200 多年的奴隶制度因 19 世纪 60 年代美国内战而解体，黑人世世代代争取人身解放的斗争终于获得胜利。然而，奴隶制的废除并没有给黑人带来真正的自由和解放。虽然他们不再是奴隶了，但依然饱受种族歧视和压迫。在黑人人口最多的南部诸州，种族歧视和隔离制度尤为猖獗，广大黑人的处境极为悲惨。宪法中有关禁止歧视黑人的条文徒具虚文，不能保证黑人的正当权利。美国实际上依然为两个社会，即白人社会和黑人社会。黑人在美国被视为"次等公民"，他们绝大多数被剥夺选举权和受教育权。在就业、工资、住房、公共服务设施等方面，备受歧视和凌辱。美国黑人约占全国总人口的 12%，他们仍然生活在社会的最底层，成为长期贫困的"下层阶级"。在"解雇在先，受雇在后"的原则下，黑人的失业率比白人高出 1 倍以上。尤其在美国南部 12 个州是美国黑人最集中的地区。实际上存在着一条长 1600 英里、宽 300 英里的"黑人地带"，他们备受奴役和歧视。三 K 党等种族主义组织的私刑和其他恐怖活动，使广大黑人连起码的人身安全都得不到保障。总之，内战后黑人仍然一直处在美国社会的底层，遭受各种侮辱和损害。

热爱自由的美国黑人为反对种族歧视和争取平等权利进行了长期不懈的斗争。1910 年成立的全国有色人种协进会，在反对种族压迫特别是在办理有关种族权利的诉讼案件方面开展了大量的工作。但囿于它的改良主义和渐进主义，只能在法律范围内进行某些斗争，收效不大。直到第二次世界大战后，美国黑人反对种族压迫的斗争才发展成为波澜壮阔的群众运动。

大战期间，由于军需工业急剧发展，劳动力匮乏，罗斯福政府于 1941 年宣布在国防工业部门雇用工人时不得因种族、肤色等原因而有所歧视，并且成立了"公平就业实施委员会"。大批黑人由南部乡村迁入北部和西部城市，黑人无产阶级的队伍逐渐壮大。在反法西斯战争期间，美国黑人（特别是在海外作战的黑人士兵）开阔了眼界，受到了深刻的启发，从而促使他们将反对纳粹种族主义同反对国内种族主义的斗争联系起来。战后亚非国家有色人种反对帝国主义和争取民族独立斗争的胜利，也鼓舞了美国黑人的斗志。社会主义国家和世界进步舆论对美国黑人反对种族歧视的斗争寄予无限同情，并给予坚决支持。由于上述种种因素所形成的推动力，美国黑人运动在战后进入一个蓬勃发展的新时期。

战后头 10 年，美国黑人运动的主要内容是进行合法斗争。但这期间，也曾发生过数次群众性斗争。如战后初期的 1946 年发生在田纳西州哥伦比亚市的一次规模较大的群众斗争。这年 2 月 25 日，该市一名老年黑人妇女遭白人种族主义分子殴打，她的儿子——退伍军人史蒂文森为保卫老母，亦被毒打。暴徒们还开车闯进黑人区，用枪射击住宅。黑人群众奋起抵抗。接着，500 名警察和国民警卫队带着机枪开进黑人区，袭击黑人，抢劫财物，破坏房屋。黑人英勇还击。最后至少有 100 名黑人被捕，其中半数是退伍军人，31 名黑人被控以谋杀罪和同谋罪。在这次事件中，黑人的斗争得到社会的广泛同情，一些反种族主义的群众团体积极发起营救运动。反动当局在黑人坚决斗争和全国进步舆论的压力下，被迫将逮捕的黑人大部分释放。黑人退伍军人通过这次斗争成立了一个争取黑人平等权利的进步组织"美国黑人和退伍军人联谊会"。

这个时期，美国黑人还向外部世界控诉美国剥夺黑人基本权利的情况。1947 年，全国有色人种协进会曾向联合国提交由著名黑人学者和战士威廉·杜波依斯博士起草的请愿书："关于否认美国黑人公民的少数民族人权的声明；请求联合国予以匡正的呼吁。"这份长达 154 页的文件，要求联合国保证黑人的生存基本权利，消除美国的种族歧视。1951 年，由黑人共产党员领导的左翼组织"民权大会"向联合国提交"我们控告（美国实行）种族灭绝"的请愿书，陈述美国南部黑人惨遭私刑等种种遭遇，呼吁联合国根据"防止及惩办灭绝种族罪公约"对美国采取行动。

1949 年，弗吉尼亚州马丁斯维尔城，七名黑人青年被诬告为"强奸罪"被判处死刑，激起全国抗议。但这七名青年在 1951 年 2 月被杀害，黑人民权保障大会将 2 月 2 日定名为"马丁斯维尔蒙难者纪念日"。

1951 年 10 月，全国黑人劳工协会在辛辛那提成立，号召保卫黑人工人的政治和经济权利，争取就业和晋升的平等权利而斗争。美国黑人运动在经历了战后初期短暂的高潮之后，从 1947 年下半年开始进入一个低潮时期。这是战后美国统治阶级加紧迫害进步力量、尤其是麦卡锡主义猖獗一时所造成的。从战后到 1954 年期间，美国黑人主要是在法院进行合法斗争，促使联邦最高法院和地方法院作出一些反对种族歧视和种族隔离的判决。

总之，战后最初 10 年，美国的黑人运动具有短暂和分散的特点，也缺乏坚强的领导和一致的目标，因而没有出现十分高涨的斗争形势，规模也相当有限。

美国 50 年代后期的黑人民权运动

50 年代后期，黑人斗争进入了一个新阶段。1954 年 5 月 17 日，最高法院就"布朗控告托皮卡市教育委员会"一案所作的判决，否定了 1896 年在"普莱西控告弗格森"一案的判决中所确立的"隔离但平等"的原则，而宣布在公立学校里实行种族隔离制为违反宪法。但由于南部各州以种种方式抵制，这项历史性的裁决形同一纸空文。南部几个最保守的农业州进行强烈的抵制，使黑人儿童因种族隔离而被剥夺了受教育的机会。直到这一判决作出六年之后，弗吉尼亚州在 211000 名黑人学生中，只有 170 人进入黑白人兼收的学校，北卡罗来纳州 319000 名黑人学生中，只有 50 名；佛罗里达州 211000 名黑人学生中，只有 755 名；得克萨斯州 288900 名黑人学生中，只有 3500 人。

1957 年 9 月发生的小石城事件，足以说明消除学校种族隔离制是一场严重的斗争：阿肯色州小石城中心中学在新学期招收九名黑人学生入学。州长奥瓦尔·福布斯表示坚决反对。开学之日，福布斯派遣国民警卫队阻拦黑人学生入学。后来迫于联邦法院和社会舆论压力，才撤走国民警卫队。9 月

23 日，黑人学生入学才三个小时，大批种族主义分子闯进学校闹事。1000
多名暴徒在市内逞凶，逢黑人就打。"小石城事件"震惊了全国和全世界。
美国总统艾森豪威尔在世界舆论压力下，下令派军队去保护九名黑人儿童
入学。

"小石城事件"使美国黑人运动打破了沉寂，重新活跃起来。经过 10 年
积聚力量，战后美国黑人运动由合法斗争发展到非暴力直接行动的新阶段，
史称"民权运动"。

黑人民权运动，主要是指 50 年代中期到 60 年代中期美国南部黑人和一
些白人同情者以抵制、静坐、游行、"进军"等非暴力抗议手段争取黑人选
举权、受教育权、享用公共设施权和经济机会平等的大规模群众运动。民权
运动的领导人物是黑人中产阶级知识分子和宗教领袖，而广大黑人学生、城
市贫民、自由职业者和妇女则构成运动的群众基础。

民权运动的兴起同当时国内外历史条件密切相关：在国际上，非洲人民
反对殖民主义和争取民族独立斗争取得辉煌成就，极大地激发了美国黑人的
战斗精神。在美国国内，那时恣意摧残进步势力的麦卡锡主义已经失势。就
黑人本身状况看，由于南部农业机械化使大批黑人从农村流入城市，他们在
就业、住房和公共设施等方面受歧视的情况较以往更为严重，矛盾愈益尖
锐。黑人运动原先基本在法院进行斗争的局限性促使他们探索新的斗争道
路。黑人运动的新领袖马丁·路德·金号召黑人群众抛弃"渐进主义"，走
上街头，开展非暴力直接行动。于是，美国黑人民权运动一浪高过一浪地开
展起来。

揭开民权运动序幕的，是阿拉巴马州蒙哥马利市黑人抵制公共汽车运
动。1955 年 12 月 1 日，下班回家的黑人女裁缝罗莎·帕克斯乘坐公共汽车
时，因拒绝将其座位让给一个白人而被警方逮捕。几天后，她又以违反隔离
法的罪名被法院判处监禁。消息传出，该市黑人忍无可忍，决心团结一致抵
制公共汽车。在以马丁·路德·金为主席的市政改进协会的指导下，全城数
万黑人克服重重困难，坚持斗争达一年之久。1956 年 11 月，美国最高法院
作出在公共汽车上实行种族隔离为违反宪法的判决，蒙哥马利市黑人这场震
撼全国的抵制斗争终于获得胜利。

蒙哥马利市事件意义重大。全市黑人群众在抗议运动中团结一致，非暴力
直接行动的策略初试锋芒，标志着战后美国黑人运动进入一个新阶段。新的黑
人组织和领袖应运而生。以马丁·路德·金为首的"南部基督教领袖会议"于

1957年组成，这是黑人民权运动最有影响的组织，它主要负责协调各非暴力组织的行动，以加强对黑人运动的领导。马丁·路德·金根据基督教义和甘地主义，提出非暴力主义这一纲领性口号，作为民权运动的指导方针。

1960年，民权运动的主要内容是静坐示威。这年2月1日，北卡罗来纳州格林斯博罗市四名黑人大学生到伍尔沃思百货公司饮食部买咖啡。白人女侍者拒绝服务，并要他们走开。黑人学生坚决不走，一直坐到下班，以示抗议。此后，越来越多的黑人学生不顾种族分子的辱骂、殴打，每天坚持静坐。这场静坐斗争很快由北卡罗来纳扩展到弗吉尼亚、田纳西和南卡罗来纳，继而席卷南部各州。静坐示威运动从饮食业不久扩展到其他公共场所，如在公共图书馆的"静读"示威，在剧院和影院中的"静站"示威，在教堂中的"静跪"示威，在车内用餐饭馆的"车内静坐"示威，以及在游泳池和海滨浴场的"涉水"示威等。静坐斗争对于民权运动的发展具有重大意义，因为它不是像蒙哥马利市那样的抵制斗争，而是主动去冲击种族隔离制，它的范围不再局限于某一城市，而是扩展到整个南部。在静坐斗争中诞生了民权运动另一著名组织——学生非暴力协调委员会。这是1960年4月由全国60个静坐运动中心的代表和北方19所大学的代表在罗利市成立的。

1961年民权运动的主要目标是反对长途汽车上的种族隔离制。这年5月，南部发生两次著名的"自由乘客"运动。第一次由种族平等大会发起，该组织的七名黑人和六名白人于5月4日从首都华盛顿出发，驶往新奥尔良，他们在长途汽车上有意实行黑白混坐，以无畏的气概向南部种族隔离制挑战。14日，这些乘客在阿拉巴马州安尼斯顿遭暴徒袭击，12名乘客受伤住院，汽车被暴徒投进车厢的燃烧弹焚毁。第二次"自由乘客"运动由学生非暴力协调委员会发起，八名黑人和两名白人乘车于5月17日出发。他们虽然在途中遭暴徒毒打，仍以百折不回的毅力勇往直前。5月25日抵达目的地密西西比州杰克逊市后，全体"自由乘客"被警方逮捕。6月到8月，又有几批"自由乘客"勇敢地向南部挺进。他们不畏强暴的精神和种族主义分子的暴行，从正反两方面教育了黑人群众，激发了他们的斗争意志。"自由乘客"和广大黑人坚韧不拔的斗争，终于迫使美国州际商务委员会于1961年9月22日宣布取消州际汽车上的种族隔离。

1962年民权运动的重点是争取南部黑人选举权。学生非暴力协调委员会同种族平等大会、南部基督教领袖会议、全国有色人种协进会等组织联合起来，在密西西比州的黑人中开展选民登记的教育活动。许多大学生放下书本，离开学校，深入到黑人群众中去工作。总的来看，选民登记活动在城市里取得了进展，但在农村遇到种族主义势力的顽抗和破坏，收效不大。

民权运动在 1963 年达到高潮。这一年，在南部 11 个州的 115 个城市，发生 930 起抗议示威。4 月 3 日，在美国种族隔离最严重的城市——阿拉巴马州伯明翰市，爆发黑人抗议种族隔离和争取自由平等权利的斗争。在马丁·路德·金领导下，黑人群众连续多次举行抗议示威。该市警察局长、种族主义分子尤金·康纳指挥大批军警用警棍、警犬、高压水龙头镇压示威群众，马丁·路德·金和 2000 多名示威者被捕。但伯明翰黑人群众毫不动摇，并决定举行更大规模的示威。5 月 9 日，当局迫于黑人群众的强大压力，不得不接受黑人提出的四项要求：取消闹市区各种服务设施的种族隔离；黑人在就业与晋升方面不受歧视；释放被关押的示威者；成立黑白混合委员会研究取消伯明翰市种族隔离问题。

8 月 28 日，25 万黑人和白人同情者在首都华盛顿举行了该市有史以来规模最大的示威游行——争取就业、争取自由的"自由进军"。这是战后美国民权运动极为壮丽的一幕。这次进军由 10 个黑人组织发起，参加进军的有来自全国 50 个州的各阶层黑人代表以及 100 多个民权、劳工、宗教和互助团体的代表。示威者高呼"立即自由""我们要工作"等口号，秩序井然地从华盛顿纪念碑游行到林肯纪念堂前举行大会。马丁·路德·金在会上发表"我有一个梦想"的演说，指出"除非黑人获得公民权利，否则美国就不会有安宁或平静"。

民权运动的巨大压力，迫使肯尼迪政府在黑人权利问题上采取一些措施。1963 年 6 月，肯尼迪呼吁国会通过新的民权法。次年 7 月国会在经过旷日持久的辩论之后通过了美国历史上内容最广泛的"公民权利法案"，1965 年 8 月又通过了选举权利法。这样，在南北内战结束 100 年后，美国黑人在选举权方面长期受到的限制，以及在各种公共设施方面的种族歧视和隔离制度，正式以国会立法形式宣告终结。民权运动取得辉煌成就。

60 年代后期美国黑人的抗暴斗争

1964 年以前，美国黑人运动中心主要在南部，主要目标是反对种族隔离制度，争取民权；斗争方式以非暴力的形式为主。但自 1964 年之后，美国黑人运动已经不再局限于南部几个州，而且逐步摆脱了非暴力主义的束缚，走上了武装抗暴斗争的道路。

1964 年 7 月 16 日，纽约哈莱姆区就爆发了黑人骚乱，从此，美国大中城市抗暴事件迭起，形成了规模空前的黑人抗暴斗争。7 月 16 日，纽约哈莱姆区一名黑人少年被警察枪杀。哈莱姆黑人群众怒不可遏，走上街头游行示威，要求逮捕凶手。警察挥舞警棍，大打出手。愤怒的群众连续数日同警察搏斗，从屋顶上投掷砖头、石块、垃圾箱盖、玻璃瓶和自制燃烧瓶。直到 23 日才平息下来。

继哈莱姆区黑人抗暴斗争之后，7 月底在罗彻斯特，8 月初在泽西，8 月中旬在芝加哥，8 月底在费城，先后爆发了规模较大的黑人抗暴斗争。《华盛顿邮报》惊呼：黑人斗争"是一个长期潜在火山的爆发"。

1965 年在洛杉矶市瓦茨黑人区又爆发了规模空前的抗暴斗争。8 月 11 日，洛杉矶警察蛮横逮捕黑人青年弗赖伊兄弟等七人，成为这场骚乱的导火线。黑人群众拥上街头，举行抗议示威。当局出动大批警察进行镇压。黑人奋起以石块、玻璃瓶、自制燃烧瓶袭击警车。反动当局调集大批国民警卫队进行武力镇压。黑人狙击手在屋顶上英勇反击黑人群众还燃起烈火，将 200 家素日盘剥黑人的商店焚毁。此后，当局增派步兵师将瓦茨区包围起来，1 万多名军警设置路障，架起机枪，到处搜捕和屠杀黑人。据统计，在瓦茨区为期一周的暴力事件中，有 34 人丧生，1032 人受伤，3438 人被捕；起火 24—34 次，财产损失约 4000 万美元。

在许多白人看来，历史性的《民权法案》既已于 1964 年 7 月间通过，黑人理当心满意足，他们对层出不穷的黑人暴力骚乱感到无法理解，有些白人以此指责黑人。其实，只要对黑人骚乱的缘由和背景作一番分析，就不难理解黑人抗暴斗争的缘起。第一，民权法的通过只是在法律上结束种族隔离，事实上的隔离并没有随即消除，种族压迫依然存在。第二，黑人在政治上无权，经济上深受剥削，生活日益贫困。尤其是北部城市聚居区的黑人，失业率极高，居住条件恶劣。他们胸中的愤懑，犹如火山熔岩，蓄之既久，其发必猛。第三，在非暴力抗议时期，许多黑人遭警察和暴徒毒打甚至杀害。一次又一次血的教训，擦亮了广大黑人的眼睛，促使他们以暴力代替非暴力的斗争方法。第四，在黑人运动内部，马丁·路德·金的非暴力哲学受到以马尔科姆·爱克斯为首的一批激进青年领袖的非难，不抵抗主义在黑人群众中影响日渐缩小。

随着战后美国黑人运动冲破非暴力主义的藩篱，进入以暴抗暴斗争新阶段，黑人运动在思想上和组织上有了相应的变化。越来越多的黑人摒弃种族合一的思想，而接受黑人民族主义和黑人分离主义。60年代后半期黑人民族主义最有影响的口号"黑人权力"，是由激进的青年黑人领袖斯托克利·卡迈克尔在1966年6月的一次集会上提出来的。此外，还产生了"黑人觉醒""黑就是美"和"文化民族主义"等口号。1964年，马尔科姆·艾克斯发起成立"黑人民族党"。1966年秋，最著名的以暴抗暴的黑人组织黑豹党在加利福尼亚州成立。领导人是休·牛顿，该党在"黑豹党十点纲领"中要求立即结束警察对黑人的暴行和屠杀，号召所有黑人武装起来，进行自卫。这些思想上和组织上的新发展必然使抗暴斗争更进一步和更猛烈地开展。

1967年美国发生了128起种族骚乱。其中规模和影响最大的数7月份在新泽西州纽瓦克市和密歇安州底特律市发生的两起。1967年7月，纽瓦克市的黑人区是北方条件最差的黑人区之一。暴乱是因征用50英亩黑人区土地而引起的，结果25人死亡，725人受伤，1462人被捕，财产损失达1500万美元。后者更被称为"南北战争以后最大规模的国内暴乱"。7月23日晨，警察在底特律市黑人区肆意殴打和捕捉黑人，激起黑人群众的愤慨和反抗。黑人群众燃起1000多处大火，焚烧那些平日残酷剥削黑人的税务所和白人资本家的商店。黑人狙击手以密集的火力惩罚逞凶的军警，一度控制了该市的大片地区。一些老警察说，这是20世纪最要命的城市游击战。美国统治阶级大为惊慌。总统约翰逊下令派空降部队镇压。坦克开到了底特律大街上，参加镇压的军警达2万人，截至8月6日，共有43人丧生，约2000人受伤7200人被捕。财产损失约4400万美元。

1968年4月4日，美国最著名的黑人民权运动领袖马丁·路德·金在田纳西州孟菲斯城被白人种族主义分子暗杀。这一卑鄙行径激怒了黑人，近10万人参加了葬礼。这一事件导致几天之内在36个州的138个城市爆发了规模空前的黑人抗暴斗争。其中首都华盛顿、巴尔的摩、芝加哥，匹兹堡等地的斗争最为激烈。约翰逊政府投入镇压黑人的正规军竟达68000多人，另有2万人待命出动。据司法部门统计，在这次全国性的黑人抗暴斗争中，有46人丧生，3500多人受伤，21271人被捕，财产损失4500万美元。

70年代美国黑人运动的沉寂

进入70年代，美国黑人运动失去了势头。虽然游行示威和抗暴斗争时有发生，但同 60 年代那种大规模的、急风暴雨式的群众斗争相比，黑人运动显然处于低潮阶段。这种相对沉寂局面的形成，一方面是由于黑人运动本身存在不少问题，联合与统一性不够，指导思想十分混乱，一些黑人民族主义领袖排斥白人同情者，给运动带来很大损失。另一方面则是由于垄断资产阶级推行软硬兼施的两手策略。

在镇压方面，1967 年，美国总统约翰逊同首席检查官与警察首脑等人召开多次会议，拟订镇压黑人抗暴斗争的计划和策略，建立相应的机构，如"民众骚乱全国咨询委员会"。以及隶属国防部的"民众骚乱和统筹管理局"。1968 年，联邦调查局拟订一个破坏黑人运动的三年规划。统治阶级制定了旨在镇压黑人抗暴斗争的法律。1967 年以后，还对警察、国民警卫队和部分正规军进行所谓"防暴"训练。大规模的组织工作和技术准备就绪之后，就开始对黑人抗暴斗争进行穷凶极恶的镇压。第一，逮捕、监禁和杀害有影响的黑人领袖。例如，判处学生非暴力协调委员会主席拉普·布朗无期徒刑，杀害马尔科姆·艾克斯和马丁·路德·金等。第二，破坏和瓦解富有战斗性的黑人组织。从 1967 年 5 月到 1969 年底对黑豹党的袭击和搜捕达1000 多次。第三，血腥屠杀参加抗暴斗争的黑人。1970 年 5 月 11 日在佐治亚州奥古斯塔市警察一次就开枪打死黑人 16 名，打伤 75 人。

美国统治阶级在采取镇压手段的同时，被迫对黑人作了一些让步。例如，改善一些黑人区的生活条件，解决一些就业和住房问题，颁布民权法案，宣布取消种族隔离等，笼络欺骗黑人。垄断资本的"福特基金会"以财政援助为诱饵，影响和控制一些黑人组织。尤其值得注意的是，自从大规模黑人抗暴斗争爆发以来，政府当局把越来越多的黑人上层分子吸收到议会、警察局等部门，有的委以较高的官职。此外，统治阶级还通过所谓"黑人资本主义"来培植少数黑人资本家充当垄断资产阶级的代言人。如种族平等大会领导人罗伊、英尼斯就极力鼓吹"黑人资本主义"，并且成了美国政府的辩护士。

第二次世界大战后尤其是 60 年代的美国黑人运动，在一定程度上推动了社会改革，使黑人和其他少数民族的处境有所改善。70 年代初，广大黑人还积极投入反对美国侵略印度支那战争的群众运动，沉重地打击了美国的战争政策。

美国黑人运动和民权运动，不仅是美国历史上的重大事件，在战后世界历史上也占有重要地位。它在帝国主义心脏地区猛烈地冲击垄断资本的反动统治，对于第三世界人民反对帝国主义和殖民主义的斗争是一个巨大的鼓舞。美国黑人的英勇斗争，受到世界舆论的关注，赢得各国人民的尊敬和支持。

本文参考书目：

　［1］　小马丁·路德·金：《阔步走向自由》（Martin Luther King, Jr., *Stride Toward Freedom*），纽约 1958 年版。

　［2］　小马丁·路德·金：《我们为什么不能等待》（Martin Luther King, Jr., *Why We Can't Wait*），纽约新美图书公司 1964 年版。

　［3］　罗伯特·布里斯班：《黑人行动主义：1954—1970 美国种族革命》（Robert H. Brisbane, *Black Activism: Racial Revolution in the United States 1954—1970*），伐利谷 1974 年版。

　［4］　霍华德·津恩：《学生非暴力协调委员会：新废奴主义者》（How ard Zinn, *SNCC: The New Abolitionists*），波士顿 1964 年版。

　［5］　路易斯·洛马克斯：《黑人反叛》（Louis Lomax, *The Negro Revolt*），纽约 1964 年版。

　［6］　约瑟夫·波斯金：《20 世纪城市种族骚乱》（Joseph Boskin, *Urban Racial Violence in the Twentieth Century*），格兰科出版社 1976 年版。

　［7］　约翰·霍普·富兰克林：《从奴隶制到自由》（John Hope Franklin, *From Slavery to Freedom*），纽约 1980 年版。

　［8］　皮特·伯格曼：《美国黑人编年史》（Peter M. Bergman, *The Chronological History of the Negro in America*），纽约 1969 年版。

　［9］　南开大学美国史研究室：《美国黑人解放运动简史》，人民出版社 1977 年版。

美国共产党反对白劳德
修正主义的斗争

张月明

第二次世界大战到 1943 年发生了有利于反法西斯阵营的根本性变化。1943 年 11 月，苏、美、英三国首脑在伊朗首都举行了为期四天的德黑兰会议，就加速击溃法西斯和战后世界安排的某些政治问题达成了一些妥协。会后发表了《德黑兰公报》，宣布"已经议定了关于将德军消灭的计划"。本来，社会主义苏联为了对付共同的敌人——德、意、日法西斯，同其他帝国主义国家达成某些国际协议是必要的，具有积极意义。德黑兰会议对加速第二次世界大战的胜利进程无疑起着促进作用。然而，美国共产党领导人白劳德却大肆宣扬"德黑兰精神"，吹捧英美统治集团头面人物的"伟大"，以苏联与英美能够"和平合作"为依据，在美国共产党内引出了以白劳德为代表的右倾思潮，推行阶级合作的投降主义路线，并在美国共产党内一度占了上风，导致美国共产党的解散。

白劳德修正主义的形成

厄尔·白劳德（1891—1973 年）曾是美国工人运动和共产党内有影响的人物。他曾参加美国共产党的创建活动，1921 年任美国共产党中央委员。1926 年出访莫斯科，担任泛太平洋工会书记处书记。1930 年在共产国际的干预下，美国共产党内批判了洛夫斯顿—佩帕尔集团的"美国例外论"，洛夫斯顿被撤销党的总书记职务，由白劳德任美共中央行政书记。1934—1944 年，白劳德一直担任美共总书记。1935—1940 年，他还担任共产国际执行委员。

早在 30 年代中期，白劳德的修正主义观点就开始露头，这与美国资产阶级实行"新政"有直接的联系。1933 年罗斯福就任总统时，美国因

1922—1933 年的经济危机而处于混乱状态，罗斯福提出的"新政"，采取了一系列挽救资本主义的改良措施，其目的是保持和加强资本主义的秩序，通过政府直接干预经济生活，缓和社会的尖锐矛盾。在面临法西斯威胁日益严重的情况下，美国共产党采取了支持罗斯福、反对资产阶级右翼的政策。但是，白劳德完全放弃了对罗斯福"新政"的资产阶级实质的必要批评，对"新政"推崇备至，认为"新政"和它所导致的趋势，已可排除用革命的方式来解决美国的社会问题和政治问题。1934 年召开的美共第八次代表大会上，白劳德就提出"共产主义是 20 世纪的美国主义"的口号。他竟认为马克思列宁主义只是扩张的和不断延续的资产阶级民主。1936 年举行的美共第九次代表大会上，白劳德干脆要求共产党"跟着罗斯福走，一切服从罗斯福的政策"。1938 年 5 月美共第 10 次代表大会上，白劳德宣布："杰弗逊原则的充分的和完全的应用，民主思想按照今天情况的一贯应用，这就自然会而且必然会达到共产党的全面纲领，达到美国的社会主义改革，达到美国经济的共有共营，为全体利益服务。"他的这些观点甚至被写进修改后的党章序言里：共产党只是"在按照今天变化了的情况来推进华盛顿、杰弗逊、潘恩、杰克逊和林肯的传统"。这个党章序言一直保持到 1945 年 7 月才被取消。在这种思想的影响下，1934—1937 年，美共在产联中取消了党组；改组了党组织，取消小支部，改为大支部，召开党的会议犹如召开群众大会，大大削弱了党的战斗作用。

1940 年美国总统罗斯福签署的《伍里斯法》，剥夺了共产党参加国际组织的权利。1940 年 11 月，美共特别代表大会决定解除党对共产国际在组织上的联系。就在这次大会上，慑于史密斯法（即《1940 年外侨登记法》），大会接受了白劳德的建议，在党章中规定党员必须是美国公民，这就使党损失了约 4000 名党员。

资产阶级政府在加紧迫害共产党人，白劳德却热衷于寻找同资本家实行合作的道路。1942 年白劳德写的《胜利和胜利以后》一书中，直截了当地提出："就我国最可行的社会制度和经济制度而论，共产党已完全把自己的想法服从于包括最大的资本家在内的必要的全国团结。……我们将不采取任何可能有碍于全国团结的方式为美国提出任何社会主义的建议。"1943 年 6 月 10 日，共产国际宣布解散，白劳德高兴地欢呼此举是"为美共融合于美国的民主生活与全国团结之中提供的有利条件的一个步骤"。

白劳德从他一贯坚持"全国团结"的阶级合作思想出发，认为 1943 年

《德黑兰宣言》的发表是应验了他的想法。他大力宣扬"德黑兰精神"，鼓吹美英资产阶级代表人物的"伟大之处"，在于他们的"民主""进步""明智"；对德黑兰会议作了错误的估价，把战时盟国为争取胜利而达成的妥协，说成是标志整个世界历史发展的新阶段；把战时的合作当作是战后可以长期持久的合作，否认社会主义与资本主义国家的区别；胡说德黑兰会议使世界进入了"长期信任和合作的时代"，"保证世世代代和平"，"德黑兰会议不仅是国际合作的标志，而且是阶级调和的象征"；片面夸大美国的民主，忽视反民主的一面，鼓吹走改良主义道路，放弃社会革命，说美国的资本主义是"健全"的，可以例外地不受资本主义规律的限制，为在美国国内推行阶级合作政策辩护。1943 年 12 月 12 日，即德黑兰宣言发表后 10 天，白劳德到康涅狄格州的布里奇波特发表演说，提出在美国国内的一切冲突和社会问题都将和平妥协地解决，国内若继续进行斗争，将只能有损于世界的团结，而世界团结的重要性，人们已在德黑兰会议上有了充分的认识。1944 年 1 月 7 日，他先在党的全国委员会扩大会议上作了关于德黑兰和美国的报告，福斯特当场要求发言，反对白劳德的报告，由于好几个委员的劝阻，福斯特撤回了他的发言要求。会上，党的绝大多数中央领导人和区一级的党组织都赞成白劳德的报告。2 月 8 日，白劳德又在全国委员会特别会议上重述 1 月报告的基本观点。1944 年的 3、4 月中，他写了《德黑兰：我们在战争与和平中的道路》（简称《德黑兰》）一书，全面系统地论述了他的修正主义纲领。

白劳德认为，《德黑兰宣言》的发表，标志着"资本主义和社会主义已经开始找到在同一世界中和平生存和合作的道路"，"德黑兰代表着在那里开会的领袖们之间、他们的政府之间、他们所代表的统治阶级之间，以及世界各国人民之间的坚固的和日益增长的共同利益"。由于德黑兰会议使世界进入资本主义同社会主义"长期的信任和合作"的时代，就可以保证"世世代代消除战争祸患"，获得"一个持久的和平"。

白劳德提出，"如果认为任何美国的利益，即使是美国垄断资本的利益，同欧洲必要的人民革命难以共存，那是最愚蠢的误解。事实上，这种共存是使欧洲能够变成美国经济在资本主义基础上存在下去所绝对必需的有效市场的唯一方法"。"亚洲就是提供这种市场的主要潜力"，"一个以把亚洲变成美国产品的广大市场为目标的政策，就必须以废除殖民制度而代之以自由的、自治的、统一的国家制度为目标"。因为"独立的、自治的国家所提供的则是日益扩大的市场"。至于非洲，白劳德说："美国能够担保实现一个大规模的非洲工业化计划……除了美国以外，没有一个别的国家能够这样做，而在战后能够立即可以利用的这样广大的市场，正是美国战后最迫切的需要之一。"对拉丁美洲，白劳德遵照罗斯福"新政"中提出的"睦邻政策"，要求"美国须率先提出一个发展拉丁美洲各国经济的共同计划。这个计划必须立即设计，并在战后立即执行，其规模之大，应当在一定程度上和拉丁美洲的巨大的土地、原料与人力资源相称"。

白劳德认定，"从一个长期的持久的和平的'德黑兰'前景来看"，要求有美国的全国团结，"因为一个为内部斗争所震撼的美国是不能充分坚持它在战后世界中的英苏美联盟目标的"。白劳德明确表示："我们马克思主义者（我们是具有确信的社会主义者）认为，为了我国人民和全世界的利益，必须在一个长时期内实行合作，来使资本主义在美国运行……我们所属的民主进步阵营将实行捍卫'自由企业'，我们把这个名词作为我国现存的资本主义的一个同义语来理解，我们既不去反对它，也不提出任何相反的口号来。"

白劳德为实现同垄断资产阶级的阶级合作，要求工人阶级停止罢工、放弃自己的奋斗目标和取消领导阶级斗争的先锋队组织。他认为"对美国来说不能是社会主义的纲领，因为在我国现在并不存在支持这样纲领的实在或潜在的多数"。而社会主义的信徒们……必须在一切实际问题上使他们的社会主义信仰服从于大多数人的共同计划。这个共同计划就是实施德黑兰协议。接着白劳德提出："一个共产主义者的独立政党的存在再不适合实际的目的了，反而会成为达到更大团结的障碍。""因此，共产主义者要解散他们独立的政党，并找出一个新的和不同的组织形式和名称，更确切地适应当前的任务以及必须通过它来实现这些任务的政治机构"。这个机构就是后来成立的"美国共产主义政治协会"。

1944年5月20日，美国共产党在纽约市召开第12次全国代表大会。会上，白劳德提议解散美国共产党，建议未经讨论就通过了。这次党代会只开了几分钟就告结束。接着，举行"美国共产主义政治协会"的成立大会，白劳德按照《德黑兰》一书的思想作了政治报告。这个报告就成为共产主义政治协会的总纲领。大会所通过的组织法中明文规定，共产主义政治协会"支持独立宣言和合众国宪法"，它期待着在资本主义和共产主义国家合作领导下，开辟世界人民"解放和平等的新纪元"。福斯特被撤去了美共主席的职务，由白劳德担任政治协会会长。

大会结束后，在纽约麦迪逊广场举行群众大会，白劳德就共产主义政治协会问题发表了演说。参加群众大会的还有智利、哥伦比亚、秘鲁等拉丁美洲国家党的代表。几个月后，白劳德又建议从共产主义政治协会的名称中删去"共产主义"字样，这个建议在政治委员会中以一票之差被否决。

1945 年 4 月 12 日罗斯福逝世的当天，白劳德立即发表声明，希望新的总统能"继承罗斯福的传统"。1945 年的总统竞选中，以白劳德为首的"美国共产主义政治协会"决定支持民主党候选人杜鲁门，理由是杜鲁门"能以德黑兰的政策精神巩固全国的团结"。

白劳德的修正主义路线，对其他一些国家的共产主义运动，特别是对拉丁美洲国家的某些共产党，产生了强烈的影响。古巴共产党领导人布拉斯·罗加、阿尼瓦尔·埃斯卡兰特、胡安·马里内略和卡洛斯·拉斐尔·罗德里格斯等人对白劳德所提出的修正主义观点都表示赞同。1944 年 9 月，在古共第 2 次全国代表大会上，阿尼瓦尔·埃斯卡兰特说，"由于德黑兰会议，世界已进入了一个新的历史时期"。他要求古巴本着"德黑兰精神"与美国精诚合作。随美国共产党之后，古巴、巴西、哥伦比亚、哥斯达黎加、巴拿马等国的共产党先后改换了党的名称。

美共党内对白劳德修正主义的斗争

在美国共产党内，首先起来批判白劳德修正主义的是美共主席威廉·福斯特。他在美共第 12 次全国代表大会前的 1944 年 1 月 20 日就写信给全国委员会，表示了自己的看法。福斯特在信里对白劳德的整个路线提出质问。在外交政策方面，他指出，白劳德"对战争造成的世界资本主义危机的日益深刻化估计不足"；指出白劳德关于世界资本主义和社会主义已经学会和平共处，帝国主义不再企图消灭社会主义苏联的说法是"走得太远了"。在国内方面，他指出，白劳德关于在战后成立"包括美国财政资本中起决定的部分在内的全国团结"的建议是荒谬的，发展前景是阶级斗争而不是阶级和平。福斯特对白劳德的整个理论作了这样的概括：白劳德所描绘的战后美国全国团结的图画里，"美国帝国主义简直是消失了，阶级斗争的痕迹很难找到了，而社会主义则实际上不起任何作用"。

福斯特提出重新召开全国委员会来讨论他的信。他的要求遭到了拒绝，但 1944 年 2 月 8 日召开了政治委员会的扩大会议，出席会议的包括约 80 位党的高级工作人员。会上，宣读了福斯特的信。然而，福斯特的意见遭到了出席会议的大多数人的反对，支持他的只有一个人，即中央委员、东宾夕法尼亚地区书记达尔西。白劳德当即威胁福斯特，如果他向党员表示他的立场，就要受到开除的处分。福斯特的信被白劳德扣压了下来。

但是，福斯特仍然坚持斗争，只是把斗争局限于中央委员会内部。他认为，"如果我在当时试图向党员们提出这个问题，那是愚蠢的。因为这样做会削弱我们支援战争的一般工作，破坏我们当时的大规模征求党员的运动，严重地妨害我们重大的全国选举运动的开展，也许还会造成使我们党分裂的结局"。他深信，"政治情势的发展和我们领导机关所受的共产主义的训练，最后必定会使我们党回到一个健全的政策路线上来"。事变的进程确实是这样，随着美帝国主义称霸全球的野心日益暴露和美国国内阶级斗争的尖锐化，美共广大党员逐步认识到白劳德修正主义路线的实质和危害性。政治协会中也陆续有中央委员建议召开全国委员会会议，重新审查协会的路线。

1945年4月法国共产党理论刊物《共产主义手册》上刊载了雅各·杜克洛的文章：《论美国共产党的解散》，文章批判白劳德"将同盟国政府的一个外交性质的文件德黑兰宣言变成美国战后时期阶级和平的政治纲领"，"根本歪曲了德黑兰宣言的意义"，"散播危险的机会主义幻想"，并指责"白劳德领导下实行的方针，已经在实际上使美国工人阶级的独立政党归于消灭"。1945年5月初美国《工人日报》社收到了杜克洛的文章，报社外事科把文章译成英文呈交美共领导成员。5月16日，美共领导人举行会议研究该文章。5月20日，共产主义政治协会政治委员会召开会议，对政治协会的政策作了检讨，以2/3的多数否决了白劳德的路线。福斯特再一次陈述1944年1月份对白劳德路线进行批判的观点。他建议白劳德承认自己的错误，特别是关于美帝国主义的本性和作用问题上的错误。白劳德不肯让步，在5月21日会议上仍然为自己的立场进行辩护，他说："欧洲党和美国共产党之间的分歧是不可避免的，因为所处的情况不同。"丹尼斯等人问白劳德打算怎么办？白劳德表示，他不会组织任何派别，但也不接受对他的批判。会议结束时作出决定，杜克洛的文章要尽快在《工人日报》发表。5月24日《工人日报》发表了杜克洛的文章。

1945年6月18—20日，政治协会全国委员会再次举行会议，福斯特在会上作了《论修正主义问题》的报告，从理论上和实践上剖析白劳德修正主义及其危害性。福斯特指出："只有政治上的瞎子，才看不出白劳德的所有这些修正主义理论和提议都是和大资本家的利益完全吻合的，实际上都是美国帝国主义侵略计划的反映。同白劳德相信大资产阶级相反，我国和全世界的民主势力将不得不利用自己联合的政治力量去取得完全的胜利，建立民主的和平，争取实现充分就业和一般的生活改善。"接着，白劳德第一个发言为自己辩解，随即退出会场并拒绝出席会议，只是到最后他来投了一张唯一的反对票。会议斥责了白劳德路线，批准了福斯特前此写给全国委员会的信。会议讨论领导人选时，以53票对1票决定撤销白劳德的领导职务。

美国共产党的重建和白劳德修正主义的破产

1945年7月26—28日，党在纽约召开了全国（第13次）紧急代表大会。福斯特在会上作了《反对修正主义的斗争》的报告，分析党的修正主义错误的根源和趋向，指出："白劳德的惊人的资产阶级修正主义是美国帝国主义对我们党所加压力的屈服。他的整个纲领的阶级受益人是我国的大资本家。当他散播关于他们的所谓进步主义这种幻想，掩饰他们的帝国主义侵略，侈谈资本主义的乌托邦来使人看不见一切社会主义前景，以雇主们在战后时期会自愿使工资加倍这种希望来欺骗工人，把共产党变成一个共产主义政治协会从而使党遭到削弱等等时，他的路线同我国大资本家的帝国主义扩张和统治世界的计划是完全吻合的。"会议提出下一阶段的任务是进行一次反对修正主义的思想运动，重新建立美国共产党，刷新和加强党的领导，重新树立民主集中制，加强党的独立作用，改进党的社会成分。大会对党成为白劳德修正主义的牺牲品这个巨大错误作了深刻的自我批评。大会正式宣布解散共产主义政治协会，重建美国共产党。选举了福斯特、丹尼斯和汤普逊三人组成的书记处领导全党工作，恢复福斯特党的主席的职务，撤销白劳德的领导职务。全国委员会的成员有许多变动，各州和地方委员会也都更换了许多成员。

大会根据约翰·威廉逊的报告修改了党章。党章序言里清除了白劳德阿谀资产阶级民主的词句，明确提出无产阶级民主和社会主义。党章规定："美国共产党是工人阶级的政党，以科学的社会主义——马克思列宁主义的原则为基础。"党一方面要维护美国民主的成就，但是同时保证进行不妥协的斗争来"反对帝国主义和殖民地压迫，反对种族、民族和宗教歧视，反对隔离黑人的制度，反对反犹太主义和一切形式的沙文主义"，争取社会主义。

大会通过了《目前的形势和下一步的任务》的决议。在国际方面，摒弃了白劳德关于美帝国主义的"进步"作用的一切谬论，指出华尔街和杜鲁门政府推行的国际政策所包含的危险。决议强调，"美国帝国主义最富侵略性的集团正在力图使自己在政治上和经济上统治全世界。""如果对垄断资本的反动政策和反动势力不加抑制，不将其击败，美国和全世界将面临新的侵略和战争，面临美国反动势力和法西斯主义的增长。"在国内方面，决议完全摒弃了白劳德的阶级合作主义。反对白劳德的战后不罢工路线、奖励工资、对资产阶级两党制的屈从以及"有组织的资本主义"。决议提出了一个阶级斗争的纲领，重申了黑人问题上的正确政策。代表大会的报告和决议表明，党在反对白劳德修正主义的斗争中取得了决定性的胜利。

白劳德被撤销党内领导职务后不久，一批被他称作"党外同情者"的企业家答应给他资助，1946 年 1 月，白劳德创办的《销售业指南》简报第 1 期出版，但这个刊物不久即停刊了。由于白劳德坚持错误、投靠资本家，1946年 2 月美共决定把他开除出党。

白劳德被开除出党以后，决定到莫斯科去"看看发生了什么事情"。1946 年 5 月 6 日他抵达莫斯科。5 月 20 日他的朋友为他举行 55 岁寿辰的宴会。当天晚上苏联外交部长莫洛托夫接见了他。白劳德把自己对国际形势的看法和对福斯特所领导的美共党的许多批评意见作了详细的叙述。莫洛托夫不露声色地听着。会见结束时，莫洛托夫推荐他担任苏联书籍出版社的美国代表，白劳德表示同意。当美国报纸刊登这一消息后，福斯特说，美共将加强对白劳德修正主义的斗争。白劳德担任苏联书籍出版社的美国代表直到1950 年。回国后，他继续围绕"美苏和解仍然是可能的"这个问题写了大量文章。白劳德一度认为自己有可能在政治上恢复名誉，要求美共恢复其党籍，但在第 14 次美共代表大会上，代表们一致拒绝白劳德要求恢复党籍的申请。

中国共产党坚决支持美国共产党反对白劳德修正主义的斗争。当时在延安的中共中央机关报《解放日报》于 1945 年 8 月 1 日发表了《美国共产党反对修正主义的教训》的社论，对白劳德的投降主义路线和机会主义的思想方法论进行了批判，毛泽东在美共决定解散"共产主义政治协会"重建美国共产党的第二天，即 1945 年 7 月 29 日，给福斯特发去了祝贺的电报。电报中指出："白劳德的整个修正主义—投降主义路线（这条路线充分表现于白劳德所著《德黑兰》一书中），本质上是反映了美国反动资本集团在美国工人运动中的影响。”“美国工人阶级及其先锋队美国共产党反对白劳德修正主义—投降主义的胜利，对于中美两国人民目前所进行的反日战争和战后建设和平民主世界的伟大事业，无疑地将有重大的贡献”。

本文参考书目：

[1]　福斯特：《美国共产党史》，世界知识出版社 1959 年版。

[2]　福斯特等：《白劳德修正主义批判》，三联书店 1962 年版。

[3]　毛泽东：《给福斯特同志的电报》，《毛泽东选集》第 3 卷，1969 年版。

[4]　《战后世界历史长编》第 1 卷第 1 分册，上海人民出版社 1975 年版。

[5]　延安《解放日报》1944 年 6 月 16 日、1944 年 6 月 30 日、1945 年 7 月 31 日关于美国共产党活动的报道，1945 年 8 月 1 日社论《美国共产党反对修正主义的教训》。

[6]　白劳德：《德黑兰：我们在战争与和平中的道路》。

[7]　白劳德：《美国共产党的政策》。

[8]　特·阿·沙农：《美国共产主义的衰退》（*The Decline of American Communiem*）。

[9]　卡罗：《掌了权的游击队员》（*Guerrillas in Power*）。

[10]　《前共产党领袖厄尔·白劳德逝世，终年 82 岁》，《纽约时报》1973 年 6 月 28 日。

1948 年以来的美国七次经济危机

龚 吟

经济危机是资本主义生产方式的必然产物。从第二次世界大战后到 1982 年底，美国已发生了七次经济危机，并且呈现出一些新的特点，危机次数频繁，并与其他危机交织在一起，使美国经济出现了滞胀局面。

1948 年至 1949 年经济危机

第二次世界大战结束后，美国民用工业得到迅速发展，主要原因有三：第一，消费品需求激增。战时，美国军火生产处于绝对优先地位，消费品实行配给供应，某些耐用消费品如小汽车、家具等甚至停止生产。居民只能把大批钱去购买公债、证券或存入银行。战争结束时，美国人仅银行储蓄和活期证券就达 1364 亿美元，这股巨大的购买力势必冲向市场。物质短缺造成物价飞涨，罢工迭起，同时却也刺激了消费品及其他部门的生产。第二，固定资本大规模更新和新投资猛增。战争中由于加紧生产，机器设备遭到严重磨损；况且原来的许多设备本属陈旧，例如战争期间使用的金属加工机床有72% 都是已使用了近 40 年以上的旧机床。战后进行军事工业转向民用工业的经济调整，使许多设备必须改造。因此，1946—1947 年两年里，美国固定资本投资平均增长了 33%，远远超过战后其他任何一年，私人企业平均每年用于设备投资的开支比 30 年代超过 4 倍以上。这就为经济高涨奠定了基础。第三，大量出口进一步推动需求的增长。西欧各国和日本的经济遭到战争严重破坏，美国利用其经济实力，扩大出口，抢占市场。此外，战后美国仍维持着高额军事费用。1947 年度联邦政府的直接国防费用仍比战前的 1939 年度高出 13 倍有余。在所有这些因素下，美国出现了 1946—1948 年的经济繁荣时期。

　　但在经济高涨的同时，生产能力的盲目扩大和国内外支付能力相对缩小的矛盾也在加剧。就国内说，在国民收入中，职工工资、薪金所占份额的比率下降，低收入者的税负加重，通货膨胀，物价飞涨，劳动者实际工资明显降低，消费债务增加。至于国外市场，由于发生所谓"美元荒"而严重阻碍了美国商品出口以及国际市场竞争逐渐加剧等原因，使美国的国外市场也相对萎缩。这样，终于导致了美国战后第一次周期性危机。这次危机从 1948 年 8 月到 1949 年 10 月，持续了 15 个月。消费品工业的生产提前一个月开始下降，接着原料和机器设备生产部门也相继下降。整个工业生产指数从 1948 年 7 月的 41.7（1967 = 100，下同）下降到 1949 年 10 月的 37.5，下降幅度为 10.1%。受打击较严重者，钢铁产量下降 21.7%，煤产量下降 28.1%，原油产量下降 15.8%，建筑业中新开工私人住房建筑从 1947 年 10 月到 1949 年 2 月降低将近 30%。危机期间，工商业销售额下降 8.3%，固定资本投资下降 15.1%。15 个月内倒闭企业 9928 家。全失业率最高纪录的 1949 年 10 月达 7.9%，失业人数为 491.6 万。批发物价指数从危机爆发后的次月开始下跌，直至 1949 年 12 月降到最低点，下降幅度为 7.9%。消费物价指数从 1948 年 10 月开始下跌，到 1950 年 3 月才出现回升，但降幅仅占 4.2%。伴随这次工业危机的是美国第三次慢性农业危机（前两次分别为 19 世纪 70 年代到 90 年代中期和 1920 年到第二次世界大战前夕），第三次农业危机断断续续到 1972 年才结束，长达 24 年之久。

　　美国战后第一次经济危机在 1949 年 10 月结束，工业生产从 11 月起回升，到 1950 年 4 月超过危机前最高点，危机所造成的生产增长中断达 20 个月。美国在战后实行的政府支持出口等国家垄断资本主义措施，如 1947 年的《欧洲复兴方案》（即《马歇尔计划》）和 1949 年 1 月杜鲁门总统提出的"第四点计划"，起到了一定的"反危机"作用。当时西欧和日本等国均处于经济恢复时期，对美国商品需求量仍然很大，它们直到 1951 和 1952 年才相继陷入经济危机。此外，垄断资产阶级促使政府增加国家军事订货以刺激经济。1949 年联邦直接军费占政府财政支出的 1/3，军事采购额从 1947 年度的 91 亿美元增加到 1949 年度的 133 亿美元；以后更逐年猛增。美国许多企业获得大批新订货，挽救了它们濒于破产的危急处境。由于这种种原因，使美国这次危机持续时间不长，对生产力破坏程度也比较轻。

　　1950 年 6 月美国发动侵朝战争后，政府进一步采取刺激军火工业的措施，迅速推动了工业部门的生产高涨，并使危机过后的萧条和复苏阶段没有明显标志。从 1950 年财政年度开始，美国联邦政府军事开支更迅速增加，1953 财政年度高达 504 亿美元（占国民生产总值的 14.3%），比 1950 财政年度增长 287%。为了加快军工生产，美国政府恢复并扩大推行"加速折旧法"，规定接受军事采购合同的企业，其厂房和设备折旧年限由 25—30 年缩减为 5 年，使这些企业把大量利润变为折旧基金，加快了资本积累和固定资本投资的增长。到 1953 年 7 月，工业生产指数上升到 56，比前一周期最高点上升 34.3%。这种依靠战争刺激而产生的经济膨胀，并不能掩盖住资本主义生产内部的固有矛盾。随着朝鲜停战协定在 1953 年 7 月签订，9 月便陷入又一次经济危机。

1953 年至 1954 年经济危机

这次危机的持续时间从 1953 年 8 月到 1954 年 4 月，虽然历时仅 8 个月，但无情地宣告了美国在侵朝战争中由于实行国民经济军事化而出现的经济"景气"随着战争的失败而告破产。按美国联邦储备委员会 1976 年 7 月修订的指数计，工业生产在这一次危机期内下降 9.4%，其中耐用品生产下降幅度最大，为 15.7%。但是，除了与军事工业有联系的部门外，其他部门在危机前曾出现过停滞和衰退，在危机中受打击也较轻。固定资本投资在 1953 年第三季度到第二年同期下降了 3.9%。全失业率在 1954 年 9 月达 6.1%（失业率指数属于滞后性指数，在危机过后一般会继续上升），属于战后历次危机中较小的一次，失业人数 392.7 万。8 个月内，由于商品滞销等原因，消费物价指数下跌幅度很小，1954 年 4 月比 1953 年 8 月下降 0.4%，而道·琼斯 30 种工业股票的平均价格不但没下跌，反而上升了 14%，这是史无前例的。根据这些情况，国内学术界有一种观点认为，应把这次危机看作是由暂时性因素即军工生产削减引起的（1953 年第三季度的国防部军事订货比前一季度下降 37%，到 1954 年第一季度，则已下降 69.3%），因而是一次"局部的"危机。

1954 年 5 月，工业生产开始回升，到 1955 年 3 月超过危机前最高点，其间生产增长中断达 18 个月。随后经济出现高涨阶段，其中有这样一些特点。首先，住宅抵押信贷和消费信贷（即由住宅或消费品购买人先付一部分价款，余额以所购物为抵押，然后逐月向放款的金融机构加利付还）的扩大。住宅抵押信贷从 1953 年底的 1010 亿美元，增加到 1957 年底的 1566 亿美元，增长 55%，消费信贷中分期付款信贷在同期增长 42%。这些信贷的期限也比战前放宽了，住宅还贷期延长到 30 年（退伍军人 40 年），消费品中的汽车延长到 4 年。建筑、汽车制造和钢铁业在第二次世界大战后被称为美国经济三大支柱。这些以消费者的未来购买力为基础的措施有力地刺激了上述部门的发展，然而孕育着新的危机。其次，美国通过新税法，使第二次世界大战结束后停止实行的、而在侵朝战争中恢复的"加速折旧法"扩大到民用工业，规定凡在 1953 年底以后投产或建设的一切新设备和新企业均可加速折旧，垄断资本家得以把大量利润转变为折旧基金，加速了资本积累过程。1955—1957 年，美国固定资本投资增长了 19%。再次，美国政府继续增加军事开支和订货，这既保证了垄断资本的高额利润，又是"反危机"的一个重要手段。1954 年度直接军费支出 469 亿美元，虽比 1953 年度有所降低，但比侵朝战争期间平均每年直接军费开支还高出 145 亿美元。该年度的直接军费在联邦预算支出中的比重高达 66.2%，这是自 1947 年以来比重最高的一年。工业部门，也推动了经济高涨。到 1957 年 2 月，工业生产上升到最高点，预示着这一周期的结束。

1957 年至 1958 年经济危机

1957 年春季美国爆发的战后第 3 次经济危机比前两次时间长、波及面广、生产下降幅度大。这次也是战后整个资本主义世界范围第一次周期性经济危机的开端（继美国后，西欧主要资本主义国家、加拿大以及日本也都发生了经济危机）。

1957 年 4 月，美国工业生产明显下降，以后工业生产指数在 62.2 上下徘徊了 5 个月，到 1958 年 4 月危机结束时，工业生产下降了 13.5%。这次危机对生产力破坏严重，美国经济的三大支柱首当其冲。与危机前的最高点相比，新开工的私人住宅到 1958 年 1 月下降 38.7%，汽车产量和钢产量到 1958 年 4 月分别下降 55.7% 和 49.9%。危机期间，制造业和采矿业分别下降 13.3% 和 15.3%。但食品、纸张等部门却略有上升。固定资本投资 1958 年第三季度比一年前下降 15.6%。危机期间，破产企业共 16915 家，全失业率最高达 7.5%（1958 年 7 月），失业人数 507.9 万。股票价格猛跌，道·琼斯 30 种工业股票的平均价格，1957 年 11 月比同年 7 月下降幅度达 15.1%。1958 年外贸出口值比前一年下降 14.2%，国际收支出现 33.5 亿美元的巨额逆差，黄金外流多达 23 亿美元。

这次危机明显地具有下列特征。第一，对生产的破坏较大，几乎波及国民经济的各个部门，是一次典型的周期性危机。第二，危机期间物价继续上涨。消费物价和批发物价在危机阶段分别上涨了 4% 和 2.5%，是历史上罕见的。这是由于垄断力量的加强，垄断企业就有可能在危机时通过减产来维持高价，而政府以扩大财政开支和军事订货的方式刺激需求的增长，为高物价的维持提供了充分条件。第三，它是战后第一次具有同步性质的世界性周期危机的发源地，加拿大、日本和西欧各国在同一年或第二年相继陷入危机。

美国政府继续执行国家干预的"反危机"政策，影响了这一周期的发展。危机爆发后，美国政府一方面大搞赤字财政，1957 年尚有 32 亿美元的联邦财政盈余，1958 年逆转为赤字 29 亿美元，1959 年的赤字额猛增到 129 亿美元；另一方面继续维持高水平的军事开支，1959 年联邦政府军事开支上升到 465.7 亿美元，比 1956 年增长了 14.6%。这些措施刺激着美国经济的发展，1959 年 2 月，工业生产经过 22 个月的危机、萧条和复苏后，超过危机前最高点而进入高涨阶段，由于这次高涨带有人为刺激的因素，因此在 11 个月以后，新的危机便又一次来临了。

1960 年至 1961 年经济危机

这次危机的爆发离第三次危机只有 11 个月，这一经济周期是美国历史上最短的。战后第四次经济危机从 1960 年 2 月到 1961 年 2 月，持续时间 13 个月，工业生产下降 8.6%（1961 年 1 月曾回升 8.2%）。三大支柱的经济部门受较大打击，钢产量下降 46%，汽车产量下降 43.4%，而私人新开工住宅从 1959 年 3 月就先行下降，到 1961 年 12 月的降幅为 36.2%，但与前次危机相比，都不算甚烈。此外，采矿业和消费品工业分别下降 4.4% 和 3.9%。1961 年第二季度，固定资本投资比一年前下降 6.3%。有一种观点认为，这次危机和 1953 年至 1954 年危机一样，带有"局部性"危机的性质。在这次危机期间，物价仍有上涨，但幅度很小，批发物价为 0.5%，消费物价 1.2%。但失业严重，全失业率最高达 7.1%（1961 年 5 月），失业人数 500.3 万，仅次于上次危机的最高点（507.9 万）。破产企业在 1960 年创 30 年代大危机以来的最高纪录，全年达 15445 家，到 1961 年又上升到 17075

家，是这次危机的一个重要特点。

与美元危机相交织是这次危机的又一个新特点。美国由于国际收支连年巨额赤字，黄金不断外流。1949 年，美国黄金储备曾高达 245.6 亿美元，而到 1960 年底已减少到 178 亿美元。这时美国所负短期外债则已高达 210 亿美元，这意味着美国的黄金储备已不够抵偿其所负短期外债，使人们对美元币值的稳定性产生怀疑。这样，1960 年 10 月中旬便爆发了战后第一次大规模抛售美元、抢购黄金的美元危机。10 月 17 日，伦敦黄金市场的金价由长期维持的 35.15 美元左右一盎司突然上涨到 35.25 美元一盎司；到同月 20 日更猛涨到 41.5 美元的空前高峰，比官价超出 6.5 美元，涨幅在 19% 以上。为了挽救美元危机，美国伙同西方其他资本主义国家，于 1961 年下半年共同筹措 60 亿美元的备用贷款，组成"10 国集团"；同年年底成立由美、英、法、西德、意、荷、比、瑞士八国参加的"黄金总库"；次年 3 月，美国与14 个资本主义国家签订了"互惠借款协定"，试图通过这些措施，稳定金融市场，但这也正表明了美元的霸权地位从此江河日下。

工业生产从 1961 年 3 月起回升，到 1961 年 10 月超过危机前最高点，以后便转入高涨阶段。这次高涨持续近 8 年，是战后最长的一次。按 1972 年美元计算的国民生产总值，从 1960 年的 7566 亿美元增加到 1969 年的 10876 亿美元，年平均增长 4.6%。工业生产在同期以年平均 6.6% 的速度增长。科技革命和国家垄断资本主义的干预政策对 60 年代的增长起了主要促进作用。例如，政府继续推行经济扩张政策，在经济增长的情况下，仍通过发行公债和增发货币来增加政府开支。1961—1968 年，联邦财政赤字从肯尼迪政府的 71 亿美元增加到约翰逊政府的 252 亿美元，8 年累计 527 亿美元；政府还大幅度增加军费开支和国防订货。由于侵越战争，美国在 60 年代的军事开支 1960 年为 460.9 亿美元，1969 年增加到 854.8 亿美元。国防部的军事采购合同额 1960 年为 232.4 亿美元，1968 年上升到 420.5 亿美元，有力地刺激了重工业等部门的发展。不仅如此，战后科技革命引起新工艺、新产品和新部门成批涌现，改变了美国产业结构，也是和政府上述的干预政策分不开的。美国政府利用国库资金，或是为垄断资本垫支科研经费，或是为私人企业承担科研失败的损失，或是把政府科研项目成果廉价售予私人企业，保证了垄断资本的高额利润，固定资本投资在 1961 年为 656 亿美元，1969 年已增加到 1143 亿美元，平均年增 7.2%。

国家垄断资本主义并不能从根本上消除资本主义固有的矛盾。由于大量财政赤字和通货膨胀引起人民强烈不满，新上台的尼克松政府便开始削减政府开支（1969 年出现 132 亿美元的财政盈余）、减少军事订货（1969 年比以前一年减少 15.7%）、收紧银根（1969 年 4 月 6 日中央银行贴现率从 5.5% 上升到 6%，商业银行的优惠率亦紧紧跟上），等等。这些措施使资本主义本来已日趋尖锐的生产内部固有矛盾激化起来，于是在 1969 年 11 月爆发了战后美国第五次经济危机。

1969 年至 1970 年经济危机

从 1969 年 11 月到 1970 年 11 月底，工业生产在这历时 13 个月的危机中下降 6.8%，是战后历次危机中降幅最小的一次。其中受打击较大的是制造业，在危机前 3 个月已开始下降，到危机结束时下降幅度为 10.2%，这与军工生产相对缩减有关。而三大支柱工业受打击较轻，钢产量下降 18.9%，汽车产量到 1970 年 8 月下降 60.6%，新开工私人住宅从 1969 年 1 月的最高点到 1970 年 1 月的最低点，下降 38.7%。固定资本投资 1970 年第四季度较 1969 年第三季度下降 8%，全失业率最高达 1970 年 12 月的 6.1%，失业人数 507.6 万。危机 13 个月期间破产企业 11386 家（包括美国最大的一家铁路垄断企业宾夕法尼亚—中央铁路运输公司），军工大垄断企业之一洛克希德飞机公司濒于破产，由政府补贴 2 亿美元才免于难。但总的说来，与前几次危机相比，这次危机对生产力的破坏较轻。

但是，危机在 1970 年 11 月底结束后，美国经济出现两个特点。一是国际经济地位进一步下降。美国黄金储备在 1971 年跌入百亿美元大关，为 97 亿美元，是 1935 年以来最低水平。自 1971 年出现 46 亿美元的外贸巨额逆差后，70 年代的年外贸逆差额有逐步扩大的趋势（个别年份除外），而外贸出口值在世界上的比重进一步下降。二是开始出现了通货膨胀、高失业和工业生产停滞或低速增长并存的"滞胀"征兆。这是凯恩斯主义国家干预经济的政策所带来的后果，已成为西方国家经济的顽症。

在这次危机爆发后，美国政府又继续采取了扩张性经济政策，但并未能摆脱经济困境。由于国内财政赤字猛增，物价飞涨，而对外债台高筑，国际收支更加恶化（如 1970 年黄金储备减至 102 亿美元，而对外短期债务却增至 520 亿美元），在 1971 年 5 月和 7 月又先后两次在国际上爆发美元危机。因此，尼克松政府于 1971 年 8 月 15 日提出了所谓"新经济政策"，其内容即：对外暂停外国中央银行以美元向美国兑换黄金；对进口商品增收 10% 附加税；对内冻结工资、物价和房租；削减联邦政府开支。提出这一政策的目的据说是实现"没有战争的繁荣"，而实质却是对外赖账（停兑黄金即等于不负责收回流出的美元）和向其他国家转嫁危机，对内则是向人民勒索，以维持垄断资本的高额利润。其结果是，美元在 1971 年 12 月和 1973 年 2 月两次贬值，黄金官价从每盎司 35 美元提到 38 美元后，再上升为 42.22 美元，西方各国宣布实行浮动汇率制，战后初期建立起来的以美元为中心的世界资本主义货币体系宣告崩溃。而国内冻结政策经过 4 个阶段实施之后，于 1974 年 4 月 30 日收场。但该年消费物价上涨率为 10.9%，批发物价更是高达 18.9%。

　　1972 年 1 月，工业生产指数超过危机前最高点，其间工业生产的增长停滞达 26 个月。从 1972 年 4 月起，工业生产持续高涨，到 1973 年 12 月又连续下跌 6 个月，许多研究美国经济问题的学者认为这是又一次经济危机的开始。但是，根据 1976 年美国联邦储备委员会对所编工业生产指数的修订和从美国商务部最近公布的数字来看，1974 年 6 月的工业生产指数（131.9）又超过 1973 年 12 月的 131.3，而在以后连续出现下降时，头 3 个月的指数仍是超过 1973 年 12 月的，因此，这次危机（战后第六次）似应是从 1974 年 7 月起算。

1974 年至 1975 年经济危机

　　这次危机从 1974 年 7 月开始，到 1975 年 3 月结束，历时 9 个月。工业生产下降 15.3%，其中制造业下降 17.3%，受到的打击特别严重。三大支柱工业下降程度也十分剧烈，按从最高点到最低点的下降幅度计算，新开工住宅建筑从 1973 年 1 月到 1974 年 12 月下降 64.8%，汽车产量从 1973 年 10 月到 1975 年 1 月下降 56.4%，钢产量从 1974 年 3 月到 1975 年 7 月下降 34.4%。危机期间，固定资本投资下降 16.6%，在战后历次危机中首屈一指。破产企业在危机 9 个月内达 8024 家。全失业率最高达 1975 年 5 月的 9%，失业人数为 843.3 万人，也大大超过前几次危机。从 1973 年 1 月到 1974 年底，道·琼斯 30 种工业股票平均价格猛跌 41.0%，股票价格下跌总额达 5000 亿美元。通货膨胀趋于严重，按国内生产总值消费物价指数计算的通货膨胀率，1973 年为 5.7%，1974 年上升到 11.8%，1975 年仍为 11.1%。

这次周期性危机之所以迅猛异常，首先是由于国家垄断资本主义干预经济的恶果。美国政府的"反危机"措施在危机爆发前可以刺激经济危机提前或推迟发生，在危机爆发时又可促使经济提前复苏，这种人为地缓和矛盾的做法在矛盾尖锐到一定程度时终于难以奏效，其结果是经济危机一发而不可控制。其次是这次危机在西方国家具有普遍性和周期性，使发达国家不但不能转嫁危机，而且互相激荡，加重危机。这次危机爆发后，西方流行一种观点，即产油国家的石油提价是产生这次危机的根源，理由是石油涨价引起通货膨胀，进而导致经济危机。这种论点实际上是不能成立的。经济危机是生产过剩危机，是资本主义基本矛盾的总爆发。从实际情况来看，首先，通货膨胀率不断上升，是战后西方发达国家的一般趋势，在美国尤其如此。其次，石油涨价确实会抬高一部分工业品的生产成本，利润相对减少一般会使这部分工业品萎缩，在这一意义上也只能说，石油涨价造成了经济危机的深化。当然，这一因素是不应忽视的，但绝不会成为生产过剩危机的根源。还有两点必须指出：第一，石油涨价引起工业品涨价，是工业发达国家试图把减少利润的损失转嫁到工业品价格上的表现；第二，1973 年涨价前的石油价格尽管十分低廉和很不合理，但美国经济危机并未能避免过。

从 1975 年 4 月起，工业生产开始回升，到 1976 年 8 月超过危机前最高点，以后转入高潮阶段。根据回升及以后高涨阶段来看，美国经济一直处于"滞胀"的情况下。在这一时期，美国加强了国家垄断资本主义对经济的干预，如通过了"1975 年减税法"和"1977 年降低和简化税收法"，联邦储备委员会运用"公开市场政策"来调节货币供应，继续大搞赤字财政等，对调节经济发展起到了有限的一些作用，但不可能从根本上消除资本主义根本矛盾。

1979 年至 1982 年经济危机

1979 年 4 月，美国工业生产指数从一个月前的 153.5 下降到 151.1，在以后的 9 个月中时起时伏，徘徊于 152.7 左右。从 1980 年 2 月起，工业生产急剧下降，但到 1980 年 8 月，工业生产指数从 140.3 回升到 142.2，以后持续上升，到 1981 年 7 月达 153.9。从 1981 年 8 月开始，工业生产又第二次急转直下，直到 1982 年 11 月才结束。关于这次危机的始末，国内学术界存在不同看法，主要有两种。一是与美国全国经济研究局所提出的标准有些类似，该局的主要标准是，在调整美元价值并剔除通货膨胀因素后，国民生产总值出现连续两个或两个以上日历季度的下降，即构成一次衰退。因此，从1979 年到 1982 年出现两次经济危机。另一种较为普遍的意见认为，这是一次危机的两个阶段，从固定资本投资和工业生产升降幅度来看，均不构成两次危机的理由。其中还有一种观点认为，这次危机应从 1980 年 2 月起算，理由是在这以前的工业生产下降是由于卡车司机的罢工，石油恐慌引起加油站排队因而家庭妇女外出购货量减少，属于临时性因素，而且工业生产下降幅度也不大。

美国政府的干预政策，是在这次危机中出现两次工业生产下降的直接原因。1980 年，卡特总统出于竞选连任的需要，采取了一系列制止"衰退"的措施：财政赤字在 1980 年高达创历史纪录的 596 亿美元；中央银行即联邦储备银行的贴现率急剧下降，商业银行的优惠利率也随之下降，如 1980 年 4 月平均优惠利率还高达 19.77%，到 8 月已降至 11.12%；此外，货币供应量也大大增加了。这些措施人为地中断了周期的危机阶段。1981 年 2 月里根上台后，提出一项所谓"经济复兴计划"，包括减税、减少政府限制性规章条例、削减政府开支和严格控制货币供应量四个部分。其后中央银行采取了货币紧缩政策，加上巨额赤字引起的通货膨胀心理，1981 年优惠利率便上升到20% 左右，使绝大多数部门重新陷入危机。

从 1979 年 4 月到 1982 年 11 月，危机持续 44 个月。工业生产下降12.1%，其中耐用品下降 19.7%，原料生产下降 20.1%。三大支柱工业也遭到严重打击，按从最高点到最低点计，汽车产量从 1979 年 5 月到 1982 年1 月下降 69%，钢产量从 1979 年 5 月到 1982 年 12 月下降 65.2%，新开工私人住宅建筑从 1979 年 6 月到 1981 年 10 月下降 55.6%。危机期间，非住宅私人固定资本投资下降幅度不大，从 1979 年第三季度到 1982 年第四季度下降了近 7%，因而整个工业生产下降幅度也不是很剧烈。在紧缩政策的作用下，危机期间的年物价上涨率呈现下降趋势。但从其他一些与"滞胀"有关的指标来看，这次危机的严重程度要超过以前任何一次。1982 年国民生产总值下降 1.9%，为 1948 年以来最大的下降。1982 年的企业破产数也创 30年代大危机以来的最高纪录，达 25346 家。全失业率最高达到 1982 年 12 月的 10.8%，失业人数 1203.6 万。1982 年 11 月开工率下降到 67.4%，为1948 年以来的最低点。外贸逆差在 1982 年创 426.9 亿美元的历史纪录，国际收支经常项目的逆差在同年竟达 80.93 亿美元。1981 年财政年度的财政赤字已高达 579 亿美元，1982 年财政年度上升到史无前例的 1107 亿美元。此外，这次危机还与农业危机交织在一起，1982 年农产品积存量创 30 年代大危机以来最高纪录，反映农民购买力的平价比率（即农场主出售农产品价格指数与包括支付利息工资、税收在内的购买商品价格指数之比）在 1982 年 12 月下跌到 54，为 1910 年以来最低水平，农场主收入三年里急剧下降。这次危机属于战后第三次具有周期性质的世界性经济危机。

1982 年 12 月，工业生产开始回升，标志着这一周期性危机阶段的结束。

1948 年以来经济危机的主要特点

战后美国经济危机在性质上并没有变化，但出现了一些新特点。

第一，经济危机对生产力破坏的严重程度比战前有所下降。具体表现有，危机期间工业生产和固定资本投资的下降幅度较小，没有一次超过战前到 20 世纪初的任何一次危机，其原因之一是传统工业受打击非常严重，而新兴工业部门生产下降幅度小，甚至继续上升，从而有结构性危机的因素；企业破产的绝对数目并无锐减，但由于企业总数大大增长，因此破产率在下降；危机期间已无明显的货币信用危机，股票狂跌现象很少发生。

第二，危机呈现深化趋势，常与其他各种危机交织在一起。战后，由于国家垄断资本主义的干预措施，联邦财政状况不断恶化，赤字和债务额不断出现新的历史纪录，1960 年开始发生的美元危机，表现为国际收支逆差扩大，国际上大量抛售美元抢购黄金和其他硬币，是战后的新现象；农业危机与战后第一次工业危机并发，以后断断续续，拖了 20 多年，1980 年重新陷入危机；70 年代，美国还出现能源危机、原料危机等。这些危机尽管无明显的周期性，但由于常常与经济危机交织，进一步促使危机的深化，给政府"反危机"措施带来障碍。

第三，危机期间物价继续上涨，在周期高涨阶段的经济增长仍然缓慢。在战后最初的两次危机中，物价下跌，货币流通量减少或停止增长，与战前大致相同。在以后的危机阶段，联邦政府继续增加开支以利刺激需求，垄断资本人为地抬高物价以维持高额利润，从而通货膨胀扩大。这些措施对生产的实际增长，并不从生产内部起刺激作用，导致了后来高失业率、低开工率和增长缓慢的情形。这种逐步出现的"滞胀"局面，是国家垄断资本主义干预经济的产物，在一定程度上打乱了经济周期的自身发展。

第四，从危机爆发的次数来看，危机比战前频繁了。包括美国在内的主要资本主义国家的经济危机，19 世纪是平均 10 年一次，进入帝国主义阶段后是平均 7—8 年一次。战后美国爆发 7 次危机，平均 5 年左右一次。不过国内学术界对此有争论，主要认为这 7 次危机中，1953—1954 年和 1960—1961 年两次危机不应被看作周期性危机，理由是这两次危机具有局部性质、产生于周期的某一阶段、与固定资本更新和扩大的联系较少，等等。因此，从周期性危机这一角度来看，战后美国经济周期并没有越来越短的趋势。对这一问题的探讨，有助于加深认识现代资本主义经济发展的本质特征。

战后经济危机出现上述特点，有多种因素在起作用，主要是国家垄断资本主义大规模干预经济的政策和各种"反危机"的措施。在财政政策上，包括实行减税，加速折旧和赤字财政；在金融政策上，推行公开市场政策，调整联邦储备银行的贴现率和会员银行的法定存款准备金。这对危机的破坏起了缓冲作用，但却同时产生了如"滞胀"等各种新的矛盾。此外，如战后科技革命的迅速发展，带来了一系列新兴工业部门，使固定资本的更新和扩大在危机期间仍能进行。又如私人垄断财团和跨国公司实力的加强，使美国有可能向其他国家转嫁危机，而在国内保持较高的福利等。但是，这些却无法解决资本主义生产社会化和生产资料私人占有之间的固有矛盾。经济危机，就是强制性地破坏一部分生产力，以使生产和消费的矛盾得到暂时解决。这在资本主义条件下是无法改变的。

本文参考书目：

［1］　于光远主编：《马克思、恩格斯、列宁、斯大林论资本主义经济危机》，人民出版社 1978 年版。

［2］　上海国际问题研究所编：《现代美国经济问题简论》，上海人民出版社 1981 年版。

［3］　《美国经济讨论会论文集》，商务印书馆 1981 年版。

［4］　《世界经济》第 1 册、第 3 册，人民出版社 1980 年版。

［5］　美国商务部：《现代商业概览》月刊（United States Department of Commerce, *Survey of Current Business*）。

［6］　美国经济统计局：《基本经济统计手册》月刊（Economic Statistics Bureau of Washington, D. C. , *The Handbook of Basic Economic Statistics*）。

［7］　美国商务部：《商情摘要》月刊（U. S. Department of Commerce, *Business Conditions Digest*）。

1948 年捷克斯洛伐克二月事件

周尊南

1948 年 2 月 20 日，参加捷克斯洛伐克第三届民族阵线政府的民族社会党、人民党和斯洛伐克民主党的 12 名部长向总统贝奈斯联合提出辞呈，制造了政府危机，企图搞垮共产党人任总理的联合政府，将共产党人和进步人士排挤出阁，组织看守政府，再组织选举，建立资产阶级政权。捷共发动群众，迫使贝奈斯总统接受 12 名部长的辞呈，通过民主的、宪法的、议会的方式解决了政府危机，将反动分子从民族阵线政府中清洗出去，进一步巩固和发展了人民民主政权，实现了民族民主革命向社会主义的和平发展和转变，史称二月事件。二月事件在捷克斯洛伐克历史上具有重要的意义，在国际共运史和国际关系史上也十分引人瞩目。

捷克斯洛伐克人民民主政权的确立

1939 年 3 月 15 日，德国法西斯占领了整个捷克斯洛伐克。恢复国家的独立、主权和领土完整，成为捷克斯洛伐克人民的首要任务。慕尼黑阴谋和 1939 年 3 月的投降，表明捷资产阶级已经背叛了国家和民族的利益，没有能力领导捷民族民主革命。民族民主革命的领导权只能由工人阶级及其先锋队捷克斯洛伐克共产党来掌握。捷共领导全国人民掀起了波澜壮阔的反法西斯抵抗运动。捷共的主要领导人哥特瓦尔德、施维尔玛、斯兰斯基、柯别茨基等在莫斯科成立了党的国外领导中心，负责领导民族民主革命，而另一部分领导人则在国内组成党的地下中央委员会，具体组织和领导反对法西斯占领者的斗争。在捷共的领导下，工人阶级、劳动人民、知识分子和其他爱国民主人士组成了广泛的民族阵线。而以贝奈斯为代表的一部分亲西方的捷资产阶级，虽在国家沦亡问题上负有不可推卸的责任，但他们毕竟没有直接投降德国法西斯，而是流亡到了西方，并在伦敦建立了资产阶级流亡政府，追随英美等西方国家，反对德国法西斯侵略。随着国际反法西斯统一战线的建立，特别是 1941 年 7 月 18 日，苏联政府同捷流亡政府在伦敦签署了在反法西斯战争中相互援助的协定以后，他们也参加了反法西斯的民族抵抗运动和民族阵线。因而，在捷克斯洛伐克人民的反法西斯抵抗运动中存在两种政治势力和两个中心，即捷共领导的人民抵抗运动和以贝奈斯为代表的资产阶级抵抗运动。两种政治势力追求着截然相反的政治目的。捷共领导的广大人民群众，希望在苏联的援助下，彻底驱逐德国法西斯，恢复国家的独立，建立人民民主政权，并逐步向社会主义过渡；而贝奈斯为代表的资产阶级则幻想依靠英美的军事力量打败纳粹德国，并在英美的支持下重新恢复资产阶级共和国。因此，在捷反法西斯抵抗运动和民族阵线内部就存在着两种目的和两种前途的斗争。实质上也就是在民族民主革命和战后国家建设中资产阶级同无产阶级争夺领导权的斗争。

1943 年秋，苏联红军打败法西斯德国主力的形势已逐步明朗化，中欧必将由苏联红军解放已成定局，以贝奈斯为代表的捷资产阶级为了能争取在战后在国内政治生活中保持一定的影响，维持一定的阵地，不得不匆忙赶赴莫斯科，于 1943 年 12 月同苏联政府签订了《苏捷友好和战后合作条约》，并同捷共领导人讨论了捷克斯洛伐克的战后安排，原则上接受了捷共提出的战后人民民主政权的构想。1944 年 8 月，捷共组织并领导了著名的斯洛伐克起义。1945 年春，苏联红军解放了捷克斯洛伐克东部地区。全国解放在望，贝奈斯等人不得不于 1945 年 3 月再去莫斯科，同捷共就战后新政府的组成和政府的施政纲领进行了讨论和协商。经过激烈的争论，3 月 29 日，参加协商的各党签署了协定，资产阶级不得不接受了捷共提出的政府组成方案和政府施政纲领（即后来被称作的科息斯纲领）。1945 年 4 月 4 日，在科息斯正式宣布组成第一届民族阵线政府。但是，资产阶级对于他们迫于国内外形势不得不作出让步并不甘心。所以，当 1945 年 3—4 月，苏军在捷克地区推进受阻，4 月 21 日巴顿将军率领的美军第 3 军越过捷国境，占领了阿斯，他们感到欣欣鼓舞，幻想美军占领布拉格会扭转对他们不利的国内形势。然而他们的希望又落空了。5 月 5 日，捷共成功地领导了布拉格的武装起义，5 月 9 日苏军解放了布拉格，捷克斯洛伐克全境迅即解放，5 月 10 日，民族阵线联合政府迁回布拉格。这标志着捷克斯洛伐克反法西斯抵抗运动的结束和人民民主政权的确立，捷克斯洛伐克的历史进入了一个新阶段。

民族阵线联合政府的施政
纲领和捷共的策略

　　民族阵线联合政府是由参加莫斯科协商的各党派代表组成的。根据协议，政府共25名成员。6个政党，即捷共、斯洛伐克共产党、社会民主党、民族社会党、人民党和斯洛伐克民主党各派3名代表，另有7名具有威望的社会知名人士入阁。总理由社会民主党的兹·费林格担任，其余5党各派1人出任副总理。捷共和斯共的副总理为哥特瓦尔德和西罗基。无党派人士斯沃博达任国防部长，扬·马萨里克任外交部长。共产党人担任部长的有内务部、情报部、农业部。社会民主党人掌握工业部、供应部。民社党主管外贸部、司法部。人民党主管邮电部、技术部。斯洛伐克民主党掌握交通部、法律编纂事务部。显而易见，容纳了各派政治力量的民族阵线联合政府既不是工人阶级，也不是资产阶级单独执政。哥特瓦尔德曾指出，这是工人阶级同农民群众、城市中等阶层、劳动知识分子以及部分捷克和斯洛伐克资产阶级的共同执政。

　　工人阶级虽然参加政权，并居于主要地位，但还没有完全掌握政权。这是当时国内阶级力量对比决定的。这种形式的政权必然是过渡性质的，它面临着两种发展的可能性，即仍然有倒退到资产阶级专政的危险。但重要的是，民族阵线联合政府的方针、政府的路线，不是像以前那样取决于大资本家，而是取决于以共产党为首的工人阶级和劳动群众。作为民族阵线政府的科息斯纲领，规定了政府的头等重要的任务是尽力支援苏军尽快解放全国，并规定要按苏联红军的榜样建立新型的捷克斯洛伐克军队。纲领规定国家权力的源泉来自人民，要在广泛民主的基础上建设全面的公共生活，保障人民的一切政治权利；国家权力机关的基础是在反法西斯斗争中形成的各级民族委员会。保证斯洛伐克人在中央机关有相应的代表，特设斯洛伐克民族议会和行政委员会，决定彻底清除法西斯分子，惩办通敌分子和卖国贼。在经济领域，纲领规定要迅速恢复国民经济，决定将敌人和卖国贼的财产交国家监督管理。银行、保险公司、重要的工业企业、自然和动力资源也置于国家监督之下。没收敌人和通敌分子的土地分配给无地与少地的农民。保护私人企业和商业。在对外关系方面，纲领提出同苏联结盟和广泛合作是对外政策的基础，要加强同其他东欧人民民主国家的合作，发展同西方国家的关系。科息斯纲领没有提出解决生产资料资产阶级所有制的问题，也没有提出普遍反对资产阶级和剥夺一切资产阶级的口号。这是一个"反对占领者的斗争纲领，而且也是驱逐占领者后建设共和国的纲领"。纲领"给资产阶级留下了部分物质基础，也给他们留下了政治权利"。这是符合当时捷克斯洛伐克革命的性质的。哥特瓦尔德反复强调了这一时期捷克斯洛伐克革命的性质是民族民主革命，强调"在现阶段，我们是按民族民主革命的路线，而不是按社会主义革命的路线行动的"。

民族阵线联合政府刚成立不久，1945 年 4 月 8 日，哥特瓦尔德在给斯洛伐克共产党干部的讲话中明确指出：全党不要陷入宗派主义倾向，不要提出社会主义革命、反对一切资产阶级和消灭资本主义的口号。他指出，总的形势和广大群众的觉悟都没有成熟。他提出必须尽一切可能来巩固劳动人民的团结，并保持同那些尚受资产阶级影响的阶层以及部分资产阶级的同盟。只有这样，才能为向社会主义革命过渡准备好条件。哥特瓦尔德还强调，不能把苏维埃共和国和社会主义共和国作为最近的目标。如果党把这种目标当作直接的前景，将是一个巨大的战略错误。他指出："虽然形势很好，但最近的目标不是苏维埃和社会主义，而是真正的彻底实现我们置身于其潮流中的民族民主革命，并把它进行到底。"捷共清醒地认识到，虽然党在工人阶级和劳动群众中有着决定性的影响，但在一部分群众中，尤其是城市和农村的中等阶层中，贝奈斯和部分资产阶级代表人物还有欺骗性和影响，他们还没有认清资产阶级的本质，而且对革命向社会主义转变缺乏思想准备。

在这种情况下，捷共认为，执行民族阵线政策，有利于促进和巩固人民的团结，吸引民族最广泛的阶层到自己周围，参加国家建设，并有利于促进资产阶级政党的分化，争取进步分子同捷共合作。这一政策也有利于工人阶级自身加强政治上的团结，并学会管理国家。这一时期，捷共的路线和方针是争取革命的和平发展，使民族民主革命逐步向社会主义革命过渡。捷共认为，在这种情况下，必然要经历一种特殊的过渡时期。在这时期内，政权问题尚未最终解决。政府中既有工人阶级又有资产阶级，而且他们还必须实行合作。当然，这种合作并不意味着阶级调和，而是阶级斗争在特殊形式下的继续；也并不意味着党放弃了社会主义的目标，恰恰相反，这才是在最短的历史时期内达到社会主义目标的正确途径。哥特瓦尔德明确提出，捷共必须探索"自己的道路，自己的方式，自己的捷克斯洛伐克政策"。捷共把彻底贯彻执行科息斯纲领视作工人阶级争取领导权斗争的最强有力的武器。

民族民主革命的发展与
资产阶级的反抗

　　捷共认为，巩固和加强各级民族委员会，在国家的政治、经济、文化生活中彻底清洗卖国贼和投敌分子，建立新的公安机关和军队是争取领导权斗争中的重要步骤。1946 年 5 月选举之前，共产党在捷克和摩拉维亚地区州、县两级民族委员会委员的比例分别达到 37% 和 32%。而在斯洛伐克地区则在多数民族委员会中占多数。资产阶级竭力想限制民族委员会的权力。共产党积极支持参加过游击战的工人、农民参加新的军队，而资产阶级则利用贝奈斯的统帅地位，让过去的军官、宪兵混入新的军队和公安机关。1945 年 5 月 19 日，捷共颁布了关于民族管理委员会的法令。民族管理委员会并不意味着没收前业主的财产，因此，资产阶级并不笼统反对，但是他们指望没收德国人和匈牙利人的财产以扩大他们自己的经济阵地。为了争取农民，共产党坚决支持没收敌人和卖国贼的土地，分配给农民。在捷共的推动下，农村中成立了农民委员会。1945 年 6 月 21 日，颁布了关于没收敌人全部土地并分配给雇农和小农的法令。但资产阶级却坚持要求给被没收者以赔偿，要求提高分得土地的农民的土地补偿费。全国共没收了 294.67 多公顷土地。捷共还建议政府实行农产品三级收购价格制度，以支持贫农和中农。按照这一制度，贫、中农出售的农产品价格最高，富农次之，地主最低。这些措施，使农村的阶级和政治关系发生了极大变化，巩固和加强了工农联盟。不顾资产阶级的反对，捷共坚持要求把共和国建设成由两个平等民族（捷克民族和斯洛伐克民族）组成的国家，承认斯洛伐克民族是单独的民族，从而顺利解决了民族问题，争取斯洛伐克人民的支持。政府还将边境地区的 250 万德国人遣送回国，并解决了匈牙利、波兰、乌克兰等少数民族问题。政府根据科息斯纲领，加强了同苏联的友好和合作。资产阶级不敢公开进行反苏活动，但他们却散布流言，贬低苏联在反法西斯战争中的作用，贝奈斯带头提出捷克斯洛伐克应该奉行"西方与东方的桥梁"的对外政策。

　　由于贯彻科息斯纲领，到 1945 年夏天，工人阶级在政治上和经济上的阵地都得到一定的巩固。捷共提出银行、金融业、关键性的工业及拥有 500 名职工和某些拥有 150 名以上职工的重要工厂实行国有化。资产阶级则竭尽全力争取缩小国有化的范围，并拖延通过有关的法令，但在人民群众的压力下，贝奈斯不得不于 1945 年 10 月 24 日签署了国有化法令。由于国有化法令的实施，工人阶级从资产阶级手中夺取了 100% 的采矿和冶金工业，99%的电力工业，77% 的化学工业，73% 的金属工业。

国有化为生产资料的社会主义所有制奠定了基础。但资产阶级的经济力量仍然相当强大，全国企业总数的 49% 和 100% 的国内外批发贸易仍然掌握在他们手中。在农村，剥削阶级的经济力量特别强大，全国农村还有 16000多个占地超过 50 公顷的地主和成千上万的富农。资产阶级期望在制宪议会的选举中取得多数，向工人阶级反攻。正是在这种情况下，捷共于 1946 年 3月举行了第八次代表大会。八大提出了不断扩大和巩固工人阶级在政权中地位的新任务。捷共希望通过选举进一步扩大工人阶级在议会的阵地。1946 年5 月 26 日，捷克斯洛伐克举行了战后第一次正式的制宪议会选举。捷共获得全国选票的 28%。在议会的 300 个席位中获得 114 个席位，成为最强大的政党。社会民主党获 12.05% 选票，在议会中有 37 个议席。捷共和社会民主党一起共有 50.05% 选票，151 个议席；民族社会党获 18.29% 选票，人民党和斯洛伐克民主党分别获得 15.64% 和 14.07% 选票。3 个资产阶级政党一起获得了 48% 的选票。7 月 2 日，组成了第 3 届民族阵线政府。哥特瓦尔德出任政府总理。新政府 26 名成员中，捷共 9 名，社会民主党 3 名，3 个资产阶级政党各 4 名，另 2 名为无党派人士，即外交部长扬·马萨里克和国防部长鲁·斯沃博达将军。新政府提出的施政纲领的主要内容起草和通过新宪法，编制恢复和建设经济的两年计划。

1947 年 1 月，捷共中央全会分析了阶级斗争的形势，明确提出"谁战胜谁"的问题至今尚未解决。政府虽然是由共产党人领导的，但共产党人在政府中仍占少数。为此，捷共提出了争取民族大多数的口号，要求在民族的广大群众，特别是农民群众中加强工人阶级的领导地位。为了争取农民群众，1947 年4 月，捷共提出整套的农业纲领，要求把没收土地的工作进行到底。复查第一次土地改革，把超过 50 公顷的庄园土地加以分配，为农民制定国民保险，统一农业税等。这一纲领的提出和通过削弱了资产阶级在农村的影响。

1947 年夏天，国民经济的发展发生了突然的挫折。空前的大旱灾造成歉收。各类作物的收获量同预计产量相比，粮食减产 37%、土豆 52%、甜菜49%、饲草 2/3，全部损失达 110 亿—150 亿克朗。人民的食品供应出现严重困难。政府不得不降低配给量。资产阶级乘机捣乱，黑市又重新猖獗。国家被迫增加原定用于国内消费的产品出口，以增加进口食品。资产阶级利用了西方挑起"冷战"和美国抛出"马歇尔计划"的国际形势，要求民族阵线政府接受"马歇尔计划"，民族阵线联合政府原决定派观察员出席1947年7月在巴黎召开的有关"马歇尔计划"的会议，后来因苏联的压力取消了这一决定。7月上旬，捷政府同苏联签订了长期贸易协定。根据协定，苏联将供应捷一些过去从西方国家进口的重要原材料，并应允1948年内供应捷20万吨小麦和20万吨饲料，以帮助解决由于旱灾造成的经济困难。但资产阶级并不愿放弃要捷克斯洛伐克接受"马歇尔计划"的企图。他们开始扰乱供应，力求使整个经济混乱，以便为达到此目的制造借口。资产阶级利用供应情况的恶化，大搞黑市和投机倒把、偷税漏税和炒卖外汇，借机大发横财。私营资本主义批发贸易的年周转额达550亿克朗，炒卖外汇达35亿克朗。在斯洛伐克地区，资产阶级政党对政府的一切决议实行怠工，甚至成立了"斯洛伐克行动委员会"一类的地下反动组织，为反革命政变准备条件。

在这种形势下，捷共面临两项严重的任务：解决由于灾害和资产阶级破坏造成的粮食问题，克服斯洛伐克地区的政治危机，粉碎资产阶级的阴谋。捷共建议政府在各级人民委员会设立粮食问题特别委员会，说服和动员农民交售粮食，揭发地主富农瞒产和拒不交售粮食的活动。捷共建议提高对小农和中农的农产品的收购价格。资产阶级不敢公开反共产党的这一建议，却建议提高面包价格和动用国库来支付这笔款项，其目的是要进一步恶化工人和劳动人民的生活状况，挑拨工农联盟。他们为了破坏国家财政，建议大幅度提高国家机关工作人员工资。为了反击资产阶级，捷共向政府提出了征收"百万富翁税"的建议，要求对拥有财产超过100万克郎的人增加特别税。但是，资产阶级部长们在1947年9月2日的政府会议上否决了这一建议。9月11日，捷共同社会民主党就征收百万富翁税达成了共同行动协议，终于使政府于10月21日通过了关于征收财产税和超额利润税的特别法律草案，同时，哥特瓦尔德以政府总理的名义，请求苏联增加粮食供应，将原协议规定供应的粮食由40万吨增加到60万吨。加上国内收购的粮食，使粮食供应问题获得了基本保障。在工人、农民和其他劳动者的支持下，国家保安机关及时侦破了斯洛伐克民主党领导人策划的叛国阴谋。11月18日，斯洛伐克成立了新的行动委员会，民主党在其中已不再拥有多数。

资产阶级制造政府危机和捷共的反击

粮食问题的解决和斯洛伐克政治危机的克服，巩固和扩大了工人阶级的阵地。资产阶级却不甘心失败。1947 年底，捷克斯洛伐克的国内政治局势更加尖锐化了。资产阶级因"马歇尔计划"和法共、意共被排挤出内阁感到鼓舞，也因为社会民主党向右转感到高兴。1947 年 11 月，社会民主党在布尔诺举行的全国代表大会上，左派领导人兹·费林格落选，社会民主党的领导权被右派和亲右派势力所掌握。资产阶级认为在议会取得多数，建立巩固的反共的统一战线，孤立并最后排挤共产党大有希望。捷克斯洛伐克邻近的人民民主国家内政治局势的发展，也从另一个方面促使资产阶级尽快采取行动。这一时期，保加利亚、波兰、罗马尼亚和阿尔巴尼亚都先后将国家政权中的资产阶级反动分子清除，捷克斯洛伐克的资产阶级决心利用他们自己以为的有利形势向工人阶级发动进攻。民族社会党同人民党缔结了共同行动的协议，以后，斯洛伐克民主党也参加进来。12 月底，民族社会党头目又同社会民主党的右派头目勾结，双方达成协议，社会民主党将在社会和经济问题上奉行独立的政策，并保证在所谓"保卫议会民主和公民的自由与权利"的斗争中同民族社会党站在一起。

在这种情况下，捷共中央于 11 月底召开了中央全会，揭露了资产阶级的复辟计划和策略，指出资产阶级反动派想通过阻挠和怠工使政府的一切活动瘫痪，从而迫使政府在大选前辞职，这样就会为贝奈斯任命一个排除共产党人的看守政府创造条件。哥特瓦尔德指出，资产阶级的这些活动是"一种政变的企图，应该彻底粉碎反动势力"。捷共采取了一系列重要步骤，开始了工人阶级以最终击败资产阶级为目标的战略反攻。共产党人领导的国内贸易部对纺织品批发商进行了检查，打击了囤积纺织品的投机活动。1948 年 2 月初，捷共提出了一切对内对外贸易批发业收归国有的要求。同时，还提出要求把一切职工人数超过 50 人的工业企业收归国有，加速进行对 50 公顷以上的庄园的土地改革。捷共还建议将全国所有银行合并成一家银行，捷共的建议受到工农群众的支持，资产阶级却在议会否决了这些建议。资产阶级政党的部长们在社会民主党右派头目的支持下，于 2 月 10 日在政府会议上强行通过了大幅度提高国家机关工作人员工资的议案。这是民族阵线政府成立以来，捷共首次在重要问题上遭到失败。

资产阶级企图提前举行大选，在"合乎宪法程序"的掩盖下，夺取政权。2 月 13 日，政府举行特别会议讨论国民保险法案。会议刚开始讨论，民族社会党人、司法部长德尔蒂纳突然袭击，猛烈攻击共产党人领导的内政部和公安军团滥用权力，制造假案，搞逼供信迫害民族社会党工作人员。他还指责内政部长有计划、有步骤地从安全机构撤换非共产党的成员。此时，民族社会党的议员高拉送来了"惊人的"消息：公安军团司令昨天下令解除了布拉格防区8名区队长的职务。德尔蒂纳等人就借题发挥，更加制造混乱。尽管哥特瓦尔德再三申明，内政部长诺塞克（当天因病未到会）将在下次政府会议上回答德尔蒂纳的批评，但右派部长们仍然纠缠不休。民族社会党纠合资产阶级政党的部长们在会上以多数票通过决议，责成内政部长取消公安军团司令关于撤销8名区队长职务的命令，并且暂时停止公安军团各级军官的一切调动。资产阶级政党的头目们以为，在一周内两次以多数票打击了共产党，就可以把共产党排挤出阁了。

捷共充分意识到局势的严重，决定通过定于2月22日召开的全国工会代表大会和2月29日召开的全国农民代表大会组织工农群众反击资产阶级。资产阶级却决心在两个代表大会之前向共产党发动总攻。2月13日至16日，资产阶级政党的头目匆忙奔走于美、英、法、梵蒂冈驻捷使馆，得到了西方国家的支持和鼓励。2月17日凌晨，民族社会党、人民党和斯洛伐克民主党三党头目达成了联合行动的协议，并商定决不单独同共产党谈判。17日上午10时半，政府举行例会。哥特瓦尔德还来不及宣布会议议程，民族社会党的部长们就责问内政部长是否已执行13日政府会议的决议，取消了调动布拉格公安军团8名军官的命令，哥特瓦尔德回答说，内政部长仍在生病，在内政部长无法出席会议的情况下，他无可奉告，并建议在下一次内政部长能够出席的政府会议上再讨论这一问题，但遭到资产阶级部长们的反对。12名资产阶级部长约定，坚持要内政部长执行13日政府会议的决议，否则，他们将拒绝参加政府工作。下午2时，政府会议再度开会，资产阶级部长们仍坚持自己的要求，会议无法进行，唯一达成的协议是2月20日提前举行政府会议。

捷共中央主席团立即举行了会议，认为局势有可能发展为公开的政府危机，党必须立即动员全体人民全力以赴反击资产阶级的进攻。中央主席团发表号召书，揭露了参加政府的资产阶级政党长期以来破坏政府纲领的执行，阻挠重要法案的制定，破坏新宪法的拟定。捷共中央派干部连夜将号召书送达全国各州、县、工厂和农村。同日，斯共中央也发表了《人民行动起来，粉碎反动派的计划》的号召书，号召斯洛伐克劳动人民同捷克劳动人民站在一起，反击捷克和斯洛伐克资产阶级反动派的颠覆计划。全国各州、县和工厂、矿山都在当晚和次日清晨举行了紧急会议，200多万工人做好了战斗准备。

2 月 18 日，资产阶级政党的报纸用醒目标题报道了前一天政府会议的消息，并大肆攻击共产党人。同一天，民族社会党头目拜访了贝奈斯，贝奈斯告诉他们，说他从哥特瓦尔德激烈的言辞中感觉到了某种虚弱和没有信心，因此，他鼓励反动部长们要坚持下去，并向他们保证说："至于我，我决不后退。你们可以指靠我。"反动部长们决定尽快将政府危机公开化。18 日晚 17 时，哥特瓦尔德原定召集政府会议，讨论和批准目前在布拉格召开的人民民主国家外长会议的决议，但资产阶级部长们拒绝与会。19 日晨，社会民主党代表劳斯曼等人拜访哥特瓦尔德，要求共产党满足资产阶级政党的要求，遭到拒绝。哥特瓦尔德坚持要社会民主党停止支持反动分子，同共产党保持合作。如果右派政党公开挑起政府危机，建议由共产党和社会民主党组成多数派政府，但被拒绝。同一天，三个资产阶级政党的部长们再度聚会，决定第二天，即 2 月 20 日正式提出辞职。同一时刻，回国休假的美国大使斯坦哈特中断了休假，乘专机提前返任。他一下飞机就举行了记者招待会，公然声称，他坚信共产党人在政府统治的丧钟敲响了，捷克斯洛伐克会很快回到资本主义制度，并同美国建立紧密联系。晚上，斯坦哈特公开声明，当前的政府危机将提高捷克斯洛伐克国家在美国的威信，遗憾的是，它没有在一年前发生。深夜，捷共中央主席团举行了会议。哥特瓦尔德通报了情况，认为局势已空前严重，全党都已做好战斗准备，决心捍卫 1945 年 5 月以来的革命成果。

20 日，民族社会党的机关报《自由言论》在头版用通栏标题刊登了挑衅性的口号，"我们决不容忍警察制度！""我们反对恐怖的警察手段，我们及时警告所有的政党和所有正直的人们！"等等，公开发出了反革命进攻的信号。上午 10 时，政府会议开始。内政部长诺塞克虽未康复，仍抱病与会。但资产阶级的 12 名部长拒绝出席会议。他们聚集在民族社会党头目、副总理曾克尔办公室策划对策。随即，曾克尔向哥特瓦尔德递交了一封信，声明只有内政部长执行 2 月 13 日政府会议决议，他们 12 名部长才能参加会议。哥特瓦尔德回答说，内政部长已经到会，可以回答他们的质询，建议他们出席会议。但曾克尔仍坚持不履行 2 月 13 日决议决不出席。结果会议无法举行。资产阶级反动分子终于公开制造了政府危机。下午，三党的 12 名部长分别向贝奈斯提出了辞呈。贝奈斯对人民党头目哈拉说，他当然不会接受部长们的辞呈。他鼓励哈拉，要他们相信他，他绝不会妥协。

得到反动部长们辞职的消息，捷共中央主席团举行了紧急会议，认为，当前最紧迫的是要争取社会民主党的部长们留任。社会民主党的三名部长是否辞职，将对局势产生深刻影响。根据宪法，在多数部长留任的情况下，总统无权解散政府。因此，当天萨波托茨基就会见了社会民主党主席劳斯曼，提出由社会民主党和共产党组织革命多数派政府，但被拒绝。下午4时，民族社会党头目里普卡向劳斯曼提出，要社会民主党的部长加入右派联盟，立即提出辞呈。劳斯曼答应由晚间召开的主席团会议决定。当晚，社会民主党主席团举行了马拉松会议。会上左派同右派发生了激烈的争论，最后无法通过事先准备好的声明。但主席团只有三人同意立即辞职，不得不决定将此问题提交2月23日的中央执行委员会讨论。这样，社会民主党倒向政变分子一方的危险暂时排除了。同时，国防部长斯沃博达，外交部长扬·马萨里克也没有提出辞职。而三个资产阶级政党中的反对派和进步分子也先后向捷共表示，他们不同意本党头目们的行动，因而捷共可以确信在政府和议会中都可以保持多数，可以在清除反动分子之后重新组织民族阵线政府。

哥特瓦尔德亲自拜访了贝奈斯，向他转达了捷共中央解决政府危机的立场，坚决要求总统接受12名部长的辞呈。贝奈斯劝告哥特瓦尔德同反动部长们进行"耐心的谈判"，哥特瓦尔德断然拒绝。捷共中央主席团发表了告全体人民书，揭露反动派结成反人民联盟，阴谋颠覆民族阵线政府；强调哥特瓦尔德政府将坚守自己的岗位，号召全体劳动人民支持哥特瓦尔德政府。当夜23时，捷共中央派出的干部连夜赶赴全国各地。捷共中央向各地党组织发出指示，要他们准备好将反动分子清洗出民族阵线。为了防范反动派诉诸暴力，捷共中央要求加强工厂中的工人纠察队，并把他们变成战斗队以防事变。

21日，全国各重要城市和工厂都举行了群众集会。成千封电报和文件寄给政府和总统，要求接受反动部长辞职，用忠于民族阵线的人士取代他们。布拉格、克拉德诺等地的工人代表团陆续不断地拜访总统，坚决要求不让反动部长们再回到政府。10时整，布拉格10万群众在老城广场举行盛大集会。哥特瓦尔德在会上报告了政府危机真相，建议任命新的、忠于人民民主制度的新人来代替已辞职的部长。同时，他号召全国人民迅速建立民族阵线行动委员会，坚决反击反革命分子的任何挑衅。社会民主党、工人、农民和知识分子的代表先后发言，支持哥特瓦尔德的严正立场。大会通过决议，要求总统接受3党部长们的辞呈，依据宪法和民主原则的精神，由哥特瓦尔德总理提名忠于民族阵线的新人充实政府。大会选出一个 55 人代表团将决议送交总统。全国所有的大城市和工矿企业也都举行了示威性的集会，表示支持捷共要求，同意按哥特瓦尔德的建议解决政府危机。在捷共的号召和推动下，全国各地都建立起民族阵线行动委员会，开始把反动分子从公共生活、各政党和社会组织中清洗出去。捷共中央主席团致函社会民主党，希望该党在改组政府和反击反动派进攻中，同捷共共同行动。

为了掩护反动部长们退却，贝奈斯拖延批准他们的辞呈。当晚捷共中央主席团致函贝奈斯，坚决要求他接受 12 名部长的辞呈，通知他政府总理将立即开始谈判，根据宪法和民主原则，补充政府新成员以取代辞职的部长。捷共中央主席团决定立即同三党内的反对派和进步分子就补充政府的候选人进行协商。

22 日，全国工会代表大会通过决议，要求所有 50 名以上职工的工厂实行国有化，迅速通过新宪法，实行新的土改。大会决定 2 月 24 日举行一小时大罢工，以支持工会代表大会的要求。当晚，内政部国家安全局破获了民族社会党军官企图破坏国家电台的阴谋，于是，进行了广泛的搜查和逮捕。哥特瓦尔德命令内政部长立即下令全体公安军团作好战斗准备，迅速加强对桥梁、隧道、火车站、电报局、电话局、电台、政府机关和外国使、领馆及其他重要建筑和单位的保卫。为了防范反动分子外逃，切断他们同国外的联系，内政部长下令封锁同奥地利、德国西占区的边界。公民非经内政部特许，禁止出国。内政部连夜调精锐公安军团进驻布拉格。在捷共领导下，布拉格成立了工人民兵总指挥部，配合公安军团维持秩序。23 日，在布拉迪斯拉发老游击队员也迅速武装起来，配合民兵和公安军团执勤与巡逻。其他城市也相继建立工人民兵组织。同日晨，西方国家的外交官同贝奈斯进行了非正式接触，要贝奈斯"顶住，不退让"，答应西方将给予支持。于是贝奈斯于当天中午再次拒绝批准 12 名部长辞呈。晚上，近万名不明真相的大学生举行了反共示威游行。同一时刻，在布拉格公共大厦召开了各政党和群众组织领导人会议，成立了民族阵线中央行动委员会筹委会。国防部长斯沃博达在会上公开表明立场："军队同人民在一起。谁破坏民族的统一，谁就是破坏分子，应该被清除。"24 日，全国 250 万劳动群众举行了一小时总罢工，一致拥护捷共的政策，强烈要求贝奈斯接受 12 名部长的辞呈。但贝奈斯仍坚持自己的立场，要求捷共同反动部长们谈判。晚上，大学生企图再次闹事，被工人民兵驱散。夜晚，布拉格工人再度举行大规模示威游行。资产阶级政党内部在这一天也进一步分化。人民党内成立了进步分子组成的行动委员会，接管了人民党的新闻机构。民族社会党的进步分子也接受了该党的印刷厂。社会民主党执委会举行会议，左派要求同捷共达成协议，并同捷共讨论派代表参加政府。

25日上午，愤怒的布拉格工人对贝奈斯仍拖延和犹豫不决表示强烈不满，同时，也对各报刊登的国防部长的命令感到费解。斯沃博达将军在命令中要求全军官兵保持绝对平静，禁止军队介入内部政治纷争，命令全军紧密团结在最高统帅、总统贝奈斯周围。工人群众表示，如果反动派继续顽抗，将举行没有时间限制的总罢工。上午11时，哥特瓦尔德等人拜会了贝奈斯，再次强调，接受反动部长们辞职。根据捷共的建议任命新政府，是全国支持的唯一解决办法。贝奈斯答应尽快答复。下午4时，在布拉格老城广场召开了有25万劳动群众参加的大会。哥特瓦尔德宣布贝奈斯总统已接受12名部长的辞呈，并根据他的建议任命了新政府。新政府由24名成员组成：捷共12名，社会民主党4名，民族社会党和人民党各2名，斯洛伐克民主党1名，自由党1名，无党派人士2名（斯沃博达和扬·马萨里克）。同一天，民族阵线中央行动委员会和民族阵线斯洛伐克行动委员会分别选举萨波托茨基和西罗基为主席。

27日，以哥特瓦尔德为总理的复兴的民族阵线政府向共和国总统贝奈斯宣誓就职。斯洛伐克新的行政委员会也再次任命胡萨克为主席。

3月10日，哥特瓦尔德向制宪议会提出了复兴的民族阵线政府的施政纲领。5月9日，制宪议会通过了新宪法，即"五九宪法"，宪法声明，捷克斯洛伐克人民"下定决心要把自己解放了的祖国建设成为一个人民民主国家"，并保证"通过和平途径走上社会主义"。6月7日，贝奈斯辞去总统职务。6月14日，国民议会一致选举哥特瓦尔德为共和国总统。6月15日，哥特瓦尔德任命萨波托茨基为政府总理。二月事件终于用民主的、宪法的、议会的方式获得解决。二月事件的胜利证明了捷共寻找自己的道路、方式和政策的正确，是结合本国实际创造性地运用马克思主义的卓越典范。

本文参考书目：

[1]　《哥特瓦尔德全集》。
[2]　《哥特瓦尔德选集》。
[3]　《战后世界历史长编》第1编第4分册。

南斯拉夫社会主义自治制度的建立

马细谱　柳光青

在社会主义国家中，南斯拉夫是最早抛弃苏联的传统模式，实行社会主义经济体制改革的国家。它从 1950 年开始实行工人自治制度，1964 年以后发展为社会主义自治制度，探索了一条适合本国情况的建设社会主义道路。

探索符合国情的建设
社会主义道路

第二次世界大战以前，南斯拉夫是欧洲落后的农业国之一。工业在国民收入中的比重不到30%。第二次世界大战中，南斯拉夫国民经济遭到严重破坏，战争造成的物质损失为 469 亿美元（按 1938 年的价格计算）。战争中南斯拉夫牺牲了 170.6 万人，为战前人口的 10.8%。按人员伤亡和物质损失的数量计算，南斯拉夫仅次于苏联和波兰，在欧洲盟国中占第 3 位。

1945 年 11 月 29 日，南斯拉夫人民取得反法西斯战争的胜利，建立了南斯拉夫联邦共和国。解放初期，南斯拉夫仿照苏联的经验，建立了中央集权的经济管理体制。1945 年完成土地改革。1946 年实行工业企业国有化，建立了生产资料的国家所有制。次年，开始执行 1947—1951 年发展国民经济的五年计划，对外贸易均由国家控制。这个时期的特点是，国家行政机关在经济建设中起着决定性的作用，依靠行政手段实行"统一计划，集中管理"。南斯拉夫面临恢复被战争破坏的国民经济，建立新的经济制度的艰巨任务，从事建设一些新的经济项目。当时，在经济建设方面采取中央集权式的管理体制，起到了一定的积极的作用，同时，这也是不可避免的。到 1947 年，工农业生产基本上已恢复到战前水平。

随着经济建设的发展，联邦国家机关权力的膨胀，有些部门的行政管理人员滋长了官僚主义，甚至出现了滥用权力的现象。同时，作为一个多民族国家，中央集权过多，不利于调动各共和国和各地区的积极性。"行政命令式的，国家集权式的"体制同生产力的发展之间出现了矛盾。

在国际上，1948 年苏联和南斯拉夫的关系恶化，欧洲共产党和工人党情报局也同南斯拉夫共产党发生了冲突。1948 年 3 月，苏联单方面从南斯拉夫撤走全部军事顾问和文职专家。情报局在 1948 年 6 月和 1949 年 11 月作出两个决议，对南斯拉夫共产党进行了种种错误的指责。苏联和其他东欧国家单方面撕毁了过去同南斯拉夫签订的一切贸易和经济协议，废除了总共 46 个政治、经济、文化和其他方面的协定和条约。由于苏联和东欧一些国家对南斯拉夫实行经济封锁，施加政治压力，南斯拉夫在经济上和政治上遇到巨大困难。1950 年南斯拉夫又遇到严重的自然灾害，粮食收入只有正常年景的一半左右，出现了严重的饥荒。在这极其困难的时刻，以铁托为首的南斯拉夫共产党顶住了外来压力，排除困难，坚持社会主义建设，同时认真研究和总结南斯拉夫经济建设中的经验教训。南斯拉夫共产党人对苏联社会主义模式的利弊和南斯拉夫如何建设社会主义的问题进行了深入的讨论。铁托后来说："建立工人委员会的办法是在南斯拉夫同重大经济困难和其他困难作斗争的时候，在南斯拉夫遭到孤立的时期酝酿成熟的……是在南斯拉夫这样落后国家里鼓励和动员所有潜在力量来解决困难的唯一办法。"

在南共被开除出情报局后，南共党内掀起了重新学习马克思主义的热潮。他们注意到在马克思主义学说中，提出了关于工人自治的思想。马克思在《国际工人协会共同章程》中说："工人阶级的解放应该由工人阶级自己去争取。"[①]《共产党宣言》指出："代替那存在着阶级和阶级对立的资产阶级旧社会的，将是这样一个联合体，在那里，每个人的自由发展是一切人的自由发展的条件。"[②]《资本论》中也曾指出："设想有一个自由人联合体，他们用公共的生产资料进行劳动，并且自觉地把他们许多个人劳动力当作一个社会劳动力来使用……在那里，人们同他们的劳动和劳动产品的社会关系，无论在生产上还是在分配上，都是简单明了的。"[③] 他们认为这些思想的核心是要全体劳动者学会自治和参加管理。

---

① 《马克思恩格斯选集》第 2 卷，人民出版社 1972 年版，第 136 页。
② 《马克思恩格斯选集》第 1 卷，人民出版社 1972 年版，第 273 页。
③ 《马克思恩格斯全集》第 23 卷，人民出版社 1972 年版，第 95—96 页。

十月革命胜利以后，列宁曾强调："对我们来说，重要的就是普遍吸收所有的劳动者来管理国家。这是十分艰巨的任务。……只有千百万人学会亲自做这件事的时候，社会主义才能实现。"[①]

南斯拉夫共产党人认为，按照马克思主义，在夺取政权以后，工人不只是简单的生产劳动者，同时应该直接参加生产资料的管理，支配劳动成果，管理一切社会事务。实行工人自治可以为实现这一任务创造条件。

南斯拉夫共产党人还从总结国际共产主义运动和本国的历史经验中，认识到实行工人自治的必要性和可能性。他们认为巴黎公社实行的"工人管理"，十月革命后实行的"工人监督"，1919年匈牙利革命中建立的"工人监督委员会"，都是工人自治的一种尝试。

在南斯拉夫，自治的萌芽可以追溯到第二次世界大战期间。当时在解放区，工人们占领并自行管理工厂主遗弃的工厂，工人所建立的生产会议就是工人管理生产的民主形式。南共领导人爱德华·卡德尔认为，在当时的解放区里，这就是自治民主制度最早的雏形。

南斯拉夫共产党人按照马克思主义的基本原理，吸取国际和本国的历史经验，同本国革命与建设的实践相结合，摸索出一条符合自己国情的建设社会主义的道路——实行社会主义自治制度。

社会主义自治制度的建立

南斯拉夫的社会主义自治制度是从工人自治发展为社会自治，大致经历三个阶段。其中的第一阶段，从1950年到1963年是社会主义自治制度的建立，即工人自治阶段。

早在1949年中，南斯拉夫共产党就酝酿建立某种机构，以加强工人在企业的生产组织中的作用。一些地方党组织建议在工厂中成立工人委员会，实行工人自治。这年秋天，部分政治局委员向铁托汇报国内的形势，反映建立工人自治的愿望。铁托表示同意，认为工人自治将是反对政权和经济管理中官僚主义的强大武器，并决定党要使工人自治形成一种制度。

1949年12月23日，南斯拉夫联邦政府经济委员会和工会联合会中央理事会联席会议通过了《关于国营经济企业成立工人委员会和开展工作的指

---

① 《列宁选集》第3卷，人民出版社1972年版，第483页。

示》，决定在企业中建立工人委员会，其任务是："积极参加解决企业所有最重大的问题，监督企业工作"，"使工人对生产问题和企业管理施加直接影响"。12 月 31 日，斯普利特水泥厂成立了全国第一个工人委员会。接着，在215 个大企业出现了第一批工人委员会，进行工人自治的试点工作。到 1950年年中时，全国有 529 个企业选举建立了工人委员会。在这样的形势下，1950 年 6 月 26 日，联邦议会通过《关于劳动集体管理国营经济企业和高级经济联合组织的基本法》，规定在全国的国营企业中普遍建立工人委员会，把管理权交给工人。这是南斯拉夫第一个工人自治法，它标志着南斯拉夫自治制度的正式开始。

自治法规定，一切国营企业在国家经济计划的范围内，将由劳动集体代表社会，按照国家的法律和法规确定的权利和义务进行管理。劳动集体将通过工人委员会及其执行机构——企业管理委员会，行使管理权。

工人委员会是企业自治的经济和政治机构，它有权批准企业的生产计划和决策；就企业的经济政策、计划和管理作出重要的决定；拟定企业的规章制度，选举和罢免管理委员会及其成员，规定企业收入的分配等等。工人委员会在全体职工无记名投票的基础上选举产生，一般由 15—120 人组成，不足 30 人的企业全体人员都参加工人委员会。每届任期两年，只能连任一次。

管理委员会从工人委员会的成员中选举产生，由 5—11 人组成。经理是当然的委员。管理委员会有权提出企业的计划草案，草拟企业的劳动规则，决定行政人员任命事项等等。经理是企业行政管理的领导人，负责组织生产，执行计划，有录用、解雇和调动工人的权利。他向企业的工人委员会和管理委员会，以及主管的国家经济管理机构负责，任期一般为四年，可连选连任。

根据自治法的规定，实行工人自治，就是劳动集体通过工人委员会和管理委员会，也通过经理，代表社会来管理属于全民所有的企业。实行工人自治，将工厂交给工人管理，这无疑是一场深刻的革命。铁托在谈到这个法令的深远意义时说："这将是通过了生产资料国有化法令之后国民议会最重要的历史行动。"

自治思想逐步深入南斯拉夫经济和社会生活的各个领域。党和国家的工作重心也从国家机关转到工人自治。1950—1952 年，南斯拉夫颁布了一系列经济法，采取措施保证工人自治的实施。从 1950 年开始精简机构。到这一年 7 月，党政部门精简了 10 万人，仅联邦管理部门的工作人员，即从 1948

年的 47300 人降到 1956 年的 10328 人。

1951 年 2 月，撤销国家管理委员会。4 月，解散联邦计划委员会，将铁道部、交通部、邮电部合并为交通运输委员会。12 月，联邦议会通过《国民经济计划管理法》，改革计划体制，放弃中央集权的国家计划，实行社会计划。国家只规定国民经济各部门发展的主要比例，不再给企业下达指令性计划指标，使指令性经济转入市场经济。

在南斯拉夫开始了工人自治的进程和着手经济体制改革的情况下，1952 年 11 月初，举行了南斯拉夫共产党第六次代表大会。大会高度评价了自治制度的积极意义。在通过的决议中指出："业已导致社会主义关系和在生产领域中建立的工人管理企业，以及劳动人民的自治，对于进一步发展和巩固社会主义民主和社会主义，具有转折性的决定意义。"这次大会作了两项重大决定：一、将南斯拉夫共产党改为南斯拉夫共产主义者联盟；二、规定在发展自治制度的条件下，南共联盟将实现政治上和思想上的引导作用。

1952 年 11 月南斯拉夫共产党第六次代表大会确认了前一时期实行的工人自治制度。1953 年 1 月 13 日，联邦议会颁布《关于南斯拉夫联邦人民共和国社会组织和政治组织的基础与联邦国家权力机关的基础的基本法》，以宪法形式确认自治原则为社会经济制度和政治制度的基础，并把工人自治从工矿企业扩大到国民经济所有部门以及教育、科学、文化、保健等部门。

按照基本法的规定，将生产资料的国家所有制改为社会所有制，由劳动者直接管理生产资料。企业作为独立的商品生产者，逐步扩大了经营自主权。企业按照国家计划的要求自行制订生产计划，自由经营、自负盈亏。企业的收入和支出不再列入国家预算，而只是向国家交纳税款。企业利润约有 2/3 以投资基金税形式上交给国家，由国家建立社会投资基金。企业职工工资取决于企业集体所实现的劳动成果。企业中的工人委员会逐步掌握企业的管理权，国家机关则逐步减少对企业的直接干预。在管理体制方面，将联邦政府直接领导经济部门的职能逐步转交给各共和国，撤销了联邦政府的许多部；同时各共和国也将一些权力下放给地方。基本法还规定在联邦共和国两级议会中设立生产者院（后改称为联合劳动院），由劳动者选出的代表直接参加社会事务的管理，讨论和决定国家发展的重大方针和政策，并扩大各共和国和自治省的自治权限。

在对外经济关系方面，南斯拉夫将同西方国家发展经济合作，在坚持独立和主权的前提下改善同美国的关系。1951 年 11 月 14 日，南美签订军事援助协定。1952年8月，南美签订经济合作协定。1950—1953年，南斯拉夫从美国和其他西方国家得到约3.4亿美元的援助和贷款。

南斯拉夫在确定工人自治制度的过程中同国内外反动势力进行了坚决斗争。国内一些教条主义者和保守分子把实行工人自治视作倒退和复辟资本主义，而另一方面又出现了不要党的领导的自由化倾向。如南斯拉夫社会主义联邦共和国国民议会前议长、前副总理、南共中央政治局委员、书记处书记吉拉斯认为，在实行工人自治过程中，列宁主义的党和国家已经过时了，应从根本上改组南共联盟，南共联盟应融合在群众组织之中，成为一个松散的协会和团体。他还否认共产主义是共产党人的奋斗目标，反对社会主义制度，认为"官僚主义"比资本主义更危险，强调党的团结和纪律将会使民主化受到损害。南斯拉夫共产党人在铁托领导下对这两种倾向进行了斗争，排除了保守分子的干扰，批判了自由化倾向，并将其代表人物吉拉斯开除出中央委员会，解除其在共盟内的一切职务。

南斯拉夫实行工人自治后不断遭到苏联的攻击。在1952年10月召开的苏共十九大上，马林科夫指责南斯拉夫已变成美国的殖民地，污蔑南共领导人铁托、卡德尔充当了美国的代理人。斯大林逝世后，1955年5月赫鲁晓夫访问南斯拉夫，公开承认苏联过去对南斯拉夫的批判是错误的。双方签署了关于两国关系的《贝尔格莱德宣言》，强调两国在彼此的关系中以及同其他国家的关系中都应尊重他国的主权、独立、领土完整和互相平等，承认和发展国际间的和平共处，互相尊重并且互不以任何理由干涉内政。苏联正式承认了南斯拉夫关于走向社会主义有不同道路的立场。1956年6月铁托访苏，双方签署了两国政府联合声明和两党关系宣告。此后，两国两党恢复了关系。

工人自治制度的建立，加强了经济体系管理的民主化，促进了经济的发展。1948—1960年，南斯拉夫的国民收入和工农业生产的年平均增长率以较高的速度向前发展：

	1948—1952年	1953—1956年	1957—1960年
国民收入	1.9	8.4	13.6
工业生产	6.4	12.8	14.2
农业生产	−1.5	4.1	10.5

同一时期，南斯拉夫的工业生产和各工业部门的生产，与战前的 1939 年相比，有了大幅度的增长。第二个五年计划（1957—1961 年）提前一年于 1960 年完成。

1946—1962 年工业生产的情况

	1946	1955	1956	1957	1958	1959	1960	1961	1962
整个工业生产	79	242	266	311	345	391	451	483	516
生产资料生产	121	917	971	1127	1275	1491	1789	1816	1887
加工材料生产	76	228	255	292	323	360	406	438	465
消费品生产	84	207	230	279	306	351	410	442	491

注：以 1939 年为 100。

社会主义自治制度的完善与发展

南斯拉夫是在抛弃建设社会主义的苏联模式，在没有任何现成经验的条件下，建立社会主义自治制度的。它作为一种新的事物，在实践中不可避免地会出现新的情况和问题。到 50 年代中期，南斯拉夫曾面临如何进一步提高劳动生产率，提高产品质量，改变落后地区经济状况等问题。同时，一种新制度的出现，也还需要人们不断加以认识。

1962—1963 年，南斯拉夫全国上下对实行自治制度进行了广泛的讨论。一部分人主张加强中央集权和集中计划，一部分人主张推进改革，更积极地利用市场机制。争论的结果是坚持改革的意见占了上风。在此基础上，1963 年 4 月 7 日联邦议会通过了第五部宪法。宪法再次肯定自治原则，确认工人自治已从经济部门扩展到社会生活各方面。除党和军队机关以外，国家机关和社会事业单位都实行自治原则。宪法还扩大了各共和国的权限。它们有权不通过联邦，相互直接进行协作和建立经济组织。从 1963 年开始到 60 年代末，南斯拉夫社会主义自治制度发展到第二阶段，即由工人自治扩展到社会自治阶段。

1964 年 12 月举行的南共八大决定，进一步发展自治关系，把扩大再生产的权限交给直接生产者，改革国家对投资的直接控制，改革银行信贷体制和价格体制，并加强对外经济联系。1965 年 7 月联邦议会通过关于在全国进行社会经济改革的决议。这次改革的主要内容是进一步利用商品货币关系，发挥市场的作用，实行自治计划商品经济。企业成为商品生产者，在扩大再生产方面享有更大的权力。国家掌握的扩大再生产投资基金全部转入银行，由银行向企业提供贷款。企业只交纳供社会行政费用的税款，不再向国家上交投资基金税。国家除通过社会计划进行协调外，主要通过税收、价格、信贷；外汇、外贸等方面经济法令和政策进行调节。这次改革还强调，商品价格原则上按市场供求关系形成，并按国际市场行情进行调整，以提高南斯拉夫产品在世界市场的竞争能力。1967年南斯拉夫还制定了外国投资法，允许外国资本在南斯拉夫直接投资。

这一阶段的改革进程不是平静的。到60年代末时，自治制度显示出其优越性的一面，也暴露出一些问题。在经济上，国家权力"分散化"以后，在市场自发势力的冲击下，企业之间经济实力的差别扩大，计划的协调和落实受到很大影响，曾造成盲目投资和国民经济比例失调、通货膨胀加剧、失业人数增加等困难。社会总产值和工业产值增长速度有所下降。1961—1965年平均年增长为6.8%和10.9%，1966—1970年平均年增长为5.8%和5.4%。在政治上，民族主义抬头，各共和国和自治省之间的矛盾有所增加。

抵制改革和反对自治制度的势力抓住改革中出现的问题，否定改革的主流，反对改革的进行。南共联盟为了排除改革道路上的阻力，于1966年7月1日召开联盟八届四中全会，作出了解除原中央书记、副总统兰科维奇党内一切职务的决定，7月14日，南斯拉夫议会作出解除其行政职务的决定。10月5日，南共联盟八届五中全会因其反对改革，制造"个人崇拜"和组织派别集团等错误，将他开除出党。

1969年3月举行的南共联盟九大肯定经济社会改革加强了自治的经济基础，要求今后不断完善和巩固自治制度，提高自治效率。它还肯定了自治的市场经济是唯一可取的形式，同时提出要在经济部门和其他部门中实行"联合劳动"原则，加强计划的协调，保证统一的南斯拉夫市场，为下一阶段改革提出了方向。

70年代初以后，南斯拉夫的社会主义自治发展到第二阶段，即实行联合劳动和建立在联合劳动基础上的代表团制。

为了解决60年代后期经济和政治方面出现的严重问题，南斯拉夫多次召开全国性的和共和国的会议，向反对社会主义、反对自治的势力进行斗争，坚持了社会主义自治制度。1970年7月联邦议会通过《社会计划基本法》，加强计划协调，使企业的计划适应社会经济发展总的方向和目标，同时要求按联合劳动原则对经济部门进行改组，以及实行稳定经济的政策。

1971 年 6 月联邦议会通过对 1963 年宪法的修正案。对联合劳动原则作出了一些规定，并决定设立联邦共和国主席团。1974 年 2 月 21 日联邦议会通过新宪法，将联合劳动原则正式写进了宪法，并规定各级政权机构从议会到管理社会事务的各种自治利益共同体都实行代表制。1974 年新宪法阐明了南斯拉夫社会主义自治制度具有下列特点：

一是实行社会所有制。

生产资料的社会所有制是南斯拉夫社会经济制度的基础。生产资料不属于任何个人、集团或国家，而属于整个社会和全体劳动者，由联合起来的工人直接、独立、平等地管理。它们只用来满足劳动者个人的和共同的利益，发展社会主义经济，加强社会主义自治关系，而不得用来剥削他人的劳动，被个人或集团所占有。每个人必须参加劳动才能获得自治的权利。

社会所有制在国民经济中占主导地位，应占国民生产总值的 85% 以上。

二是联合劳动和工人自治。

联合劳动包括现在劳动（活劳动）和过去劳动（生产资料和社会资金）两方面。通过联合劳动，每个劳动者的劳动成为整个社会劳动的一部分；参加管理本单位和整个社会的生产资料，决定劳动成果的分配。

联合劳动基层组织是生产管理和核算的基本单位，也是自治的基本单位。它独立地进行预算，决定有关生产、销售、资金使用、收入分配以及其他基层组织进行协作。若干基层组织联合成为联合劳动组织，它是独立的自治组织，负责协调所属各基层组织的发展计划和相互关系，帮助基层组织实现其任务，但它无权直接干预基层组织的活动。若干联合劳动组织可进一步联合成为长期或短期的联合劳动复合组织。它的任务是协调所属各联合劳动组织在生产、销售、投资、扩大再生产、分配等方面的活动，并协调同政府部门的关系。

联合劳动组织为实现某些共同利益，可以联合成各种业务共同体。

除经济领域外，教育、科学、文化、保健、社会福利以及其他社会领域的劳动者可以直接地或通过各自的联合劳动组织加入自治利益共同体。它一般在各区、各共和国和自治省一级建立。

城市、村镇一定范围的居民区，劳动者和公民可以组成地方共同体，负责决定本地区有关共同利益的问题。

各级联合劳动组织和业务共同体都实行自治。

三是社会计划、自治协议和社会盟约。

各级联合劳动组织、各种自治利益共同体都制订自己的发展计划。这些计划应该符合国家经济发展总的方向、市场供求关系以及本单位的能力和需要。制订计划的过程中必须相互协调，签订自治协议，实现劳动和资金的联合，落实产、供、销的具体项目。在制订计划的过程中，各经济组织应同政府部门进行协调，签订社会契约，调整生产和消费的比例，协调价格、投资、收入的分配等。各共和国和自治省既要协调本地区内各级联合劳动组织的计划，又要同联邦一级的计划进行协调。通过自下而上，自上而下以及左右之间的协调，最后在联邦一级形成全国的计划。

四是代表制。

代表制也称作代表团制，它是南斯拉夫社会政治制度的基础和形式。联邦共和国和自治省、区三级议会都根据代表制原则组成。区是基层政权的组织。

联合劳动基层组织和地方共同体是基层自治组织。每个基层自治组织中的公民以直接的无记名投票方式选举自己的代表团，代表团再从其成员中选出代表参加各级议会。该代表要向代表团报告工作，代表和代表团还应向选举他们的基层自治组织报告工作，从而保证议会和代表团的工作经常置于公民的影响和监督之下。

1974年5月举行的南共联盟十大全面总结了实行社会主义自治以来正反两方面的经验。十大以后，南斯拉夫在经济部门普遍建立联合劳动组织，将自治协议和社会协议作为协调关系的重要形式。在政治制度改革方面，要求各级政权机构实行代表制和集体领导原则。在民族关系方面，强调既要尊重各共和国和自治省的主权，又要在民族平等，团结的基础上加强联邦的统一。在党的工作方面，1972年9月铁托和南共联盟中央执行局发出致各级组织和全体盟员的公开信，要求"消除共盟中堆积起来的弱点"，使共盟真正成为"团结一致的战斗组织"。南共十大以后，加强了党的建设，在联合劳动基层组织中普遍建立了共盟的基层组织，加强共盟在社会生活各方面的引导作用。

1980年5月4日铁托逝世后，南斯拉夫继续坚持走社会主义自治的道路。1983年6月，南斯拉夫正式通过由联邦社会委员会制定的《经济稳定长期纲领》。1982年6月举行的南共十二大和1986年6月举行的南共十三大，都把实现经济稳定长期纲领，迎接现代科学技术革命的挑战，以及不断完善和发展社会主义自治制度，作为最重要的任务。

30 多年来，社会主义自治制度已在南斯拉夫社会的土地中生根。它既在理论上，也在实践中证明是符合南斯拉夫本国情况的，是具有生命力的。南斯拉夫实行社会主义自治制度已取得显著成就，也还存在某些前进中的困难。但是，南斯拉夫共产党和人民从不讳言矛盾，而是不断总结经验，继续探索，加深对自治发展的规律的认识，创造性地进行社会主义建设。正如南共联盟十三大决议所提出："我们决心并努力依靠发展公有制和社会主义自治来确认自己的革命成果和建设社会"，"我们的目标是寻求更为人道的自由联合劳动的社会"。

本文参考书目：

［1］　《铁托选集》，人民出版社。

［2］　《南斯拉夫社会主义联邦共和国宪法》，人民出版社 1974 年版。

［3］　《南斯拉夫共产主义者联盟章程》，人民出版社 1978 年版。

［4］　《南斯拉夫联合劳动法》，北京出版社 1976 年版。

［5］　马尔塞尼奇：《南斯拉夫经济制度》，人民出版社。

［6］　《南斯拉夫概况》，南通讯社 1982 年版。

［7］　《南共联盟历次代表大会文件》。

斯大林逝世与苏联领导成员的变动

柳　植

50 年代中期，苏联党和国家领导人经历了一次大的变动。继列宁之后，领导苏维埃国家达 30 年之久的斯大林在 1953 年逝世。随后，苏联党和国家的领导层，围绕着如何继承列宁、斯大林开创的事业以及由谁来继承的问题进行了 5 年的斗争，几经转折，直到 1958 年才最后确立了赫鲁晓夫在苏联党和政府中的地位。苏联党和国家领导人的变动，不仅直接导致了苏联内外政策的变化，而且也对国际共产主义运动和国际局势的发展产生了不小的影响。

斯大林的逝世与苏联党和政府
领导阵容的新调整

1953 年伊始，苏联国内掀起了一场新的政治风波：一方面，因"医生谋杀案"① 的"破获"，党和政府号召人民提高政治警惕，消除轻信和漫不经心的现象，同帝国主义派遣的间谍、破坏分子、暗害分子、杀人犯和在人民中隐藏的敌人进行斗争。《真理报》在 1 月 13 日的社论中，激烈地批判了那些持阶级斗争"熄灭"观点的人。"他们不明白，或者不能明白，我们的成功不会使阶级斗争熄灭，而会使斗争尖锐，我们向前发展得越顺利，那么注定灭亡的，陷于绝望的人民之敌的斗争就越加激烈。"另一方面，根据斯大林《苏联社会主义经济问题》的观点，在学术界展开了思想批判和检查。与此同时，各级苏维埃的选举正在有秩序地进行。电工器材厂装配工维·布

---

① 1953 年 1 月 13 日，塔斯社宣布，不久前，国家保安机关破获了一个医生恐怖集团，其中包括 10 名医生。季马舒克医生因揭发有功被授予列宁勋章。

达林提名"敬爱的父亲"斯大林为最高苏维埃代表候选人，获广泛拥护。这一切表明，苏联国内政治生活在斯大林领导下正常进行。

3月4日，塔斯社突然宣布，党和人民遭到不幸，3月1日晚斯大林患重病脑溢血。3月5日，苏联共产党中央委员会、苏联部长会议，苏联最高苏维埃主席团沉痛宣告，斯大林于当晚9时50分与世长辞。

斯大林的逝世，使苏联党和政府的领导层面临着人事上的新调整和政策上的新转变。1952年党的十九大后虽选出了25人组成的中央委员会主席团，但这个党章上规定的最高权力机关并未发挥实际作用，实权是由斯大林指定的5人常委所掌握。斯大林还担任着政府首脑，即部长会议主席。斯大林生前并未安排好接班人。在内外政策上，斯大林所坚持的传统路线显然已同变化了的国内外形势不相合适。在这种情况下，新领导的产生，国家政治经济的任何革新，必然会引起激烈的斗争。

在斯大林逝世的第二天，即1953年3月6日，苏联共产党中央委员会、苏联部长会议、苏联最高苏维埃主席团举行联席会议，对党和国家的领导机构采取了如下措施：任命格·马·马林科夫为部长会议主席，贝利亚、莫洛托夫、布尔加宁、长冈诺维奇为部长会议第一副主席，由部长会议主席和4个第一副主席组成部长会议主席团。建议由伏罗希洛夫接替尼·什维尔尼克任苏联最高苏维埃主席团主席，什维尔尼克改任全苏工会中央理事会主席。把苏联国家保安部和苏联内务部合并成苏联内务部，由贝利亚兼任部长，任命莫洛托夫为外交部长，原外交部长维辛斯基改任副部长，任命布尔加宁为苏联军事部长，原军事部长华西列夫斯基改任副部长，同时还任命了一些其他部的部长。关于党的最高领导机构，认为按照党章只设一个中央委员会主席团，不再设主席团的常务局，确定马林科夫、贝利亚、莫洛托夫、伏罗希洛夫、赫鲁晓夫、布尔加宁、长冈诺维奇、米高扬、萨布罗夫、别尔乌辛10人为主席团委员，确定什维尔尼克、波诺马连科、麦尔尼科夫、巴吉罗夫为主席团候补委员（前3人原为主席团委员，巴吉罗夫是新添的）。10名主席委员中除了萨布罗夫和别尔乌辛外，其他8名都是十九大以前的政治局委员，就是说在党的最高领导机构中恢复了十九大以前的阵势。赫鲁晓夫虽然是斯大林治丧委员会主席，而在这次政府的改组中并未受命担任具体职务，"会议认为有必要使尼·谢·赫鲁晓夫集中精力于苏联共产党中央委员会的工作，因此解除他苏联共产党莫斯科委员会第一书记的职务"。赫鲁晓夫的具体工作岗位是在中央书记处。

关于这次领导集团调整的目的和意义，会议的决议特别指出："在我们党和国家这一困难时期"，"党和政府的根本任务在于保证国家整个生活得到不间断的、正确的领导"，这就需要"领导有极大的团结性，防止任何不协调和混乱"。《真理报》为此专门发表了《最伟大的团结一致》的社论。在3月15日召开的最高苏维埃第四次会议上，进一步用法律形式确定了政府和苏维埃的人事变动。同时，部长会议主席马林科夫对政府机构进行了调整，把全联盟和联盟兼共和国的58个部合并裁减为25个，全部重新任命了部长。

从整个安排看，在这一系列调整中部长会议是权力的中心，在一个相当的时期中，在各种文件和宣传材料中都把政府置于党之前，这是沿用斯大林晚年的传统习惯。马林科夫是政府和党的最高领导人。他既是部长会议主席，又是党中央主席团的头一名委员，主持主席团会议，他还兼任书记处书记。在3月9日的斯大林葬礼上，马林科夫发表了主旨演说，从八个方面总结了斯大林一生的贡献。马林科夫指出在国内的政策方面，要不断地更加增进工人、集体农民、知识分子和苏联全体人民的物质福利，而且把关心人民的福利，最大限度地满足人民的物质和文化的需要，"作为党和政府的法律"。

贝利亚排为第二号人物，在领导集团中具有特殊的地位。他不仅重新掌握了1946年失去的内务部的权力，乘斯大林逝世之机迅速掌握了国家保安部队，而且尽力安插了自己的力量。

至于赫鲁晓夫，他在党中央主席团内排在马林科夫、贝利亚、莫洛托夫和伏罗希洛夫之后，名列第五。

国内政策的新变化与贝利亚事件

尽管新领导宣布，斯大林所培养的他的忠实的学生和战友，将保证坚定不移贯彻他所制定的内外政策，但因斯大林的理论和政策在实践中早已出现许多问题。因此，随着新的人事变动，内外政策上的变动是不可避免的。

3月27日，苏联最高苏维埃颁布大赦令，对曾犯有并不构成对国家重大危险的罪行，而又能证明可以过诚实的劳动生活，并成为对社会有用的犯人，从拘留所予以释放。这项大赦令虽然只涉及被剥夺自由5年及5年以下和某些犯有渎职罪、经济罪、军职罪的犯人的获释和减刑，不适用因反革命罪、盗窃巨额社会主义财产罪、抢劫罪及谋杀罪的罪犯，但它却揭示了斯大林时期法制上的问题。那些犯有"渎职""经济""危害公共秩序"的错误及其他危险性较小"罪行"的人，本来用行政处分和纪律措施就可以处理，却一律给予了刑罚。因而，最高苏维埃司法部修改了苏联及加盟共和国的刑法。

4月4日，塔斯社宣布苏联内务部关于被控进行特务暗害活动的医生恢复名誉并释放的通告。通告说，被苏联国家保安部逮捕的15名医生的案件"是不正确的，是没有任何根据的"。被捕者所做的那些所谓证实其罪行的供词，是前国家保安部侦讯部门用苏维埃法律所不允许并极严厉地禁止的侦讯方法获得的。4月6日，《真理报》就此事发表《苏联社会主义法律是不可侵犯的》社论。社论指出：这件事的发生，主要是因为前国家保安部门的领导者们是不符合标准的，以使这个机关穷凶极恶地违犯苏维埃法律，专横武断、滥用职权。前国家保安部长斯·伊格纳捷夫表现了政治上的盲目性和易受欺骗，他做了像当时负责侦讯的前副部长柳明之类的冒险家的尾巴。因此，在3月6日当选为党中央书记的伊格纳捷夫被撤除了这一新职务，柳明等则被逮捕并使其负刑事责任。

3月31日，苏联部长会议和苏共中央还决定，从4月1日起再次降低食品和制成品的国家零售价格，范围涉及20大类数百种食品和制成品，减价5%到50%不等。

这一年苏共中央提出的五一国际劳动节口号中，突出了和平协商解决国际问题，维护宪法保证公民权利，增加生产提高人民物质福利等三方面的内容。

这一切表明，斯大林逝世后，新的领导班子迅速而急剧地改变着斯大林的传统政策。

最早的信息，是3月21日塔斯社公布的苏共中央3月14日全会的决议中透露的。决议批准苏联部长会议主席马林科夫的请求，解除他苏联共产党中央委员会书记的职务，同时选举赫鲁晓夫、苏斯洛夫、波斯洛夫、夏塔林、伊格纳捷夫组成新的书记处。这件事包含着很大的潜在意义。赫鲁晓夫早在十九大修改党章的报告中就说过，撤销中央委员会的组织局，把中央的日常工作，包括组织工作在内都集中在书记处。以赫鲁晓夫为首的新的书记处的组成，为赫鲁晓夫扩大实权造成了有利的条件。

7月10日，莫斯科各报刊登的消息宣布：几天前，苏联共产党举行了中央全会，在听取了马林科夫代表中央委员会主席团所作的关于贝利亚为了外国资本的利益而破坏苏联国家、企图把苏联内务部放在苏联政府和党之上的反党和反国家罪行的报告之后，决定把贝利亚从苏联共产党中央委员会清除出去，并把他作为共产党和苏维埃人民的敌人而开除出苏联共产党。同日，最高苏维埃主席团发布公告，解除贝利亚所任苏联部长会议第一副主席和内务部长的职务；把贝利亚的罪行案件交苏联最高法院审理。

贝利亚事件是斯大林逝世后苏联国内发生的一件轰动世界的大事，贝利亚从 20 年代初就在外高加索担任契卡的领导工作，1932 年被任命为外高加索党委第一书记，1934 年进入党中央委员会，1939 年任中央政治局候补委员，1938 年 7 月以后接替叶若夫做了 8 年苏联内务人民委员，1941 年任人民委员会副主席兼国防委员会委员，1946 年升为政治局委员，任部长会议副主席。斯大林逝世后是政府和党的第二号人物，怎么会一下子变成"人民敌人"呢？《真理报》社论对此作了如下解释：贝利亚使用各种野心家的伎俩骗取了信任，窃取了领导地位。过去他的反党反国家的罪恶活动，是采取非常隐蔽的和伪装的形式，而最近由于他变得傲慢自大，飞扬跋扈，这便开始暴露了他是人民敌人的面目。社论除重述中央决议中"企图把内务部放在党和政府之上"这一结论外，还罗列了四条具体罪行：即"企图利用内务部中央和地方的机构来反对党和它的领导，反对苏联政府，根据对他个人的忠诚来提拔内务部的工作人员"，企图阻挠农业方面重大的迫切问题的解决；企图破坏苏联各民族人民的友谊，在苏联各族人民之间制造纠纷，并唆使各加盟共和国中的资产阶级民族主义分子进行活动；当贝利亚不得不执行党中央委员会和苏维埃政府关于巩固苏维埃法律和消除某些违法乱纪情况的指示时，他就蓄意阻挠这些指示的执行，并多次企图曲解这些指示"。

12 月 7 日，苏联最高检查署完成了对贝利亚案件的侦讯工作，侦讯结果是：贝利亚组织了一个和苏维埃国家为敌的阴谋分子叛国集团。1953 年 3 月贝利亚担任内务部长以后，把这一集团的成员安插在内务部的领导岗位上，排挤和迫害内务部中拒绝执行贝利亚罪恶指示的正直工作人员。

"侦讯结果"中增加了贝利亚的"历史罪行"，说他还在内战时期就跟外国情报机关有了勾结，1919 年在英国间谍机关控制的阿塞拜疆的穆沙瓦特政府的情报机关做特务，1920 年在格鲁吉亚跟孟什维克政府的秘密警察建立了联系，以后继续与外国情报机关和孟什维克的流亡分子有联系，说他曾反对奥尔忠尼启则，并对其家属进行了残酷的报复。贝利亚同他的同谋者杀害了契卡的领导人之一的凯德诺夫。

贝利亚事件直接导致了马林科夫和赫鲁晓夫两人在领导集团中的力量和地位的消长与变化。马林科夫在政府中的力量必然有所削弱，而赫鲁晓夫的地位显然加强了。贝利亚垮台之前，赫鲁晓夫在党中央主席团内名列第五，贝利亚垮台之后，他上升到第三，排在马林科夫、莫洛托夫之后，跃居伏罗希洛夫之前。

马林科夫的新纲领与马林科夫的下台

1953 年 8 月 5 日至 8 日，苏联最高苏维埃举行第五次会议。部长会议主席格·马·马林科夫在最后一天的会议上发表了长篇演说。这是自斯大林逝世以来苏联新领导人第一次全面地阐述自己的施政纲领。

马林科夫在演说中提出"迫切的任务是在两三年内大大增加食品和制成品及各种消费品"。

为此，他首先提出要调整工业和农业、重工业和轻工业的关系。他说，解决了这个问题，"就能更顺利地实现我们的首要任务——确保进一步增进工人、集体农民、知识分子和全体苏联人民的物质福利"。他指出，党是以发展重工业开始国家工业化的，28 年来，重工业已在工业总产量中由 1/3 增加到 2/3 强。"现在，在发展重工业已获得胜利的基础上，我们有了一切条件来迅速提高人民消费的生产量"。在过去的 28 年中，生产资料的生产量大约增加了 55 倍，而人民消费品的生产量只增加 12 倍左右。因此，马林科夫指出：政府和党中央认为必须大大增加发展轻工业、食品工业和发展农业的投资，广泛地吸收机器制造工业和其他重工业企业来增加消费品的生产。

其次，为了确保人民消费品生产急剧地提高，必须确保农业得到进一步的发展和提高。马林科夫在充分肯定苏联农业的伟大成就后指出，农业中一些重要部门落后，有不少集体农庄，甚至整个地区的农业处于无人过问的情况，许多区里，集体农庄和国营农场的谷物及其他作物的收获量很低，并且在收割期间，听任作物遭受巨大损失；一部分集体农庄的实物和现金收入都不多，集体农民按劳动日所得的实物和现金、谷物和其他产品也很少。畜牧业的发展不顺利。马铃薯和蔬菜生产严重落后。他提出，要在最短期间结束各落后地区和集体农庄农业无人过问的状态，保证集体农庄的经济得到迅速的发展和巩固，用经济利益的措施保证农业的发展。要提高肉类、奶类、羊毛、马铃薯、蔬菜的收购价格。增加用高价收购的数量，纠正对待集体农民个人副业的不正确态度；大大降低个人副业的义务交售标准，减少农民家庭的现金税。另外，还要提高农业机械化和电气化的水平，增加矿质肥料的生产。1953 年国家给农业的拨款增加到 520 亿卢布。

再次，要进一步扩大贸易，增加商品量。马林科夫强调：社会主义制度下的贸易，现在是，而且在今后很长时间内仍然是社会主义社会成员中消费品分配的主要形式，他提出要增加消费品的生产，开辟供应市场商品的其他来源，要利用贸易机关在经济中的杠杆作用。

同时，他还提出要改善居民居住条件，改善医疗设施，扩大学校和儿童福利机关网等。这表明马林科夫要改变斯大林时期发展经济的传统方针，要调整重工业、轻工业和农业的比例关系，用增加投资、改变政策、发展贸易等办法迅速发展轻工业和农业，更快地提高人民的生活水平。

过了一个月，苏共中央召开九月会议，赫鲁晓夫在会上作了《关于进一步发展苏联农业的措施》的报告。报告中提出的任务与马林科夫的演说完全一样，就是在今后两三年内大大增加对全体居民的食品供应，同时保证把全体农民物质福利提高到更高水平。赫鲁晓夫对苏联农业状况的估计同马林科夫的估计也一致。但是，赫鲁晓夫在对待重工业、农业和轻工业的关系上与马林科夫的提法不同。他认为："在现阶段，最迫切和最重要的国民经济任务是：在继续大力发展重工业的同时，求得农业所有部门的迅速高涨。"中央委员会根据赫鲁晓夫的报告通过了一项相应的决议。这次会议选举赫鲁晓夫为苏共中央第一书记。

此后，苏联部长会议和苏共中央根据马林科夫的演说和赫鲁晓夫的报告发布了一系列决议，人们看不出政府和党的领导人之间有何分歧。

1954 年 1 月 12 日，最高苏维埃主席团发布了举行最高苏维埃选举的命令。13 日，党的机关报《真理报》就此事发表了一篇社论，只提九月会议的决议，不提最高苏维埃第五次会议，而且强调党的中心工作是两个：一方面尽力使国家的经济基础——重工业得到发展并推向前进，一方面要在两三年内迅速提高农业各部门，大量供应居民的食品和工业品。接着，在 1 月 21 日纪念列宁逝世 30 周年的大会上，中央书记处书记波斯别洛夫作报告时开始着重强调发展重工业的必要性。

1 月 22 日，即波斯别洛夫发表演说的第二天，赫鲁晓夫给苏共中央主席团写了一封《解决粮食问题的途径》的信。赫鲁晓夫在信中指责马林科夫在党的十九大宣布粮食问题已经解决，这是不完全符合国内粮食供应的实际情况的。他认为，目前国家的任务是：设法急剧增加粮食产量，使国家在今后几年通过收购和采购掌握25亿—26亿普特粮食。为此，赫鲁晓夫提出今后几年内在哈萨克斯坦、西伯利亚、伏尔加河流域以及北高加索的一部分地区开垦熟荒地和生荒地。他通过计算认为，这种办法无须大量投资便可大大提高粮食产量，不用削减重工业投资又可在短期内得到大量廉价粮食，似乎是一个两全俱美的办法。

2月11日，以苏联共产党中央委员会名义发表的告全体选民书，其中明确强调：重工业一向是而且仍然是我们和平时期发展经济的基础，是国防力量的基础。这项政策迅速得到军方的支持。2月23日，华西列夫斯基在其纪念建军节的文章中再次阐述了斯大林工业化、农业集体化政策对于加强红军力量、对于打败法西斯的重要意义。他提出，国家要一方面加强国防，一方面提高人民生活水平。

同日，苏共中央全会开会，赫鲁晓夫作了《关于进一步扩大苏联的谷物生产和开垦生荒地和熟荒地的报告》。会上对赫鲁晓夫的垦荒计划进行激烈争论，最后通过了一项相应决议。

主席团和中央委员会的大多数成员之所以赞成垦荒计划，是从这一计划能继续保证优先发展重工业这一愿望出发的。当时西方国家正积极武装联邦德国，接收联邦德国加入北约组织，国际形势一时紧张起来。在斯大林领导的30年中，苏联国内已经形成一种传统观念，人们把优先发展重工业看成社会主义建设的金科玉律。谁要是对此怀疑很容易会被认为是企图削弱社会主义的经济基础，危害国防，站在右倾机会主义立场上。在3月8日到13日这一周里，主席团成员在各个选民区的选民大会上发表演说，大多数成员竞相强调发展重工业的意义。以致马林科夫也不得不说："我们目前拥有强大的重工业，我们今后还要不断地发展重工业，把它当作保证整个国民经济不断增加和发展的基础，当作苏联国防的可靠堡垒。"

1954年6月24日，赫鲁晓夫主持召开苏共中央全会，通过了关于春播总结、作物田间管理、收获准备和保证完成1954年农产品采购计划的决议。决议对苏联农业发展提出尖锐批评："苏联国营农场部和苏联农业部在组织开垦生荒地和熟荒地的工作中存在着严重的缺点。如在选派领导干部和专家方面显得行动很迟缓，新成立的国营谷物农场的建筑施工进度很慢，技术设备的供应不成套和不及时，没有及时在垦荒地区开展商业工作，使国营农场和机器拖拉机站的职工和专家们享受到应有的服务。汽车、拖拉机和农业机器制造都没有保证完成生产各种牌号的拖拉机和农业机器的任务。集体农庄庄员的劳动积极性、劳动纪律和劳动生产率等方面都存在严重问题。会后，苏联领导人在排列次序上发生了变化，过去马林科夫总是排在第一位，现在是按姓的第一个字母的顺序排列了。这样一来，马林科夫在党中央主席团内成为平等的一员，已失去最高领导的地位。

1955 年 1 月，苏共中央召开讨论增加畜牧生产品生产的全会。赫鲁晓夫在报告中指责说："有些同志，因为看到近年来采取了一些增加人民消费品生产的措施，因而在我国重工业和轻工业发展速度问题上就糊涂了。这些可怜的理论家们错误地理解社会主义的基本经济规律并把它作了庸俗化的解释，他们企图引用这个规律来证明，到了社会主义建设的某一阶段，发展重工业好象不再是主要任务了，而轻工业则可以而且必须比其他一切部门优先发展。这是一种极端错误的、反马克思列宁主义的见解，这是与列宁敌对观点的复活，当年李可夫和布哈林一伙就曾宣传过这种观点。"这显然是对马林科夫的批评。

1955 年 2 月 3 日，最高苏维埃会议开幕。会上赫鲁晓夫和马林科夫亲热地坐在一起，看不出两人之间有何龃龉。但在 2 月 8 日的会议上，联盟院主席沃尔科夫宣布联盟院和民族院联席会议主席收到苏联部长会议主席马林科夫请求解除其部长会议主席的申请书。马林科夫承担了导致农业落后的责任，并且承认只有"继续尽力发展重工业……才能为一切必需消费品生产的真正高涨创造必要的条件"。同日，苏联最高苏维埃作出关于解除马林科夫苏联部长会议主席职务的决议，并于 2 月 9 日在《真理报》发表。

马林科夫失去部长会议主席的职务除了他的新纲领触动了多年的传统观念而不能得到主席团多数支持这一重要原因外，还因为贝利亚被揭露，接着清理"列宁格勒案件"的关系。马林科夫被控同造成这一案件有关。

赫鲁晓夫跻身国际舞台，
莫洛托夫被解除外长职务

斯大林逝世后，莫洛托夫同贝利亚、布尔加宁、卡冈诺维奇被任命为部长会议第一副主席，在党中央主席团内名列第三，同时继续担任外交部长。执行马林科夫的和平外交政策，在重大的国际问题上采取了一系列步骤。

1953 年 4 月 1 日，莫洛托夫发表支持中、朝两国政府关于立即恢复朝鲜停战谈判建议的声明。4 月 25 日，《真理报》微妙地转载了艾森豪威尔总统的一篇演说，其中说道："现在全世界都知道，随着斯大林去世，一个时代已经结束了。"5 月 20 日，苏联部长会议决定撤销对德管制委员会，设立高级专员职务。5 月 30 日，莫洛托夫向土耳其大使宣布，"亚美尼亚和格鲁吉亚政府认为，可以放弃对土耳其的领土要求"。7 月 15 日莫洛托夫答复以色列外长夏特里，同意恢复自 2 月 9 日以来中断的外交关系。

8 月 8 日，马林科夫在最高苏维埃会议上发表的施政纲领演说中进一步说："对苏联政府，对我们全体苏联人民来说，巩固和平和保证世界人民安全的事业不是一个外交手腕的问题。这是我们外交政策的总路线。"8 月 17 日，苏联政府就德国问题向美、英、法三国发出照会，提出召开和平会议讨论对德和约，建议组织全德临时政府，举行全德自由选举，减轻德国由于战争后果而担负的财政与经济义务，同时提出了一个对德和约草案。8 月 20 日到 22 日，马林科夫同民主德国总理格罗提渥举行会谈。苏联政府决定，从 1954 年 1 月 1 日起停止收取德意志民主共和国赔偿费，把苏联在德国的企业移交民主德国，减少驻扎在德国的苏军军费等。

1954 年元旦，马林科夫答美国记者问时指出："在 1954 年内国际紧张局势的缓和，是存在着有利条件的。"苏联政府要促进国际紧张局势的缓和，并建立正常的国际关系。1 月 25 日到 3 月 5 日，莫洛托夫参加了在柏林举行的苏、美、英、法四国外长会议。他代表苏联政府提出召开包括中国在内的五大国外长会议，召开世界普遍裁军会议，让东西德代表参加讨论德国问题，签署对德和约草案和保证欧洲安全等一系列建议。由于西方坚持要重新武装西德，把西德纳入北大西洋条约组织，四国外长会议仅达成在四门召开讨论朝鲜和印度支那和平的日内瓦会议的协议。4 月 21—27 日，苏联举行第四届最高苏维埃第一次会议，马林科夫继续被任命为部长会议主席，莫洛托夫继任部长会议第一副主席兼外交部长。4 月 26 日，莫洛托夫率领苏联代表团参加日内瓦会议，是日内瓦会议两主席之一。在日内瓦会议期间，他进行了频繁的外交活动，同与会各国外交部长多次会谈，提出许多建议。

这些事实证明，直到 1954 年夏天，苏联政府的外交大权一直掌握在马林科夫和莫洛托夫手中。莫洛托夫为实现新的外交路线承担了繁重的外交任务。

可是，在 9 月下旬发生了一件令人瞩目的事情。苏联共产党中央委员会第一书记赫鲁晓夫以最高苏维埃主席团委员会的身份率领苏联政府代表团到北京参加中华人民共和国成立5周年庆祝活动。代表团成员包括部长会议第一副主席布尔加宁、部长会议副主席米高扬、全苏工会理事会主席什维尔尼克、苏联文化部长亚历山大德罗夫、《真理报》总编辑谢皮洛夫、莫斯科市委书记福尔采娃等。苏联代表团同中国领导人进行了较长时间的谈判。10月20日，中苏发表会谈公报，两国政府发表关于中苏关系和国际形势各项问题的联合宣言，关于对日本关系的联合宣言，关于苏军从旅顺口海军基地撤退并将基地交由中国完全支配的联合公报、关于将各股份公司中的苏联股份移交中国的联合公报、关于联合修建兰州—乌鲁木齐—阿拉木图铁路的公报、关于修建从集宁到乌兰巴托铁路的联合公报。苏联代表团执行这么重大的外交任务，代表团并不是部长会议主席马林科夫率领，而且外长莫洛托夫也被排除在外，西方驻莫斯科的外交使节们纷纷猜测其中的奥妙。

在1955年2月举行的最高苏维埃会议上解除了马林科夫部长会议主席的职务，莫洛托夫仍然作了关于国际形势和苏联外交政策的报告。会议还通过一项专门决议对他的报告表示赞同。

斯大林逝世后，苏联领导就着手恢复1948年搞坏了的苏联同南斯拉夫之间的关系。1953年4月，铁托就苏联外交政策评论说："我认为，他们战后的国际政策已把他们推到一个死胡同里了，他们只要考虑到世界爱好和平的力量在不断增长，就能够从死胡同里找到一条出路……如果有一天他们承认对我们国家犯过错误的话，我们南斯拉夫人将感到满意，甚至非常高兴。我们在等待他们。"5月，苏联同南斯拉夫恢复外交关系。1955年2月，莫洛托夫在关于苏联外交政策的报告中指出，在苏南关系方面最近取得一些成就。他又说："我们并不认为在这方面已经大功告成，但是，我们相信在这方面也要看南斯拉夫的态度。在最近几年里，南斯拉夫显然在某种程度上离开了它在第二次世界大战后头几年里所走的道路。"3月7日，铁托在南斯拉夫国民议会上批评了莫洛托夫的讲话。他说："去年年底以前，东欧国家停止了反南斯拉夫的宣传……但奇怪的是几乎在所有这些国家都发生了这样的事情，即在正常化问题上，人们在各种会议上在党员和老百姓面前尽力把我们描绘成据说依然是他们指控我们的那种情况，不过我们总算在某种程度上已经认识了自己的错误，并且正在努力纠正自己的错误。莫洛托夫在最高苏维埃会议的报告中提到南斯拉夫时的说法，在某种程度上与上述说法是相符的。这是企图在他们人民面前把事实真相掩盖起来，这是又一次对我们的损害。"苏联报告先是不加评论地报道了铁托的讲话，几天后才发表了一个温和的评论，而且把莫洛托夫上述言论引了出来，这对莫洛托夫来说又是一个不祥之兆。5月13日，苏南就两国最高级代表团会晤达成协议。苏联方面的代表团成员为：最高苏维埃主席团委员、苏联共产党中央委员会第一书记赫鲁晓夫（团长），苏联部长会议主席布尔加宁；部长会议第一副主席米高扬，苏联最高苏维埃民族院外交委员会主席、《真理报》主编谢皮洛夫，外交部第一副部长葛罗米柯和苏联外贸部长库米金。外交部长莫洛托夫又被排除在外。南斯拉夫代表团成员是：共和国总统铁托；联邦执行委员会副主席卡德尔、兰科维奇和富克曼诺维奇—泰波；外交部长波波维奇和外交部副部长书·米丘诺维奇等。

　　苏南会谈于5月底和6月初在南斯拉夫举行。5月26日，赫鲁晓夫来到贝尔格莱德机场后发表谈话，表示决心要消除被破坏了的苏南关系。6月2日，双方发表《贝尔格莱德宣言》。宣言规定在相互尊重主权、独立、领土完整、平等和互不干涉内政的基础上发展合作关系。同时宣布："发展社会主义的基本形式不同是各国人民自身的事。"南斯拉夫的社会主义道路得到承认。长达7年之久的苏联和南斯拉夫之间的冲突暂告结束。

　　1955年5月14日，在维也纳签订对奥和约的莫洛托夫表示接受英国首相艾登关于召开四国首脑会议的原则。苏、美、英、法四国首脑战后的第一次会议决定在7月18日至21日在日内瓦举行。苏联方面的代表团长是布尔加宁，赫鲁晓夫又以最高苏维埃主席团委员的身份参加代表团，布尔加宁几乎是挂名团长，莫洛托夫参加了日内瓦会议，只是作为外长和其他三国外长一起为首脑会议作程序性的准备。四国首脑会议讨论了四个问题：德国问题、欧洲安全问题、裁军问题和发展东西方接触问题。结果一个问题也没达成协议。但这次会议对赫鲁晓夫来说，却开始了他同大国首脑之间的直接接触和对话，为以后的个人外交打下了基础。因此，他一直念念不忘"日内瓦精神"。

　　9月9日到13日，根据苏联政府倡议，苏联和德意志联邦政府代表团在莫斯科举行会谈。联邦德国总理阿登纳后来回忆说："赫鲁晓夫的十足的权力野心和领袖欲已引起了我的注意，他是苏联的一位真正拥有实力的人物。"赫鲁晓夫为了表示自己是左右会谈的主角，他甚至把部长会议主席布尔加宁抛在一边，向阿登纳保证在建交签字后一个月内提前释放9626名德国战俘。苏联和德意志联邦共和国建立了外交关系。

赫鲁晓夫抓住莫洛托夫在 2 月 18 日外交报告中的一句话大做文章。莫洛托夫谈到社会主义阵营各国处在不同的发展水平上，指出"同已经建立了社会主义社会基础的苏联一道，还有朝着社会主义采取了只是初步的然而十分重要步骤的各人民民主国家"。赫鲁晓夫认为莫洛托夫把已建成社会主义的苏联说成"建立了社会主义社会的基础"，同苏联的一贯提法有矛盾，是严重的政治错误。莫洛托夫不得不在 9 月 16 日给《共产党人》杂志的编辑部写信承认自己的说法"在理论上是错误的，在政治上是有害的"。10 月 8 日，《共产党人》杂志发表社论批判莫洛托夫的观点。

1956 年 6 月 1 日，南斯拉夫总统铁托出发到莫斯科访问。在铁托夫妇到达莫斯科之前，苏联塔斯社宣布，苏联最高苏维埃主席团批准了苏联部长会议第一副主席莫洛托夫呈请辞去苏联外交部长职务的请求。德·特·谢皮洛夫被任命为新外长。

莫洛托夫终于丢掉外交部长的职务。这是继贝利亚垮台、马林科夫辞职之后，赫鲁晓夫在取得最高领导权的道路上又一胜利。

赫鲁晓夫掌握苏联党和国家大权

1956 年 2 月 14—25 日召开了苏共第二十次代表大会。在这次代表大会上，赫鲁晓夫成为最活跃的中心人物。赫鲁晓夫致开幕词，赫鲁晓夫作中央委员会的总结报告，在 2 月 25 日夜间的秘密会议上赫鲁晓夫向全体代表作了批判斯大林的《关于个人崇拜及其后果》的报告。在代表大会闭幕后召开的第一次中央委员会上选出了布尔加宁、伏罗希洛夫、卡冈诺维奇、基里钦科、马林科夫、米高扬、莫洛托夫、别尔乌辛、萨布罗夫、苏斯洛夫、赫鲁晓夫 11 人为中央主席团委员，朱可夫、勃列日涅夫、穆希金诺夫、谢皮洛夫、福尔采娃、什维尔尼克 6 人为候补委员，赫鲁晓夫继续当选为苏共中央第一书记。

对斯大林的批判在东欧引起的反响尤为强烈。3 月 29 日，匈牙利首先宣布 1949 年与其他领导人一起被控犯叛国罪的原外长拉伊克·拉斯洛恢复名誉。4 月 6 日，1951 年被捕的瓦·哥穆尔卡和其他波兰共产党人恢复名誉并恢复自由。6 月 28 日，波兰的一个工业城市波兹南发生了罢工和骚乱。10 万工人走上街头。

几乎在波兹南事件的同时，发生了匈牙利事件。匈牙利事件由于国内外反革命的插手，大大超过了波兰事件的规模和范围。

1956 年 12 月召开的中央全会上，通过了编制第六个五年计划的方针和关于改进国民经济领导的决议。会议强调了国民经济领导工作的民主集中制原则。为此决定，一方面要大力改进计划工作，加强国民经济委员会在制订计划工作中的作用，另一方面则要扩大加盟共和国的权限。会议还决定，暂时减少对重工业的投资，要增加住房建筑、提高生活水平和改善饮食方面的投资。这次会议的决议表明，马林科夫、莫洛托夫等在中央的影响加强了，布尔加宁至少同他们采取了一致的立场。同年 11 月底，莫洛托夫被任命为国家监察部长。

在这种形势下，赫鲁晓夫极力扭转危局。他从谴责斯大林转向肯定斯大林。宣称他"是在斯大林领导下成长起来的"。从 1956 年 12 月开始，赫鲁晓夫借 1956 年农业丰收，亲自一个地区一个地区去颁发勋章和奖章。他把这一行动作为政治上巩固自己地位的重要手段。因为农业是他领导的。此外，他把已经开始的改进国民经济领导的工作抓到自己手中。在 1957 年 2 月，赫鲁晓夫提出了按地区管理国民经济的原则。中央全会根据赫鲁晓夫的原则通过一项决议，委托苏共中央主席团和部长会议拟定具体的建议。3 月底，发表了赫鲁晓夫提出的供最高苏维埃审查的提纲，交全民讨论。5 月 7 日，赫鲁晓夫向最高苏维埃会议作了报告。苏维埃通过了相应的法律。根据这项法律，全国划分 105 个经济行政区。每个经济行政区设立一个国民经济委员会管理本区所属工业和建筑业。由于工业和建筑业下放给地方管理，因而相应地撤销了部长会议所属的 28 个专业部委。通过这次改组不仅中央大部分部被撤销了，而且把原来的"苏联部长会议国民经济长期计划委员会"和原来的"苏联部长会议国民经济年度计划委员会"合并改组为"苏联部长会议国家计划委员会"。这个机关只对各经济委员会提出建议，而无权进行行政领导。部长会议被架空了，工业的实际领导权通过各加盟共和国党中央和地方党委完全落在赫鲁晓夫手中。

5 月 22 日，赫鲁晓夫在列宁格勒市召开的俄罗斯联邦西北地区各州各自治共和国农业工作者会议上讲话时提出：在按人口平均计算的肉类、牛奶和黄油的产量方面赶上美国。1956 年苏联农业大丰收，但肉类按人平均产量美国还相当于苏联的 3.5 倍。赫鲁晓夫要在三四年内实现这一口号。这个口号事前未经中央讨论。赫鲁晓夫置中央委员会于不顾，完全由他一人随意发号施令。这就发生了主席团的大多数成员联合起来，企图解除赫鲁晓夫第一书记职务的事件。

6 月 18 日到 29 日的这次事件，分为两个阶段。头一阶段是在主席团内展开。主席团在克里姆林宫举行了三天会议，这期间任何与会者均未离开过克里姆林宫主席团所在地，会议围绕着要不要解除赫鲁晓夫第一书记职务的问题进行了激烈的争论。站在反对赫鲁晓夫立场上的有马林科夫、莫洛托夫、卡冈诺维奇、布尔加宁、萨布罗夫、别尔乌辛和伏罗希洛夫，站在赫鲁晓夫一边的有苏斯洛夫、基里钦科和米高扬。但是，赫鲁晓夫坚持，主席团无权选举和解除中央委员会第一书记职务，要求召开中央委员会。他尽量拖延时间，争取中央委员会的援助。先是在莫斯科的 20 名中央委员闻讯赶到克里姆林宫要求参加主席团会议，接着支持赫鲁晓夫的国防部长朱可夫和内务部长谢罗夫动用军用飞机把大批在各地的中央委员运到莫斯科，在 83 名中央委员的书面要求下，6 月 22—29 日召开了中央委员会。在中央委员会上绝大多数发言者谴责主席团的多数派，支持赫鲁晓夫，最后会议通过把马林科夫、卡冈诺维奇和莫洛托夫定为反党集团并开除出主席团和中央委员会的决议。全会还解除谢皮诺夫苏共中央书记的职务并撤销他的中央主席团候补委员和中央委员的职务。此后不久，又解除了他们四人在政府的职务。

赫鲁晓夫对布尔加宁、萨布罗夫、别尔乌辛和伏罗希洛夫采取了区别对待的策略。布尔加宁和伏罗希洛夫仍保留在主席团，别尔乌辛降为主席团候补委员，萨布罗夫保留中央委员资格。他们在政府和最高苏维埃的职务暂时未变。到 1958 年 3 月的最高苏维埃会议上，赫鲁晓夫取代布尔加宁兼任部长会议主席，集党政大权于一身。斯大林逝世后，苏联党的领导层之所以经历了 5 年之久的权利斗争，最后出现了赫鲁晓夫一人掌党政大权的局面，是苏联当时政治和经济制度的产物。

苏共二十大及其对个人崇拜的批判

叶书宗

1956 年苏联共产党第二十次代表大会（以下简称苏共二十大）是苏联历史发展过程中的一个转折点。这次大会确定的路线以及批判斯大林的错误，对苏联国内，对国际共产主义运动，都发生了很大的影响。

苏共二十大召开之前的苏联

自 1952 年 10 月苏共十九大闭幕以后，在三年多的时间里，形势发生了很大变化。

第一，随着斯大林的逝世，苏联党政最高领导机构进行了改组。苏联的党政领导由以斯大林为核心过渡到以赫鲁晓夫为核心。这是召开第二十次党代表大会的条件，而新的核心领导也要借党代表大会来进一步巩固自己的地位，以推行新的方针政策。

第二，以平反冤案为突破口，公开揭露苏联社会的阴暗面，强调维护社会主义法制，动摇了斯大林的偶像地位。

1953 年 4 月 4 日，即斯大林逝世后一个月，苏联政府为"医生间谍案件"平反，全部释放此案所牵涉的一切人员。7 月 10 日，苏共中央举行全会，决定把拉·巴·贝利亚作为共产党和苏维埃人民的敌人而开除出苏联共产党。苏联最高苏维埃主席团决定，把贝利亚的罪行案件提交苏联最高法院审理。

解决贝利亚等人以后，苏联内务部特设的军队军事法庭和内务部特别会议均被解散。苏共中央把为无辜受害者恢复名誉，列为苏共中央书记处的重要工作，成立以中央书记波斯别洛夫为首的特别委员会，负责平反昭雪工作。至苏共二十大召开前夕，已经为 7979 人恢复了名誉。

第三，赫鲁晓夫担任苏共中央第一书记以后，苏联的内外政策有所调整。

1953 年 9 月 3 日，赫鲁晓夫在苏共中央全会上作了题为"关于进一步发展苏联农业的措施"的长篇报告，以大量篇幅揭露农业生产方面的落后。他认为，造成这种情况的"根源在于我们工作中的缺点"，"首先是在许多农业部门中违反了物质利益的原则"。赫鲁晓夫提出，"必须从现行的收购制度转变到合同制度"，"使集体农庄和集体农民有出售产品的保障，能预支现款，并以相互买卖的方式获得必需的工业品"。

在工业生产方面，主要是下放部分企业管理权，改变经营管理权由中央过分集中的局面，以调动企业的积极性和工人的劳动热情。

在意识形态领域里逐渐废弃政治讨伐性的批判，活跃学术空气。1954 年 5 月，爱伦堡的中篇小说《解冻》第一部在《旗帜》杂志上发表，引起苏联文坛的激烈争论，同时出现了解冻文学流派。"解冻"文学不是完美的文学，但它对于冲击沉闷的、压抑的空气有历史作用。在哲学、经济学、历史学等领域也开始了新的活跃和讨论。

在自然科学领域，原来被禁锢的重又开始研究。从事摩尔根学说研究的 B. П. 埃夫罗伊姆逊，30 年代曾三次被捕，在集中营里度过十几年。斯大林逝世后，他恢复名誉，重返科学研究岗位。埃夫罗伊姆逊从过去研究蚕的遗传学转向研究人体遗传学，取得成效。无线电电子学家 A. N. 别尔格出狱后从事控制论研究，创立了苏联科学院控制论和计算机科学委员会。

在对外政策方面也作了调整。此时，社会主义已成为世界体系，不再是资本主义包围下的孤立一国的苏联了，苏联的常规武装力量在反法西斯战争中经受了考验，而在发展热核武器方面赶上了美国。自十月革命以来，苏联从来没有像现在这样有了安全感。这是调整对外政策的基础。

1955 年 8 月 13 日，苏联政府宣布，到 1955 年 12 月 15 日以前，将单方面裁减武装力量 64 万人，以便进一步缓和国际紧张局势和建立国家间的信任。在对资本主义国家的关系方面，苏联从冷战对峙转向缓和对话。

在处理社会主义国家之间的关系方面，苏联也作了调整。1953 年 6 月 17 日，民主德国首都柏林，以及莱比锡、德累斯顿等工业城市的工人举行了大规模示威游行。触发这次事件的直接原因是反对用行政命令提高工人的劳动定额，更深刻的社会原因是反对照搬苏联的模式。事件发生后，德国统一社会党中央采取了比较正确的处理方法。苏联也从这一事件中吸取有益的教训，放弃了遗留的 25 亿马克赔偿要求，把价值 270 亿马克的 33 个大企业移交给民主德国。

1955 年 5 月 27 日—6 月 2 日，赫鲁晓夫率苏联政府代表团访问南斯拉夫，签署了两国政府宣言，全面恢复 1948 年中断的外交关系。

苏联社会主义革命和社会主义建设将近 40 年了，斯大林时期作为一个历史阶段已经结束。苏共二十大就是在苏联历史发展的转折时刻召开的。

苏共二十大的主要内容

1956 年 2 月 14 日，苏共二十大在莫斯科克里姆林宫开幕。来自世界 55 个国家和地区的共产党、工人党代表团应邀出席大会。大会主席台上没有悬挂斯大林画像。大会议程是：（1）苏共中央委员会报告，报告人苏共中央第一书记赫鲁晓夫；（2）苏共中央检查委员会报告，报告人苏共中央检查委员会主席莫斯卡托夫；（3）苏共二十大对第六个五年计划（1956—1960 年）的指示，报告人苏联部长会议主席布尔加宁；（4）党中央机构的选举。

2 月 14 日，赫鲁晓夫致开幕词，接着作了《苏联共产党中央委员会向党的第二十次代表大会的总结报告》。报告分为三部分。第一部分《苏联的国际形势》，分析了自苏共十九大以来国际形势的变化，着重阐述了"和平共处""和平竞赛""和平过渡"三个理论问题。他指出：资本主义的总危机在继续加深，认为资本主义总危机意味着完全停滞，意味着生产和技术进步的停止，这种想法始终是同马克思列宁主义者的观点不相容的。"必须仔细考察资本主义的经济，不是对列宁关于帝国主义腐朽的学说采取简单的看法，而是研究资本主义国家的科学和技术所提供的一切优良的东西，以便为社会主义的利益来利用世界技术进步的成就"。

关于国际形势发展的总趋势，赫鲁晓夫指出：近几年来，国际舞台上发生了新的变化，欧洲和亚洲爱好和平的国家组成了广阔的"和平地区"，各资本主义国家的共产党和其他社会集团采取了反对战争的立场，许多社会民主党人赞成进行积极的斗争来反对战争危险，主张同社会主义各国接近，赞成工人运动统一，帝国主义统治集团中较有远见的代表人物正在开始承认"实力地位"政策破产了。"在这些无可争辩的事实影响下，西方的有势力的人士中间开始出现了头脑有些清醒的征象"。"近来，资本主义国家的著名人士越来越经常地坦白承认，在使用原子武器的战争中'将没有胜利者'，这并不是偶然的"。

关于和平共处，赫鲁晓夫说："和平共处不是策略措施，而是苏联外交政策的基本原则。"但这决不意味着我们曾经干涉过或者准备干涉那些保存资本主义制度的国家的内政。"如果以为革命是按定货方式进行的，那未免太可笑了"。社会制度不同的国家不仅仅是能够共处，而且还应当前进，改善关系，加强彼此的信任，实行合作。

关于和平竞赛，赫鲁晓夫说，"当我们说在资本主义和社会主义两种体系的竞赛中社会主义体系必将取得胜利的时候，这决不意味着，胜利将通过社会主义国家对资本主义国家的内政进行武装干涉来实现"。我们一向断定说，在这个国家或那个国家建立新的社会制度，是这些国家的人民内部的事情，我们相信，全世界劳动人民一旦相信共户主义会带来怎样的好处，他们迟早会走上为建设社会主义社会而斗争的道路。

关于和平过渡，赫鲁晓夫说：这是"不同的国家向社会主义过渡的形式问题"。"社会革命的形式有各种各样。说我们把暴力和内战看成是社会改造的唯一途径，这是不符合事实的"。他问道："是不是也有可能通过议会的道路向社会主义过渡？"他说：自十月革命胜利以来，"历史情况有了根本的变化，因而有可能用新的态度来对待这个问题。""工人阶级只要把劳动农民、知识分子和一切爱国力量团结到自己的周围，并且给那些不能够放弃同资本家和地主妥协的政策的机会主义分子以坚决的回击，就有可能击败反动的反人民的势力，取得议会中的稳定的多数，并且迫使议会从资产阶级民主机构变成真正代表人民意志的工具。在这种情况下，许多高度发达的资本主义国家的这种传统的机构，也就可能成为一个真正民主即劳动人民民主的机关。""争取了以无产阶级、劳动者的群众革命运动为依据的议会的稳定的多数，就可以为若干资本主义国家和过去的殖民国家的工人阶级，创造实现根本社会改造的条件"。

报告第二部分《苏联的国内状况》，除了重申优先发展重工业和开垦荒地这两项经济建设的基本方针之外，还强调加强苏维埃法制。说"经验表明，社会主义法制稍微削弱一点，就会使苏维埃国家的敌人乘机进行他们卑鄙的破坏活动"。报告说，中央委员会曾经审查了所谓"列宁格勒案件"，查明这个案件是贝利亚和他的党羽捏造的。以后，中央委员会又审查了其他一些可疑的案件，采取了恢复正义的措施。"根据中央委员会的建议，恢复了那些被无辜判罪的人们的名誉"。

　　在报告的第三部分《党》中，赫鲁晓夫批判了"个人崇拜"，强调恢复和加强集体领导原则。他说：苏联共产党"坚决反对和马克思列宁主义精神不相容的个人崇拜，因为个人崇拜把这个或那个活动家变成创造奇迹的英雄，而同时缩小党和群众的作用，降低他们的创造积极性。个人崇拜流行的结果就降低了党的集体领导作用，有时给我们的工作带来了严重的损失"。

　　2月16日下午，米高扬在大会发言中激烈地批判了个人崇拜。他说："我之所以要强调这条老道理，是因为大约20年内我们实际上没有集体领导，而流行着早就被马克思、后来又被列宁指责过的个人崇拜。"米高扬公开否定斯大林的观点，说："斯大林在《苏联社会主义经济问题》中分析当前的资本主义经济的情况的时候，有一些关于美国、英国和法国的大家知道的论点，这些论点未必能对我们有所帮助，未必是正确的。"这是30多年来第一次在党的会议上公开批评斯大林。

　　米高扬并不分管外交事务，但是他在发言中涉及苏联外交政策上的错误。他说："当我们的外交政策过去犯了某种错误的时候，当在某种情形下由于我们的过错而使关系紧张起来的时候，我们的政府对有关这样一些事实的国际问题公开加以说明，这使得很多资产阶级人士颇为吃惊。"米高扬积极支持赫鲁晓夫的外交政策，说："党的集体领导在这方面也带来了新的清新的空气，实行了具有高度原则性的、积极的、灵活的、心平气和而不带谩骂的坚定的外交政策。"

　　2月21日，布尔加宁在大会上作关于1956—1960年苏联发展国民经济第六个五年计划的指示的报告。报告提出，第六个五年计划的主要任务是："在优先发展重工业、不断改进技术和提高劳动生产率的基础上，保证进一步大力发展国民经济的各个部门，急剧地发展农业生产，并在这个基础上大大提高苏联人民的物质福利和文化水平。"

　　2月24日，代表大会通过关于苏联共产党中央委员会总结报告的决议。决议说：完全赞同苏联共产党中央委员会的政治路线和实际活动，赞同中央委员会在它的总结报告中所提出的建议和结论。

　　2月25日，赫鲁晓夫主持了苏共二十大的闭幕会议。在闭幕会议上，代表们通过了关于1956—1960年苏联发展国民经济的第六个五年计划的指示。代表大会选出133名中央委员（有54名是新当选的）、122名中央候补委员（有72名是新当选的）、63名中央检查委员会委员。

　　2月27日，苏共中央举行全体会议，选举布尔加宁、伏罗希洛夫、卡冈诺维奇、基里钦科、马林科夫、米高扬、莫洛托夫、别尔乌辛、萨布罗夫、苏斯洛夫、赫鲁晓夫为中央委员会主席团委员，选举朱可夫、勃列日涅夫、穆希金诺夫、谢皮洛夫、福尔采娃、什维尔尼克为主席团候补委员，选举赫鲁晓夫为中央委员会第一书记，阿里斯托夫、别利亚耶夫、勃列日涅夫、波斯别洛夫、苏斯洛夫、福尔采娃、谢皮洛夫为书记处书记。中央委员会还选举什维尔尼克为党的监察委员会主席；选举莫斯卡托夫为中央检查委员会主席。

赫鲁晓夫批判个人崇拜的秘密报告

苏共二十大在全世界引起最大的震动莫过于赫鲁晓夫作了谴责斯大林个人崇拜的"秘密报告"。这是一项未列入正式议程的内容。

在二十大召开之前，苏共中央主席团内部很多委员反对赫鲁晓夫在党代表大会上公开批判斯大林的个人崇拜。直至大会召开前夕，这一争论不能统一。经过协商，主席团决定：赫鲁晓夫不在正式大会上，而在非正式的内部会议上另作一个专门的报告，专门报告不以赫鲁晓夫个人的名义，而是以中央委员会的名义。赫鲁晓夫同意在中央委员会的工作总结报告中不公开批判斯大林个人崇拜，而在新的中央委员会选举以后，作关于斯大林个人崇拜的第二个报告，即"秘密报告"。

根据苏共中央主席团的决定，2月24日深夜11时至25日凌晨，在克里姆林宫大厅举行了一次未列入议程的内部会议，外国代表团没有被邀请参加。[①] 出席会议的人员中有100名30年代遭受迫害、业已恢复名誉，重返工作岗位的早年党的活动分子。这份名单经过赫鲁晓夫审定。内部会议之所以选择在这个时间是因为新的中央委员会已经选举出来，选举结果尚未宣布。大会由赫鲁晓夫主持，并以第一书记的身份作了题为"关于个人崇拜及其后果"的报告。

第二个报告的内容没有经过中央委员会主席团的审查。赫鲁晓夫作报告时手里拿着的仅仅是一份提纲，尚未最后形成文字。报告的材料是由波斯别洛夫领导的委员会提供的。此外，在1954年、1955年的两年里，赫鲁晓夫

---

① 波兰统一工人党代表团团长，党中央总书记波·贝鲁特，匈牙利劳动人民党代表团团长、党中央第一书记马·拉科西被邀请参加会议，这是例外。

曾找过许多过去被逮捕、现已恢复名誉的干部谈话，在他的头脑里有许多感性的认识和材料。

赫鲁晓夫一开始就说："在这个报告里不想全面评价斯大林的生平事迹。关于斯大林的功绩，还在他活着的时候就已经写了足够数量的书籍和小册子，就已经进行了足够的研究。斯大林在准备和实现社会主义革命中，在国内战争中，以及在我国建成社会主义的斗争中所起的作用是尽人皆知的。现在我要谈的是对斯大林的个人崇拜是怎样形成的，它怎样在一定阶段上变成一系列极其严重地歪曲党的原则，歪曲党的民主和革命法制的根源的。"赫鲁晓夫的报告长达四个多小时，讲了五个问题。

第一，集体领导是苏联共产党领导的最高原则，斯大林破坏了这一原则。

报告指出：列宁称党中央委员会是领导者的集体，是党的原则的保护者和说明者。"斯大林与列宁不同。他不是耐心地对人们进行工作，循循善诱地教导他们，不是依靠集体从思想上影响的办法，从思想斗争走上了强迫命令的道路，走上了大规模镇压和恐怖的道路"。

赫鲁晓夫谴责斯大林利用无限的权力，滥用职权，以中央的名义行事，但不征求中央委员们，甚至不征求中央政治局委员们的意见。斯大林做了许多专横的事，他经常个人独断地决定党和政府的重大事务，连政治局委员都不通知。党的第十八次和第十九次代表大会之间相隔13年，中央委员会几乎未召开过，这一事实表现出斯大林对党的生活准则的轻视，蔑视党的集体领导原则。

第二，个人崇拜的最大危害是破坏社会主义法制，使许许多多过去维护党的路线的无辜的人们吃了苦头。

赫鲁晓夫几乎用一半的时间谈这个问题。他说：当苏联基本上建成社会主义，剥削阶级基本上消灭，党的思想敌人在政治上早已被粉碎的情况下，斯大林采用了"人民的敌人"这个概念。"凡是在某一点上不同意斯大林的人，或者只是被怀疑有敌对打算的人，或者仅是受到诬蔑的人，都可以加上这个罪名，对他横施镇压，破坏革命法制的一切准则"。

大规模的恐怖以及对社会主义法制的粗暴违反是在基洛夫惨遭杀害以后开始的。基洛夫被害的当天晚上，未经政治局讨论，仅仅根据斯大林的建议，苏联中央执行委员会就签署了《关于修改各加盟共和国现行刑事诉讼法典》的决议。这一决议成了大规模破坏社会主义法制的根据。

1936 年 9 月 25 日，斯大林、日丹诺夫从索契打电报给卡冈诺维奇、莫洛托夫及其他政治局委员之后，大规模恐怖行为更为加剧了。被诬告犯有反革命罪而遭逮捕的人数，1937 年比 1936 年增加了 9 倍多。赫鲁晓夫说：经查明，第十七次党代表大会选举的 139 名中央委员和候补中央委员，有 98 名遭到逮捕和枪决，占 70%。出席十七大的有表决权和发言权的 1966 名代表，有 1108 名遭逮捕，占一大半。

国家保安机关为了证明被诬告者确有罪行，采用的办法只有一个，就是严刑逼供，以获得虚假的"招供"。国家保安机关之所以敢于为非作歹，就是因为有斯大林的支持。"最最粗暴地破坏苏维埃法制，对一些无罪的人实行严刑拷打以追逼他们招供，乃是由斯大林以联共（布）中央的名义批准的"。

第三，个人崇拜的危害之二是使苏联在卫国战争中受到不应有的严重损失。

赫鲁晓夫说："斯大林的独一无二的权力给伟大卫国战争带来特别严重的后果。"战争爆发前，苏联通过各种渠道得到不少非常重要的信息，但是斯大林没有采取必要的步骤，以便很好地准备防止国土和防止突然袭击。在希特勒开始军事行动的前夕，斯大林又忽视了个别军事首长的警告，忽视了德国逃兵的口供，甚至忽视了敌军的明显行动。"结果在最初数小时，在最初数天，敌军在我国边境地区歼灭了大量空军、炮兵、其他军事设施，歼灭了我们大量的军事干部，瓦解了部队的指挥，使我们处于无法防止敌军深入国境的局面"。

斯大林破坏苏维埃法制，大规模镇压，几乎摧毁了各级有指挥经验的干部，破坏了部队的纪律。当前线遇到严重失败之后，斯大林又长时间没有领导作战。在整个卫国战争时期，斯大林没有到过任何一个战线的区段，也没有到过任何一个解放后的城市。

第四，个人崇拜的危害之三是阻碍了苏维埃社会的发展。

赫鲁晓夫说："战后时期情况变得更加复杂了。斯大林变得更加任性、易怒、粗暴，尤其是他的猜疑更加滋长了。迫害狂发展到惊人的程度。在他的眼中，许多人都成了敌人。斯大林更加脱离集体，完全是个人独断专行，不顾任何人和任何事物。"

斯大林粗暴地破坏苏维埃国家的民族政策，将许多个民族从生长的地方大规模地迁移走。乌克兰人因为人口太多，没有地方迁移，否则也会被迁到别处去的。

所谓"列宁格勒案件"是伪造出来的。中央政治局委员、部长会议第一副主席沃兹涅辛斯基、中央委员会书记库兹涅佐夫等有才干的干部，是斯大林提拔和信任的。但是当斯大林一接到贝利亚和阿巴库莫夫送来的"材料"，不研究这些"材料"的真实性，在大多数政治局委员不了解案情的情况下，决定了他们的命运，使他们成为无辜的牺牲者。

斯大林的专横在对外关系上也表现出来。"南斯拉夫事件"是斯大林臆造和扩大起来的。南斯拉夫的领导不是没有缺点和错误，然而这些缺点和错误被斯大林骇人听闻地夸大了，使得我们同一个友好国家断绝了外交关系。

斯大林仅仅根据女医生季马舒克的报告就制造了"医生间谍案件"。

第五，产生个人崇拜的根源是斯大林的个人不良品质。

赫鲁晓夫说："个人崇拜达到了如此骇人听闻的规模，主要是因为斯大林本人百般地鼓励和支持某个人的颂扬。"赫鲁晓夫把斯大林个人的不良品质归纳为任性、专横、傲慢、滥用职权、病态的猜疑、自我吹嘘和缺乏最基本的谦虚精神，等等。又说，这些不良品质在列宁活着的时候还只是处于萌芽状态，由于列宁的严肃批评，斯大林在列宁逝世后的初期还稍为检点，以后就发展得越来越严重，到他晚年已经达到令人不能容忍的地步。

最后，赫鲁晓夫说：个人崇拜助长了党的建设和经济建设中的有害方法，产生了命令主义，各种歪风，掩饰缺点和粉饰现实。而斯大林一生的悲剧在于：他认为他所做的一切都是为了党和劳动人民的利益，为了保卫革命成果所应做的。

赫鲁晓夫在结束报告时提出三点结论：（1）谴责和根除个人崇拜，从马克思列宁主义出发，批判地审查和纠正历史学、哲学、经济学、文学艺术等领域因个人崇拜而广为流行的错误观点；（2）严格遵守集体领导原则，遵守党章所规定的党的生活准则，开展批评和自我批评；（3）完全恢复体现在苏联宪法中的社会主义民主，同一切滥用职权的人们的专横行为作斗争，彻底纠正破坏社会主义法制的现象。

苏共二十大的主要影响

苏共二十大对苏联社会主义的发展，对国际共产主义运动和当代国际局势的发展，有着很大的影响。

赫鲁晓夫提出反对斯大林个人崇拜，使个人崇拜在苏联共产党和苏联国家生活中作为一种生活准则结束了，使苏联开始摆脱斯大林某些教条、僵化思想的束缚，开始了一个新的发展阶段。国际共户主义运动中的个人崇拜是从斯大林时期开始的。共产主义运动中形成个人崇拜要有三个条件：一是无产阶级革命事业取得伟大胜利，这是形成个人崇拜的前提条件；二是无产阶级掌握国家政权，这是形成个人崇拜的物质基础；三是领袖人物本身也有农民小生产者的思想影响，这是形成个人崇拜的主观条件。

斯大林是马克思主义者，是苏联共产党的领袖，他曾经多次真心诚意地批评和纠正人们对他个人的颂扬。但是，斯大林确确实实开创了无产阶级专政的社会主义国家搞个人崇拜的事实。

斯大林生活在19世纪末叶和20世纪上半叶，这个时期，苏联社会发生急剧变化，特别是占人口80%以上的小农摆脱半自然经济，转向现代社会商品经济的生活。苏联在经过第一个五年计划，基本上实现了农业集体化之后，斯大林只看到个体农民成为集体农民这一变化，放松了对社会上农民小生产者思想影响的注意。实际上，小生产者的思想影响并不能随着生产资料所有制改造的完成而立即消失。斯大林的思想方法、工作作风、世界观等方面，都有农民小生产者的烙印。个人崇拜也是农民意识的一种反映。斯大林虽然曾经反对别人对他所作的无原则颂扬，但是他本人思想上有许多弱点，终于同社会上仍然存在的小生产者意识产生思想共鸣。

斯大林本人的革命经历和成长过程，使他不易摆脱农民小生产者的思想影响。他不像马克思、恩格斯那样从激进的民主主义者转变为共产主义者，从黑格尔唯心主义者转变为辩证唯物主义者。他也不像列宁那样熟悉和扬弃资本主义民主制度。斯大林带着俄罗斯农民意识成长为马克思主义者，他本人较少接触资本主义民主思想，他对当时欧洲发达的资本主义社会生活，包括政治生活，都是陌生的。

斯大林是苏联工人阶级的代表。十月革命前，俄国工人阶级的优点是较少受社会民主主义思想的影响，同农民阶级有密切的联系；缺点是文化水平低，带有手工业行会习气，有皇权主义的思想影响。30年代，苏联工人阶级也正在变化中。工人阶级的这些传统影响还来不及完全消除。这样，30年代苏联社会的这些思想，自然要反映在斯大林身上。毫无疑问，斯大林应当对个人崇拜的盛行负主要责任，但是个人崇拜的盛行确实不仅仅是个别人的罪过。

斯大林个人崇拜束缚了马克思主义的发展，阻碍了苏联社会主义的前进。正式在党的代表大会上提出反对个人崇拜的第一个人是赫鲁晓夫。他以肃反运动和卫国战争初期苏军的失利为例，揭露个人崇拜给苏联社会主义事业所造成的严重危害，震动了苏联社会。对斯大林个人崇拜的批判，使苏联社会主义思想，使马克思主义从长期被教条主义禁锢的状态中解放出来。"阶级斗争越来越尖锐"的片面理论，曾经被斯大林当作社会主义社会阶级斗争的规律，成为斯大林时期国家政治生活的指导思想。赫鲁晓夫通过对肃反运动和战后国家政治生活不正常现象的揭露，废止了这一指导思想，转向维护和完善社会主义法制。

赫鲁晓夫在秘密会议上的报告并没有保密多久。按赫鲁晓夫的本意是要在党代表大会上挑开个人崇拜的帷幕。何况在出席二十大的全体代表面前作报告也不可能保密。二十大闭幕后几天，苏共中央书记处即指示将报告内容在全国的积极分子范围内传达。接着又在工厂、商业、机关、行政机关及其他组织的党员会议上传达，最后全国都家喻户晓。

对于赫鲁晓夫反对个人崇拜的报告，在苏联，有些人在感情上一下子接受不了。1956年3月，斯大林的故乡梯比利斯爆发了群众示威游行，反对二十大的决议，反对赫鲁晓夫和布尔加宁。

在世界范围内，帝国主义借此发动了一次反苏反共反社会主义的浪潮。各国共产党大多支持对个人崇拜的批判，但在自己的队伍中有不少人产生了思想混乱。在国际共产主义运动中展开了关于反对个人崇拜的讨论，发表了若干比秘密报告更为深刻的见解，也产生了严重的思想政治分歧。主要是认为应对斯大林的功过做出全面的历史分析，对个人崇拜产生的根源应作更为深入的探索。

1956年7月2日，《真理报》刊登了6月30日苏共中央《关于克服个人崇拜及其后果的决议》，对反对个人崇拜的问题作了较为严谨的阐述。决议全面估价了斯大林的功绩，解释了产生个人崇拜的原因："约·维·斯大林长期担任党中央委员会总书记，他同其他领导者们一起，为实现列宁的遗训而积极斗争。他忠于马克思列宁主义，作为一个理论家和大组织家，他领导了党反对托洛茨基分子、右倾机会主义分子、资产阶级民族主义者的斗争，以及反对资本主义包围的阴谋斗争。在这个政治和思想斗争中，斯大林获得了巨大的威信和声望。从此，把一切的伟大胜利被不正确地都同斯大林的名字联系在一起。共产党和苏维埃国家所取得的成绩，以及对斯大林的颂扬，使他冲昏了头脑。在这样的情况下，开始逐渐形成对斯大林的个人崇拜。约·维·斯大林的一些个人品质在很大程度上助长了个人崇拜的发展。"

　　那么，为什么在斯大林健在的时候苏联共产党不揭发这个问题呢？决议解释说："斯大林在苏联人的心目中是一个始终保护苏联，反对敌人的阴谋，始终为社会主义事业而奋斗的人。他在这一斗争中有时采用了不适当的方法，破坏了列宁主义原则和党内生活准则。斯大林的悲剧就在这里，然而这一切也使反对当时发生的违法现象的斗争感到困难，因为，建设社会主义和巩固苏联的成就在个人崇拜的影响下都被归功于斯大林。在这种情况下，对他的任何反对都会为人民所不理解，这里问题完全不在于个人勇气不够，显然，谁要是在这种情况下反对斯大林，他就不会得到人民的支持。"

　　苏联是斯大林个人崇拜的故乡。反对斯大林个人崇拜的第一冲击只能由苏联共产党发动。在苏联共产党当时的领导人中，这个任务由于种种原因而历史地落在赫鲁晓夫肩上。不过，赫鲁晓夫在苏共二十大内部会议上的报告，过分强调斯大林个人的责任，过分苛刻地谴责斯大林的个人品质，忽略了苏联的历史传统和社会思想根源，这种认识不免陷入历史唯心主义的另一个窠臼。

　　还应当看到，对斯大林的个人崇拜当然主要是苏联党和国家的事情，但是它关系到整个社会主义阵营和世界各国共产党和工人党的处境和活动。赫鲁晓夫事先没有同各国共产党、工人党协商，或者通报情况。虽然出于苏共中央主席团内部意见分歧，使赫鲁晓夫开展反对个人崇拜的工作受到很多牵制，但是在苏共中央主席团内部的争论中根本就没有考虑到这个问题的国际性。对于牵涉面这样大的问题，赫鲁晓夫只从苏共中央主席团内部矛盾的角度来处理，这是不慎重的，给各国共产党，给世界共产主义运动造成本来可以避免的混乱。

　　尽管有多种多样的问题，反对个人崇拜不失为苏共二十大的重要成果。

　　苏共二十大推动了社会主义国家和各国共产党进一步探索争取和建设社会主义的不同途径，不同模式的进程。

　　第二次世界大战以后建立的社会主义国家，大多基本上沿袭苏联建设社会主义的模式。虽然在建设初期取得一定的成就，但脱离本国的实际，机械搬用别国的经验，又未能正确区分那些是正确的还是错误的做法，出现了不少弊病。当时任何对于建设社会主义不同途径和方法的探讨，常被视为异端。哥穆尔卡就因提出"要走通向社会主义的波兰道路"，认为"在波兰的条件下农业集体化在经济上和政治上都是有害的"，而在 1948 年遭到批判。南斯拉夫则在受到苏共和情报局的错误对待之后，坚持独立自主地探索南斯拉夫建设社会主义的发展道路，实行工人自治制度（后来发展为全面的社会主义自治制度）。苏共二十大承认各社会主义国家可以根据本国的具体国情，建设具有各自特色的社会主义，这就在事实上取消了把苏联模式作为社会主义的唯一规范，客观上推动了社会主义国家对如何更好地进行社会主义建设进行不同的探索。中国共产党曾提出，应以苏联片面强调发展重工业而忽视以至损害轻工业和农业的工业化为鉴，强调正确处理农业、轻工业和重工业的关系。毛泽东还在1956年发表了《论十大关系》的文章。

在发达的资本主义国家，一些共产党的领导人早在第二次世界大战期间和战后初期，已经开始酝酿各自走向社会主义的道路。1944年3月，陶里亚蒂刚从苏联回国，就表示"在意大利，必须通过一些与苏联所走道路不同的途径来实现社会主义"。1946年11月，多列士提出，世界民主的进展"使得有可能考虑不同于俄国共产党人走向社会主义的道路"。其他一些国家，如英国共产党也曾作了类似的探索。

苏共二十大再次提出不同国家向社会主义过渡的形式问题，推动了资本主义国家的共产党人对如何在本国实现社会主义以及关于国际共产主义运动的进一步思考。

在这方面，陶里亚蒂的意见最具有代表性。陶里亚蒂提出："意大利要规划自己的社会主义道路，使劳动群众的自由问题和社会主义问题结合得更好。"他强调说："今天在共产党成为领导政党的国家，社会主义建设的阵线已经扩大到这样一种程度（占人类的1/3），以致对这些国家说来，苏联的模式已经不能并且也不应该被认为是独一无二的了。在共产党统治的每一个国家，必须使客观和主观的条件和传统，以各种不同的方式在运动的组织形式中发生它们的影响。"关于国际共产主义运动，他说："由于制度的复杂产生了不止一个中心，在共产主义运动中，再也不能谈论唯一的方面，而应该谈论根据不同道路而实现的进展。"

同年6月24日，陶里亚蒂在意大利共产党中央委员会会议上，作了题为《为争取在意大利境内和世界上已经开始的转变中走向社会主义的意大利道路》的报告。他说："我要着重指出：从来没有放弃寻求与苏联所遵循的道路不同的发展道路。"他认为苏联建设社会主义所取得的经验，不能解决其他国家共产党所面临的所有问题。

以苏联社会主义模式为唯一模式、以苏共为国际共产主义运动的中心，作为一个历史阶段，从此在国际共产主义运动发展史上结束了。

1956 年匈牙利事件

于 沛 王 敏

1956 年 10 月，匈牙利首都布达佩斯十几万群众示威游行，反对原匈牙利劳动人民党中央第一书记拉科西及其继任者格罗的错误路线，继而演变成为反革命动乱，在布达佩斯和匈牙利其他各地大规模屠杀共产党人。以卡达尔为首的匈牙利社会主义工人党和工农革命政府，领导匈牙利人民，在苏联军队的帮助下，平息了这场动乱，开始了社会主义革命和建设的新阶段。

拉科西及其集团的错误路线

匈牙利事件的发生，在很大程度上是拉科西及其集团坚持错误路线所造成的恶果。1949 年 8 月宣布匈牙利人民共和国成立后，以拉科西为首的党政领导人在社会主义建设中，推行一条完全脱离匈牙利国情的错误路线，机械地照搬苏联经济建设的做法，在经济上遇到许多困难。人民生活水平下降，导致人民群众对党的领导严重不满。国内局势动荡不安，孕育着一场政治风暴。

自 1945 年匈牙利获得解放后的最初几年，由民主革命向社会主义革命转变。在共产党领导下，匈牙利人民取得很大成就。1946 年 8 月 1 日币制改革后，迅速稳定了币值，制止了通货膨胀。被战争破坏的国民经济很快得到恢复。1947 年 8 月，匈牙利工业生产是战前水平的 75%，农产品是战前的 60%。到 1949 年，工业产值已比战前增长 28%，农产品已达战前的 80%。匈牙利消灭了失业，人民生活水平已高于战前的最后一年。但是，党的某些领导人在成绩面前骄傲自满，认为自己绝对正确，用教条主义和官僚主义代替了对实际工作的马克思主义分析。正如 1959 年匈牙利社会主义工人党第 7 次代表大会所指出的那样，"经过卓有成效的斗争年代和国家重建工作方面进展良好的年代之后，党在社会主义建设过程中，从 1949 年开始形成了对拉科西的个人崇拜。……拉科西及其小集团通过抛弃党内生活的列宁准则和违犯法制的做法，歪曲了党的路线，给社会主义事业造成了越来越严重的损失"。

1951 年 2 月，拉科西主持召开了匈牙利劳动人民党第二次代表大会。会议决定"加快社会主义建设的步伐"，提出匈牙利必须成为"钢铁国家"的口号，重新审定发展国民经济五年计划（1950—1954 年）。1949 年 12 月由匈牙利国民议会通过的关于五年计划的法令指出，其任务是奠定社会主义的基础。但在这个五年计划实行两年后，毫无根据地提高了工业计划的指标，如整个工业生产原定增长 86%，经修订改为 200%，机器制造业原定增长 104%，改为 280%—290%，1948 年决定五年计划的基建投资为 280 亿福林，1949 年提高到 510 亿福林，1950 年为 600 亿福林，1951 年达到 850 亿福林。投资的 90% 用于发展重工业。全部工业投资的 2/3 用于发展采矿业和冶金业。提高工业指标的目的是在第一个五年计划期间把匈牙利的"农业—工业结构"变成"工业—农业结构"。在农业方面，会议宣布要在五年内实现农业集体化，同 1949 年相比，农业生产由原计划增长 35% 提高到 50%。

重新审定的五年计划远远脱离匈牙利的现实，国民经济出现许多困难。1949—1952 年，生产资料的生产平均每年增长 29.1%，面消费品生产仅增长 7.5%。1953 年，工业中第一部类和第二部类的比例为 63∶37。50 年代，工农业生产的比例约为 4.5∶1。居民个人消费总额在 1953 年由原先占国民收入的 75%—80% 下降到 58%。

在农业合作化过程中实行强迫命令和高压政策，严重损伤了农民的积极性。拉科西在五年计划初期曾提出：应当在三四年内，把这个问题解决到有 90% 的农民在社会主义的集体合作中耕种土地的程度。但是，通过强行加速合作化的方法并没有提高农业的产量。因为参加农业生产合作社的人多是生活贫困或缺地的农民，他们没有足够的牲畜和必要的生产条件，70% 以上的农业劳动依靠落后的手工。更严重的是合作社种什么和种多少都要由国家决定，完全脱离具体情况。合作社农民的收入远远低于单干农民。许多农民从切身利益出发觉不到集体化的优越性。

在交售公粮方面也有许多错误。政府在 1952 年成立征购部，实行义务交售制，交粮指标越来越高，收购价格却一再降低。1952 年因自然灾害粮食减产，政府仍提高交粮指标。不少农民被迫进城到国营粮店购粮以完成交售指标，否则将以"抵制"论罪，判3年以下徒刑。对中农和富农采取了过火行动，如没收农业机器、劳动工具以至住房，征收高税，规定更高数额的交售任务等。这种农业政策造成大量农民离开农村。到1953年，有10万农民从合作社出走，占全国耕地总面积1/3的土地荒废。

拉科西自称是"斯大林最好的匈牙利学生"，但在破坏社会主义法制方面走得更远。在拉科西的直接领导下，匈牙利成为东欧社会主义各国中第一个大规模逮捕和杀害"铁托分子"和"帝国主义间谍"的国家。1949年6月，匈牙利外交部长、劳动人民党政治局委员拉伊克·拉斯洛被捕。9月10日，匈牙利政府宣布起诉书，指控拉伊克及同伙是美国情报机关的代理人、南斯拉夫的间谍、霍尔蒂警察局的特务、企图在匈牙利举行武装暴动等，被判处死刑。与拉伊克同时被处决的还有匈军队总监、国防部副部长帕尔菲中将，党中央委员、党干部部长瑟尼，党干部副部长绍拉伊。此外，还有两名同案的军队领导人被枪决，其余被告判处长期监禁。在这场"布达佩斯审判案"之后，匈牙利开始了大规模的清洗运动，约有20万人受到程度不同的迫害，铸成一大批错案冤案。

1953年3月5日斯大林逝世之后，苏联共产党开始触及斯大林的某些错误。匈牙利劳动人民党受其影响，在1953年6月召开中央全会，讨论如何使党从其错误政策中解脱出来。拉科西和纳吉分别作政治和经济形势报告。拉科西承认说：党的领导工作的特点是缺乏集体领导，瞎指挥和个人崇拜。他承认所以出现这种情况，"首先要由我负责"，特别是"我领导了国家保安局，这是更为有害的事实。……我干涉了办案工作，对要逮捕谁、打击谁、对谁如何判刑进行了干预。……这种干涉妨碍了弄清事实真相，易于造成专断和违犯法律"。在经济政策方面，拉科西说："二大在经济政策方面确定了错误的方针。……这一不正确的经济政策，没有考虑国家的实际资源，没有足够注意投资项目的经济效益和实用价值。……它把社会主义工业化看作为工业化而工业化。"但是，拉科西所作的自我批评并没有向广大党员传达，非党群众更是一无所知。这次全会通过了涉及拉科西小圈子的几项人事决定：国防部长法尔卡什对清洗运动中破坏法制起着十分重要的作用。他退出政治局和书记处，但在党内仍分工主管其他武装机构。负责文化的里瓦伊·约瑟夫作为拉科西政策的理论支柱被排除出领导层。负责经济的格罗受到严厉批评，仍留在政治局内，任第一副总理兼内务部长。拉科西除在名称上以第一书记取代总书记外，还将总理职务交给纳吉。全会召开后，党的领导核心并没有发生根本的变化，政治路线依然如前，因此拉科西在报告中所指出的错误在实际工作中并没有被认真纠正。

1953 年 6 月中央全会结束几天之后，纳吉在国会阐述了政治纲领，主要内容是修改国民经济计划，提高工资，改善社会供应；降低一些工业品的价格；放宽对农产品征购的规定，准许农民退出合作社，绝大多数社员决定可解散农业合作社：资助个体农民，停止放逐，解散集中营，重新审理臆造的案件。1954 年 3 月 11 日，部长会议作出停止特别法庭审判的决议。13 日，最高军事法庭以"反国家、反人民"罪判处前国家保安局局长彼得·加博尔无期徒刑，前司法部长戴奇·久洛 9 年徒刑，前警察上校蒂马尔．伊斯特万 11 年徒刑。尽管 6 月中央全会的主要内容没有公布，广大群众还是从政府纲领中和实际工作中感觉到政治路线的变化，一时纳吉成为受到人民欢迎的人。

1954 年夏天，拉科西等人通过制订所谓"合理调整计划"，继续坚持原来教条主义错误路线。拉科西表面支持放慢社会主义工业化和发展重工业的速度，但他同时指出："我们明年仍想比今年多生产煤和钢。""一般说来，我们计划过紧的问题是不存在的。这一指责是从敌人那里来的。"纳吉则认为，在社会主义社会里，确定国民经济发展速度和各经济部门相互间的比例时，应该在生产和消费以及消费和积累之间规定一个比例，使其与社会主义基本经济规律的要求相协调，并保证社会逐步前进。他主张放慢重工业发展速度，更多地发展农业和轻工业，反对强制性的农业集体化和工业化，反对过分征购和强行收购的行为，注意满足生产者个人福利和消费方面的需要。拉科西和纳吉的矛盾还表现在对国内政治形势的估计上。拉科西认为阶级斗争日趋尖锐，党的最高领导层中也"存在过"阶级敌人，而纳吉认为阶级斗争已不存在。党内矛盾不断激化，1955 年 4 月，纳吉因"推行右倾机会主义路线"被解除党内外一切职务，同年 12 月被开除党籍。这又引起群众的极大不满。

1956 年 2 月，苏共召开第二十次代表大会，赫鲁晓夫作了《关于个人崇拜及其后果》的秘密报告，尖锐地批判斯大林个人崇拜的严重错误及破坏社会主义法制的行为，在东欧各国和国际共产主义运动中引起强烈反响。匈牙利劳动人民党中央委员会在 1956 年 3 月 12—13 日举行会议，拉科西作为出席苏共二十大的代表团团长作了报告。他承认个人崇拜思想影响到各人民民主国家，其中也包括我国，在那里同样出现了严重错误……。他说，"我们应该重新提出社会主义法制问题。中央委员会 1953 年 6 月决议，曾要求在这方面进行根本变革。这一决议基本上得到了贯彻。我们可以说，社会主义法制基本上得到了恢复"，拉科西用"基本上得到了贯彻"和"基本上得到了恢复"为自己辩解，遭到党内的反对。不少人在讨论拉科西的报告时都作了批判性发言。当时任佩斯州党委第一书记的卡达尔指出："拉科西同志说我们党的政策在各方面都是正确的。……但是我觉得在中央委员会制定的正确政治路线与其执行工作之间有差距。我认为有一系列障碍阻挠正确政治路线的贯彻，并缺乏一些应有的因素来有效地、尽可能迅速地贯彻这条正确的政治路线"。"我们党不能这样迁就自己，在 1953 年 6 月说过一次在这方面有错误后，还得一而再、再而三地这样说，我不知道以后什么时候还得说。同志们，不能这样迁就。"

1956 年 7 月召开了匈劳动人民党中央委员会全体会议。会上分析了国内形势，决定尽快纠正错误。拉科西请求辞职。他在给中央委员会的信中写道：他已 65 岁，并已患病多年，此外，在个人崇拜和社会主义法制方面也犯有错误。全会决定改组党的领导机构，撤销拉科西中央第一书记的职务，从中央政治局除名，并把法尔卡什开除出党。会议补选卡达尔、卡拉伊等为中央委员会成员。格罗任第一书记。这次全会并没有从根本上改变党的路线。全会决议仅以健康状况不佳为理由解除拉科西的职务，没有公开揭露和批判他的错误。同时，选举同拉科西关系极密切的格罗任中央第一书记，指望他彻底清算拉科西的错误也是不可能的。格罗继任党的第一书记使人们普遍认为，党的领导权仍掌握在拉科西集团手中，仍在执行拉科西制定的路线。

矛盾公开激化

匈牙利劳动人民党中央委员会 1956 年 7 月全体会议结束后，国内形势并没有趋向缓和与安定。格罗把主要力量用于批判纳吉的"反党反马克思主义的右倾错误"，强调"不能忘记阶级敌人"。这时由大学生、作家和艺术家组成的"裴多菲俱乐部"空前活跃。它的宗旨是讨论匈牙利当前形势中最重要的问题。关于匈牙利政治、经济以及哲学、史学、新闻、教育等问题的辩论经常进行到深夜。这个俱乐部最初是作为劳动青年团的知识分子进行讨论的俱乐部而存在的，后来由于少数极端分子的参加，在辩论中出现了否定党和工人阶级的领导，鼓吹进行新的革命等言论。除布达佩斯外，在许多城市成立了类似的"俱乐部"，对党和政府施加的压力越来越大。10 月 6 日，格罗被迫同意为拉伊克及同他一起被无辜处死的同志举行葬礼。为拉伊克等人举行葬礼本来早已作出决定，但拉科西等拖延对决定的执行，加深了群众的不满。成千上万的群众自发地参加了隆重的葬礼。拉伊克的遗体是在通向巴拉顿湖的公路旁的小树林里找到的。原准备销毁尸体的生石灰起到了保护尸体的作用，约有 20 万人瞻仰了遗体。人们在拉伊克等人的棺木前为屈死在劳动人民党自己绞架下的烈士默哀，酝酿着新的仇恨和愤怒，揭开了匈牙利事件的序幕。

10 月 6 日为拉伊克等举行葬礼的当晚，匈劳动人民党中央政治局举行紧急会议，谋求缓和日益紧张的国内形势，决定逮捕法尔卡什。13 日，恢复纳吉的党籍。这时，裴多菲俱乐部活动频繁，提出由纳吉担任其最高领导。22 日，裴多菲俱乐部开会讨论，向匈党中央提出召开中央全会、修改第二个五年计划、实行工人自治、恢复纳吉的党内外职务、开除拉科西党籍等要求。

1956 年 6 月 28 日，波兰西部工业城市波兹南发生骚乱，造成 100 多人死亡，300 多人受伤和 300 多人被捕。7 月 6 日，波《人民论坛报》发表文章，认为在波兹南有两种现象：一种现象是工人的不满和波动，另一种现象是反对人民政府的敌对行为。敌人利用了工人的不满。10 月 19 日，波兰统一工人党举行中央全会，讨论国内局势和波苏关系。赫鲁晓夫等苏共领导人赶到华沙，并调动驻波苏军向华沙进逼。波党中央在广大军民支持下坚持原则，迫使苏军返回原驻地。在这次中央全会上，曾在 1949 年遭贬谪的哥穆尔卡被选为党的第一书记。波兹南事件和哥穆尔卡重新出任党的第一书记，使许多匈牙利人深感同情并从中受到鼓舞，对匈牙利政治局势产生了明显的影响。10 月 22 日，布达佩斯工业大学通过决议，决定次日举行声援波兰的游行。这一决议立即得到其他高等院校的响应。裴多菲俱乐部的领导机构也在同一天作出决定，参加第二天的示威游行。

10 月 23 日匈党中央机关报《自由人民报》发表标题为《新春检阅》的社论，表示赞成近日学生的各种集会和活动，但劳动人民党中央政治局是否允许举行示威游行有严重的分歧。一些人坚决反对，另一些人表示支持。内务部长中午 1 时在电台宣读禁止游行的法令，在 2 时半又收回了这一禁令。这种摇摆不定的做法进一步激怒了大学生及其他群众。当天下午，布达佩斯高等院校的大学生开始举行示威游行。到了晚上，大批人涌上街头参加示威游行，很快发展到几十万人。示威者高呼"不再容忍欺骗，公审法尔卡什！""党要民主化！纳吉要执政！"混杂在群众中的一些人高呼"打倒红星！""俄国人滚回去！"等，同时将红、白、绿三色国旗中象征着社会主义匈牙利的国徽挖掉。有十几万人聚集在英雄广场斯大林铸像周围，用粗钢绳和切焊机把高达25米的斯大林铸像推倒，用锤子将其砸碎。

晚8时，第一书记格罗发表广播讲话，宣称"我们决心毫不犹豫地继续发展、扩大和加深我国的民主"，"人民公敌今天的主要目的是要埋葬工人阶级的政权，松懈我党和光荣的苏联党之间的关系。我们谴责那些滥用国家给予工人阶级的民主自由权利来制造民族主义示威的人们！……"格罗的这些话显然是火上浇油，一些反革命煽动说，格罗把示威游行参加者称为"暴徒"。这进一步激怒了群众的情绪，使局势发展到不可收拾的地步。

从示威游行转变为反革命动乱

10月23日下午由大学生组织的布达佩斯示威游行，开始时大多数青年要求党改正错误，使国家正确地沿着社会主义道路前进。同时，在游行示威一开始，就有反革命分子在活动，示威游行队伍中出现破坏性的行动。一些暴徒焚烧马克思恩格斯著作和红旗，砸碎红星，践踏列宁的画像。电台大厦前响起枪声，暴徒从军工厂和军火库抢来枪支弹药，武装袭击广播电台、《人民自由报》办公大楼、电话总局、兵营和警察哨所。一群暴徒从电台大厦对面的楼房里向大厦开火。守卫者只是在半夜以后才得到全面反击的命令，但为时已晚。守卫者死伤越来越多，终被暴徒攻入大厦。匈牙利社会主义工人党临时中央委员会在1956年12月决议指出：军事行动不是由和平示威的大学生组织的，"而只能是由非常有经验并受过训练的反革命破坏分子组织的。在游击小队参与下，这些行动的目的是在包围电台的同时，占领最重要的军政领导机关、约瑟夫城的电话中心国际线路科、洛基海吉电台、费里海吉机场、军火工厂和蒂莫特街的军火库"。

鉴于事态的急剧变化，匈党中央和政府在10月23日深夜至24日凌晨召开紧急会议。会议改组了政治局。纳吉进入中央委员会并出任政府总理。24日凌晨，纳吉在中央控制的电台向全国发表广播讲话。他宣布这次事件是反革命事件，实行即决审判。他还宣布，政府已请求驻扎在匈牙利的苏军协助平叛。一小时后，苏军坦克部队出现在布达佩斯的主要建筑物、苏联大使馆、国防部、内务部和党中央所在地周围，击退了一些地区的武装示威者。

10 月 25 日，政府宣布禁止集会并实行宵禁，要求持有武器者交出武器。党中央委员会决定免除格罗职务，卡达尔当选为党中央第一书记。卡达尔当选后发表讲话时指出：我们所处的严重局面的特点是，各种人混在一起。一部分青年举行了和平游行，大部分参加者都怀有崇高的目的。但是，由于混进队伍里的反人民的反革命分子插手，几个小时之后，这次游行变成了反对人民民主国家政权的武装进攻。必须击退这次进攻。当务之急是恢复秩序，恢复和平建设劳动的环境。应当使用一切可能的手段打败针对我们人民共和国国家政权的武装进攻。

然而，就在 10 月 25 日当天，反革命分子以"释放非法判处了无辜的人"为借口，打开监狱，将大批战犯、刑事犯、间谍、霍尔蒂军官、因战争罪入狱的箭十字党人、宪兵、侦探等释放。到月底，共释放 9962 名刑事犯和 3324 名政治犯。大多数人一出狱就得到了武器，大肆进行恐怖活动。在此期间，红衣主教明曾蒂也被放出。他在电台发表广播讲话，表示要把恢复私有制当作首要的任务。一些反革命分子要求明曾蒂出任总理。

10 月 26 日，纳吉转而把这场暴乱称作"民族民主革命"。27 日，纳吉宣布"民族政府"成立，纳吉任总理。政府成员除共产党人之外，还有小农党和民族农民党的政治家，如佐尔坦·蒂尔迪和贝拉·科瓦奇等。28 日，纳吉宣布，苏军应匈牙利政府的要求将撤离布达佩斯。在此之前，负责首都治安的警备部队——国家保安队已被解散。当天，苏军坦克部队开始撤出。反革命分子和暴徒乘机加紧活动。与此同时，坐落在慕尼黑的自由欧洲电台由以前每日播音 6—7 小时改为 24 小时。美国人汉·T. 霍尔特在 1958 年出版的《自由欧洲电台》一书中写道："慕尼黑每天都通过电传机从纽约得到有关匈牙利问题的当天的策略指导。"自由欧洲电台还提出具体的军事建议。该电台工作人员霍尔瓦特·贝洛和瓦莫什·伊姆雷在《视野》1962 年 2 月号上写道："自由欧洲电台甚至还与某些反革命武装匪帮保持直接联系。例如与科尔文巷的人保持联系的方式是，晚 23 时在公开广播中发布密码指令，而科尔文巷的人在夜 1 时用他们的短波电台作出回答。"当时在科尔文巷聚集有 1000 余名暴徒，修建了工事。在反革命分子空前猖獗时，陆军和警察部队的一些军官和士兵开始参加暴动，积极向反革命分子提供武器弹药，加剧了局势的危险性。如国防军毛莱泰尔·帕尔上校向暴徒交出了由他指挥的装甲部队。布达佩斯警察局局长科帕奇·山多尔上校公开站在暴徒一边，他的办公室成为暴徒的总部之一。国防部拉伊·贝拉少将出任"民族护卫队"司令。各地出现许多党派和组织，如"民主人民党""匈牙利争取独立人民党""匈牙利革命党""匈牙利革命青年党"等。在布达佩斯的一个区就出现了74个政党。反革命势力还在中央各部、企业和国家机关建立"革命委员会""民族委员会"和"工人委员会"代替人民政权机关。

10月29日，纳吉下令解散国家保安机构，建立由军队，警察和暴徒组成的国民警卫队及其领导机构——革命治安委员会。由霍尔蒂参谋总部军官基拉伊·贝拉总负责。10月30日，纳吉宣布取消一党专政，允诺待秩序恢复后即进行自由选举。11月1日，纳吉召见苏联驻匈特命全权大使安德罗波夫，宣布匈牙利政府退出华沙条约组织，保持中立，并向联合国求援。11月3日，由共产党、小农党、社会民主党和农民党参加联合政府。纳吉任总理兼外交部长。新政府宣布实行多党制。纳吉在关键时刻的妥协、退让、背叛，进一步加剧了白色恐怖。

从10月30日起：暴徒开始大规模屠杀共产党人，捣毁党政机关。布达佩斯第七区党委会的建筑首先被捣毁。接着反革命分子向位于共和国广场上的匈牙利劳动人民党市委大楼发起进攻，来自科尔文巷、普拉泰尔街、鲍罗什广场、哈尔什福街、维格街、奥尔马希广场、通保街和驻《自由人民报》社的武装集团参加了对市委大楼的进攻。暴徒攻占市委大楼后，对共产党员和守卫大楼的士兵进行了血腥的屠杀，杀害市委第一书记麦泽·伊姆雷，2名国家保安队上校和25名战士，保普上校活活地被切开胸膛，挖出心脏。除已牺牲的27名守卫者外，其余全部被残酷杀害，有人被砍头，有人被砍去双手，还有人被捆住脚挂起来。暴徒开始包围其余各地的党委大楼，公开提出"一切共产党员都是敌人"的口号，下令禁止使用"同志"的称呼，摘掉挂在各个地方的红星。国家保安队员、党务工作者、警官、治安部队的官兵等都成为暴徒凶杀的对象。暴徒们一见到穿棕色皮鞋的人就喊"国家保安队"，被斥责者的脖子立即就会套上绳索，把他吊在树上（1953年以来，国家安全机关隶属内务部，其专职及服役人员都领到棕色皮鞋与制服配用，并可与便服配用）。暴徒们还成立了专门捉人杀人的政治侦缉组，大街上到处可见被打死、吊死的共产党员和保安队员的尸体。

布达佩斯党委会书记麦泽·伊姆雷，切佩尔人民代表会议主席马尔·约瑟夫，军事历史博物馆馆长西克拉伊上校等均被杀害。据匈牙利中央统计局

1957 年 5 月 15 日统计：全国与 10 月 23 日及其后的事件有关的死亡事故在户口册上登记的共有 2502 起，10 月 23 日至 31 日间发生死亡事故 990 起。11 月发生 1168 起，12 月发生 116 起，1 月发生 8 起，时间不详的 220 起。与全部事件有关的死亡事故中，布达佩斯发生 1945 起，外地 557 起。布达佩斯死人最多的是第八区 435 人，第九区 234 人。上述数字不包括苏军官兵。

平息动乱和社会主义的复兴

10 月底发生在布达佩斯和其他各地的恐怖活动充分暴露了暴徒的反革命本质。11 月 1 日夜，匈牙利社会主义工人党第一书记卡达尔和明尼赫等人离开布达佩斯，摆脱纳吉集团，致力于建立新的工农政府，以扭转国内的形势。卡达尔在 1957 年 6 月党的全国代表大会上曾这样说："11 月 1 日我同纳吉他们断绝了联系，11 月 2 日，我们已经间接地或直接地同苏联同志、人民民主国家的领导人和国际工人运动其他领导人，就必须同反革命进行斗争和向匈牙利人民共和国提供什么支持的问题开始了会谈。这些会谈是在 2 日开始的，3 日已作出决定，必须不失时机地行动。于是 11 月 4 日开始了进攻。因为每天都有数以百计的优秀共产党人和忠实的匈牙利爱国者在丧失生命。"

11 月 2 日，赫鲁晓夫同铁托在南斯拉夫的布里俄尼岛会晤时，向铁托通报了苏联等国的立场。他说，苏联、波兰、罗马尼亚、捷克斯洛伐克、保加利亚和中国领导人商谈过程中所形成的共同意见是：如不进行干预，匈牙利势必发生内战；假若联合国部队像几年前开进朝鲜那样来到匈牙利，那么将可能发生世界大战。铁托对此没有表示不同意见。几天后，他在普拉向伊斯特拉共产主义者联盟积极分子发表的演说中指出：在匈牙利正发生一场可怕的屠杀，一场可怕的内战，而在这种屠杀和内战中，社会主义有可能被完全埋葬，第三次世界大战会因而爆发。因为苏联政府不能容忍来自西方的干涉和霍尔蒂分子以及原先的反动派重新当权。我们反对干涉，但我们认为苏联军队的干涉是必要的。

11 月 4 日，晨 5 时许，卡达尔在索尔诺克电台的讲话中宣布，新的工农革命政府已经成立。其主要成员是：总理卡达尔、副总理兼武装部队和公安部队部长明尼赫、国务部长马罗山、外交部长霍瓦特、财政部长科沙、工业部长奥普罗、农业部长德盖伊、商业部长罗奈伊。新政府公布了自己的施政纲领：坚决纠正前国家领导人所犯的错误，保卫人民民主制度和社会主义成果，使匈牙利沿着社会主义建设的道路继续前进，保障民族独立和国家主权，迅速地显著地提高匈牙利劳动人民的生活水平，特别是工人阶级的生活水平。

卡达尔宣读了工农革命政府向匈牙利人民发出的号召书：反革命分子变得越来越无耻，他们残酷迫害社会主义的拥护者，向人民民主制度动手，对此再也不能无动于衷了。"我们应当制止反革命分子的横行霸道！""要在我国建立秩序，安定和安宁。建立强有力的政府，建立能引导国家摆脱严重局面的政府，这是人民和祖国的利益所在。因此我们建立了匈牙利工农革命政府"。卡达尔还宣布："新政府请求苏军司令部帮助我国人民粉碎反动黑暗势力，使我们能在国内恢复秩序和安定。"明尼赫签署了11月4日清晨使每支匈牙利部队知悉的电传命令，命令匈牙利人民军部队不要对苏军开火，要向到达的军队派出军事谈判代表。同一天，新政府向联合国秘书长哈马舍尔德发了正式电报，宣布纳吉给联合国的备忘录无效，抗议把匈牙利事件列入议程。

大约卡达尔在电台宣读向匈牙利人民发出的号召书之后一刻钟，纳吉发表广播讲话。他说："苏联军队已于今天早晨开始进攻首都，公然企图推翻匈牙利的合法民主政府。我们的军队在战斗，政府依然存在。我向匈牙利人民和全世界报告这一情况。"在近两个半小时内，"自由科苏特电台"用匈语和多种外语反复广播纳吉的讲话，这时，纳吉及约15名原政府成员到南斯拉夫大使馆请求避难并取得了避难权，以纳吉为首的联合政府已不复存在。

苏军在布达佩斯等地同抵抗者进行了四五天战斗，在匈牙利人民的支持下，到11月15日基本平息了动乱。国内政治形势并没有立即稳定下来。在事件发生后成立的各种"工人委员会""革命委员会""民族委员会"接管了厂矿、机关和国家行政部门的领导权。工人罢工时有发生。暗藏的反革命分子用恐怖手段威胁工人不得复工，破坏铁路，以至暗杀等。12月11日，"中央工人委员会"宣布开始新的总罢工。工农革命政府为防止新的骚乱发生，下令解散"中央工人委员会"和各地的"工人委员会"，并将其主要领导人逮捕。在这之前，纳吉及其原政府成员已被逮捕。

明尼赫主持了重建武装力量的工作，成立人民军军事委员会，从人民军军官，部队、党员、工人、党务工作者和内务部工作人员中建立匈牙利治安部队。忠于人民的武装力量的重建对于恢复国内和平局势有重要意义。政府宣布，对凡未经批准持有武器以及用这些武器进行杀人、抢劫、侵占等活动的人实行军事法庭审判。从 1956 年 12 月 11 日到 1957 年 1 月 7 日，整个特别刑事法庭审判期间，有 89 名被告由作为特别刑事审判庭的军事法庭审判。其中 2 人被赦免，16 名被告被移到民事法庭，71 人被判有罪，有罪者 11 人被判处死刑（6 人被执行，5 人得到赦免）。这有力地打击了敌对分子的破坏活动，促使社会治安迅速好转。为了尽快安定民心，匈政府在 12 月宣布大赦：凡是未经允许出国而在 1957 年 3 月 15 日前回国的不受惩罚。20 多万逃亡者中约有 1/4 回国。

10 多天的暴乱使匈牙利经济遭到严重破坏，反革命事件的直接破坏达 30 亿福林，停产造成的损失达 200 亿福林，约占匈牙利全年国民收入的 1/4，暴乱平息后，城市居民的粮食供应立即出现危机。11 月 5 日，匈牙利政府向友好国家政府提出要求援助的请求。苏联政府在回信中宣布，准备无偿提供谷物、面粉、肉类、黄油和建筑材料，同时将根据贸易合同立即运输到期货物。到 1957 年 2 月 1 日，社会主义国家向匈牙利提供了 7 亿福林援助。匈牙利人民在工农革命政府的领导下，成功地防止了通货膨胀，保持了货币基本稳定，避免了饥荒和失业。

1956 年 12 月 2 日、3 日和 5 日，匈牙利社会主义工人党临时中央委员会举行第 1 次会议。临时中央委员会的 23 名委员中有 21 人发言，分析了反革命事件发生的原因。会议认为：事件有四个基本原因，或者说决定性因素。这些原因和因素在 10 月事件爆发前很久就同时存在，相辅相成，共同导致事件的悲剧性发展。

1. 曾对匈牙利劳动人民党中央委员会和匈牙利人民共和国政府有决定性影响的拉科西—格罗集团，从 1948 年底起背离了马克思列宁主义的原则基础。

2. 前几年形成并不断扩大的党内反对派中以纳吉和洛松齐为其旗帜的一翼，对匈牙利事件的发生及其悲剧性转折起了重要作用。……他们错误地把批评带到党外，搞到街上，反动分子也参与其中。这样，这种批评就破坏了党尚存的威望，动摇了工人阶级和匈牙利人民民主制度的阵地和基础……鼓励了反动势力，在很大程度上促成了反革命事件的爆发。

3. 霍尔蒂法西斯和匈牙利资本主义—地主反革命是基本因素。……

匈牙利反革命的目的是复辟资本主义—地主制度。自从 1945 年遭到失败以来，他们一刻也没有放弃过这一目标。

4. 最后，国际帝国主义在匈牙利事件中起了决定性和主要的作用。他们的目的当然不限于匈牙利问题……帝国主义过去的目的是用帮助反革命上台的办法，在匈牙利建成一个新的战争策源地，现在的目的则是要在欧洲这个地区建立战争策源地。

匈牙利社会主义工人党把党的前领导所犯的错误看成是造成反革命事件各种原因中的第一位，反映了党努力改正这些错误的决心和信心。会议重申，重建中的党是匈牙利工人阶级的统一革命政党。它将进一步捍卫和发展匈牙利人民解放以来所取得的成果。匈牙利社会主义工人党是国际工人运动的组成部分，其行动受马列主义学说指导，在创造性运用马列主义理论的情况下，它要按照匈牙利特点并根据特定的历史要求，实现社会主义。

1956 年 11 月 4 日以后，由当时成立的匈牙利主席团履行最高国家政权机关的职权。这是国家处于非常时期所采取的特殊措施。随着国内政治形势逐步好转，1957 年 5 月 9 日召开厂国会，标志着恢复宪法秩序的最后完成，重建国家政权的工作取得了决定性胜利。卡达尔在报告中明确指出："我们完全恢复了人民共和国的宪法秩序，国家政权是巩固的，我们掌握有组织的武装力量，行政体制得到了恢复，政府各部在活动，各级议会在工作，对我们来说更为重要的是，群众的信任日益增强，反革命在政治上也已被孤立。"1957 年 6 月 27 日，匈牙利社会主义工人党代表会议胜利召开，卡达尔代表临时中央委员会作报告。这次代表会议标志着党的重建工作取得胜利。卡达尔在报告中指出，党夺取政权后产生了骄傲自满情绪。今后应充分认识进行两条路线斗争的必要性，既不要忘记那些产生修正主义、妥协和阶级背叛的教训，也不要忘记那些来源于宗派主义政策和脱离群众的错误。"我们结束了过去，我们要把目光转向未来！"

1957 年是匈牙利历史发展的一个转折点。饱经动乱的匈牙利人民终于揭开了历史上新的一页。随着国家政治经济生活逐步正常化，匈牙利开始了经济、政治和社会改革，一个崭新的匈牙利社会主义体制开始产生并发展。

本文参考书目：

[1]　温盖尔·马加什、萨博尔奇·奥托：《匈牙利史》，黑龙江人民出版社 1982

年版。

　　[2]　久尔科·拉斯洛：《卡达尔——历史背景下的肖像素描》，世界知识出版社 1983 年版。

　　[3]　山多尔·科帕奇：《匈牙利悲剧》，联邦德国德意志出版公司 1979 年版。

　　[4]　伊斯莱梁、涅仁斯基：《匈牙利现代史（1918—1962）》，莫斯科 1962 年版。

　　[5]　雷尼·彼得编：《1956 年匈牙利事件的经过和历史教训》，布达佩斯 1981 年版。

　　[6]　威廉·肖克罗斯：《罪行与妥协——卡达尔·亚诺什和革命以来的匈牙利政治》，纽约 1974 年版。

中国社会科学出版社"社科学术文库"
已出版书目

1. 冯昭奎：《21世纪的日本：战略的贫困》，2013年8月出版。

2. 张季风：《日本国土综合开发论》，2013年8月出版。

3. 李新烽：《非凡洲游》，2013年9月出版。

4. 李新烽：《非洲踏寻郑和路》，2013年9月出版。

5. 韩延龙、常兆儒编：《革命根据地法制文献选编》，2013年10月出版。

6. 田雪原：《大国之难：20世纪中国人口问题宏观》，2013年11月出版。

7. 中国社会科学院科研局编：《中国社会科学院学术大师治学录》，2013年12月出版。

8. 李汉林：《中国单位社会：议论、思考与研究》，2014年1月出版。

9. 李培林：《村落的终结：羊城村的故事》，2014年5月出版。

10. 孙伟平：《伦理学之后》，2014年6月出版。

11. 管彦波：《中国西南民族社会生活史》，2014年9月出版。

12. 敏泽：《中国美学思想史》，2014年9月出版。

13. 孙晶：《印度吠檀多不二论哲学》，2014年9月出版。

14. 蒋寅主编：《王渔洋事迹征略》，2014年9月出版。

15. 中国社会科学院财经战略研究院：《科学发展观：引领中国财政政策新思路》，2015年1月出版。

16. 高文德主编：《中国民族史人物辞典》，2015年3月出版。

17. 李细珠：《张之洞与清末新政研究》，2015年3月出版。

18. 王家福主编、梁慧星副主编：《民法债权》，2015年3月出版。

19. 管彦波：《云南稻作源流史》，2015年4月出版。

20. 施治生、徐建新主编：《古代国家的等级制度》，2015年5月出版。

21. 施治生、徐欣如主编：《古代王权与专制主义》，2015年5月出版。

22. 何振一：《理论财政学》，2015 年 6 月出版。

23. 冯昭奎编著：《日本经济》，2015 年 9 月出版。

24. 王松霈主编：《走向 21 世纪的生态经济管理》，2015 年 10 月出版。

25. 孙伯君：《金代女真语》，2016 年 1 月出版。

26. 刘晓萌：《清代北京旗人社会》，2016 年 1 月出版。

27. 陈之骅、吴恩远、马龙闪主编：《苏联兴亡史纲》，2016 年 10 月出版。

28. 朱庭光主编、张椿年副主编：《外国历史大事集》，2017 年 3 月出版。